中國大歷史

一目瞭然，
給記憶一個重要的位置！

張承望 著

中西年表對照，給你最有趣的中國史！

EVENTS
THAT FORMED
THE MODERN
CHINA

歷史是誰在推進？歷史是誰在更新？歷史如何被永久地傳遞下去？

歷史的真面目

中國有非常悠久的歷史，從有文字可考的黃帝傳說，到現在的現代社會，大約經歷了四千多年的歷史，通常叫做「上下五千年」。在這五千年的歷史裡，有許多動人的、發人深省的故事在歷史的舞臺上演繹。

這些故事或許你可能早就聽說過，也許是在枯燥乏味的歷史教科書上，也許是在瞥一眼就會忘記的網路論壇裡。

它們沒有深刻地停留在你的記憶中，是因為這些動人的故事被不生動地講述或者描寫出來，讓你提不起興趣來閱讀。

其實歷史是非常有趣的：在遙遠的石器時代，有能幹的堯、舜、禹引領人類找到幸福新生活；在春秋戰國時期，有那麼多舌燦蓮花的男人們四處奔走，到處演講；在秦漢時期，賭性堅強的呂不韋從商界跨入政界。

劉備和曹操之間的恩恩怨怨，除了關羽被俘虜之外，還有什麼耐人尋味的細節？在公公和丈夫之間，楊玉環選擇當貴妃，到底是為了愛情還是為了權勢？宋朝那麼多能人志士，為什麼卻總是擺脫不掉積弱的現象？元朝統一紛亂的戰況後，本來還是一團和氣的統治者為什麼會在最後突然翻臉？明朝末年，那一個個短命的小皇帝，怎麼就擺脫不了身旁太監的掌控？清朝時候，被外人欺負的王朝，怎樣在四面楚歌中尋求新的突破？民國那些崛起的軍閥，如何在國家危難的時候做出各自的選擇？

歷史是誰在推進？歷史是誰在更新？歷史在何處留下印記？歷史如何能夠被永久地傳遞下去？

這些故事的精彩之處在於其背後，總是隱藏著不被旁人所知的深層歷史規律。以往的歷史書中，總是將歷史發展與規律分開闡述，無法做到讓讀者

更加唯物辯證地學習歷史。

　　本書以幽默風趣的語言風格，樸實簡單的道理，為讀者講述中華大地上這幾千年來發生的形形色色的事件。用最真實簡潔的文字還原歷史的真面目，讓讀者們在會心一笑的同時，讀出書中想要告訴人們的歷史道理和發展規律。

　　本書從石器時代，有文字記錄的伏羲開始講起，一直到清朝，將整個華夏歷史悉數收錄。為讀者們展開了一幅宏偉但並不乏味的歷史畫卷，讓讀者可以盡情地漫步在歷史的長廊中，津津有味地品讀各個階段的歷史。

　　將歷史用最有趣的語言寫出來，其實歷史也可以很好看！

目　錄

元朝統治

大明王朝

清朝王庭

華夏源頭

（上古時期～西元前770年）

石器時代的老祖宗們

BC

埃及第一王朝形成
古印度興起
BC2000—

巴比倫第一王朝

愛琴文明
亞述擊敗巴比倫

BC1000—

羅馬王政時代
第一屆奧林匹克

佛陀誕生
羅馬共和時代

蘇格拉底出生
柏拉圖出生
亞里士多德出生

耶穌基督出生　0—

基督教為合法宗教
君士坦丁統一羅馬

回教建立

神聖羅馬帝國開始
1000—
第一次十字軍東征

英法百年戰爭開始

哥倫布發現新大陸

拿破崙稱帝

美國南北戰爭開始
第一次世界大戰
2000—

最早的王

伏羲，是中國古籍裡記載裡最早的王，所處的時代大概是新石器時代，注意，還是最早期的。

這位老兄有很多的外號和稱呼，諸如：宓羲、庖犧（亦稱庖犧氏）、包犧、伏戲，亦稱犧皇、皇羲、太昊、包犧，史記中稱伏犧。

可見他的神祕程度有多高，後人都搞不清楚他的真名真姓到底是哪兩個字，不但搞不清楚伏羲的名字，就連對他長相的記載，也是五花八門。有人說他是神，有人說他是人，還有人說他是個半人半神的傢伙，長著人首蛇身。

宋代羅泌的《路史》中寫到伏羲的身世更是奇特：伏羲的母親華胥還是個黃花大閨女的時候，有一次出外遊玩，無意中踩到了一個神仙的腳印，回去以後就懷孕了，很快生下了伏羲，伏羲就被當時的人們看做是神人。

當然，這是神話傳說中的描述，可信度不高，想來這伏羲也就是一個腦袋兩條胳膊，跟現代人沒什麼差別。

伏羲是個全能型的人才，他除了繼承了人類最原始的本能外，很多後天才能都是自學而成的。

伏羲那個時代生活條件很艱苦，人基本上是和動物住在一起，雙方誰

逮著誰就吃誰，情形比較混亂。

　　人的力氣當然是比不上那些兇猛的野獸了，伏羲作為領袖，自然不能看著自己的兄弟們受欺負。俗話說，人都是被逼出來的，在惡劣環境的脅迫下，伏羲開始動腦筋，教自己的族人做出了簡單的工具。

　　這些工具大多是就地取材，以石頭、木材等為原料，做一些簡單的、尖銳的武器，用這些武器和野獸作鬥爭，吃牠們的肉，喝牠們的血，穿牠們的毛皮，基本解決了人們的溫飽問題。

　　溫飽思進步，填飽了肚子，就要想進一步發展了，愛好發明的伏羲繼發明石器之後，又發明了鑽木取火。至於具體過程，後人就不得而知了，只是知道在伏羲懂得透過鑽小木棍獲得火種之後，人類就進入了吃熟食的階段。

　　勞動人們的智慧是無窮的，在不斷的勞作中，伏羲不斷有智慧的火花閃現，帶領著人們開始用繩子結網，用網打獵，還發明了弓箭，這樣可吃的就多了，天上飛的，水裡游的，地上跑的，都能捉來吃。

　　作為人類有史可考的最早的王，伏羲還是挺稱職的，領著人類大口吃肉，大踏步地邁向新時代。

農業專家創副業

　　一直都是打魚、打獵的人類有一個問題深深地使他們苦惱著，那就是吃了上頓沒下頓，生活太沒有保障了。獵物不是時時有，尤其是冬天的時候，本來就天寒地凍，人都懶得出門，更何況動物呢。所以會不時地鬧飢荒，這讓人類開始思索，怎麼才能不餓肚子呢？怎麼才能幾天不打獵也照樣有吃的呢？

　　開始琢磨這件事的人類在過了很多很多年後，忽然有一天，他們發現偶爾把一把種子撒到土地上，過一陣子就能長出小幼苗來，到了第二年，居然能夠長出穀子，把穀子收割了，就有食物可以儲存了，這種食物不像

BC　上古時期

夏
— BC2000
— BC1800
商
— BC1600
— BC1400
— BC1200
周
— BC1000
— BC800
春秋
— BC600
戰國
— BC400
秦
— BC200　西漢
— 0
東漢
— 200
三國
晉
— 400
南北朝
— 600
隋朝
唐朝
武則天稱帝
安史之亂
— 800
五代十國
北宋
— 1000
南宋
— 1200
元朝
明朝
— 1400
— 1600
清朝
— 1800
中華民國
— 2000

BC

埃及第一王朝形成
古印度興起
BC2000—

巴比倫第一王朝

愛琴文明
亞述擊敗巴比倫

BC1000—

羅馬王政時代
第一屆奧林匹克

佛陀誕生
羅馬共和時代
蘇格拉底出生
柏拉圖出生
亞里士多德出生

耶穌基督出生　0—

基督教為合法宗教
君士坦丁統一羅馬

回教建立

神聖羅馬帝國開始
1000—
第一次十字軍東征

英法百年戰爭開始

哥倫布發現新大陸

拿破崙稱帝

美國南北戰爭開始
第一次世界大戰

2000—

動物的肉，放幾天就會臭，不能吃了，穀子可以長期地存放起來。

這個發現讓人類振奮起來，他們開始大面積的種植莊稼，那時地廣人稀，放眼望去全是荒地，人們一直開墾新荒地也沒人管。打獵時間長了發明了弓箭，那種地時間久了自然也有新發明，那就是耒耜（音磊寺，翻土所用的農具）。

這是一種用木頭製造的耕地農具，應該和我們現在的鋤頭差不多，這個發明大大節省了人力，據說發明這個東西的人叫做神農。

神農，可以說是一個農業專家，精通各種種莊稼的技巧，凡是被他耕種過的地，到第二年沒有不豐收的，他至今還是被人們稱為神農，可見他從未失過手。

開墾土地，播種五穀，帶動了原始社會後期的快速發展，從漁獵畜牧逐漸向農業經濟開始轉變和發展了。

神農一點不居功自傲，安於現狀，除了農業，神農還有一大愛好，那就是中醫。「廣闊天地，大有作為」，神農看中了這廣袤土地上的豐厚資源，除了利用土地耕種之外，他還四處品嘗草藥。

因為那時候無論是居住條件還是生理衛生都很差，人類的壽命都很短，一旦有個頭疼、小感冒就可能要了命。偉大的農業家神農，就兼職了一項副業做了中醫。當然，他也不是有意去當醫生的，那時候食物少，人們基本上是逮什麼吃什麼。

神農四處嘗野果子，野草等東西當食物填肚子，他在無意中發現許多野草和野果居然有治病的功效。這個發現讓神農大為振奮，他本著認真實踐的態度，開始了嘗百草的自學成醫的道路。

草藥有能治病的，也有帶毒的，神農運氣不是太好，他不幸嘗到了「火焰子」這種毒草，聽這名字就知道肯定是劇毒無比，無藥可解的神農就被毒草毒斷了腸子，一命嗚呼了。

神農雖然死了，但是他開創的醫藥事業卻代代相傳了下來，而他也被後世追為以「大德」聞名於世的三皇之一「炎帝」。

黃帝對決蚩尤

隨著人類的增加和發展，逐漸形成了氏族與部落，分散在了大地的各處，但是人類聚集最密集的一代是黃河、長江流域一帶，而在這些部落裡最強悍的一個部落就是黃帝帶領的部落。

黃帝為首領的部落，最早住在中國西北方的姬水附近，後來搬到涿鹿（今河北省涿鹿、懷來一帶），落戶在涿鹿後，黃帝就領著族人開發田地，努力生活，定居了下來。

而跟黃帝部落勢均力敵的另一個部落是炎帝帶領的部落，這個部落最早住在中國西北方姜水附近，相傳炎帝跟黃帝還有點關係，兩人是遠親，所以這兩個部落一直也都算是和平共處。

直到後來炎帝部落漸漸衰落了，落後就要挨打這是真理。衰落了的炎帝部落有一天受到了欺負，欺負他的人叫做蚩尤，是九黎族的首領。此人彪悍異常，非比尋常，一個人打十個都不成問題。

自己強悍也就算了，就連手底下的人也是個個身懷絕技，相傳他有一個兄弟連，裡面個個都是好漢，長著猛獸的身體，銅頭鐵額，吃的是沙石，兇猛無比。蚩尤沒事就帶著這支兄弟連打家劫舍，搞得周圍的部落不得安生。

不斷擴張地盤的蚩尤今天打甲方，明天打乙方，打來打去，天長日久的，有一天他忽然發現周圍沒人可打了，全成自己的地盤了。於是他將眼光放長遠了一些，盯上了炎帝的部落。

炎帝自然不能白白挨打，他憤然抵抗，可惜他的部落早就衰落了，當然不是蚩尤的對手，很快就被蚩尤打敗，落荒而逃。打了敗仗的炎帝不甘心將自己的部落拱手相讓，便想到了自己的遠方親戚黃帝，於是帶著殘兵敗將就投奔黃帝去了。在黃帝面前添油加醋地說了蚩尤一番壞話，讓黃帝為他主持公道。

黃帝是個講義氣的人，一拍胸脯就把這事給接下來了，集結了一幫弟

夏
— BC2000
— BC1800
商
— BC1600
— BC1400
— BC1200
周
— BC1000
— BC800
春秋
— BC600
戰國
— BC400
秦
— BC200　西漢
— 0
東漢
— 200
三國
晉
— 400
南北朝
— 600　隋朝
唐朝
武則天稱帝
安史之亂
— 800
五代十國
北宋
— 1000
南宋
— 1200　元朝
明朝
— 1400
— 1600
清朝
— 1800
中華民國
— 2000

兄，拿著最好的武器，還聯合被蚩尤欺負的部落，一起在涿鹿的田野上和蚩尤決一生死。蚩尤打遍天下無敵手，自然沒把黃帝他們放在眼裡。而黃帝一心除害，誓死要剷除掉蚩尤，雙方開展了一場昏天黑地的大戰。

關於這場大戰的內容，有著許多不同版本的傳說，據說黃帝把自己平時馴養的猛獸全部帶到了戰場上，有熊啊，豹子啊，老虎啊，獅子啊，等等，反正什麼猛就放什麼，讓這些動物給自己助陣，蚩尤的兄弟連再猛，但也只是人身肉體，跟野獸比起來，自然不是對手，黃帝把蚩尤殺地敗下了陣來。

常勝將軍蚩尤居然輸了，這讓黃帝的部隊士氣大振，他們乘勝追擊，一路追著蚩尤的殘餘部隊進行殲滅。

半路上，蚩尤請來了風伯雨師助戰，讓天地間昏天黑地，那黃帝就請來了天女驅散了烏雲。蚩尤又請來了巫師製造了大霧，而黃帝就用指南車指引士兵走出了迷陣。總之這場惡戰真相如何已經是不得而知了，最終的結果就是蚩尤被黃帝抓住，砍掉了腦袋。

打敗了蚩尤，黃帝就成了當時中原上最大的部落首領，他也被認為是華夏的始祖。

新領導者上位

黃帝之後的著名人物那就是人們耳熟能詳的堯、舜、禹三位了。這三位作為古代的古聖賢王，以禪讓聞名了幾千年。大家在欣賞這三位互相謙讓，絲毫不驕傲，捨己為人的偉大精神。

所謂的「禪讓」制度，類似於現在的投票選舉，呼聲最高的候選人將接任大權，成為下一任的領導者，這與血統和身份無關，是一種和平轉讓權力的方法。大家一起商量覺得誰合適就推誰上臺，讓他帶領著大家發家致富。

繼黃帝之後，堯是最先被推舉出來當首領的，等他老了，覺得自己快

要死的時候，就學著前人那樣，也拉了一票人湊在一起商量，看讓誰接自己的位子比較合適。

大家商量來商量去，就覺得還是舜最合適。舜這小子反應敏捷，而且為人處世很有智慧。舜的爹是個妻管嚴，舜的娘死得早，後母是個壞女人，對自己的親身兒子象很好，但是對舜十分苛刻。

舜一點也不計較，還是照樣對家裡人好。堯聽說舜是這樣的大好人，便很高興地把自己的女兒娥皇、女英嫁給了他，讓他成了自己的準繼承人。後媽和後弟弟眼紅舜的好運氣，就一直憋著壞心眼想弄死舜。

兩人想了很多辦法，比如把舜的房子一把火燒了，想把舜燒死在房子裡，可是舜居然像沒事人一樣從房子走出來了；兩人讓舜跳到井裡去挖井，當舜跳下去之後，他們就開始往井裡填土，想把舜活埋，但是他們填土的速度沒有舜爬出井的速度快，他們又失敗了；他們讓舜上屋頂修房頂，然後他們把梯子拿走，想把舜餓死在屋頂上，可是最後舜還是想辦法自己下來了。

想了這麼多損招，卻沒有一個成功。這母子想盡辦法使壞，可是舜卻是每次都逢凶化吉。這就是命啊，注定舜要當領導者。

經過多方的考察，堯覺得舜是個可靠的接班人，為人老實而且還孝順大度，他後母對他做那麼多缺德事，他都能一笑泯恩仇，既往不咎。

堯就是看中了舜在這些事情上果斷乾脆的處理手段，覺得他不論是情商還是智商都很突出，當然了，最重要的是人不錯，品行一流，這是那時候選領導者的一個重要考核項目。舜每一項都很合格，自然成了眾望所歸了。

在堯死後，舜想把位子讓給堯的兒子丹朱，他覺得這怎麼說都得是別人一家人的事，自己一個外人，當了這個部落首領好像占了便宜似的。但是大家一致反對，堅決要讓舜當這個領導者，沒辦法，舜就勉為其難地當了這個部落首領。堯和舜是禪讓制的第一實踐者，實踐得很成功。

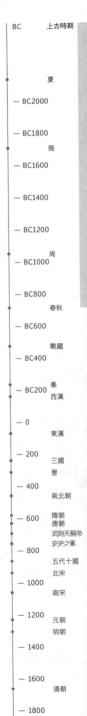

治水還得要行家

BC

埃及第一王朝形成
古印度興起
BC2000—

巴比倫第一王朝

愛琴文明
亞述擊敗巴比倫

BC1000—

羅馬王政時代
第一屆奧林匹克

佛陀誕生
羅馬共和時代
蘇格拉底出生
柏拉圖出生
亞里士多德出生

耶穌基督出生　0—

基督教為合法宗教
君士坦丁統一羅馬

回教建立

神聖羅馬帝國開始
1000—
第一次十字軍東征

英法百年戰爭開始

哥倫布發現新大陸
拿破崙稱帝

美國南北戰爭開始
第一次世界大戰

2000—

　　堯在位的時候，黃河流域發生了很大的水災，那時候人們不懂得防洪救災，洪水來了能跑就跑，跑不了就只能認命。堯是個心腸軟的人，他看著自己的子民年年都受到洪水的威脅，就召開了內部會議，找幾個資深長老商量：「這洪水老是這麼氾濫，大家生活都困苦，想個辦法治治吧。」

　　大家你看我，我看你都不做聲，這差事派誰去呢？最後大家商量著派一個叫做鯀（音滾）的人去治洪水。堯對這個人有些瞭解，覺得他並不合適，但是一時也沒別人，堯就乾脆死馬當做活馬醫，讓鯀去了。

　　事實證明，堯是個很有見地的人，鯀果然不會治洪水，這人太死板，遇到洪水就只懂得修造堤壩，加高堤壩。那時候的技術又不夠，修築的堤壩很不牢固，洪水稍微迅猛一些，堤壩就垮了。

　　就這樣修一年，倒一年，修修補補又一年，總共修了9年，這個洪水還是沒有搞定。最後舜成為了部落首領之後，他實在等不了了，他當機立斷地把鯀革職，殺掉了。

　　鯀雖然治水不行，但是他有個好兒子，那就是大禹，大禹治水很有一套，愛動腦筋，凡事都喜歡思考，大禹沒有像他爹那樣一味防堵，而是思考了一番，帶領眾人用開渠排水、疏通河道的辦法，把洪水引到大海中去。

　　結果鯀9年都沒做好的事情，自己的兒子完成了，在大禹持續不斷地努力了13年之後，洪水終於流向了大海，人們又可以繼續種莊稼，安居樂業了。

　　大禹功不可沒，他成了部落裡的功臣，大家都在傳他治水時的豐功偉績。治水開始的時候，禹剛結婚沒多久，但是為了給大家謀福利，他丟下老婆一個人在家。禹有幾次為了修理治水，路過家門口，都沒回去看一眼。

　　禹的老婆為他生了兒子啟，他也沒有回去瞧一眼，就只顧得治水了，

如此大公無私的精神讓大家佩服不已，猶如當年的舜一樣，禹成了下一任首領接班人，呼聲最高的人。而舜也正在考慮著把禹當做自己的接班人了。

這個時候的社會已經發展到了氏族公社後期，生產力，生產關係都發展進步了，人們對私有化的意識加強了。也就是說，人們開始有了這種觀念：「你的就是我的，我的還是我的。」人們開始為自己的私利著想，奴隸社會逐漸形成，氏族公社開始瓦解。

真相永遠是殘酷的

後來人對堯、舜、禹的這種禪讓制，本著精益求精，嚴謹認真的態度，提出了懷疑論調。在《莊子·雜篇》中說：「非卮言日出，和以天倪，孰得其久！萬物皆種也，以不同形相禪，始卒若環，莫得其倫，是謂天均。天均者，天倪也。」

意思是說「相禪」就是替代的意思，權力的和平轉移，其中以堯、舜、禹最為美談，千古以來，人們提及這三位君主都是稱頌不已，他們成為了「托古改制」的原始依據，但是繼續考證下去，卻不是這麼回事了。

在史書上有所記載：《尚書》的〈堯典〉、〈舜典〉、〈大禹謨〉等篇這樣寫道：堯在位70年後，其子丹朱不成器，不得百姓愛戴，作為駙馬的舜那時已然攝政，但仍保薦丹朱治理南河8年。直到朝臣和百姓認為丹朱不是治國之才，紛紛靠攏「賢明」的舜，讓堯也瞭解到他的兒子朽木不可雕，舜才以一句「天也」結束了丹朱的政治生涯，坐上了帝位。

這樣看來，似乎並不是堯讓位，而是舜自己取代了丹朱。所以，法家先人韓非子有這樣的批語：「舜逼堯，禹逼舜。」堯不得不傳位給舜，實乃舜已經完全得到百姓的愛戴，近百歲的堯又能如何呢？

舜即位後，立刻除去了共工、三苗、鯀、歡兜等一干堯在位時的舊臣，終使天下臣服。很顯然，共工等人大可能威脅到舜的順利即位，所以

BC　上古時期

夏
─ BC2000
─ BC1800
　　商
─ BC1600
─ BC1400
─ BC1200
　　周
─ BC1000
─ BC800
　　春秋
─ BC600
　　戰國
─ BC400
　　秦
─ BC200　西漢
─ 0
　　東漢
─ 200
　　三國
　　晉
─ 400
　　南北朝
─ 600　隋朝　唐朝
　　武則天稱帝
　　安史之亂
─ 800
　　五代十國
　　北宋
─ 1000
　　南宋
─ 1200　元朝
　　明朝
─ 1400
─ 1600
　　清朝
─ 1800
　　中華民國
─ 2000

BC

埃及第一王朝形成
古印度興起

BC2000—

巴比倫第一王朝

愛琴文明
亞述擊敗巴比倫

BC1000—

羅馬王政時代
第一屆奧林匹克

佛陀誕生
羅馬共和時代

蘇格拉底出生
柏拉圖出生
亞里士多德出生

耶穌基督出生　0—

基督教為合法宗教
君士坦丁統一羅馬

回教建立

神聖羅馬帝國開始
1000—
第一次十字軍東征

英法百年戰爭開始

哥倫布發現新大陸
拿破崙稱帝

美國南北戰爭開始
第一次世界大戰

2000—

才慘澹收場。此招「殺雞儆猴」再明顯不過。政治上的權謀和利益關係，哪裡是三言兩語就說得清楚、說得明白的。不過舜的地位到最後也坐得並不踏實，因為即將取代他在人民心中地位的人，正是鯀之子大禹。

舜是禹的殺父仇人，此乃毋庸置疑的事情，所以禹治水成功後，能甘心為舜所用嗎？此時再看韓非子的「禹逼舜」這句話，頓覺其中的精到之處。雖然《史記》上講，舜南巡不幸病死途中，但魏國史書《竹書紀年》記載的卻是，舜年邁體衰，禹於是逼迫舜去南方巡查，實則「放逐」，舜因此死於途中，兩個妃子娥皇、女英都不在身邊。舜死得如此孤獨，於是便有了晉代張華《博物志》中記載的淒慘結局：「堯之二女，舜之二妃，曰：『湘夫人』。舜崩，二妃啼，以涕揮竹，竹盡斑。」一劇「湘妃斑竹」的戲目，在娥皇、女英哭死之後淒婉落幕。

不管是《史記》的記載更符合真實歷史，還是被稱為「野史」的《竹書紀年》更貼近現實境況，總之舜的死確實是有蹊蹺的。今日無論如何推測，都不可能再現當時的情景，又如何知道舜傳禹帝位是否有內幕的存在？

其實，原始社會除了堯、舜、禹三人是以「禪讓」名目傳帝位之外，在之前「禪讓」根本就不曾存在。從軒轅黃帝開始一直遵循著子承父位的規矩，黃帝王朝子孫相傳共傳了七君，這是不爭的事實。

孔子翻遍了歷史，才找到堯、舜、禹三人並非子承父業的例子，於是以「天下唯有德者居之」教育子弟，到各國遊說各色君主，把禮樂、道統束之高閣。而事實上，孔子及其弟子用了兩千多年的時間，實踐的一直都是希冀將君主化為聖人的治國政統，而非將聖人化為君主的治國道統。儒家的道德理想，從始至終都為君主所利用。

禪讓在儒家的道統中是上古聖賢明智的象徵，是最正確的政治的舉措。堯讓位給舜，舜讓位給禹……這些無疑是道統凌駕於政統的標誌。天下唯有德者居之，此乃孔子一生篤信的聖人治國策略、追尋的道德理想，就連呂不韋也曾以此言，暗示秦始皇的暴政即將倒臺。

於是有人認為，政道合一、儒家道德規範成為政治手段，才是永久的

統治之道，但可惜古老的禪讓和德治還是破滅了。真正的事實是，人們一直認為存在的「禪讓」，不過是為政治杜撰出的謊言而已。

是誰剝開了「禪讓」的謊言，我們或可從魏文帝曹丕的身上得知一二。曹丕心安理得地接受傀儡漢獻帝禪讓地位之後，脫口而言：「舜禹受禪，我今方知。」一句話揭露了古代「禪讓」背後的實質，在曹丕看來：原來天下唯「德者」居之，實則應該改為天下唯「權者」居之，誰的實力足夠強，誰的地位足夠穩，誰就可登上帝位。曹丕度古人之腹，雖有偏頗，但未必不是空穴來風。

看天下千百年鬥爭，越是亂世，「禪讓」的戲目上演得便越精彩。以上內容是講政權的輪替更迭，讓古老的「和平式異姓奪嫡」事件走出了「禪讓」的神話光環。

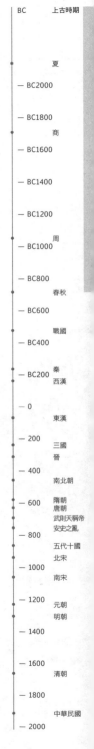

「禪」始不能「禪」終

BC

埃及第一王朝形成
古印度興起
BC2000—

巴比倫第一王朝

愛琴文明
亞述擊敗巴比倫

BC1000—

羅馬王政時代
第一屆奧林匹克

佛陀誕生
羅馬共和時代

蘇格拉底出生
柏拉圖出生
亞里士多德出生

耶穌基督出生　0—

基督教為合法宗教
君士坦丁統一羅馬

回教建立

神聖羅馬帝國開始
1000—
第一次十字軍東征

英法百年戰爭開始

哥倫布發現新大陸
拿破崙稱帝

美國南北戰爭開始
第一次世界大戰
2000—

個人說了算

禹的治水功勞太大，不讓他當首領有些說不過去，所以，禹沒有任何懸念地在舜死後繼承了部落首領的位子。

這個時候，部落的發展已經越來越像一個國家了，而且是一個集權制，一個人說了算的國家。禹有一次到地方上去視察工作，在會稽山（在今浙江紹興一帶）召集許多部落的首領給他彙報近期情況。

其中一個叫做防風氏的部落首領，因為有事耽誤了時間，最後一個到會場，這讓禹很是不爽，他二話不說就讓人把這個首領的腦袋砍了下來，作為他遲到的懲罰。而面對禹的殘暴，沒有一個人敢出聲指責，這個時候，禹已經有了專制帝王的感覺了。

有了禹做這樣的榜樣，他的兒子也萌生了當首領，嘗嘗霸權滋味的念頭，那個時候，禹有一個得力的助手叫做皋陶（音高堯），曾經幫助禹治理政事，十分得力，一點也不讓禹操心。

後來，這個皋陶死了，他的兒子伯益就接他爹的班，也給禹當了助手，而且幹得也是相當不錯。禹覺得這小夥子可靠，很有自己當年智勇雙全的風範，讓他接班當這個首領，應該錯不了。

可惜禹這麼想，有人卻不滿意了，禹的兒子啟一心要當首領，想盡辦法要往首領椅子上坐，如果讓伯益坐了，那自己還不是白忙了。

所以，在禹死後，本來應該是讓伯益坐的首領椅子，卻坐上了啟。本來伯益也想當首領，但是他知道自己鬥不過啟，為了保住性命，他主動讓出了這個位子，讓啟來坐，啟假客氣了幾句就毫不客氣地坐上了首領的位子。

但是為了免除後患，啟還是發動了政變，他命人把伯益殺死，然後擁戴自己當了這個首領。禹做夢也想不到，禪讓制居然是會終結在自己的兒子手中。

啟坐上了禹的位子，稱王之後，就把氏族公社時期的部落聯盟的選舉制度正式廢除，變為王位世襲的制度。而啟也夠乾脆，他讓選舉制度廢除還不夠，他還要讓權力變得更加集中，他建立了中國歷史上第一個奴隸制王朝——夏朝。

啟當上領導者之後，覺得很過癮，每天對成千上萬的人指手畫腳，這種掌控天下的感覺實在很美妙。越當越上癮的啟開始考慮起後代來，如果還是禪讓制度，自己的兒子萬一沒被大家推舉上，那自己的兒子就得忍受別人的指手畫腳了。

想到這裡，啟覺得禪讓制度很不好，所以，他乾脆俐落地廢除了禪讓制，建立了自己的王朝，讓自己的子子孫孫都能夠對別人指手畫腳。

夏朝的出現開闢了王朝的最新開端，也就是開創了「家天下」的思想，這個制度在中國一直延續了四千多年，直到1912年2月12日，末代皇帝溥儀退位才徹底廢除，正式退出了歷史的舞臺。

搶來搶去的王座

夏啟是個有野心的人，他當領導者並不是簡單地為了滿足自己的那點虛榮心，而是真的想幹點事情，名流史冊的。

在夏啟的努力下，夏朝的疆域開拓到了晉南豫西，山西南部、河南西部，聽起來挺大，但其實還是一個部落，巴掌大的地方，也就今天大概半

BC　上古時期
夏
— BC2000
— BC1800
商
— BC1600
— BC1400
— BC1200
周
— BC1000
— BC800
春秋
— BC600
戰國
— BC400
秦
西漢
— BC200
— 0
東漢
— 200
三國
晉
— 400
南北朝
— 600
隋朝
唐朝
武則天稱帝
安史之亂
— 800
五代十國
北宋
— 1000
南宋
— 1200
元朝
明朝
— 1400
— 1600
清朝
— 1800
中華民國
— 2000

個山西省大的地方。

　　而且就這麼大點地方，也不是很能經的起考證的，夏朝的成立沒有文物，也沒有文字的支援，只是一些傳說。但就是留在傳說裡的夏啟，還是兢兢業業地開拓著自己的疆域。

　　俗話說樹大招風，人怕出名豬怕壯。夏啟事業辦得好，那邊就有人看不順眼，想要鬧事來了。有一個部落有扈氏不服，起兵反抗。夏啟大為光火，居然敢有人和自己作對，反了。立刻派人去鎮壓，於是啟和有扈氏的部落發生了一場戰爭，最後的結果是有扈氏被滅了，夏啟在部落間樹立了威信，讓大家都不敢惹他了。

　　夏啟死後，他的兒子太康即位。人都說富不過三代，祖輩們辛辛苦苦積累起來的財富，不到第三代就得揮霍完，這話一點沒錯，作為富二代的太康，簡直沒法和夏啟比，一點事業進取心都沒有，玩物喪志，不懂得經營部落，還專愛惹是生非。

　　有一天，太康又溜出去玩，帶著隨從到洛水南岸去打獵，越玩越高興的太康玩了一天也不想回去，他越走越遠，離自己的大本營也越來越遠了，在他玩得正高興的時候，危險也正在逼近。

　　黃河下游的夷族，有個部落首領名叫后羿的，他看中夏朝的地盤很久了，一直苦於沒機會下手。這次太康外出打獵讓他看到了機會，他親自帶兵守住洛水北岸。等到太康帶著一大批獵得的野獸，興高采烈地打算回家慶祝的時候。

　　后羿把他給攔住了，太康帶的人少，打不過后羿那幫人，眼看著對岸就是家，卻回不去，太康只能可憐巴巴地當起了背包客，沿著河岸流浪。

　　逼走了太康的后羿也是個精明的人，他擔心自己貿然稱王，會有人不服，便讓太康的兄弟仲康當夏王，而自己則是當起了攝政王，把權利都握在自己手裡。表面上，仲康是國王，后羿凡事都聽他的，其實后羿才是夏朝的真正主人。后羿說往東，仲康絕不敢往西。

　　就這樣過了幾年傀儡生活，仲康就死掉了，仲康死了，自然是仲康的兒子相稱王，后羿覺得自己老當幕後工作者很沒意思，他也想到臺前亮亮

相。於是他一不做二不休，把相趕下臺，自己當起了夏王。

后羿也是個打獵愛好者，他當上首領後，最熱衷的事還是四處打獵，跟原來的太康一個德行。后羿把國家政事交給他的親信寒浞（音卓），可他沒想到這個親信背叛了他，瞞著后羿拉攏人心，把權都奪到自己手裡。

後來，寒浞把后羿殺死，自己繼承了首領之位，他為了斬草除根，就派人追殺已經被廢了的相，相逃到哪兒，寒浞就追到哪兒，最後還是相逃不過，被寒浞捉到並殺了。不過寒浞沒料到，相還留有個沒出生的兒子，這個孩子就是後來的少康。

少康長大後，決心報仇雪恨，奪回自己爹沒搶回來的王位。他自小在艱苦環境中長大，練就了一身好本領，長大後就開始招兵買馬，糾集弟兄，然後又偷偷去聯絡之前衷心於夏王朝的忠臣，反攻寒浞，終於把王位奪了回來。

從愛打獵的太康到後來依然愛打獵的后羿，再到現在的少康，這期間搶來搶去的日子過去了一百多年，夏朝才又恢復了過來，這在歷史被稱之為「少康中興」。

夏朝被滅

少康滅了寒浞，可是夷族和夏朝之間的鬥爭並沒有結束。后羿是個射箭高手，他的族人也都個個箭術高明，兩個族之間經常打架鬥毆，但是因為夷族的人能夠利用弓箭進行遠端進攻，他們射完就跑，讓夏朝的人很是吃虧。

後來少康的兒子帝杼（音助）即位，發明了一種可以避箭的護身衣，叫做「甲」，這種玩意兒穿身上就刀槍不入。就憑著這個，夏朝才狠狠地教訓了夷族，滅了夷族之後，夏朝的勢力又向東發展了。

之後的夏朝就這樣爹死了，兒子繼位，兒子死了，兒子的兒子繼位，一直傳到一個叫做桀的人手裡，夏朝開始出現危機了。這個桀是個荒唐

BC　　上古時期

夏

— BC2000

— BC1800
　　　　商
— BC1600

— BC1400

— BC1200
　　　　周
— BC1000

— BC800
　　　　春秋
— BC600

— BC400　戰國

— BC200　秦
　　　　西漢
— 0
　　　　東漢
— 200
　　　　三國
　　　　晉
— 400
　　　　南北朝
— 600　隋朝
　　　　唐朝
　　　　武則天稱帝
　　　　安史之亂
— 800
　　　　五代十國
　　　　北宋
— 1000
　　　　南宋
— 1200
　　　　元朝
　　　　明朝
— 1400

— 1600
　　　　清朝
— 1800

　　　　中華民國
— 2000

的、沒學識、沒目標、沒抱負、沒理想的暴君，他對手下人很兇悍，誰不聽話就殺死誰，弄得天怒人怨。

夏王朝的老百姓被他折騰得死去活來，而這個時候，黃河的下游有一個部落叫做商，雖然勢力小，但其祖先契在堯舜時期，跟禹一起治過洪水，也是個建過功立過業的人。

商部落後來的發展主要靠的是畜牧業，把牛羊業經營得有聲有色，很快為自己謀得了一條很好的出路。在桀當政時，商部落已經發展得很強大了，那時商的部落首領叫做湯。

湯看不慣夏桀的所作所為，決心消滅夏朝。不過，湯也是個穩妥的人，不打沒準備的仗，決定看看情況再動。

夏桀只顧得自己玩樂，還不知道自己的地盤早就被人盯上了，大臣關龍逢勸說夏桀，讓他改頭換面，重新做人，不然夏朝一定會被別人給霸佔的，可是夏桀聽不進去，反而把關龍逢殺了。

看到夏桀這麼殘暴，老百姓們都恨不得吃他的肉，喝他的血，大家都盼著他早點死。這個時候就輪到湯出場了，他表面上對夏朝忠心耿耿，總是不斷地給夏朝送貢品，但是暗地裡卻在不斷地擴大勢力。

實力發展到一定程度後，湯想試試夏朝，就停止了上繳貢品，夏桀一看商湯居然敢不上貢了，十分生氣，他派九夷發兵攻打商湯，一看夏桀來真的了，商湯趕緊賠禮道歉，把貢品補上了。又過了一些年，因為夏桀實在太壞了，一直對他忠心的九夷族也不甘忍受了，這個時候，湯覺得時機來了，他便聯合這些被壓迫的部落，一起發動了對夏桀的攻擊。

湯親自上陣，帶著浩浩蕩蕩的部隊殺向夏王朝，夏桀這才慌了，幾番對陣下來，夏桀的軍隊根本不是對手，最後，在鳴條（今山西運城）打了一仗，夏桀的軍隊被打敗了，夏桀跑到了南巢（今安徽巢縣西南），湯就派人追到了那裡，把桀流放在南巢，一直到桀死了才算完。

就這樣，商湯結束了自從夏啟以來，相傳了四百多年的夏王朝。

搬家太勤快了

　　新王朝商朝取代了夏朝，它以河南北部、河北南部、山東西部為統治中心，歷史上把商湯伐夏稱為商湯革命，但是請注意，這裡說的革命和我們現在理解的革命不同意思。因為古人喜歡把改朝換代說成是老天爺要變革，是天命所歸，所以才稱為革命。

　　湯自然是革命的開國功臣，湯比起桀來，好了不知道多少倍，但是湯有個癖好卻讓人受不了，他熱衷於搬家。那時候搬家跟現在不一樣，得全體人民一起搬。

　　不過商湯搬家也有他的道理，一開始，商朝以亳為都城，這個地方也沒什麼不好的，就是老發洪水，因為挨在黃河邊上，人們總是生活的擔心受怕，怕黃河一拐彎就淹到自己家了。於是商湯就不停地換都城，繞著黃河定都。

　　以至於他的子孫都染上了這個毛病，從湯之後的三百多年裡，商朝的都城一共換了五次，避開黃河是一個原因，躲避內亂是另外一個原因。因為商朝也實行的是夏朝那一套子承父業的繼承方式。

　　這就讓許多人不滿了，大家都想當領導者。這種心理，讓商朝內亂不斷，經常發生爭奪王位的事情。就這樣亂了一代又一代，一直亂到了第二十個王盤庚那一代。盤庚是個有志氣有理想的君主，他決心改變這個社會如今動盪不安的局面，他想出一個辦法制止，這個辦法就是——搬家遷都。

　　但是進行搬遷工作並不順利，好多王公大臣們不樂意動彈，他們覺得搬家太麻煩了，就不聽盤庚的話。還有一些人乾脆拿搬家當藉口，煽動老百姓鬧事，但是盤庚就是不聽勸。你們愛鬧就鬧去，反正我是要搬。

　　由於盤庚堅持遷都的主張，挫敗了反對勢力，他終於帶著自己的老百姓和骨幹大臣們，千山萬水地也不知道走了多遠，跨過黃河，搬遷到殷（今河南安陽小屯村）。在那裡整頓商朝的政治，使得本來就快要滅亡

BC　　上古時期

夏

— BC2000

— BC1800　商

— BC1600

— BC1400

— BC1200

— BC1000　周

— BC800

春秋

— BC600

戰國

— BC400

秦

— BC200　西漢

— 0

東漢

— 200　三國
　　　　晉

— 400
　　　　南北朝

— 600　隋朝
　　　　唐朝
　　　　武則天稱帝
　　　　安史之亂

— 800
　　　　五代十國
　　　　北宋

— 1000
　　　　南宋

— 1200　元朝
　　　　明朝

— 1400

— 1600
　　　　清朝

— 1800

— 2000　中華民國

埃及第一王朝形成
古印度興起
BC2000—

巴比倫第一王朝

愛琴文明
亞述擊敗巴比倫

BC1000—

羅馬王政時代
第一屆奧林匹克

佛陀誕生
羅馬共和時代

蘇格拉底出生
柏拉圖出生
亞里士多德出生

耶穌基督出生　0—

基督教為合法宗教
君士坦丁統一羅馬

回教建立

神聖羅馬帝國開始
　　　　　1000—
第一次十字軍東征

英法百年戰爭開始

哥倫布發現新大陸
拿破崙稱帝

美國南北戰爭開始
第一次世界大戰

　　　　　2000—

的商朝出現了起色，這以後的日子，盤庚就過得舒坦了，他的子民也舒坦了。

以後的二百多年，一直沒有遷都，所以商朝又稱作殷商，或者殷朝。

日子過好了不愁吃喝，就要想想發展文化教育事業了，現在的考古學家在商朝國都的廢墟上，發現了許多文物，其中有龜甲（就是龜殼）和獸骨十多萬片，在這些龜甲和獸骨上面都刻著很難認的文字。上頭的文字跟畫的似的，基本上讓人看不明白什麼意思，但這也說明，商朝人開始寫字表達自己的意思了。

後來人們把這些龜殼上的文字稱為「甲骨文」，這是中國最早的文字記載的歷史，是從商朝開始的。

傳說中的頭號壞蛋

雖然過了幾百年的安生日子，但改朝換代是必然要經歷的事情，就好像古人說的那樣，是天命所歸，人力無法改變的。

商朝也終於走到了最後，和夏朝一樣，商朝的滅亡也是跟一個壞君主有關，商朝的最後一任君主紂王，是出了名的大壞蛋。

紂王幹壞事很有天賦，隨隨便便幹幾件壞事，就能讓大家記住他。現在人們一提起古代最初的英明領導者，就是堯、舜、禹他們，可是一說起壞人，那就是紂王了，而且有了《封神榜》裡的橋段，紂王和那個狐狸精妲己的事，更是讓紂王的壞達到極致。

雖然狐狸精是假的，但紂王喜愛女色肯定假不了。其實紂王本質上是個聰明好學，勇敢有力氣的人，他年輕的時候曾經親自帶兵和東夷進行一場長期的戰爭，把對方打得稀裡嘩啦的，他是個很有軍事才能之人，最後平定了東夷，把商朝的文化給傳播到淮水和長江流域一帶。

在這件事情上，紂王做得挺不錯，但是他剛做了點好事就飄飄然，學起享受起來了。他頻繁地修建宮殿，宮殿修得金碧輝煌，最終搞的是勞民

傷財。

　　紂王在別都朝歌（今河南淇縣）造了一個富麗堂皇的「鹿臺」，讓他和自己的女人在裡頭吃喝玩樂，他把酒倒在池子裡，把肉掛在樹上。

　　不僅如此，紂王還非常喜歡一項發明，那就是酷刑，紂王研製了許多酷刑，舉幾個例子就知道他有多心理變態了。

　　把人捉起來放在燒紅的銅柱上烤死，這叫做「炮烙」；把人丟到滿是毒蛇蠍子的坑裡，讓這人活活被咬死。凡是有敢於背叛他的人，那下場一定是死得很慘了。而且在對別人殘忍這件事情上，紂王是很公道的，他一向六親不認，他的親叔叔比干勸他少造孽，結果他把比干的心掏了出來。

　　這樣的君主再不被推翻，那真是沒天理了。

　　紂王在鹿臺喝著酒，琢磨著如何整死人的時候，在西部的一個部落卻正在一天天興盛起來，這就是周。

　　周是一個有著古老歷史的部落，在夏朝的末年，這個部落在現在陝西、甘肅一帶活動。後來，因為遭到戎、狄等遊牧部落的侵擾，部落首領亶父才帶著自己的族人遷移到了岐山（今陝西岐山縣）下的平原，在那片平原上，周安穩地發展了起來。

　　到了古公亶父的孫子姬昌（後來稱為周文王）繼位的時候，周部落已經很強大了，堪比當年的商部落。歷史彷彿再重演，一個賢明的部落首領要對抗一個昏庸的君主了。當然，歷史總是有差別的，姬昌也不是主動就去找紂王打架的，而是紂王先惹事。他看周部落發展壯大了，就眼紅了，想讓人家多上點貢品。

　　雙方接洽不成功，紂王就動怒派人把姬昌給抓起來了，關在羑里（在今河南湯陰縣一帶，羑音友）地方。

BC　　上古時期

夏

— BC2000

— BC1800

商

— BC1600

— BC1400

— BC1200

周

— BC1000

— BC800　　春秋

— BC600

戰國

— BC400

秦
— BC200　　西漢

— 0

東漢

— 200

三國
晉
— 400
南北朝

隋朝
— 600　　唐朝
武則天稱帝
安史之亂
— 800
五代十國
北宋
— 1000
南宋

— 1200　　元朝
明朝
— 1400

— 1600
清朝
— 1800
中華民國
— 2000

大國開始興起了

《周易》是怎麼來的

莫名其妙被關押的姬昌感到很冤枉，他以為紂王想要錢，於是他就給自己的人報信，說多給紂王一些珠寶和美女，求他把自己放出去。

於是，周部落的人就帶著許多金銀珠寶和美女去找紂王，希望紂王能把姬昌給放了。紂王看到這麼多貢品很高興，他盯著那些美女，流著口水說：「光是一樣就可以贖姬昌了。」

可是紂王身邊有人說話了，說姬昌有謀反的心，若放出去禍害無窮。想了想，紂王做了個很不要臉的決定，他把禮物收下了，可是人沒放，不但不放，而想出狠招來折磨姬昌，拔指甲，抽鞭子，就是要讓姬昌承認自己想謀反。

自己沒想幹的事怎麼能承認，姬昌咬緊牙說不想謀反，自己是被冤枉的。於是紂王就想出一個更狠毒的招，他把姬昌的兒子拖過來殺死，然後把肉剁成了肉餡，做成了肉羹，逼迫姬昌喝下。

姬昌本來是一名養尊處優，行事優雅的諸侯，此時卻落得如此田地，不但要忍受肉體上的痛苦，還要承受精神上的折磨。但是姬昌也不是一般人，他堅絕不承認那些沒有的事。

於是他就被紂王關了一年又一年，在小監獄裡，姬昌除了每天受刑，也沒什麼事可幹，他就有大把大把的時間拿來思考了。而在思考的過程

中，他居然完成了一件前無古人後無來者的大事。

姬昌在瞎琢磨的過程當中，竟然琢磨出門道來了，他將伏羲的先天八卦改造成了後天八卦。這八卦代表著天地間萬物的八種基本性質，分別是：乾為天、坤為地、震為雷、巽為風、艮為山、兌為澤、坎為水、離為火這八種自然物。

也就是說只要是自然天地間有的玩意兒，這八種就都能表達出來。後來姬昌還是沒被放出來，於是他就深入研究，他又研發了「八卦小成」，將之前的卦象引申。在無聊而痛苦的牢獄生活中，姬昌活生生地把伏羲的先天八卦分析拆解，推論出了六十四卦。

姬昌在被囚禁的7年裡，居然完成了最偉大的卜卦的先驅《周易》，之後無論是風水，面相還是其他的封建迷信活動，都是從這裡頭找來的靈感。

這就是有名的「文王拘而演周易」的故事，後來姬昌被放出去，估計也沒工夫研究《周易》的事情了，但是後人卻對他這部著作產生了濃厚的興趣，孜孜不倦地研究了好幾個世紀也沒有個盡頭。

「釣上」大老闆

天朗氣清，夏秋交替之際，渭水畔，一位老者頭戴斗笠，瞇著眼在垂釣。奇怪的是，他的釣鉤是直的，上面不掛魚餌，也不沉到水裡，並且離水面三尺高，這老頭就是姜子牙。說起姜子牙，也是一個有福沒份享的人，姜子牙的祖上在協助大禹治水的時候，立了功，被封了侯，得了地。說起來這個家族的日子過得應該也是其樂融融，不愁吃，不愁喝的。

但等到姜子牙先生出世的時候，家境卻日漸衰敗，所以，姜子牙沒享上祖上積的福，他是一天好日子也沒過上。姜子牙長大後，為了生計，什麼粗活累活都幹過，他當過殺豬的屠夫，幹過飯店裡的酒倌，給別人打雜跑腿，這都是為了解決溫飽問題。

BC　上古時期

夏
— BC2000

— BC1800
商
— BC1600

— BC1400

— BC1200
周
— BC1000

— BC800
春秋
— BC600
戰國
— BC400
秦
— BC200
西漢
— 0
東漢
— 200
三國
晉
— 400
南北朝
— 600
隋朝
唐朝
武則天稱帝
安史之亂
— 800
五代十國
北宋
— 1000
南宋
— 1200
元朝
明朝
— 1400

— 1600
清朝
— 1800
中華民國
— 2000

但姜子牙一有空就讀書學習，觀察天文，考察地理，還研究治國之道，思考兵法軍事理論。總之，他是什麼不會就去學什麼。

但這個好青年卻沒趕上好時機，商朝末年，紂王昏庸無道，根本無心打理朝政，沒有良主賞識，姜子牙的才華得不到重用，他一生在貧困潦倒和不如意中度過。

在他晚年的時候，他才增添了釣魚這個新愛好，風雨無阻，雷打不動，一去到河邊就是蹲一天。

開始人們並不感到好奇，但細心觀察的人卻發現，這個老頭從來沒有釣起過一條魚，因為魚鉤上是空的，而且這空魚鉤離河水還有好遠的距離。

姜子牙拿空漁竿釣魚的事情，漸漸傳開了，這事也很快傳到了一個人的耳朵裡，這個人就是西伯侯周文王。

一天，周文王出獵，聽聞有人直鉤垂釣，心生疑團，前來看視，果然見到此種情景，便下馬與老叟攀談，這才發現他並非山野村夫，而是胸藏韜略，見識過人。周文王不由得大喜，此行出獵之前，他就曾占卜。所獲非龍非螭非虎非羆，所獲為霸王之輔，預示著將得到一位輔佐他成就大業的高人。眼下此人不正有霸王之輔的氣魄嗎？

再一深談，周文王得知這個老頭就是姜子牙，如雷貫耳的拿空漁竿釣魚的老頭就站在他面前，周文王激動了。他恭敬地稱他為「太公望」（姜太公），並想將其迎入朝中。

周文王恭維了姜子牙一番，希望姜子牙能夠隨同他一起回去，開創大事業，但姜子牙沒立刻答應，姜子牙是誰？等待了一輩子機會的人，往往是最冷靜的，他不會為了某個人的一時恭維就昏了頭。

姜子牙和周文王就在河邊聊起天來，意圖是摸清這個人的底細到底如何，於是，二人便開始了一場改變歷史的會晤。

死裡逃生的姬昌對紂王很是痛恨，紂王平白無故地害他失去了7年的自由，還失去了自己心愛的兒子。這個仇如果不報，那真是算不得男人了。而且紂王早就失去了民心，需要被人討伐了，這下有了姜子牙，那可

謂是雙重保險了。

　　從此，進攻朝歌的隊伍有了運籌帷幄、決勝千里的軍師。有了姜子牙的從旁協助，周王朝的事業蒸蒸日上，並將事業版圖擴大了一番，周文王馬上就要去找紂王報仇了。

兒子也好漢

　　姜子牙雖然年紀大，鬍子白，可是精力旺盛，頭腦清醒，在姜子牙的協助下，周部落發展得欣欣向榮。

　　眼看著周部落的勢力越來越大，周文王很高興，他找姜子牙談話：「我覺得我們已經能夠開始征伐工作了，你覺得在征伐暴君之前，我們應當先去征伐哪一國？」

　　姜子牙說：「先去征伐密須。」

　　周文王很聽姜子牙的話，他說那好，我們就先去征伐密須。

　　可是底下有人反對，他們認為密須的力量很強大，單憑周部落是打不過的。

　　可是姜子牙胸有成竹，「密須國君虐待老百姓，早已失去民心，他就是再厲害十倍，也用不著害怕，我們肯定能打過他們。」

　　在姜子牙的堅持下，周文王帶領著部隊去往密須，有時候人算不如天算，老天爺說給你，那就是你的，你躲也躲不掉。

　　周文王發兵到了密須，還沒開戰，密須的老百姓先暴動了，他們把密須的國君五花大綁地交給了周文王，然後歸順了。這真是天上掉餡餅的好事，中了這個頭彩，周文王更加彪悍，他養精蓄銳，過了三年，他又發兵征伐崇國，崇國是商朝西邊最大的一個屬國。

　　戰爭進行得很順利，滅了崇國之後，周文王就開始在那裡廣積糧，建高牆了，他建立了都城，叫做豐邑。

　　就這樣一步一步地，周文王蠶食了商朝的大部分統治區域，眼看著就

BC　　上古時期

夏
— BC2000
— BC1800
　　　　商
— BC1600
— BC1400
— BC1200
　　　　周
— BC1000
— BC800
　　　　春秋
— BC600
　　　　戰國
— BC400
— BC200　秦
　　　　西漢
— 0
　　　　東漢
— 200　三國
　　　　晉
— 400　南北朝
— 600　隋朝
　　　　唐朝
　　　　武則天稱帝
　　　　安史之亂
— 800　五代十國
　　　　北宋
— 1000　南宋
— 1200　元朝
　　　　明朝
— 1400
— 1600　清朝
— 1800
　　　　中華民國
— 2000

要敲響勝利的大門了，周文王忽然生病，沒過多久就死了。真是出師未捷身先死，只能期盼後人完成他的宏圖偉業了。

俗話說，虎父無犬子，周文王的兒子也是一條好漢。

他的兒子姬發即位，就是周武王，武王拜姜子牙為師父，並且要他的兄弟周公旦、召公奭（音市）做他的助手，幾個人齊心合力整頓內政，擴充兵力，為討伐商紂做最後的準備。

第二年，周武王把軍隊開到盟津（今河南孟津東北）地方，舉行一次檢閱，有八百多個小國諸侯，自發地來和周武王碰頭會師，這樣的情形對周武王是一個極大的鼓勵。

看來大家都對商朝的統領失去了信心，怨聲載道了。在那次會師大會上，那些諸侯紛紛向武王控訴商紂的惡性，他們極力要求武王替他們出頭，帶領著他們推翻商紂的統治。但是武王是一個很理智的人，沒有被現狀沖昏了頭，他認為當下去討伐商紂的時機還不成熟，要再等等。

於是他勸告大家再冷靜一段時間，等時間成熟了就一起去幹掉商紂。那次檢閱之後，武王很快又回到了豐京。

史上自焚第一人

在武王努力拚事業的時候，商紂王卻是越來越過分了，他不但對自己的叔叔下手，還對其他的貴族也是越來越嚴苛了。

商朝的貴族王子箕子、微子非常擔心，他們害怕商紂王把國家給玩沒了。但是比干去勸說，不但沒成功，反而把命給勸沒了，這讓箕子、微子十分害怕。後來兩人為了避免自己的心被挖出來，箕子裝作發瘋，微子半夜出逃，兩人總算是把命給保下來了。

商紂的一舉一動，武王都在打聽著，大約在西元前11世紀的某一年，武王探聽到商紂的親信們全都背棄他了，瘋的瘋，走的走，死的死，他覺得時候到了。於是便發動了精兵五萬，請了姜子牙做軍師，一行人浩浩蕩

蕩的渡過黃河東進，前往盟津，和之前會師的八百個諸侯又重新相聚。

　　大家為了一個共同的理想目標，由周武王作為代表，在盟津舉行一次誓師大會，宣佈了商紂的種種罪狀，大家聽的是熱淚盈眶，恨不得當下就把商紂拉過來剁成肉餡。等周武王宣誓完畢，大家就一起去討伐商紂了。

　　走到半路上，兩個老頭出來把武王的大軍給攔住了，這兩個老頭來頭不小，他們是孤竹國（在今河北盧龍）國王的兩個兒子，哥哥叫伯夷，弟弟叫叔齊。孤竹國王鍾愛叔齊，想把王位傳給他，伯夷知道父王的心意，主動離開孤竹；叔齊不願接受哥哥讓給他的王位，也躲了起來。

　　也就是說，最後兩人誰也沒當國王，都當了平頭老百姓了。兩人一直住在周國的境內，生活了一輩子，忽然聽說周武王要去討伐紂王。他們覺得武王是臣子，紂王是天子，武王這樣做是不道德的。

　　兩位老人一番言辭之後，武王沒搭理他們，該趕路還是趕路，還是事業要緊啊。這兩人一看自己的意見沒被重視，就想不開了，兩人一起跑到了首陽山上躲了起來，絕食自殺來抗議武王的做法。

　　周武王的討紂大軍士氣旺盛，一路上跟切豆腐似的，把商軍打得節節敗退，很快就打到了離開朝歌僅僅70里的牧野（今河南淇縣西南）。紂王聽到這個消息，趕緊東拼西湊地湊了70萬人馬，以抵擋周武王。

　　紂王想周武王不過五萬人，自己有七十萬人的大軍隊，真打起來，不用動手了，就算擠也能把武王的人擠死，自己還怕什麼呢。

　　紂王想得很好，但是現實總是過分「殘酷」的，就在紂王高枕無憂的時候，那70萬人自己放下了武器，急忙地往回跑了。因為這70萬的商軍大多是從東夷抓來的或者是其他地區的俘虜。

　　他們根本就不想打仗，而且他們也恨透了商紂王。在牧野的戰場上，他們不但不替紂王打仗，反而帶著周武王的部隊殺進了商都朝歌。看著自己的軍隊都沒了，紂王也沒辦法了，牧野之戰後，也就是西元前1046年，紂王跑到了鹿臺，放了一把火把自己和宮殿都給燒了，成為了中國歷史上自焚的第一個人。

BC　　上古時期

　　夏

— BC2000

— BC1800
　　商
— BC1600

— BC1400

— BC1200
　　周
— BC1000

— BC800
　　春秋
— BC600

　　戰國
— BC400

— BC200　秦
　　西漢
— 0
　　東漢
— 200
　　三國
　　晉
— 400
　　南北朝
— 600
　　隋朝
　　唐朝
　　武則天稱帝
　　安史之亂
— 800
　　五代十國
　　北宋
— 1000
　　南宋
— 1200
　　元朝
　　明朝
— 1400

— 1600
　　清朝
— 1800

　　中華民國
— 2000

西周建立了

　　周武王滅了商朝，把國都從豐京搬到鎬京（今陝西西安市西），建立了周王朝。繼夏朝，商朝之後，這是第三個王朝了。發展了將近600年的商朝徹底宣告消失破產，由周朝接替，這就是歷史上的西周。

　　為了鞏固周朝的統治，周武王決定從自己做起，周朝地域廣袤，150萬平方公里，人口據傳上千萬，很是有吹牛的資本。

　　這麼大一個王朝，周武王想要好好管理一番，他希望能夠把這樣的國家一直讓自己的子孫後代佔有，於是他想出一個辦法。就是把自己的親屬和功臣分封各地，建立諸侯國，像太公望被封在齊國；他的弟弟周公旦被封在魯國，召公奭被封在燕國。

　　許多近親遠親都分了地，有了封號，大概共封了70多個諸侯國，還有商朝的一些殘留餘黨，為了安撫那些人，周武王也對他們進行了分封，他把紂王的兒子武庚封為殷侯，留在殷都，又派自己的三個兄弟管叔、蔡叔和霍叔去幫助武庚。

　　說是幫助，其實就是監視，還派了三個人去監視，就是要告訴他：「你小子別跟我玩花樣，乖乖待著吧。」

　　周武王沒當幾年君主，就得病死了。他的兒子姬誦繼承王位，這就是周成王。那個時候，周成王才13歲，什麼也沒見識過，讓他統治這麼大一個國家太不思議了，再說那時候的周王朝也還不是很穩定呢。

　　於是就由武王的弟弟周公旦輔助成王掌管國家大事，實際上是代理天子的職權。歷史上通常不稱周公旦的名字，只叫他周公。

　　周公的封地在魯國，因為他要留在周成王身邊，處理一些家國大事，雞毛蒜皮的小事，他就不能去封地了。

　　於是，周公就派了自己的兒子伯禽代他到魯國去做國君。兒子臨走前，周公好好地給兒子上了一堂教育課，就是告誡兒子要好好做人，別做壞事，等等。

教育完兒子，周公繼續輔佐君主，無私的周公沒想到，自己一片苦心，卻被他的弟弟誤會，周公的弟弟管叔、蔡叔在外面造謠，說周公有野心，想要篡奪王位，讓大家都認清這個人面獸心的偽君子。

周公本來不想理會，畢竟是一家人，他們有缺點，自己忍忍算了。但是沒想到，管叔、蔡叔卻串通了紂王的兒子武庚，三人湊一塊想要推翻周公，他們勾結了一批殷商的舊貴族，還煽動東夷中幾個部落，鬧起叛變來了。

這下周公可不能不管了，這關係到國家的安危。他向召公奭表了衷心，召公奭被他感動，他決定和周公合作，一起消滅叛軍。沒費什麼力氣，叛軍就被周公剿滅了，然後前後又歷經三年，周王朝恢復了平靜。

帶頭的武庚被殺了，手底下一幫商朝原來的大臣也被逮起來。看到這架勢，管叔覺得很沒面子就上吊自殺了。其餘的人，周公也沒嚴懲，他把霍叔革了職，對蔡叔辦了一個充軍的罪就算了。

對於那批商朝的貴族，周公覺得讓這批人留在原來的地方不大放心，就在東面新建一座都城，叫做洛邑（今河南洛陽市），把他們弄到那裡去了，然後派人監視他們。所以，從那以後，周朝就有了兩座都城。西部是鎬京，又叫宗周；東部是洛邑，又叫成周。

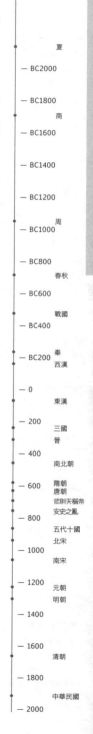

BC　上古時期

夏

— BC2000

— BC1800
商
— BC1600

— BC1400

— BC1200
周
— BC1000

— BC800
春秋
— BC600
戰國
— BC400
秦
— BC200　西漢

— 0
東漢
— 200
三國
晉
— 400
南北朝

— 600
隋朝
唐朝
武則天稱帝
安史之亂
— 800
五代十國
北宋
— 1000
南宋

— 1200
元朝
明朝
— 1400

— 1600
清朝
— 1800
中華民國
— 2000

國家不是那麼好管的

人民造反了

周公輔助成王執政了七年，總算把周王朝的統治鞏固下來，他在百忙之中，還抽出時間，為周朝制定了一套典章制度，也就是法律規章制度，來規範人們的行為紀律。

後來到了周成王20歲的時候，周公就把大權交還給了他。說話算話的周公教導出來的成王也是個好君主，從他到他的兒子康王兩代，前後約50多年，是周朝強盛和統一的時期，歷史上叫做「成康之治」。

在這父子倆統治的期間，周朝一切都很好，蒸蒸日上，欣欣向榮的，一片繁榮昌盛的景象，但是每個朝代發展時間久了都會出問題，周朝也一樣。

後來，因為奴隸主貴族加重剝削，加上不斷發動戰爭，老百姓不高興了，這才過了幾天平穩日子啊，又不讓人好好過日子了。他們就開始抱怨起來，偶爾還搞點小破壞，來表達自己的不滿。

為了壓制這種情況，周王朝的統治者們就制定了十分嚴酷的刑罰，好啊，你們想造反是不是，那就對你們用刑，看你們誰敢吭氣。

看來，這刑罰不光是暴君的專利，而是統治階層的專利。

周穆王的時候，制定了三千條刑法，也難為他們了，都得想破了腦袋啊，要不然想三千多條整人的法律，真是太難了。那時候犯法的人受的刑

罰有五種，叫做「五刑」。像額上刺字、割鼻、砍腳，等等。

但是要永遠記住一句話，刑罰再嚴，也阻止不了人民的反抗。

到了西周第十個王周厲王即位後，對人民的壓迫更重了。聽這諡號，厲王，很明顯是屬於批評型諡號了，殺戮無辜曰厲，就是一個很不好的諡號。

周厲王寵信一個名叫榮夷公的大臣，實行「專利」，也就是說，他們逮著什麼就要什麼，不管是山川湖泊，還是飛禽走獸，只要是他們能想到的，能看到的，一切都是他們的。周厲王不准老百姓利用這些大自然的資源，老百姓要想用，那就得交錢。

這上哪說理去，老百姓自然不高興了，吃飯的地方都沒了，這太過分了，但是周厲王就認為這是天經地義的。這人的世界觀有點問題，誰要是動了那些他認為是他的東西，那這人就倒大霉了。

周厲王的舉動讓國人敢怒不敢言，補充一點，那個時候，住在野外的農夫叫「野人」，住在都城裡的平民叫「國人」。國人也就是我們現在說的都市人，都市人不滿厲王的暴虐措施，怨聲載道。

周厲王得知後，專門從衛國找來一個巫師，要他專門刺探批評朝政的人，這個巫師不是個好東西，誰不送禮給他，他就誣賴誰，結果被周厲王當做反叛者處死的人一堆一堆的。那段日子，大家在街上看到，都不敢互相打招呼了。

在這樣的壓力下，人們積累的怨氣越來越深，過了三年，也就是到了西元前841年，人們忍無可忍了，他們發動了大規模的暴動。大家舉著鋤頭，鍋蓋就圍攻王宮，要殺厲王。這會兒周厲王慌了，帶著人從後門溜了，一直逃過黃河，到彘（音志，今山西霍縣東北）地方才停下來。

打進王宮的人民，沒找到周厲王，敲敲打打一陣，又去找太子靖，為了保護太子，當時的召穆公忍痛交出了自己的兒子，這事才算完。

周厲王是不敢回來了，人們等著拿鋤頭砸死他呢，但是沒有國王也不是辦法，大家商量，就推舉召穆公和另一個大臣周定公主持貴族會議，暫時代替周天子行使職權，歷史上稱為「共和行政」。

共和元年，也就是西元前841年起，中國歷史才有了確切的紀年。共和行政維持了14年之後，周厲王在彘死了以後，太子才開始即位，就是周宣王。宣王比他爹強，是個肯處理政務的人，上位以後就好好的為百姓們謀了福利。

紅顏禍水褒姒

經過這一場國人暴動，周朝統治者已經外強中乾，興盛不起來了。周宣王在位的時候還好點，人家好歹是個肯做事的人，國家就算再中乾，也還是算可以的。周宣王時期就是周朝歷史上有名的宣王中興，可惜宣王一死，兒子幽王繼位，周朝就完蛋了。

周幽王一點沒繼承他老爹的優良傳統，成天不工作，胡攪蠻纏。幽王最喜歡看美女笑。當然了，美女本來就好看，一笑起來就更好看了，但是把國家給笑沒了的美女，就算笑的再好看，也不是個好女人啊。

閹人歌唱家李延年曾在漢武帝面前一展歌喉：「北方有佳人，絕世而獨立，一顧傾人城，再顧傾人國，寧不知傾城與傾國，佳人難再得。」

殊不知，在中國如此漫長的歷史中，多少綠珠小蠻、環肥燕瘦，巧笑倩兮，千嬌百媚，但是能真正一笑傾城傾國的，恐怕只有褒姒一人而已。褒姒也就是周幽王喜歡的那個女的。

褒姒很奇怪，她不愛笑。這可把周幽王急壞了，他是千方百計地逗褒姒笑，但是這位美女的笑點太高，幽王的幽默本領不高，褒姒就是不笑，這讓幽王鬱悶了。

幽王也不是個省油的燈，他想美女不笑，那就逗美女笑吧，於是幽王就帶褒姒外出遊玩兒。遊玩途中，幽王有了主意，他把褒姒帶到了烽火臺上，命人將烽火給點燃，這一點就出大事了。

這一場景成了歷史的定格畫面：西元前773年，見到遠處的驪山上濃煙滾滾，火焰衝天，各路諸侯都不敢怠慢，馬不停蹄地率領將兵趕往驪

山。經過一個晚上的急速奔襲終於是抵達了驪宮，可是眼前根本就是一片寧靜，絲毫沒有兵戈相向的跡象，正茫茫然不知所以時，宮裡傳出一句「幸無外寇，不勞跋涉」就將他們打發了回去。

眾將兵是一頭霧水，這時候卻看到了倚靠在驪宮城樓上的褒姒，她的笑靨綻放在連山而起的滾滾烽火之中，樓下剛剛還是一片萬馬奔騰的景象，在看到樓上褒姒滿意的笑容之後卻都變得面面相覷。眾將兵這才知道自己上當了，周幽王烽火戲諸侯為的竟然只是博得美人一笑。

雖說是千金難買美人笑，千兩黃金在富得流油的周幽王眼裡也不過是一片金黃的落葉，不值一提，可是這國家大事他可就開不得玩笑了。如今這玩笑既然已經開了，那諸侯國索性也就繼續奉陪下去了。

想當年，一代英豪周武王滅了慘無人道的商紂王之後，分封了十多個大大小小的諸侯國。武王是個有文化的人，他懂得賞識人才，於是姜尚等賢臣都得以重用。周王室和周邊的諸侯國也都禮尚往來，相安無事。

周王室作為老大哥一直保護著各個諸侯國的安全，而封國則要盡到兄弟的義務，定期給自己的老大哥送點好東西，順道拜見周天子，還要用重兵把守周王室的王土。

周王室在和平友好協議的引領之下，無論是高官還是百姓，都生活得十分和諧。當然，再和美的王室也會出一些小亂子，後來的武庚叛亂和國人暴動讓周公和召公立了周幽王的老爸太子靖為王，也就是周宣王。

比起周武王來，宣王的能力就略遜一籌了。可是他仍舊是學了點知識的人，能夠繼承武王的風範，任人唯賢，周王室也因此而進入了中興的時期。

等到兒子周幽王即位的時候，周朝已經開始在動亂的微風中搖曳了，但看在周天子作為「天下共主」的餘威尚存，各路諸侯對周幽王還留有一點敬意。當看到驪山上燃起了熊熊烽火之後，諸侯國還都著急地派人前來相助，可是誰又想到周幽王如此不成氣候。

BC	上古時期
	夏
— BC2000	
— BC1800	
— BC1600	商
— BC1400	
— BC1200	
— BC1000	周
— BC800	
— BC600	春秋
— BC400	戰國
— BC200	秦
	西漢
— 0	
	東漢
— 200	三國
	晉
— 400	南北朝
— 600	隋朝 唐朝 武則天稱帝 安史之亂
— 800	五代十國 北宋
— 1000	南宋
— 1200	元朝 明朝
— 1400	
— 1600	清朝
— 1800	
— 2000	中華民國

狼來了的翻版

看到褒姒笑了，心花怒放的周幽王又想立美女生的那個孩子為王，這下子大家是徹底不同意了。

大臣們紛紛勸阻，但是周幽王就是一意孤行。非要把原來的太子給廢了，把原來的皇后給廢了。周幽王為什麼這麼寵愛褒姒，這還得把事情追溯到西元前780年，也就是周幽王做皇帝的第二年，周王朝的創業基地岐山卻崩裂了，三川也跟著乾涸。文武百官以為這都是周幽王的胡鬧而讓國家走進了水深火熱之中，想藉此機會讓幽王悔改。叔帶一向是個好臣子，他趕忙對幽王進行規勸，可是幽王卻聽了虢石父的讒言，把叔帶趕回了封國趙。

後來褒國國君褒珦也藉機進諫，不料卻被周幽王打入了天牢。看到父親被押入大牢之後，兒子褒洪德急得像熱鍋上的螞蟻一樣，不知如何是好。老天爺卻偏偏開了眼，讓褒洪德在路上遇到了一位美女，他把這位女子精心打扮了一番之後，取名為褒姒，獻給了周幽王。

幽王本就好色，哪裡抵擋得住褒姒的狐媚，褒珦不但赦免出獄，而且還恢復了原職。作為一個政治美女，褒姒的交際手腕很強，她能把周幽王牢牢地握在自己的手心裡。

周幽王吵著要廢太子，和她脫不了關係。雖然大家都攔著，但是褒姒可不是一盞省油的燈，她心腸毒辣，設計讓周幽王廢了申后和太子宜臼，將太子發配到了中國。自己坐上皇后的寶座，兒子伯服也順利地成為新一任太子。

周幽王被褒姒迷得神魂顛倒，唯一讓他不滿意的是，褒姒的臉上很少會有笑容。褒姒喜聽一些奇怪的聲音，比如裂繒之聲才會露個笑臉，為了換得美人一笑，周幽王就讓宮女們每天都撕扯彩繒百匹。然而褒姒雖喜歡聽這聲音，臉上卻依舊不常見笑容。

但是自從上次烽火戲諸侯之後，褒姒就笑了。看到褒姒笑了，幽王更

BC

埃及第一王朝形成
古印度興起
BC2000—

巴比倫第一王朝

—

愛琴文明
亞述擊敗巴比倫
—

BC1000—

羅馬王政時代
第一屆奧林匹克
—

佛陀誕生
羅馬共和時代
—
蘇格拉底出生
柏拉圖出生
亞里士多德出生

耶穌基督出生　0—

—

基督教為合法宗教
君士坦丁統一羅馬
—

回教建立

—

神聖羅馬帝國開始
1000—
第一次十字軍東征

英法百年戰爭開始

哥倫布發現新大陸
拿破崙稱帝

美國南北戰爭開始
第一次世界大戰
2000—

高興，為了討好褒姒，幽王又要讓申侯將前太子宜臼殺死。申侯以前車之鑑勸阻幽王，虢石父卻倒打一耙，說申侯想要藉機叛亂。

昏庸無度的周幽王居然聽信了虢石父的一派胡言，罷免了申侯，轉而讓虢石父討伐申國。

幸虧申侯還有個大夫呂章，他急中生智，讓申侯向犬戎借兵求助。犬戎一萬五的兵力加上申侯本國的精兵，周王城已被圍得水泄不通。

周幽王驚慌了，趕忙命人再一次點燃驪山的烽火，他焦急地等待著各諸侯國前來相救，可是苦苦等待之下卻不見一個人影。鎬京終於淪陷了，周幽王和太子伯服都在戰亂中一命嗚呼，褒姒也被犬戎俘虜。

當初的周幽王怎麼也想不到，褒姒的傾城一笑讓各諸侯國的面子不知道往哪裡放，周王朝的威嚴就在烽火中燃盡。

普天之下莫非王土

一場大亂之後，中原諸侯打退了犬戎，立原來的太子姬宜臼為天子，就是周平王。新上任的周平王已經無力建造宮室，正當他憂心忡忡的時候。犬戎又打過來了，周朝西邊大多土地都被犬戎占了去。

周平王擔驚受怕，他擔心犬戎再一次入侵，無奈之下遷都洛邑，也就是今天的洛陽。西元前770年，周平王遷都洛邑。洛邑坐落於鎬京的東面，因此被稱為「東周」。遷都之後，周王室在各諸侯國中幾乎沒了威信，「春秋五霸」這才粉墨登場。

西元前1046年到西元前771年，前後歷經275年，西周王朝終告結束。後來的歷史中，就把周朝以鎬京為國都的時期，稱為西周；遷都洛邑以後，稱為東周了。

周朝時候流行兩句話叫「普天之下，莫非王土；率土之濱，莫非王臣」。周朝時候強調土地都是天子的，普通人想要地，可以，但只能讓天子分給你，如果天子不樂意給你，那你就沒法得到。

BC　上古時期

夏
— BC2000
— BC1800
商
— BC1600
— BC1400
— BC1200
周
— BC1000
— BC800
春秋
— BC600
戰國
— BC400
秦
— BC200
西漢
— 0
東漢
— 200
三國
晉
— 400
南北朝
隋朝
唐朝
— 600
武則天稱帝
安史之亂
— 800
五代十國
北宋
— 1000
南宋
— 1200
元朝
明朝
— 1400
— 1600
清朝
— 1800
中華民國
— 2000

而且，就算天子把土地分給你，那你也只是有使用權，沒有所有權。要是哪一天，天子不高興了，他說拿回來就拿回來了，一點都不需要跟你商量的。

總之就是一切都是周天子說了算，他要給你分土地，那你就接著，他要把土地拿回來，那你也只能乖乖上交，沒轍。

那個時候，有一幫人給你種地，交納供賦，這種制度叫做井田制，跟這種井田制度很類似的就是分封制。

分封制就是周天子想封誰當自己的手下，那就封誰，比如他相中了某人，要分他十個八個小城池管著，那麼這個人就是諸侯，就有了自己的封地。姬姓就是與天子同姓，天子的兄弟、叔伯、子侄被分封，封完親戚再封功臣，這個順序是不能亂的。

當然，當分封的諸侯看起來很威風，但是卻是需要聽周天子的話，沒事的時候，諸侯就要給君王貢獻吃的，玩的，喝的。有事情的時候，諸侯就要帶著人馬去打仗。

其實，周朝分封這麼多諸侯也是迫不得已，雖然國土面積大不到哪去，但是那時候生產力不發達，從一個地方去另一個地方，得走好幾個月，萬一迷路了，還得重走。

周天子分封諸侯也是有他的道理的，因為普天之下，都是他的地盤，讓他一個人管，他又沒有三頭六臂，實在是管不過來。所以，找幾個可靠的，能力過得去的諸侯替自己看著地盤，還是輕鬆的。

不過大權還在他手裡，不用擔心底下的人不好好幹。管讓你管，但你也得聽話，諸侯們需要經常去給天子請安問好，哪個想偷懶是不行的。一次不來就降低爵位，兩次不來就要回你的地，三次不來就剝奪你的權力，四次不來就該死翹翹了。

周朝這樣做，也是在一定程度上鞏固了他的王朝統治。

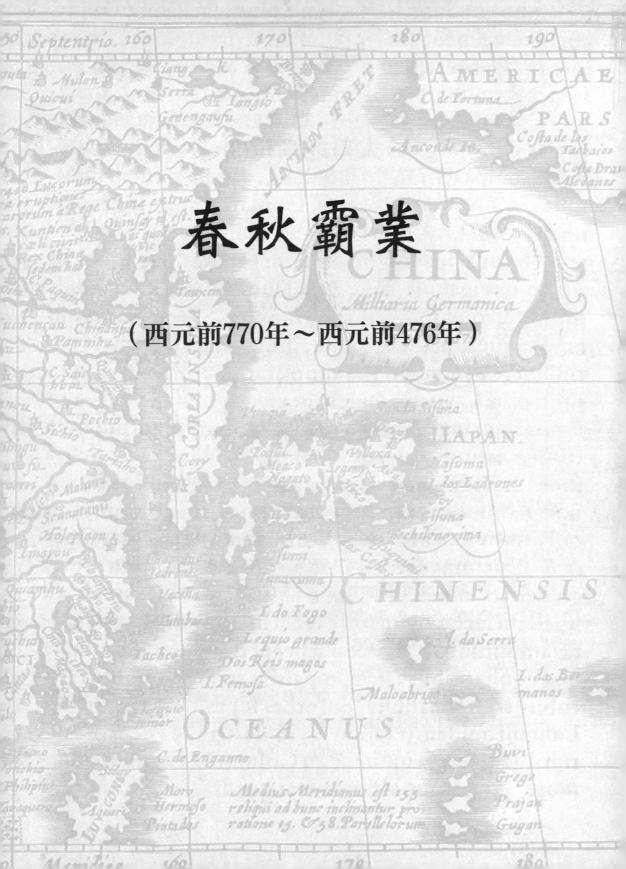

春秋霸業

（西元前770年～西元前476年）

大幕逐漸拉開

兄弟不聽話了

周平王東遷洛邑以後的東周，實力就漸漸不行了，勢力一落千丈，諸侯不再聽從天子的命令，不再朝覲和納貢，不時地還要說幾句天子的風涼話，這在以前是諸侯們想都不敢想的事情。

周王室的衰落，讓周朝天子名義上是各國共同的君主，實際上他的地位只相當一個中等國的諸侯。

到了周平王的孫子周桓王繼位的時候，情況變得更加糟糕了，鄭國的鄭莊公不服，不去朝覲，這讓周桓王很是惱火，自己才上臺幾天，底下人就敢鬧意見，發脾氣了，這時間久了，自己的臉還往哪擱啊。

怒火中燒的周桓王帶領周軍及陳國、蔡國、虢國、衛國四國部隊討伐鄭國，結果鄭國部隊力挫聯軍，周桓王戰敗，敗就敗了吧，逞英雄的周桓王本想勇猛的衝在部隊前頭，為將士們做個表率，可是他卻表率沒做成，反而被鄭國大將一箭射中肩膀。

奇恥大辱，奇恥大辱啊。

當大哥的想教訓一下兄弟，讓兄弟乖乖聽話，結果反而被兄弟教訓了，這次周桓王的臉是徹底沒地方放了。被修理了一頓的周桓王從此威信大跌，本來就不服氣的諸侯們越加肆無忌憚了。

周朝天子的地位更下降了，既然老大不行了，那兄弟們就沒有顧忌

了，其他一些比較強大的諸侯國家用武力兼併小國，大國之間也互相爭奪土地，經常打仗，進而拉開了春秋的序幕。

這個時候的中原特別混亂，因為諸侯很多，大家就大魚吃小魚，小魚吃蝦米，相互吞併，打來打去，反正大家都打仗，你閒著只能被別人打。

在這個群雄亂舞的時代，只要是戰勝了所有的諸侯，就可以稱作霸主了。於是，為了這個奮鬥目標，各路諸侯紛紛崛起，大家舉著大旗就奔向了沙場，為了奪得更多的土地和人口而戰鬥。

周王朝從興盛到衰敗歷經幾百年的過程，在這個漫長的時間裡，集權制度逐漸形成，統治者們都想維護自己的權力，周朝的衰敗，讓人類歷史進入到了一個弱肉強食，群魔亂舞，戰火紛飛的年代。

戰爭給百姓造成了無窮無盡的痛苦，為統治者帶來了無盡的利益。在這些諸侯爭霸中，齊國是勝算最大的一個諸侯國，齊國是周武王的大功臣太公望的封國，本來就地方大，人氣旺的，是塊風水寶地。而且齊國人懂得治國齊家的，齊國被他們發展得很是不錯，頗有與周朝一爭高低的架勢。

窩邊草不好吃

齊國君主齊襄公對於爭奪霸主並不是很感興趣，因為他是個多情的君主，當然了，人不多情枉少年，但問題是齊襄公多情誰不好，偏偏要去多情自己的親妹妹文姜，兄妹亂倫。實在是一件不光彩的事情，大家都知道周代的宗法制有嚴格規定，同姓貴族不得通婚，連姓相同都不行，那麼齊襄公和自己的妹妹之間的不正當關係簡直就是天理難容了。

但是，齊襄公毫不在乎，即便文姜被齊僖公（齊襄公之父）嫁到魯國（今山東曲阜），成了魯國國君夫人，齊襄公都不肯放手，他派人暗殺了自己的妹夫魯桓公，將文姜放到齊魯邊境金屋藏嬌起來。

這段不倫戀情被皇室裡的許多人唾棄，但沒辦法，齊襄公是齊國老

夏
— BC2000
— BC1800
商
— BC1600
— BC1400
— BC1200
周
— BC1000
— BC800
春秋
— BC600
戰國
— BC400
— BC200 秦
西漢
— 0
東漢
— 200
三國
晉
— 400
南北朝
— 600 隋朝
唐朝
武則天稱帝
安史之亂
— 800
五代十國
北宋
— 1000
南宋
— 1200 元朝
明朝
— 1400
— 1600
清朝
— 1800
中華民國
— 2000

埃及第一王朝形成
古印度興起
BC2000—

巴比倫第一王朝

愛琴文明
亞述擊敗巴比倫

BC1000—

羅馬王政時代
第一屆奧林匹克

佛陀誕生
羅馬共和時代

蘇格拉底出生
柏拉圖出生
亞里士多德出生

耶穌基督出生　0—

基督教為合法宗教
君士坦丁統一羅馬

回教建立

神聖羅馬帝國開始
1000—
第一次十字軍東征

英法百年戰爭開始

哥倫布發現新大陸
拿破崙稱帝

美國南北戰爭開始
第一次世界大戰
2000—

大，他想做什麼事情，別人是沒辦法阻攔的。就這樣，齊襄公把一大堆老婆扔在宮殿裡不管，自己跑大老遠地去和妹妹文姜溫存。

　　不知道是不是上天對他的懲罰，風流成性的齊襄公雖然擁有女人無數，他也留情無數，但就是沒有留下一個種。齊襄公在位20年，居然一個兒子也沒有，這真是天大的笑話，一個君主沒有兒子，那就是後繼無人，也就是說這個君主的椅子將會在齊襄公死後閒置出來，誰都能坐。

　　齊襄公是屬於及時行樂，時不我待的人，他才不管自己死了以後的事情呢，他繼續玩他的。但是他不關心，有人關心。

　　齊僖公有個弟弟叫夷仲年，兩人關係很好，夷仲年早死，留下一子名公孫無知，齊僖公對他視如己出，寵愛有加。或許是嫉妒，或許是出於別的原因，反正齊襄公一上臺就把公孫無知所有的好待遇都免除了，這讓公孫無知很是惱火。

　　其實不光是對公孫無知使壞，齊襄公對誰都不厚道。

　　幹了很多缺德事的齊襄公，不但對手底下的人不好，對別的國家的人更是差勁，他在位的時候，窮兵黷武，連年征戰，拓土開疆，搞得民不聊生，老百姓都沒法生活了。

　　於是，在西元前686年的時候，齊國爆發了一場內亂，內亂就是由被齊襄公奪走特權的公孫無知挑起的，他依靠從被齊襄公冷落的後宮女人那裡得來的情報，知道了齊襄公外出打獵未歸，便在朝中做好了準備，然後聯合那些不滿齊襄公不公正待遇的將士們，一起將齊襄公殺死了。

　　可憐的齊襄公就這樣被滅口了，暴動分子公孫無知被推舉為新的齊國君主，但是好景不長，公孫無知也很快被殺死了，這下齊國沒了領頭人，大家感到很棘手。便想到了齊襄公的兄弟。

　　襄公有兩個兄弟，一個叫公子糾，當時在魯國（都城在今山東曲阜）；一個叫公子小白，當時在莒國（都城在今山東莒縣）。他們是在公孫無知發動戰亂的時候逃跑出去的，現在仇人死了，自然是該歸位了。

小白太倒楣

齊僖公一共有三個兒子，除了死去的齊襄公，剩下兩個兒子都是皇位的合理繼承人。但是兩人都不在齊國，為了繼承這個位子，兩人都拼了小命地往齊國趕，要去爭奪這個位子。首先來介紹一下這兩位公子的背景。

次子公子糾，庶出，他的母親是一個魯國女子，她很受齊僖公的寵愛，而且魯國是大國，實力雄厚，公子糾可謂是靠山穩當。又有管仲、召忽等賢人輔佐，所以公子糾的呼聲最高，大部分人都挺他上位。

而且魯國也不會放棄這個干涉齊國內政的機會，當時的國君魯莊公拍著胸脯說要派大隊人馬護送公子糾回齊國繼位。

相比起爹疼娘愛的公子糾，公子小白那可真是一個苦命孩子，母親衛姬死得早，而且衛國的國君衛惠公整天忙著鎮壓國內動亂，根本沒時間，也沒精力去管公子小白的事，看來想要外援支持，是不可能的事了。

小白只能自力更生，他逃到了莒國，在那裡安頓下來，打算累積力量，東山再起，而他也終於等到了這個機會。

公子小白和公子糾開始了爭分奪秒的奪位賽。

當時公子糾身邊有一個師傅叫做管仲，公子小白有一個師傅叫做鮑叔牙，這兩個師傅都是絕頂厲害的人物。魯國的國君魯莊公決定親自護送公子糾回齊國，但是管仲想得更長遠，他跟魯莊公說：「公子小白在莒國，離齊國很近。如果讓他先進入齊國，那我們的麻煩就大了，我去帶人攔住他。」

管仲帶了一隊人馬就奔公子小白那去了，果然被管仲料到，小白得知了齊襄公的事情，正快馬加鞭地往齊國趕呢，有君主當這種好事，誰不想搶先啊。

在小白急忙趕路的時候，管仲把他給攔下了，在兩隊人馬混戰的時候，管仲拿起弓就對小白放了個冷箭，管仲射得很準，當下就把小白射中了，小白躺在地上叫喚了一陣就把脖子一歪，眼睛一閉，不動彈了。

BC 上古時期

夏
— BC2000
— BC1800   商
— BC1600
— BC1400
— BC1200
            周
— BC1000
— BC800   春秋
— BC600
            戰國
— BC400
— BC200   秦
            西漢
— 0   東漢
— 200   三國
            晉
— 400   南北朝
— 600   隋朝
            唐朝
            武則天稱帝
            安史之亂
— 800   五代十國
            北宋
— 1000   南宋
— 1200   元朝
            明朝
— 1400
— 1600   清朝
— 1800
            中華民國
— 2000

管仲看到小白死了，高高興興地回魯國報信去了，告訴公子糾，對手已經見閻羅王去了，他們可以慢慢悠悠，遊山玩水地過去齊國當國王了。

其實小白沒死，他倒在地上不過是裝死，管仲那一箭射中的不過是公子小白衣帶的鉤子，公子小白大叫倒下，是他的計策。這公子小白也不是個省油的燈，他為了讓管仲放心，就用了裝死這招，果然騙過了管仲。

等管仲他們走了以後，小白和鮑叔牙就日夜兼程的往齊國趕，哪條路近走哪條路，最先趕到了齊國，等到公子糾和管仲遊山玩水夠了，去到齊國境內的時候，小白早就已經到了國都臨淄，當上了國君，他就是齊桓公。

小白剛當上君主，就派人去通知魯莊公，告訴魯莊公趕緊殺了公子糾，然後把管仲押送到齊國。魯莊公怕小白派人打他，只得照辦。

玩得高興的公子糾就這樣被魯莊公派人給砍了腦袋，而管仲也成了階下囚。管仲傻眼了，沒想到對手那麼狡猾，管仲被關在囚車裡送到齊國。鮑叔牙立即向齊桓公推薦管仲，齊桓公很記仇，他認為管仲射了他一箭，他一定得砍死管仲才行。

但是鮑叔牙勸他：「算了，他那時候是公子糾的師傅，他拿箭射你，說明他忠心啊，這樣的人才可用。」

齊桓公想了想，也對。就把管仲放了，不但不辦管仲的罪，還立刻任命他為相，讓他管理國政。西元7世紀前期，齊桓公任用管仲為相，進行改革，取得了很大的成效。管仲整頓內政，開發富源，大開鐵礦，多製農具，提高耕種技術，又充分利用海資源，拿海水煮鹽，鼓勵老百姓入海捕魚。

鹽是必需品，齊國有大量的食鹽，就能賣給其他諸侯國，而齊國就越來越富強了。

第一個稱霸的諸侯

第一個霸主是齊國（都城臨淄，在今山東淄博）的齊桓公。

因為齊國沿海，能夠利用沿海的一些資源，比如海產品什麼的，就把齊國的生產力提高上來了，國力增強了不少。這其中，管仲自然是出力不少。

管仲其實是個不那麼出色的人，這人從小就被認為德行不好，當兵的時候，大家都是舉著兵器往前衝，只有他抱著腦袋往回逃。結果就是大家都死了，他活下來了。管仲的理由很動人，他說自己家裡頭有個老母親，如果自己死了，那老母親就沒人照顧了。

後來他跟朋友做買賣，也特別不厚道，老是占朋友們的便宜，到最後，大家都不愛跟他相處了。大致來說，管仲不算個壞人，就是非常實際，是個實用主義者。他為了達到自己的目的，不會去在意太多外在的東西。

所以，這樣的人最適合當實幹家，而改革就需要實幹家，管仲在相齊的時候，有一句特別精彩的論斷：「倉廩實而知禮節，衣食足而知榮辱。」

意思就是沒有物質文明，還談什麼精神文明，只有物質文明豐富起來，精神文明才能同樣豐富起來，這二者是相輔相成的。古人說話就是精闢，十幾個字就相當於我們現在的一篇論文了。

在管仲的理論支持下，齊國高舉著製造物質文明的大旗，開始了大張旗鼓的改革，本來齊國的地理位置就好，背靠大海，盡享漁鹽之利，國君也是個務實的人，再加上管仲這麼一個實幹家，齊國很快就做強做大了，成為了諸侯各國中實力最強的國家。

為了讓別的諸侯國不敢來冒犯，齊桓公還建立起一支多達30000人的常備軍，齊桓公這是犯規出牌，按照周公以前定制的規矩，諸侯國的軍隊規模不能超過7500人，結果齊桓公就搞了這麼龐大一支部隊，要知道當時

BC　　上古時期

夏
— BC2000
— BC1800　　商
— BC1600
— BC1400
— BC1200
周
— BC1000
— BC800
春秋
— BC600
戰國
— BC400
秦
— BC200　　西漢
— 0
東漢
— 200
三國
晉
— 400
南北朝
— 600　　隋朝
唐朝
武則天稱帝
安史之亂
— 800
五代十國
北宋
— 1000
南宋
— 1200　　元朝
明朝
— 1400
— 1600
清朝
— 1800
中華民國
— 2000

周天子自己的部隊規模也不過只有35000人。

有了軍事力量做後盾，齊桓公顯得霸氣十足，周圍的諸侯國都不敢惹他，齊桓公找到了點當領袖的感覺。

但是齊桓公遠沒有滿足於讓別人不敢惹自己，他還要去惹別人，當時的諸侯競爭已經發展到了白熱化的階段。大家都是鬥得你死我活，通過兼併戰，諸侯國已經沒有原來那麼多了，這個時候，誰能強大到吞併所有的諸侯國，誰就是中原的霸主。

當所有諸侯國的霸主可比當一個諸侯國的君主好多了，齊桓公決心為此而努力。

得寸進尺招人打

齊桓公即位後，依靠管仲的幫助，事業上取得了不小的成就，強大起來的齊桓公開始四處兼併別的諸侯國，但是就在齊桓公春風得意的時候，一次戰爭讓他頓時灰頭土臉了下來，很沒面子。

在齊桓公即位的第二年，也就是西元前684年，齊桓公派兵進攻魯國。魯莊公本來對齊國一忍再忍，當日齊桓公讓他殺死公子糾他都照辦了，後來齊桓公提出的各種各樣的無禮要求，他也忍了。

但是人善被人欺，馬善被人騎這句話真不是白說的，齊桓公得寸進尺的態度讓魯莊公決定從沉默中爆發，不再忍耐了，他要跟齊國決一死戰。

而齊國進攻魯國的事情，也讓魯國的人們非常憤慨，他們決定和自己的君主同進退，怕就怕民心太整齊，這股力量可是無窮大的。

在魯莊公忙著佈置戰術的時候，一個名叫曹劌（音貴）的魯國人前去見他，要求參加抗齊的戰爭。

曹劌見了魯莊公提出了自己的要求，並且問：「請問主公憑什麼去抵抗齊軍？」

魯莊公很實在地回答道：「我平時的時候，有好吃的就和大家一起

吃，有好玩的就和大家一起玩，我拿大家當自己人，大家也會拿我當自己人吧，現在我有難了，大家就會幫我的。」

沒想到曹劌聽了直搖頭，說：「這種小恩小惠，得到好處的人不多，百姓不會為這個支持您。」

魯莊公又說：「我每次祭祀的時候，態度很虔誠的。」

曹劌：「這也不算什麼啊，神仙也管不了你。」

魯莊公想了想說：「那我在遇到百姓鬧矛盾，打官司的時候，我總是能夠很認真地去處理，從來不馬虎。」

這下，曹劌才點頭：「這倒是件得民心的事，我看憑這一點可以和齊國打上一仗。」於是，在曹劌的請求下，他和魯莊公一起去到了戰場上，齊魯兩軍在長勺（今山東萊蕪東北）擺開陣勢。

齊國仗著人多，打算速戰速決，一上場就敲起了戰鼓，想要開戰。魯莊公熱血沸騰地就要迎戰，可是曹劌把他攔住了，讓他再等等。

齊國的將士敲了半天，見魯國沒人出來，又開始敲鼓，魯國還是沒動靜，他們又敲，一直敲到第四遍的時候，魯國才出去跟他們打。

以為魯國害怕的齊國將士十分輕敵，結果沒想到魯國將士居然非常勇猛，一個抵十個。在這次戰鬥中，魯國大獲全勝，而人數眾多的齊國軍隊反而敗得一塌糊塗，這就是歷史上有名的「一鼓作氣，再而衰，三而竭」的案例了。

在曹劌指揮下，魯國擊退了齊軍，局勢穩定了下來。

本來魯國不想打仗，齊桓公非要去打，結果被人給修理了，齊桓公的鬱悶就別提了，但至少一段時間內，齊桓公是不敢再去招惹魯國了，他怕再被修理，那可真是把笑話鬧太大了，會被其他諸侯看不起的。

BC　上古時期

夏

— BC2000

— BC1800
　　商
— BC1600

— BC1400

— BC1200
　　周
— BC1000

— BC800
　　春秋
— BC600
　　戰國
— BC400

— BC200　秦
　　　　西漢
— 0
　　東漢
— 200
　　三國
　　晉
— 400
　　南北朝

— 600　隋朝
　　　唐朝
　　武則天稱帝
　　安史之亂
— 800
　　五代十國
　　北宋
— 1000
　　南宋

— 1200　元朝
　　　　明朝
— 1400

— 1600　清朝

— 1800

　　中華民國
— 2000

BC	
埃及第一王朝形成	
古印度興起	
BC2000—	
巴比倫第一王朝	
愛琴文明	
亞述擊敗巴比倫	
BC1000—	
羅馬王政時代	
第一屆奧林匹克	
佛陀誕生	
羅馬共和時代	
蘇格拉底出生	
柏拉圖出生	
亞里士多德出生	
耶穌基督出生 0—	
基督教為合法宗教	
君士坦丁統一羅馬	
回教建立	
神聖羅馬帝國開始 1000—	
第一次十字軍東征	
英法百年戰爭開始	
哥倫布發現新大陸	
拿破崙稱帝	
美國南北戰爭開始	
第一次世界大戰	
2000—	

大步前進中

猛男娶美女

打了敗仗的齊桓公很沒面子，為了挽回面子，他要在經濟上打敗魯國。齊國經濟實力雄厚，尤其是齊國有著大量出售的食鹽，如果齊國不肯將鹽賣給魯國，那魯國人就沒法活了。齊桓公自己不對，他不但不肯承認，打輸了仗還要蓄意報復。

雖然魯莊公憋了一肚子火，但是為了大局考慮，他還是找到齊桓公，希望講和，為了表示自己的誠意，他決定幫齊桓公說一門親事。

聽完魯莊公給自己介紹的這個對象，齊桓公很是高興，這個女人來頭不小，她是周莊王的女兒王姬，地位尊貴無比，齊桓公知道能夠攀上周天子這門親，對他自己是很有好處的，想到這裡，他和魯莊公握手言和了。

西元前683年的冬天，齊桓公親自來到魯國，迎娶周王女兒王姬。為什麼要到魯國去迎取呢，因為周禮繁雜，天子將女兒嫁給諸侯，必使同姓諸侯出面主婚，魯國是周公旦的封地，而周公旦與周武王是兄弟，所以，魯國和周朝的關係就非常近了，歷代齊侯娶王女，一般都由魯君來說媒主婚。

娶了周王的女兒，齊桓公很是高興。

當個強悍的君主就是好，什麼好事都能輪上，結婚這種事還有人寫詩歌讚頌一番，而且在齊桓公娶周女的時候，徐、蔡、衛等姬姓中小諸侯也

各自送來女兒，作為周王女兒的陪嫁之滕妾。娶一個搭幾個，這種好事真是讓齊桓公笑翻了。

娶了周王的女兒，齊國地位提升了不少，但是齊桓公距離霸主地位還是差一截的，齊桓公志向遠大，一心要當諸侯中的霸主，因為當了霸主，就能像以前的周君主一樣，對其他諸侯國發號命令，讓別人聽自己的話，這是多麼讓人嚮往的事啊。

他對管仲說：「現在我們兵精糧足，是不是可以會合諸侯，共同訂立個盟約呢？」

管仲比齊桓公冷靜，他給齊桓公潑冷水：「我們憑什麼去會合諸侯呢？大家都是周天子下面的諸侯，誰能服誰呢？雖說現在的天子沒了權勢，看起來誰都能打一棍子，但畢竟瘦死的駱駝比馬大，他還是有威望在那裡擺著的。」

「那怎麼辦呢？」齊桓公可憐巴巴地望著管仲。

管仲給他出了個主意，想要稱霸，也不是不可以，但是要慢慢來，循序漸進地進行。齊國要想對外擴張，也不能師出無名，管仲就提出了一個「尊王攘夷」口號。

意思就是說，新天子（指周釐王，釐音希）才即位，正是需要諸侯支持的時候，如果這個時候，齊桓公能夠放下架子，派個使者向天子朝賀，順便幫他出個主意，提出一個關於宋國事情的處理方法。

有管仲這樣的得力幫手真是好，什麼事都能替你考慮周全了。聽完了管仲的主意，齊桓公很滿意，他彷彿已經看到了霸主在向自己招手。

開會不捧場

宋國地處中原，最近正在發生一場大內亂，亂得讓人頭暈，大得過於離譜。

宋國和魯國打仗，這本來不是什麼大事，諸侯國之間沒事就打打仗，

BC　上古時期

夏
— BC2000

— BC1800
商
— BC1600

— BC1400

— BC1200
周
— BC1000

— BC800
春秋
— BC600
戰國
— BC400
秦
西漢
— BC200

— 0
東漢
— 200
三國
晉
— 400
南北朝
隋朝
— 600
唐朝
武則天稱帝
安史之亂
— 800
五代十國
北宋
— 1000
南宋
— 1200
元朝
明朝
— 1400

— 1600
清朝
— 1800
中華民國
— 2000

過過招，但是這次打仗，打出問題來了。宋國猛將南宮長萬被魯軍俘虜，宋國國君宋閔公於是輕視南宮長萬，覺得他不行。

這對南宮長萬是個打擊，這位老兄也是個火爆脾氣，他無法忍受這個恥辱，竟然在被放回宋國後暗殺了宋閔公，改立公子游為國君。因為這個就殺掉自己的主子，這個做法太過偏激了。

逃到別國的宋國諸公子，又向曹國借兵，發起反攻，要為自己老爹報仇，也要奪回君主之位。很慶幸的是，諸公子贏了，帶領軍隊攻進了宋都，殺死公子游，改立公子禦說為國君，也就是宋桓公。

而之前還得意洋洋的南宮長萬在戰敗後，自己拉著一輛破車，帶著自己的老母親就開始了狂奔逃竄的生涯。有一天，他逃進了陳國，本想著這下宋國人可捉不到自己了。沒想到宋桓公向陳國要人，陳國為了不得罪宋國，就把南宮長萬逮住，交了出來。

被押送回宋國的南宮長萬和他老娘，一起被宋桓公殺了。宋國這些亂七八糟的事讓周天子很頭疼，齊桓公決定趁此機會，召集諸侯開個會，以穩定宋國政局，同時號召大家共同維護周朝和諧社會，不要重蹈宋國覆轍。

當然了，這是表面上的托詞，其實是宋恆公想鞏固自己的威信。

周天子那個時候早就是被人遺忘的角落了，大家都紛紛占地盤，誰有空搭理他，可是這次周釐王剛剛即位，齊國居然就帶著禮物來看他，所以，周天子很高心地答應了齊桓公的要求。

西元前681年，齊桓公就帶著周釐王的命令，通知各國諸侯到齊國西南邊境上北杏（今山東東阿縣北）開會。

不過，齊桓公的威信並不大，他大張旗鼓地宣傳了一番，但是準時來開會的諸侯國只有宋、陳、蔡、邾四個國家。還有幾個諸侯國，像魯、衛、曹、鄭（都城在今河南新鄭）等國，都在處於觀望中，他們想看看風頭再說。

不過沒關係，齊桓公的心很寬，只要有人來，就說明他的這個主意還是有效果的。但是有人心很窄，那就是宋桓公，他本來以為這次大會在自

過過招，但是這次打仗

埃及第一王朝形成
古印度興起
BC2000—

巴比倫第一王朝

愛琴文明
亞述擊敗巴比倫

BC1000—

羅馬王政時代
第一屆奧林匹克

佛陀誕生
羅馬共和時代
蘇格拉底出生
柏拉圖出生
亞里士多德出生

耶穌基督出生　0—

基督教為合法宗教
君士坦丁統一羅馬

回教建立

神聖羅馬帝國開始
1000—
第一次十字軍東征

英法百年戰爭開始

哥倫布發現新大陸
拿破崙稱帝

美國南北戰爭開始
第一次世界大戰
2000—

己的地盤上開，那肯定是自己主持，可是沒想到，齊國老大跑來他的地盤上充老大了，這讓他很鬱悶。

宋桓公很有個性，大會還沒召開，他就溜走了。這讓齊桓公感到很沒面子，他簡單地給剩下三國喊了幾句政治口號，就草草地將會議結束了。

在這個北杏會議上，大家公推齊桓公當盟主，訂立了盟約，這就是齊桓公「九合諸侯」（指九次重要盟會，不包括其他小型盟會）的第一合，雖然沒人捧場，也沒談出點實際意義來，但這是周朝有史以來第一次以諸侯身份主持會盟的稱霸活動，它代表著中國共主政治的結束，霸主政治的開始，意義還是非常重大的。

讓大爺教訓你

宋桓公的半路開溜讓齊桓公很是不爽，他回家後越想越生氣，就跟管仲商量要不要去教訓一下宋國。

管仲考慮了一下，說此事可行，但要先跟周天子商量一下，這樣才師出有名啊。

齊桓公表示同意，他去了成周一趟，給宋桓公告了一個大黑狀，他說的宋桓公簡直就是非揍不可了。周天子當然沒意見，他也不敢有意見，他不但同意齊桓公去打宋國，而且他還派了周卿士單伯，率領王師，與諸侯聯軍　同伐宋。

於是，在齊桓公六年（西元前680年）春，齊桓公找上了陳國和曹國，三國帶著軍隊就跑宋國去興師問罪了。

在經過上次的會盟之後，齊桓公的勢力是發展得越來越大了。宋國哪惹得起他，宋桓公看到齊桓公雄赳赳氣昂昂地前來，嚇得趕緊求饒，說自己再也不敢了，求齊桓公放過他。齊桓公也大方地表示自己原諒宋桓公了。

齊桓公還說我們兩國一定要團結起來，團結力量大嘛，只有團結起

夏
— BC2000
— BC1800
商
— BC1600
— BC1400
— BC1200
周
— BC1000
— BC800
春秋
— BC600
戰國
— BC400
秦
— BC200
西漢
— 0
東漢
— 200
三國
晉
— 400
南北朝
— 600
隋朝
唐朝
武則天稱帝
安史之亂
— 800
五代十國
北宋
— 1000
南宋
— 1200
元朝
明朝
— 1400
— 1600
清朝
— 1800
中華民國
— 2000

埃及第一王朝形成
古印度興起
BC2000—

巴比倫第一王朝

愛琴文明
亞述擊敗巴比倫

BC1000—

羅馬王政時代
第一屆奧林匹克

佛陀誕生
羅馬共和時代
蘇格拉底出生
柏拉圖出生
亞里士多德出生

耶穌基督出生　0—

基督教為合法宗教
君士坦丁統一羅馬

回教建立

神聖羅馬帝國開始
1000—
第一次十字軍東征

英法百年戰爭開始

哥倫布發現新大陸
拿破崙稱帝

美國南北戰爭開始
第一次世界大戰
2000—

來，我們才能一起發展，一起進步。

被嚇壞了的宋桓公只能點頭說是，從此以後，宋國就跟在齊國屁股後頭，鞍前馬後地效命了。

在這年冬天，周大夫單伯與齊桓公、宋桓公、衛惠公、鄭厲公在鄄地（衛地，今山東甄城縣西北）會見，商談會盟事宜。第二年（西元前679年）春天，齊桓公又召開了九合諸侯的第二合，在這次會議上，宋、衛、鄭三個中原大國正式承認了齊桓公的霸主地位，《左傳》稱：「齊始霸也。」

齊桓公的霸主地位終於被大家承認了，這不光是齊桓公的榮耀，也是賦予了他更多的責任。在那個混亂不堪的春秋亂世，他當了老大，就要擔起老大的擔子。齊桓公花了七年時間，坐上了春秋霸主頭把交椅，但是他這椅子還沒坐穩當，就有人來給他搗亂了。

西元前664年，燕國（都城在今北京）派使者來討救兵，說燕國被附近的一個部落山戎侵犯，打了敗仗。燕國的使者哭著喊著求齊桓公給自己國家主持公道，於是，齊桓公義不容辭地決定率領大軍去救燕國。

這也是他稱霸天下的戰略之二——攘夷。

齊桓公親自率領大軍前去教訓山戎那幫人，面對無比強悍的齊國軍隊，山戎部隊吃了虧，他們立刻逃回了北方山區，利用山區地形，和齊軍打游擊戰。齊桓公絲毫不含糊，既然來了，就徹底打跑山戎，讓他們再也沒辦法欺負人。

山戎看到齊軍很是傷腦筋，他們還沒見過這麼難纏的中原軍隊。齊軍將藏在各處的山戎部隊都揪了出來，一掃而盡。至此，強大的山戎族徹底滅亡了，只有少數餘部逃到遼西一帶，再也沒敢回來，直到三百年後的戰國趙武靈王時期才恢復元氣。

打個沒完沒了

剛替兄弟出完氣，打完仗回來，齊桓公還沒來得及喘口氣，邢國又出事了，他們被赤狄族給打了。

所謂狄，《爾雅注疏》曰：「絕異壯大有力者，名狄。」可見這夥少數民族人有多麼的膀大腰圓，氣力如虹了。

這打完一個又來一個，齊桓公有些不耐煩了，他不大想管這事了。但是他的好幫手管仲站出來說話了，既然我們是一家人，自己家人被別人欺負了，你作為老大，怎麼能見死不救呢，你必須得去幫忙。

沒辦法，齊桓公收拾了一下又得出門打架去了，這次他還沒走到地方呢，聽說齊國大軍到來的狄人非常識時務地提前跑了，齊桓公這架沒打成，又原路返回了。但是管仲預言的對，戎狄對中原的財富是不會放棄的，他們今天跑了，明天還會來。

果然如此，僅僅過了一年，也就是西元前660年冬十二月，狄人再次大舉南下，去打比邢國更有錢的衛國了。本來衛國也算是一個中原大國，面對一隊流竄作案的小隊伍，還是能夠應付的。齊桓公也是這樣想的，他就沒有前去幫忙，在家歇著了。

但是不巧的是，他們的君主衛懿公很不爭氣，這傢伙好吃懶做不理朝政也就算了，他居然還玩起了收藏，衛懿公喜歡收藏鶴，成天和鶴待在一起的衛懿公什麼事也不幹，就欣賞鶴走來走去的姿勢。

面對狄人的入侵他也不著急，因為他自己家裡就已經鬧翻天了，衛國在鬧內亂，亂的是一團糟，內憂外患的。但就這樣，齊桓公也沒去管，不是他不想去，而是他沒工夫管，因為在中原的南邊，一個更加強大的少數民族崛起了，他的實力甚至都超過了齊國這樣的霸主國家。

這個勢力強大的就是楚國，楚國因為地處中原南部，相隔較遠，一向不和中原諸侯來往，而中原人也拿楚國當蠻人看待。楚國國君嫌地位低，所以乾脆自稱為王，跟天子平起平坐。當時的天子周昭王不高興了，親自

BC　上古時期

夏
— BC2000
— BC1800
　　商
— BC1600
— BC1400
— BC1200
　　周
— BC1000
— BC800
　　春秋
— BC600
　　戰國
— BC400
　　秦
　　西漢
— BC200
— 0
　　東漢
— 200
　　三國
　　晉
— 400
　　南北朝
— 600
　　隋朝
　　唐朝
　　武則天稱帝
　　安史之亂
— 800
　　五代十國
　　北宋
— 1000
　　南宋
— 1200
　　元朝
　　明朝
— 1400
— 1600
　　清朝
— 1800
　　中華民國
— 2000

去楚國討個說法。楚國人聽說天子要來，派出一艘船去迎接，沒想到那船是膠船，下水沒多久就散架了，周昭王一眾人全部落水葬身魚腹。

這樣的楚國居然日益強大，現在不把他們放在眼裡了。西元前656年，齊桓公約了宋、魯、陳、衛、鄭、曹、許七國軍隊，聯合進攻楚國。

楚國也積極備戰，楚成王派人跟齊桓公商量：「我從沒招惹你，你幹嘛打我？」齊桓公說：「你們也是周天子封的，你們幹嘛不服從周天子，從來不進貢啊？這樣我肯定得打你。」

雙方商量來商量去，沒個結果。

於是齊國和諸侯聯軍又拔營前進，一直到達召陵（今河南鄾城縣，召音紹）。楚國又派了使者前去，齊桓公故意在使者面前展示實力，讓他看看自己的部隊有多厲害。使者回去以後告訴了楚成王，楚成王想想這樣打，只怕兩敗俱傷，於是他就認了錯，答應進貢，只要齊國他們退兵。

就這樣，中原八國諸侯和楚國一起在召陵訂立了盟約，各自回國去了。後來，逐漸年邁的齊桓公又在宋國的葵丘（今河南蘭考東）會合諸侯，招待天子使者。並且訂立了一個盟約，主要內容是：修水利，防水患，不准把鄰國作為水坑；鄰國有災荒來買糧食，不應該禁止；凡是同盟的諸侯，在訂立盟約以後，都要友好相待。

這是九合諸侯的最後一合了，西元前645年，管仲病死了，之後過了兩年，齊桓公也病死了。他的五個兒子開始爭奪君主之位，齊國內亂，公子昭逃到宋國，齊桓公的死也昭示了齊國霸主地位的結束。

癩蛤蟆想吃天鵝肉

宋國是齊國的好幫手，宋襄公看到自己的老大家裡出事了，不能不管，於是他就通知各國的諸侯，請求他們和自己共同護送公子昭到齊國去接替君位。可惜宋襄公面子不夠大，沒人搭理他，只有三個小國家帶著少數人馬來了。

於是，宋襄公就和這三國人馬一起去到齊國，要求讓公子昭繼位。齊國正在搞政變的大臣和公子們，一看宋國帶了這麼多人來，就好漢不吃眼前虧吧，乖乖地把公子昭迎進了齊國，讓他當上了君主，他就是齊孝公。

齊國本來是盟主國家，但是經過這麼一鬧，威望就大不如前了，而以前一直依附於齊國的宋國，經過這次事件之後，地位頓時提升了一大截。宋襄公因為嘗到了甜頭，就想更進一步，他也想嘗嘗當霸主是什麼滋味。

但是宋國太小，實力薄弱，他要當霸主，那大家都能當霸主了，宋襄公就想去找楚國合作，希望能藉著楚國的力量去制伏其他國家。但他的大臣公子目夷對他這個笨到家的主意表示了反對。

他認為宋國是個小國家，小國家一沒人，二沒錢，爭著去當盟主沒什麼好結果。但是已經飄飄然了的宋襄公哪裡肯聽這樣的忠告，他邀請楚成王和齊孝公先在宋國開個會，商議會合諸侯訂立盟約的事。楚成王、齊孝公都同意，決定那年（西元前639年）七月約各國諸侯在宋國盂（今河南睢縣西北，盂音余）地方開大會。

看到兩個大國都同意自己的建議，宋襄公更是高興，他的大臣公子目夷又站出來勸他，他們可能會有什麼陰謀。

宋襄公沒聽。

到了那天，宋襄公開心地前往，公子目夷再次站出來說：「主公你可不能就這樣空手去啊，我們為了以防萬一，還是帶點士兵過去吧。萬一打起來，也好應付啊。」

但是宋襄公斷然拒絕：「我們不是為了打仗才去開會的，不帶。」公子目夷怎麼也無法說服他，只好空著手跟著去。

果然，在開大會的時候，楚成王和宋襄公都想當盟主，爭了起來。楚國仗著人多勢力大，占了上風。宋襄公本來想以理服人，以德服人，但楚國可不跟他講道理，隨行的一幫楚國人上前就把宋襄公逮了起來。

後來，在魯國和齊國的調解下，讓楚成王做了盟主，才把宋襄公放了回去。宋襄公回去後，越想越不服氣，他不甘心把這口氣就這樣嚥下去，正當他想辦法報復的時候，他的鄰國鄭國投靠了楚國。

BC　上古時期

— BC2000　夏

— BC1800

— BC1600　商

— BC1400

— BC1200

— BC1000　周

— BC800

　　　春秋
— BC600

　　　戰國
— BC400

— BC200　秦
　　　西漢

— 0

　　　東漢
— 200

　　　三國
— 400　晉

　　　南北朝

— 600　隋朝
　　　唐朝
　　　武則天稱帝
　　　安史之亂
— 800
　　　五代十國
　　　北宋
— 1000
　　　南宋

— 1200　元朝
　　　明朝
— 1400

— 1600　清朝

— 1800

　　　中華民國
— 2000

埃及第一王朝形成
古印度興起
BC2000—

巴比倫第一王朝 —

愛琴文明
亞述擊敗巴比倫 —

BC1000—

羅馬王政時代
第一屆奧林匹克 —

佛陀誕生
羅馬共和時代

蘇格拉底出生
柏拉圖出生
亞里士多德出生

耶穌基督出生 0—

基督教為合法宗教
君士坦丁統一羅馬

回教建立 —

神聖羅馬帝國開始
1000—
第一次十字軍東征

—

英法百年戰爭開始

哥倫布發現新大陸
拿破崙稱帝

美國南北戰爭開始
第一次世界大戰 —

2000—

　　宋襄公想自己打不過楚國，但能打過鄭國。於是他就把鄭國打了。挨了打的鄭國向楚國求救。楚成王可厲害了，他沒支援鄭國，倒是派人去攻打宋國的老窩了。這下慌了的宋襄公趕緊撤退，宋軍和楚軍就在泓水（在河南柘城西北）處打了起來。

　　楚軍把宋軍打敗了，宋襄公在逃跑中，腿上中了一箭，回去後，過了一年就死了。臨死前，他也沒忘記報仇，他跟自己兒子說：「一定得給爹報仇，晉國的公子重耳到時候肯定能幫我們這個忙。」

　　說完他就死了。

下任霸主接力賽

東奔西跑的日子

宋襄公嘴裡那個萬能的重耳是晉獻公的兒子，也是個命途多舛的人，在晉獻公年邁的時候，寵愛一個妃子驪姬，想把驪姬生的小兒子奚齊立為太子，把原來的太子申生殺了。太子一死，太子的兩個兄弟重耳和夷吾就趕緊跑到別的國家避難去了，怕晉獻公哪天想起來，把他們也殺了。

等到晉獻公死了，夷吾回國奪取了君位，他擔心重耳眼紅他的位子，就也想把重耳除掉。重耳就四處躲藏，不讓兄弟找到他。

別看重耳命都保不住，但卻是個特別有人格魅力的人，他在晉國有一批擁護者，這群擁護者都樂意跟著他，於是重耳帶著那批擁護者先在狄國住了12年，因為發現有人行刺他，又逃到衛國。

可是衛國國君是個勢利眼，看他一窮二白，就把他趕走了，重耳一行人又去到齊國，那個時候齊桓公還在世，對重耳挺客氣，送給重耳不少車馬和房子，還把本族一個姑娘嫁給重耳。

重耳覺得齊國真是個好地方，在這可以不愁吃不愁喝的，就想永遠留在齊國了，但是他手下的人不同意，他們想回晉國。他們跟重耳商量著回晉國謀事業去，可是重耳不願意走，沒辦法，既然來軟的不行，那就來硬的吧。

一天晚上，他們把重耳灌醉，乘他熟睡的時候，把他扔上了馬車，一

BC　上古時期

— BC2000　夏

— BC1800

商

— BC1600

— BC1400

— BC1200

周

— BC1000

— BC800

春秋

— BC600

戰國

— BC400

— BC200　秦

西漢

— 0

東漢

— 200　三國
晉

— 400

南北朝

— 600　隋朝
唐朝
武則天稱帝
安史之亂

— 800

五代十國
北宋

— 1000

南宋

— 1200　元朝
明朝

— 1400

— 1600

清朝

— 1800

中華民國

— 2000

路上狂奔，等到重耳醒過來，已經離齊國很遠了。

後來，重耳來到了宋國，跟宋襄公有了機會接觸，這也讓宋襄公對重耳很是看重，但可惜的是，那一陣宋襄公正在害病，沒工夫管重耳的事情，重耳就又離開宋國到了楚國。楚成王倒是很器重重耳。

他天天大魚大肉地招待重耳，一天他問重耳：「公子要是回到晉國，將來怎樣報答我呢？」

重耳認真地說：「我要是能回去，肯定跟楚國好好相處，但要是有

一天我們兩國戰場上見了，我就退避三舍（古時候行軍，每三十里叫做一

「舍」。「退避三舍」就是自動撤退九十里的意思）。」

楚國的大臣們聽了這話不高興了，重耳不過是個流亡在外的小子，居

然敢跟大名鼎鼎的楚國君主說這麼不客氣的話，乾脆宰了算了。但是楚成王不同意，他挺欣賞重耳的個性，覺得重耳是個人才。

重耳在楚國待了一段時間，秦穆公就派人來接重耳了，楚成王就把重

耳送到秦國（都城雍，在今陝西鳳翔東南）去了。

秦國不是故意去管重耳的事的，而是因為秦穆公曾經幫助重耳的異

母兄弟夷吾當了晉國國君。沒想到夷吾做了晉國國君以後，反倒跟秦國作對，這讓秦穆公對這個白眼狼很是不滿意。

現在夷吾死了，可是他的兒子也是不知好歹，於是秦穆公才決定幫

助重耳回國。在西元636年，重耳在秦國的幫助下，回到了晉國，成了國君，結束了流亡19年的生活，他就是晉文公。

說出去的話，潑出去的水

晉文公是個好君主，他回到晉國，並沒有吃喝玩樂，而是把自己的大把精力都放在了治理國家上，他即位以後，整頓內政，發展生產，把晉國治理得漸漸強盛起來。看到自己的豐碩成果，晉文公也想當霸主，嘗嘗當老大的滋味。

但那個時候，楚國實力強大，之前也說楚莊王是霸主。晉文公開始動腦筋，看自己如何登上霸主之位。

這時，正巧周朝的天子周襄王派人來討救兵，原來周襄王有個異母兄弟叫叔帶，聯合了一些大臣，向狄國借兵，奪了王位。周襄王帶著幾十個隨從逃到鄭國，被趕出來的周襄王向諸侯們發出命令，讓諸侯們送他回洛邑去。

但是，諸侯們都按兵不動，當沒聽見，頂多有的諸侯會來給周襄王送點食物，幫助他維持一下日常生活，但是想要諸侯送他回去，沒一個人肯開口。

絕望的周襄王得到了一個建議，有人對周襄王說：「現在的諸侯當中，只有秦、晉兩國有力量打退狄人，別人恐怕不中用。」於是，周襄王就請晉文公送他回去。

既然周襄王開口了，那晉文公就不好再裝聾作啞了，他馬上發兵往東打過去，把狄人打敗，又殺了叔帶和他那一幫人，護送天子回到京城。

晉文公做完這件事，沒過兩年，宋成公又來討救兵，說是楚國派大將成得臣率領楚、陳、蔡、鄭、許五國兵馬攻打宋國。宋成公是宋襄公的兒子，宋襄公當日對晉文公不錯，再加上晉文公也想教訓教訓楚國，就立刻答應替宋國出頭了。

奔著霸主的位子，晉文公帶著大軍就去營救宋國了，西元前632年，晉軍打下了歸附楚國的兩個小國——曹國和衛國，把兩國國君都俘虜了。

楚成王本來不想跟晉國打仗，但晉國既然都欺負到他眼前了，他也不能坐視不理了。他立刻派兵去跟晉軍火拼，晉文公看到楚國派大軍過來了，他也不著急打仗，反而是命令大軍向後退九十里地。

晉文公這是為了兌現當年說過的話，晉國和楚國一旦交戰，他就要退避三舍。於是晉軍一口氣後撤了九十里，到了城濮（今山東鄄城西南），才停下來，佈置好了陣勢，楚國軍隊也跟著過來了，非要和晉國軍隊拼個你死我活。

當時帶領楚國軍隊的是大將成得臣，他很傲慢，向晉文公下了戰書，

BC　　上古時期

夏
— BC2000
— BC1800
商
— BC1600
— BC1400
— BC1200
周
— BC1000
— BC800
春秋
— BC600
戰國
— BC400
秦
— BC200
西漢
— 0
東漢
— 200
三國
晉
— 400
南北朝
— 600
隋朝
唐朝
武則天稱帝
安史之亂
— 800
五代十國
北宋
— 1000
南宋
— 1200
元朝
明朝
— 1400
— 1600
清朝
— 1800
中華民國
— 2000

說要好好教訓教訓晉文公。

晉文公也不怕他，大戰開始了，才剛交手，晉國的將軍就用兩面大旗，指揮軍隊向後敗退。他們還在戰車後面拖著砍下的樹枝，戰車後退時，地下揚起一陣陣的塵土，顯出十分慌亂的模樣。

成得臣看這架勢，覺得晉國真是不堪一擊，他想立個大功，就趕緊追上去了。但卻在半路上中了埋伏，被晉國的精銳部隊殺了個措手不及，慌忙逃跑掉的成得臣帶了敗兵殘將回到半路上，想回去也沒法交代，肯定也

是被楚成王砍了腦袋，不如自己了結了自己算了，他就自殺了。

晉軍佔領了楚國營地。把楚軍遺棄下來的糧食吃了三天，才凱旋回國。晉國打敗楚國，為宋國維護了正義的消息傳到了周天子那裡，周襄王

認為晉文公是個大功臣，對他很是讚賞，後來藉由這個聲勢，晉文公約各國諸侯開了個會，討論了一下誰當霸主的問題，大家一致推舉晉文公。

就這樣，晉文公當上了中原的新霸主。

口才的藝術

晉文公成了新老大，頓時威勢凌人，他要讓其他諸侯國都服他，不時地就要搞個會盟，開開會，大家坐一起聯絡聯絡感情。

因為晉文公的影響力越來越大，就連一向歸附楚國的陳、蔡、鄭三國的國君也都來跟著湊熱鬧了，但鄭國是個牆頭草，他又害怕晉國，又不

願意得罪楚國，所以他們邊都討好，這件事情被晉文公發現以後，很是生氣，他要打算再一次會合諸侯去征伐鄭國。大臣們說：「會合諸侯已經好

幾次了。我們本國兵馬已足夠對付鄭國，何必去麻煩人家呢？」

想想也是，晉文公就不麻煩別人了，但秦國之前跟晉國有約定，有事就一起出兵，就算不麻煩別人，也得麻煩秦國。

秦國聽到這個消息，很是豪爽地答應了，因為秦穆公正想向東擴張勢力，就親自帶著兵馬到了鄭國。晉國的兵馬駐紮在西邊，秦國的兵駐紮在

東邊。兩國軍隊搞的聲勢十分浩大，嚇得鄭國的國君沒了主意。

幸虧他手下有一個大臣口才十分了得，能把死的說成活的，活的給說死了，鄭國國君就派這個人去勸秦穆公，希望秦穆公能夠退兵。這人收拾了一下就出發了，此人就是燭之武。

見到了秦穆公，燭之武就開始口水四濺地遊說：「秦國和晉國這樣兩個大國一起來打我們，那我們肯定是抵抗不住了，抵抗不住就得亡國。那亡了的鄭國不就得你們兩個國家瓜分了嗎，可是您想想，鄭國和秦國相隔得那麼遠，您肯定不如晉國佔便宜啊，他到時候把鄭國全佔領了，然後勢力就更強大了，到時候，秦國可就危險了。」

燭之武句句都說到了秦穆公的心坎上，他思量了好幾遍，決定跟鄭國單獨講和，還派了三個將軍帶了兩千人馬，替鄭國守衛北門，自己帶領其餘的兵馬回國了。

秦穆公這個舉動可是狠狠地激怒了晉文公，他看秦穆公閃人了，自己打鄭國也怪沒意思的，但是也不能白來一趟，就想盡辦法把鄭國拉到晉國一邊，訂了盟約，撤兵回去了。秦國聽說鄭國又跟晉國綁一塊去了，很是不爽。

秦穆公雖然很生氣，但也暫時不想跟強大的晉國鬧翻，就只好忍著了。又過了兩年，西元前628年，晉文公病死了，他的兒子襄公即位。有人再一次勸說秦穆公討伐鄭國，他們覺得晉國現在正在忙著晉文公的喪禮，肯定沒工夫管鄭國的事。

留在鄭國的將軍也給秦穆公送信，說現在鄭國北門的防守掌握在他們手裡，如果秦國偷襲，肯定能成功。

但是秦國兩個經驗豐富的老臣蹇叔（蹇音簡）和百里奚都反對，他們認為調動大軍去偷襲遙遠的鄭國太不理智了，肯定會被發現的。

但是秦穆公不聽，他派了百里奚的兒子孟明視為大將，蹇叔的兩個兒子西乞術，白乙丙為副將，率領三百輛兵車，偷偷地去打鄭國。

走到半路上，有個自稱是鄭國使者的人攔住了秦軍，那個人說自己叫弦高，特地來送上四張熟牛皮和十二頭肥牛作為禮物，迎接秦軍的。孟明

BC　上古時期

夏

— BC2000

— BC1800
　　商
— BC1600

— BC1400

— BC1200
　　周
— BC1000

— BC800
　　春秋
— BC600
　　戰國
— DC400

— BC200
　　秦
　　西漢
— 0
　　東漢
— 200
　　三國
　　晉
— 400
　　南北朝
　　隋朝
— 600　唐朝
　　武則天稱帝
　　安史之亂
— 800　五代十國
　　北宋
— 1000
　　南宋
— 1200　元朝
　　明朝
— 1400

— 1600
　　清朝
— 1800
　　中華民國
— 2000

視一看鄭國已經知道了自己要來偷襲，就趕緊放棄了，他當下掉頭就回了秦國。

而其實弦高並不是什麼使者，他不過就是個牛販子，半路上他看到了秦國大軍，得知了秦軍的來意，為了救自己的國家，才用了這樣的計策。弦高給鄭國報了信，鄭國國君趕緊派人去鄭國北門查看，果然看到秦國將軍有異樣，他當機立斷把那三人趕走了。

報仇十年不晚

秦國的大軍想偷襲鄭國這個事情並沒有秦穆公想的那麼秘密，晉國早就得到了這個情報。晉國的大將軍先軫認為這是打擊秦國的好機會，他勸說晉襄公在崤山（今河南洛寧縣北）地方攔擊秦軍，將秦軍殺個措手不及。

晉襄公親自率領大軍去到崤山，在那裡布下了天羅地網，就等著秦軍前來受死呢。果然，孟明視他們一進崤山，就中了埋伏，被晉軍團團圍住，進退兩難。慌亂的秦軍死傷無數，孟明視、西乞術、白乙丙三員大將全都被活捉了。

秦穆公想撿個便宜，卻被人耍了，氣得直跺腳。得勝還朝的晉襄公很是高興，但是他的母親文嬴原是秦國人，不願同秦國結仇，就勸晉襄公不要殺了俘獲的三個秦國大將，將他們放回去，兩國也好和氣說話。

聽了母親的話，晉襄公覺得有道理，他就把秦國的這三個將軍給放了，前腳剛放，大將先軫就趕來了，「怎麼能把我們好不容易捉到的敵人給放了呢？」在情緒激動的先軫感染下，晉襄公也反悔了，他趕緊派將軍陽處父帶領一隊人馬飛快地追上去。

孟明視三人被釋放之後，拼了老命地跑，等到陽處父追上的時候，他們早已經跳上一艘小船，划遠了。陽處父在岸邊大喊大叫，說晉襄公給他們準備了馬車，讓他們走旱路回去，這樣快。

但是孟明視可不是三歲小孩子了，他跟陽處父一邊打著哈哈，一邊趕緊划船，「多謝晉國君主的好意了，我們划船就好，就不上岸了。」說話間，小船就划遠了，看著到手的敵將逃之夭夭，陽處父只得回去向晉襄公如實彙報了。

撿了一條命的孟明視等三個人回到秦國，本來想著秦穆公不殺他們也得罵他們，可沒想到秦穆公一身素服，親自到城外去迎接他們，還對他們承認錯誤，說自己不該不聽他們父親的話，才釀成這樣的錯誤。

三個人感激的熱淚盈眶，從這以後，他們就認真工作，努力操練，一心一意要為秦國報這個仇。到了西元前625年，孟明視要求秦穆公發兵去報崤山的仇，秦穆公答應了。孟明視等三員大將率領四百輛兵車打到晉國，沒想到晉襄公早有防備，孟明視又打了敗仗。

接連的打敗仗讓孟明視崩潰了，他發誓一定要挽回顏面，於是他天天苦練，想著一定要把晉國打敗，終於皇天不負苦心人，西元前624年，孟明視再次帶著大軍去攻打晉國，這次他終於打贏了，晉襄公趕緊認輸。

這次勝利不但挽回了秦穆公的面子，也為他提升了人氣，他成了新的霸主。

個個都強橫

秦穆公當了霸主，中原大地安穩了十幾年，沒什麼大事發生。可是南方的楚國卻是一天比一天更強大了，楚國也想來中原當回霸主，嘗嘗鮮。

西元前613年，楚成王的孫子楚莊王新即位，做了國君。晉國逮住機會，把幾個一直都是歸屬於楚國的國家拉到了自己那邊，這是赤裸裸的攻擊，楚國的大臣們很多都很不服氣，想要教訓教訓晉國。

但是楚莊王似乎沒這個打算，他當君王是為了享受，而不是為了操勞的，他白天打獵，晚上聽音樂，日子過得很滋潤，這樣一過就是三年。這樣下去，楚國遲早會敗亡的，大臣們憂心忡忡，但是楚莊王不聽這一套，

夏

— BC2000

— BC1800
　　　　商
— BC1600

— BC1400

— BC1200
　　　　周
— BC1000

— BC800
　　　　春秋
— BC600
　　　　戰國
— BC400

　　　　秦
— BC200　西漢

— 0
　　　　東漢

— 200
　　　　三國
　　　　晉
— 400
　　　　南北朝

— 600　隋朝
　　　　唐朝
　　　　武則天稱帝
　　　　安史之亂
— 800
　　　　五代十國
　　　　北宋
— 1000
　　　　南宋

— 1200　元朝
　　　　明朝

— 1400

— 1600
　　　　清朝

— 1800

　　　　中華民國
— 2000

他下了一道命令，誰要是敢勸諫，就判誰的死罪。

有個名叫伍舉的大臣，實在看不過去，決心去見楚莊王。伍舉抱著必死的心態跟楚莊王說：「大王，猜個迷怎麼樣？」

楚莊王點點頭，伍舉就開始說了：「楚國山上，有一隻大鳥，身披五彩，樣子挺神氣。可是一停三年，不飛也不叫，這是什麼鳥？」

這說的就是楚莊王自己，楚莊王是個聰明人，他知道眼前這個人是在激勵自己，他讓伍舉退下，並說自己明白。可是過了一段時間，楚莊王還是老樣子，照常吃喝玩樂，另一個大臣蘇從忍不住了，又去勸說楚莊王。

楚莊王問他：「你難道不知道我下的禁令嗎？」蘇從想死就死了，他硬著脖子說：「知道啊，但是只要大王能夠振作起來，我就算死了也認了。」楚莊王很高興自己有這樣的臣子輔佐自己，他從那以後就開始發奮，酒也不喝了，覺也不睡了，一心一意地改革政治。

破格提拔了敢說真話的伍舉、蘇從，讓他們幫著自己好好幹活，一年時間，就收服了南方許多部落。六年時間，打敗了宋國，第八年，又打敗了陸渾（在今河南嵩縣東北）的戎族，一直打到周都洛邑附近。

楚莊公的確是個人才，別看平時玩得厲害，可是做正經事的時候，一點也不含糊。為了彰顯楚國的威力，楚莊王在洛邑的郊外舉行了一次大檢閱，這是明擺著的威脅，楚莊公這一手，把周天子嚇壞了，他趕緊派一個大臣王孫滿到郊外去慰勞楚軍。

看到周天子對自己這麼客氣，楚莊公心滿意足地回去了，後來，他又請到了孫叔敖當令尹（楚國的國相）。孫叔敖很有實幹精神，一上任就開墾荒地，挖掘河道，獎勵生產。為了免除水災旱災，他還組織楚國人開闢河道，能灌溉成百萬畝莊稼，每年多收穫了不少糧食。

在孫叔敖的帶領下，楚國更加強大起來，西元前597年，楚莊王帶兵攻打鄭國，晉國多管閒事地去了，結果被楚軍殺得大敗而歸。從那以後，楚莊王奠定了他在中原的霸主地位。

從齊桓公、晉文公、宋襄公、秦穆公到楚莊王，前前後後總共五個霸主，一個比一個強大，歷史上通常稱他們是「春秋五霸」。

舊時代就要消失

陰差陽錯

仗也不能一直打，偶爾打一打滿足一下虛榮心也就夠了，春秋發展到晚期，各國的紛爭都逐漸進入停滯階段。

西元前546年，晉楚兩國和其他幾個國家，在宋國舉行了「弭兵會盟」（弭音米，弭兵就是停止戰爭）。這次會議的主題就是講和，分別由晉國的大夫和楚國的大夫代表南北兩個集團，平分了霸權，在這以後的50多年裡，戰爭果然少多了。

到了楚莊王的孫子楚平王即位之後，楚國漸漸衰落了。楚平王資歷太一般，不是幹大事的人，所以他就在小事情上動腦筋，西元前522年，楚平王要把原來的太子建廢掉。而在他動這個腦筋的時候，太子正和他的老師伍奢正在城父（在河南襄城西）鎮守。

楚平王心眼多，他怕太子的老師反對，就先把伍奢叫來，誣說太子建正在謀反。伍奢是個聰明人，自然強力反駁，但是楚平王不聽，當下就把伍奢關進監獄。楚平王一面派人追殺太子建，一面又逼伍奢寫信給他的兩個兒子伍尚和伍子胥，叫他們回來，以便一起除之而後快。

大兒子伍尚回到郢都（今湖北江陵西北，郢音影），就跟父親伍奢一起，被楚平王殺害。而太子則帶著自己的兒子和伍子胥逃走了，兩人在宋國碰了面，商量著該怎麼報仇，還沒等他們商量出對策來，宋國又發生了

BC　上古時期

夏
— BC2000

— BC1800
商
— BC1600

— BC1400

— BC1200
周
— BC1000

— BC800
春秋
— BC600
戰國
— BC400
秦
— BC200
西漢

— 0
東漢

— 200
三國
晉
— 400
南北朝

— 600
隋朝
唐朝
武則天稱帝
安史之亂
— 800
五代十國
北宋
— 1000
南宋

— 1200
元朝
明朝
— 1400

— 1600
清朝

— 1800
中華民國
— 2000

內亂，於是他們又逃到了鄭國。

太子建想請鄭國幫他們報仇，可是鄭國國君鄭定公沒有同意。太子建也是鬼迷心竅，他竟然勾結鄭國的一些大臣想奪鄭定公的權，結果被鄭定公殺了。

這下，伍子胥只好帶著太子的兒子公子勝逃出鄭國，投奔吳國（都城在今江蘇蘇州）。這段時間，楚平王對伍子胥的追殺一直沒停止過，他還讓人畫了伍子胥的畫像，掛在楚國各地的城門口上，讓官吏盤查。

伍子胥來到吳楚兩國交界的昭關（在今安徽含山縣北），關上的官吏盤查得很緊。但是因為伍子胥因為這段時間操勞過度，頭髮全白了，模樣也和原來不一樣了，所以就沒讓人給逮著。

伍子胥出了昭關，就是一路狂奔，終於讓他趕到了吳國。去到吳國，伍子胥又趕上了吳國內亂，吳國的公子光正想奪取王位，這回伍子胥鼎力相處，幫助公子光殺了吳王僚，公子光自立為王，他就是吳王闔閭（音合驢）。

吳王闔閭即位之後，封伍子胥為大夫，幫助他處理國家大事，伍子胥這才算是安頓了下來，不用東跑西逃了。

吳王還重用了一位將軍孫武，靠著孫武和伍子胥，吳國整頓兵馬，發展國力，先後兼併了鄰近的幾個小國。西元前506年，吳王拜孫武為大將，伍子胥為副將，親自帶著人馬去楚國替伍子胥報仇，也為自己開拓疆土。

那一仗把楚國打得屁滾尿流，吳軍一直打到了郢都，可惜那個時候楚平王已經死了，伍子胥只能刨了他的墳洩恨。

後來在秦國的干預下，吳國才退兵，但這時的吳國已經勢不可擋地發展成了一個中原大國了。

埃及第一王朝形成
古印度興起
BC2000—

巴比倫第一王朝

愛琴文明
亞述擊敗巴比倫

BC1000—

羅馬王政時代
第一屆奧林匹克

佛陀誕生
羅馬共和時代

蘇格拉底出生
柏拉圖出生
亞里士多德出生

耶穌基督出生　0—

基督教為合法宗教
君士坦丁統一羅馬

回教建立

神聖羅馬帝國開始
1000
第一次十字軍東征

英法百年戰爭開始

哥倫布發現新大陸

拿破崙稱帝

美國南北戰爭開始
第一次世界大戰
2000—

孔子也很忙

吳王闔閭在伍子胥和孫武的幫助下，大敗楚國，為自己造了很大聲勢，讓一些大國感受到了威脅，其中齊國首當其衝。齊國經歷了不少動盪，直到齊景公當了國君，用了一位有才能的大臣晏嬰當相國，才重新興盛起來。

西元前500年，齊景公和晏嬰想拉攏鄰國魯國和中原諸侯，把齊桓公當年的事業重新幹一下，就寫信給魯定公，約他在齊魯交界的夾谷地方開個會。

古人的規矩比較多，那個時候，諸侯開會，都得有個大臣當助手，稱作「相禮」。魯定公決定讓魯國的司寇（管司法的長官）孔子擔任這件事。

說起孔子，真是了不得，孔子名叫孔丘，是魯國陬邑（今山東曲阜東南，陬音鄒）人。他父親是個地位不高的武官。但父親在孔子三歲的時候就死了，孔子一直生活在單親家庭中，由他母親撫養長大。

孔子很懂事，愛學習，愛家庭，講禮貌，懂道理，是個有為的好青年。他的專長是研究古代禮儀，而且還挺有成就，所以他在20多歲的時候，就名氣大了，很多人都知道他。於是孔子就辦了個學校，天天收學生，教他們人生道理。

其實，孔子還有著更遠大的理想，就是讓全人類都知道他的仁愛理念，但可惜，孔子走出家門嘗試了幾回，失敗了。

這次魯定公把準備到夾谷跟齊國會盟的事告訴了孔子，孔子提醒魯定公，「齊國總是不守規矩，這次我們得多帶點人馬防備著，萬一他們耍詐，我們也好應付。」

魯定公同意孔子的主張，又派了兩員大將帶了一些人馬，隨同他上夾谷去。在夾谷會議上，由於孔子的相禮，魯國取得了外交上的勝利。齊國把從魯國搶來的三處土地都還給了魯國。

BC　上古時期

夏
— BC2000
— BC1800
商
— BC1600
— BC1400
— BC1200
周
— BC1000
— BC800
春秋
— BC600
戰國
— BC400
秦
— BC200
西漢
— 0
東漢
— 200
三國
晉
— 400
南北朝
— 600
隋朝
唐朝
武則天稱帝
安史之亂
— 800
五代十國
北宋
— 1000
南宋
— 1200
元朝
明朝
— 1400
— 1600
清朝
— 1800
中華民國
— 2000

魯定公看到這次會談這麼成功，很是開心，就開始放鬆下來，天天就知道玩樂，孔子勸了幾次，他都沒當回事。孔子就不打算留在魯國幫他了，於是，孔子帶著一幫學生出走了，他們開始了周遊列國，孔子希望找個機會實行他的政治主張。

可是，大國忙著打小國，小國忙著抵禦大國，無論哪個都沒時間聽孔子講恢復周朝初年禮樂制度的主張，孔子先後到過衛國、曹國、宋國、鄭國、陳國、蔡國、楚國，可是都沒人願意搭理他。

最悲慘的是，孔子傳播理念居然還遇到了生命危險，有一回，孔子在陳、蔡一帶，楚昭王令人請他到楚國。陳、蔡的大夫怕孔子到了楚國，對他們不利，發兵在半路上把孔子截住。孔子被圍困在那裡，斷了糧，幾天都沒飯吃。後來，楚國派了兵來，才給他解了圍。

孔子奔波了一輩子，什麼事也沒完成，他年紀大了，也走不動了，就還是回到了魯國，決定教書育人，不理世間事了。

雖然孔子政治事業沒成功，但他教育事業很出色，他晚年整理出了《詩經》、《尚書》、《春秋》等古代文化典籍，還教授了一大幫學生，這幫學生將孔子的學說流傳了下去，形成了儒家學派。

實踐最重要

楚國的霸主地位時間沒有維持多長，後來就沒落了，但是楚國的國君楚惠王想重新恢復楚國的霸權。他擴大軍隊，要去攻打宋國。為了能夠萬無一失的打贏這場仗，楚惠王認為重要的是要工具好用。

他重金聘請了一個當時最有本領的工匠。他是魯國人，名叫公輸般，也就是後來人們稱為魯班的人。魯班是個木匠，但卻是木匠中手最巧的一個，他使用斧子能做出各種各樣的玩意兒來，個個都精美細緻，誰想要和他比使用斧子的本領，那就真是「班門弄斧」了。

魯班被惠王請了去，當了楚國的大夫。他替楚王設計了一種攻城的

工具，比樓車還要高，看起來簡直是高得可以碰到雲端似的，所以叫做雲梯。有了這個東西，就不怕城牆高了，多高也能用它爬上去。

　　楚惠王一面叫魯班加緊製造雲梯，好讓他提前去向宋國進攻，一面積極安排部署軍隊，宋國收到了消息，嚇壞了，正想著沒辦法抵抗的時候，楚國內部有人開始反對這場戰爭，他就是墨子。

　　墨子，名翟（音迪），是墨家學派的創始人，他反對鋪張浪費，主張節約；他要他的門徒穿短衣草鞋，參加勞動，以吃苦為高尚的事。如果不刻苦，就是算違背他的主張。他還反對那種為了爭奪城池地盤而使百姓遭受災難的混戰。

　　所以，對楚國進攻宋國的事，他舉起雙手雙腳不贊成。

　　這回他聽到楚國要利用雲梯去侵略宋國，就急急忙忙地親自跑到楚國去，想要親自說服楚國君主放棄這次戰爭。墨子好不容易走到了楚國的都城郢都，他先去見了魯班，勸他不要修建雲梯，但是魯班很為難，他已經答應了楚王了。墨子就親自去說服楚王，他很誠懇地說：「楚國土地很大，方圓五千里，地大物博；宋國土地不過五百里，土地並不好，物產也不豐富。大王為什麼有了華貴的車馬，還要去偷人家的破車呢？為什麼要扔了自己繡花綢袍，去偷人家一件舊短褂子呢？」

　　雖然墨子說得很有道理，楚惠王也聽進去了，但他依然沒有放棄攻打宋國的打算，墨子看到勸說無效，就採用實驗的方法告訴楚惠王，他這次攻擊占不了便宜。墨子把自己身上的皮帶解下來，放在地上當城牆，再拿幾塊小木板當做攻城的工具，叫魯班來和他進行一場軍事演習。

　　魯班用雲梯攻城，墨子就用火箭燒雲梯；魯班用地道，墨子就用煙熏……兩人一共用了九套方法，魯班就是沒有攻下城池，這次軍事演習以墨子獲勝告終。

　　楚惠王看到墨子守城的本領，知道要打勝宋國沒有希望，只好放棄了。

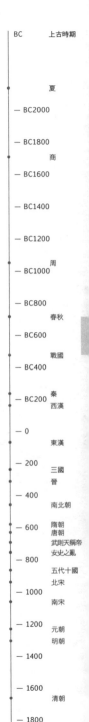

冤冤相報何時了

BC

埃及第一王朝形成
古印度興起
BC2000—

巴比倫第一王朝

愛琴文明
亞述擊敗巴比倫

BC1000—

羅馬王政時代
第一屆奧林匹克

佛陀誕生
羅馬共和時代

蘇格拉底出生
柏拉圖出生
亞里士多德出生

耶穌基督出生   0—

基督教為合法宗教
君士坦丁統一羅馬

回教建立

神聖羅馬帝國開始
1000—
第一次十字軍東征

英法百年戰爭開始

哥倫布發現新大陸
拿破崙稱帝

美國南北戰爭開始
第一次世界大戰

2000—

　　吳王闔閭打敗楚國，成了南方霸主。吳王漸漸擺起了霸主的架子，但是偏偏有人不買帳，就是附近的越國。吳王很生氣，後果很嚴重。

　　西元前496年，越國國王勾踐即位，吳國趁著越國剛給老國王辦完喪事，還沒什麼戒備心，就派人去偷襲了越國，但人算不如天算，吳王不但打不贏這場仗，反而被越軍打了一頓，他自己也中箭受了重傷，再加上有了年紀，回到吳國，就一命歸西。

　　隨後夫差繼位，夫差時刻記得自己爹是被越國害死的，下定決心要報仇。苦心準備了兩年，夫差就親自帶著人馬去越國了。

　　越王勾踐年輕氣盛，都被人欺負到家門口了，怎麼也得硬拼，結果沒拼過，被夫差的人打敗了，做了俘虜。在范蠡和文種的勸說下，勾踐向夫差求和。

　　看到低三下四的勾踐，夫差同意了，但是伍子胥不同意，他說要斬草除根，可惜這個建議沒被夫差聽進去。

　　夫差答應了越國的求和，但是要勾踐親自到吳國去。勾踐帶著范蠡和自己老婆就去了吳國。勾踐每天在吳國給夫差擦鞋倒水，把夫差伺候得舒服極了。有一次夫差屁股流膿，勾踐就給他舔那些膿水。

　　在這樣的情況下，夫差認為勾踐一點危險性也沒有了，他就把勾踐放了。回到越國的勾踐每天發憤圖強，在自己吃飯的地方掛一個苦膽，每次吃飯的時候就舔苦膽，提醒自己不要忘記這恥辱。

　　在勾踐發奮圖強的時候，夫差卻驕傲了起來，他開始貪圖起了享樂。為了讓夫差更腐敗，勾踐找了個絕世美女西施送給了夫差，夫差果然沉醉在溫柔鄉，一覺不醒了。

　　看到夫差正在逐漸陷入自己的計策中，勾踐他們又想了一個更壞的主意。

　　有一回，越國派文種跟夫差借了一萬石糧食，說是那年收成不好，百

姓沒食物。夫差答應了，到了來年，文種親自把一萬石糧送還吳國，這一萬石的糧食比夫差借出去的品質高多了，夫差很高興地把這分給老百姓做種子了。

可是這種子是被文種煮熟了的，根本發不了芽，這下吳國全國鬧起了飢荒，伍子胥勸夫差，趕緊除掉勾踐，不然後患無窮，可是夫差不但不聽，還認為伍子胥很囉唆，便賜給伍子胥一把寶劍，讓他自殺了。

伍子胥死了，勾踐更沒什麼顧忌了，等到吳國亂到一定地步的時候，勾踐便率領大軍攻進了吳國國都姑蘇，當下一交手，吳軍被打得大敗。後來過了幾年，勾踐做了充分的準備後，一舉殲滅了吳國，夫差也自殺了。

勾踐滅了吳國，又帶著大軍渡過淮河，在徐州約會中原諸侯。周天子也承認了勾踐的地位，從那以後，勾踐替代了吳國君主，成為了新的霸主。

勾踐獲得勝利，他原來的兩個得力助手范蠡和文種也獲得了封賞，但是范蠡頭腦很清醒，他把封賞退了，辭官走了。文種想享福，可是福沒享受幾天，就被勾踐找了個理由賜死了，這真是狡兔死，走狗烹。

吳越爭霸的尾聲也是春秋時期的尾聲，到了西元前475年，奴隸起義不斷爆發將奴隸制度瓦解了，中國歷史也進入了封建社會時期，也就是戰國時期的開始。

同化不見血

春秋時期，中原地區各國廝殺不斷，神州大地上，除了中原上的華夏兒女在打群架，四周也有著許多豺狼虎豹圍著看熱鬧，伺機準備下口，他們就是之前總是攻打諸侯國的匈奴、戎、越等這些彪悍的少數民族政權。

中原各諸侯國和這些人是靠打架相互認識的，不然那個時候，通訊設備沒有，寫個信就靠幾匹馬跑去送，慢都慢死了，誰還能認識誰啊。

所以說，打架也是一種交流方式，別看這些少數民族文化程度不高，

BC　上古時期

夏

— BC2000

— BC1800　商

— BC1600

— BC1400

— BC1200　周

— BC1000

— BC800　春秋

— BC600　戰國

— BC400

— BC200　秦
西漢

— 0　東漢

— 200　三國
晉

— 400　南北朝

— 600　隋朝
唐朝
武則天稱帝
安史之亂

— 800　五代十國
北宋

— 1000　南宋

— 1200　元朝
明朝

— 1400

— 1600　清朝

— 1800　中華民國

— 2000

成天騎馬惹事，搶東家拆西家，但是人家也有自己的優點，那就是特別強壯，騎術精湛。

不管怎麼說，打歸打，雙方誰也滅不了誰，反倒是透過頻繁的戰爭和經濟文化交流，迎來了中國歷史上的第一次民族融合的高潮。

「諸侯用夷禮則夷之，夷狄而進於中國則中國之」，這是古人對此的理解，就是說，周天子冊封的諸侯，如果你用夷禮，學習少數民族，大家就把你看成蠻夷，如果少數民族學習中原文明，就把他們當成中原的一部分對待。

但說實話，漢族服飾好看是好看，但不適用，非常累贅，袖子那麼寬，要是打起架來，也不知道是袖子打人，還是人打人。而那些少數民族的衣服就不一樣了，非常耐穿，還方便，所以人家騎馬射箭都很靈活。

除了衣服上有差異，吃的方面也不一樣。中原人吃的比較清淡，吃相比較文雅，講究禮儀，可是少數民族不管那個，先吃飽了再說，而且每天騎馬打架，需要補充體力，肉成了主要食物，抓過來就吃，也沒那麼多講究。

除了這個，行為方式上，漢族和少數民族也有不同，最開始古人喜歡跪著坐，那其實是很累的，跪一沒多久腿就麻了。至於少數民族們怎麼坐，沒研究過，但肯定是怎麼舒服怎麼坐。

當時的漢人認為中原文明才是正統，誰要是學習少數民族，就把誰當做蠻夷對待，而少數民族學習中原文明，就把它當成中原的一部分對待。但是少數民族才不管你拿不拿他當自己人看，人家走的就是個性路線。

但是影響是無形的，相互的，潛移默化的，在一次次的打架鬥毆中，雙方都發現了對方的一些優點，有意無意中地相互採納借鑑了對方的優點，這就是同化的過程，雖然非常緩慢，但是卻是非常深刻的。

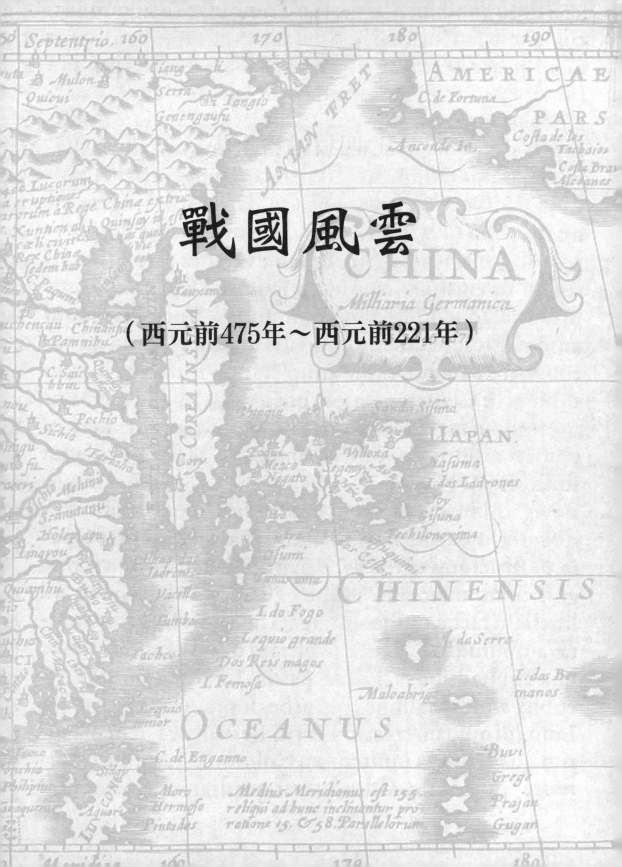

戰國風雲

（西元前475年～西元前221年）

七匹狼輪番上場

三晉亂周禮

經過春秋時期長期的爭霸戰爭，許多小的諸侯國都被大國給吞併了，勢力逐漸集中到了少數人的手中。

根據《資治通鑑》記載，西元前403年，即周威烈王23年這個時候發生了一件大事，周威烈王冊封晉國大夫韓虔、趙籍、魏斯為韓侯、趙侯、魏侯，俗稱三家分晉。這一變局拉開了戰國的序幕，也使得當時的社會體制發生了根本的變化。

這其中分封制產生了很大作用。分封制本來是周朝統治者想出來幫自己排憂解難的辦法，但是隨著時間的流逝，這個辦法的弊病越來越顯露了出來。當天子把土地分給諸侯，讓諸侯幫他管理的時候，諸侯為了省事，又分封給了大夫，而大夫則分封給卿，卿分封給士，它的每一層都是往下分封的。

所以，當春秋初期，周天子能夠被諸侯架空時，就已經預示了諸侯也會逐漸被大夫架空，這是個不可避免的規律，因為這是由它的生產力水準決定的。

生產力進步了，生產關係也得發生變化，一些國家的內部悄悄發生了變化，大權漸漸落在幾個大夫手裡，他們原先也是奴隸主貴族，後來他們採用了封建的剝削方式，轉變為地主階級。有的為了擴大自己的勢力，還

用減輕賦稅的辦法，來籠絡人心，這樣，他們的勢力就越來越大了。

那個時候稱霸中原的晉國也早已經衰落的外強中乾了，君主成了可有可無的傀儡，國家的實權被六家大夫把持，他們各自有各自的武器裝備和人馬，經常為了擴大地盤，打得不亦樂乎。

打著打著，有的大夫家族就被打弱了，然後被其他家吞併，後來，晉國就剩下了智家、趙家、韓家、魏家這四家大夫。這四家中，又以智家的勢力最大。

智家想侵佔其他三家的土地，其他三家也不是傻子，不能等著智家來欺負他們，但是這三家的心也不齊，彼此之間都留著一手。四家人混戰，耍心機，玩暗殺，搞暴動，把晉國折騰了個底朝天，不得安寧。

最後本來勢力最大的智家反而在爭鬥中處於下風，被趙、韓、魏三家給滅了，三位大夫瓜分了智家的土地和家產，又一起把晉國其他的土地分了分。然後想自己已經這麼有權有勢了，還當個大夫，地位太低了，就一起去找周天子商量，看能不能給他們分個諸侯當當呢。

周天子哪敢說不，答應了他們的要求，從那以後，韓（都城在今河南禹縣，後遷至今河南新鄭）、趙（都城在今山西太原東南，後遷至今河北邯鄲）、魏（都城在今山西夏縣西北，後遷至今河南開封）都成為中原大國，加上秦、齊、楚、燕四個大國，歷史上稱為「戰國七雄」，使得中原地區逐漸形成了戰國七雄爭霸的格局。

這是後話了，總之天子之職莫大於禮，禮莫大於分，分莫大於名。周大子被三晉威脅著封他們為諸侯，這種窩囊事讓周朝天子的職能徹底消失殆盡了，周朝的末日指日可待了。

玩的就是持久戰

比起晉國的那些事情來，齊國的這件事就更不好說清楚了。

齊國的君主本來一直是姓姜的，好像齊桓公，名字就叫做姜小白，後

BC　　上古時期

夏
— BC2000
— BC1800
　　　　商
— BC1600
— BC1400
— BC1200
　　　　周
— BC1000
— BC800
　　　　春秋
— BC600
　　　　戰國
— BC400
　　　　秦
— BC200　西漢
　 0
　　　　東漢
— 200
　　　　三國
　　　　晉
— 400
　　　　南北朝
— 600　隋朝
　　　　唐朝
　　　　武則天稱帝
　　　　安史之亂
— 800
　　　　五代十國
　　　　北宋
— 1000
　　　　南宋
— 1200　元朝
　　　　明朝
— 1400
— 1600
　　　　清朝
— 1800
　　　　中華民國
— 2000

BC

埃及第一王朝形成
古印度興起

BC2000—

巴比倫第一王朝

愛琴文明
亞述擊敗巴比倫

BC1000—

羅馬王政時代
第一屆奧林匹克

佛陀誕生
羅馬共和時代
蘇格拉底出生
柏拉圖出生
亞里士多德出生

耶穌基督出生 0—

基督教為合法宗教
君士坦丁統一羅馬

回教建立

神聖羅馬帝國開始
1000—
第一次十字軍東征

英法百年戰爭開始

哥倫布發現新大陸

拿破崙稱帝

美國南北戰爭開始
第一次世界大戰
2000—

來一代一代地傳下來，誰也沒換過姓。可是凡事總有個例外，齊國後來有一個大夫田氏強行把齊國君主廢掉，自己讓周天子把自己封為了諸侯，從那以後，齊國的君主就改姓田了。

這個田大夫的祖宗原本是陳國公子完，公子完為了逃避陳國的內戰，逃了出來，躲到了齊國，當時齊桓公還在，收留了他，公子完就改姓了田，擔任了齊國的工正，從此一代一代的都是侍奉著齊國君主，沒當過什麼大官，但也還算混了個安穩，一直到田桓子侍齊莊公而得寵，為第一階段，此間約計122年。

這一百多年裡，田氏一家人一直都是中階層級，說話沒什麼分量。後來田氏家族慢慢發達起來了，野心也漸漸大了。這期間又經歷了將近一百多年的時間，田氏比較會做人，低調地收買民心了。

他們的辦法主要是武裝積蓄，掌握實力，田氏很會收買人心，他們在向貧苦民眾放貸時，用大斗借出，小斗收入，這招很高明，用到了老百姓的心坎上了，大家都很擁護他們。後來在西元前490年，齊景公死後，貴族國氏、高氏立景公的兒子公子荼（音途）為國君。田氏看到新國君登基，位子還很不穩定，是奪取政權的最好時機，於是他就乘機發動武裝政變，打敗了國氏、高氏，立景公的另一個兒子公子陽生為國君（齊悼公），田乞為相。這一步，完成了田氏一個很大的里程碑。

田乞當相之後，實力增強了，屬於一人之下，萬人之上的大官。田乞死後，他的兒子田常（田成子）繼續為相。西元前481年，田常又發動武裝政變，把幾家強大的貴族如鮑氏、晏氏等全部消滅，並殺死了齊簡公，另立簡公之弟驁為國君（齊平公），政權完全控制在田氏手中，國君實際成為傀儡。到田常的曾孫田和時，於前391年廢掉齊康公，自立為國君，完成了田氏代姜氏之齊的過程。西元前386年，周安王承認田和為諸侯。

這個看起來簡單的過程，卻是經歷了好幾百年，田家人也真是夠有毅力的，居然能好幾輩的人，為了一個目標而努力。在反覆的鬥爭中，田家取得了最終的勝利，而這個過程其實就是春秋戰國時期的一個縮影，不斷地爭鬥，失敗，勝利，最後形成一個穩固的割據局面。

田氏代齊，再加上一開始的三家分晉，戰國七雄的局面開始形成，戰國一開始並不是只有這七個國家，當時一共有20多個國家都覬覦霸主地位，歷經戰火洗禮，這20多個國家就倒的倒，散的散，最後留下了毅力與實力最堅強的七個國家。

這七個國家還沒完，他們還要繼續對抗，為最後的霸主地位而奮鬥。

免費午餐真好吃

西元前356年的一天，秦國都城南大門旁邊的人多得跟逛街的螞蟻一樣，數也數不清。平日裡也不見這裡這般熱鬧的場景，不知今日又有什麼熱鬧可以看。

仔細一瞧，老百姓都對著一根木頭指指點點，這時候一個穿著體面的人指著木頭發話了：「無論是誰，只要能把這根木頭扛到北門去，我就賞他十兩黃金。」

這話可夠豪氣的，可在一旁看熱鬧的人卻沒有一個願意站出來領這十兩黃金。大家都嘟囔著：「木頭又不是搬不動，稍微有點力氣的人就扛過去了，幹嘛要賞十兩黃金？」

還有人嘴裡罵著：「又不知是哪個騙子在騙人！」

眼看天就要黑了，可還是沒人回應，於是穿著體面的人又提高了獎賞的力度，這一次可是二十兩黃金。

大家還在猶豫著，這時候有一個人站了出來，義無反顧地扛著木頭朝北門去了。穿著體面的人一激動，用高八度的音調大喊：「二十兩黃金，一個子兒也不會少！」

「左庶長可真是言出必行啊！」事後老百姓都這麼讚賞著，原來那個穿著體面的人就是日後大名鼎鼎的商鞅。商鞅原來還有個名叫公孫鞅，他是魏國的貴族，年輕的時候就喜歡擺弄一些賞罰的方法，給魏國的宰相公叔痤當侍從，也就是中庶子。

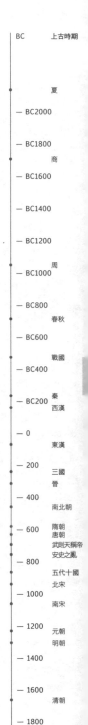

BC　上古時期

— BC2000　夏

— BC1800
　　　　　商
— BC1600

— BC1400

— BC1200

— BC1000　周

— BC800
　　　　　春秋
— BC600
　　　　　戰國
— BC400

— BC200　秦
　　　　　西漢
— 0
　　　　　東漢
— 200　三國
　　　　　晉
— 400
　　　　　南北朝
— 600　隋朝
　　　　　唐朝
　　　　　武則天稱帝
　　　　　安史之亂
— 800
　　　　　五代十國
　　　　　北宋
— 1000
　　　　　南宋
— 1200　元朝
　　　　　明朝
— 1400

— 1600　清朝

— 1800
　　　　　中華民國
— 2000

公叔痤不愧是相國，見這小子有些才學，在臨死的時候就千叮嚀萬囑咐魏惠王，讓他提拔商鞅做宰相。可是魏惠王大概是以為老相國病糊塗了，也就沒把他的話放在心上，沒抓住商鞅這個人才。

過了些日子，聽聞秦孝公那邊要招納賢士，商鞅也耐不住寂寞，於是義無反顧地離開了魏國這傷心之地，投奔到了秦孝公的門下，並且在秦孝公的大力支持之下開始了他的變法。等到變法的章程都制定出來之後，商鞅又擔心百姓們不聽話造反，所以才導演了遷木為信這麼一齣戲。

那時候奴隸制已經顧不住自己的尾巴了，而封建制正雄赳赳氣昂昂地往中華的大地上馳騁而來，頒佈一些新的政令法令那是理所當然的。各個諸侯國都想弄個「霸王」來當當，於是爭先恐後地進行改革。

改革的春風最早吹在了魏國的大地上，魏文侯在位的時候就任命李悝為變法的負責人；楚國也不甘示弱，楚悼王起用的則是因在魏國待不下去而來投奔楚國的吳起；在趙國，也有牛畜、徐越和荀欣等人天天吵著要變法；韓國的改革則是由申不害主持的。

還在魏國的時候，商鞅就跟李悝學了個一招半式，帶著《法經》就來秦國施展才華了。可變法是那麼容易的事嗎？那是不可能的，舊貴族們一個個地擋在門口，硬是不讓改革的春風吹進門。

變法還沒開始的時候，商鞅就吃了大大的閉門羹。秦國大臣甘龍氣呼呼地說：「大聖人在教育人的時候從來都不敢跟老祖宗的傳統相違背，想要不費勁地成功，那就要順著老祖宗的意願，大家井水不犯河水，也都能相安無事。」

商鞅也不是吃素的，他順勢反駁說：「夏、商、周三代霸主，各個都有自己的治國法寶，沒有一個與前代走雷同路線的。聰明人制法，蠢人只能乖乖地就法，有才能的人敢於挑戰舊制度，無能的人總是一味地接受。」

杜摯也唯恐天下不亂，嚷嚷說：「老祖宗留下來的規矩是不能變的，還是祖宗的話放心。」商鞅才不是被嚇大的，毫不留情地反擊說：「做事的目的是為了利民強國，方法有千萬種，單仿效無創新根本不是辦法。」

商鞅的膽識得到了秦孝公的青睞，他很快就升官了，成了左庶長。新官上任三把火，商鞅這三把火可是要好好地放上一放。

不信治不了你

貴族們財大氣粗，想要嚴格按照法令行事當然沒有遷木為信來得容易。第一次變法還算順利，商鞅把他起草的新法令公佈了出去。新法令賞罰分明，規定官職的大小和爵位的高低以打仗立功為標準。

那些貴族叫苦連天，可是商鞅是個鐵面無私的人，誰跟他求情也沒用，商鞅非常嚴厲的執行著自己的法令，貴族如果沒有貢獻功勞，那就沒有爵位，多生產糧食和布帛的，免除官差；凡是為了做買賣和因為懶惰而貧窮的，連同妻子兒女都罰做官府的奴婢。

這些法令簡直是要了平日裡好吃懶做的貴族們的命了，他們哪經歷過這架勢，受罰的受罰，被沒收的被沒收。這日子從來就沒過的這麼慘過。

有了秦孝公的支持，商鞅打遍天下無敵手。

可是西元前350年第二次變法時就遇到了難題，因為當時以身試法的可是萬人之上的堂堂太子，執法官員在辦案的過程中都不知所措。

就在其他人都為難的時候，商鞅心中卻竊喜著，這不正是殺雞給猴看的好時機嗎！假如真的不能在太子頭上動土，那麼不如拿他的老師開刀，於是公子虔的鼻子被割，公孫賈的臉上被刺了字。這一事件在人民群眾的心中影響極大，新法也很順利地貫徹了下去。

變法給秦國帶來了巨大的甜頭，國力日漸強大。商鞅改革的內容主要是：

一、廢井田，開阡陌（阡陌就是田間的大路）。確立了土地私有。改變了之前大家心照不宣，國家變相預設土地私有的狀態。

二、令民為什伍，實行連坐法。就是把老百姓組織起來，形成一個大網，他連他，他連著他，大家都有牽連，一個人犯錯了，其他人就要跟著

BC　　上古時期

夏
— BC2000

— BC1800
商
— BC1600

— BC1400

— BC1200
周
— BC1000

— BC800
春秋
— BC600
戰國
— BC400
秦
— BC200
西漢
— 0
東漢
— 200
三國
晉
— 400
南北朝
— 600
隋朝
唐朝
武則天稱帝
安史之亂
— 800
五代十國
北宋
— 1000
南宋
— 1200
元朝
明朝
— 1400

— 1600
清朝
— 1800
中華民國
— 2000

遭殃。

三、重農抑商，獎勵耕織。重視農民，看不起商人，主要鼓勵大家多下鄉種地，多支援糧食給國家，要是人都跑大街上賣貨去，那君王就要餓死了。

四、獎勵軍功，按功受爵。之前的爵位授予者是世襲制度，那些人一生下來就有錢領，有飯吃。商鞅認為這個很不公平，他堅決提倡多勞多得，不勞不得。

五、燔詩書而明法令。就是讓大家都服從命令。

六、統一度量衡。規定一米是多長，一毫米是多長，這樣避免好多誤會。

七、廢分封，行縣制。這主要是為了加強中央集權，不讓以前諸侯作亂的現象再度發生。

商鞅的種種做法，促進了秦國政治、經濟、軍事的發展，為秦國日後統一六國打下了最堅實的基礎。

小心眼該死

當年那位不聽公叔痤教誨的魏惠王可倒了楣，因為商鞅大哥在西元前340年率領秦軍報了當年不被重用的仇，魏國不得不乖乖地遷了民，魏惠王想買後悔藥都難。

其實魏惠王還犯了一個大錯，當年公叔痤曾警告過他，說如果不能重用商鞅，那麼就一定要殺了這小子。公叔痤不愧是忠心耿耿的老大臣，他不願意看到商鞅這麼好的人才流入他國。

但是現在說什麼也晚了，商鞅現在在秦國，事業發展得很好。魏惠王眼紅的不得了，他也想找一個像商鞅那樣的人才，來給自己的國家變變法，讓自己的國家也強大起來。於是他花了好多錢招攬天下豪傑，魏惠王相信重賞之下必有勇夫，果然，許多人前來應徵。

埃及第一王朝形成
古印度興起
BC2000—

巴比倫第一王朝

愛琴文明
亞述擊敗巴比倫

BC1000—

羅馬王政時代
第一屆奧林匹克

佛陀誕生
羅馬共和時代
蘇格拉底出生
柏拉圖出生
亞里士多德出生

耶穌基督出生　0—

基督教為合法宗教
君士坦丁統一羅馬

回教建立

神聖羅馬帝國開始
1000—
第一次十字軍東征

英法百年戰爭開始

哥倫布發現新大陸
拿破崙稱帝

美國南北戰爭開始
第一次世界大戰

2000—

其中有個魏國人叫龐涓的來求見，向他講了些富國強兵的道理。魏惠王聽了挺高興，就拜龐涓為大將。

龐涓不是個只會說嘴的庸才，他肚子裡還是真有些學識的，他天天操練兵馬，先從附近幾個小國下手，一連打了幾個勝仗，後來連齊國也被他打敗了。看到龐涓這麼有本事，魏惠王更覺得他是個人才，非常重視他。

但龐涓卻是個小心眼，他有個同學齊國人孫臏，比他還有能耐，是吳國大將軍孫武的後人，手裡有本祖傳的《孫子兵法》，非常厲害。

魏惠王也聽說了孫臏的名氣，就把孫臏請來了，本想讓龐涓和孫臏兩人好好工作，可是沒想到龐涓嫉妒孫臏，怕他搶了自己的風頭，就說孫臏的壞話。

魏惠王真信了，把孫臏臉上刺了字，還剜掉了他的兩塊膝蓋骨。要不是被齊國一個使臣救出，孫臏就死定了。魏惠王傷害了孫臏，但齊國大將田忌卻溫暖了孫臏那顆受傷的心。

田忌對孫臏十分器重，後來西元354年，魏惠王派龐涓進攻趙國，圍了趙國的國都邯鄲，趙國向齊威王求救，齊威王就拜田忌為大將，孫臏為軍師，發兵去救趙國。孫臏也不露面，就是負責給田忌出主意，就把這仗打贏了。

後來，西元前341年，魏國又派兵攻打韓國。韓國也向齊國求救。那時候，齊威王派田忌、孫臏帶兵救韓國。

孫臏又使出智慧，把魏國打得落花流水，這次他還報了仇，把害他的仇人龐涓殺死了。孫臏帶領齊國軍隊大破魏國軍隊，把魏國的太子申也俘虜了。這場仗為孫臏在軍事界奠定了不可磨滅的基礎，後來，孫臏的名氣就越來越大了，而他寫的《孫臏兵法》也流傳後世，為後人所仰慕了。

BC　上古時期

夏
— BC2000

— BC1800
商
— BC1600

— BC1400

— BC1200
周
— BC1000

— BC800
春秋
— BC600

戰國
— BC400

秦
— BC200
西漢

— 0
東漢

— 200
三國
晉
— 400
南北朝

— 600
隋朝
唐朝
武則天稱帝
安史之亂
— 800
五代十國
北宋
— 1000
南宋

— 1200
元朝
明朝
— 1400

— 1600
清朝
— 1800

中華民國
— 2000

埃及第一王朝形成
古印度興起
BC2000—

巴比倫第一王朝

愛琴文明
亞述擊敗巴比倫

BC1000—

羅馬王政時代
第一屆奧林匹克

佛陀誕生
羅馬共和時代

蘇格拉底出生
柏拉圖出生
亞里士多德出生

耶穌基督出生   0—

基督教為合法宗教
君士坦丁統一羅馬

回教建立

神聖羅馬帝國開始
1000—
第一次十字軍東征

英法百年戰爭開始

哥倫布發現新大陸
拿破崙稱帝

美國南北戰爭開始
第一次世界大戰

2000—

一山還比一山高

混的是張嘴

孫臏打敗了魏軍，魏國就一蹶不振了，但秦國卻在改革的力量中，勢力越來越強大了，當時秦孝公已經死了，他兒子秦惠文王掌了權，做的第一件事就是把商鞅幹掉。

是啊，秦惠文王坐上寶座之後怎麼能繞過商鞅呢？他正是當年被商鞅殺雞儆猴的太子啊。秦惠文王對商鞅表面上恭敬，然而暗地裡卻在使壞，發動那些利益受到損害的貴族聯合起來陷害商鞅。商鞅被扣上了謀反的罪名，逃亡的時候一不小心就被惠文王的追兵抓了個正著，就地正法。說起來這秦惠文王也是夠狠的，人死了也就算了，他倒好，還來個車裂之刑。

商鞅不僅給自己引來了血案，還給後人提供了評頭論足的好素材。有人覺得商鞅是個不厚道的人，比如司馬遷，他就不欣賞商鞅推行的酷刑。

不過也有像王安石這樣的名人來給商鞅助陣，他覺得他那個時代的人根本不能跟人家商鞅比，個個言而無信。劉向也說商鞅是秦國後來能夠獨傲天下的開山鼻祖。

生前身後事還得留給後人品評，仁者見仁，智者見智。不過商鞅這小子也算運氣不錯，不僅逢上了變法的好時機，而且還有遇到了識才的主子，這才得以聲名赫赫，被供到了中華變法始祖的位置上。

不管怎麼評述商鞅，他的確給秦國帶來了很大的生機。秦惠文王幹掉

了商鞅，依然利用商鞅留下的大好資源不斷去擴張勢力，引起了其他六國的恐慌。

秦國這個時候就像一匹餓狼，看著就讓人害怕，怎樣對付秦國的進攻呢？有一些政客幫六國出主意，主張六國結成聯盟，聯合抗秦，這種政策叫做「合縱」。

還有一些政客主張幫助秦國，以秦國的立場向各國遊說，要他們靠攏秦國，去攻擊別的國家，這種政策叫做「連橫」。

不管是主張「合縱」，還是主張「連橫」，這些政客們就是在靠一張嘴，把君主們說高興了，然後賞他們一碗飯吃。

在這些多嘴的政客中間，最出名的要數張儀。張儀是魏國人，在魏國窮困潦倒，跑到楚國去遊說，楚王沒接見他。但是楚國的令尹把他留在家裡做門客，但是有一次，令尹家裡丟失了一塊名貴的璧。令尹懷疑是出了家賊，而他的門客裡張儀最窮，他就把張儀打了個半死，丟出去了，渾身是傷的張儀回到家，妻子看到他哭了起來，張儀突然問了句莫名其妙的話：「我的舌頭還在嗎？」看到妻子點頭，他就放心了：「只要舌頭在，就不愁沒有出路。」

後來，張儀到了秦國，憑他的口才，果然得到秦惠文王的信任，當上了秦國的相國。這時候，六國正在組織合縱，倡議者是一個叫蘇秦的人。

閉關修練有進步

某天，蘇秦從楚國而來，正要到趙國而去，途中要路過洛陽，周王唯恐招待不周而掉了腦袋。

說起來也是笑話，堂堂一國之君，怎麼害怕起蘇秦這個名不見經傳的小人物來了呢？原來蘇秦這小子也真不賴，居然弄到了六國宰相的相印，一路走來懸掛在腰間炫耀著，所到之處掌聲如雷鳴一般，蘇秦可算是風光了一回。

BC　上古時期

夏
— BC2000
— BC1800
　　商
— BC1600
— BC1400
— BC1200
— BC1000　周
— BC800
　　春秋
— BC600
　　戰國
— BC400
　　秦
— BC200　西漢
— 0
　　東漢
— 200
　　三國
— 400　晉
　　南北朝
— 600　隋朝
　　唐朝
　　武則天稱帝
— 800　安史之亂
　　五代十國
　　北宋
— 1000
　　南宋
— 1200
　　元朝
　　明朝
— 1400
— 1600
　　清朝
— 1800
　　中華民國
— 2000

埃及第一王朝形成
古印度興起
BC2000—

巴比倫第一王朝

愛琴文明
亞述擊敗巴比倫

BC1000—

羅馬王政時代
第一屆奧林匹克

佛陀誕生
羅馬共和時代

蘇格拉底出生
柏拉圖出生
亞里士多德出生

耶穌基督出生　0—

基督教為合法宗教
君士坦丁統一羅馬

回教建立

神聖羅馬帝國開始
1000—
第一次十字軍東征

英法百年戰爭開始

哥倫布發現新大陸

拿破崙稱帝

美國南北戰爭開始
第一次世界大戰

2000—

老婆在一旁伺候著，絲毫不敢怠慢，還有那位嫂嫂，之前還讓蘇秦挨了餓，這下可慘了，哭得稀裡嘩啦，拜天拜地拜蘇秦，求他繞了自己的無知。蘇秦撫摸著腰間的六國相印，心中不由得感慨萬千，激動萬分。

想當年，蘇秦剛剛從鬼谷子那裡畢業，賣了所有家產到各國去遊說晃蕩，結果成了旁人眼中的敗家子，就連老婆和嫂嫂也覺得他丟人。蘇秦受了刺激，不過這一激可不得了，激出了一個頭懸樑、錐刺股的蘇秦。

閉關奮發了一年，蘇秦覺得自己對天下大勢已經掌握的差不多了，其中奧妙也瞭若指掌，這才決定出關。這是蘇秦第二次出山，他先是昂首闊步地來到了周顯王這裡，可是周顯王身邊的人都瞭解蘇秦的過往，覺得他就是個市井流氓，死活不肯引薦。

蘇秦經過了一年的修練，對於這些個不識貨的人根本就不會動怒，他無暇理會這群有眼不識泰山的爛人，堅持四處奔走，終於憑藉著三寸不爛之舌在趙國被趙肅侯看上了。

趙肅侯被蘇秦的好口才說的暈頭轉向的，不過人家蘇秦也確實對六國之間的地理位置瞭若指掌，各國之間的利害關係也看得一清二楚，怎由得他不信。趙肅侯言聽計從，還有點低三下四的感覺：「您看我這還沒長大，涉世不深，這治國的長遠之計還不曾想過，想也想不來，還要有勞先生為我國奔忙啊！」

蘇秦一聽大喜，又快馬加鞭地把剩下的五國說服了，各國的領導人在蘇秦的撮合之下都紛紛拋開了先前的恩恩怨怨，組成了龐大的統一戰線來對付秦國。蘇秦自然而然地成了六國聯盟的總代表，這也是他生命和事業最巔峰的時刻。

西元前333年，六國在洹水相會，要商量怎麼對付秦國。蘇秦在會上被推舉為六國相，並且佩戴了六國的相印，這一下可不得了，一下子把秦國出函谷關的時間推後了至少15年。

洹水之盟後，蘇秦要回趙國給趙肅侯報喜，身後跟著一大幫保鏢，周顯王心裡害怕蘇秦報復，只能對蘇秦噓寒問暖，可見當時蘇秦的力量之強大，一個噴嚏都能讓天下人淚流滿面。

無奈趙王膽小的連老鼠都不如，後來秦國騙齊國和魏國，說讓兩國與它聯合一起攻趙，趙王得到此消息之後就把責任通通賴到了蘇秦頭上，蘇秦一氣之下離開了趙國，六國曾經的山盟海誓也付之東流了。

蘇秦戴著草民的帽子在各國的政治舞臺上盡情地跳著踢踏舞，左踢踢右踢踢，不僅展現了個人的魅力，還為歷史舞臺畫上了濃墨重彩的一筆。他哪來的力量呢？

其實，戰國時期出現了一批特殊的群體，就是人們口中的縱橫家，說白了就是搞外交工作的，蘇秦就是其中名聲響亮的一位。這群人出身往往卑微，可是天生卻又帶著一種不服輸的個性，拼了命地想要出人頭地。等到修練有成之後，就憑著自己的才識和三寸不爛之舌在各國間遊說，說上兩句就能獲得勝利，走到哪兒都得意洋洋的。

當時齊國國力強盛，嚇得燕國大氣不敢出一個，蘇秦願意給燕國當間諜，佯裝是燕國的罪犯而逃到了齊國。齊宣王也很信任蘇秦，他一命嗚呼之後，蘇秦又勸說剛上任的湣王厚葬宣王，大興土木，以此來分裂齊國。

蘇秦的死更是驚天地泣鬼神，當時他被敵家派兵暗殺，為了抓到兇手，他居然讓齊王把他車裂於市，還要故意說宣揚他是為了燕國在齊國搗亂。真真假假弄得世人一頭霧水，不過蘇秦的伎倆還真的讓齊國找到了真兇。蘇秦死了以後，他是燕國間諜的事情也就隨之敗露了，齊國人民恨他恨得牙癢癢，不過司馬遷卻對蘇秦大加表揚，說他是燕國的大忠臣。

見招拆招才是高手

作為鬼谷子的學生，張儀和蘇秦在畢業後的事業都發展得很成功。一個合縱，一個連橫，雖然是敵對，但也算是戰國時期，那個年代裡一齣好戲的主角了。

蘇秦忙著張羅六個國家彼此聯合，他終於成功了，在西元前318年的時候，楚、趙、魏、韓、燕五國組成一支聯軍，攻打秦國的函谷關。但因

BC　上古時期

夏
— BC2000
— BC1800
商
— BC1600
— BC1400
— BC1200
周
— BC1000
— BC800
春秋
— BC600
戰國
— BC400
秦
西漢
— BC200
— 0
東漢
— 200
三國
晉
— 400
南北朝
— 600
隋朝
唐朝
武則天稱帝
安史之亂
— 800
五代十國
北宋
— 1000
南宋
— 1200
元朝
明朝
— 1400
— 1600
清朝
— 1800
中華民國
— 2000

為這五個國家彼此之間不肯坦誠合作，相互之間都不能互相信任，這次的出征很快以失敗告終。

這次的行動，給張儀敲了個警鐘，在六國之中，齊、楚兩國是大國。張儀認為要實行「連橫」，非把齊國和楚國的聯盟拆散不可。他向秦惠文王獻了個計策，就被秦惠文王派到楚國去了。

到了楚國後，張儀先拿出一份貴重的禮物來賄賂楚懷王手下的寵臣靳尚（靳音近），張儀是個政治高手，懂得把主人的狗伺候舒服了，才能讓主人開心，果然靳尚在楚懷王耳邊說了張儀不少好話。

所以，楚懷王見到張儀的時候，顯得和顏悅色的，兩人坐一起討論了當下的局勢，張儀跟楚懷王說，「秦王這次派我來，是要和貴國交朋友的，如果大王能夠和齊國決裂，那秦王就能跟貴國永遠友好相處，還能把商於（今河南淅川縣西南）一帶六百里的土地獻給貴國。這樣一來，貴國很是划算啊。」

楚懷王是個糊塗蟲，一聽有便宜占，立刻高興地答應了，張儀這次遊說成功。楚國的一幫大臣聽懷王說了這好事，也紛紛表示祝賀，但是有一個人提出了反對意見，那就是陳軫，他對懷王說：「秦國為什麼要把商於六百里地送給大王呢？還不是因為大王跟齊國訂了盟約嗎？楚國有了齊國作自己的盟國，秦國才不敢來欺負我們。要是大王跟齊國絕交，秦國不來欺負楚國才怪呢。秦國如果真的願意把商於的土地讓給我們，大王不妨派人先去接收。等商於六百里土地到手以後，再跟齊國絕交也不算晚。」

但是楚懷王一心想早點把便宜占到手，就不聽勸，很快就和齊國斷了關係，又派人去跟張儀到秦國要那個便宜去了。但是沒想到張儀不肯承認了，堅持自己沒說過要給楚國六百里地。

這下可把楚懷王氣壞了，當下就調動了十萬人去打秦國，秦國也不示弱，也發動了十萬人應戰，而且還約上了齊國。齊國君主正因為楚國跟他斷交生悶氣呢，一聽有報復的機會，趕緊就派人出來了。

楚國打不過齊國和秦國，十萬人被殺的就剩兩三萬了，吃了悶虧的楚懷王只得投降，不但商於六百里地沒到手，連楚國漢中六百里的土地也給

秦國奪了去。就此以後，楚國元氣大傷。

　　張儀哄了楚國之後，又陸續到了齊國、趙國、燕國，說服各國諸侯「連橫」親秦。這樣，六國「合縱」聯盟終於被張儀拆散了。

有才就是好

　　除了趙國來逗秦王，齊國和楚國這兩國更是聯起手來嚇唬秦國，秦昭襄王為了把這假兄弟拆散可是費了不少苦心。他一方面實打實地跟楚國打仗，另一方面又在齊國那邊使計謀。他聽說齊國最厲害的大臣是孟嘗君，於是就趕緊邀請孟大哥前來咸陽赴宴。

　　孟嘗君是齊國的有錢人，原名田文。為了讓自己的名氣更大點，也為了讓自己今後的日子越過越舒坦，於是他就搜羅了各方的人才，還負責養活這些人。

　　孟嘗君接到昭襄王的邀請函後非常開心，決定上咸陽走一趟，向秦國人民一展自己溫柔的魅力，於是他就帶著一大幫門客上路了。

　　到了秦國以後，昭襄王熱情地款待了孟大哥，老孟一激動就送了件銀狐皮給他。昭襄王跟沒見過世面一樣，樂得都合不攏嘴了。

　　昭襄王原本是打算請老孟過來秦國當個丞相，可是手下的人又說孟嘗君始終都是為齊國打算，勸昭襄王留點神。昭襄王一想也是，於是就決定讓老孟收拾行李走人，可是手底下的人又開始說話了，說老孟一走，把秦國的消息都給齊國報了去，那秦國可就沒好日子了。這一下昭襄王可急了，居然把老孟給關了起來。

　　老孟為了趕緊離開秦國這個鬼地方，就找人去跟昭襄王最寵愛的老婆說情。可那女人居然開出了條件，說是也想要一件銀狐皮，老孟一下沒轍了，不知道何去何從。

　　這時候他手底下一個門客說他敢去昭襄王那裡把銀狐皮偷出來，於是當天晚上就把這事給辦成了。昭襄王那老婆也是個說話算數的人，於是在

夏
— BC2000
— BC1800
商
— BC1600
— BC1400
— BC1200
周
— BC1000
— BC800
春秋
— BC600
戰國
— BC400
秦
— BC200
西漢
— 0
東漢
— 200
三國
晉
— 400
南北朝
— 600
隋朝
唐朝
武則天稱帝
安史之亂
— 800
五代十國
北宋
— 1000
南宋
— 1200
元朝
明朝
— 1400
— 1600
清朝
— 1800
中華民國
— 2000

老公那裡吹了吹枕邊風，昭襄王一高興就把老孟給放了。

老孟一幫人拿著文書趕忙往函谷關跑，他害怕昭襄王那傢伙反悔，連爹娘給取的名字都改了。趕到函谷關的時候正好是半夜，可是不等到雞叫這裡是不會放行的。這時候又一個老孟的門客發揮了作用，竟然捏著鼻子學起了雞鳴。這一叫讓整個城的公雞都跟著叫了起來，老孟也順利地逃回了齊國。

孟嘗君回去之後就升了官，成了齊國的丞相，底下的門客也越來越多。老孟的門客一般分為三等，第一等出門能坐上馬車，第二等每天都能吃上大魚大肉，第三等也就顧得上肚子而已。

一天，一個叫馮諼的窮老頭也來投奔孟嘗君，可他又沒個本事，不過老孟還是讓他做了個最低等的門客，先飽了肚子再說。不過這馮諼也不是個安分的人，成天嚷嚷著自己的待遇不好，今天要求加魚加肉，明天又要求出門坐馬車，不過這些無理的要求孟嘗君居然都答應了。

老孟家裡的人太多，為了養活這些門客，老孟就在自己的地盤上收起了利息。有一次他叫馮諼去跟當地的老百姓討債，馮諼問他需不需要稍帶點東西，他說隨便。可是馮諼去跟百姓討債的時候，百姓們都一個個苦哈哈的拿不出錢，馮諼想都沒想就把這些債給免了。

孟嘗君聽了之後就怒了，說馮諼是個敗家的人，可馮諼卻理直氣壯地說：「你不是說帶點什麼由我做主嗎？我可是把老百姓的恩寵給你弄了回來。」老孟這回更是暴怒，說：「我稀罕啊？！」

之後因為老孟事業如火朝天的，秦昭襄王擔心齊國會給自己找麻煩，於是就派了人到齊國的大街上造謠，說孟嘗君想要謀反。要說那齊王也是個沒點智慧的人，人家一嚷嚷他就當了真，趕緊把老孟給撤了。

老孟有理沒處說，哭哭啼啼地就踏上了回家種地的路，準備回薛城去。門客們因為沒了靠山，也都一個個地走了，只有馮諼還死心塌地地跟著老孟。到了老家之後，他發現差不多全城的男女老少都出來迎接他，高興得眼淚都快流下來了，這時候才知道自己手底下只有馮諼是個好人。

你爭我奪誓不休

樂毅是個猛將

　　燕昭王一向是個惜才的人，他知道自己這王位來之不易，所以更希望招幾個才高八斗的大聖人來給他當參謀。每當夜深人靜的時候，燕昭王還不忘了回憶回憶當初自己是怎麼坐上這皇帝的寶座的。

　　那時候孟嘗君被齊王撤了職，只好回到了老家種地。之後齊王又說服楚國跟他一起幹掉了宋國，看到自己有了點小建樹，就想著弄個大皇帝當當。

　　齊王那囂張的氣焰惹火了周遭的幾個國家，特別是燕國，好端端地就受到齊國的騷擾，整日不得安寧。要說燕國一開始也是個不一般的大國，不過被是後來的燕王噲壞了名聲，居然把自己的王位讓給了相國子之。

　　聽到老爹把王位給了相國之後，太子平就鬱悶了，朝中的大臣們也都吵著不願意，一氣之下就搞起了內訌。後來是公子職當上了君主，就是燕昭王。

　　燕昭王聽說郭隗是個不錯的大臣，為了讓燕國變得厲害，他就想著自己親自去請老郭出山。見了郭隗以後，燕昭王裝著一副可憐兮兮的模樣跟老郭訴起了苦：「齊國一直騷擾我們燕國，還小瞧我們燕國實力小，我就不相信我打不過他！聽聞您老是個有才的人，所以我來請您出山，您看如何？」

BC　　上古時期
夏
— BC2000
— BC1800
商
— BC1600
— BC1400
— BC1200
周
— BC1000
— BC800
春秋
— BC600
戰國
— BC400
秦
西漢
— BC200
— 0
東漢
— 200
三國
晉
— 400
南北朝
— 600
隋朝
唐朝
武則天稱帝
安史之亂
— 800
五代十國
北宋
— 1000
南宋
— 1200
元朝
明朝
— 1400
— 1600
清朝
— 1800
中華民國
— 2000

埃及第一王朝形成
古印度興起
BC2000—

巴比倫第一王朝　—

愛琴文明
亞述擊敗巴比倫　—

BC1000—

羅馬王政時代
第一屆奧林匹克　—

—

佛陀誕生
羅馬共和時代　—

蘇格拉底出生
柏拉圖出生
亞里士多德出生　—

耶穌基督出生　0—

—

基督教為合法宗教
君士坦丁統一羅馬　—

—

回教建立

—

神聖羅馬帝國開始
1000—
第一次十字軍東征

—

英法百年戰爭開始　—

哥倫布發現新大陸　—

拿破崙稱帝　—

—

美國南北戰爭開始　—
第一次世界大戰

2000—

郭隗聽到燕昭王這麼說以後，心裡很高興，不過他心想我們也不能就這麼便宜了他，於是老郭就先給燕昭王講了個故事：

從前，有個當大王的，對千里馬特別感興趣，可是他派人出去找了三年多連個馬蹄都沒找到。就在這大王失望的時候，有個大臣說他能弄到千里馬。這消息可把大王樂壞了，趕緊讓這大臣去把馬弄來，還給了他一千兩金子。

這大臣估計騎了匹病馬去的，等到他到了千里馬的所在地時，千里馬已經死了。無奈他就帶著千里馬的骨頭回去給大王交差了。大王看見眼前這堆馬骨頭以後更加鬱悶了。

大臣趕緊解釋說：「大王，您先別氣呀，您想想，要是大家都知道您花了大錢買了一堆千里馬的骨頭，那他們會怎麼想？都會想到大王您的確愛千里馬如命啊！您瞧著吧，不用多久就有人給您送千里馬來了。」

果然，這位大臣的話應驗了，大王也心想事成。

燕昭王聽了這故事以後明白了郭隗的意思，趕緊叫人回去為郭隗弄了套總統套房先住著，還做了老郭的學生。四方的人聽說燕王如此愛才之後都紛紛投奔於他的門下，樂毅就是其中一位。

燕昭王也是個耐不住性子的人，他看見齊王成天囂張跋扈的就鬱悶，他跟樂毅叨叨：「你瞧你瞧，那齊國的大王真不是個東西，我打算這就去跟他打，你覺得如何？」樂毅看燕昭王這麼沉不住氣，趕緊勸他說：「大王啊，那齊國可是人多，地盤也大，就以我們國家目前的實力來說，還不能跟他對上，不如您考慮一下跟其他國家聯手？」

燕昭王聽了樂毅的話，還讓他到趙國去哄騙趙王，之後又跟韓國和魏國達成了協定，再加上秦國，大家一起打齊國，把齊湣王逼到了臨淄。其他國家見齊王這麼個狼狽的樣子，就不想再跟他較勁了，可是樂毅卻不肯放手，繼續帶著兵追殺他，最後把齊湣王砍死了，樂毅也成了燕國的功臣，更是燕昭王身邊的大紅人。

這耍的是什麼把戲

樂毅只用半年時間就把齊國的70多座城池拿了下來，現在就只剩下即墨和莒城還沒攻下。這時候莒城裡出了個齊襄王，他是住在城裡的大夫們新推舉出來的大王。而當樂毅出兵攻打即墨的時候，裡面的大夫紛紛出來抗戰，卻都不幸死在了樂毅的手裡，這麼一來即墨就成了空城。

當兵的沒了個管事的人，那可就亂套了。正當大家快要一哄而散的時候，有個叫田單的出來主事。他說自己是齊王的一個遠房親戚，以前也當過兵、打過仗，把大夥兒都說服了以後他就順利地當上了主帥。

田單不愧是個鄉下人，一點素質都沒有，還透過裙帶關係把自己的親戚都弄到軍隊裡了。不過經過他這麼一編排，軍隊的人數倒也漲了不少，漸漸地也囂張起來。

就在樂毅一心要攻城的時候，燕國那裡卻有人告他的狀，說他打了三年即墨都沒打下，想當初才花了半年的時間就攻下了七十座城池，這怎麼也說不過去，說不定這小子是故意在那邊逗留，想要自己當個齊王呢。

燕昭王聽了這話可不高興了，他一向信任樂毅，所以就沒在意在一旁說三道四的人。不僅如此，燕昭王還真的就讓樂毅當齊王，樂毅聽說此事之後感動得稀裡嘩啦的，可是卻不願意當齊王。沒想到樂毅無心地經過這麼一折騰，他在軍中的威望就越來越大了。

燕昭王死了以後，他的兒子接了班，稱燕惠王。這時候田單那傢伙可樂了，他派人到燕國的大街上散佈謠言，說樂毅之前沒當上齊王，這回燕昭王死了，他可要在齊國稱王稱霸了。

燕惠王耳根子本來就軟，再加上他也不信任樂毅，於是就派了個叫騎劫去齊國把樂毅趕走了，那個騎劫倒是留在了齊國繼續率兵，樂毅一氣之下就回了老家趙國。

雖說騎劫掌了兵權，可是他在軍中沒有威信，大家都不愛搭理他，他一個人也怪鬱悶。田單知道以後就部署了下一步計畫，讓即墨城裡的小

夏
— BC2000
— BC1800　商
— BC1600
— BC1400
— BC1200
— BC1000　周
— BC800
　　　　春秋
— BC600
　　　　戰國
— BC400
— BC200　秦
　　　　西漢
— 0
　　　　東漢
— 200
　　　　三國
　　　　晉
— 400
　　　　南北朝
— 600
　　　　隋朝
　　　　唐朝
　　　　武則天稱帝
　　　　安史之亂
— 800
　　　　五代十國
　　　　北宋
— 1000
　　　　南宋
— 1200
　　　　元朝
　　　　明朝
— 1400
— 1600
　　　　清朝
— 1800
　　　　中華民國
— 2000

老百姓整天在大街上扯著嗓門喊：「樂毅大將軍那時候連俘虜都當親娘對待，我們老百姓都喜歡那樂將軍。說起來也對，要是那樂毅把俘虜的鼻子都割了，把我們的墳都刨了，那齊國人還打個屁仗啊！」

騎劫真是個沒腦子的人，他聽了這些傳言之後想都沒想就把俘虜的鼻子都給割了，把人家的祖墳也給挖了，把即墨城裡的那群百姓氣得那叫一個火冒三丈，他們都找到了田單，讓他趕緊拼老命把燕國給滅了。

田單的把戲還沒耍完，這時候他又弄了幾個人裝成有錢人，讓他們帶著些禮物去給騎劫送去，還告訴騎劫說即墨城已經快不行了，過兩天就準備投降。

騎劫居然信了人家的話，這以後就真的不準備打仗了，天天吃著大餐喝著小酒等著田單來跟他投降。

再瞧瞧田單在幹什麼？他不知從哪找來了一千多頭壯牛，再往牛角上綁了刀，尾巴上還弄了些沾了油的蘆葦。又過了些日子，田單覺得是時候給騎劫點顏色看看了，於是就在一天半夜把牛都趕到了城外，還點燃了牛尾巴。一群牛跟發了瘋似的衝向了騎劫的部隊，使得燕軍大敗。

騎劫這時候才知道自己有多失敗，可是他已經被齊兵圍得水泄不通，不死都不行。

這一次田單幫助齊國反敗為勝，立了大功，後來田單又把齊襄王接回了首都臨淄，齊國這才免於被滅國的下場。

屈原有多屈

秦國仗著自己的強大總想欺負欺負周邊的小國家，楚國也就一直受著氣。為了讓自己擺脫這種不幸的命，楚懷王就想著跟齊國聯手把秦國滅了。可是這時候秦昭襄王卻派人給楚懷王送了封信，說是要約楚懷王到武關去賞賞風景，放鬆一下心情，兩國也捎帶著簽個合約。

楚懷王不知道該不該去，屈原這時候就說：「那秦昭襄王的話您也能

信？他那點把戲誰不知道？恐怕您去了就回不來了！」楚懷王的兒子子蘭一聽屈原這麼說就跟老爹嚷嚷了起來：「我說爹啊，人家秦王好不容易想通了要跟我們和好，我們可不能不識抬舉啊！打仗可不是兒戲，哪個人願意打仗啊！」

楚懷王一聽，覺得還是自己的兒子親，於是就去跟秦昭襄王赴約了。屈原說的果然對，楚懷王剛一踏上秦國的土地就被逮了起來，秦國送去消息說讓楚國拿黔中的土地去換他們的大王，還把楚懷王關了起來。

楚國的大臣們一聽說自己的大王被關了起來，這可不得了，國家怎麼能夠一日無主呢，於是就讓太子橫趕緊繼位，就是楚頃襄王。楚懷王在秦國的大牢裡受了一年的苦，瘦得皮包骨似的，期間還逃走了一次，可運氣不好又被逮了回去，結果不堪忍受牢獄之災就先死了。

屈原得知堂堂的楚國大王被秦國整死以後氣的話都說不出，他勸新大王楚頃襄王為自己的老爹報仇，可是這敗家子卻不搭理屈原，反倒整天跟那幫只會拍馬屁的大臣胡混。這幫人有事沒事就在大王面前說屈原的壞話，楚頃襄王聽了之後氣得乾脆俐落地把屈原的官職給撤了，還讓他到湖南那邊去養魚。

屈原心裡那就一個恨啊，滿腔的愛國熱情卻換來這樣的回報。他一個人在汨羅江的邊上亂晃，怎麼也想不通，反倒越想越難受。這時候江邊一個釣魚的老頭看不下去了，他勸屈原說：「我說屈大夫啊，您怎麼就想不開呢？在朝中待得不是挺好的嗎，幹嘛到這裡來閒晃？」

屈原本來心裡就彆扭，一聽到這話以後眼淚就忍不住地往下掉，說：「哎，沒法子啊，我這人一向喜歡乾淨，不願意跟朝裡那幫髒兮兮的人鬼混，再說了，他們都愛喝酒，一個個醉醺醺的，我還是願意保持清醒。因為跟他們不是一路人，所以就被弄到這裡來了。」

老頭又說：「那你乾脆跟他們一個樣得了！」

屈原答說：「我才不呢！我不是都說嗎，剛把頭洗乾淨的人還要把帽子彈上一彈，剛把身上洗乾淨的人也要把衣服上的灰先弄走了才穿。我寧可跳河去餵魚也不要把自己弄髒了！」

夏

— BC2000

— BC1800
　　　　商
— BC1600

— BC1400

— BC1200
　　　　周
— BC1000

— BC800
　　　　春秋
— BC600
　　　　戰國
— BC400
　　　　秦
— BC200　西漢

— 0
　　　　東漢
— 200
　　　　三國
　　　　晉
— 400
　　　　南北朝
— 600　隋朝
　　　　唐朝
　　　　武則天稱帝
　　　　安史之亂
— 800
　　　　五代十國
　　　　北宋
— 1000
　　　　南宋
— 1200　元朝
　　　　明朝
— 1400

— 1600
　　　　清朝
— 1800

　　　　中華民國
— 2000

屈原心情鬱悶到了極點，終於在西元前278年因為想不開跳進了汨羅江去餵魚。當地的農民聽說以後就不時地划著小船撒點米進去，後來就演變成了划龍舟和投粽子，也就是每年五月初五的端午節。

算計不如心計

秦昭襄王是一會兒一個鬼主意，今天要跟這個談判，明天又要跟那個簽約。西元前283年，秦昭襄王又想出一個把戲，說是要趙惠文王把手裡的和氏璧送給他，他也會拿出秦國的15座城池作為交換的禮物。

趙惠文王得到消息後就召集了一幫大臣在屋裡開會，可是討論了老半天也沒拿下個主意。這時候有人就推薦藺相如出來給想個辦法，還說這藺相如是個肚子裡有墨水的人，想出來的主意也一定有用。

藺相如只說：「秦國是大狼，而我們趙國只是個小白兔，敢不答應他嗎？」

趙惠文王也在心裡嘰咕了一番，說：「廢話，這誰不知道。我就是想問你要是我把和氏璧送給秦王以後，他又說話不算話，不給我那15座城池怎麼辦？」

藺相如聽了心裡有些鄙視，又說：「要是我們趙國不答應他，那就是我們的不是，可是要是我們把和氏璧拱手給了他，可他又不給我們城池，那就是他的不是。我們是不是得把這個問題留給他呢？」

趙惠文王一琢磨，說：「也對，那就有勞藺先生去秦國走一遭吧。不過我還是不知道如何是好，萬一秦國真的得了和氏璧卻又不交出城池怎麼辦？」

藺相如嫌趙惠文王囉唆，就發狠話打發了他：「要是我老藺丟了和氏璧卻又拿不到城池，那我就提著腦袋來見您！」

說完趙惠文王就用懷疑的目光目送藺相如去了。

藺相如到了咸陽以後，秦昭襄王趕緊會見了他。藺相如把身上的和氏

埃及第一王朝形成
古印度興起
BC2000—

巴比倫第一王朝

愛琴文明
亞述擊敗巴比倫

BC1000—

羅馬王政時代
第一屆奧林匹克

佛陀誕生
羅馬共和時代
蘇格拉底出生
柏拉圖出生
亞里士多德出生

耶穌基督出生　0—

基督教為合法宗教
君士坦丁統一羅馬

回教建立

神聖羅馬帝國開始
1000
第一次十字軍東征

英法百年戰爭開始

哥倫布發現新大陸
拿破崙稱帝

美國南北戰爭開始
第一次世界大戰
2000—

璧先拿給了秦王，心想先讓這沒見過世面的傢伙玩一會兒。秦王把和氏璧捧在手裡左看看右看看，喜歡得不得了，還讓身邊的大臣們也湊過來欣賞欣賞。

藺相如一個人站在大殿上，心想著這秦王又是在使詐，看來那15座城池是沒指望了。於是提高了嗓門說：「咳咳，秦王啊，其實這和氏璧有點小毛病，我來指給你看看！」

秦昭襄王一聽可不高興了，好好的一塊璧哪來的瑕疵？不過還是把和氏璧交到了藺相如的手上，讓他給指點指點。誰知藺相如一拿到和氏璧立刻退後了幾步，站在了大殿裡一根柱子旁邊。他扯著大嗓門就跟秦昭襄王嚷嚷開了：「你是怎麼當大王的？怎麼說話不算數！不是說好了拿城池來換的嗎，也沒見動靜。我走之前就跟趙王保證了，璧在我在，璧亡我亡。你要是不給城池，那我就跟這和氏璧同歸於盡！」

秦昭襄王被眼前這個人嚇壞了，他害怕心愛的和氏璧有什麼閃失，趕緊安撫著藺相如說自己一定履行約定。可藺相如瞪著兩眼睛說：「我們趙王之前吃了五天齋飯之後，才叫我把這和氏璧給你送來，現在你既然想要得到，那麼也同樣需要齋戒五天！」

秦昭襄王連連地答應了藺相如的要求，還給他安排了個地方先住下。藺相如到了自己的房間以後就趕忙派人帶著和氏璧偷偷地跑回了趙國，把和氏璧歸還給了趙惠文王。五天以後，秦昭襄王和一群大臣又在大殿裡召見藺相如，讓他趕緊把和氏璧交出來。可是藺相如這會兒卻告訴秦王說和氏璧已經還給了趙王，還罵秦國一向是個不守信用的國家。

秦王這時候怒了，罵道：「是你先騙了我，你還要搬弄是非啊！」藺相如卻冷靜地說：「你等我說完再怒也不遲。在這地球上混的人，誰不知道你秦國是個厲害的強國，誰不知道趙國是個弱國，厲害的欺負弱小的，這是天經地義。你要是真想得到那和氏璧，那就請先把15座城池給我們，然後再派個人跟我一起回趙國取和氏璧。」

秦昭襄王又不是傻子，用15座城池換一塊和氏璧倒也不是太值，於是就打發眼前這藺相如回去了。藺相如完璧歸趙以後，趙惠文王就十分地信

BC　上古時期

夏
— BC2000
— BC1800　商
— BC1600
— BC1400
— BC1200
— BC1000　周
— BC800
春秋
— BC600
戰國
— BC400
— BC200　秦
西漢
— 0
東漢
— 200
三國
晉
— 400
南北朝
— 600　隋朝
唐朝
武則天稱帝
安史之亂
— 800　五代十國
北宋
— 1000
南宋
— 1200　元朝
明朝
— 1400
— 1600
清朝
— 1800
中華民國
— 2000

任他，還給了他個官做。

被逼無奈的會議

秦昭襄王整天琢磨著怎麼把趙國給滅了，也小打小鬧地搶了趙國一些領土。西元前279年的一天，秦昭襄王一高興就決定請趙惠文王到澠池去做個客。藺相如覺得要是趙王不去，就是跟世人承認自己的軟弱，於是就跟廉頗商量著讓趙王硬著頭皮走一遭。

趙惠文王是個膽子小的傢伙，還非得拉上藺相如一塊兒去，分別又讓李牧將軍和相國平原君帶著幾萬大兵在後面跟著，還讓廉頗在趙國候命。

秦昭襄王早就在澠池等著趙惠文王了，趙王一到，他就趕緊拉著趙王的手噓寒問暖，稍後兩人就一同出席了宴會。可能是氣氛有點悶，秦昭襄王就突發奇想地讓手下的人拿了一把瑟出來，對趙惠文王說：「聽說您彈得一手好瑟啊！就請現場為我贏某人演奏一曲，讓我也見識見識音樂家的厲害！」

趙惠文王聽秦王這麼誇讚自己，就沒有推脫，彈奏了起來。彈完以後秦王就讓在場的史官把這事給寫到史冊上了：「某年某月某日，秦王和趙王在澠池一同參宴，秦王命令趙王彈了一曲。」

趙惠文王這回傻眼了，原來秦王演的是這麼一齣戲，自己怎麼就那麼笨呢！正當趙惠文王鬱悶的時候，在一旁的藺相如拿了缶出來，說是讓秦王也露一手。秦王當然不愛搭理他，於是藺相如就破口大罵了：「秦國仗著自己有點小兵就欺負人，你信不信我走五步就能把血灑到你身上去？」

秦王之前就見識過藺相如的厲害，不敢跟他玩真的，無奈也彈了一段小曲。趙惠文王趕緊讓自己的史官也記了下來：「某年某月某日，趙王和秦王在澠池一同參宴，趙王命令秦王彈了一曲。」

秦國的大臣看見這樣的場面都紛紛站出來替秦王出氣，吵著鬧著讓趙國給秦國奉上15座城池作為賀壽的大禮。藺相如才不怕這群人，也讓秦王

BC

埃及第一王朝形成
古印度興起
BC2000—

巴比倫第一王朝

愛琴文明
亞述擊敗巴比倫

BC1000—

羅馬王政時代
第一屆奧林匹克

佛陀誕生
羅馬共和時代
蘇格拉底出生
柏拉圖出生
亞里士多德出生

耶穌基督出生　0—

基督教為合法宗教
君士坦丁統一羅馬

回教建立

神聖羅馬帝國開始
1000—
第一次十字軍東征

英法百年戰爭開始

哥倫布發現新大陸
拿破崙稱帝

美國南北戰爭開始
第一次世界大戰

2000—

給趙王送些城池賀壽。秦昭襄王看場面混亂，又想到趙王還帶了一堆兵馬過來，就趕緊讓他手下的人閉上了嘴。

藺相如兩次幫趙惠文王解了圍立了大功，趙王怎麼看他都覺得歡喜，這就惹得廉頗大將軍吃醋了：「他娘的！我陪著老命在戰場上殺敵，他藺相如就動動嘴皮子，功績能跟我比？想在太歲頭上動土，看我不給他點苦頭吃吃。」

藺相如聽說之後就裝病不去上朝，不過躲得過初一躲不過十五，這兩人還是遇上了。一天，藺相如坐著馬車路過小胡同，不料看到前面也來了輛馬車，裡面坐的正是廉頗大將軍。藺相如吩咐說到裡面躲一躲，讓廉頗先過去。

這件事以後，藺相如手下的人都覺得他窩囊，活生生一個老藺怎麼怕起了廉頗？不過藺相如解釋說：「你們想想，秦王跟廉頗誰厲害？」手下的人不用想也回答說秦王厲害。藺相如又說：「我連秦王都不怕，還怕廉頗？你們的腦袋瓜怎麼就不轉轉呢，要是我跟廉頗鬧了彆扭，傳到秦國那邊，那他還不趁著趙國內訌把我們給滅了啊！」

經藺相如這麼一解釋，底下的人天天都誇他，還把他的話告訴了廉頗。廉頗聽了以後臉紅的跟猴屁股似的，背著荊條就到藺相如的府上請罪來了。從此以後，這一文一武的兩人就齊心協力共同給趙國賣命了。

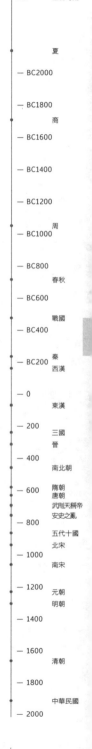

BC　上古時期

夏
— BC2000

— BC1800
商
— BC1600

— BC1400

— BC1200
周
— BC1000

— BC800
春秋
— BC600
戰國
— BC400

秦
— BC200
西漢

— 0
東漢

— 200
三國
晉
— 400
南北朝

— 600
隋朝
唐朝
武則天稱帝
安史之亂
— 800
五代十國
北宋
— 1000
南宋

— 1200
元朝
明朝
— 1400

— 1600
清朝
— 1800
中華民國
— 2000

鬥心眼耍手段

遠交近攻計

　　廉頗和藺相如和好後，一時間秦國也不敢再去找事了。不過秦國從來都不肯消停，眼瞧著趙國騷擾不成，那就先跟楚國和魏國玩玩吧，於是就從這兩國家又弄了點土地回來。

　　別看秦昭襄王每次見了別的大王都得意洋洋的，其實這都是裝的，他在秦國也就一傀儡，真正手握大權是太后和她兄弟穰侯魏冉。西元前270年，穰侯十分囂張地說要去跟齊國打個小仗，話音還沒落，秦昭襄王就收到了一封信，信裡面那個叫張祿的人強烈要求要跟他會個面。

　　張祿是從哪竄出來的呢？他爹娘本來給他取了個范雎的名，兒子爭氣，長大了混到魏國大夫須賈的門下討飯吃。一天，須賈領著范雎去齊國辦事，齊襄王一眼就看中了范雎，還背著須賈偷偷地給范雎送了大禮物，可是誰想到范雎是個老實人，沒收下禮物。

　　須賈知道以後懷疑范雎這小子跟齊國圖謀不軌，還把這事跟魏國的丞相魏齊稟報了。魏齊連調查都不調查，直接就把范雎定了罪，又是踢又是打的，差點就把范雎送到了陰間。幸虧他手下留了點情，最終用破席子把范雎捲了起來，把他扔到了茅房。

　　范雎醒過來之後，發現有個士兵看管著他，他賄賂了士兵就跑了。士兵回去跟魏齊稟報說范雎死了，魏齊也就沒再追究。范雎逃跑後改了名，

BC

埃及第一王朝形成
古印度興起
BC2000—

巴比倫第一王朝

愛琴文明
亞述擊敗巴比倫

BC1000—

羅馬王政時代
第一屆奧林匹克

佛陀誕生
羅馬共和時代
蘇格拉底出生
柏拉圖出生
亞里士多德出生

耶穌基督出生　0—

基督教為合法宗教
君士坦丁統一羅馬

回教建立

神聖羅馬帝國開始
1000—
第一次十字軍東征

英法百年戰爭開始

哥倫布發現新大陸

拿破崙稱帝

美國南北戰爭開始
第一次世界大戰
2000—

就是現在的張祿。范雎琢磨著今後的日子應該在哪混，正巧碰上個去秦國的使者，於是就跟著這人一起到了秦國。到了以後范雎就抽空給秦王寫了封信，說是想見見他。

秦昭襄王約定好跟他會面的日子，等到了時候就坐著大馬車來了，范雎知道這人就是大王，可他裝著不認識。秦王的手下以為范雎不知道是秦大王來了，就吆喝了一聲：「大王駕到！」

范雎聽了這聲吆喝就來氣，嘴上冷冷地給了一句：「喲，秦國也有大王，我怎麼沒聽說過呢？倒是聽聞有個太后，還有個叫穰侯的傢伙。」

秦昭襄王一聽范雎這話，頓時覺得眼前這小子有點來頭，趕緊把他拉進屋裡仔細聊聊。他跟范雎說：「哎，看來先生是個聰明人，那就請您給我指條明路吧！」

范雎肚子裡那些話早就耐不住寂寞了，一聽秦王這麼說就知無不言言無不盡：「你呀你，秦國實力這麼雄厚，本來打周邊那些個小國家是很簡單的事，可秦國15年還沒弄出個動靜，就是你失策啊！你瞧瞧，齊國離秦國那麼遠，中間還隔著韓國和魏國。你出兵打齊國有什麼用？就算是把齊國幹掉了，那齊國和秦國也不能連成一體啊。我主張個遠交近攻的戰略，就是先把離得近的國家解決了，同時跟遠處的國家假模假樣地交個朋友，等到近處的得手以後再對那遠方的朋友下手。」

遠交近攻，說白了就是跟相近的國家打仗，跟較遠的國家交個朋友。秦國四周有要塞可守，北邊有甘泉、谷口，南邊有涇水和渭水，右邊是隴西和巴、蜀，左邊是函谷關和崤山，只要把守好這幾個關口，其他國家的軍隊就過不來，這與其他六國相比，可謂占盡地利。

因為秦國地理位置極好，進可攻退可守，所以離它遠的國家暫且保住了小命，可是離得近的就遭毒手了。可謂普天之下，「得寸則王之寸，得尺亦王之尺也」。

這計策絕了。

秦昭襄王聽得是一愣一愣的，心想范雎這傢伙也太有才了，遠交近攻的戰略也對上了他的胃口，於是就重用了范雎，給了個丞相讓他先當著，

BC 上古時期

夏
— BC2000
— BC1800
商
— BC1600
— BC1400
— BC1200
周
— BC1000
— BC800
春秋
— BC600
戰國
— BC400
秦
— BC200
西漢
— 0
東漢
— 200
三國
晉
— 400
南北朝
— 600
隋朝
唐朝
武則天稱帝
安史之亂
— 800
五代十國
北宋
— 1000
南宋
— 1200
元朝
明朝
— 1400
— 1600
清朝
— 1800
中華民國
— 2000

還讓相國穰侯回家過年去了，太后也不能再插手朝政。

魏國大王聽說秦國要滅了他，急得跟熱鍋上的螞蟻一樣，求爺爺告奶奶地找救命的人。這時打探到秦國的丞相是魏國人，就讓須賈去秦國走一遭。

范雎知道須賈來了秦國，心想這回可等到報仇的時候了，於是就穿了件破爛衣裳去見他。須賈一見范雎就呆了，問他現在在幹什麼，范雎就隨口說說自己在這裡當個下人。須賈瞧見范雎穿的單薄，於是就拿出件貂皮大衣給他披上。

須賈問范雎誰能引薦他見見丞相張祿，范雎說他的主子跟丞相有點關係，就領著須賈去了。到了相府門口以後，范雎讓須賈在大門外等等，他跑進去通報。須賈等得急了，問范雎怎麼還不出來，看門的說：「哪來的范雎？剛那人可是我們秦國丞相啊！」

須賈一聽這話，兩眼立刻冒了金星，連滾帶爬地就跑進去請罪。范雎是個聰明人，他念著剛剛須賈給了他件衣服穿，就沒再追究他什麼。不過范雎要求須賈回去告訴魏齊：「讓魏齊那老傢伙提早去跟閻王報到，再割出幾塊地給我們秦國，我就放了你們魏國。」

須賈趕緊回去跟魏齊稟告，魏齊無奈，只好自殺了事。魏國求和以後，秦國就先跟離它比較近的韓國對上了。

書本知識也不可靠

魏齊死後魏國暫時脫離了危險，西元前262年，秦昭襄王命大將白起向韓國開炮。秦軍先是占了野王，後來又阻斷了上黨郡跟韓國都城的聯繫。眼看著上黨就要淪陷，韓軍派人回去向趙王求救。

趙孝成王派援軍去了上黨，可兩年以後秦軍又把上黨給圍了個水泄不通，這次率領秦軍的是王齕。孝成王一聽急了，趕緊讓廉頗也領著二十萬人馬去上黨湊熱鬧去，可是廉頗一行人剛到長平的時候就聽說上黨已經被

秦軍佔領。

這時候王齕大將軍正準備往長平打，廉頗跟將士們就在長平開工，又是修碉堡又是挖地道的，看樣子是準備長期抗戰了。王齕是個急性子，希望快點完成任務，好幾次都想跟趙軍開打，可廉頗死活都不肯。王齕沒轍了，害怕軍隊斷糧，就趕忙叫人回去請示秦昭襄王。

秦昭襄王讓范雎給想個辦法，范雎說：「一定要把廉頗那老傢伙弄回去，我來想辦法！」

沒過幾天，趙孝成王就聽到老百姓在大街上議論：「廉頗那把老骨頭都快散了，秦國才不怕他，趙括那麼個年輕力壯又帥氣的小夥子，趙王就是不派他，真沒辦法！」

趙括是趙國名將趙奢的兒子，他繼承了老爹的優良基因，對打仗這事十分地有興趣，從小就研究兵法，自以為是個戰神，連老爹他都看不上。

趙孝成王趕忙讓人把趙括給喚來，問他有沒有信心跟秦國打，他說：「秦國的白起不是個簡單的人物，要是跟他打我還得考慮考慮，不過這回這個王齕就不是我的對手了。」

趙王聽了以後樂得跟吃了兩斤白糖似的，就叫人讓廉頗回來，讓趙括當上了大將軍。這時候，一直在旁邊默默無語的藺相如看不下去了，他說：「王啊，趙括那小子不行啊！他可是個只會讀書的書呆子，真的到了戰場上根本就不懂應變，您把趙軍交給他就等於自殺！」

趙王聽了藺相如的話就來氣，不愛搭理他。這時候趙括的老娘也寫了封信給趙王：「王啊，趙括是我的兒子，他是個什麼德性我最清楚。他爹死的時候千叮嚀萬囑咐我，將來不能讓他帶兵打仗，您可不能讓他去呀！」

趙孝成王現在哪還聽得進勸，誰阻攔都不行，他就是要讓趙括當大將軍，回信說：「你甭管，我決定了的事誰都不能改！」

西元前260年，趙括帶著40萬大兵來到長平，跟廉頗交接了之後就正式接替了廉頗。廉頗只能氣呼呼地回了邯鄲。

趙括仗著自己手裡有幾十萬大軍，走路都連蹦帶跳的，跟個毛頭小子

夏

— BC2000

— BC1800

商

— BC1600

— BC1400

— BC1200

周

— BC1000

— BC800

春秋

— BC600

戰國

— BC400

秦

— BC200

西漢

— 0

東漢

— 200

三國
晉

— 400

南北朝

— 600

隋朝
唐朝
武則天稱帝
安史之亂

— 800

五代十國
北宋

— 1000

南宋

— 1200

元朝
明朝

— 1400

— 1600

清朝

— 1800

中華民國

— 2000

埃及第一王朝形成
古印度興起

BC2000—

巴比倫第一王朝

愛琴文明
亞述擊敗巴比倫

BC1000—

羅馬王政時代
第一屆奧林匹克

佛陀誕生
羅馬共和時代

蘇格拉底出生
柏拉圖出生
亞里士多德出生

耶穌基督出生　0—

基督教為合法宗教
君士坦丁統一羅馬

回教建立

神聖羅馬帝國開始
1000—
第一次十字軍東征

英法百年戰爭開始

哥倫布發現新大陸
拿破崙稱帝

美國南北戰爭開始
第一次世界大戰

2000—

差不多。他下令跟秦軍開戰，要是秦軍回頭跑了，趙軍也不能就此甘休，而是要快馬加鞭地追上去殺他個狗血淋頭。

范雎聽說趙括把老廉換下去以後，就讓白起帶著兵去了長平。白起先是假惺惺地打了幾次敗仗，先給趙括點甜頭嘗嘗。趙括一路在後面追著秦軍打，一不留神就陷入了白起事先設好的埋伏。

這時候白起連忙派出了精兵二萬五，把趙軍從後面切斷，另派了五千騎兵去趙軍的大營裡突襲。趙括的四十萬大軍跟蚯蚓一樣斷成了兩截，他知道自己上了秦軍的當，只好等著趙王派援軍救他，可是秦軍已經把趙括唯一的生路給封住了。

趙括的軍隊因為斷糧斷水，40多天以後就撐不住了。趙括無奈之下帶軍突出重圍，結果在秦軍的亂箭之下命喪黃泉。

臉夠大就行

秦國輕鬆地就打到了趙國首都邯鄲，趙軍因為之前趙括的大敗，使了吃奶的力氣都抵抗不過。無奈之下趙孝成王就叫丞相平原君去楚國那邊先想想辦法。

平原君覺得自己是趙王的老叔，有義務給侄兒消愁解難，於是就決定親自上楚國走一趟。走之前他想帶上自己手底下20個門客，要那種文的、武的都有辦法的人。可是他現在有三千門客，挑了半天才弄了十九個人出來，這最後一個人怎麼都搞不定。

平原君急得眉毛跟眼睛都擠一塊兒去了，這時候門客中一個不起眼的人站起來說：「您也別犯愁了，帶上我吧。我叫毛遂，到您這裡都混差不多三年了，也該露露臉了吧。」

平原君這才注意到眼前這小夥子，長的確實有些難看，不然也不會到現在都沒人在意他。平原君回答說：「哎，有點可惜啊小夥子！人家都說一把放在布兜裡的好錐子，它的錐尖很快就能把布兜戳爛，自己冒出來。

可是你怎麼都在我這兒混了三年飯吃了還沒出來露點小才？」

毛遂說：「誰讓您不早點把我放到口袋裡呢？」

這時候眾門客都用鄙視的眼光看著毛遂，心想這廝說大話臉不紅心不跳的。不過平原君已經意識到眼前這個年輕人是個好苗，就把他算進了20人的隊伍。

一行人來到了楚國，平原君在大殿裡跟楚考烈王商量聯手打秦的事，手底下的20個門客就在外面等著。可是裡面那兩個當官的從早晨雞叫一直到了太陽照在頭頂上，居然還沒說夠，那楚王就是不願出兵。

門客們一開始還聊著天，這回越聊越急，可誰也想不出個好辦法。這時候有人想起之前說大話的毛遂，就讓他出來想個辦法。

毛遂早就準備好了，他拿著寶劍就衝了進去，在楚王面前大聲嚷嚷：「聯不聯手打秦，這事說個三五分鐘就能搞定，怎麼你們聊了老半天還沒說妥當！」

楚王見跟前這個沒輕重的傢伙，就問平原君來路，一聽說是個門客以後就怒了：「我們說事情，哪用的著你一個門客管？滾遠點！」

毛遂才不理他，拿著寶劍徑直走到楚王面前破口大罵：「我主子還在這呢，你囂張什麼？！」

楚王一看這小子手裡拿著把劍，擔心他一激動把自己給宰了，也就不敢再多囉唆：「好好好！那你就說說吧。」

毛遂接著說：「楚國以前也是一大國家啊，一百萬的將兵，五千多里地。誰知道跟秦國打了幾仗就敗了興，連一國之主都在秦國丟了命，魂都招不回來，恥辱啊！那秦國的小白起算個什麼東西？就是個沒大本事的人，可人家弄了幾萬兵就把你楚國給打趴下了，你說說這多丟人！」

毛遂話說得夠狠，楚王差點連面子都沒掛住，字字錐心吶！他趕緊順著毛遂的話說：「說得好！說得有理！」

看楚王給自己嚇成這樣，毛遂也不說個客氣話，趕緊往下接：「那我們聯手抗秦這件事算是說定了吧？」

楚王說：「當然！」

BC　上古時期
夏
BC2000
BC1800
商
BC1600
BC1400
BC1200
周
BC1000
BC800
春秋
BC600
戰國
BC400
秦
BC200
西漢
0
東漢
200
三國
晉
400
南北朝
600
隋朝
唐朝
武則天稱帝
安史之亂
800
五代十國
北宋
1000
南宋
1200
元朝
明朝
1400
1600
清朝
1800
中華民國
2000

埃及第一王朝形成
古印度興起

BC2000—

巴比倫第一王朝

愛琴文明
亞述擊敗巴比倫

BC1000—

羅馬王政時代
第一屆奧林匹克

佛陀誕生
羅馬共和時代

蘇格拉底出生
柏拉圖出生
亞里士多德出生

耶穌基督出生　0—

基督教為合法宗教
君士坦丁統一羅馬

回教建立

神聖羅馬帝國開始
1000—
第一次十字軍東征

英法百年戰爭開始

哥倫布發現新大陸
拿破崙稱帝

美國南北戰爭開始
第一次世界大戰

2000—

為了不讓楚王反悔，毛遂順勢弄了盆血上來，什麼牛啊、馬啊、雞啊，都是些牲畜的血。他捧著個血盆就跪在了楚王面前：「那就請大王按著老規矩走吧，先歃血！」

楚王沒了退路，只得歃血，平原君跟毛遂也照著做了。

自打一巴掌

趙國為了保住自己的小命，在跟楚國求救的同時也給魏國那邊求救了，魏安釐王沒楚考烈王那麼矯情，人家一求他就立刻派了大將晉鄙出兵奔赴趙國。

秦昭襄王聽說三國聯軍要攻打他的時候也有點小害怕，就叫人去嚇唬嚇唬魏王：「那趙國早晚是我大秦的，也不知道你們都瞎摻和什麼，誰摻和我就揍誰！」

魏王還真給秦王給嚇住了，說個話都打冷顫，立刻派人去把大將軍晉鄙給追回來。晉鄙聽到大王的命令後就在原地安營紮寨，十萬大軍在鄴城候命。

趙國盼星星盼月亮地就是等不到魏國的救兵，趙王急了，派人去魏國催。魏王左右為難，又兩面都不想得罪，還是沒敢讓晉鄙出兵。趙孝成王這才想到魏國公子信陵君是自家的親戚，他姐姐不正是平原君的老婆嗎！於是就趕緊讓平原君給信陵君寫信救命。

信陵君看過信以後就成天嚷嚷讓魏王起兵，可魏王那廝膽小，死活不肯。信陵君沒輒了，打算自己帶上一幫門客去趙國相助。

臨走之前，信陵君跟自己最好的朋友侯贏道別，侯贏看信陵君這副架勢就鬱悶，說：「哎喲喂，您這哪叫去救人命啊，簡直就是自己去送命，還給人家添亂。」

信陵君也覺得自己是兔子肉往狼嘴裡送，可也沒辦法。侯贏又說：「兄弟，你忘了嗎，我們魏王最愛誰了？如姬啊！想當初如姬她爸被人殺

了，還是您為她出了口惡氣呢！那女人是個知道感激的人，您要是請求她把大王的兵符弄出來，我覺得她會幫您。」

信陵君聽了這話立刻回了神，趕緊叫人去找如姬商量，如姬這女人不錯，比她老公強，答應得乾淨俐落。當天夜裡她就把魏王的兵符偷了出來，讓一個知心的手下送到了信陵君手上。

信陵君拿到兵符激動萬分，又去跟侯嬴道別。侯嬴看他那猴急的樣就想笑，又問：「兄弟，急什麼，要是晉鄙看了兵符也不肯把兵權交給你，那怎麼辦？」

信陵君被侯嬴這麼一問又愣了，侯嬴也不為難他，直接說：「別愁了，我都給您想好了。我有個不錯的兄弟，叫朱亥，那力氣可大了，您走的時候帶上他，要是晉鄙那小子不聽話，就讓我朱亥兄弟上去把他打死！」

侯嬴交代妥當以後，信陵君這才雄赳赳地去找晉鄙去了。果然，晉鄙雖然看了兵符，可腦袋裡還是有疑慮，說：「這事大，我得問問大王再說。」

信陵君見狀就給旁邊的朱亥使了個眼色，朱亥這兄弟雖然長得粗魯，可人家也是個心思細膩的小夥子，曉得了主子的意思之後就大聲吆喝了一聲：「你想造反啊！」

還沒等晉鄙反應過來，朱亥就從袖子裡弄出一個大榔頭朝他頭上砸了過去，晉鄙當場就死了。信陵君得了兵權，就對所有的將士們下令：「大家都聽好了啊！老爹和兒子都在參軍的，老爹就先回去歇著；兄弟一起過來的，那老大就先回去娶媳婦；要是獨生子在裡面的，也先回去照顧爹娘去。剩下的人就跟我一起拼了！」

就這樣，信陵君挑了八萬精兵就趕往邯鄲去了，他一不做二不休地殺向了秦軍。秦軍將領王齕根本就沒打算跟魏國打，一直守候在邯鄲城中的平原君見到魏兵已來援助，也趁勢進攻殺了秦軍個措手不及。楚國那幫救兵這時候還在武關看熱鬧，一聽說秦國敗了，也就收拾行李回家去了。

三國聯軍總算是給了秦國一巴掌，信陵君因為救趙國有功，趙孝成王

BC　上古時期

夏
— BC2000

— BC1800
商
— BC1600

— BC1400

— BC1200
周
— BC1000

— BC800
春秋
— BC600
戰國
— BC400
秦
西漢
— BC200

— 0
東漢
— 200
三國
晉
— 400
南北朝
— 600
隋朝
唐朝
武則天稱帝
安史之亂
— 800
五代十國
北宋
— 1000
南宋
— 1200
元朝
明朝
— 1400

— 1600
清朝
— 1800
中華民國
— 2000

還親自到城門口接他。

嬴政上臺

秦國吃了敗仗，面子上一直沒過去。西元前256年，秦國又起兵進犯韓國和趙國，這回總算出了氣，贏回來了，順便也把東周那小國家給滅了。

秦昭襄王終於拉不住氣數死了，接他班的是他孫子秦莊襄王，可這孩子也是個短命鬼，才當了不到三年的大王也找爺爺去了。這才輪到太子嬴政上臺，那時候這小子才13歲，是個青年才俊。

雖然嬴政坐上了王位，可是這國家大權卻不在他手裡，而是由呂不韋那個老傢伙掌握著。呂不韋以前是個做生意的，手裡有幾個臭錢。後來教唆著莊襄王當大王，成功了以後自己也弄了丞相當著。呂不韋手底下也有不少混飯吃的門客，還有很多是從別的國家特意趕過來投奔他的。

戰國時期的思想開放，百家爭鳴、百花齊放的，各學派都把自己的思想和方針寫成書發行出去，以擴大本學派的影響。呂不韋也跟著時代的潮流前進著，他自己是個沒文化的人，於是就叫門客們吃飽了編書，弄了個《呂氏春秋》出來。

《呂氏春秋》弄出來以後，呂不韋還裝模作樣地把它掛在城門上，讓有才的人都過來看看，看完後也能發表發表意見，把這書做得完美。哪怕是填上一個字或是刪掉一個字呢，呂不韋都會賞他千兩黃金。

這風聲一放可驚擾了四方的志士，為了那千兩黃金也得跑過來湊湊熱鬧啊，呂不韋也因為這件事給自己打響了名聲。

但因為嬴政跟呂不韋一直有過節，一心想把這老傢伙弄下臺，自己出來主事。所以，呂不韋就沒風光幾年，在嬴政22歲那年，朝廷裡出了個叛亂的事，並涉及呂不韋，嬴政順勢就把他逼死了。

呂不韋當丞相的時候結了不少仇家，他一死，那些曾經受他打壓的

人就紛紛蹦出來，跟嬴政說呂不韋那時候招進來的外國人都不是些省油的燈，將來肯定把秦國給賣了。

　　嬴政聽大臣們這麼一嚷嚷，也急了，就下令把那些列國來的人都趕了出去。這時候一個叫李斯的楚國人鬱悶了，他給嬴政去了封信，說：「大王把非秦人都趕走了，這不是給列國送肉吃嗎？想當初秦穆公重用百里奚和蹇叔，結果自己當上了主子；秦孝公手裡有商鞅，變法也成功了；惠文王身邊的張儀，則把六國聯盟弄解體了；就是我們秦昭襄王，他也用了范雎來強國，這些人可都是外族人。」

　　嬴政聽李斯這麼一說，覺得有理，就讓人又把被驅逐出去的那些外族人叫了回來，恢復李斯的官職。後來嬴政就用了李斯這個參謀，秦國越來越強大。

　　韓王安見嬴政這架勢，想必自己的國家也是保不住了的，趕緊就派公子韓非到秦國求饒。要說韓非跟李斯還是同一個老師的學生，他是個有志向的小夥子，不忍心看著自己的國家被狼吃了，就成天在老爹跟前嚷嚷著要救國。可老爹是個敗類，有個好兒子還不知道用上，韓非氣得直跺腳，就閉關自己寫了本《韓非子》。

　　韓非在書中主張要中央集權，依法治國，嬴政看過了之後覺得這小子有些頭腦，還希望跟他見上一面。

　　韓非來到秦國以後就先給嬴政送了封信，說願意為秦國效勞，以統一天下。嬴政看著信還在琢磨著韓非的意圖，李斯在一旁著急了，他擔心韓非那小子爭了他的寵，就跟嬴政胡扯說韓非不懷好意。嬴政也沒反應過來，直接把韓非關了起來。

　　李斯這廝下手很快，為了不給自己留後患，他讓韓非喝毒藥自盡，韓非無奈，也就只能死了。等到嬴政反應過來不該扣押韓非的時候已經遲了。

BC　　上古時期

夏
— BC2000
— BC1800
　　　商
— BC1600
— BC1400
— BC1200
　　　周
— BC1000
— BC800
　　　春秋
— BC600
　　　戰國
— BC400
　　　秦
— BC200
　　　西漢
— 0
　　　東漢
— 200
　　　三國
　　　晉
— 400
　　　南北朝
— 600
　　　隋朝
　　　唐朝
　　　武則天稱帝
　　　安史之亂
— 800
　　　五代十國
　　　北宋
— 1000
　　　南宋
— 1200
　　　元朝
　　　明朝
— 1400
— 1600
　　　清朝
— 1800
　　　中華民國
— 2000

最後的歸結

壯士死得慘

秦王嬴政是個有野心的傢伙，想吃掉中原這塊富得流油的肥肉，為了美夢成真，他讓尉繚出兵各國。秦王先破壞了燕國和趙國的聯盟，又奪得燕國幾座城池，燕國是賠了夫人又折兵。

燕太子丹被扣在秦國時，洞察到秦王的心思，就悄悄溜回了燕國。燕子丹回來後，他左思右想，發奮要想出好法子。皇天不負有心人，他想到了，這種方法不用練兵，也不用麻煩其他諸侯。那就是：除掉嬴政這小子。

為尋找刺客，他天天去人多的地方尋找，有本事的人終會被伯樂發現的，他找到了合適的人，他給這個人錦衣玉食，又把自己的座車給他用，太子丹的苦心感動了這個人，他哭著說太子丹讓他做什麼都可以，這個人就是荊軻。

秦王這時已經拿下了韓國，佔領了趙國。太子丹急得如熱鍋上的螞蟻，看樣子只有使出撒手鐗了。他故作憂心忡忡的來到荊軻面前，嚴肅地說：「荊軻啊，燕國要完了，榮華富貴到頭了。」

荊軻大笑一聲說：「太子說這什麼意思？有什麼鬱悶的事說出來啊，憋在心裡時間長了對身體不好。」

太子丹聽了喜上心頭，「一家人我就不說兩家話了，現在我要派你去

刺殺秦王，為祖國而戰，你願意嗎？」

荊軻說：「你太客氣了，吩咐一下就行了。只是要大王給我兩樣東西才能接近秦王，流亡在此的樊於期的人頭和燕國最肥沃的土地督亢的地圖。大王捨得嗎？」

太子丹不忍心地說：「地圖的事好說，可是這姓樊的將軍走投無路來這，要他的人頭會招人說閒話的吧？」

荊軻明白了太子有寬厚愛人之心，就自己跑去找樊於期將軍，見面就說：「樊將軍，我就不說拐彎抹角的話，如今燕國有難需要你幫忙，為朋友你能兩肋插刀嗎？」

「有什麼事趕緊說！」樊於期急等著聽什麼事。

「那好，我是太子叫去殺秦王的，為讓秦王相信我，想借將軍脖子上的人頭用用。」

樊將軍是爽快人，立刻就拔劍割掉自己的人頭給了荊軻。這兩樣東西都有了，荊軻很歡喜。太子把荊軻叫過來，又給他一把毒劍，只要這把劍刺到秦王，保證他立刻完蛋。一切都準備好了，只等東風刮起來了。選了個良辰吉日荊軻出發了，太子又叫勇士秦舞陽做他副手。臨行的時候，荊軻又唱一首抒發男人情懷的歌：「風蕭蕭兮易水寒，壯士一去兮不復還。」

轉眼到了咸陽，秦王一聽通緝多年的樊於期的人頭和地圖來了，高興得笑成了花，叫荊軻來見面。剛開始是秦舞陽拿著地圖，荊軻捧著裝頭的盒子。秦舞陽一見這大陣勢，嚇得手亂抖，吃了秦王一個閉門羹，荊軻就一個人拿著東西去和秦王面談。

荊軻拿人頭給秦王看，果然是樊於期。秦王很高興，就讓他打開地圖瞧瞧。荊軻心裡有些緊張，可他還是慢慢地把地圖打開來，等快到盡頭時，事先躲在裡面的匕首露出來，這被目不轉睛地秦王看得一清二楚，他哇的一聲跳了起來。荊軻趕緊拿起匕首，一隻手拉著秦王，想要捅他，誰想到秦王的袖子斷下來跑掉了。

秦王這時才明白天上掉下來的不是餡餅，才急忙跑到一個大柱子後

BC　　上古時期

夏

— BC2000

— BC1800
　　　　商
— BC1600

— BC1400

— BC1200
　　　　周
— BC1000

— BC800
　　　　春秋
— BC600
　　　　戰國
— BC400
　　　　秦
— BC200　西漢

— 0
　　　　東漢
— 200
　　　　三國
　　　　晉
— 400
　　　　南北朝
— 600
　　　　隋朝
　　　　唐朝
　　　　武則天稱帝
　　　　安史之亂
— 800
　　　　五代十國
　　　　北宋
— 1000
　　　　南宋
— 1200
　　　　元朝
　　　　明朝
— 1400

— 1600
　　　　清朝
— 1800
　　　　中華民國
— 2000

面，荊軻追過來，他們就繞著柱子你追我趕，像兩個拉磨轉圈的驢。這時秦王的醫生拿起一個藥袋朝荊軻扔來，荊軻以為是什麼，嚇了一跳，在這時秦王拔出寶劍砍斷了荊軻的左腿，荊軻站立不住，在知道自己已經失敗時，荊軻大笑一聲說：「要知道這樣，我早些下手就好了啊！」於是，荊軻被侍衛結束了性命。

骨牌倒塌

燕太子和荊軻這麼一鬧，令秦王嬴政感到這幫人太討厭了，看來自己收拾他們的計畫得提前了。時不待我，秦王在殺了荊軻之後，隨即就下了命令，讓他的大將王翦加緊攻打燕國，一是給自己出出氣，二是打開併六國的開口。

燕太子丹刺殺失敗之後，只得硬來，他帶著兵馬和秦軍對抗，但是秦軍個個彪悍，燕軍實在扛不住。燕太子領人打了一陣，就被打得稀裡嘩啦，落荒而逃，他領著他爸爸燕王喜逃到了遼東。

本想著都跑這麼遠了，總算可以消停了吧，但是嬴政不願意就此罷手。他又派兵追擊，非把太子丹抓住才肯甘休。看著實在沒辦法了，燕王喜就只好把自己兒子砍了，拿自己兒子的頭去和秦國求和，希望秦王能看在他連自己兒子都肯殺的面子上，放過他。

燕國就這樣被秦王收拾了一頓。這個時候，嬴政又向尉繚討主意，看看接下來該打哪個倒楣鬼。

尉繚說：「韓國已經被我們兼併，趙國只剩下一座代城（今河北蔚縣）燕王已逃到遼東，他們都快完了。目前天冷，不如先去收服南方的魏國和楚國。」

尉繚說的，嬴政照單全收，他聽從了尉繚的計策，派王翦的兒子王賁（音奔）帶兵十萬人先攻魏國。魏王一見這架勢，趕緊派人向齊國求救，可是齊王沒理他。

原來嬴政設計好的滅六國的順序是這樣的：韓、趙、魏、楚、燕、齊。齊國之所以被排到最後，是因為齊國實力最強，而且離得最遠，打起來不方便。於是嬴政就跟齊王田建說：「我滅那幾國你別管，你看著，等我打完了，我們把這天下分一分，我就是西帝，你是東帝了，多好。」

田建也覺得挺好，所以其他國家向他求救他都看著，就等著做東帝呢。就這樣西元前225年，沒人管的魏國被滅了，隨後就輪到楚國了，嬴政跟老將軍王翦討論該派多少人去打楚國，王翦說怎麼也得六十萬，嬴政說二十萬差不多就夠了吧。王翦說六十萬我都是少說了，本來還想說一百萬呢，最後兩人折衷了一下，就派了六十萬去滅了楚國。

秦國因為生產力很高，人口也多，這打仗動不動就六十萬，都要傾國出動了。不管怎麼說，楚國亡了之後，又繞路去徹底把燕國滅了，這下六國就剩齊國還在了。

看著秦國把天下掃平了，齊王很高興，他想著自己終於也要當天下第二了。就收拾了幾樣禮物，坐著車去秦國找嬴政，打算問問嬴政什麼時候封他為東帝。

要說這齊王田建那可真是沒腦子，這時候還想著去咸陽問候嬴政，這不是送上狼窩的羊羔嗎？嬴政哪能有那麼好心，把自己辛苦打下來的天下，分給別人去坐擁一半。

齊國已經是朝不保夕了。很快，齊王就意識到了自己的危險，可惜啊，已經晚了。

誰也不能討價還價

想當東帝的齊王駕著小馬車已經快要走出城門了，幸虧這個時候還有個明眼人。

車馬走到首都臨淄的大門口時，城防司令官問齊王說：「我說大王啊，齊國之所以建國，究竟是為了國家還是為了您自己？」

BC　上古時期

夏

— BC2000

— BC1800

商

— BC1600

— BC1400

— BC1200

周

— BC1000

— BC800

春秋

— BC600

戰國

— BC400

秦

西漢

— BC200

— 0

東漢

— 200

三國
晉

— 400

南北朝

— 600

隋朝
唐朝
武則天稱帝
安史之亂

— 800

五代十國
北宋

— 1000

南宋

— 1200

元朝
明朝

— 1400

— 1600

清朝

— 1800

中華民國

— 2000

埃及第一王朝形成
古印度興起
BC2000—

巴比倫第一王朝

愛琴文明
亞述擊敗巴比倫

BC1000—

羅馬王政時代
第一屆奧林匹克

佛陀誕生
羅馬共和時代

蘇格拉底出生
柏拉圖出生
亞里士多德出生

耶穌基督出生   0—

基督教為合法宗教
君士坦丁統一羅馬

回教建立

神聖羅馬帝國開始
1000—
第一次十字軍東征

英法百年戰爭開始

哥倫布發現新大陸
拿破崙稱帝

美國南北戰爭開始
第一次世界大戰

2000—

田建一時沒反應過來，便脫口而出：「當然是為了堂堂齊國和老百姓啊。」

城防司令官又問：「那您傻啊！既然是為了國家，幹嘛還要跑那麼遠去拜訪秦國那隻狼？」

田建這時候好像明白了一點，是啊，我傻啊，這個時候去秦國。想通了之後他就吩咐掉轉車馬，一群人大眼瞪小眼地又回到了宮中。

這齊王真是有些老年癡呆了，搞了半天連自己都不知道為什麼要前往秦國。說起來田建執政的時間也不短，掐指一算也有40多年，可是這長久的穩定可不是他的深謀遠慮換來的，而是靠著賄賂秦國，對秦王嬉皮笑臉才得來的。田建可要好好地感謝他手底下的大臣，他們沒造反還真是這皇帝的福分。

齊王這時候還愣頭愣腦的，可人家秦王的臉上都快樂開花了。西元前221年，嬴政就已經又派大將王賁率軍討伐齊國了，幾十萬秦兵像泰山壓頂一樣，從燕國南部直撲臨淄。奇怪的是，齊國的軍民居然沒有絲毫抵抗。

「田建，你投不投降？」王賁大將軍只在城樓下這麼一喊，齊國就已經沒了魂，名副其實的名存實亡。

田建在城頭上嚇得腿都軟了，他不投降也得投，不過為了多少給自己撐點面子，他要求秦國給他五百里地，秦軍也答應了。不費吹灰之力，士兵手裡連一刀都沒有捅出去，齊國居然就這麼輕而易舉地投降了。

田建的確是老年癡呆了，秦王嬴政是誰啊，這個世上還有誰敢跟他討價還價的。

看看人家嬴政，從西元前230年開始，一直到西元前221年，短短的10年間，他就把別人辛辛苦苦經營好幾百年的國家給吞併了。

嬴政的確是個聰明人，自打繼承王位以來，他就一直秉承著遠交近攻的外交理念。為了讓齊國不與五國聯盟攻打秦國，嬴政花了大錢來賄賂齊國的大臣。同時，又派王賁和王翦掃蕩其餘五國。沒花多少時間，天下就只剩秦齊二國了。

現在齊王也投降了，齊國也被滅了，這各諸侯國經過250多年的紛爭，從西元前475年進入戰國時期起，終於結束了長期的諸侯割據的局面。

「及至秦王，續六世之餘烈，振長策而御宇內，吞二周而亡諸侯，履至尊而制六合，執棰拊以鞭笞天下，威振四海。南取百越之地，以為桂林、象郡，百越之君，俛首繫頸，委命下吏。」賈誼大概是嬴政的粉絲，不然他幹嘛好端端地揮灑出這麼一篇來稱讚秦國。

事實上嬴政的巨大成就大家也都看在眼裡，羨慕在心。他不僅開闢了一個新的大一統時代，而且還在華夏子孫的心中鑄就了一個新觀念，那就是：天下大勢，分久必合，合久必分。

一起來砌牆

當然了，秦國最終能夠稱霸天下也不單是嬴政一個人的功勞，還有秦國世代帝王所秉承的共同理念：遠交近攻。這些個帝王也都是專一的人，認定了什麼事就一直堅持下去，成功的秘訣不正在於此嗎？

范雎為秦國立了大功，他的主意成了日後秦國統一天下的方針政策，各代帝王只要認真貫徹和落實這一方針，一般是不會出現什麼大問題。可見，六國的悲慘命運早在范雎提出遠交近攻的戰略時就已經註定了。

西元前221年，嬴政最終完全滅掉了六國，得了天下。

可是嬴政天生就是一個不甘寂寞的人。他還是四處征伐，到處找人打架，先是統一越族地區，擊退匈奴，取得河套。將自己國家周邊的人收拾了個遍，河套地區，也就是黃河大拐彎的那個地方，水草豐美的鄂爾多斯草原。

嬴政跑那麼遠，收拾了一番，然後就開始整理自己的事。

先是封自己為始皇，接著又大刀闊斧地統一貨幣和度量衡，閘都閘不住。不過老百姓在享受大國臣民的自豪同時，也有說不出的苦衷。拿北建

BC　上古時期

─ 　　夏

─ BC2000

─ BC1800
　　　商
─ BC1600

─ BC1400

─ BC1200
　　　周
─ BC1000

─ BC800
　　　春秋
─ BC600
　　　戰國
─ BC400
　　　秦
─ BC200
　　　西漢
─ 0
　　　東漢
─ 200
　　　三國
　　　晉
─ 400
　　　南北朝
─ 600
　　　隋朝
　　　唐朝
　　武則天稱帝
　　安史之亂
─ 800
　　　五代十國
　　　北宋
─ 1000
　　　南宋
─ 1200
　　　元朝
　　　明朝
─ 1400

─ 1600
　　　清朝
─ 1800
　　　中華民國
─ 2000

戰國風雲 | 117

長城來說，也不知道多少屍骨都被埋在了山腳下。

為什麼要修長城，都把匈奴打敗了，還修那玩意防誰啊？嬴政很有遠見，當然還是防匈奴，匈奴打的跑，可是打的絕嗎？匈奴人熱愛馬上作戰，打不過就跑，速度快著呢，摸都摸不到。然後看你這邊收兵了，人又偷偷地跑回來。跟這樣敏捷的部隊打仗太辛苦，跟不上那節奏。所以，嬴政想了個一勞永逸的招，在河套那裡修長城。

用一個長城把匈奴人攔下來，你愛跑多快跑多快，只要打擾不到我們就行。省得你一來，我們就得花錢打仗，不能搞社會建設。就這樣，世界八大奇蹟就這麼被修起來了。

自春秋戰國以來的混戰局面，就這樣被嬴政搞定了，他統一六國，就好像一個公司將部門紛爭都解決了一樣，最後大家都形成了一股向心力。一起發展生產力，人民生活水準提高了，日子過得也安穩了，物質生活提上去了，就要換文化建設了。

佛陀誕生
羅馬共和時代

蘇格拉底出生
柏拉圖出生
亞里士多德出生

耶穌基督出生 0—

其實，在春秋戰國時期，文化科技的發展一直沒有停止過。

戰國時候，儒墨道法，百家爭鳴，有幾位典型代表。

墨子，他提倡兼愛、非攻、尚賢，但因為他的這個思想跟不上當時統治者的想法，就沒被重視；孟子，主張仁政、民貴君輕，政在得民；荀子，主張制天命而用之；莊子，繼承了老子的道家學說。以上這些人基本可以歸類到文學家範疇，成天搞文化精神建設。

有文化建設的，就有科技研究的。墨子，研究的是物理方面，他很注意自然科學，他的《墨經》，光學八條，很厲害；扁鵲，名醫中的名醫，望聞問切就是他研究出來的，是脈學之宗，建立了中醫傳統診病法。

儒道分與合

西元前五百多年的時候，孔子還是個小人物，擺弄了六藝許多年也不見出什麼成果，於是一個人在魯國溜達著。那時候老子的境遇可就大不一

樣了，他在周朝做著輿論監督類的工作，也就是當時的史官，是響噹噹的一位大紅人。

孔子久仰老子盛名，想著要就一些問題進行商談和請教，於是就前往周朝與老子會晤，這可是儒家和道家兩位最高領導人的歷史性會晤。

見到老子之後孔子就一直發牢騷，以表示對自己目前處境的不滿，他說：「老子啊，你看這些年我一直在推行《詩》、《書》、《禮》、《樂》、《易》、《春秋》這六藝，自我感覺還是蠻良好，不料拜見過七十二位主子，卻沒有一個識貨的，你說我該怎麼辦？」

聽了孔子的一番訴苦之後，老子不慌不忙地說：「兄弟啊，你這還算運氣呢，沒有遇見能幹的主子。六藝那可是老掉牙的東西，腳印雖說是鞋子踩出來的，可是腳印說到底還是腳印，它可不是鞋子。所以說，性改不了，命換不來，時間也留不住，道路也不能塞。只要得了道，一切都好說，要是失了道，那可就沒戲唱了。」

孔子聽得眼冒金星，不知道老子在胡扯些什麼，不過他也知道老子是大人物，悄悄地站在那兒大氣也不敢出一個。等老子講完後他就回家了，每天都想著老子那天的話，想了差不多半年，這才有點開竅了。

孔老相會的場面絕對值得後人想像，二人在思想上差了十萬八千里，這次的相會也就由著深刻的歷史意義，顯示出了老子的道家思想與孔子的儒家思想有著巨大的分歧。這從後人對待二人的態度上就能見端倪。孔子被封為「大成至聖文宣先師」，是世間的大聖人；老子被尊為「太上老君」，是天上的神仙。

二者雖然仙俗有別，但對待世事人生態度上的不同並沒有阻礙兩者之間友好的交流。中國文化獨有的寬容精神，在中國文化上最有影響力的兩個人身上體現得淋漓盡致。孔子雖對他的弟子說：「道不同，不相為謀。」但孔子對老子是極其尊重的，頗有「我雖然不同意你的觀點，但我誓死捍衛你說話的權利」的意味。

因為出世和入世目的的不同，孔子的思想就不如老子那般化腐朽為神奇，還沒有進入虛極之境界。他反倒是耍了個小聰明，轉過來研究仁義禮

BC　上古時期

夏
— BC2000
— BC1800
商
— BC1600
— BC1400
— BC1200
周
— BC1000
— BC800
春秋
— BC600
戰國
— BC400
秦
— BC200　西漢
— 0　東漢
— 200　三國
晉
— 400
南北朝
— 600　隋朝
唐朝
武則天稱帝
安史之亂
— 800
五代十國
北宋
— 1000
南宋
— 1200　元朝
明朝
— 1400
— 1600
清朝
— 1800
中華民國
— 2000

智的治世法，讓統治階級高興。

在儒家思想裡，所謂政治就是道德，假如一個國家的思想都沒有達到高度統一，那麼這個國家在政治上就一定也是失敗的。就像西方國家用法律和上帝來維護統一一樣，中國是依靠道德。

中國封建歷史浩浩蕩蕩地掃過，帝王將相前仆後繼，死了舊的換新的，可是孔子家族的地位卻一天比一天顯赫。原本是落魄貴族的窮小子，可偏偏趕上漢武帝「罷黜百家，獨尊儒術」的好時候，升官升得想自殺，由「褒成宣尼公」到「文宣王」、「大成至聖文宣王」，一直到「大成至聖先師」。

孔子在一開始播種自己思想的時候既沒錢也沒權，更沒有舉著宗教的旗幟去說服旁人，可為什麼他就有了三千門人和七十二賢人呢？翻翻論語就知道答案了：「修身，齊家，治國，平天下」。知其不可而為之，執著地追求自己的理想，撞了南牆也絕不回頭，這就是孔子成功的法寶。

埃及第一王朝形成
古印度興起
BC2000—

巴比倫第一王朝

—

—

愛琴文明
亞述擊敗巴比倫
—

BC1000—

羅馬王政時代
第一屆奧林匹克

—

佛陀誕生
羅馬共和時代

蘇格拉底出生
柏拉圖出生
亞里士多德出生 —

耶穌基督出生 0—

基督教為合法宗教
君士坦丁統一羅馬

回教建立 —

—

神聖羅馬帝國開始
1000—
第一次十字軍東征

英法百年戰爭開始

哥倫布發現新大陸
拿破崙稱帝

美國南北戰爭開始
第一次世界大戰
2000—

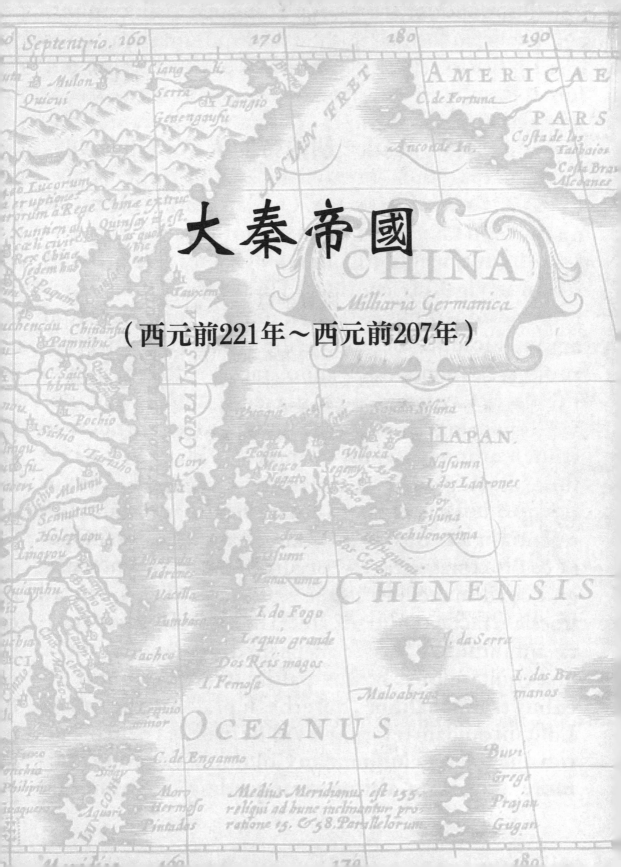

大秦帝國

（西元前221年～西元前207年）

第一個稱帝的人

朕說了算

　　嬴政兼併了六國，結束了戰國割據的局面，統一了中國。他覺得自己這個功勞是前無古人後無來者的，不能再用「王」來稱呼了，這遠遠不能概括他的偉大功績，他得琢磨個更響亮的稱呼，想來想去，就決定採用了「皇帝」的稱號。他是中國第一個皇帝，就自稱是始皇帝，自稱曰「朕」，詔旨稱制，或者稱詔。

　　給自己安排妥當了，還不能把子孫給落下，他規定子孫接替他皇位的按照次序排列，第二代叫二世皇帝，第三代叫三世皇帝，這樣一代一代傳下去，一直傳到千世萬世。稱呼的問題搞定了，和自己爭天下的敵人也被打沒了，西元前221年，始皇帝嬴政就以咸陽為都城，建立起了中國歷史上第一個統一的專制主義中央集權的封建國家。

　　如何將自己建立的這個龐大的帝國萬世無疆的保存下去，讓自己的子子孫孫都享受到當國家老大的待遇，他下足了工夫了。

　　首先，在建立了皇帝制度之後，他開始和眾位大臣商量如何治理國家。其中丞相王綰（音晚）認為應該將離咸陽很遠的地方上封幾個王，將幾個皇子派過去替秦始皇看著比較保險，反正都是一家人。

　　但是李斯反對，他說周王朝的時候也是封了不少諸侯，但大家最後還不是打來打去的，分封不好，不如在全國設立郡縣。

這個建議很對秦始皇的胃口，於是他決定廢除分封的辦法，改用郡縣制，把全國分為三十六個郡，郡下面再分縣。

這一套從中央到地方的官制，可以概括為三公九卿郡縣制度。皇帝是老大，什麼事他都管，什麼事都得請教他，要不誰也做不了主。然後接下來就是三公。太尉主管軍事，但是軍隊是國家的力量，皇帝哪能這麼輕易交給一個大臣，所以這個位子不過是個領錢不幹事的虛職。然後就是丞相，丞相是百官的頭，國家大事一般都是百官報給丞相，丞相跟皇帝商量，然後解決掉。隨後是御史大夫，這個職位是負責監督的，就是百官們平時是不是認真工作了，是不是貪污受賄了，是不是遲到早退了，等等，都是御史大夫在一旁偷瞄著記錄，然後報告給皇帝，也就是說，御史大夫和今天的監察機關人員差不多。

這就是三公。

三公以下是諸卿，三公是一級的官員，諸卿就是一些常見的官員，他們管著各種各樣的事物，例如管吃的，管喝的，管用的……這些都是高級的官員了，天天跟皇帝打交道的，住在咸陽裡。

接下來是郡裡的官員，跟現在的市長差不多，然後是鄉裡的，村裡的，一級一級往下，反正就是從皇帝往下，官員一級管著一級，但他們都得聽皇帝的。秦始皇剛當皇帝的時候，什麼事都要批奏，他那時候每天除了吃飯睡覺就是看奏摺，一天看好幾百斤，這種體力活太累人了，但很有心理滿足感啊：這就是天下雖大，我一個人說了算。

知識份子被活埋

焚書坑儒一開始的起因是源於一次宮廷對話，在西元前213年的時候，在宮廷上舉辦了一場宴會，大家都有點喝醉了，這時候，博士淳于越就話多了，他跟秦始皇講：「你不分封，反而搞郡縣制度，這樣多不保險啊。將來要是你的江山有什麼要緊事幫忙，你那些官能幫你幹什麼，而你

夏

— BC2000

— BC1800　　商

— BC1600

— BC1400

— BC1200　　周

— BC1000

— BC800
　　　　　春秋
— BC600
　　　　　戰國
— BC400
　　　　　秦
— BC200　　西漢

— 0
　　　　　東漢
— 200
　　　　　三國
　　　　　晉
— 400
　　　　　南北朝
— 600　　隋朝
　　　　　唐朝
　　　　　武則天稱帝
　　　　　安史之亂
— 800
　　　　　五代十國
　　　　　北宋
— 1000
　　　　　南宋
— 1200　　元朝
　　　　　明朝
— 1400

— 1600
　　　　　清朝
— 1800
　　　　　中華民國
— 2000

的子弟們沒有兵，怎麼救你啊。」

　　那時候，李斯已經是丞相了，這個郡縣制度本來就是他主張的，現在有人公然提出反對，他就不高興了，跟淳于越爭辯了起來，其實這也沒什麼，官員們在一起討論一下事情，很正常，但是這個喝醉了的淳于越多嘴說了一句：「事不師古而能長久者，非所聞也。」

　　這意思就是說：你現在辦事情不學古代的禮法，你能把事情辦好嗎？沒聽說過。

　　淳于越是典型法先王的儒家，李斯被這話給激怒了，李斯是法家，跟儒家本來就不同，現在淳于越的話更是讓他心裡冒火，他說，好啊，你小子到底想幹什麼？現在郡縣制度實行的這麼好，你居然說不學古代，這事就辦不好，皇帝辦的事你居然說辦不好，你這不是跟皇帝唱反調嗎？

　　於是李斯就跟秦始皇建議，現在天下都已經安定了，法令統一，但是有一批讀書人不學現在，卻去學古代，對國家大事亂發議論，在百姓中製造混亂。這樣的人太可惡了，如果不加以制止，肯定會影響朝廷的威信。

　　秦始皇就怕自己的威信被影響，於是他就問李斯有什麼好辦法。

　　於是，李斯出了個餿主意，除了醫藥、種樹等書籍以外，凡是有私藏《詩》、《書》、百家言論的書籍，一概交出來燒掉；還有如果誰不甘心，要是敢再私底下討論這類書，就統統殺死，誰要是敢拿古代的制度來批評現在，滿門抄斬。這個命令一下，李斯得意了，把你們那些古代書給燒了，看你們怎麼辦。

　　當下，秦國上下，除了秦國的歷史書和自然科學類的書留著，其餘的書都被當柴火燒了，有些人為了保存一些書籍，就想盡辦法東藏西藏，好像孔子那時的後代，將經書藏到了孔府的夾壁牆裡才保存了下來，要不然就也燒光了。但這些行為不過是杯水車薪，一場燒書運動，讓文化停滯不前甚至後退。

　　當時有些讀書人很看不慣這種行為，他們就背後說秦始皇的壞話，當時有兩個方士，叫做盧生、侯生，本來兩人是靠求神拜佛混飯吃的，但是兩人也就對這事發表了幾句意見，然後有人就把這個現象報告給了秦

始皇，秦始皇一聽，就派人去抓他們，可是這兩人早跑了。秦始皇大為惱火，他再一查，發現還有好多讀書人議論這事，他就挖了個坑把他們都活埋了。誰說壞話就埋誰，據說當時埋了四百多個讀書人。

這就是焚書坑儒，是文化專制的典型表現，你能控制別人幹什麼事，還能控制別人想什麼，說什麼？這也為日後秦國的農民起義埋下了伏筆。

刺殺沒成功

把那些手無縛雞之力的讀書人殺的殺，埋的埋，剩下的一些犯禁的就流放到邊境去。秦始皇這件事辦的太嚴厲了，也很不合情理，但是因為他正在氣頭上，大臣們都不敢去勸他，萬一他一生氣，把自己也給流放了，那可完蛋了。

但是他的大兒子扶蘇認為必須要有人站出來說這件事情，就勸諫他不要這樣做。這一來，觸怒了秦始皇，他命令扶蘇離開咸陽，到北方去和蒙恬一起守邊疆去。扶蘇只得無奈地前往那個鳥不拉屎的地方，和蒙恬相依為命去了。

扶蘇是秦始皇寵愛的公子，都落得這個待遇，大臣們更不敢言語了。總而言之，焚書坑儒這件事就這樣算結束了，大家誰也不敢提了。

後來為了鞏固自己的統治，秦始皇又讓人設置了秦朝律法，秦律有一個顯著的特點，那就是輕罪重刑。

高壓統治老百姓還不算，秦始皇還防著六國的舊貴族，他知道自己滅了六國，那些人肯定不會放過自己的，為了防止那些人造反，秦始皇就讓天底下的12萬戶富豪人家一律搬到咸陽來住，這樣好管住他們。

除了把有錢有勢的人管住之外，他還下令把全天下的兵器都收集起來，除了留下給政府軍隊使用的之外，剩下的都熔化了，鑄成12個24萬斤重的巨大銅人和一批大鐘（一種樂器）。

沒有了兵器，看你們拿什麼造反，以為安枕無憂的秦始皇常常要去

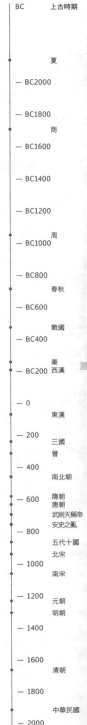

各地巡視，說是去視察各地工作，祭祀名山大川，看看祖國的大好山河，其實是要讓大臣們把頌揚他的話刻在山石上，好讓後代人知道他的偉大成績。

就在秦始皇四處溜達的炫耀功績的時候，想著能嚇唬住那些想來造反的人時，自己卻差點沒了命。

西元前218年的春天，秦始皇又帶了大隊的人馬出去巡視，當他的大隊伍走到博浪沙（在今河南原陽縣）時，忽然天降大鐵錘，將秦始皇座車後面的副車打得粉碎。這真是天降橫禍，秦始皇真是氣到不行，居然有人敢用這麼個招數來暗殺自己，簡直是活得不耐煩了。

他下令士兵們四處搜尋，但是那名刺客非常狡猾，逃得無影無蹤，於是秦始皇下令要在全國大搜查，將刺客查出。全國總動員，足足搜查了十天，但是一無所獲，便也算了。想來當時誰也沒見過刺客長什麼樣子，就憑一個大鐵錘就想查出刺客的蹤跡，真是笑話。

這個刺客雖然沒有刺殺成功，但是他還是讓日後的秦國在覆亡道路上，加速前進了。

此路不通換路走

這個行刺的人名叫張良。張良的祖父、父親都做過韓國的相國，後來韓國被秦國無情的滅掉，張良就成了亡國奴，他那時挺年輕，年輕氣盛，受不了這侮辱，於是他就變賣了家產離開了老家，到外面去結交英雄好漢，一心想為韓國報仇，但是想要靠自己的力量推翻秦朝是不大可能的，那就把秦始皇殺掉。

有了這個計畫後，張良就一直琢磨，怎麼能讓自己的復仇計畫成功。後來，他交了一個朋友，是個力大無窮的大力士，那個大力士使用的大鐵錘，足足有120斤重（相當於現在的30公斤）。

也不知道張良是怎麼說服這大力士，反正大力士最後答應替張良報這

個亡國之仇，兩人約定好日子，探聽好秦始皇的行蹤，就偷偷到了一個最適合作案的地點刺殺秦始皇，這也就是上文提到過的博浪沙。

預先在那裡的樹林裡隱蔽好，就等著秦始皇的車隊走過來，然後大力士將自己的大鐵錘一下揮出去，把秦始皇砸死。

兩人計畫得挺好，但是秦始皇也是個謹慎的人，他的車隊浩浩蕩蕩，一下子還真讓人搞不太清楚他坐在哪輛車裡。但是張良畢竟有學識，見過奢華生活，他憑自己的經驗推斷出秦始皇的車輛後，大力士就開始動手了。

但是人算不如天算，這麼好的條件都有了，就差那動手一揮了，可是大力士偏偏力氣大了點，把大鐵錘打偏了，打到了一輛副車上，這下兩人徹底傻眼了，沒辦法，那就只好逃命了。

張良隱姓埋名，一直逃到下邳（今江蘇睢寧西北），總算躲過了秦朝官吏的搜查。後來他就在下邳住了下來，一面充實自己，一面等待再次報仇的機會。有一天，他閒得無聊，就出去到一條小河邊散散步。

走到一座大橋上的時候，看到一個穿著很樸素的老頭坐在橋頭上，老頭看到張良過來，也不知道是不是故意的，他的鞋子忽然掉到橋底下去了。老頭就呼喚張良，讓張良替他撿鞋子，語氣很不客氣。張良挺不高興，但是他還是很紳士的替老頭把鞋子撿上來了。可是老頭居然得寸進尺的讓張良替他穿上，張良又給老頭穿上鞋子。

老頭笑呵呵地也不道謝就走了，走了不遠路，老頭又返回來跟張良說，自己願意教他，讓他過五天，天一亮，再到這橋上來見自己。

張良想自己這是遇到高人了，趕緊答應了。到了時間，張良趕緊去了，結果老頭早就到了，老頭認為張良不守時，就說再過五天再來。就這麼反覆了好幾回，老頭終於是把張良磨得沒脾氣了。

這次，老頭才從口袋裡掏出一本書遞給張良，讓他好好鑽研，以後一定有大作為，然後老頭就離開了。張良一看，原來是部相傳是周朝初年太公望編的《太公兵法》。這個不知名的老頭就此以後再也沒有出現，張良就刻苦研究這部兵法，最後終於成就了一番事業。

BC　上古時期

夏
— BC2000

— BC1800
商
— BC1600

— BC1400

— BC1200
周
— BC1000

— BC800
春秋
— BC600
戰國
— BC400
秦
— BC200　西漢

— 0
東漢

— 200
三國
晉
— 400
南北朝

— 600　隋朝
唐朝
武則天稱帝
安史之亂
— 800
五代十國
北宋
— 1000
南宋

— 1200　元朝
明朝

— 1400

— 1600
清朝
— 1800

中華民國
— 2000

BC

埃及第一王朝形成
古印度興起
BC2000—

巴比倫第一王朝
—

—

愛琴文明
亞述擊敗巴比倫
—

BC1000—

羅馬王政時代
第一屆奧林匹克
—

佛陀誕生
羅馬共和時代
—
蘇格拉底出生
柏拉圖出生
亞里士多德出生

耶穌基督出生　0—

基督教為合法宗教
君士坦丁統一羅馬

回教建立

神聖羅馬帝國開始
1000—
第一次十字軍東征

英法百年戰爭開始

哥倫布發現新大陸
拿破崙稱帝

美國南北戰爭開始
第一次世界大戰

2000—

大限將至，帝國末路

你也有今天

被張良那麼一嚇，秦始皇依然沒有打消他四處溜達的熱情。到了西元前210年，他又要去東南一帶巡視，他帶著丞相李斯、宦官趙高還有自己的小兒子胡亥一起去。他一路上渡過錢塘江，到了會稽郡，再向北到了琅邪（今山東膠南縣），視察得不亦樂乎。

這一行人浩浩蕩蕩，從冬天一直走到了第二年夏天才往回走，可能是一路上顛簸的緣故，也可能是年紀大了，秦始皇覺得身體有點不舒服，可是吃了幾服藥不見好，反而一天比一天重了，到了平原津（今山東平原縣南）就病倒了，再也起不來了。

隨從的醫官給他看病、進藥，都不見效。等走到沙丘（今河北廣宗縣西）的時候，秦始皇病勢越來越重。知道自己的病好不了了，秦始皇決定做幾件正事，他讓趙高寫信給扶蘇，讓扶蘇趕緊回咸陽，萬一自己好不了了，那就讓扶蘇主持辦理自己的喪事。

這信寫好了，但是還沒送出去，秦始皇就去世了。晚年一直追求長生不老的秦始皇就這麼病死在半路上了，雖然他死了，活著的人可是還熱鬧著呢。

李斯知道秦始皇的信還沒送出去，他就找到趙高商量，說：「這離咸陽還很遠，不是一兩天能趕到的。萬一皇上去世的消息傳了開，恐怕人

心會大亂，到時候我們不好收拾局面啊，不如我們先不發佈皇帝的死亡消息，等我們趕到咸陽再說。」

趙高表示同意，於是他們把秦始皇的屍體安放在車裡，關上車門，放下窗帷子，外面什麼人也看不見。這一行人裡，除了胡亥、李斯、趙高和幾個內侍外，其他人都不知道秦始皇已經死了，以為他還活得好好的呢。

一路上，車隊照常白天走，晚上歇，每到一個地方，文武百官都照常在車外奏事。這時候，趙高動了歪腦筋，他是胡亥那一夥的，而扶蘇和蒙恬是一夥的，他又和蒙恬一家人有仇，如果讓扶蘇當上秦二世，那他就沒好下場了。

想來想去，趙高就跟胡亥商量，準備假傳秦始皇的遺囑，殺害扶蘇，讓胡亥繼承皇位。有這好事，胡亥當然樂意，但是李斯知道後有點不同意了，他說：「這可不是我們臣子應該做的事情啊。」

趙高開始從側面旁敲側擊：「你的才能比得上蒙恬嗎，你的功勞比得上蒙恬嗎，你和扶蘇的關係近還是蒙恬和扶蘇的關係近啊？」在趙高的威逼利誘，連哄帶嚇的說了一通後，李斯權衡了一番，決定和趙高一起扶持胡亥當皇帝。

李斯和趙高擬定了一份假詔書給扶蘇，說他在外頭不但不能立功，還怨恨自己的父皇，和蒙恬一起想造反，兩人都該自殺謝罪。

扶蘇是個老實孩子，一看詔書上說讓自己去死，那就拎起寶劍想要抹脖子，可是蒙恬不傻，他勸扶蘇不要輕信這封詔書，要扶蘇去咸陽找秦始皇問個明白，但扶蘇說死就一定要死，還是抹脖子自殺了。

這邊的趙高他們雖然解決了扶蘇，但也遇到麻煩了，那時正是天熱的時候，秦始皇的屍體開始發出臭味了，為了掩蓋這味道，趙高他們買了大量的鹹魚，在每輛車上放上一筐，把秦始皇屍體的臭味掩蓋過去了。

好不容易趕到咸陽，他們立刻宣佈秦始皇死去的消息，並且假傳秦始皇的遺詔，由胡亥繼承皇位，這就是秦二世。

夏
— BC2000
— BC1800
商
— BC1600
— BC1400
— BC1200
周
— BC1000
— BC800
春秋
— BC600
戰國
— BC400
秦
— BC200 西漢
— 0
東漢
— 200
三國
晉
— 400
南北朝
— 600
隋朝
唐朝
武則天稱帝
安史之亂
— 800
五代十國
北宋
— 1000
南宋
— 1200
元朝
明朝
— 1400
— 1600
清朝
— 1800
中華民國
— 2000

造反靠農民

　　秦二世當了皇帝，天下越發的混亂了，這位仁兄除了吃喝玩樂什麼也不會，政治大事都交給了趙高處理。

　　這下趙高可樂壞了，但他還是多了個心眼，他和秦二世兩人做賊心虛，怕篡奪皇位的事洩露出去，兩人就決定殺死胡亥的兄弟和一些正派的大臣，於是一場腥風血雨的大廝殺展開了，12個公子和10個公主都定了死罪，受株連的大臣更是不計其數。

　　到了第二年，趙高怕李斯跟他搶功勞，就又鼓動胡亥把李斯也給幹掉了，趙高自己當了丞相，獨攬大權，這下安枕無憂的趙高就盡享榮華富貴了。

　　但是他們是享福了，天底下的老百姓可還苦著呢。

　　秦始皇那時為了抵禦匈奴，建造長城，發兵30萬，徵召了民伕幾十萬；為了開發南方，動員了軍民30萬。後來他又開始修建豪華住宅阿房宮，動用了70萬的囚犯，這讓天下的老百姓是苦不堪言，但是大家都是敢怒不敢言，一發牢騷就會被捉去重罰，輕則掉胳膊斷腿，重了就送命了。

　　到了秦二世的時候，這種情況越發嚴重了，因為在秦始皇還活著的時候，他就為自己修巨大的陵墓，這座大墳規模非常巨大，而且還很複雜，不但面積巨大，還將大量的銅熔化了灌下去鑄地基，上面蓋了石室、墓道和墓穴。

　　但還沒修完秦始皇就死了，二世後來又叫人把大墳裡挖成江河湖海的樣子，灌上了水銀，這才把秦始皇埋葬在裡頭。

　　把爹葬好了，就繼續享受爹沒享受到的，陵墓修完了，二世和趙高又繼續建造阿房宮。那時候，全國人口不過二千萬，可是被派去當苦力的就前前後後足有兩三百萬人，青壯勞力全都上陣了。

　　老百姓被逼到實在沒辦法了，本來就是想安穩過日子，但現在日子實在是過不下去了，不反是不行了，就這樣，一個個的都準備反了。

其中最先反的農民要說下面這位了。

又是一年農忙時，一群農夫正揮著鋤頭灑著熱汗。這裡叫陽城，大概就是現在河南省的方城縣。大家正忙著，忽然天上來了一群大雁湊熱鬧，還呼呼地叫囂著。

或許是太累了，一個人扔了手裡的釘耙轉而抬起頭欣賞起大雁來了，嘴裡還說著些別人聽不懂的廢話，說什麼：「哪個將來要是高升富貴了，那可不能忘記今天地裡的這一幫親兄弟！」

話音還沒停呢，他旁邊的那位兄弟就已經聽不下去了，用鄙視的眼光看著他說：「陳勝，你做個屁夢啊，給人家當牛馬的下人去哪跟富貴碰頭？」

陳勝聽了這話後眼神裡充滿了落寞，他還捨不得剛剛那群大雁，又廢了一句話：「燕雀怎麼能夠瞭解鴻鵠心中的高遠理想呢？」

在旁人看來是不著邊的廢話，可陳勝這白日夢還真就實現了。

陳勝吳廣鬧革命

西元前209年，蘄縣大澤鄉的營房裡傳出一陣陣此起彼伏的抱怨聲，九百多人在裡面呼喊著。人不消停就算了，天氣還跟著起哄，一連幾天都下著雨，大澤鄉真的快成了大澤。

陳勝也在這夥隊伍之中，他看到眼下這情形，想要活命，只得造反了，他暗自定下了計畫……

「這鬼天氣還怎麼趕路！」

人人個個都哀號不已。

這時候一個叫吳廣的人故意大聲嚷說：「我看秦朝的氣數要盡了！」

押送這些人的那兩個軍官喝了點小酒，呵斥道：「吵什麼吵？想造反是不是！」

邊說還從腰間拔出劍來嚇唬人，吳廣才不吃這一套，從地上竄了起

BC　上古時期

夏

— BC2000

— BC1800
　　　　商
— BC1600

— BC1400

— BC1200
　　　　周
— BC1000

— BC800
　　　　春秋
— BC600
　　　　戰國
— BC400
　　　　秦
— BC200　西漢

— 0
　　　　東漢
— 200
　　　　三國
　　　　晉
— 400
　　　　南北朝

— 600　隋朝
　　　　唐朝
　　　　武則天稱帝
　　　　安史之亂
— 800
　　　　五代十國
　　　　北宋
— 1000
　　　　南宋

— 1200　元朝
　　　　明朝
— 1400

— 1600
　　　　清朝
— 1800
　　　　中華民國
— 2000

埃及第一王朝形成
古印度興起
BC2000—

巴比倫第一王朝

愛琴文明
亞述擊敗巴比倫

BC1000—

羅馬王政時代
第一屆奧林匹克

佛陀誕生
羅馬共和時代

蘇格拉底出生
柏拉圖出生
亞里士多德出生

耶穌基督出生　0—

基督教為合法宗教
君士坦丁統一羅馬

回教建立

神聖羅馬帝國開始
1000—
第一次十字軍東征

英法百年戰爭開始

哥倫布發現新大陸
拿破崙稱帝

美國南北戰爭開始
第一次世界大戰
2000—

來，一把奪走軍官手裡的利劍就刺了過去，軍官就一命嗚呼了。這時候陳勝也不閒著，他把另一個也解決了。

殺死了兩個軍官以後，陳勝就對著在場的九百餘人大聲宣佈：「兄弟們，外面的小雨正淅瀝瀝地下個不停，我們是絕對不可能走到漁陽的。要是不能按時到那裡，那我們大家就是死路一條。我看在場的各位也都是壯士，壯士要死也要死得驚天地泣鬼神！難道那些當官的就天生該吃香的喝辣的？！」

他們的話讓其他的兄弟們聽得熱血沸騰的，掌聲比打雷還響亮，一個個竟「斬木為兵，揭竿為旗」，起義軍的隊伍迅速壯大起來，很快就逼近了咸陽。

雖說陳勝命不太好，最後竟被一個小嘍囉殺了，沒能完成當初欣賞大雁時所發的志向，不過他卻給燎原之勢播種下了星星之火，也算是立了大功。

再回到西元前210年，胡亥終於榮登皇帝寶座，可這小子殘暴好殺，弄得百姓生不如死。

改朝換代的微風已經吹了過來，秦朝搖搖晃晃的，陳勝和吳廣就想藉機把這小微風吹得大一點，讓火勢更猛烈些。

早在起義之前這兩人就開始策劃了，陳勝對吳廣說：「秦二世那小子居然把扶蘇這麼一個好公子殺了，本應該是他繼位的！老百姓光知道這公子人品不錯，可都不知道他已經被胡亥那臭小子給害了！而且楚將項燕也都備受大家好評，打著他們的旗號起義，那回應者估計有好幾大卡車！」

吳廣覺得陳勝的話說的有理，兩人一拍即合，先是決定去算個卦。算卦那老頭知道他們心裡想些什麼，就建議他們裝神弄鬼來樹立自己的威信。

於是，吳廣扯了一塊布條，並且用紅砂石在上面胡謅上「陳勝王」三個字，又把布條塞到了魚肚裡。第二天士兵們吃魚的時候發現了布條，都大眼瞪小眼地，覺得不可思議。

到了晚上，陳勝又讓吳廣去附近的祠堂裡學狐狸叫，跟鬼哭似的：

「大楚興，陳勝王。陳勝王，大楚興。」

士兵們被嚇得直發抖，見了陳勝都跟看見閻王爺似的，陳勝的威望就這樣慢慢地樹立起來了。而大澤鄉一連幾天來陰雨綿綿，這更是給他們的起義創造了一個最佳的時機。

不在沉默中爆發，就在沉默中滅亡。由於社會問題太過白熱化，起義之勢越來越迅猛，整個秦朝幾乎要被掀翻了。

說起來這秦朝也是個不知好歹的東西，原先商鞅老人家變法後形成的法制成了虛設，居然用來壓榨起百姓來。再加上一群貪污受賄的傢伙，還不到20年，秦朝就已經在風雨中搖曳了。

自古以來皇帝撒的就都是彌天大謊，什麼真命天子，還什麼君權神授，說瞎話眼都不眨一下。老百姓被這些鬼話嚇倒，除了任人宰割還是任人宰割。但是陳勝、吳廣的起義把麻木了的百姓打醒了：誰也不是天生犯賤，誰也不是生來就當牛當馬的。

起義還給皇帝上了一課，讓他們知道什麼是「水能載舟亦能覆舟」，聽不懂這話的就等著老百姓給自己送葬吧。

山雨欲來風滿樓

以法為教，以吏為師。這一直是中國古代統治者的一個愚民政策，所謂上詐而下愚，就是將統治權，話語權都控制在統治者的手裡，底下的老百姓最好都是傻乎乎的跟隨者，統治者說幹什麼就幹什麼，一般一個朝代一開始建立的時候，這個方法還有效果，可是越往後，效果就越不顯著。

現在的秦朝就是這樣，一開始秦朝實行的輕罪重刑對老百姓還有個威懾、約束的作用，但是越往後就把老百姓逼的越沒辦法了，最後逼急了，就造反，引發了秦末農民起義。陳勝吳廣他們也不是天生的造反派，也是被逼的。

究其原因首先就是那時的徭役太過繁重了，一年得徵700萬人的徭

BC　上古時期

夏
— BC2000

— BC1800
商
— BC1600

— BC1400

— BC1200
周
— BC1000

— BC800
春秋
— BC600
戰國
— BC400
秦
— BC200　西漢

— 0
東漢

— 200
三國
晉
— 400
南北朝

— 600　隋朝
唐朝
武則天稱帝
安史之亂
— 800
五代十國
北宋
— 1000
南宋

— 1200　元朝
明朝
— 1400

— 1600
清朝
— 1800
中華民國
— 2000

役。除了徭役，還得有兵役，派去打仗，多數是去了就沒命回來了。生活在這麼一個大環境裡，有今天沒明日的，誰也忍不下去啊。

這還不算完呢，徭役重也就算了，賦稅更重，男人都外出修長城，打仗去了，這家裡應該交的稅可是一分都不能少交，你要是少交了就有大刑等著伺候你呢。比如割鼻子，挖耳朵，總之是隨便一整就能把你給整成殘疾人，讓你幹不了活，下不來地，但還是得交賦稅。

農民本來就沒吃的，沒地種，除了要給國家免費體力活之外，還得忍受肉體上的折磨，這要不造反真是沒天理了。

所以，西元前209年，陳勝、吳廣在安徽大澤鄉，發動農民起義。然後以「伐無道，誅暴秦」為口號，建立張楚政權，自立為王，他們失敗之後，各地的百姓不但沒有被統治力量嚇唬住，反而紛紛起而反之，他們殺了官吏，繼續扛起了造反的這面大旗，沒有多久，農民起義的風暴席捲了大半個中國。

起義軍的氣勢很足，他們節節勝利，佔領了大批的根據地，但是因為農民畢竟沒有實戰經驗，你要說挑糞種菜他們在行，可是行軍打仗實在不行。所以沒過多久，因為戰線拉得過長，號令也不統一，有的地方被六國舊貴族占了去。起義不到三個月，趙、齊、燕、魏等地方都有人打著恢復六國的旗號，自立為王。

各地反抗秦王朝的大火燃勢洶洶，其中的劉邦項羽最是厲害，南方的會稽郡，項羽和他的叔叔項梁起兵，項梁是楚國大將軍項燕的兒子，楚國被秦國大將軍王翦攻滅的時候，項燕兵敗自殺。

所以，項梁總是想著要恢復楚國的國號，為自己亡了的國家報仇，憋著一股勁的項梁就把希望寄託在了自己的侄子項羽身上。

而劉邦本來是沛縣（今江蘇沛縣）人，在秦朝統治下，做過一名亭長（秦朝十里是一亭，亭長是管理十里以內的小官）。

劉邦之所以要造反，那完全是因為他工作沒做好，交不了差，怕被砍頭所以才造反，但不管怎麼樣，劉邦最後居然成功了，這真是傻人有傻福，老天攔不住啊。

埃及第一王朝形成
古印度興起
BC2000—

巴比倫第一王朝
—

愛琴文明
亞述擊敗巴比倫

BC1000—

羅馬王政時代
第一屆奧林匹克

佛陀誕生
羅馬共和時代

蘇格拉底出生
柏拉圖出生
亞里士多德出生

耶穌基督出生　0—

基督教為合法宗教
君士坦丁統一羅馬

回教建立
—

神聖羅馬帝國開始　1000—
第一次十字軍東征

英法百年戰爭開始

哥倫布發現新大陸

拿破崙稱帝

美國南北戰爭開始
第一次世界大戰
2000—

造反的第一階段

劉邦有一次，上司要他押送一批農民工到驪山去做苦工，劉邦帶著一批農民工就上路了，但是這夥人知道去到驪山不是累死就是被打死，所以個個都趁機要從半路上溜走，劉邦帶著人走了幾天，發現出不對勁了，隊伍是越帶人越少了。

這每天都有人逃跑，到了驪山，劉邦沒辦法交差，可是他也攔不住那些農民，為了保住自己的腦袋，劉邦和農民商量了起來，「你們去驪山做苦工，十有八九的人都是沒辦法回到家裡了，與其看你們這麼慘，不如我現在就把你們放了，你們自己去找活路吧。」

劉邦的這番話徹底感動了那幾個農民，他們為劉邦的日後出路擔心，但劉邦告訴他們，自己會找到活路的，反正能逃到哪就是哪。

於是，當下就有十幾個農民願意跟著他一起找活路，劉邦就帶著這十幾個農民逃到芒碭（音盪）山躲了起來。過了幾天，聚集了一百多人。看到自己聚集了這些人，劉邦暗自琢磨著該如何出山去打天下。

正在這個時候，沛縣縣裡的文書蕭何和監獄官曹參很是欣賞劉邦，他們就暗中跟劉邦來往，在陳勝打下了陳縣之後，蕭何和沛縣城裡的百姓殺了縣官，派人到芒碭山把劉邦接了回來，請他當沛縣的首領，大家稱他為沛公。

到這個時候，劉邦算是正式出山，扛起了造反大旗，他在沛縣起兵之後，又召集了兩三千人馬，攻佔了自己的家鄉豐鄉，接著他帶了一部分隊伍攻打別的縣城，但沒想到後院居然起火了，他留在豐鄉的部下叛變，把劉邦的成果占為了己有。

這個消息讓劉邦很是憤怒，他氣呼呼地想要去收復失地，但可惜自己的兵力不夠，他又繞路去別處借兵。當他趕到留城（今江蘇沛縣東南），遇到了帶著一百多人想投奔起義軍的張良。

張良研讀兵法，看到現在天下大亂，正是起兵的好時候，就帶著自己

BC　上古時期

夏
— BC2000

— BC1800
商
— BC1600

— BC1400

— BC1200
周
— BC1000

— BC800
春秋
— BC600
戰國
— BC400
秦
— BC200　西漢

— 0　東漢

— 200　三國
晉
— 400　南北朝

— 600　隋朝
唐朝
武則天稱帝
安史之亂
— 800　五代十國
北宋
— 1000　南宋

— 1200　元朝
明朝
— 1400

— 1600　清朝

— 1800　中華民國
— 2000

的小眾部隊來投靠起義軍，碰到劉邦也算是緣分，兩人挺投緣，聊得很開心，張良就決定留在劉邦身邊幫助劉邦，他們商量了一番，覺得附近的起義隊伍中，只有項梁聲勢最大，決定去投奔項梁。

項梁見劉邦也是一個人才，就撥給他人馬，幫助他收回豐鄉。從此，劉邦、張良都成了項梁的部下。

但是項羽卻看不上劉邦，認為劉邦是個不成事的流氓份子。項羽這麼驕傲是有原因的，他自小就天生神力，不愛讀書只愛舞刀弄槍。項梁也管不了他，偶爾訓斥他，他還要反駁說，「讀書有什麼用，我要學就學打大仗的本領。」

項梁後來教他兵法，項羽居然一聽就會，但是太聰明的人有個壞處就是不肯鑽研，項羽也是，他覺得自己聰明，就不肯好好學。整天跟一些志氣相投的年輕人混在一起。

但不管怎麼說，劉邦投奔了項梁這支隊伍之後，勢力就發展的越來越大了。其他的貴族們看到有人比自己強大，十分擔心，加強了彼此爭奪地盤，想要擴充勢力，鬧得四分五裂。這個機會被秦國大將章邯、李由發現，他們想趁機會把起義軍一個個擊破。

看到起義軍存在危險，在這個緊要關頭，項梁在薛城召開了會議，決心把起義軍整頓一番。

而且為了增強自己隊伍的影響力，他聽從了謀士范增的意見，把流落在民間的楚懷王的孫子找來了，立為楚王，為了加強楚國人的信任，這位楚王也被稱之為楚懷王，讓楚國人反秦的決心更堅定了。

埃及第一王朝形成
古印度興起
BC2000—

巴比倫第一王朝

—

—

愛琴文明
亞述擊敗巴比倫

BC1000—

羅馬王政時代
第一屆奧林匹克

佛陀誕生
羅馬共和時代

蘇格拉底出生
柏拉圖出生
亞里士多德出生

耶穌基督出生　0—

基督教為合法宗教
君士坦丁統一羅馬

回教建立

—

神聖羅馬帝國開始
1000—
第一次十字軍東征

英法百年戰爭開始

哥倫布發現新大陸

拿破崙稱帝

美國南北戰爭開始
第一次世界大戰

2000—

楚漢對決大賽

鉅鹿大戰

項梁在整頓了軍隊，離了楚王之後，軍心大振，接連打了幾個大勝仗，還打敗了秦國的大將軍章邯。

項羽嘗到了勝利的甜頭，開始飄飄然起來，他認為秦軍沒什麼戰鬥力，不足為懼，慢慢地就放鬆了警惕。這個時候，章邯重新補充了兵力，趁項梁不防備，發動了猛烈的反撲。項梁在這次反攻中丟了性命，項羽和劉邦也頂不住了，只好帶著隊伍退守到了彭城。

死了叔叔的項羽發誓要報這個仇，天天磨刀霍霍向秦軍，而反攻勝利的章邯打敗項梁，認為楚軍一定是大傷了元氣，他就打算讓項羽他們先苟延殘喘幾天，他帶著大部隊北上去進攻新建立起來的趙國了。

趙國不能抵抗秦軍的攻勢，很快敗下陣來，秦軍很快就攻下了趙國都城邯鄲，趙王歇逃到鉅鹿（今河北平鄉西南）。章邯就派人把鉅鹿包圍了起來，要把趙王圍剿死在鉅鹿。

趙王還不想死，他就趕緊派人向楚懷王求救，楚懷王當時正想派人往西進攻咸陽，急於想給自己叔叔報仇的項羽要求帶兵進關，但是楚懷王身邊有幾個年紀大的老臣子對楚懷王說，項羽性子太暴躁，進關只怕會造成血流成河，不利於將來的安定團結，進關這事不如交給劉邦去做。

正好趙國派人來求救，楚懷王就把項羽給支去鉅鹿了，他派宋義為上

BC 　上古時期

夏
— BC2000
— BC1800
　　　　商
— BC1600
— BC1400
— BC1200
　　　　周
— BC1000
— BC800
　　　　春秋
— BC600
　　　　戰國
— BC400
　　　　秦
— BC200 西漢
— 0
　　　　東漢
— 200
　　　　三國
　　　　晉
— 400
　　　　南北朝
— 600 隋朝
　　　　唐朝
　　　　武則天稱帝
　　　　安史之亂
— 800
　　　　五代十國
　　　　北宋
— 1000
　　　　南宋
— 1200 元朝
　　　　明朝
— 1400
— 1600
　　　　清朝
— 1800
　　　　中華民國
— 2000

將軍，項羽為副將，帶領二十萬大軍到鉅鹿去救趙國了。

宋義帶領的大軍到了安陽（今河南安陽東南），聽說秦軍很猛很強大，就有點打退堂鼓了，他命令楚軍停下來，原地待命。宋義想看看趙軍和秦軍打到個什麼程度了，自己再決定去不去營救。

項羽是個急性子，眼看走到鉅鹿門口了，可是卻不進去，著急了，他找宋義理論，但是宋義卻搬出軍中老大的架勢把項羽批判了一通。項羽氣的不得了，但是也沒辦法，就這樣楚軍在安陽一停就是46天。

最後，項羽終於等不下去了，他有一天趁朝會的時候，拔出劍來把宋義殺了。項羽提著宋義的頭說宋義背叛楚王，自己是替楚王殺了宋義。

遠在他方的楚王聽說了這件事情，雖然很生氣，但是天高皇帝遠，他也管不了項羽，只好封項羽為上將軍。將士們大多是項梁的老部下，比起宋義來，他們當然更願意聽項羽的，於是項羽殺了宋義之後，就開始派部將英布、蒲將軍率領兩萬人做先鋒，渡過漳水，準備和秦軍背水一戰了。

項羽命令將士們只帶三天的乾糧，還得把鍋碗瓢盆全砸了，他這是以沒有退路來激勵將士，別說還真管用。大家一鼓作氣，很快就把秦軍打跑了，化解了趙國的危機。

當時，除了楚國派了援兵，還有其他十幾路人馬都來營救趙國了，不過他們害怕秦軍，一直是按兵不動。這下項羽露了這麼一手，把他們全給鎮住了，紛紛表示要跟著項羽，項羽也樂得收了他們。

這時，項羽的勢力已經發展得非常壯大了。

劉邦進咸陽

城外頭打得熱火朝天，咸陽城裡頭也是鉤心鬥角，非常熱鬧。趙高當了宰相之後，他知道有人肯定不服氣自己，為了給自己樹立威望，趙高想了個辦法，他在一天上朝的時候，讓人牽了一隻鹿到朝廷上。

趙高指著那隻鹿跟秦二世說：「我得到了一匹名貴的馬，特來獻給陛

下。」

秦二世雖然智商不高，但是馬和鹿他還是能分清楚的，他笑著說：「丞相別開玩笑了，這明明是隻鹿。」

趙高又問底下的大臣這到底是什麼，大臣都知道趙高的用意，願意拍馬屁的就說那是馬，不願意的就說那是鹿，還有不願意摻和事的就閉嘴不出聲。

後來那幾個說是鹿的大臣都被趙高找個藉口辦了罪。從那以後，趙高讓大臣們是又怕又恨，大家都不敢說他壞話了。

在趙高作威作福的時候，秦軍在鉅鹿打了敗仗的消息傳到了咸陽，章邯向秦二世上了一份奏報，他說自己雖然打了敗仗，但是還有二十多萬的兵馬駐紮在棘原，只要朝廷能夠多給他派一些人馬，他一定能夠收回鉅鹿，打敗項羽他們。

但是秦二世和趙高不但不支持他，反而埋怨他打了敗仗，要對章邯進行處罰。章邯怕趙高害他，只好率領部下向項羽投降了。因為趙高的小心眼，項羽白白得了二十多萬的兵馬，這下秦王朝可是亂了套了。

聽說章邯投降，趙高開始給自己找退路了，他知道項羽遲早得打進來，果然，在西元前206年，劉邦先一步帶著人馬攻破了武關（今陝西丹鳳縣東南），那地方離咸陽就很近了，秦二世嚇的讓趙高想主意，可趙高哪有什麼好主意。

他的餿主意倒是一籮筐，這次他又想了個餿主意，他派人把秦二世逼死，本想自己當皇帝的，但又還害怕底下人反對，所以他就召集大臣們對他們說：「現在六國都已恢復了，秦國不能夠再掛個皇帝的空名，應該像以前那樣稱王。我看二世的侄兒子嬰可以立為秦王。」

大臣們害怕趙高的淫威，都不敢反對，但是子嬰知道趙高的意圖，所以他和他兩個兒子商量好，到即位那天，他就說自己病了不去，趁趙高前來催促他的時候，將趙高殺死。

子嬰殺了趙高，派了五萬兵馬守住嶢關（今陝西商縣西北）。劉邦用張良的計策，派兵在嶢關左右的山頭插上無數的旗子，作為疑兵；然後又

BC　上古時期

夏
— BC2000
— BC1800
商
— BC1600
— BC1400
— BC1200
周
— BC1000
— BC800
春秋
— BC600
戰國
— BC400
秦
— BC200　西漢
— 0
東漢
— 200
三國
晉
— 400
南北朝
— 600
隋朝
唐朝
武則天稱帝
安史之亂
— 800
五代十國
北宋
— 1000
南宋
— 1200
元朝
明朝
— 1400
— 1600
清朝
— 1800
中華民國
— 2000

BC

埃及第一王朝形成
古印度興起

BC2000—

巴比倫第一王朝

愛琴文明
亞述擊敗巴比倫

BC1000—

羅馬王政時代
第一屆奧林匹克

佛陀誕生
羅馬共和時代
蘇格拉底出生
柏拉圖出生
亞里士多德出生

耶穌基督出生　0—

基督教為合法宗教
君士坦丁統一羅馬

回教建立

神聖羅馬帝國開始
1000—
第一次十字軍東征

英法百年戰爭開始

哥倫布發現新大陸
拿破崙稱帝

美國南北戰爭開始
第一次世界大戰

2000—

派了將軍周勃帶著軍隊繞過嶢關正面，從東南側面打進去，殺死守將，消滅了這支秦軍。

隨後，劉邦的軍隊就進入了嶢關，到了灞上（今陝西西安市東）。剛當了皇帝沒幾天的子嬰一看這架勢，趕緊帶著秦朝的大臣來投降了。

到這裡，西元前207年，劉邦至咸陽，秦亡。

「秦王掃六合，虎視何雄哉！揮劍決浮雲，諸侯盡西來」。秦朝這麼強大，結果十五年時間，二世而亡。這個原因，在《過秦論》裡總結說，這是「仁義不施而攻守之勢異也」。就是實行暴政。結果「身死國滅，為天下笑」，劉邦後來就吸取了這個教訓，才令大漢朝蒸蒸日上的。

金銀與財寶

秦王子嬰主動讓出地盤，讓劉邦大搖大擺地進入了咸陽城，可省了劉邦不少力氣，而子嬰脖子上套著帶子（表示請罪），手裡拿著秦皇的玉璽、兵符和節杖，在路旁哈著腰，恭候著劉邦時，劉邦手下的人主張劉邦把子嬰殺了，但是劉邦說：「楚懷王派我攻打咸陽，就是因為聽說我比項羽寬厚，我要殺了俘虜，那豈不是打了自己的臉，這個子嬰不能殺。」

於是，他就是派人取玉璽，把子嬰交給將士看管起來。

這回可真是風水輪流轉，轉到了劉邦這裡來了。他的軍隊剛一進入咸陽城，他手底下的士兵就跟瘋了似的，開始爭著去找皇宮的倉庫，各人都挑值錢的金銀財寶拿，場面亂哄哄的。

就連劉邦自己也有點昏頭了，他進到豪華的皇宮裡，看到那麼多好玩的事物，還有那麼多美女，內心頓時萬分澎湃，這當皇帝就是好啊，能白白享受到這待遇。就在劉邦心猿意馬的時候，他的部將樊噲（音快）闖了進來，他對劉邦說：「你是要打天下還是要這些金銀珠寶啊，這可是讓秦亡了國的東西，我看你還是趕緊醒醒，去軍營裡吧。」

劉邦捨不得走，樊噲拉不動他的時候，張良進來了，大家看來都是想

參觀參觀這豪華的宮殿，張良跟樊噲的意見一樣，他也主張讓劉邦趕緊回到軍營裡去，別在這消磨意志了。

張良的話，劉邦還是聽的，他聽了張良的話，馬上醒悟過來，吩咐將士封了倉庫，帶著將士仍舊回到灞上。

這裡還有一個冷靜的人就是蕭何，他進到咸陽城裡，最先去的就是秦朝的丞相府，把有關戶口、地圖等文書檔案都收了起來，保管好。但凡做大事的人就是有著和常人不一樣的眼光，別人搶珠寶，他搶文件。

在張良等人的一番教育後，劉邦也重新投入革命的熱情中去了，他隨後召集了咸陽城附近各縣的老百姓，對他們發表自己的演說：「百姓們，你們被秦朝殘酷的法律給害苦了，從今天開始，我劉邦要為你們營造一個新的天下。在這裡，我要和你們約法三章，第一，殺人的償命；第二，打傷人的辦罪；第三，偷盜的辦罪。除了這三條，其他秦國的法律、禁令，一律廢除。」

說完之後，劉邦還讓各縣的老百姓和原來的秦國的官吏清楚地看到他將這法令執行了下去，不是欺瞞老百姓的。劉邦這一手很管用，老百姓都高興得不得了。他們爭先恐後地拿著牛肉、羊肉、酒和糧食來慰勞劉邦的將士，可是劉邦還讓老百姓把這些東西都拿回去，他本著不拿老百姓一根針一根線的原則，這下老百姓更喜歡他了。

劉邦不欺負老百姓，大家都巴不得劉邦留在關中做王，替他們主持公道，而劉邦也正是這個目的。劉邦目的達到了，可是有人不高興了。

項羽很生氣

這邊劉邦都要當關中王了，那邊項羽還興沖沖地也要到咸陽來插一腳。他接受了章邯的投降之後，就帶著大隊伍前往咸陽。

當大軍到了新安（今河南新安）的時候，那些投降的秦軍就忍不住開始擔心了，他們害怕自己跟著項羽打進關去，把自己的家人打死，那難受

BC　上古時期

夏
— BC2000

— BC1800
商
— BC1600

— BC1400

— BC1200
周
— BC1000

— BC800
春秋
— BC600
戰國
— BC400
秦
— BC200　西漢

— 0
東漢
— 200
三國
晉
— 400
南北朝
隋朝
— 600　唐朝
武則天稱帝
安史之亂
— 800
五代十國
北宋
— 1000
南宋
— 1200　元朝
明朝
— 1400

— 1600
清朝
— 1800
中華民國
— 2000

BC

埃及第一王朝形成
古印度興起
BC2000—

巴比倫第一王朝
—

—

愛琴文明
亞述擊敗巴比倫
—

BC1000—

羅馬王政時代
第一屆奧林匹克
—

佛陀誕生
羅馬共和時代
—
蘇格拉底出生
柏拉圖出生
亞里士多德出生
—
耶穌基督出生　0—

—

基督教為合法宗教
君士坦丁統一羅馬
—

回教建立
—

—

神聖羅馬帝國開始
1000—
第一次十字軍東征
—

英法百年戰爭開始
—

哥倫布發現新大陸
拿破崙稱帝
—

美國南北戰爭開始
第一次世界大戰
2000—

的是他們自己。如果他們不跟隨項羽打進關去，那秦朝也會把他們的一家老小都殺死，這橫豎都要死了，這可真是難辦。

士兵們的擔心被項羽得知了，他的暴脾氣又上來了，想著這些秦國的降兵既然不是真心跟著自己，那不如殺掉算了。於是除了章邯和兩個降將之外，一夜之間，竟把20多萬秦兵全部活活地埋在大坑裡。

從那以後項羽的暴脾氣徹底揚名天下了。

解決了那些不聽話的士兵，項羽接著往前走，等他到了函谷關，卻瞧見關上有士兵把守著，不讓他的部隊進去，上前一問，那士兵居然說，他們是奉了沛公的命令守在那裡，不論哪一路大軍都不讓進關。

項羽這一氣可非同小可，他命令將士猛攻函谷關。劉邦兵力少，沒多大工夫，項羽就闖關成功。他雄赳赳氣昂昂地接著往前走，一直到了新豐、鴻門（今陝西臨潼東北），駐紮下來。

劉邦手底下有個叫曹無傷的人，他看到項羽實力大，就想投靠項羽，為了跟項羽打好關係，他偷偷摸摸地派人到項羽那裡去密告，說：「這次沛公進入咸陽，是想在關中做王。」項羽性子急，脾氣直，腦子不轉彎，一聽這話受不了了，直罵劉邦是個臭不要臉，不講理的強盜。

而項羽的謀士范增也對他說，劉邦這次進咸陽，什麼也不要，在百姓心目中留下了良好的形象，這樣的人野心不小，不能留，得趕緊消滅掉。

於是項羽就要對劉邦開戰了，那時候，項羽的兵馬四十萬，駐紮在鴻門；劉邦的兵馬只有十萬，駐紮在灞上。兩軍之間就相隔了四十里地，但是兵力懸殊，劉邦肯定是打不過項羽的。

也巧了，項羽的叔父項伯是張良的老朋友，張良曾經救過他的命。項伯是個軟心腸的人，他怕一旦打起仗來，張良會受牽連。於是他就在一個月黑風高的夜晚，乘一匹快馬從項羽鴻門的軍營中竄了出去，他要去劉邦的營中做一件善良的事情，將自己的救命恩人張良勸走。

項伯要說服張良離開劉邦，說日後雙方一定打仗。張良裝模作樣地考慮了一下，覺得自己逃跑有些不厚道，而且還把這消息透露給了劉邦。劉邦聽後被嚇了一跳，頭上直冒冷汗。

劉邦聽說項伯年紀有些大，就想著用招待老人的禮儀優待項伯，而且想讓項伯把自己並不想反抗的意願傳達給項羽。

項伯掀開簾子一看，劉邦正一本正經地坐在那裡，還假惺惺地笑著，前面擺著一桌酒席。項伯感到這場面自己有些緊張，心撲通撲通直跳。劉邦熱情地伸出手以表敬意，還給項伯斟酒。

吃飯的時候劉邦一直話說個不停，跟開戰鬥機似的。不過他廢了半天話都只有一個意思，那就是讓項伯告訴項羽自己一定順從他。

項伯信以為真，還沒一會兒，剛才那陣害怕的感覺早都被風吹走了。更讓他興奮的是，劉邦居然把自己的閨女許配給了他的兒子，這親戚都攀上了，那就更沒什麼好懷疑的了。項伯最後還建議劉邦親自登門跟項羽解釋解釋，以表示誠意。

項伯這下更高興了，他的主觀意願全倒向了劉邦這邊。

鴻門宴不是好吃的

項伯滿面春風地回到了項羽那裡，看到項羽還是一張苦瓜臉，他就一臉輕鬆地跟項羽道喜，還敢數落項羽的不是：「你說說，要不是人家劉邦先攻破關中，我們怎麼能這麼容易入關？人家立了大功，我們反倒如此對他，這可太不夠意思了啊。劉邦明天來給您謝罪，您可得擔待著。」

范增看到項伯這副嘴臉就來氣，他對項羽說：「劉邦就是個地痞流氓，貪財不說還好色，現在進了關內居然換了嘴臉，光想著當王了，我們得趕緊把他滅了，不然可是後患無窮啊！」

項羽被項伯和范增的話弄得不知所措，晚上在床上翻來覆去地睡不著，又想起當年跟劉邦並肩作戰的宏大場面，那時候怎麼就那麼有默契呢？哎，現在大家都變了，竟不知道是朋友還是敵人了。劉邦還真敢背叛了我？

第二天劉邦就穿的人模人樣地來拜見項羽，身後還跟了一群人馬。兩

BC　上古時期

夏

— BC2000

— BC1800
　　　商
— BC1600

— BC1400

— BC1200
　　　周
— BC1000

— BC800
　　　春秋
— BC600
　　　戰國
— BC400
　　　秦
— BC200　西漢

— 0
　　　東漢
— 200
　　　三國
　　　晉
— 400
　　　南北朝
— 600　隋朝
　　　唐朝
　　　武則天稱帝
　　　安史之亂
— 800
　　　五代十國
　　　北宋
— 1000
　　　南宋
— 1200　元朝
　　　明朝
— 1400

— 1600

— 1800　清朝

　　　中華民國
— 2000

人相見之後趕忙握住了對方的手，捏得比拳頭還緊，項羽隨後就迎劉邦入了帳。

劉邦低三下四的樣子讓項羽看不出他有謀反的想法。不過范增在一邊可火大了，他看不慣劉邦裝腔作勢的樣子，恨不得抽出腰間的劍刺他幾下。

擺在他們面前的是一桌豐盛的酒宴，依次入座。項羽、項伯面向東坐，范增向南，最次要的那個向北的位置留給了劉邦，張良面向西陪坐。

劉邦吃飯的時候又開始嘰嘰咕咕說個不停了，他還是在跟項羽表明真心，說什麼：「雖然按照楚懷王的意思，誰先入了函谷關誰就是大王，可是明眼人都看得出，您的敵人比我們當時的敵人強大百倍，我算是運氣不錯，所以才得以先入函谷關。不過我已經在裡面安頓好了一切，就等著您大駕光臨了。」

項羽聽了劉邦的話後感動得都快哭了，他趕忙舉起酒杯跟劉邦碰上幾碰，還不忘了自責，說自己真是糊塗，盡然聽了小人的讒言，誤會了劉邦。

飯桌上杯光酒影，觥籌交錯，范增看見這場面就著急，暗地裡一直給項羽使眼色，項羽看見了，不過就是不理會他，仍舊跟劉邦大吃大喝大笑。范增被氣個半死，無奈之下把身上的玉玦都舉了起來，這是他跟項羽之間的秘密暗號，誰也不知道。

不過，范增都舉了三次了，可是項羽好像把這回事給忘了。范增這回可氣大了，突然站起來憤然離開了酒席桌。

這時候項莊趕緊走到范增身邊，並且請求舞劍。項羽想這軍中的確沒什麼娛樂，舞就舞吧，於是欣然答應了。項莊揮動著手中的寶劍，一刺一個地方，都是劉邦那個方向。有幾次劉邦就差點被項莊刺到了，幸好他躲得及時。

在千鈞一髮之際，突然橫出了另外一把劍，擋住了項莊那把鋒利無比的劍，兩把劍在風中展開了廝殺。氣氛驟然緊張，這剛出來的一把劍不是別人的，正是項伯。他居然保護著自己最大的敵人，項莊刺哪裡，他就擋

哪裡，真是吃飽了撐的。

　　劉邦跟項羽兩人看得一愣一愣的，笑得比哭還難看。這時候，劉邦的護衛樊噲衝進營中，宴會的空氣凝固了。

　　樊噲面朝西站著，瞪著兩隻牛眼，頭髮都快豎起來了。項羽感覺到這小子不懷好意，頓時直起了身子，手裡還握著劍柄。他故作鎮定，問了兩句之後還賜了樊噲一杯酒，嘴裡還誇這小子有勇氣。

　　沒過一會兒，劉邦就藉故上廁所出了帳篷，樊噲跟跟屁蟲似的緊隨其後。項羽讓都尉陳平在後面監視他們。劉邦也顧不上形象了，邊走邊用袖子擦拭額頭的汗水。

　　這時候樊噲催他了，說：「人為刀俎，我為魚肉，大王不用顧及禮節了快走吧。」劉邦這才不辭而別地逃跑了。

　　劉邦飛也似的逃跑在驪山下的芷陽小道上，兩軍的部隊隔了四十里地，這時候劉邦哪還顧得上車馬和士兵啊。自顧自地跳上了馬背，落荒而逃，這一逃把中國的歷史都改寫了。

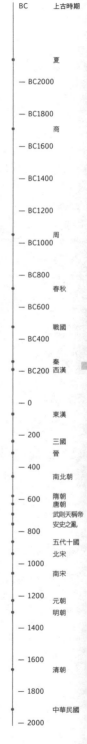

霸王鬥不過流氓

蕭何追韓信

　　劉邦從項羽的大軍下逃走後，項羽就高高興興地進到了咸陽城裡，他可和劉邦不一樣，劉邦進來一團和氣，可是項羽卻是一團殺氣，他先是殺了秦王子嬰和秦國貴族八百多人替他的叔叔項梁報仇。

　　然後就是下命令把人家始皇帝的那些小金庫什麼的都占為了己有，項羽頓時脫貧，從游擊隊發展成為了地主階層。

　　隨後項羽就要安排自己的主子楚懷王了，項羽把他改稱為義帝，表面上承認他是帝，實際上只讓義帝頂個虛名。什麼事都是項羽說了算，自立為西楚霸王。還把六國舊貴族和有功的將領一共封了十八個王。

　　雖然劉邦是他的對頭，不過他也得給劉邦留點面子，於是封了劉邦個漢王先當著。楚漢相爭就是這麼拉開了序幕，劉邦也不簡單，五年以後就滅了項羽，學著始皇帝開闢了一個新的大一統王朝。

　　但那都是後話，現在的劉邦還只是一個小嘍囉罷了。

　　項羽當了一陣子霸王，就覺得楚懷王礙眼了，於是，到了第二年，項羽乾脆把掛名的義帝殺了。

　　分封完諸侯之後，各國諸侯就都分別帶兵回自己的封國去，項羽也回到他的封國西楚的都城彭城（今江蘇徐州市）。

　　雖然給劉邦封了王，但項羽最放心不下的還是劉邦，他故意把劉邦安

BC
埃及第一王朝形成
古印度興起
BC2000—

巴比倫第一王朝

愛琴文明
亞述擊敗巴比倫

BC1000—

羅馬王政時代
第一屆奧林匹克

佛陀誕生
羅馬共和時代
蘇格拉底出生
柏拉圖出生
亞里士多德出生

耶穌基督出生　0—

基督教為合法宗教
君士坦丁統一羅馬

回教建立

神聖羅馬帝國開始
1000—
第一次十字軍東征

英法百年戰爭開始

哥倫布發現新大陸
拿破崙稱帝

美國南北戰爭開始
第一次世界大戰
2000—

排到最偏遠的巴蜀和漢中，還把關中地區封給秦國的三名降將章邯等人，就是讓他們擋住劉邦，不讓劉邦出來。

劉邦對此非常不滿意，但是他也沒辦法跟項羽計較，只好收拾收拾，帶著人馬去封國的都城南鄭（今陝西漢中東）去了。

他到了南鄭之後，就拜蕭何為丞相，曹參、樊噲、周勃等為將軍，打算養精蓄銳，再殺一個回馬槍，畢竟君子報仇十年不晚，劉邦不著急。打了這麼久的仗，也該讓他歇歇了，但是劉邦不著急，他手底下的士兵們著急，士兵們都不是巴蜀人，來到這都不適應，所以每天都有人偷偷地溜走。

這讓劉邦很惆悵。這天，居然有人來報告說，丞相蕭何也逃跑了，騎著馬溜得非常快，攔都攔不住。

劉邦徹底傷心了，和自己共同打天下的兄弟都跑了，這日子還怎麼混下去啊。

可是沒想到，過了幾天，蕭何又回來了，原來，蕭何這次不是逃跑，而是去追逃跑的人了。蕭何追的就是韓信。

蕭何所說的韓信，本來是淮陰人。項梁起兵以後，路過淮陰，韓信去投奔他，在軍營裡當了個小兵，每天打打仗，也沒什麼大的貢獻，但是韓信志向遠大，一心要幹大事業，在項梁死了之後，項羽見他能力不錯，就讓他做了個小軍官。

韓信之後幾次向項羽獻計策，項羽都沒有採用，韓信感到十分失望，就來投奔劉邦了，但是依然沒得到重用，還差點把命丟了。

你跑我就追

韓信來到劉邦這裡，沒過多久，韓信就闖禍了，被抓起來就要送去砍頭。韓信心裡很委屈，本來是來升官發財的，結果這下腦袋都要沒了，幸虧當時劉邦手下的將軍夏侯嬰經過，韓信就對他大喊：「漢王難道不想打

BC 上古時期

夏
— BC2000

— BC1800
商
— BC1600

— BC1400

— BC1200
周
— BC1000

— BC800
春秋
— BC600
戰國
— BC400
秦
— BC200 西漢

— 0
東漢

— 200
三國
晉
— 400
南北朝

— 600
隋朝
唐朝
武則天稱帝
安史之亂
— 800
五代十國
北宋
— 1000
南宋

— 1200
元朝
明朝
— 1400

— 1600
清朝
— 1800
中華民國
— 2000

天下了嗎，為什麼要斬壯士？」

夏侯嬰也是個厲害人物，他看韓信雖然快要被砍頭了，但是一點也不害怕，是條真漢子，於是他就讓人把韓信放了。夏侯嬰向劉邦推薦了韓信，說韓信這小夥子不錯，是個漢子，希望劉邦重用，但劉邦當時沒當真，就只讓韓信做了個管糧食的官。

後來，蕭何又見到了韓信，和他談過之後，覺得韓信是個有能耐的人，很是器重他，又向劉邦推薦，可是劉邦就是聽不進去，韓信是左等右等，等不來重用他的消息。

看來自己留在這窮鄉僻壤也是等不到被重用的機會了，看到其他將士紛紛逃走，韓信也找了個機會跑了。

韓信這一跑可把蕭何急壞了，他趕緊騎馬就追，都沒時間跟劉邦稟告，讓劉邦誤以為他是也逃走了。

蕭何一直追了兩天，才把韓信找到，勸了回來。

劉邦好奇地問蕭何，這韓信有什麼好，是比別人多個腦袋，還是多條胳膊，至於讓蕭何這麼費心去追。

蕭何對韓信大大誇讚了一番：「一般的將軍有的是，像韓信那樣的人才，簡直是舉世無雙。如果您要是想一輩子待到漢中，那韓信就可有可無了，可如果您是想打天下的話，那韓信就必不可少了。」

劉邦當然是想打天下了，那蕭何就告訴他，既然你想得天下，那就一定要重用韓信，不然我這次把他拉回來，下次他還是會走。

蕭何的話，劉邦還是很當真的，他就封韓信為大將，而且還用最隆重的儀式舉行了拜將。

這下，劉邦倒是要見識見識這個韓信到底有多少本事，自己可不能做虧本的買賣。他問如果他想得天下，那應該怎麼做。

韓信向漢王詳詳細細分析了楚（項羽）漢雙方的條件，認為漢王發兵東征，一定能戰勝項羽。韓信說得有板有眼，劉邦聽的很高興，知道蕭何沒有給他推薦錯人，於是從那以後，韓信就指揮將士，操練兵馬，劉邦東征項羽的條件漸漸成熟了。

轉眼到了西元前206年八月，劉邦拜韓信為大將、蕭何為丞相，整頓後方，訓練人馬也有好些日子了。對付項羽應該差不多了，劉邦和韓信帶著漢軍就氣勢洶洶的奔赴關中，要去教訓教訓項羽了，關中百姓一直記著劉邦當年的「約法三章」，這下看到劉邦又回來了，都很高興，不但不抵抗，還差點搞個夾道歡迎的儀式，不到三個月，劉邦就消滅了原來秦國降將章邯等的兵力，關中地區就成了漢王的地盤。

這下，項羽可是氣壞了。

高傲自大的霸王

眼看著劉邦就要打到自己面前來了，項羽打算發兵往西打劉邦，讓劉邦知道自己不是好惹的。但是他還沒能去證實這一點，東邊又出事了，齊國的田榮轟走了項羽所封的齊王，自立為王，明擺了要跟項羽做對，看來還得先收拾齊國那攤子事，項羽只好先跑去齊國教育那個不知道天高地厚的傢伙了。

項羽去齊國打仗，可是給了劉邦機會，他趁項羽和齊國相持不下的時候，一直向東打過來，攻下了西楚霸王的都城彭城。劉邦把項羽的大本營占了，這對項羽真是奇恥大辱，他又丟下打了一半的齊國，跑回來，趕在睢水上跟漢軍打了一仗。

項羽充分發揮了自己的霸氣：我是霸王我怕誰。稀裡嘩啦地就把劉邦的隊伍打敗，淹死、戰死的，不計其數，還把劉邦的爹太公和老婆呂雉給逮住了。

看著自己的親爹和老婆當了俘虜，劉邦氣死了，但他打不過項羽，沒辦法，只好先退到榮陽、成皋（都在今河南榮陽縣）一帶，收集散兵，然後再做打算了。正在他撓頭想辦法的時候，蕭何帶著一隊人馬，韓信帶著一隊人馬來見他。

三支隊伍一會合，漢軍這才稍微的緩過來了點。在蕭何的建議下，漢

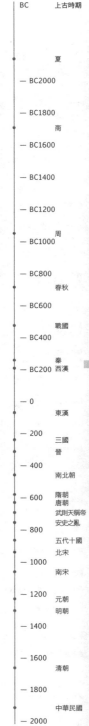

軍採取以攻為守的辦法，一面守住滎陽，用少數兵力拖住項羽的軍隊；一面派韓信帶領兵馬，向北邊收服魏國、燕國和趙國。

但項羽也不是好惹的，他加緊了攻打滎陽的步伐，還有他身邊的范增，更是出一些屬害的主意，讓劉邦他們沒辦法招架。這時，劉邦身邊的謀士陳平出了個主意，讓項羽自己把范增踹開。

這個陳平是從項羽那投奔過來了，他非常瞭解項羽的為人，自以為是，自高自大的人。如果給他傳遞點范增看不起他，對他不服氣的資訊，項羽肯定會生范增的氣。

果然，這條離間計迅速成功，項羽真的對范增懷疑起來，對范增越來越疏離。范增非常氣憤，老了還要受這屈辱，為了自己人格的尊嚴和完整，范增毅然決然地向項羽辭職，請求退休了。

沒想到項羽留都沒留，范增離開後，非常傷心，沒有等回到老家，就脊樑上長了毒瘡死去了。

范增一死，項羽身邊就沒有給他出主意的人了，原來有幾個人都被項羽趕走了，這就剩下范增一個了，如今也走了，項羽真的是成孤家寡人了。

劉邦這下壓力少多了，沒了范增為項羽出主意，項羽也想不出什麼好辦法打劉邦，無非就是硬攻。劉邦就用少數兵力在滎陽、成皋一帶牽制項羽的兵力，讓韓信繼續攻取北邊東邊，又叫將軍彭越在楚軍後方截斷楚軍的運糧道，這樣項羽的軍隊就不得不來回作戰，非常費力氣。

在這樣的情形下，楚漢對打了兩年多，項羽的勢力逐漸下滑，而劉邦卻是逐漸強大。

大戰前夕

神聖羅馬帝國開始
1000—
第一次十字軍東征

英法百年戰爭開始

哥倫布發現新大陸
拿破崙稱帝

美國南北戰爭開始
第一次世界大戰
2000—

西元前203年，項羽要去別處打仗，但他又得防著劉邦，於是就把手下將軍曹咎留下來守住成皋，再三告訴他千萬不要跟漢軍交戰，不管出什

麼情況都要等自己回來再說。曹咎滿口答應了下來。

劉邦一看項羽走了，留下了個不足為懼的曹咎，就向曹咎挑戰。一開始曹咎還能忍住，就是不出去迎戰。但劉邦挑戰的話越說越難聽，曹咎一個堂堂大男人，實在受不了這窩囊氣了，就想出去跟劉邦開戰，幸虧被人勸住了。

劉邦反正也沒事，就派人天天的隔著汜水朝著楚營辱罵。天天罵，而且不重複，曹咎終於受不了了，他要為了自尊而戰，就帶著人馬渡過汜水，要去和漢軍拼一死戰。

但楚軍兵多船少，不能一次性的全都過到河對岸去，就只能分批渡河，劉邦就乘楚軍只有一小部分人過了河，先將那一小部分人剿滅，然後等在岸邊等著打餘下的楚軍，看到出師未捷，曹咎覺得很難辦，但他已經迎戰了，只能硬著頭皮打，最後慘敗，曹咎覺得沒臉見項羽了，便在河邊自殺了。

本來在東邊打了勝仗，非常爽的項羽很高興，但聽到成皋失守，他又立刻感到危機了，帶著人就往回趕，在廣武（今河南滎陽縣東北）的時候，和劉邦的軍隊遇上了，兩軍就在那裡打了起來。

因為後方失守，項羽的糧草接應不上，將士們眼看就沒飯吃了，項羽看在眼裡，急在心裡，忽然他想到了被俘虜的劉邦老爸。

他把劉邦爹綁起來，放在宰豬的案上擱著，派人大聲吆喝：「劉邦還不快投降，就把你父親宰了。」

劉邦眼看著親爹要像豬肉一樣被剁了，還是臉不紅心不跳的，他非常大方地對項羽說：「好啊，你要是把我爹殺了煮成肉羹，麻煩分我一碗嘗嘗。」

項羽氣得真想把劉邦爹給宰了，但是被項伯攔下來了。

稍微平復了一下心情的項羽再次和劉邦在陣前對話，兩人沒說兩句，項羽的脾氣就又上來了。他用戟向前一指，後面的弓箭手一齊放起箭來。劉邦一看這麼多弓箭手，好漢不吃眼前虧，趕緊往自己陣營跑，可惜沒跑過流星箭，被一支箭射中了胸口。

BC　上古時期

夏

— BC2000

— BC1800
　　　商
— BC1600

— BC1400

— BC1200
　　　周
— BC1000

— BC800
　　　春秋
— BC600
　　　戰國
— BC400

　　　秦
— BC200　西漢

— 0
　　　東漢
— 200
　　　三國
　　　晉
— 400
　　　南北朝

— 600　隋朝
　　　唐朝
　　　武則天稱帝
　　　安史之亂
— 800
　　　五代十國
　　　北宋
— 1000
　　　南宋

— 1200　元朝
　　　明朝

— 1400

— 1600
　　　清朝
— 1800
　　　中華民國
— 2000

BC

埃及第一王朝形成
古印度興起
BC2000—

巴比倫第一王朝

愛琴文明
亞述擊敗巴比倫

BC1000—

羅馬王政時代
第一屆奧林匹克

佛陀誕生
羅馬共和時代

蘇格拉底出生
柏拉圖出生
亞里士多德出生

耶穌基督出生　0—

基督教為合法宗教
君士坦丁統一羅馬

回教建立

神聖羅馬帝國開始
1000—
第一次十字軍東征

英法百年戰爭開始

哥倫布發現新大陸
拿破崙稱帝

美國南北戰爭開始
第一次世界大戰

2000—

為了安撫軍心，劉邦故意大喊：「居然被射中了腳趾頭，真倒楣。」回到營帳包紮了傷口後，劉邦為了安撫軍心，故意故作瀟灑地去各軍營巡視了一番，大家看到漢王沒事，活蹦亂跳了，這才放心了。

項羽一聽劉邦沒被他射死，很是失望。自己這邊的糧草遲遲運不上來，戰士們打仗也沒激情。就在項羽左右為難的時候，劉邦又派人來要他爹和老婆，說只要項羽肯把自己爹和老婆放回去，就願意跟項羽一分為二的霸佔天下。雙方以鴻溝（在滎陽東南）為界，鴻溝以東歸楚，鴻溝以西歸漢。

項羽覺得這是個不錯的主意，就同意了，劉邦爹和老婆當了幾年的俘虜，這才算是重得自由了。

安置好了自己的家人，劉邦就不守信用了，他組織了韓信、彭越、英布三路人馬會合，由韓信統領，追擊項羽。

霸王的末路

雖然劉邦愛耍賴，項羽也是知道的，但劉邦這次這麼快就翻臉，還是讓項羽一時之間難以招架。

有了韓信的幫助，劉邦異常神勇，西元前202年，他派韓信將項羽圍困到了垓下（今安徽，垓音該）。重重的包圍令項羽陷入了絕境，糧食吃完了，楚軍軍心動盪，大家都害怕自己會死在這。

項羽想發揮出他霸王的氣勢，帶著少量精銳部隊衝出去，但韓信圍的實在是太結實了，項羽衝出一層，立刻又圍上一層。項羽突圍了幾次都失敗了，只能繼續回到垓下的軍營裡鬱悶地待著。

既然衝不出去，也沒什麼事幹，項羽只能借酒澆愁，這天，他正喝多了，他最寵愛的女人虞姬進來了。

看到項羽喝得爛醉，虞姬心裡也很難過，她剛才路過戰士們的帳篷，聽到戰士們唱著悲涼的楚地歌曲。這軍心都散了，仗還怎麼能打下去呢，

看到項羽的樣子，虞姬心裡感到很是悲涼。

項羽趁著酒意隨口唱起了歌：

力拔山兮氣蓋世，

時不利兮騅（音追）不逝。

騅不逝兮可奈何，

虞兮虞兮奈若何？

這歌的意思就是項羽認為自己是個好漢，但沒趕上好時機，眼看著自己就要得天下了，卻被別人給搶了，虞姬啊虞姬，我該拿你怎麼辦呢？

虞姬人長得漂亮，腦子也聰明。她聽出項羽是在擔憂自己，她意識到自己是項羽的一個拖累，為了讓項羽順利的突圍，虞姬就拔刀自殺了。

項羽酒醒後，看到心愛的女人死在自己身邊，很是傷心。他當下就跨上自己的烏騅馬，乘著夜色，帶著八百個子弟兵突圍去了。等漢軍有所警醒的時候，項羽已經渡過了淮河，來到了一個三岔路口。

項羽遇到一個農夫，就問他哪條路可以到彭城，沒想到農夫認出了他是不近人情的西楚霸王，就給他指了一條錯誤的路。項羽他們越走越不對勁，只見前面是一片沼澤地帶，連路都沒有了。

知道上當了的項羽趕緊往回跑，但是已經被追上了漢軍給堵上了，雙方一陣廝殺，項羽才又脫身，他帶著剩下不多的人馬向東南跑，一路走一路廝殺，等項羽跑到烏江邊上的時候，就剩了二十六個兄弟了。

在烏江邊，烏江的亭長留了一條小船在那裡，亭長勸項羽過江去，到江東那裡，雖然那地方是小了點，人也少了點，但好歹有個落腳的地方，項羽到了那邊，還能繼續稱王稱霸，總有一天能夠反撲回來。

但項羽不知道是哪根筋不對了，明明都跑到河邊了，突然改主意了，不願意過江去了，他覺得自己沒臉回到江東去，就和剩下的士兵們迎上追上來的漢軍，進行了一番貼身肉搏，最後全部陣亡。

而項羽也受了重傷，最後自刎在烏江邊上，楚漢之爭就此落下了帷幕。

BC　　上古時期

— BC2000　　夏

— BC1800
　　　　商
— BC1600

— BC1400

— BC1200
　　　　周
— BC1000

— BC800
　　　　春秋
— BC600
　　　　戰國
— BC400
　　　　秦
— BC200　　西漢

— 0
　　　　東漢
— 200
　　　　三國
　　　　晉
— 400
　　　　南北朝

— 600　　隋朝
　　　　唐朝
　　　武則天稱帝
　　　安史之亂
— 800
　　　五代十國
　　　北宋
— 1000
　　　南宋

— 1200
　　　元朝
　　　明朝
— 1400

— 1600
　　　清朝

— 1800
　　　中華民國
— 2000

死了也得平反

　　項羽自殺了，但後人對他的所作所為依然還是評論不斷，誰讓他是名人呢，這年頭，做人難，做名人更難。

　　其中人們在說項羽剛愎自用，不懂得體恤下人的缺點同時，卻忽然發現項羽腦袋上被扣上了一頂冤案的帽子，那就是人們都說阿房宮是項羽燒的，其實未必。

　　說起阿房宮，就不得不再提秦始皇了。

　　西元前221年，秦王嬴政建立起龐大的秦帝國，隨後他以舉國之力開始了三項巨大的建築工程：長城、始皇陵與阿房宮。阿房宮被稱為「天下第一宮」，它的規模甚至比埃及金字塔還要壯觀。但是，兩千多年後，人們仍然感歎於秦長城的雄偉和始皇陵的肅殺時，阿房宮卻因為戰火的焚毀，過早地離開了人們的視野。

　　秦始皇統一全國後，國力日益強盛，國都咸陽人中增多。始皇35年（前212年），在渭河以南的上林苑中開始營造朝宮，即阿房宮。由於工程浩大，始皇在位時只建成一座前殿。

　　據《史記‧秦始皇本紀》記載：「前殿阿房東西五百步，南北五十丈，上可以坐萬人，下可以建五丈旗，周馳為閣道，自殿下直抵南山，表南山之巔以為闕，為復道，自阿房渡渭，屬之咸陽。」其規模之大，勞民傷財之巨，可以想見。秦始皇死後，秦二世胡亥繼續修建。唐代詩人杜牧的《阿房宮賦》寫道：「覆壓三百餘里，隔離天日。驪山北構而西折，直走咸陽。二川溶溶，流入宮牆。五步一樓，十步一閣；廊腰縵回，簷牙高啄；各抱地勢，鉤心鬥角。」可見阿房宮確為當時非常宏大的建築群。

　　楚霸王項羽軍隊入關以後，看到阿房宮如此奢華，聯想到秦王朝殘暴的統治，不由得恨由心生，一怒之下將阿房宮及所有附屬建築縱火焚燒，化為灰燼。杜牧在《阿房宮賦》裡曾經這樣感歎：「楚人一炬，可憐焦土。」意思是說楚人項羽的一把火，令阿房宮化為了焦土。人們似乎對項

羽火燒阿房宮的事情深信不疑。

這千百年來一直流傳的說法，令許多人信以為真。但是在阿房宮建造2000多年後的今天，考古學家卻提出：阿房宮根本沒有建成，也沒有被火燒。

項羽火燒阿房宮是千百年來一直流傳的說法，很多人對此深信不疑。杜牧在《阿房宮賦》中也將阿房宮的突然消失歸咎於項羽，但是，「楚人一炬，可憐焦土」可能完全是詩人的一種臆想。透過考古發掘，專家在阿房宮前殿遺址沒有發現被大火焚燒的痕跡，透過考古工作，發現項羽當年燒的只是秦咸陽宮的建築，而不是阿房宮。司馬遷《史記》中記載的項羽「燒秦宮室，火三月不滅」指的應該是秦咸陽宮而非阿房宮。

傳說中的阿房宮遺址就是後來人們看到的前殿遺址，這在古文獻中記載頗多，但從發掘來看，阿房宮的前殿其實只完成了夯土臺基的建築，其他工程尚未動工。考古工作中，專家既沒有發現秦代宮殿建築中必不可少的建築材料—瓦當，也沒有發現秦代宮殿建築的遺跡，如牆、殿址、壁柱、明柱、柱礎石及廊道和散水及窖穴、排水設施，等等。於是專家們提出了這樣一種觀點：阿房宮只建成了有東、西、北三面牆的夯土臺基，三面牆所圍範圍內並沒有秦宮殿建築，因此，阿房宮當時並沒有建成。

為了印證考古發掘得出的結果，專家再次考證了歷史典籍。當初秦始皇下令修建阿房宮的時間是西元前212年，但在西元前209年，他就突然病死在出巡的途中。在這之前，阿房宮和秦始皇陵是同時進行的兩大工程，為了儘快安葬秦始皇，秦二世不得不決定停止阿房宮的工程，搶建秦始皇陵。從秦始皇計畫修建阿房宮那天算起，阿房宮前殿的工程總共歷時不到4年。這座巨大的宮殿，在短短的幾年是很難完成的。

而且，關於項羽火燒阿房宮、火三月不滅的說法，秦漢時期的文獻資料中並沒有這樣的記載，可能是後人對古文獻的錯誤理解。

《史記‧項羽本紀》中說項羽在咸陽屠殺民眾，「燒秦宮室，火三月不滅」。這裡所說火燒秦朝宮室的地點在咸陽。《史記》中其他各篇更明確地說火燒秦朝宮殿的地點是咸陽。《高祖本紀》說項羽「屠燒咸陽秦宮

夏

— BC2000

— BC1800　商

— BC1600

— BC1400

— BC1200

— BC1000　周

— BC800

春秋

— BC600

戰國

— BC400

秦

— BC200　西漢

— 0

東漢

— 200

三國
晉

— 400

南北朝

— 600　隋朝
唐朝
武則天稱帝
安史之亂

— 800　五代十國
北宋

— 1000

南宋

— 1200　元朝
明朝

— 1400

— 1600　清朝

— 1800

中華民國

— 2000

室」，《秦始皇本紀》也說項羽「遂屠咸陽，燒其宮室」。秦咸陽是秦朝首都，所燒毀的也是首都宮殿，根本不是秦朝時代地處渭水之南的上林苑中的阿房宮。

　　不過也有專家說，在現有地方沒有發掘出阿房宮，並不能說明就沒有阿房宮，或者阿房宮沒有建成，可能只是前殿沒有建成而已，也可能是建在了別的地方。

漢朝天下

（西元前202年～西元220年）

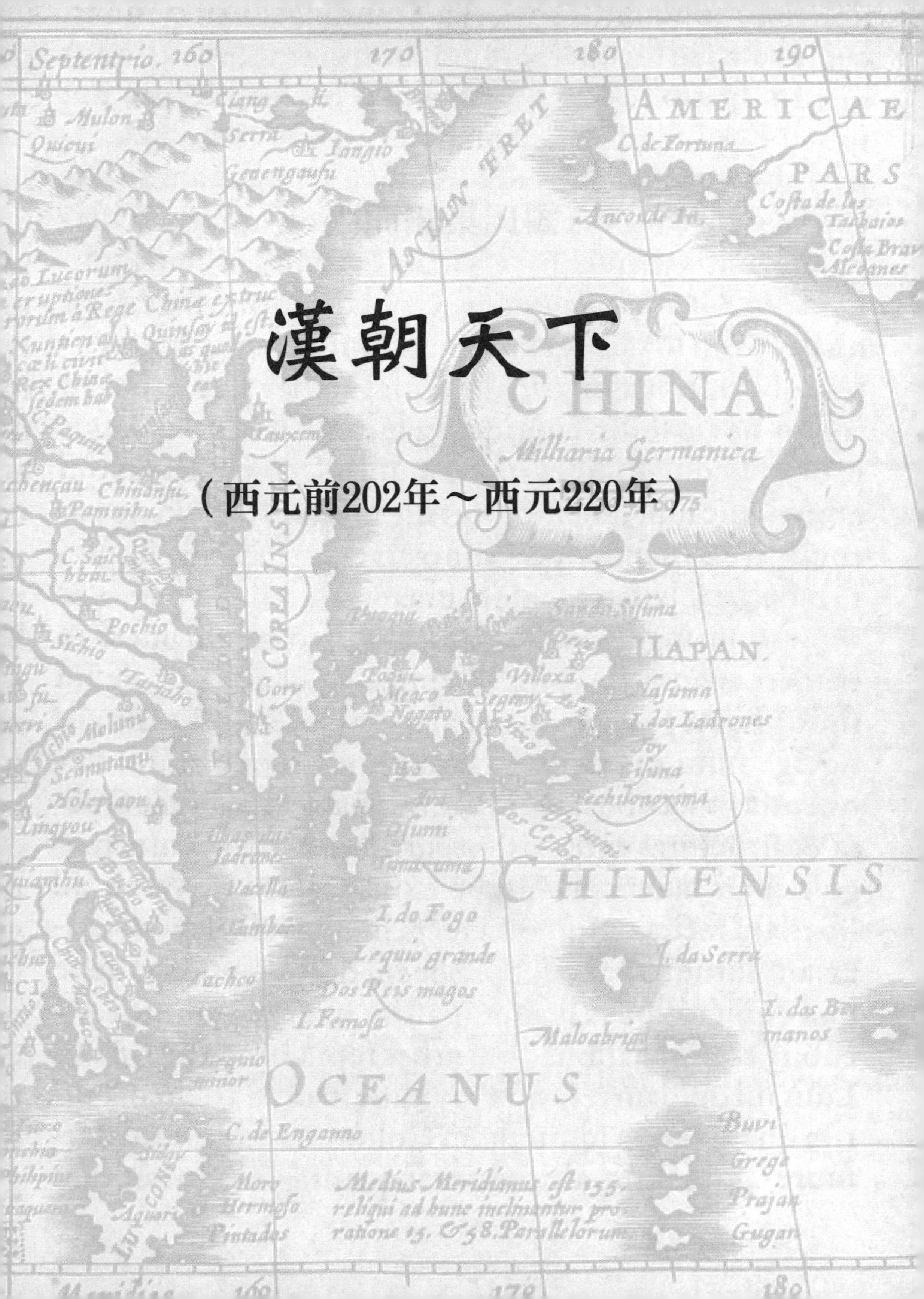

BC

耶穌基督出生　0—

君士坦丁統一羅馬

羅馬帝國分成兩部

波斯帝國　500—

回教建立

凡爾登條約

神聖羅馬帝國建立
1000—

十字軍東征

蒙古第一次西征

英法百年戰爭開始

哥倫布發現新大陸
1500—

英國大破無敵艦隊

發明蒸汽機

美國獨立
拿破崙稱帝

美國南北戰爭開始

第一次世界大戰
第二次世界大戰

2000—

劉氏集團開張

穿新鞋走老路

勝者為王敗者為寇，項羽去見了閻羅王之後，劉邦就在西元前202年，正式即了皇帝位，歷史上稱之為漢高祖。一開始劉邦建都洛陽，後來又遷都到長安（今陝西西安）。

那以後的二百多年裡，漢朝的都城一直都是在長安，直到劉秀那陣，才將都城移回了洛陽。漢朝就這樣被分為了兩個時期，前半段為西漢，也稱前漢，後半段為東漢。

看到自己的國家建立起來了，劉邦很是得意，他決心要好好當這個領導者，不能走秦朝的老路，於是漢朝一建立，就吸取了秦朝不施仁政的教訓。劉邦很重視老百姓的力量，如何能夠讓老百姓擁護自己呢，自然是要減輕老百姓的負擔。減輕賦稅，減免軍役這些基本的做過之後，看到民心安定的差不多了，劉邦就開始忙自己的權力維護了。基本上，兩漢的政治經濟制度還是漢承秦制，有所損益。雖然有一定的變化和更改，但基本上跟秦朝大同小異。

依然延續了秦朝時候的郡縣制，然後劉邦又分析了一下秦朝的經驗教訓，他認為沒有分封制度，秦朝才會完蛋的那麼快。如果有了分封制度，那時候他們造反，也沒那麼容易就把秦朝打垮了。

為了不走秦朝的老路，劉邦又來了個封國制，這兩制度並存，也就是

實行郡縣制又兼有封國制，封國分王國、侯國。

王國與割據無異，侯國受所在郡監督。劉邦想這下又有人替我管著國家，又有我的自己人在一旁挺我，這下就算真有人要反我，我也不怕，我有一幫弟兄們呢。

劉邦搞分封是分封同姓王，就是劉邦封的全是姓劉的，這是必然的，一家人才親嘛，要是封個外姓人，比如妹夫，小舅子之類的，那都是娘家人，跟自己不是同宗血脈，不能是一條心。

將來他們要反了，那自己就是搬起石頭砸自己的腳了。所以劉邦的庶長子劉肥分到山東做齊王，兒子劉長封淮南王。這些分封都是劉邦給自家人謀福利呢，其實一個王國也沒多大，也就一個郡那麼大，實際上就跟割據沒有區別，因為王國的軍隊是自己招募，官吏自己委任，甚至可以鑄錢。那時候的錢都是銅錢，你要有銅礦就能生產，而且錢都沒有防偽標識，也看不出個中央生產還是地方偽造，所以要是王國那裡正好有礦山，那王國就可能比中央還要有錢。所以說，劉邦這種分封制度也有弊端。

雖然劉邦規定非劉氏而王者，天下共擊之。就是說姓劉的才能建邦，確立了異姓不王的傳統，將王侯這兩級搞分封，但還是對中央集權構成了很大的威脅。

因為同姓王之間也不是一條心，看到皇位誰都想把屁股挪上去坐坐，這樣一來，後來對中央集權構成的隱憂就更大了。劉邦忙來忙去，其實還是穿新鞋走老路，兜個大圈，也逃不脫歷史的規律。

人心隔肚皮

劉邦當了皇帝之後，也挺注意和大臣們之間的互動溝通，有一次，他在洛陽的南宮裡舉辦了一個慶功宴會。酒過三巡，劉邦笑問：「我何故可得天下？項羽何故錯失天下？」

大臣王陵等人就抓緊時機開始拍馬屁了：「那是因為皇上宅心仁厚，

BC　上古時期
— BC200　秦
　　　西漢
— 0　東漢
— 100
— 200　三國
　　　晉
— 300
— 400　南北朝
— 500
— 600　隋朝
　　　唐朝
— 700　武則天稱帝
　　　安史之亂
— 800
— 900　五代十國
　　　北宋
— 1000
— 1100　南宋
— 1200
　　　元朝
— 1300
　　　明朝
— 1400
— 1500
— 1600
　　　清朝
— 1700
— 1800
— 1900　中華民國
— 2000

每攻打下一座城池來，就有封有賞，所以大家肯為皇上效勞；可是項羽那人白長了大個頭，卻是個小肚雞腸，從來不給別人算功勞，所以把天下丟了。」

劉邦卻笑著說道：「你們只知其一不知其二，據我想來，得失原因，須從用人上說。運籌帷幄，決勝千里，我不如子房；鎮國家，撫百姓，運餉至軍，源源不絕，我不如蕭何；統百萬士兵，戰必勝，攻必取，我不如韓信。這三人都是當今豪傑，我能委心任用，故得天下。項羽只有一范增，尚不能用，怪不得為我所滅了！」

劉邦這番話不是自誇，他用人的確是沒有什麼門戶之見的，既不用本科的學歷，又不要工作經驗。只要有才，你就可以來。比如張良是貴族，陳平是遊士，蕭何是縣吏，這些人都可以納於旗下，只要你有用。樊噲是屠狗的，灌嬰是販布的，婁敬是趕車的，只要能為稱霸一方出力，也收你入會。彭越是強盜，周勃是吹鼓手，韓信是待業青年，劉邦也一概收攏。

後來，劉邦將為自己立過大功的將領們都封了王，其中楚王韓信、梁王彭越、淮南王英布，功勞最大，兵力也最強。劉邦開始擔心起來。

畢竟不是一家人，只能患難，不能享福啊。

在劉邦想辦法的時候，一個名叫鐘離昧的人給了他這個機會，這個人原來是項羽的部下，劉邦一直在緝拿他，但是韓信卻看這個人是條好漢，把他收留了。這事傳到了劉邦耳朵裡，讓劉邦很是不爽。

劉邦想派兵消滅韓信，但又擔心韓信兵力太強，自己吃虧。於是這件事就一直拖拖拉拉到了第二年，劉邦假裝巡視雲夢澤，命令受封的王侯到陳地相見。韓信接到命令，信以為真就去了，結果一到那就被人按住了。

劉邦新仇舊恨地跟韓信算了一通，然後就大度地取消了韓信的楚王封號，改封為淮陰侯。被降職的韓信很是鬱悶，天天窩在家裡生悶氣，也不去上班。

就這樣又過了幾年，有一個將軍陳豨（音希）造反，自稱代王，一下子就佔領了20多座城。劉邦讓韓信和彭越去替自己平定禍亂，但是他沒想到韓信和彭越都不搭理他，給他遞了張病假條，說去不了。

耶穌基督出生 0—

君士坦丁統一羅馬

羅馬帝國分成兩部

波斯帝國 500—

回教建立

凡爾登條約

神聖羅馬帝國建立 1000—

十字軍東征

蒙古第一次西征

英法百年戰爭開始

哥倫布發現新大陸 1500—

英國大破無敵艦隊

發明蒸汽機

美國獨立
拿破崙稱帝

美國南北戰爭開始

第一次世界大戰
第二次世界大戰

2000—

沒辦法，劉邦只能親自出馬去討伐陳豨。看來求人求天不如求自己，劉邦自己動手，一下子就把陳豨給收拾了，看來自己還是寶刀未老啊。

賢內助真可怕

俗話說一個成功男人的背後一定站著一個支持他的女人。

劉邦背後的女人就是呂雉，現在已經是呂皇后了。在劉邦帶兵離開長安後，有人向呂后告發，說韓信和陳豨是同謀，他們還想裡應外合，發動叛亂。

這還得了，自己老公外出打仗去了，不能讓他分心，這點小事，呂后就打算自己解決掉算了。於是她和丞相蕭何琢磨出個主意來，故意傳出消息，說陳豨已經被高祖抓到，要大臣們進宮祝賀。倒楣的韓信又不知道這是計策，再次前往，這次他可就不是降職那麼簡單了，而是腦袋搬家。

劉邦在外頭打仗呢，韓信就被自己老婆殺死了，可見呂后這賢內助當的相當有水準。等劉邦消滅了叛軍回到洛陽後，又有彭越的手下人告發彭越謀反。漢高祖聽到這個消息，派人把彭越逮住，扔進了監獄裡。

彭越很冤枉，劉邦也沒查出他謀反的具體罪證，就把他放了，但是把他的官職全免了，把他罰做平民，遷送到蜀中去。

本來當王當得好好的，彭越莫名其妙地在監獄待了段時間，現在更是要被發配，哭訴無門的他只得鬱悶上路。巧的是在去蜀中的路上，他遇到了呂后，彭越想女人怎麼也是心腸軟，頭腦簡單的人，於是他就跟呂后哭訴說自己多麼冤枉，多麼無辜，求呂后在劉邦面前給自己說說好話，就算免職，好歹也讓自己回到自己的老家，落葉歸根啊。

呂后滿口答應了，她帶著彭越回到了洛陽，可是一見到劉邦，呂后就翻臉了，她埋怨劉邦沒腦子，彭越是頭猛虎，哪能放虎歸山，應當宰了他。

劉邦被呂后埋怨了一通後，也想開了，既然彭越又跟著呂后回來了，

BC　上古時期
秦
— BC200　西漢
— 0
東漢
— 100
— 200　三國
晉
— 300
— 400
南北朝
— 500
— 600　隋朝
唐朝
武則天稱帝
— 700
安史之亂
— 800
— 900　五代十國
北宋
— 1000
— 1100　南宋
— 1200
元朝
— 1300
明朝
— 1400
— 1500
— 1600　清朝
— 1700
— 1800
— 1900　中華民國
— 2000

BC

耶穌基督出生　0—

君士坦丁統一羅馬

羅馬帝國分成兩部

波斯帝國　500—

回教建立

凡爾登條約

神聖羅馬帝國建立
　　　　　1000—

十字軍東征

蒙古第一次西征

英法百年戰爭開始

哥倫布發現新大陸
　　　　　1500—

英國大破無敵艦隊

發明蒸汽機

美國獨立
拿破崙稱帝

美國南北戰爭開始

第一次世界大戰
第二次世界大戰

　　　　　2000—

那就怨不得自己了，於是他把彭越也殺死了。

　　淮南王英布一聽到韓信、彭越都被殺，他就坐不住了，乾脆也起兵反了。既然遲早是被劉邦找個藉口幹掉，那不如先幹掉劉邦，你不仁就不要怪我不義了。英布是個人才，他一出山，立刻就打了幾個大勝仗，把荊楚一帶土地都佔領了。

　　劉邦只好再次出山去打英布，兩軍對峙，劉邦痛罵英布：「我都封你做王了，你幹嘛還造反？」

　　英布也不跟劉邦廢話，他就直接說自己想當皇帝，要劉邦讓位。劉邦哪肯，於是兩軍都對打了起來，殺的昏天黑地，日月無光。英布手下士兵弓箭齊發，可憐的劉邦躲閃不及，當胸中了一箭，幸虧傷勢不重，還不妨礙他繼續指揮戰鬥。

　　在頑強的廝殺下，英布被打敗了，他在逃跑的路上，被人殺了，劉邦這才養好傷，往洛陽趕。路過他的故鄉沛縣時，他去小住了幾天，請父老鄉親喝酒，酒過三巡，劉邦擊筑流淚而歌，情緒十分激動：「大風起兮雲飛揚，威加海內兮歸故鄉，安得猛士兮守四方？」

前打狼後打虎

　　打完了那些異姓王，劉邦安心逍遙地過了幾年。

　　《先秦史》裡說，漢王朝從西漢到東漢，前後長達四百多年，為漢朝之名兼華夏民族之名提供了歷史條件。另外，漢王朝國勢強盛，在對外交往中，其他民族稱漢朝的軍隊為「漢兵」，漢朝的使者為「漢使」，漢朝的人為「漢人」。於是，在漢王朝通西域、伐匈奴、平西羌、征朝鮮、服西南夷、收閩粵南粵，與周邊少數民族進行空前頻繁的各種交往活動中，漢朝之名遂被他族稱呼為華夏民族之名。

　　但情況也是時時刻刻在發生變化的，自從秦始皇統治時期打敗匈奴以後，北方平靜了十幾年。隨著中原大亂，尤其是楚漢相爭之後，匈奴就又

嗅著味道就過來了，他們趁著機會一步一步向南打過來。

劉邦統治時期，匈奴的冒頓單于帶領了四十萬人馬包圍了韓王信（原韓國貴族，和韓信是兩個人）的封地馬邑（今山西朔縣）。

韓王信也是個沒種的人，他打不過匈奴，怕死，就向冒頓求饒希望和解。這事被劉邦知道了，非常生氣，這不是有辱大國風範嗎，他就派使者去指責了一通韓王信。韓王信害怕漢高祖辦他的罪，就向匈奴投降了。

這下徹底把劉邦給惹火了，而那個冒頓也不知道好歹，得了便宜還賣乖。他佔領了馬邑，又繼續向南進攻，圍住晉陽。

為了保衛國土的完整，劉邦又一次的披掛上陣，親自帶著大部隊趕到了晉陽，和匈奴對敵。

劉邦出兵的時機不太好，他出兵的時候正好是冬天，關外的天氣尤其寒冷，漢兵沒受過這麼冷的天，一個個都凍的受不了了。但就算是被凍成了凍蝦，漢兵也是非常神勇，一和匈奴打仗，匈奴人就節節敗退。

劉邦很得意，看來這個匈奴也就是那麼回事嘛。打了幾仗之後，劉邦打聽到冒頓單于逃到代谷（今山西代縣西北）。劉邦進了晉陽，他繼續派人打聽匈奴的行蹤，打探的人回來給他報告，說冒頓領著一幫老弱病殘在打仗，要是我們現在打過去，肯定能打贏。

這消息一分析就能發覺出有誤來，但劉邦偏偏鬼迷心竅相信了。他手底下一個叫做劉敬的人勸他小心，他還把人關起來，不願意聽真話。結果當劉邦帶著一隊人馬，剛走到平城的時候，強悍的匈奴兵就好像從地底下冒出來的一樣，圍住劉邦他們稀裡嘩啦就是一頓群毆。

劉邦拼了老命才算殺出一條血路，退到平城東面的白登山。冒頓單于派出四十萬精兵，把漢高祖圍困在白登山。匈奴人太過兇悍，那些救援的漢軍沒辦法上山，只能乾瞪眼看著他們的皇帝在山上擔驚受怕。

劉邦被圍困在白登山之上有好幾日了。山上寒氣逼人，糧食匱乏。天寒人飢，慘不忍睹，軍隊之中人心惶惶。有軍中歌謠為證：「平城之中亦誠苦，七日不食，不能夠弩。」援軍呢？也只能跟皇帝遙相呼應，就是不能碰頭了。

BC　　上古時期

秦
西漢
— BC200

— 0
東漢

— 100

— 200　三國
晉
— 300

— 400
南北朝

— 500

— 600　隋朝
唐朝
— 700　武則天稱帝
安史之亂
— 800

— 900　五代十國
北宋
— 1000

— 1100
南宋
— 1200

元朝
— 1300
明朝
— 1400

— 1500

— 1600
清朝
— 1700

— 1800

— 1900　中華民國

— 2000

這時的劉邦哭爹哭娘都沒轍了，這才後悔沒有聽劉敬和陳平的勸告，非要親征平城。然而就在他無計可施，準備等死的時候，匈奴的圍兵竟然扯開了一角，讓漢軍如漏網之魚一般順利逃亡。漢高祖這次的僥倖逃脫，又是陳平的一大功勞。

美人圖的政治妙用

陳平是陽武人，讀書的時候還是個好學生，因為有大志向在心，成天抱著書本不放。那時還在鄉里主持祭社神，分肉分得太平均，鄉親父老都直誇他。陳平也自戀，還說什麼將來分天下也要跟分肉似的均勻。

陳勝、吳廣起義以後，陳平原想著是去幫魏王的忙，沒想到魏王不識抬舉，總是對陳平一臉的狐疑，陳平憤憤然地離開了他，又去給項羽當參謀。可這小子命不太好，項羽也不重用他。無奈之下他又去投奔劉邦，劉邦開始也有點懷疑，不過最終還是被陳平的聰明才智給俘虜了。

陳平也不賴，還挑起了主子，不過也正是因為他有一雙挑主子的慧眼，才讓自己的才華得以發揮得淋漓盡致。不像范增和後來的陳宮，本來都是有文化的人，結果主子卻是個敗類，不是沒大志就是沒大腦，只能坐一旁鬱悶。

陳平在貨比三家之後挑對了主子，對劉邦忠心耿耿，助劉邦「六出奇計」奪取天下，也讓自己出了名。這六計之中有一計就是解白登山之圍。

那麼陳平究竟是用了什麼計策才把劉邦救出來的呢？司馬遷在寫《史記》的時候是這麼說的：「高帝用陳平奇計，使單于閼氏，圍以得開。」大概就是說這小子向閼氏行賄了，用的還是空頭美人計。

陳平不知上哪兒弄來一幅美女圖，還帶了些金銀珠寶，派了一個膽大的使臣下山買通番兵，去面見冒頓單于新立的閼氏。因為這閼氏是明媒正娶，所以單于就帶著她一同來打仗。

閼氏摒退左右之後，跑腿的漢使就跟她說：「我家漢王現在是沒辦法

了，聽說單于會聽從聽您的話，所以我帶了些珠寶首飾獻給您，要是還不行的話……我這兒還有美人可以獻給單于，您看……」

畫卷展開之後，果然有一絕色美女呼之欲出，閼氏心裡嫉妒得牙癢癢，她怎麼能容忍這麼一美人來跟自己爭寵呢？不過表面上還得不失風範，裝模作樣地想了一會兒，終於收下了珠寶首飾，讓使臣帶著美人圖回去了。

果然，閼氏極力勸說單于放了劉邦：「大王就算是奪了漢地，守起來也不是一件容易事啊！而且人家劉邦上頭有神仙保佑著，殺了他恐怕不是太吉利。我們不是本來和韓王信的部將王黃、趙利約好了夾擊漢軍嗎，可這兩個人到現在都沒回來，說不定是反被劉邦抓住了。」

單于有些動搖，他也害怕自己的軍隊反而被劉邦和韓王信內外夾擊，那自己就慘了。於是把劉邦的軍隊給放了。

美人圖雖然是空頭的，可是女人的嫉妒心理卻不可小瞧，陳平正是抓住了閼氏心中的弱點，又加上一些機緣巧合，所以才得以成功。

退兵的時候，陳平讓兵將分成前後兩部分，弓箭手把劉邦護在中間，張弓搭箭，驅車退入平城。匈奴的軍隊看見漢軍人模人樣，意氣風發的，也不敢輕舉妄動。這樣，漢軍就順利地解了圍。

得救的劉邦重重地賞了劉敬和陳平，不過被困了七天，他心裡還是有些不安，害怕匈奴反悔。這時候劉敬又說服劉邦與匈奴做親家，把公主嫁給冒頓，而且要立公主為閼氏，將來再生個兒子，那可是我們自家的單于了，還打個什麼仗啊！

劉邦覺得劉敬說的有道理，也這麼做了，果然，漢朝跟蠻夷結親家的歷史也翻開了。恩格斯在論述中世紀封建主之間的聯姻現象時就指出：結婚是一種政治行為，是藉一種新的聯姻來擴大自己勢力的機會，產生決定作用的是家族的利益，而絕不是個人的意願。

結親家就是如此，每個出塞的女子不過是一顆政治的棋子罷了。從物質上看，這種用女人換來江山安定的做法也是個不錯的買賣，不過也打擊了一個王朝的自尊與自信，算是一種妥協吧。

BC 上古時期
秦
西漢
— BC200
— 0 東漢
— 100
— 200 三國
晉
— 300
— 400 南北朝
— 500
— 600 隋朝
唐朝
— 700 武則天稱帝
安史之亂
— 800
— 900 五代十國
北宋
— 1000
— 1100 南宋
— 1200
元朝
— 1300
明朝
— 1400
— 1500
— 1600 清朝
— 1700
— 1800
— 1900 中華民國
— 2000

向巔峰攀爬

BC

耶穌基督出生　0—

君士坦丁統一羅馬

羅馬帝國分成兩部

波斯帝國　500—

回教建立

凡爾登條約

神聖羅馬帝國建立
　　　1000—

十字軍東征

蒙古第一次西征

英法百年戰爭開始

哥倫布發現新大陸
　　　1500—

英國大破無敵艦隊

發明蒸汽機

美國獨立
拿破崙稱帝

美國南北戰爭開始

第一次世界大戰
第二次世界大戰

　　　2000—

還是得以仁服人

一個人有沒有出息，看他做的那些事就清楚了。劉恆不但自己將國家打理得井井有條，教育兒子很成功，他和兒子治理漢朝的那段日子，被稱為「文景之治」，漢朝很是繁榮發達。

劉恆、劉啟執政，七十多年沒有發生什麼大事，若不發生災害，百姓可人人自給，家家自足。糧庫中充滿了糧食，有的吃不完甚至爛掉了，倉庫裡堆滿了物資，國庫裡的錢多得不計其數，串錢的鐵絲年長日久沒有人動也生鏽了。

國庫中串錢的繩子都已經朽爛，因此根本無法清點銅錢數目。文帝那時，國家就富裕成了這樣。雖然國家富裕，但文帝一點也不驕傲，他還是兢兢業業的工作，他還很注意法律的調整。

在他即位不久時，就下過一道詔書，廢除了一人犯法、全家連坐（連坐，就是被牽連者一同辦罪）的法令。

連坐廢除了，但還有肉刑，這是一項直接把人整成殘疾人的刑罰，很是殘酷。西元前167年，臨淄地方有個小姑娘名叫淳于緹縈，她的父親淳于意，本來是個讀書人，因為喜歡醫學，經常為人治病而出了名。

後來有一次，有個大商人的妻子生了病，請淳于意醫治。結果那位商人的妻子不但沒好，反而病死了，商人說是淳于意的錯，才讓她老婆病死

了，就把淳于意給告了，當地官府也沒認真調查，就判了淳于意肉刑，要把他押解到長安去受刑。

看到自己老爸即將受刑，緹縈提出要陪父親一起上長安去，家裡人再三勸阻她也沒有用。等到了長安，緹縈就寫了一份奏章給漢文帝，也不知道她想了什麼辦法，反正最後漢文帝是看到了這份奏章。

漢文帝被緹縈感動了，他也覺得肉刑太過嚴厲了，動不動就把別人的鼻子或者耳朵割了，讓這個人一輩子也沒辦法像正常人一樣，太慘了。於是漢文帝就召集了大臣們商量，是不是要把這肉刑給廢除。

大家討論來討論去，覺得既要懲辦一個犯人，又不毀壞他的肉體，那就不如把肉刑改成打板。

原來判砍去腳的，改為打五百板；原來判割鼻子的改為打三百板。漢文帝就正式下令廢除肉刑。緹縈也就這樣救了自己的父親。雖然廢除肉刑是好事，但打板代替肉刑也挺殘酷的，一下就被打上個三、五百板，真不是一般人能受得了的。許多人在受刑的過程中就被打死了。

後來到了漢景帝那裡，打板的刑罰才又減輕了一些。

兩手都要抓

由於秦末動土建房，工事繁多，因此社會財力困乏。漢朝是在這種情況下接受了這個爛攤子的。當時經濟十分蕭條，貴為國君都不能配備由四匹顏色一樣的馬拉的專車。高級官員也只能坐牛車。全國上下馬匹很少。一般老百姓都很貧窮，根本沒有積蓄，可以說百廢待興。劉邦認為穀賤會傷農，大地主、大商人有錢則可能趁機兼併土地，因而會出現農民流亡的現象，這很可能會危及到封建統治秩序。

商人雖然能加速資源在不同地區的配置，但是他們並不能創造實質的價值。所以針對這一情況，劉邦便採取「重農抑商」的政策，這樣既可以充實國庫，壓制土地兼併，又能緩和社會問題。

BC 上古時期
秦
— BC200 西漢
— 0 東漢
— 100
— 200 三國
— 300 晉
— 400 南北朝
— 500
— 600 隋朝
唐朝
— 700 武則天稱帝
安史之亂
— 800
— 900 五代十國
北宋
— 1000
— 1100 南宋
— 1200
元朝
— 1300
明朝
— 1400
— 1500
— 1600
清朝
— 1700
— 1800
— 1900 中華民國
— 2000

漢代自劉邦起，以後的文帝、景帝等都把「重農抑商」作為基本主張，而且還規定商人的子孫不准做官吏。這種做法在很大程度上促進了農民的生產積極性。因為糧食不經過商人這一環節，所以農民買的東西，利潤都流到了自己手裡，不會出現豬肉漲價，結果養豬成本也漲價的情況。因為在當時自給自足的情況下，沒有因為商業使得分工十分明顯，這對漢初經濟發展的貢獻是不言而喻的。

朝廷負責計算官吏的俸祿和官府的各項支出，據此向老百姓徵收賦稅。不管是高高在上的天子，還是諸侯，他們的封地和轄區，都按照山川、園池、市井商業稅收為各自費用的來源，所以不必向朝廷領取經費，都是自給自足，這樣就直接減少了人民的稅收，真正抓住了「輕徭薄賦」的精髓。所以總體說來，漢朝經濟之所以能發展，除了施行「無為而治」外，重要的是，經濟思想實行分門別類的封閉系統。構成整個社會經濟全域的這種單純的經濟系統，使得交易管理等成本節約了下來，真正實現了「輕徭薄賦」。

當時朝廷的糧食主要來自於殽山以東地區。朝廷規定供給各官府使用的糧食，每年不超過數十萬石。這也在一定程度上抑制了腐敗。漢文帝向晁錯討教怎麼處理「吏之不平，政之不宣，民之不寧」，其中就包括腐敗這項，吏之不平，說明官吏們還帶有秦時的烙印，文帝希望抹平它。也可見漢朝的統治方略正是順應民意的。

文景時期，國家非常富裕，官員們清正廉潔，謹慎儉樸，努力使天下百姓富足安康，在七十多年的統治中，國家相對比較安定。這是了不起的功績，而且如果不發生旱澇災害，百姓就可以人人自給，家家自足。漸漸地國家日益富足。

連守門的人吃的都是白麵大米，有酒有肉；做官的人長期任職，有的人則把官名作為自己的姓氏。那個時候社會上人人自愛而不願觸犯法律，世風淳樸。在這個時期法律也較寬鬆。可見，真的是富裕到要燒錢的地步了。

文景時代文化也開始復甦並繁榮，這對周邊地區也產生了巨大的影

君士坦丁統一羅馬

羅馬帝國分成兩部

波斯帝國　500—

回教建立

凡爾登條約

神聖羅馬帝國建立
　　　　1000—

十字軍東征

蒙古第一次西征

英法百年戰爭開始

哥倫布發現新大陸
　　　　1500—

英國大破無敵艦隊

發明蒸汽機

美國獨立
拿破崙稱帝

美國南北戰爭開始

第一次世界大戰
第二次世界大戰

　　　　2000—

響。漢初以來朝廷大力宣導搜集和整理圖籍文獻，使先秦百家之學在秦代焚書浩劫之後又趨復興。文化事業的繁榮才催生了大氣的漢賦，甚至說漢武帝時候的司馬遷可以寫出《史記》那樣的經典來，與文景時代的文化策略也有關係。

鐵血真漢子

漢文帝一心發展國內實力的時候，也沒有忽視和匈奴那邊的關係，他依然採用的是和匈奴貴族繼續和親的方法，用最小的代價來維護著雙方的和平，在他的努力下，雙方倒是沒有發生過大規模的戰爭。

但是後來，匈奴的單于聽信了漢奸的挑撥，跟漢朝絕了交。並且在西元前158年，匈奴派出六萬兵馬，侵犯上郡和雲中，燒殺搶掠，打家劫舍，幹了不少壞事。

愛民如子的漢文帝一聽自己的百姓被欺負了，趕緊就派三位將軍帶領三路人馬去抵抗，同時又害怕匈奴人一路打到長安來，又另外派了三位將軍帶兵駐紮在長安附近：將軍劉禮駐紮在灞上，將軍徐屬駐紮在棘門，將軍周亞夫駐紮在細柳。

為了安定軍心，漢文帝便挑了個好日子，親自去地方上慰問這些士兵，也想去順便視察一下，看這些士兵的精神面貌。他先到了灞上，劉禮和他部下將士一見皇帝駕到，趕緊的就夾道歡迎，帶著漢文帝的車駕進到了軍營裡，就差給漢文帝開個聯歡晚會了。

然後漢文帝又到了棘門，待遇也是相當高。等他到了細柳的時候，卻沒感受到受歡迎的氣氛，士兵不但不讓他進營地，還盤查他的身份，當漢文帝把自己皇帝的符節遞出去的時候，那個士兵也沒對他客氣。

讓漢文帝在門口等了半天，周亞夫才打開營門，讓漢文帝進去了，但他還提醒漢文帝，進軍營裡，不能讓馬車奔馳。漢文帝身邊的大臣沉不住氣了，他們覺得周亞夫太拿自己當回事了，仗著自己是開國名將周勃的

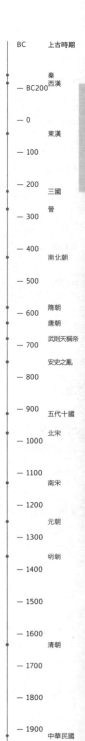

兒子，就這麼不把皇帝放在眼裡。可是漢文帝很高興，他吩咐大家放鬆韁繩，緩緩地前進。

到了中營，周亞夫一身盔甲，他只是對漢文帝作了個揖，說自己盔甲在身，不能下拜，漢文帝覺得這才是自己需要的將軍。他離開細柳，在回長安的路上，一直對周亞夫讚不絕口，認為這樣的將軍才能夠擊退敵人。

過了一個多月，前鋒漢軍開到北方，匈奴退了兵。防衛長安的三路軍隊也撤了。但漢文帝卻通過這次視察，認定了周亞夫是個人才，把他提升

為中尉（負責京城治安的軍事長官）。第二年，漢文帝就得了重病，臨終前，他把太子叫到跟前，跟太子說周亞夫是個不可多得的人才，將來萬一

國家有需要，只要叫周亞夫統率軍隊，那就錯不了。

太子點頭記住了，漢文帝含笑九泉，隨後太子劉啟即位，也就是漢景帝。

在景帝三年（西元前154年），吳、楚等七個諸侯國發動武裝叛亂。吳王劉濞無比囂張，領兵20萬與楚軍會合，揚言要將景帝踢下臺。景帝見

情狀不妙，想起老爹的話，就命周亞夫等人帶兵平亂。

周亞夫受命後，提出：「楚兵剽輕，難與爭鋒。願以梁委之，絕其糧道，乃可制。」他的意思是暫時放棄梁國的部分地區，引誘吳楚軍隊入

梁，與梁爭鬥。等到吳楚兵疲馬困時，再斷吳、楚糧草，讓他們餓得背朝

天，只有乖乖投降。此計果然奏效。吳楚聯軍與周亞夫周旋了3個月，屢

屢受挫，餉道被斷，糧盡兵疲、士卒叛逃，不得不撤兵西走。周亞夫則乘勝追擊，大破吳楚聯軍，迫楚王自殺，誘殺吳王。喧囂一時的吳楚叛亂，

終於平定下來。

在這一戰中，周亞夫用兵如神，景帝對其更加倚重，官升太尉。不過

五年，亞夫又到了丞相的位置上。可惜啊，自古以來「伴君如伴虎」，周

亞夫把他剛直的個性拿到朝廷上來，最初景帝還能忍。但常在河邊走，總

有濕鞋的時候，他終於得罪了景帝。

天命早就被註定

其實，周亞夫的命運就好像是上天註定了似的。

早在周亞夫年輕之時，做河南太守期間，便有著名的觀相者許負給他相面，說他三年之後為侯，為侯八年做將相，持國秉，身份高貴，但是卻在為相的九年之後，落得被餓死的下場。

許負還指著周亞夫的嘴角說：「您的嘴邊有條豎直的紋到嘴角，這是種餓死的面相。」周亞夫聞言不信，毫不在意，猶自過著安然之生活。想不到真如許負所說，過了三年，周亞夫的哥哥周勝之因殺人罪被剝奪了侯爵之位。

文帝念周勃對漢朝建國立下了戰功，所以不願意就此剝奪了周家的爵位，於是下令選擇周勃之子中賢能的人，大臣都推舉周亞夫，文帝便封周亞夫為條侯，作為絳侯的繼承人。

世事萬般皆存在一個「緣」字，良緣也好，孽緣也罷，一旦緣起，註定要有緣落。周亞夫此一得勢，似乎無法不走上許負所說的命運之路。

被漢景帝器重的周亞夫依然是豪氣雲天，認理不認人。

當時景帝想要廢掉太子栗，周亞夫不贊成，兩人爭執了半天也沒個結果。景帝惱怒周亞夫的不良態度，因此疏遠了他。不久，竇太后想讓景帝封皇后的哥哥王信為侯，但景帝不願意，推託說要和大臣商量，便叫來了周亞夫，他立刻搬出了高祖那套非同姓者不可封王，如果封王信為侯，就是違背了先祖的誓約，景帝被他一句話頂了回去，雖然他的意思也合自己的心意，但聽著就是不爽。

不久，匈奴將軍唯許盧等五人歸順漢朝，景帝非常高興，想封他們為侯，以鼓勵其他人也歸順漢朝。但周亞夫又反對道：「如果把這些背叛國家的人封侯，那以後我們如何處罰那些不守節的大臣呢？」景帝憤然地罵他：「丞相的話迂腐不可用！」周亞夫一生氣便稱病辭職，景帝竟然毫不猶豫地同意了。

BC　上古時期

秦
西漢
— BC200

— 0　東漢

— 100

— 200　三國
晉
— 300

— 400　南北朝

— 500

— 600　隋朝
唐朝
— 700　武則天稱帝
安史之亂
— 800

— 900　五代十國
北宋
— 1000

— 1100
南宋
— 1200

元朝
— 1300
明朝
— 1400

— 1500

— 1600
清朝
— 1700

— 1800

— 1900　中華民國

— 2000

但是過了一段時間，景帝也很想念周亞夫，便把他召進宮中設宴招待，想試探他脾氣是不是改了，便給了他一塊沒有切的肉，又叫人在他的面前不放筷子。周亞夫不高興地向管事的要筷子，景帝笑著對他說：「莫非這還不能讓你滿意嗎？」周亞夫羞憤不已，脫帽便走。景帝歎息著說：「這種人怎麼能輔佐少主呢？」

曾子曰：「可以托六尺之孤，可以寄百里之命，臨大節，而不可奪也，君子人與君子人也。」可以把年幼的君主託付給他，可以把國家的大事交代給他，面臨生死存亡的緊急關頭而不動搖，這才是君子。周亞夫是個君子，在生死存亡、緊要關頭也能不動搖，然而其身有行伍氣息、匹夫之勇，景帝不願讓他輔佐少君，也不是沒有道理。

周亞夫憤然回家，若是沒有什麼意外，也能安生於世。不過，自古以來，凡是有一番作為的人似乎終要因子女的壞事而身敗名裂。周亞夫的兒子見父親年老了，就偷偷買了五百甲盾，準備在他去世發喪時用，但甲盾是國家禁止個人買賣的，有心人便趁此機會告周亞夫謀反。

景帝立刻派人追查，調查的人一問周亞夫，周亞夫根本就不知道怎麼回事。負責的人以為他在賭氣，便向景帝呈上報此事。景帝一氣之下，將周亞夫交給最高司法官廷尉審理。

廷尉問周亞夫道：「君侯為什麼要謀反？」欲加之罪，何患無辭。周亞夫哼聲道：「我兒子買的都是喪葬品，怎麼說是謀反呢？」

廷尉諷刺地說：「你就是不在地上謀反，恐怕也要到地下謀反吧！」周亞夫聞言大感屈辱，無法忍受，立刻絕食抗議。五天後，吐血身亡，竟連昭雪的那一天也等不到了。司馬遷在《史記》中稱讚周亞夫的同時，也忍不住慨歎此人過於耿直，對皇帝不尊重，才為自己招來了禍患。

耶穌基督出生　0

君士坦丁統一羅馬

羅馬帝國分成兩部

波斯帝國　500

回教建立

凡爾登條約

神聖羅馬帝國建立　1000

十字軍東征

蒙古第一次西征

英法百年戰爭開始

哥倫布發現新大陸　1500

英國大破無敵艦隊

發明蒸汽機

美國獨立
拿破崙稱帝

美國南北戰爭開始

第一次世界大戰
第二次世界大戰

2000

開始走下坡路

一代不如一代

　　人老了都會犯點糊塗，漢武帝雖然是個優秀的皇帝，可當年也做過一些勞民傷財的敗事。打匈奴那時候就花費了不少錢財，後來他自己也生活得越來越放蕩，朝廷的虧空也越來越嚴重。

　　為了不委屈自己，漢武帝開始想各種各樣的方法讓自己的日子過得好一點，他還讓有錢的財主可以花錢買官做，這種做法讓老百姓憤慨無比，罵街的人到處都是。直到他快去世的那幾年，漢武帝才如夢初醒地辦起了經濟建設，國力也恢復了許多。

　　西元前87年，漢武帝因病醫治無效而長辭於世，他的兒子漢昭帝接過了皇位。不過那時候漢昭帝才是個八歲的小孩，什麼都不懂，自然有輔政大臣來照著他。漢武帝臨死前看重的這位輔政大臣就是霍光。

　　霍光做事做得還算體面，幫著漢昭帝把國家治理的有模有樣。不過朝廷裡鉤心鬥角，有幾個人就是看霍光不順眼，做夢都想把他做掉。其中就有左將軍上官桀。他先是想跟皇家攀個親戚，要把他六歲的小孫女介紹給漢昭帝，要個皇后當當。可是霍光除了給皇帝輔政以外，還操持著漢昭帝的終身大事，堅決不肯接納這門親事，這讓上官桀很是不爽。

　　漢昭帝有個姐姐，就是蓋長公主。後來上官桀通過這層關係終於還是實現了自己的心願，孫女成了漢昭帝的皇后。不過這老傢伙還是不滿足，

之後又跟兒子計畫著給蓋長公主旁邊的一個人弄個侯爵做做，也是被霍光擋在了門外。經過這兩件事以後，上官桀和蓋長公主一看見霍光就想揍他，更是堅定了把他除掉的決心，於是跟燕王劉旦串通謀害霍光。

　　一天，霍光要舉行個閱兵式，調用了一名校尉到他身邊。上官桀趁機找人寫了一份假奏章送到了漢昭帝手裡，說：「陛下您不知道，霍光在閱兵的時候可是坐了跟您一樣豪華的馬車，還把一名校尉調進了自己的府裡，我看他是居心叵測啊！」

　　那時候的漢昭帝已經14歲了，也能明白其中的一些是非，他看完奏章之後沒做什麼聲色。後來霍光來了，他也知道自己被別人誣陷，擔心小皇

帝不明是非，害怕還是有的。見了漢昭帝以後霍光又是下跪又是磕頭的，以示請罪。

　　不過漢昭帝卻說：「大將軍何罪之有？你在長安閱兵，我們又沒有什麼先進的通訊設備，燕王在那麼遙遠的地方怎麼能知道呢？即便是神仙托夢給他，可就算是騎著千里馬也趕不到這裡來給我看奏章啊，顯然是有人存心要陷害你。」

　　漢昭帝的話讓霍光心裡感慨萬千，自己可算是沒白培養這孩子。後

來漢昭帝要嚴格審查這件事，上官桀一群人見識到了小皇帝的威猛，害怕

了，趕緊說：「這麼點小事就不勞皇帝費心了。」漢昭帝這才把懷疑的目光投向了上官桀。

　　之後上官桀又想方設法地陷害了霍光幾次，可都沒有成功，反倒被霍光告了個一馬當先，漢昭帝下令將上官桀一群人通通做掉了。

　　漢昭帝21歲的時候就英年早逝，由於年紀太輕沒來得及留下個接班

人，霍光只好把漢武帝的孫子昌邑王拉過來安到皇帝的寶座上。可偏偏這

小子不爭氣，霍光一氣之下就讓皇太后把他給廢了，另立漢武帝的曾孫劉詢為帝，也就是漢宣帝。

孫子娶奶奶

漢宣帝是個懂事的孩子，他管理國家的時候，漢朝又強盛了幾天，但畢竟是不如從前了，之前被漢武帝收拾得老實的匈奴又開始鬧事了。

匈奴內部因為貴族爭奪單于之位，搞得四分五裂，幾方人打來打去，誰也不服誰，其中一個單于名叫呼韓邪，被他的哥哥郅支（郅音至）單于打敗了，死傷了不少人馬。呼韓邪就想投靠漢朝，讓漢朝做自己的靠山。

於是他派了使者來求親，希望跟漢朝和親，呼韓邪是第一個到中原來朝見的單于，漢宣帝像招待貴賓一樣招待他，還親自去郊外迎接他，給他舉辦盛大的歡迎儀式。舒服的在長安住了一個多月，呼韓邪說出真心話了，他讓漢宣帝幫他回去，漢宣帝是個好心人，就答應幫他這個忙了。

漢宣帝派了兩個將軍帶領一萬名騎兵護送他到了漠南，還送去三萬四千斛（音胡，古時候十斗為一斛）糧食。呼韓邪也是個知恩圖報的人，他回去後就念漢朝的好，教導身邊的人跟漢朝的人好好相處。

漢宣帝死了後，他的兒子劉奭（音市）即位，就是漢元帝。漢元帝不像他爹那麼厲害，整天就知道玩樂。

西元前33年，呼韓邪單于再一次到長安，要求與漢朝和親。漢元帝同意了。但漢元帝這次不想送個公主出去，他就想派個宮女去。

一般宮女雖然也見不著皇帝，但誰也不想去那麼遠的地方，只有王昭君願意去。王昭君本來是個美女，但當初入宮的時候，因為不肯行賄畫師，畫師就用印象派把她畫成醜女，害得王昭君當了好多年的老姑娘。

這次和親，他自告奮勇的就報名了，漢元帝沒想到自己派出去的竟然是這麼個美女，後悔極了，眼巴巴地看著單于興高采烈地把美女迎回家，非常生氣。他也不能跟單于說換一個，只能把畫師殺了出氣。

王昭君出塞的時候才25歲，而她要嫁的呼韓邪可是近70歲的人，當她爺爺都綽綽有餘。王昭君嫁過去沒幾年，呼韓邪就死了，匈奴是收繼婚，所以呼韓邪一死，他兒子就要娶王昭君。

BC　上古時期

秦
— BC200　西漢

— 0
東漢

— 100

— 200　三國
晉

— 300

— 400
南北朝

— 500

— 600　隋朝
唐朝
武則天稱帝
— 700
安史之亂

— 800

— 900　五代十國
北宋
— 1000

— 1100
南宋
— 1200
元朝
— 1300
明朝
— 1400

— 1500

— 1600
清朝
— 1700

— 1800

— 1900　中華民國

— 2000

這讓王昭君很接受不了，她就給漢朝的皇帝寫了封信，說自己思念故土，想回去了，再說自己把和親的任務圓滿地完成了，自己嫁的老公病死了，自己也該回故里了。

但是漢朝那邊給她回話，不讓她回來。沒辦法，王昭君只好接著嫁給兒子，可是這兒子也很快死了，王昭君又嫁給了孫子。這時候，王昭君又寫信回去，說自己想回去，思念故土了。

但是得到的回覆依然是留那裡，就這樣，王昭君在匈奴待了40多年，朝廷封她為寧胡閼氏，最後病死在了匈奴。在王昭君出塞的這幾十年裡，匈奴和漢朝間的關係非常好，大家互通有無，彼此禮貌往來，邊境上難得過了一段安穩日子，這和王昭君是分不開的。

半道殺出個王莽

王昭君離開長安沒有多久，漢元帝死去，他的兒子劉驁（音熬）即位，就是漢成帝。漢成帝在位的時候，他的老娘王政君讓還活著的七個兄弟都當上了侯爵，這七個人中最厲害的要數王鳳。王鳳的親戚見王鳳掌了大權，一個個都想著自己有大人物罩著，因此就墮落成了浪蕩公子，吃喝玩樂什麼做不得就做什麼。

凡爾登條約

神聖羅馬帝國建立
　　　　1000—

十字軍東征

蒙古第一次西征

英法百年戰爭開始

不過王鳳也算祖上積德，後代裡出了個比較正經的孩子，那就是他的侄兒王莽。王莽因為從小家庭貧苦，因此能夠吃苦耐勞，是王氏家族裡最有出息的孩子。王鳳歸天以後王莽憑著自己的本事與連帶王鳳的關係當了大司馬，開始為自己搜羅人才。

哥倫布發現新大陸
　　　　1500—

英國大破無敵艦隊

發明蒸汽機

美國獨立
拿破崙稱帝
美國南北戰爭開始

漢成帝是個敗家子，他死後也沒有個像樣的人來接班，後來的漢哀帝和漢平帝也都政績平平，國家大事皆由王莽把持。因為王莽做事比較高調，大家都覺得這人有點能力，於是就說服皇太后王政君給王莽封個安漢公的名號，外帶一些封地。王莽是個虛偽的人，礙於情面只接受了封號。

後來國家遇到了嚴重的自然災害，老百姓叫苦連天的。這時候王莽趕

緊發動當官的和有錢的出來做公益事業，捐點款什麼的。這樣一來王莽在百姓中的威望就提高了，那些有權有勢的人也不敢小看他。

看來王莽這小子的確有才幹，皇太后決定再些地給他，可是還是被王莽謝絕了。王莽還暗地裡派人到處宣揚自己是多麼正直，多麼善良，搞得老百姓和王公貴族們真的覺得他是個正直的大好人。

王莽的勢力就在他不斷的「謙讓」中越來越大，把漢平帝嚇得不輕。王莽之前不讓漢平帝跟自己的老娘一起住，還把娘舅家的人給害死了，漢平帝也因此耿耿於懷，對王莽很是不滿。王莽也看出漢平帝的心事，就想著怎麼把這皇帝給拉下來。

終於等到了一個好時機，這一天是漢平帝的生日，王莽給親愛的漢平帝獻上了一杯慢性毒酒，漢平帝喝了以後就倒下了，第二天就一命歸西。漢平帝平白無故地死了以後，因為沒有後代，王莽不知道從哪弄來一個姓劉的小孩叫孺子嬰，讓他暫時在龍椅上歇著，自己也做起了代理皇帝。

估計是代理皇帝做得不夠爽，王莽在眾人的敷衍下就直接把孺子嬰從龍椅上扯了下來，自己坐了上去，沒一點羞愧的表現，跟以往的謙讓相差甚遠。西元9年，王莽改國號為新，定都長安，正式坐上了皇帝這把交椅。在歷史上維持了兩百多年的西漢王朝徹底瓦解。

當了皇帝的王莽更加肆無忌憚起來，明著是要改革，實際上是打著改革的旗幟到處招搖撞騙，老百姓這才恍然大悟，拿著番茄雞蛋就滿街扔他，也不管那東西貴不貴。就在國內衝突越來越激烈的時候，王莽想到用外患來暫時讓內部安穩一些，可這卻遭到了周邊少數民族同胞的不滿。一時間，內憂外患風生水起。

新領袖誕生

王莽的治國方式讓百姓連溫飽問題都解絕不了。西元17年，遇上老天爺也不給飯吃，自然災害橫行，大家為了填飽肚子都跑到山上去挖野菜。

BC　上古時期

— BC200　秦　西漢

— 0

東漢

— 100

— 200　三國

晉

— 300

— 400　南北朝

— 500

— 600　隋朝

唐朝

— 700　武則天稱帝

安史之亂

— 800

— 900　五代十國

北宋

— 1000

— 1100　南宋

— 1200

元朝

— 1300

明朝

— 1400

— 1500

— 1600

清朝

— 1700

— 1800

— 1900　中華民國

— 2000

BC

耶穌基督出生　0—

　　—

君士坦丁統一羅馬

羅馬帝國分成兩部　—

波斯帝國　500—

回教建立　—

　　—

凡爾登條約　—

神聖羅馬帝國建立
　　1000—

十字軍東征　—

蒙古第一次西征

英法百年戰爭開始　—

　　—

哥倫布發現新大陸
　　1500—

英國大破無敵艦隊

發明蒸汽機

美國獨立
拿破崙稱帝

美國南北戰爭開始　—

第一次世界大戰
第二次世界大戰

　　2000—

為了讓自己多活幾年，災荒年間的野菜也成了好東西，你搶我，我搶你。

百姓們因為爭搶野菜，中間也難免會起爭執，打架鬥毆事件時有發生。這時候有兩個姓王的人主動出來為大家調解，一個叫王匡，另一個叫王鳳。由於調解工作做得還算公平合理，大家都十分喜歡這兩個人，就讓他們當了野菜小分隊的頭頭。

聽說挖野菜也有了組織，一些沒入組織的百姓都匆匆地跑過來加入，讓自己也有個集體可以依靠。這樣一來，王匡和王鳳手底下的人在很短的時間裡就聚集到了差不多上萬。因為大家都聚集在綠林山，所以這支野菜軍團也就是綠林軍。

王莽聽說這事以後就派了兩萬多名士兵去解除這個野菜小分隊，可是這受過特別訓練的兩萬人居然都是棒槌，被綠林軍打了一個落花流水。不僅如此，綠林軍還藉著這個練兵的機會，順道佔領了一些小縣城。

按照通常的做法，他們把縣城裡的監獄大門都打了開來，讓裡面的人出來，還把糧倉裡的糧食拿出來給大家分了分。而這時候的綠林軍已經有五萬多人了。

不幸的是，翌年綠林軍裡就有了瘟疫，幾乎死了一半的挖野菜隊員，這讓王匡和王鳳鬱悶至極。他們只好把剩下的人又分成了三個軍團，每路兵團都在一個地方盤踞，以此來增強力量。

正在綠林軍聲勢逐漸浩大的時候，琅琊海曲出了一件事。一個老婦人的兒子在縣城的官府裡做公務員，因為沒有完成毒打未交稅窮人的任務而慘遭殺害，綠林軍聽說後都激動起來，哭著喊著要為老婦人的兒子報仇。後來他們把當地的縣官殺了，還跟著老婦人一起去了黃海，跟岸上的官兵打游擊。

老婦人死了以後，她手底下的一幫人剛巧碰到一個叫樊崇的起義軍頭頭，順勢就加入了這支隊伍。樊崇的部隊有著嚴明的紀律，都以維護老百姓的利益為前提，因此更加受到愛戴，很快就壯大了起來。

西元22年，王莽忍無可忍，讓自己手下的兩位將軍帶著大兵就朝樊崇的起義軍殺了過去。樊崇早就等著王莽出兵的這天，他讓士兵們把眉毛

塗成紅色，好跟王莽的軍隊區分開來，也就是赤眉軍。大概是眉毛被染成了紅色，赤眉軍這一仗打得也是揚眉吐氣，讓王莽軍隊的面子沒處擱。很快，赤眉軍的人數就過了十萬。

南邊有挖野菜小分隊，東邊有眉毛是紅色的赤眉軍，起義浩浩蕩蕩地在全國開展起來。後來又有兩個劉氏兄弟，劉縯和劉秀，他們為王莽之前不讓劉氏的人考公務員而憤憤不平，這時候也紛紛帶著自己的舂陵兵跟綠林軍聯合起來跟王莽大打出手。再加上一些趁機作亂的有錢人，王莽的天下恐怕也坐不了多久了。

羊群還有個領頭羊呢，綠林軍的幾支野菜小分隊卻沒有個頭頭來統一管理，這怎麼說都說不過去，於是大家都覺得是時候要舉辦一次大選了。

西元23年，綠林軍推舉劉玄為皇帝，並且復用了漢朝國號，改年號「更始」，綠林軍也因此改名漢軍。王匡、王鳳以及劉縯等也都有了自己各自的官位。

滅你小意思

更始帝劉玄即位後，派王鳳、王常、劉秀進攻昆陽（今河南葉縣）。他們很快地打下昆陽，接著又打下了臨近的郾城（今河南郾城縣）和定陵（今河南郾城縣西北）。

前線戰事連連受挫，王莽就坐不住了，自己剛當上皇帝沒幾天，這就接連失去了幾座城池，他立即派大將王尋、王邑率領兵馬四十三萬人，從洛陽出發，直奔昆陽。為了擴大影響力，讓敵人先感到害怕，他也不知道在哪找了一個巨人，名叫巨毋霸。

巨毋霸長得個子特別高，身子又像牛那樣粗大。他還有一個本領，就是能夠馴養一批老虎、豹、犀牛、大象。王莽派他為校尉，讓他帶了一批猛獸上陣助威。

巨人和猛獸一起上戰場打仗，這看起來有點像馬戲團的人走錯路了，

BC　上古時期

秦
西漢
— BC200

— 0　　東漢

— 100

— 200　三國

晉
— 300

— 400　南北朝

— 500

— 600　隋朝
唐朝
武則天稱帝
— 700
安史之亂

— 800

— 900　五代十國
北宋
— 1000

— 1100
南宋
— 1200
元朝
— 1300
明朝
— 1400

— 1500

— 1600
清朝
— 1700

— 1800

— 1900　中華民國

— 2000

BC

耶穌基督出生　0—

君士坦丁統一羅馬

羅馬帝國分成兩部

波斯帝國　500—

回教建立

凡爾登條約

神聖羅馬帝國建立
1000—

十字軍東征

蒙古第一次西征

英法百年戰爭開始

哥倫布發現新大陸
1500—

英國大破無敵艦隊

發明蒸汽機

美國獨立
拿破崙稱帝

美國南北戰爭開始

第一次世界大戰
第二次世界大戰

2000—

駐守在昆陽的漢軍只有八九千人。他們看到這麼猛的巨人還帶著一堆兇悍的野獸來了，怕對付不了，就主張放棄昆陽，回到根據地去。

但是劉秀不同意了，他對大家說：「現在我們兵馬和糧草都缺少，全靠大家同心協力打擊敵人；如果大家散夥，昆陽一失守，漢軍各部也馬上被消滅，那就什麼都完了。」

大家覺得劉秀說的有道理，就聚在一起商量了一番，最後決定由王鳳、王常留守昆陽，派劉秀帶一支人馬突圍出去，到定陵和郾城去調救兵。王莽這支兵力量太大，光靠現在這點力量怕是打不過了。

於是當天晚上，劉秀就帶了12個猛漢突圍出去了。劉秀跑出去之後，王莽軍還是繼續攻擊昆陽，昆陽城雖然不大，但是挺堅固。王莽的軍隊又是拿大車撞，又是拿鐵鍬挖地洞，總之是無所不用其極，最後還是沒攻進去。

在王莽軍這邊瞎忙的時候，劉秀那邊已經到了定陵，然後把定陵和郾城的一部分人馬調到昆陽去。劉秀親自帶著步兵、騎兵一千多人組織一支先鋒部隊，趕到昆陽，他們在離王莽軍數里的地方擺開了陣勢。

劉秀他們不等王莽軍擺好陣勢，就衝了過去，雖然有點不講規矩，但挺有效果，把王莽軍打的招架不住。後來漢軍的援軍到了以後，看到劉秀挽著袖子在戰場上打的熱鬧，那自己也別閒著了，大家就一起衝上去了，漢軍越戰越勇，一個人抵得上敵人一百個。

漢軍越打越起勁，當王莽軍被打跑了，一路逃回洛陽的時候，43萬大軍只剩下幾千人。昆陽大戰消滅了王莽的主力的消息，鼓舞了各地人民，紛紛起來響應漢軍，要打垮王莽，趕他下臺。

後來更始帝派大將申屠建、李松率領漢軍乘勝進攻長安。王莽看到大隊人馬打過來了，自己手底下又沒有多少人，急中生智的從牢裡把犯人都放了出來，組成了一支囚犯隊伍，讓他們上陣打仗去，這些人本來就是犯事了被抓起來的，現在被放出來了，哪肯去送死，一個個都跑了。

沒多久，漢軍就攻進了長安城，城裡的居民紛紛響應，放火燒掉未央宮的大門。王莽帶了少數幾個人逃命，但群眾的力量是偉大的，他沒跑多

遠就被漢軍追上，結束了他的性命，王莽上臺不過十五年，新政就土崩瓦解了。

倒楣的篡位者

作為一個反面人物，王莽的運氣實在不好，他被看做是盜國賊，一個失敗者，被綠林起義軍斬首的倒楣者，在中國的歷史上，王莽被擺在了一個十分尷尬和難堪的位置上，供人們嘲笑。

但《漢書·王莽傳》中的王莽與歷史中為人們所熟知的王莽大相逕庭：「莽群兄弟皆將軍五侯子，乘時侈靡，以輿馬聲色佚游相高，莽獨孤貧，因折節為恭儉。受《禮經》，師事沛郡陳參，勤身博學，被服如儒生。事母及寡嫂，養孤兄子，行甚敕備。」

王莽並沒有沾染中國人傳統上「一人得道、雞犬升天」的惡習，他做官後，嚴於律己，從不用特權，以權謀私。而且他的親人犯了罪，他一樣不容情，但可惜，這些都是他當皇帝之前的作為。

不過，從他當皇帝前的表現來看，王莽才德兼備，並非是個一無是處的人，也正是因為如此，王莽才能有機會進入西漢末年朝廷的權力核心，獲得最大的權力。當上皇帝的王莽，並不窮奢極俗，而是千方百計為國家富強、百姓富裕而想辦法。

王莽改制第一個作為就是停止土地和奴婢的買賣，緩解當時社會日益尖銳的問題，但他的這些做法觸犯了當朝達官貴人的利益，他們集體上奏，逼得王莽不得不中止這項舉措，他托古改制的條例剛一實行就遭到了挫敗。不過王莽繼續改制，他希望能振興經濟，於是就通過「五均六筦」節制商人們對農民的過度剝削，制止高利貸者的猖獗活動。但同樣的，這也是觸犯了富商巨賈的權益，他們極力阻撓，導致王莽後期推行了幾次的貨幣改革都沒有成功，這些非但沒有緩解了社會矛盾，反而引起了更大的社會動亂。

BC　上古時期

—BC200　秦
　　　　西漢

—0
　　　　東漢
—100

—200　三國
　　　　晉
—300

—400　南北朝

—500

—600　隋朝
　　　　唐朝
—700　武則天稱帝
　　　　安史之亂
—800

—900　五代十國
　　　　北宋
—1000

—1100　南宋

—1200

　　　　元朝
—1300

　　　　明朝
—1400

—1500

—1600
　　　　清朝
—1700

—1800

—1900　中華民國

—2000

BC

耶穌基督出生　0—

君士坦丁統一羅馬

羅馬帝國分成兩部

波斯帝國　500—

回教建立

凡爾登條約

神聖羅馬帝國建立
　　　　1000—

十字軍東征

蒙古第一次西征

英法百年戰爭開始

哥倫布發現新大陸
　　　　1500—

英國大破無敵艦隊

發明蒸汽機

美國獨立
拿破崙稱帝

美國南北戰爭開始

第一次世界大戰
第二次世界大戰

　　　　2000—

與此同時，王莽新建立起來的政權也岌岌可危，終於在最後的農民起義中垮了臺，但歷史上篡位的並不止是王莽一個人，東漢末年的曹丕篡漢稱帝，建立魏國，廢漢獻帝為山陽公。可後人並未對曹丕加以惡評。還有之後的司馬炎奪取魏朝政權，建立西晉。唐朝李世民發動「玄武門之變」，宋朝趙匡胤「黃袍加身」，明朝永樂帝朱棣搶奪侄子的江山，這些人都被歷史上說的堂堂正正，但唯獨王莽卻被汙名化了，追溯根源，大體是有以下這三方面原因：

第一，中國封建歷史上，傳統的觀念是皇家史觀容不得篡位者的事蹟載入史冊。一般篡位者都是想盡辦法要將自己在歷史上樹立起一個光輝燦爛的形象，因為篡位者是會留下萬世罵名的。同樣，篡位者對其他朝代的篡位者也會給予醜化和貶低，例如班固在《漢書》中，對凡是做過皇帝或具備同等地位的人，都被傳之以「紀」，而王莽作為一個做了15年皇帝的人，卻被列入一般大臣名士的「傳」之中，不承認王莽的皇帝身份。可見漢代的統治者對王莽所持的態度。

第二，王莽之所以能被後人肆意篡改，是因為王莽政權的後繼無人，王莽沒有機會像李世民，朱棣等人，在篡位後鞏固自己的政權並傳之於後代子孫。他在位時，天下大亂，他被攻入京城裡的起義軍所殺，還沒來得及鞏固發展自己的政權，就戛然而止。這樣一來，自然沒有人會為他扳回正名，只能由得那些後人大肆篡改歷史，誇大或虛構他們篡位的正當和合理性，然後貶損王莽的種種行為。

第三，被當做反面教材的王莽幾乎成了每個朝代都要提的歷史，代代相傳，王莽也逃不掉被汙名化的命運。而且古人一向都很崇尚秩序，他們不肯承認「弱肉強食」的自然規律，深受儒家教化的古人在思維上形成了一種定式，認為秩序不應當被打破，誰打破了這種秩序，誰就是罪人。

王莽篡位，就被人們認為是打破了原有的秩序，不論他再有能力，也只能被釘在歷史罪人的恥辱柱上。從王莽的種種表現來看，他並沒有當皇帝的才能，雖然他一心想要將天下治理好，但最後的結果不但丟了天下，也丟了自己的性命，更是背上了千古罵名，遺臭萬年，實在不值。

東漢來了

江山誰來坐

自從幹掉了王莽之後，劉縯和劉秀的名氣更是大了，功高蓋主，這是歷史圈的主流規律了，這個時候，就有人勸更始帝把劉縯除掉。更始帝藉口劉縯違抗命令，把劉縯殺了。劉秀一看自己哥哥被殺了，就知道自己也離死期不遠了，劉秀是個精明的人，他知道自己現在還打不過更始帝，就立刻趕到宛城（今河南南陽市），向更始帝賠不是。

有人問起他昆陽大戰的情形，他也一點不居功，說全是將士們的功勞。而且劉秀還表現得很沒心沒肺，他不但不給自己的哥哥戴孝，還一點也不傷心，彷彿死的那個不是他哥哥，是他仇人似的。

更始帝以為劉秀不記他的仇，反倒有點過意不去，拜劉秀為破虜大將軍，但是畢竟不敢重用。後來，長安攻下來了，王莽也給殺了。更始帝到了洛陽，才給劉秀少數兵馬，讓他到河北去招撫河北郡縣。

更始帝對劉秀放鬆了警惕，但劉秀可沒忘記自己的哥哥是怎麼死的。那陣子，更始帝也沒什麼能耐，管不住手底下的人，很多豪強有了武器之後就自立為王，還有人也開始稱帝，劉秀被更始帝派到河北，也給了劉秀一個機會。

他廢除王莽時期的一些苛刻法令，釋放一些囚犯，一面消滅了一些割據勢力，一面鎮壓河北各路農民起義軍。整個河北差不多全給劉秀佔領

BC　上古時期

— BC200　秦　西漢

— 0　東漢

— 100

— 200　三國

— 300　晉

— 400　南北朝

— 500

— 600　隋朝

唐朝
武則天稱帝
— 700
安史之亂

— 800

— 900　五代十國

北宋
— 1000

— 1100　南宋

— 1200

元朝
— 1300

明朝
— 1400

— 1500

— 1600　清朝

— 1700

— 1800

— 1900　中華民國

— 2000

BC

耶穌基督出生　0—

君士坦丁統一羅馬

羅馬帝國分成兩部

波斯帝國　500—

回教建立

凡爾登條約

神聖羅馬帝國建立
　　　　　1000—

十字軍東征

蒙古第一次西征

英法百年戰爭開始

哥倫布發現新大陸
　　　　　1500—

英國大破無敵艦隊

發明蒸汽機

美國獨立
拿破崙稱帝

美國南北戰爭開始

第一次世界大戰
第二次世界大戰

　　　　　2000—

了。然後在西元25年，劉秀就在鄗（音浩今河北柏鄉縣北）自立為皇帝，這就是漢光武帝。

更始帝先建都洛陽，後來又遷到長安。他到了長安以後，認為自己的江山已經坐定，就開始搞起了腐敗。這讓他手下許多人不滿了，自己拼命打下的江山，就被這麼個玩意腐敗著，太傷人心了。

赤眉軍的首領樊崇越看更始帝越不順眼，他就率領了二十萬人攻進了長安，要去把更始帝趕出來。更始帝除了腐敗沒別的本事，自然是被打的抵抗不住，綠林軍中有些將領勸更始帝離開長安，反而遭到更始帝的猜疑、殺害；還有一些起義將領投奔了赤眉軍。更始帝內部一亂，赤眉軍就順利地打進了函谷關。

既然更始帝不能當皇帝，那總得找個人來坐江山，赤眉軍的將領們想法還是比較頑固的，他們堅持要讓姓劉的貴族來統治大漢天下，當時在限定的人頭裡點來點去，選中了一個十五歲的牧民，叫劉盆子，據說他跟西漢皇族的血統最近，就硬把劉盆子立為皇帝。

立了皇帝，赤眉軍就打得更起勁了，更始帝最終敵不過，投降了。赤眉軍佔領了長安後也沒過上安穩日子，主要是軍隊人口太多，把城裡的糧食吃完了，城裡鬧起了飢荒，赤眉軍又流落出了長安去找吃的。

這一團糟的局面給劉秀提供了可乘之機，他趁著赤眉軍進長安的時候，佔領了洛陽。然後乘赤眉軍離開長安往東走的時候，帶領了20萬大軍給赤眉軍打了個埋伏戰，將赤眉軍全部都收服了。

雞蛋裡挑骨頭

綠林軍和赤眉軍均被漢光武帝給鎮壓了下去，隨後他又把幾個割據政權滅掉，終於完成了統一中國的大業，定都洛陽。史稱東漢。

這時候老百姓早都被連年的戰亂攪和的疲憊不堪，光武帝也懂得百姓的心，於是就開始大力恢復經濟，一門心思地搞起了建設。漸漸的，在光

武帝和全國人民的努力之下，東漢的經濟開始復甦，國家漸入佳境。

要建設國家，當然不能靠戰亂時期的那些打打殺殺的策略，而是要用文化治國，用法律治國，讓百姓們心甘情願地貢獻。這個時候，公平與公正的執法就是最重要的，光武帝也深知這一點。

可是對平頭老百姓公正執法是容易，如果同樣的事情換到了有頭有臉的人，特別是皇孫貴族的頭上，那可就難辦多了。光武帝也免不了，因為他的老大姐湖陽公主就專門在這件事上挑刺。

有一次，湖陽公主的一個奴婢做了違法的事，負責追查的是洛陽的縣令董宣。董宣是人民的好公僕，他才不管你是哪家的閻王老爺，誰犯了法誰就應該承擔相應的責任。可是湖陽公主就是不讓董宣的手下進府裡搜查，這讓董宣鬱悶壞了。

為了把湖陽公主的奴婢抓出來，董宣天天派人在暗地裡守著，終於有一天那奴婢跟著湖陽公主出門，被董宣的人抓了個正著。董宣知道以後就馬不停蹄地趕到了現場，死活要湖陽公主把人交出來。湖陽公主怒了，她呵斥了董宣一番，不過董宣也不怕她，直接叫人把那奴婢給就地處決了。

湖陽公主被氣得臉都綠了，直接就去找光武帝討個說法。光武帝被湖陽公主這麼一鬧也動怒了，立刻讓人把董宣給抓來問罪。董宣見到光武帝以後就讓他先消消氣，然後自己接著說：「還請陛下先聽臣講幾句話，完了再殺我也不遲。臣以為陛下是個能給百姓辦點實事的皇帝，也是個要有所作為的皇帝。要治理好國家當然要靠法律，為什麼湖陽公主家的奴婢就要免遭法律的制裁呢？這讓老百姓知道了會怎麼想？」

說完了董宣就一頭朝旁邊的柱子撞了過去，幸虧光武帝及時叫人把他拉了回來。光武帝明白了董宣的用心良苦，覺得這是個好孩子，就讓他給公主賠個不是了事。誰想董宣還是個倔骨頭，死活不說對不起，士兵怎麼也壓不下他那顆頭顱。還好旁邊那個侍衛機靈，吆喝著說：「董宣脖子太硬啊陛下，小的弄不下！」

光武帝一聽就樂了，也不想繼續追究下去。可是一旁的湖陽公主不饒人：「以前當平頭小百姓的時候還幫著逃罪的人，這時候當了皇帝反倒怕

BC　上古時期

秦
西漢
－ BC200

－ 0　東漢

－ 100

－ 200　三國
晉
－ 300

－ 400　南北朝

－ 500

－ 600　隋朝
唐朝
武則天稱帝
－ 700
安史之亂
－ 800

－ 900　五代十國
北宋
－ 1000

－ 1100　南宋

－ 1200
元朝
－ 1300
明朝
－ 1400

－ 1500

－ 1600
清朝
－ 1700

－ 1800

－ 1900　中華民國

－ 2000

了縣令，笑話！」漢光武帝緊接著向老大姐解釋說：「當了皇帝可不就不能那麼幹了嗎？」

後來光武帝重賞了董宣，以表示對法律的尊重。董宣也是個大方人，回去之後就把這些賞錢給底下的兄弟們分了分，之後繼續做著他的清官。

除了董宣是人民的好公僕以外，洛陽的一個看城門的小人物也讓漢光武帝的心靈小小地淨化了一下。這個人叫郅惲，一次，漢光武帝打獵打瘋了，很晚的時候才回到城門口。他叫手下的人去叫門，可是郅惲卻說不到開門的時候，不管是誰都不給開。光武帝鬱悶了，只好帶著手下的人從另一個門進去了。

大概是昨晚上太睏沒顧上懲治郅惲那傢伙，第二天光武帝就叫人去辦他。正當那人要去找郅惲算帳的時候，有人卻把郅惲的奏章呈了上來：「皇帝玩樂至三更半夜才回宮，留著國家大事由誰辦理？」

漢光武帝心想這看大門的居然還有這樣的境界，不但不再追究，而且一激動還賞了郅惲一百匹布讓他做衣服去。

耶穌基督出生　0—

君士坦丁統一羅馬

羅馬帝國分成兩部

波斯帝國　500—

回教建立

凡爾登條約

神聖羅馬帝國建立
　1000—

十字軍東征

蒙古第一次西征

英法百年戰爭開始

哥倫布發現新大陸
　1500—

英國大破無敵艦隊

發明蒸汽機

美國獨立
拿破崙稱帝

美國南北戰爭開始

第一次世界大戰
第二次世界大戰

　2000—

不愛拿筆愛拿刀

明帝的時候，班超負責經營西域，他打理的挺好，西域和內地的交流又多了起來。說起班超，那就不得不提一下他這一大家子了，班超一家人都很厲害，班超的哥哥班固是個史學家，《漢書》就是他寫的。

班超的妹妹班昭是皇帝嬪妃的老師，後來寫女四書，就是《女誡》，班超的爸爸班彪也是個史學家，這一大家都是給皇帝家寫史的，班超一開始也是在宮裡抄抄寫寫，後來他覺得寫文章太不能體現他的男子氣概了，於是他毅然決然地把筆一扔，帶著36個人就通西域那邊去了。

第一站到的是鄯善國，國王對他特別好，大漢來使，這是國家的頭等大事，要好好對待，絕對的隆重。

但是，過了幾天，班超發現鄯善王對待他們忽然冷淡起來。他起了疑

心，跟隨從的人員說：「你們看得出來嗎？鄯善王對待我們跟前幾天不一樣，我猜想一定是匈奴的使者到了這裡。」

班超的猜測很快得到了證實，他逮住招待自己的僕人，連嚇唬帶誘惑的，讓這個人說了實話，果然是匈奴人來人了，而且還來了三百多人，就在離這不遠的地方。班超想好啊，我不找你，你們就自己送上門來了。

趕得早不如趕得巧，班超把那個僕人捆綁起來，不讓他走漏消息，自己就帶著那36個兄弟趁著夜黑風高，摸去了匈奴駐紮的地方。因為是偷襲，匈奴人完全沒防備，被班超一夥人打得暈頭轉向，班超用36個人就幹掉了匈奴三百多人，這成績，絕對值得驕傲。

鄯善王嚇壞了，趕緊的跟班超說好話，讓班超千萬別對自己下手，還說把自己的軍隊給班超用。班超就這樣，用西域各國的軍隊鞏固在西域的統治，用鄯善的軍隊一國一國打下去，把各國都打服了。

班超這麼厲害，西域各國的人都很崇拜他，捨不得他走。但班超是漢朝人，他希望自己回到漢朝去。漢朝皇帝也批准他回漢朝了，可是班超一動身，西域的各國人民就極力挽留，眼看著挽留不住，于闐國軍隊總司令就在他面前拔刀自殺了，反正就是不讓你走，你走了，我們就都死你跟前。

班超一看出人命了，再執意要走怪不合適的，就留下來了。他這一待就待了30多年，一直留在西域搞好人際關係，為漢朝的邊疆安全做貢獻。但是班超還是想著老了老了，應該回到故土上去，於是他在晚年的時候，終於回到了家鄉。

班超走了以後，他的兒子班勇接著在西域幹，他們父子守護西域一共50多年。為西域的文明和平發展作出了很大的貢獻。那時候漢朝發展的也不錯，後來漢明帝死去，他的兒子劉炟（音達）即位，這就是漢章帝。

漢章帝在位的時期，東漢的政治比較穩定。到漢章帝一死，繼承皇位的漢和帝才十歲，小孩子不懂事，這就得仗著自己娘來輔助了，於是竇太后上場，但一個婦道人家有時候也沒什麼主意，於是竇太后的哥哥上場，外戚開始干政，東漢王朝也開始走下坡路了。

BC　上古時期
— BC200　秦
西漢
— 0
東漢
— 100
— 200　三國
— 300　晉
— 400
南北朝
— 500
— 600　隋朝
唐朝
武則天稱帝
— 700
安史之亂
— 800
— 900　五代十國
北宋
— 1000
— 1100　南宋
— 1200
— 1300　元朝
明朝
— 1400
— 1500
— 1600
清朝
— 1700
— 1800
— 1900　中華民國
— 2000

BC

耶穌基督出生　0—

君士坦丁統一羅馬

羅馬帝國分成兩部

波斯帝國　500—

回教建立

凡爾登條約

神聖羅馬帝國建立
1000—

十字軍東征

蒙古第一次西征

英法百年戰爭開始

哥倫布發現新大陸
1500—

英國大破無敵艦隊

發明蒸汽機

美國獨立
拿破崙稱帝

美國南北戰爭開始

第一次世界大戰
第二次世界大戰

2000—

三條腿的凳子最穩固

一不留神出國界了

西元88年，也就是東漢章和二年，漢章帝死了。後來十歲的小太子劉肇繼承了父業，繼續替他爸當皇帝。不過他這小皇帝當得可不太順心，為什麼呢？因為他老媽還活著，那就是竇太后。老太后說兒子太小，不如就讓我垂簾聽政吧。

這下可好了，小皇帝年幼，太后又那麼強大，政局這工作也就被太后的幾個兄弟攬下了。

結果，洛陽出事了，章帝的大喪還沒辦完，劉暢也前來送老皇帝最後一程，這劉暢剛剛討了太后的喜歡，也是都鄉侯。不料喪還沒弔完，人就被暗殺了。誰殺的？還不是太后那倒楣哥哥竇憲，他害怕劉暢得到太后的寵信，會搶了自己的權力。

竇憲殺了劉暢，理應按照法理處置，可是竇太后怎麼肯呢？畢竟這是人家的親哥哥，下不了手，何況竇氏家族也不能出個什麼差錯。於是竇太后開始想方設法保住自己的老哥，正當朝廷內議論紛紛的時候，事情突然有了轉機。

這時候已經向漢朝稱臣的南匈奴使者前來朝見，請求朝廷出兵討伐北匈奴。竇憲及時抓住了這個機會，上書請求帶兵征討北匈奴以將功贖罪。這事對大漢王朝來說沒什麼太大的好處，只會讓南匈奴坐大。

不過這麼棘手的關頭竇老太后也顧不了那麼多了，先救了老哥要緊。於是她老人家排除了萬難讓竇憲出兵征討。要說這竇憲也爭氣，永元三年，漢軍在阿爾泰山腳下徹底擊潰了北匈奴，單于率數萬部眾從西邊逃去了，滾出大漢的視野。

誰知道匈奴這一遷徙卻遷出了歷史的大變革，歐洲因北匈奴的西遷產生了一連串的連鎖反應，將西方世界攪得天翻地覆，最終導致了羅馬帝國的土崩瓦解。

事情是這樣的。337年，君士坦丁大帝駕崩，數子爭位，羅馬帝國陷入新一輪的分裂與混戰。歷經權位更迭，幾番征戰、分裂、統一之後，君士坦丁一系的皇室終結，軍權在握的軍官登上了羅馬的王座，將領瓦倫提尼安坐鎮羅馬，其弟瓦倫斯成為「共治者」。兄弟同心，其利斷金，羅馬開始了與宿敵波斯的爭戰，對於東北方漸漸逼來的匈奴威脅卻渾然不知。

西方那邊的人哪知道匈奴人要來了呢，來得神不知鬼不覺的。匈奴這民族可不得了，騎馬長大的，個個馬術嫻熟，箭法精準，跟九百年後的蒙古騎兵差不多，沒有哪支歐洲軍隊能跟它打。

匈奴這幫人大敗了阿蘭人，又侵入了日爾曼哥德人的領地。想當年哥德人也是相當驕傲的，因為他們讓羅馬帝國活得不太舒暢，不過這下它可知道了，天外有天，人外有人，哥德人外還有匈奴。

匈奴打過來之後，哥德人不得不向羅馬守軍求救，請求羅馬老大哥不計前嫌，幫助一下兄弟，兄弟將不忘老大哥的恩情，來年做牛做馬都要好好報答。此時瓦倫斯正頭疼與波斯的苦戰，為了增加一些兵力，他就答應了哥德人的苦苦哀求。可是沒想到，哥德人的湧入卻給羅馬帝國帶來了無窮的後患。

既然現在不用為跟匈奴打仗發愁了，那麼哥德人也就沒事做了，但沒事也要找點事，於是就來關心一下溫飽問題吧。

羅馬老大哥雖然讓哥德兄弟進來自己的領地安息，可是人家也沒義務繼續撫養你這兄弟，這就導致許多哥德兄弟死的死，殘的殘。兄弟不堪忍受這樣的虐待，忘恩負義也就難免了。終於，哥德人又要叛變了。

BC　上古時期

秦
— BC200　西漢

— 0
東漢

— 100

— 200　三國
晉
— 300

— 400
南北朝
— 500

— 600　隋朝
唐朝
武則天稱帝
— 700
安史之亂

— 800

— 900　五代十國
北宋
— 1000

— 1100
南宋
— 1200

元朝
— 1300
明朝
— 1400

— 1500

— 1600　清朝
— 1700

— 1800

— 1900　中華民國
— 2000

羅馬老大哥是有文化的老大哥，哥德兄弟因為受到影響也有了些進步，可是匈奴一來又激發了他們野蠻的本性。這回哥德兄弟也不拿羅馬當老大哥了，當然，他也不再把匈奴當仇敵。

羅馬是個富有的國家，這塊肉誰都想啃上一啃，無論是匈奴人、哥德人、阿蘭人、還是色雷斯人，就連萊茵河上的日爾曼人也想分一碗肉粥嘗嘗鹹淡。瓦倫斯還在跟波斯打仗，什麼都顧不上了，瓦倫提尼安的侄子，也就是西部皇帝格拉提安這時候也北上迎戰，一時天下大亂，羅馬帝國也吹來了變動的小微風。

格拉提安又把哥德人趕回了多瑙河畔，哥德人怎麼能服氣呢，他們跟匈奴聯手一起開始叛亂，一發不可收拾。羅馬大軍笨的厲害，只知道正面決戰，也不想想人家遊牧民族哪還跟你玩這套。結果羅馬軍退守城池，哥德人也攻打不下。西部皇帝格拉提安轉戰萊茵河上，大敗日爾曼人，殲敵四萬人以上。

瓦倫斯聽到侄子的功績之後十分嫉妒，於是他做了個決定，那就是上前線去逞威風。瓦倫斯親率一支六萬人的大軍向阿德里亞堡挺進平叛。羅馬文明與遊牧文明的戰爭波瀾起伏，羅馬帝國時而被動，時而主動，談判與進攻搖擺，戰鬥之中，羅馬佈陣失誤，軍陣形大亂，再也無法控制。

阿德里亞堡戰役的結果是，瓦倫斯一命歸西了，為了自己的面子出來親征，結果卻被上帝老爺爺叫走了。這時候戰鬥已經變成了可怕的大屠殺，千千萬萬的羅馬人不分身份貴賤，落入死神的手中，而羅馬從共和國到帝國的千秋霸業也將在此大輪迴後走向衰敗。

哥德人也就在阿德里亞堡勝利了一次，羅馬城市跟鋼筋一樣堅固，他們也沒有辦法攻破。所以，當格拉提安任命狄奧多西為東部皇帝主持戰局時，哥德人又沒出息地再度求和。不過這回羅馬也沒心思再打仗了，妥協作罷。

哥倫布發現新大陸
1500—

英國大破無敵艦隊

發明蒸汽機

美國獨立
拿破崙稱帝
美國南北戰爭開始
第一次世界大戰
第二次世界大戰

2000—

哥德人又認回了羅馬老大哥，老大哥也不計前嫌把色雷斯騰出來給兄弟居住。百足之蟲，死而不僵。羅馬帝國憑藉其虛華的外表維持著表面的統治。

395年，狄奧多西大帝一死，哥德兄弟故技重演，又叛變了。這回羅馬老大哥真的支撐不住了，一敗塗地，羅馬城化成灰飛走了，只留下了一點歷史的小塵埃。

外戚、宦官、皇帝

周邊環境是這樣，內部環境也不容忍樂觀。東漢從漢和帝開始，當皇帝的基本就是一些小孩子了。有些只生下來一百多天，也被套上龍袍放到龍椅上坐著去了，這樣的孩子除了會哭會吃奶，連話都不會說，還怎麼管理國家。

於是太后就要出馬了，太后又把政權交給她的娘家人，這樣就形成了一個外戚專權的局面。有的皇帝太年輕就死了，也沒留下個兒子，太后、外戚就得趕緊從皇族裡找一個小孩子來接替皇位，這樣他們才能繼續掌控權勢。

可是小孩子小的時候不懂事，等孩子長大了，就也想自己掌權了。不然每天枯坐在龍椅上，還得聽別人了的，那這個皇帝當的也太委屈了。於是當皇帝開始長大，想要擺脫外戚的控制時，就開始要尋求幫助了。

你當外戚傻啊，他的幫手多著呢，大多是潛伏在朝廷上的大臣將軍，外戚和這些人都是一夥的，皇上要尋求幫助，就只能尋求身邊的太監幫忙了。太監天天伺候皇帝，朝夕相處的也算是有了感情，於是皇帝就需要藉助太監的力量去撲滅外戚的力量，當太監幫助皇帝奪回權力的時候，這權力往往還不是在皇帝手裡，而是在太監手裡。

所以，這無論是外戚也好，太監也好，都是豪強地主最腐朽勢力的代表。外戚和太監兩大政權互相把權力奪來奪去，輪流把持著朝政，東漢的政治就越來越腐敗了。西元125年，東漢的第七個皇帝漢順帝繼位了。

外戚梁家掌了權。梁皇后的父親梁商、兄弟梁冀先後做了大將軍。這個姓梁的非常蠻橫，是個驕傲自大的傢伙，他什麼壞事都幹，而且從來

BC　上古時期

秦
西漢
— BC200

— 0　東漢

— 100

— 200　三國
晉
— 300

— 400　南北朝

— 500

— 600　隋朝
唐朝
— 700　武則天稱帝
安史之亂
— 800

— 900　五代十國
北宋
— 1000

— 1100　南宋

— 1200
元朝
— 1300

— 1400　明朝

— 1500

— 1600
清朝
— 1700

— 1800

— 1900　中華民國

— 2000

不和皇帝商量，全然不把皇帝放在眼裡。漢順帝就這麼窩囊的當了幾天皇帝，就病死了，接替他的沖帝是個兩歲的娃娃，過了半年也死了。梁冀就在皇族中找了一個八歲的孩子接替，就是漢質帝。

漢質帝雖然年紀小，但比起前兩任皇帝來，那還真算是不錯了，他也看不慣梁冀的胡作非為，有幾次，他當著文武百官的面就訓斥梁冀，說他不懂規矩等等，把梁冀氣得要命，也不好意思當場發作。

梁冀就命人毒死了漢質帝，然後他又從皇族裡挑了一個十五歲的劉志接替皇帝，就是漢桓帝。梁冀這個時候更加的無法無天了，漢桓帝一開始

也不敢管他，梁冀就到處佔便宜，貪小利。今天把別人家的女兒霸佔了，明天把人家的房子搶了。直到有一天，他跟漢桓帝也起了衝突。梁冀派人

暗殺桓帝寵愛的梁貴人的母親。漢桓帝就終於忍受不了。

漢桓帝派身邊的人聯繫了五個跟梁冀有仇的宦官，讓他們調動了一千多羽林軍，把梁冀的住宅給包圍住，梁冀一看自己被圍住了，想著也逃不

出去了，就吃毒藥自殺了。梁冀一死，外戚也就跟著倒楣了，他們的政權被太監給奪了，梁冀的家產也被漢桓帝沒收了，一共值錢三十多億，這筆

錢相當於當時全國一年租稅的半數。

後來漢桓帝論功行賞，把單超等五個宦官都封為侯，稱作「五侯」。從那個時候起，權力又從外戚手中，轉到了宦官手裡。

宦官是後宮的一個大群體，這群看似男人，其實並不是男人的物種，

有著和常人異樣的心理。他們掌握政權，總是會做出許多異於常人的事情來。

所以，漢朝末期的那個時候，宦官專權，擾亂朝政，導致民不聊生，

大家過得都很不如意。

文臣對決太監

文人們因為書讀得多，所以精神上也就比普通百姓豐富得多。不過精

神豐富雖有好處，但是也難免有些矛盾，出世和入世就是一直讓文人頭疼的事。

他們肯定常常夢見陶淵明扛著鋤頭、賞著菊花在世外桃源逍遙，不過夢終歸是夢，夢醒時分還是想摻和一些實事，以表示自己對國家和人民的一顆真誠的心。入世的文人們自覺地承擔起了一種兼濟天下的責任心。東漢末年的黨錮之禍就是在文人們憂國憂民之心的大爆發。

情況是這樣的，那時候太監和外戚把持著選拔官員的大權，他們顛倒是非，混淆黑白，堵塞了士人做官的門路。民間就有這麼個說法：當選才學優秀的卻沒有文化，當選品德高尚的竟不供養父母，當選清貧純潔的反比污泥穢濁，當選勇猛有帥才的竟膽小如鼠。

太監和外戚的作孽讓朝廷岌岌可危，眼看東漢王朝就要倒了，有識之士擔心得不得了，吃不下飯睡不著覺，士人階層逐漸形成「清議」之風，這裡面就有個明星叫李膺。

東漢的清議之風就是對時事政治和明星們評頭論足，當然，這對評論者的修養也有很高的要求，起碼是從儒家學校畢業的才行。李膺的家庭背景也不錯，大概就是企業家當官的家庭，俗稱官僚地主。因為清議之風的影響，李膺也順利地成長為一個文藝青年，個性孤傲，為人清高，又因為學識還不錯，所以能寫也能打。

西元156年，鮮卑侵擾雲中，桓帝任李膺為度遼將軍，讓他去邊境打仗。李膺一到邊境，可能是因為名氣太大了，鮮卑人聽說了後嚇得屁都不敢放一個，直接就投降了。李膺這回又大大地風光了一把，別人去他家串門還說成是「登龍門」。

要是誰有幸被李膺接待了，那他以後的身價可就翻十倍以上了。聽說荀淑的第六個兒子荀爽，因為老爹的裙帶關係經常能夠見到李膺，而且還能給李膺趕馬車，回到家裡他逢人就說：「今天我又給李大明星趕馬車了！」

文藝男們志氣高傲，怎麼能容忍太監們在朝廷中為非作歹呢？可是文藝男也不得不承認當下的事實，太監們的確在朝廷中操縱著大權。所以

BC　上古時期
—BC200　秦　西漢
—0　　東漢
—100
—200　三國
—300　晉
—400　南北朝
—500
—600　隋朝　唐朝
—700　武則天稱帝　安史之亂
—800
—900　五代十國　北宋
—1000
—1100　南宋
—1200
元朝　—1300
明朝　—1400
—1500
—1600　清朝
—1700
—1800
—1900　中華民國
—2000

BC

耶穌基督出生　0—

君士坦丁統一羅馬

羅馬帝國分成兩部

波斯帝國　500—

回教建立

凡爾登條約

神聖羅馬帝國建立
　　　　1000—

十字軍東征

蒙古第一次西征

英法百年戰爭開始

哥倫布發現新大陸
　　　　1500—

英國大破無敵艦隊

發明蒸汽機

美國獨立
拿破崙稱帝
美國南北戰爭開始
第一次世界大戰
第二次世界大戰

　　　　2000—

那些從太學府畢業的文藝青年們只得動動嘴罷了，也就發揮個輿論監督作用。

　　文藝青年們不時地跟太監打著口水仗，可是太監們沒文化啊，再加上人家手裡有權，才懶得和小孩們罵來罵去，直接來真的算了。結果，他們用自己手中的權力打擊當官的和還在讀書的文藝青年，說什麼結黨營私。

　　太監還把靈帝給收買了，兩次向黨人發動大規模的殘害運動，讓大部分黨人禁錮終身，也就是一輩子都不許當官，就是我們所說的「黨錮之禍」。

　　這場災禍的燃點是一個名為張成的江湖術士推算近期將要天下大赦，指使兒子故意殺人。司隸李膺不顧大赦之令依然將他正法，沒想到張成廣交宦官，甚至與漢桓帝也有交情，於是宦官教唆張成的弟子上述誣告李膺等人「共為部黨，誹訕朝廷，疑亂風俗」。

　　桓帝大怒，立即下令逮捕黨人，並向全國公佈罪行。文藝青年遊說外戚，藉他們的力量向桓帝求情，而李膺等人受審時，故意牽扯出部分宦官子弟，宦官懼怕牽連，也向桓帝請求赦免黨人。因此此次以黨人獲赦而告終。但是桓帝死後，宦官們慫恿年幼的靈帝發動了新一輪的黨錮之禍。

　　案情牽涉到李膺，有人勸他逃走。李膺卻說：「這算什麼？有事了就跑？有罪我們就是擔當，有難我們也不逃，這才是男人！我都六十好幾了，臨死的認了，跑去哪不被閻王爺抓回來啊？」

　　李膺被捕入獄的時候，被牽連的同黨陳實也受到李膺氣節的感染，說：「我不入獄誰入獄！」千年後的譚嗣同也秉承這種精神：不有行者，無以圖將來，不有死者，無以召後起。這原是清濁之戰，黑白之辨，只可惜正未勝邪。

　　不久，漢桓帝死了。竇皇后和父親竇武商量，從皇族中找了一個十二歲的孩子劉宏繼承皇位，就是後來腐敗出了名的漢靈帝。

　　東漢的文人們覺得自己就代表著社會的良心，頭上戴著「道義」的帽子，希望掌權的人能夠按照他們的指點做事。不過沒權難辦事，文人們也只能靠著皇權來實現自己的理想。這些人陶醉於精神導師的身份，不時地

指點一下別人，所以下獄也成了他們的一種榮譽和責任。

都不是好東西

東漢皇帝，漢靈帝（156～189）劉宏，西元168年即位。這位老兄在位期間，黨錮之禍興起，宦官把持大權，公開買賣官位，還大興土木，搞得民不聊生，生靈塗炭。但他卻一點都不瞭解民間疾苦，只知道躲在深宮之中，自娛自樂，極盡荒唐之事。

漢靈帝最大的愛好便是女色，他繼位後的皇后為扶風平陵的宋氏。宋氏性格平淡，缺乏嫵媚和女人味遭到漢靈帝的嫌棄。後宮是一個爾虞我詐的地方，看到皇后失寵，那些其他嬪妃為了奪得后位，便紛紛詆毀宋氏。正巧當時的中常侍王甫枉殺勃海王劉悝及他的王妃宋氏，宋氏是宋皇后的姑母，王甫怕宋皇后遷怒於他，便惡人先告狀，誣陷宋皇后在後宮挾巫蠱詛咒皇帝，漢靈帝便藉機廢掉皇后，將這個不會討自己歡心的女人除去了。

漢靈帝隨後又聽信讒言，將宋皇后的父親以及兄弟全部處死，一天夜裡，他做夢忽然夢到了桓帝，桓帝質問他宋皇后到底犯了什麼罪，要被滅門？

驚醒後的漢靈帝嚇得要命，便將此事講給了當時的羽林左監許永，問他這是什麼徵兆。許永乘機將這前前後後的糾葛講給漢靈帝聽，他希望漢靈帝能還宋皇后一個清白。不過漢靈帝是個沒心肝的人，他一番自責之後，他又很快就忘記了這件事情，繼續玩樂去了。可憐的宋皇后還是只能關在冷宮裡。

漢靈帝在好色這件事情上，非常敬業，除了宮裡已經有的美女他包了之外，他還讓人不斷地從宮外給他找美女。

在後宮之中，一旦他看上哪個女子美豔漂亮，便當下就要拉到床上交歡。為了方便他隨時隨地交歡，漢靈帝下令所有的宮女都要穿著開襠褲，

BC　上古時期

秦
—BC200　西漢

—0
東漢

—100

—200　三國

—300　晉

—400
南北朝

—500

—600　隋朝
唐朝

—700　武則天稱帝
安史之亂

—800

—900　五代十國
北宋

—1000

—1100　南宋

—1200

元朝
—1300

明朝
—1400

—1500

—1600
清朝
—1700

—1800

—1900　中華民國

—2000

BC

耶穌基督出生　0—

君士坦丁統一羅馬

羅馬帝國分成兩部

波斯帝國　500—

回教建立

凡爾登條約

神聖羅馬帝國建立
1000—

十字軍東征

蒙古第一次西征

英法百年戰爭開始

哥倫布發現新大陸
1500—

英國大破無敵艦隊

發明蒸汽機

美國獨立
拿破崙稱帝

美國南北戰爭開始

第一次世界大戰
第二次世界大戰

2000—

而且開襠褲裡什麼都不穿。這樣他臨幸起來會十分方便，連衣服都不用脫了。

漢靈帝此舉開創了宮廷淫穢的先河，除了不讓宮女穿褲子之外，他還喜歡與眾多的姬妾在西園裸體遊玩。在酷熱的暑期，他下令蓋了一個「裸游館」，讓人採來綠色的苔蘚並將它覆蓋在臺階上面，然後引來水渠，將水注入。隨後選擇玉色肌膚、身體輕盈的歌女執篙劃船，搖漾在渠水中。

在盛夏時節，漢靈帝就這樣觀看宮女們裸體劃船，聽著宮女們為他演奏的歌曲用以招來涼氣。在這樣的清涼宮殿裡，漢靈帝夜夜醉生夢死，他自己也感歎道說：「假如一萬年都是這樣過日子，那就是天上神仙也比不了的了。」

除了夜夜笙歌，漢靈帝還讓宮內的內監學雞叫，以免天亮了他都不知道，漢靈帝令當時宮中的宮女全都濃妝豔抹，在水池中與他裸浴，當時西域為漢朝進貢了罕見的茵墀香，漢靈帝便命人將其熬煮成湯水，令宮女下去沐浴，然後將沐浴完的湯水倒入河渠，這些飄著脂粉的水被當時的人們稱為了「流香渠」。

漢靈帝耽於淫樂一直沒有冊立新皇后，後來在群臣上表之後，他才冊立了貴人何氏為皇后。何皇后並非是名門望族之後，只是一個屠夫的女兒，只是因為容貌美豔，身材姣好，而且還能討漢靈帝歡心，所以才被冊封為皇后，後來誕下了皇子劉辨。

漢靈帝在位期間，他從不管天下百姓的疾苦，也不問朝政，只是任由宦官們胡作非為，而自己就躲在後宮中肆意淫亂。他在後宮中設列市肆，讓宮中的婢女嬪妃打扮成買東西的客人，而他自己則裝成賣貨的商人，玩得不亦樂乎。

所買賣的貨物都是搜刮來的奇珍異寶，不少在買賣的過程中被貪心的宮女陸續偷賣出去，但漢靈帝卻是毫不知情，他只管與宮女恣意地淫樂尋歡。

大混亂局勢

「三公」領導的漢末大起義

漢靈帝光和元年（西元184年），大臣們一路小跑到了朝廷卻發現皇帝並沒到場，拿著奏摺的忠臣們苦苦等了幾個小時也沒有看到皇帝的影子，他們倒是看到了王朝的傾倒趨勢，有點心計的都早已經把財產往老家搬了。

不知道此時執政的靈帝看出傾倒趨勢了沒有，估計是沒有，因為他正沉浸在自己聲色犬馬的帝王生活中呢。如果他從他腐朽的生活中探出頭來，多聽聽忠臣們的進諫，就會知道他治理之下的大漢王朝早已經危機四伏了。

他沒有聽到鉅鹿郡張角三兄弟要造反的事，送上的奏章被他身邊的十常侍扣下，只是人家三兄弟已經按部就班謀起反來。

一般來說，百姓生活太苦，沒法活下去的時候，都習慣於期盼救世主的出現。在東漢末年這個時候，出現的救世主並不是精通醫學並著有《傷寒雜病論》的醫聖張仲景，而是落第秀才、兼職赤腳醫生——張角。

一個王朝要覆亡，怪事就不斷。其中發生在醫生張角身上的怪事是他上山採藥竟然碰見了神仙。神仙可不是隨隨便便就能碰見的，秦朝時候始皇帝費了九牛二虎之力花了巨額財富就是沒有找著一丁點神仙的蹤跡，弄得是血本無歸，可是張角在挖草藥的時候一抬頭就看見一位白鬍子老頭神

BC　上古時期

—BC200　秦 西漢

—0

東漢

—100

—200　三國

—300　晉

—400

南北朝

—500

—600　隋朝
唐朝
—700　武則天稱帝

安史之亂
—800

—900　五代十國

北宋
—1000

—1100　南宋

—1200

元朝
—1300

—1400　明朝

—1500

—1600

清朝
—1700

—1800

—1900　中華民國

—2000

仙在對自己微笑：「嘿嘿，張角，你好，我是神仙。」

見到神仙的結果一般有兩種：一是喝了杯神仙給的酒或是吃了枚神仙給的紅棗，回家驚奇地發現自己的孫子都七老八十了，最後只能是相對無言，唯有淚兩行；另外一種倒幸運得多——得到市面上買不到的書，能夠學到真本事的好書。張角就得到了這樣一本書——《太平要術》，練出了一身的好本事：會呼風喚雨——也成半個神仙了，所以張角就給自己起了個能顯示自己水準的道號——太平道人。

有水準得顯示出來，張角自製了一種符水，說是能包治百病，不少人喝了病果然好了，就更相信他的本事；那些喝了沒好的，就被大家認為是心不誠，所以不靈（明顯的強盜邏輯）。當然，喝了後好的人占大多數，所以張角的崇拜者越來越多。慢慢的，張角的名聲也有了，就逐步開始了傳教生涯，被人稱為「大賢良師」（這個是別人主動叫的，不知道是不是張角的授意），這些崇拜者就成為第一匹忠誠的教徒。在教徒們的幫助下，張角成立了一個秘密組織，名叫「太平道」，他派了座下八個大弟子周遊全國，拓展自己的新興業務，不單是賣藥，群眾沒有錢了就免費送藥，餓肚子了就免費送飯，只要加入「太平道」，以張角為尊。幾年後，大半個中國都是張角的地盤了，幾十萬信徒信仰著他，等到了吃飯的時候都高呼：「大賢良師，大賢良師……」聲音傳入雲霄，怕是順風耳都報告給玉帝了，就是沒有人告訴漢靈帝，張角還把組織的觸角深入到靈帝的內部。而且也有了一句押韻（方便流傳）的統一口號「青天已死，黃天當立，歲在甲子，天下大吉。」

君士坦丁統一羅馬

羅馬帝國分成兩部

波斯帝國 500—

回教建立

凡爾登條約

神聖羅馬帝國建立
1000—

十字軍東征

蒙古第一次西征

英法百年戰爭開始

這就有點政治的意味了。「大賢良師」張角確實也有政治意圖：現在的朝廷還能叫朝廷嗎？我如此優秀竟然連考四次都沒中！自己都快成神仙了，為什麼不單幹？王侯將相，寧有種乎？我要親自舉辦科考考你們！現在他的教徒分佈在全國十二州中的冀、豫、揚、並、兗、荊、幽、青八州，而且組織也很嚴密，分大、小兩方。人數在萬人以上稱「大方」，幾千人的稱「小方」。如此勢力，不幹點大事難道解散去務農嗎？何況全國土地都集中在權貴手中，已經無農可務了。

哥倫布發現新大陸
1500—

英國大破無敵艦隊

發明蒸汽機

美國獨立
拿破崙稱帝

美國南北戰爭開始

第一次世界大戰
第二次世界大戰

2000—

靈帝儘管沒有順風耳，也不想去關心國事，但最後還是知道了張角兄弟的事情，因為「太平道」內出了叛徒，就是在張角要舉事這年。張角的一個親信弟子馬元義在和朝廷的線人佈置起義事宜時被另一個弟子出賣了！估計是此人嫉妒馬元義的得勢。靈帝就把馬元義車裂在首都洛陽，下令取締「太平道」這個邪教並派兵剿殺，不正經務農，玩什麼宗教！

張角同學不得不提前起義。

張角替自己起了個名號叫做「天公將軍」。與此同時，他的兩個弟弟也分別為自己起了類似的名號：「地公將軍」、「人公將軍」。如此一來就是「三公」領導，統一服飾——頭上都纏黃絲巾為記號，沒有黃絲巾的，用黃布條纏頭，要是連黃布條都沒有，那只要是黃色的東西出現在頭上都可以，統一稱為「黃巾軍」，以防止打仗之中不小心殘殺自己人。

亂世號角響起，黃巾軍如蝗災年的蝗蟲一樣鋪天蓋地席捲冀、幽、徐、豫、荊、揚、兗、青八州，官方的軍隊望風而逃，落在後邊的，被頭上纏著黃絲巾的凶神惡煞一刀砍死。

朝廷被打了個措手不及。

東漢政府急了，慌亂之中起用了一位很有名望的河南尹何進做大將軍，有名望歸有名望，並不一定會打仗，何進做的第一件事情不是出擊和張角比拼，而是加固了首都洛陽周邊的八個關口。這樣可不是辦法，因為黃巾軍在外邊照樣殺人放火，必須得有能人主動出擊，把黃巾軍收拾掉啊。

於是，在這個生死時刻，兩位老將走到了歷史的前臺——皇甫嵩與朱儁。

東漢暫且喘氣

如果沒有張角領導的黃巾大起義，大概已過不惑之年的將軍皇甫嵩就只能以北地太守的身份出現在史書裡了。然而此時，地方大員皇甫嵩接到

BC　上古時期

秦
BC200　西漢

0

東漢

100

200　三國

晉
300

400

南北朝

500

600　隋朝
唐朝
700　武則天稱帝

安史之亂
800

900　五代十國

北宋
1000

1100

南宋
1200

元朝
1300

明朝
1400

1500

1600

清朝
1700

1800

1900　中華民國

2000

調動進京的聖旨。

　　皇甫嵩在嚴寒之中接過聖旨，他遠遠沒有朱儁興奮。他知道自己任重道遠，打黃巾哪有那麼簡單？現在政府軍能否打得過黃巾軍？軍隊的後勤問題能否解決？與朱儁比起來，皇甫嵩考慮得要多得多。

　　朱儁呢？朱儁同學就是急先鋒。在接到聖旨之前他就在南方打仗。也是平叛，不過叛亂規模比較小，朱儁指揮七個郡的軍隊剿滅了那將近一萬人的叛亂。當皇甫嵩還在朝廷上建議解除黨禁、保證軍隊後勤不出問題的時候，急先鋒朱儁已經在河南長社與黃巾軍打得熱火朝天了，熱火朝天那是外表，實際上是自己因軍糧不足，將士混亂，被黃巾軍打得如火如荼。看來，薑還是老的辣，皇甫嵩處心積慮考慮並解決的政治問題是對了，有了保障才能夠打仗。

　　不過當一切問題解決，皇甫嵩姍姍而來的時候，剿匪局勢已經很被動了。

　　一見面朱儁就罵：「這賊人還真不好打！有的還會法術，這可怎麼辦？」

　　皇甫嵩叫他冷靜下來：「一時的成敗不能說明什麼，兵不是還在我們手裡嗎？」皇甫嵩叫他仔細觀察形勢，然後用自己一貫的語氣，分析了敵軍的弱勢和己方的機會：黃巾軍大多是農民，雖然擅長種田，但仗打得就有點客氣了，儘管現在一時勢大，但弱點總會凸顯出來的，比如現在他們竟然是依草結營！

　　這樣，情況就很明確了，火攻是最佳的方法。

　　於是乾柴、油草和火器準備妥當之後二人下令火攻。當起義軍的慘叫與劈劈啪啪的燃燒聲一齊打破夜空寧靜的時候，黃巾的覆亡已成定局。而東漢王朝這架朽爛不堪的機器，由於有了皇甫嵩和朱儁這樣優秀「工人」的出現與維修，還要繼續運轉下去。只是還能夠運轉多久，沒有人知道。

　　為了讓自己的王朝維持得更久，靈帝又一聲令下：「那就把所有的流寇都剿滅吧！讓暴風雨來得更猛烈些吧！」

　　於是，大反撲開始了。老將皇甫嵩和朱儁又聯軍在陳國、西華、汝

耶穌基督出生　0—

君士坦丁統一羅馬

羅馬帝國分成兩部

波斯帝國　500—

回教建立

凡爾登條約

神聖羅馬帝國建立
　　　　1000—

十字軍東征

蒙古第一次西征

英法百年戰爭開始

哥倫布發現新大陸
　　　　1500—

英國大破無敵艦隊

發明蒸汽機

美國獨立
拿破崙稱帝

美國南北戰爭開始

第一次世界大戰
第二次世界大戰

　　　　2000—

南、陽翟等地打了幾仗，大破黃巾軍，取得全勝。至此，黃巾鬧得最凶的穎川，賊軍主力已經全部遭殲，只剩下一些小魚小蝦了。現在問題就好辦了，繼續打下去就能取得勝利。朱儁、皇甫嵩兩人在這個地方道別保重，朱儁往南陽方向，皇甫嵩往東郡方向，去繼續展現各自的軍事才能，也繼續各自在波譎雲詭的漢末危局中的生存遊戲。

朱儁去追擊一些小股散兵，之後就回朝廷領賞去了。皇甫嵩在東郡又打了一個中型的戰役，消滅了黃巾軍七千多人，還擒獲了賊梟，又轉向黃巾的大本營——河北。

河北的戰事也已經很明朗化，官為北中郎的盧植已經在這裡打了好幾次具有戰略意義的勝仗，而且他把張角主力困在廣宗城裡。對方主力被困，那就好辦了，即使一時拿不下來，日子久了城中糧食吃光，我看你們投不投降！那就熬著吧。

靈帝在戰爭中也沒有閒著，派了個小太監送酒肉來犒勞將士，問問三軍何時能夠取勝。有懂事的屬下勸盧植賄賂太監，太監跑一趟就是為了撈軍隊的油水啊。盧植一擺袖子，不聽。於是太監回去自然說他的壞話，說的還是壞話中最壞的：通敵謀反，還添油加醋羅列了很多證據。靈帝半信半疑，他掌握著那麼多將士嘛，即使不謀反也要小心防他了。盧植被這麼一污衊的下場是裝進檻車押回京城。代替盧植掌握軍隊在河北繼續打黃巾的是中郎將董卓。

很傻很天真。這是董卓對盧植的評價。不過很快就有人對他進行評價了。從東郡風塵僕僕趕來的皇甫嵩，對接連打敗仗只有大塊頭而沒有大智慧的董卓說：很強很失敗。於是，董卓被停職察看。

盧植打的是勝仗，差點判了死罪；董卓沒有贏過黃巾，卻不過停職反省。因為董卓朝上邊使了錢，這就是東漢末年的政治。

皇甫嵩在盧植的基礎上，用了個小計策就取了廣宗。張梁的頭顱被砍下來，半仙張角有幸已經病死（半仙看來還沒有修成神仙），又不幸也被開棺戮屍，把那顆糜爛的頭顱也砍下來，一起送到京城掛在城門上示眾。

張氏三兄弟連同他們的事業即將要從歷史舞臺上消失了，也就是說，

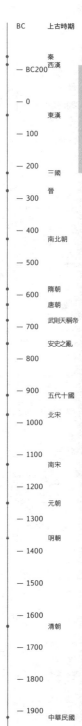

BC　上古時期
—BC200　秦 西漢
—0　東漢
—100
—200　三國
—300　晉
—400　南北朝
—500
—600　隋朝 唐朝
—700　武則天稱帝
　　　安史之亂
—800
—900　五代十國
　　　北宋
—1000
—1100　南宋
—1200　元朝
—1300
—1400　明朝
—1500
—1600　清朝
—1700
—1800
—1900　中華民國
—2000

以後還想出來玩，也沒有他們的機會了。殘餘分子流竄各地繼續為非作歹，大多數後來被當地諸侯勢力收編，造就了日後三國紛亂的主要對抗勢力。

皇帝親戚不好當

中平六年（西元189年）四月，漢靈帝死了。

靈帝的死並不是王朝危機的結束，反而是一場更大危機的開始。由於靈帝有兩位龍子——長子劉辯、次子劉協，於是後宮順勢就有這樣幾派勢

力：一派是保辯派的何皇后，以及她哥哥大將軍何進；另外一派便是保協

派的董太后，以及她一位做驃騎將軍的侄子董重。還有一派是騎牆派——十常侍，他們並不明確表示出自己的政治主張，只是一切向利益看齊。

後宮的鬥爭時刻存在，名士、外戚、宦官等統統牽扯就去，他們在東漢末年已經鬥了幾個回合，各有勝負，死傷也不少。等到了黃巾起義異軍

突起的時候，何進當上了大將軍，保辯派就取得了壓倒性的勝利。

何進是屠夫出身，文化水準不高。他因妹妹入宮而從政，他的妹妹喜

得皇帝的唯一貴子之後，何進就認為自己以後是皇帝的舅舅，那自己的人生還不順水又順風，扶搖直上几萬里，前程那叫一個不可限量。

但人世間的事情，誰能夠說得準呢？世事難料，一個人的前程因為一

丁點的小變化就會瞬間變為泡影，蝴蝶效應何進怕是不知道的，一失足千古恨，再回首已是百年身這個道理何進估計也不知道。

所以，當靈帝在擁有皇子劉辯後的若干年，又有了皇子劉協的時候，

何進大大地吃了一驚。更要命的是，皇子劉協討得了靈帝他老媽董太后的

歡心。

何皇后很惱怒，所以，在得知自己的兒子有了競爭對手後，不可忍受

地用毒藥鴆殺了皇子劉協他媽也就是王美人，但一切仍無濟於事。因為她

的兒子劉協還是自己兒子的競爭對手啊，自己不能連他也殺了吧？

殺不掉劉協，何皇后的衝動行為反而使事情變得更加糟糕了。董太后收留了孤兒劉協，在夜深人靜的時候，她從劉協的可憐眼神中一次次深刻體會到何皇后的毒蠍心腸。那個像蠍子一樣毒辣的女人！在自己的兒子靈帝面前，董太后不止一次這樣吼道，這種情緒的傳染是可怕的，被傳染的靈帝在其生命的最後時刻，終於做出了一生中最重大的決定：改立皇子劉協為太子。

當然何進還不知道靈帝的打算。他要知道靈帝的打算，也會採取措施阻止。靈帝很害怕何進，他難以想像當皇子劉協榮登寶座時，何進會放下屠刀，立地成佛。在靈帝看來，這個屠夫出身的大將軍將永遠和屠刀在一起，這個屠夫的大鬍子也永遠和他不可告人的欲望連在一起。槍桿子裡出政權，自己雖然貴為皇帝，但手頭缺少的恰恰就是槍桿子。

有人看出靈帝的恐懼，那就是天天揣摩上意的十常侍之一的中常侍蹇碩。蹇碩在這個時候悄悄進言：「槍桿子從來沒有離開過您啊，何進只不過擁有槍桿子的使用權，但所有權永遠屬於您啊。」蹇碩最後重複說，槍桿子本來就是您的，您要過來不就好了嘛。

靈帝翻然醒悟，驚呼道：「愛卿說得很有道理呀，你好好策劃一下怎麼把槍桿子要回來啊。」

蹇碩就皺眉頭了，說歸說，但是要回來談何容易：「那容臣細細策劃一下。」

靈帝：「不急，等我死的時候再動手也不遲。」

到了靈帝駕崩時候，蹇碩他們才冥思苦想出來計策了。此時，何進當然不知道有人在對付他，他的心情像春天的小鳥在枝頭雀躍，滿懷希望進宮，遐想著前方有一個誘人的大蛋糕在散發著香氣，那的確有一個大蛋糕——皇位。儘管不是自己坐上去，但是和自己坐上去差不多嘛。一路上，宮女太監都低聲打招呼：「大將軍好。」但何進徑直走向靈帝屍體所在處。他腳步堅毅而不容置疑，也沒有做什麼防備，所以一般情況下要是不出意外，何進必將人頭落地，因為蹇碩早把刀斧手佈置好了。

但是，意外的情況還是出現了。正當這個大將軍在赴死之路上拔腿狂

BC 上古時期
秦
西漢
— BC200
— 0
東漢
— 100
— 200 三國
晉
— 300
— 400 南北朝
— 500
隋朝
— 600
唐朝
武則天稱帝
— 700
安史之亂
— 800
— 900 五代十國
北宋
— 1000
— 1100
南宋
— 1200
元朝
— 1300
明朝
— 1400
— 1500
— 1600
清朝
— 1700
— 1800
— 1900
中華民國
— 2000

BC

耶穌基督出生　0—

君士坦丁統一羅馬

羅馬帝國分成兩部

波斯帝國　500—

回教建立

凡爾登條約

神聖羅馬帝國建立
　　1000—

十字軍東征

蒙古第一次西征

英法百年戰爭開始

哥倫布發現新大陸
　　1500—

英國大破無敵艦隊

發明蒸汽機

美國獨立
拿破崙稱帝

美國南北戰爭開始

第一次世界大戰
第二次世界大戰

　　2000—

奔的時候，一個名叫潘隱的司馬悄悄攔住了他，並將一個驚天大陰謀告訴他：「皇上已駕崩，蹇碩已預做安排，要謀害大將軍！」

何進馬上懸崖勒馬，儘管此刻腦子一片空白，但還知道往家跑。「回府回府！」他吼著家丁，一隊人以迅雷不及掩耳之勢狂奔回府。坐下來之後還是驚魂未定，一杯涼茶落肚之後才想起來，招集自己的近臣密友商議趨福避禍之道。

意見領袖曹操

何進府上，人頭攢動，在紛紛擾擾的爭論之中，曹操站了出來。

曹操不是在濟南當地方官員嗎？怎麼跑到洛陽何進府中了？原來曹操在濟南官當得嚴厲，當地權貴害怕他長久在此會壞了自己的家業，就出錢給曹操買了個議郎的官，讓他離開濟南。當時都是出錢買官保官的，要是換了別人肯定是連蹦帶跳去上任，曹操卻不！他看不慣這種賣官鬻爵行為，就歸隱鄉里了。

歸隱幹什麼？遊山玩水？不！給自己充電，讀史書。以史為鑑可以知興衰，以史為鑑可以知人心，這一段時間曹操從史書上看到了歷史的軌跡，看到了人性的險惡。

等到靈帝設置西園八校尉讓他做了典軍校尉時，曹操已經遠遠走在了同時代人的前面，他的人生閱歷與讀史經驗讓他比別人看得更遠，他的眼神裡也時常充滿了不可一世的光芒。

典軍校尉如今和眾多高官在大將軍府中商議，他還沒有表達自己的看法。他在眾人的嚷嚷之中傾聽，聽了半天，他覺得這群官員太幼稚、太理想化，就打定主意要當個意見領袖。

曹操站出來是反對眾人意見的。這就是曹操與眾人的不同，使得他成為影響中國政局走向的重要人物的時候，何府在座的高官都已經成為歷史的灰燼，再也找不到半點存在過的痕跡。根據蝴蝶效應細究，這與他當時

在高官雲集的何府站出來有著千絲萬縷的關連。

這群高官的理想化想法是：宦官們蠢蠢欲動，那大將軍就不要猶豫了，先下手為強，把他們一網打盡，統統消滅！

就在大夥為這個建議熱烈鼓掌的時候，曹操站出來做意見領袖了。他說，我覺得這個想法好是好，但是可行性不大啊。

何進的臉馬上就變綠了，孟德（曹操字孟德），怎麼不大？你是說我連幾個廢人都殺不掉？何進覺得曹操是在懷疑自己的能力。

曹操繼續說，宦官這個群體，在朝廷蠢蠢欲動已經是很多年的事情了，想要消滅他們的人也不是一個兩個了，要是很容易就能消滅掉，怕早就消滅了。如今十常侍已經坐大，宦官遍佈朝廷各個角落，此時商談消滅這個群體，只怕不是那麼容易。

遍佈朝廷各個角落？那就一一找出來殺掉！我就不信滅不了他們，大不了和宦官們同歸於盡，過把癮就死。何進憤怒地吼道。

曹操詫異地抬眼看向何進。這是一個手握天下兵權的大將軍應該說的話嗎？何進說完後也覺得自己說得不對，但是已經來不及反思了，因為潘隱氣喘吁吁地跑了進來。

他大喊著，不好啦！不好啦.！

怎麼了？何大將軍連忙迎了過去，不著急，慢慢說，來，先喝口茶順順氣。就招手讓一個丫鬟送茶過來。

潘隱說，不喝了。來不及了，大將軍，你要是再不進宮，怕是以後再也不能進宮了。

因為十常侍將要擁護皇子劉協登基了。何進聽聞，連忙問眾官，怎麼辦？怎麼辦？此時何進想殺了這群狗娘養的十常侍，以成一世英名。只是刀在手，不等於頭顱在手。何進手握鋼刀，不知道該如何取下那些他想要的首級。

眾位不知道該怎麼辦。當然，曹操知道。

曹操就再次站了出來，大家都沒有建設性意見可提了，這次看來我這個意見領袖當定了。他就迎著何進及眾高官們感情複雜的目光侃侃而談。

BC　上古時期
秦
— BC200　西漢
— 0
東漢
— 100
— 200　三國
晉
— 300
— 400　南北朝
— 500
— 600　隋朝
唐朝
— 700　武則天稱帝
安史之亂
— 800
— 900　五代十國
北宋
— 1000
— 1100　南宋
— 1200
元朝
— 1300
明朝
— 1400
— 1500
— 1600　清朝
— 1700
— 1800
— 1900　中華民國
— 2000

BC

耶穌基督出生　0—

—

—

君士坦丁統一羅馬

羅馬帝國分成兩部

波斯帝國　500—

回教建立

—

—

凡爾登條約

神聖羅馬帝國建立
1000—

十字軍東征

蒙古第一次西征

英法百年戰爭開始

—

哥倫布發現新大陸
1500—

英國大破無敵艦隊

發明蒸汽機

美國獨立
拿破崙稱帝

美國南北戰爭開始

第一次世界大戰
第二次世界大戰

2000—

他說：「當今之急，就是要先立皇子劉辯當上皇帝，然後奉旨誅殺十常侍等宦官。這樣做，名正言順。十常侍他們要是負隅頑抗，那我們就給他們定一個謀反的罪名！到時候殺掉他們也就容易得多了。」

曹操此言一出，一切似乎如水銀瀉地，水到渠成了。何進也終於對他刮目相看，不由得伸出大拇指朝曹操揮揮，連聲稱讚，厲害，厲害。他採納了曹操的建議。

劇情出現意外

另外有一個人則在此時也當仁不讓地登上了歷史的舞臺，他就是曹操的好朋友袁紹。

此時的袁紹是個司隸校尉，和曹操是一個級別的官員，在曹操的話音剛落，何進點頭暗許之時，袁紹請戰了。他不甘落在朋友的後邊，自己沒有好主意，那自己行動總可以吧，做行動的巨人。袁紹就奮然表示，為了確保皇子劉辯為君，願領精兵五千殺進宮去，強扶皇子劉辯上位。

何進點頭，袁紹就行動了。袁紹確實有行動的天賦，劉辯登基成功，蹇碩人頭落地，蹇碩手下的禁軍也集體投降，投降儀式搞得很隆重，很有棄暗投明的氛圍。

何進的心意這時已經滿足了，有這樣的結局太好了，自己本來是要被殺的命啊，如今竟然事事順心了。但袁紹並不滿足，宦官干政，傳統的世家大族很難獲得實權，面對到手的權力，世家大族是絕不願意輕易放棄的。袁紹說：「漢靈帝建寧元年（西元168年），竇武竇大人沒有能夠成功誅殺宦豎，是因為他們謀劃不秘，言語洩露，當時洛陽的官兵又害怕居於宮中的宦官。現在情況不同了，您是當今皇上的大舅舅，手中又緊握槍桿子，我們這些將官都是一時豪傑，有謀略家又有行動巨人，大家都願意為您效命。下定決心吧，為天下除患，成萬世功業啊。」何進聽袁紹這麼一說，心頭一熱，開始著手完全消滅宦官。

但何進不願意獨自享受袁紹的這番大道理，於是跑去說給妹妹何太后（注意：何皇后已經搖身變為何太后）聽。何太后只用一句話來反駁：「太監都滅了，你讓誰來伺候我？」

劇情就出現了意外。

大將軍要誅滅宦官一族，那剩下的「九常侍」就是等著自己被誅嗎？十常侍又不是光會吃飯，光會吃飯能做到十常侍嗎？恐怕做小太監的時候就被人家陰了，或者死都不知道自己是怎麼死的。在決定自己生死的這個關頭，以張讓為首的「九常侍」先後買通了何太后的母親舞陽君和何進的弟弟何苗。

拿人手短，吃人嘴軟，於是，何太后就站在了太監的立場上。何進在向她表示自己要殺掉太監的時候被斬釘截鐵地告知：你不能殺了張讓他們，他們可是我們的恩人！你想想，你好好想想，沒有他們，出身寒微的我們能有今天嗎？不能！

可是，張讓他們想要殺掉我啊。前幾天，要不是我採取措施，早就是陰間的鬼魂了啊。何進還知道自己來妹妹這裡的目的。

錯，不是所有的宦官都想殺我們，只有一個蹇碩。其餘的是想保護我們。

你怎麼知道？真的只是他一人？

你怎麼懷疑妹妹的話？首惡已經除掉了，其餘的都不應該問罪，要是這樣，以後誰還為我們效命！何太后也並不是心軟之人，她不是不知道放虎歸山的道理。但現在的情勢是，天子是自己的兒子，大將軍是自己的哥哥，天下就在自己的掌心中。幾個宦官殺與不殺，都無礙大局了吧。

弟弟何苗也在旁邊替宦官們說好話。

那，好吧。以猶豫著稱的何進妥協而出。他覺得妹妹說的也不錯，籠絡了「九常侍」的人心，也就籠絡了天下人的人心，而現在政局剛剛穩定，需要的是人心思定，而不是人心思亂。何進走在路上，暗暗為妹妹的「大手筆」選擇喝彩了好一會兒。

BC　上古時期
秦
西漢
— BC200
— 0　東漢
— 100
— 200　三國
晉
— 300
— 400　南北朝
— 500
— 600　隋朝
唐朝
武則天稱帝
— 700　安史之亂
— 800
— 900　五代十國
北宋
— 1000
— 1100　南宋
— 1200　元朝
— 1300
明朝
— 1400
— 1500
— 1600　清朝
— 1700
— 1800
— 1900　中華民國
— 2000

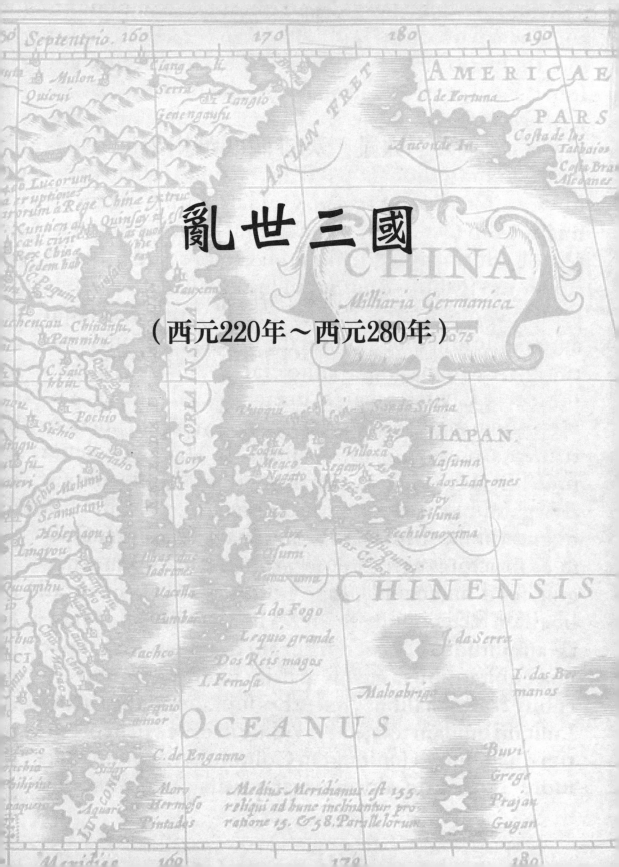

亂世三國

（西元220年～西元280年）

BC

耶穌基督出生　0—

君士坦丁統一羅馬

羅馬帝國分成兩部

波斯帝國　500—

回教建立

凡爾賽條約

神聖羅馬帝國建立
1000—

十字軍東征

蒙古第一次西征

英法百年戰爭開始

哥倫布發現新大陸
1500—

英國大破無敵艦隊

發明蒸汽機

美國獨立
拿破崙稱帝

美國南北戰爭開始

第一次世界大戰
第二次世界大戰
2000—

天下大亂，英雄個個蹦出來

曹操迎來了好時光

當皇甫嵩和朱儁聯軍追殺黃巾殘軍的時候，就遇到了一個叫曹操的人，當時他的官職是騎都尉。

這兩位名將當時並不認識眼前這位年輕比自己官銜低的將官，更不會知道他的後代會覆亡掉他們現在所極力挽救的東漢帝國；他們只認得大家穿著一樣的官服，於是互換了眼色，達成默契一起追殺黃巾殘餘勢力。

追殺之下，黃巾舉手。曹操同學出力不小，老一代的領袖誇獎說：「不錯，不錯，年紀輕輕就立此大功，前途無量。」

曹操卻說：「我個人前途事小，國家前途事大。」他在說這話的時候不得不令大家肅然起敬。因為在講究出身的東漢王朝，大家有些看不起宦官家庭出生的曹操——曹操的乾爺爺曹騰是漢桓帝手下的一個太監。現在竟聽到曹操說出如此大義之話，不得不刮目相看，看來家庭出身並不能決定思想。

當然了，曹操令人肅然起敬的原因有他的性格因素——比較有智慧會計謀。這在以後他參與的戰爭中屢次體現。不過這一點在後來民間就廣為流傳成了比較奸詐，而且強加在了年幼曹操的身上。

汝南地區著名的人才觀察家許劭不久後也一聲長歎。許劭相人無數，心底早已是波瀾不驚了，自己相的什麼人都有，也比較準確，儘管有達官

貴人之命的多不盛舉，但當他看到曹操時，心裡還是大大地驚了一下。

「你是治理國家的大能人，或是搞亂國家的大奸臣（子治世之能臣，亂世之奸雄也）。」這是許劭留給曹操的一句話，也是留給這個時代的一句話。因為不久之後，曹操便開始了自己入世的生涯。他在就任洛陽北部尉期間，把違反宵禁、提刀夜行的中常侍蹇碩的叔叔棒打死了。大家都對他另眼相看——曹操竟然敢於挑戰權威，難得，難得，就把他派到頓丘去做縣令。

現在曹操聽了許劭對自己的評價，高興地離開了。

為什麼樂呢？評語中雖然有「奸」這個不好聽的字，但畢竟也有「能臣」、「雄」這樣好聽的字眼。而且自己一生下來聽到的就是親戚鄰居的好言好語，自己早就聽膩了，用壞詞吸引別人的眼球，肯定能引起更多人的關注。曹操這樣想著，心花怒放。

對曹操來說，這一切才剛剛開始。要想成為治理國家的大能人，或者搞亂國家的大奸臣，就不能安於當一個小小的縣長。這個剛二十出頭的年輕人很快就明白了什麼才是這個時代最應該做的事情：黃巾造亂，禍及生靈，平叛立功。於是，自己主動請纓，帶著五千人馬殺往潁川，在那裡，一個關於平叛的時代主旋律正唱得驚天動地，政府軍和張梁、張寶的起義軍隊廝殺得死去活來。

曹操投身其中，他覺得現在社會真是混亂，起義軍平息了又起，不起不行啊，沒有什麼吃的了，反不反都是一死。政府內部也是黑暗無比。他隱隱地感覺到，要做一個治世之能臣，那基本上是下輩子的事情了，要做一個亂世之奸雄，卻真是生逢其時。雖然，曹操還是願意做一個眾人敬仰的英雄的，可是既然做英雄名額有限，那就做一個奸雄好了。亂世給曹操提供了大好機會，讓他接下來成為這個時代的主角。

奸雄還會搞關係，曹操算是太子黨成員，和太子黨的老大袁紹混得很熟。除了袁紹之外，山東壽張大地主世家的張邈也和曹操關係不錯。他們在不久的將來要一起做一番大事業成就英名。

的確如此，在東漢末年這是一個充滿挑戰，同時也充滿機遇的時代，

BC　上古時期

秦
— BC200　西漢

— 0
東漢
— 100

— 200　三國

晉
— 300

— 400
南北朝

— 500

— 600　隋朝
唐朝
— 700　武則天稱帝

安史之亂
— 800

— 900　五代十國

北宋
— 1000

— 1100
南宋

— 1200
元朝
— 1300

明朝
— 1400

— 1500

— 1600

清朝
— 1700

— 1800

— 1900　中華民國

— 2000

志趣相投的人們往往能夠結伴闖出一片屬於自己的天地。

桃花園裡三結義

　　劉關張三人的老大是劉備，字玄德，是盧植的學生。

　　劉備的祖上據說是中山靖王劉勝，本來是王一級別的，到了劉勝兒子
輩劉貞時候被世襲為侯，封在了涿縣。這就降了一個級別。漢室衰落，後

來窮得連侯一級別的都養不起了，就找藉口免了很大一批侯，劉貞也在其
中。官做不了，但人多勢眾，與當地的官員勾結在一起，依然是涿縣的一

霸，到了劉備的爺爺那代，還靠關係當了縣令，不過，三十年河東，三十

年河西，到劉備這一代，他們已徹底敗落，劉備就只能靠賣草鞋為生了。

　　劉備靠這些糊口簡直愧對了自己的出身與長相。他長得魁梧，身長八
尺，不過兩隻耳朵很大（據說兩耳垂肩）。

　　劉備曾是一個口出狂言的少年，和夥伴一起玩「英雄抓小偷」遊戲他

扮演英雄時候突然不抓小偷了，一個人呆呆指著他家屋子東南角的一棵大
桑樹說：「我要是做了天子，就乘坐這麼大車蓋的車！」劉備說這話的時

候，大桑樹正枝繁葉茂，遠遠望去，像極了皇家的車蓋。夥伴們都莫名其

妙地看著他，心想，這小子是不是瘋了啊？說的這是外星話？

　　劉備的叔叔聽說了趕緊過來教育他：「玄德，別亂說話！你這麼亂
講，是滅門的罪，連累我們都要倒楣！」

　　亂世既來，成年後的劉備雖然不再說大話，但是依然賣著草鞋，靜靜

地等待，等待著有什麼事情會發生。儘管到平民張角已經衝鋒陷陣衝向了
自己認為成功的路上，那才叫敢教日月換新天！這一年劉備已經28歲了，

可是他依然每天斜臥涿縣街頭賣他永遠賣不完的草鞋，除此之外，就是等

待。

　　他在等待什麼呢？沒有人知道。作為傳說中的皇室子孫，劉備的等

待在涿縣被大家廣為流傳，成了一道耐人尋味的風景。人們不知道馬上就

要三十歲的劉備在想些什麼，也許他想起自己小時候的豪言壯志在黯然神傷。

不過，世事總是峰迴路轉。就在有志青年劉備等得幾近失望之時，他的生命終於有了變數，隨著兩個人的到來，他也將風塵僕僕投入這個大時代中。兩個人中其中一個叫張飛，字翼德。

張飛最先出現，最初他是很粗很暴力地站在劉備的面前，當時劉備從自己的鞋攤挪動到官府貼出的徵兵令前感傷，覺得人生不如意十有八九，自己先祖開創出的國家真的陷入絕境了嗎？連兵都不夠用了嗎？思來想去眼淚都快掉出來了。如此的幽怨在張飛看來，很不男人。淒淒慘慘，像個男人嗎？

張飛很男人，他的處世風格一貫手起刀落，就如他每天殺豬手起刀落一樣。不過，張飛是個屠夫。此刻，屠夫張飛吼道：「是男人不為國家出力，在這兒歎什麼氣！」張飛對劉備滿眼的鄙夷。不過奇怪的是，在不久之後他就和他鄙夷的人勾肩搭背坐在一起喝酒了。二人決定一起幹點大事，男子漢的確應該上戰場，為這個風起雲湧的時代增添變數，作出一番驚天動地的事業來。因為劉備告訴他自己是中山靖王劉勝之後，漢景帝的玄孫。雖說天下風雲起四方，有槍便是地頭蛇，但比槍更厲害的是出身。張飛毫無疑問對劉備的出身景仰得如滔滔江水綿綿不絕，因為自己只是個屠夫，儘管看上去霸氣十足，可以欺負鄰居百姓，但是說起來令人氣餒，大家都看不起自己。和皇室人員一起做事無疑會提高自己的身份。

二人正說話間又過來一個人，這個人紅臉長鬍，一臉沉穩，這個男人就是關羽。

關羽字雲長，其實，幾年前，關羽就已經為這個時代增添過變數了。他在老家河東解良殺了一個人。他對坐在面前的劉備、張飛說，那個土豪該殺，仗勢凌人，我不殺他別人也會殺他。當然自己也為此付出了代價——漂泊江湖。

亂世之中一個漂泊江湖的人是沒有歸宿的。為了讓自己有歸宿，關羽站在了這個桃園內，三個人一起喝酒吃肉，不過，逃犯關羽到此時還不明

BC　上古時期
— BC200　秦　西漢
— 0　東漢
— 100
— 200　三國
— 300　晉
— 400　南北朝
— 500
— 600　隋朝　唐朝
— 700　武則天稱帝　安史之亂
— 800
— 900　五代十國　北宋
— 1000
— 1100　南宋
— 1200
— 1300　元朝
— 1400　明朝
— 1500
— 1600　清朝
— 1700
— 1800
— 1900　中華民國
— 2000

白自己與面前二人結拜的意義所在。對於他來說，從現在開始，他只是從一個人漂泊走向三個人一起漂泊——組團漂泊，如此會不會更好一些？畢竟不會一個人獨立站在風中，獨自承擔風霜。結拜就結拜！

很多年之後，關羽被人念念不忘的優秀品德——忠義源於三人此時手中的一碗酒。三人各自捧著一碗酒，很豪邁地一飲而盡，為一段即將展開的陌生旅程壯行。在紅豔豔的桃花映襯下，這三個剛認識不久的男人看上去雄心勃勃。

劉備28歲，自然是大哥，關羽27歲，做老二，張飛22歲，做老三，從此劉備與兩位弟弟，像親兄弟一樣生活在一起。但是在為人矚目的公開場合，劉備吩咐關羽、張飛必須垂手侍立左右。隨著大哥劉備奔走，不避艱險，兵來將擋，水來土掩，成為關張二人的義務。

不過，說來令兩位哥哥慚愧，現在三兄弟之中，只有三弟張飛有些資財。其實張飛置地建房之後，最想做的事情就是娶個好妻子生兒育女，過一輩子幸福安定的生活。而傳聞中的黃巾起義、天下大亂，似乎也與他無關。

而結拜之後只能和這些美夢含淚道別，張飛賣房籌錢給劉備打造雙股劍和給關羽打造青龍偃月刀，自己也打造丈八點鋼矛，劉備出頭聚集起五百名勇敢鄉親，在幽州校尉鄒靖的引見下，來到太守劉焉面前。在這場漢靈帝光和元年（西元184年）的黃巾平叛中，特別是在最後的消滅張寶戰役中，劉備持著寶劍，關羽舉著大刀，張飛縱馬挺矛，奮力殺敵，劉備還射出了關鍵的一箭——正好射中黃巾頭領張寶的左臂，張寶受傷只得落荒逃走，在他逃跑的途中，被部下殺掉了，張寶的頭顱被割下，送給官軍。

在這個桃花盛開的季節，三人首次立下大功，準備著當官呢，以為能出人頭地當個大官，但誰知道等待他們的命運又會是怎樣？

官宦子弟袁紹

有一個人命卻超級好，不用打黃巾軍也能當官，而且官當得還比較大。他就是袁紹。原因很簡單，我們看一份他的家譜就清楚了：

袁紹的高祖父：袁安司空（全國最高監察長官）

袁紹的曾祖父：袁敞司空

袁紹的祖父：袁湯太尉（全國最高軍事長官）

袁紹的父親：袁逢司空

袁紹的四叔：袁隗太傅

當然，袁家當官的還遠遠不止這幾位。隨便再舉一個，比如袁紹的大伯袁成，就做到左中郎將的位置，這也是個大官。但是袁家的大官實在太多了，怎一個「旺」字了得，你不做到「三公」出門都不好意思跟人打招呼，左中郎將在這裡都不能算是個大官了。再低一點的官還有一大堆。

袁家在東漢經過百餘年的經營，在中原撒下了一個無邊無際的關係網，門生故吏遍佈天下，要是出遊全國，到哪裡都有落腳的地方，受到的待遇還都是頂級的，絕對是瀟灑神州。它對袁紹是一筆豐厚的家族遺贈，抱著遺贈，袁紹同學不做官能行嗎？

當然，「四世三公」只是個暫時的稱呼，因為大家都十分看好袁家眼下的一代，就是以袁紹為首的第五代。袁紹雖然還不滿二十，但已經表現出了卓越的能力，進宮廷做了郎官。郎官是官宦子弟進階的第一步，處理尚書臺政務，可以藉機在朝臣面前露露臉嘛。前途那是大大地光明啊。

雖然如此，但袁紹也有鬱悶的事情，那就是自己還有個同父異母的弟弟——袁術。因為他比自己還有優勢：袁術的媽媽是袁家夫人，而自己的媽媽只是個丫鬟，連妾都算不上。出身不能決定一切，但是處世能決定的事情還真不少，袁術的媽媽比袁紹的媽媽尊貴，這一點讓袁紹在好多地方都輸給袁術。

成長的過程中，袁家有好處了，想到的先是袁術，袁術的官，也一直

BC　上古時期
— BC200　秦　西漢
— 0
東漢
— 100
— 200　三國
晉
— 300
— 400　南北朝
— 500
— 600　隋朝 唐朝
武則天稱帝
— 700　安史之亂
— 800
— 900　五代十國
北宋
— 1000
— 1100　南宋
— 1200
元朝
— 1300
明朝
— 1400
— 1500
— 1600
清朝
— 1700
— 1800
— 1900　中華民國
— 2000

比袁紹做得大。漢朝的武職,最大的是將軍,其次是郎將,再次是校尉。袁術做到虎賁中郎將的時候,袁紹只是西園八校尉之一;而後來袁紹被董卓拜為勃海太守的時候,袁術已經是後將軍了。

當時將軍之中,品級最高的是大將軍、驃騎將軍、車騎將軍、衛將軍,位同三公;其次便是前後左右將軍了,再以下還有帶「東南西北」字樣的將軍,再以下各種名目的將軍統稱「雜號將軍」。袁術的官永遠排到自己的前邊,這讓袁紹很不甘心。一切都是因為袁術是袁家的嫡子。

「我如果是袁家的嫡子該多好!」袁紹經常會這樣癡想。人就是這樣,餓的時候想吃飽,飽的時候想吃好,吃好的時候思淫欲,有欲可思了還想要更多的淫欲。當劉備必須辛苦操勞賣草鞋養活老媽的時候,袁紹卻夢想著成為袁家的嫡子。

不過,雖然沒有好媽媽,起碼還有個好爸爸,儘管比不上弟弟袁術,但起碼還比朋友曹操他們幾個強。袁紹這樣自我安慰,以獲得滿足。

孫堅的「平地而起」

孫堅並不像曹操、袁紹等有特殊的家庭背景,甚至連劉備自己到處宣揚的「莫須有」背景都沒有,但卻有本事在20歲左右娶了才貌雙全又是名門望族的吳家大小姐做妻子。不靠吹噓,有魄力,這也是孫堅比劉備先闖出一番事業的原因。他的老婆吳小姐也爭氣,為孫堅生下了四個兒子,孫策、孫權等個個是英雄。

哥倫布發現新大陸

1500

英國大破無敵艦隊

發明蒸汽機

美國獨立
拿破崙稱帝

美國南北戰爭開始

第一次世界大戰
第二次世界大戰

2000

不得不佩服孫堅很厲害。他的厲害在他的人生履歷中還要往前回溯。他在17歲的時候,就用計嚇退了海盜,進而被任為假尉。假尉是代縣官辦公的,可以分領到縣官一部分薪水,這就意味著孫堅已經自力更生豐衣足食了。孫堅18歲的時候,寧波有個叫許昌(人名,不是地名)的,祖孫三代一起起來造反,孫堅以郡司馬的身份,招募了一千多個精壯士兵,就把許昌的一萬多人全部鎮壓下去。這樣,孫堅在江南闖出了名號。

等到黃巾軍作亂之時，孫堅就帶著故鄉一群志在四方的好男兒，以及在淮泗一帶召集的精兵，跟著朱儁將軍去闖蕩，為自己的夢想而奮鬥。孫堅臨走之前，把家搬到廬江。在這裡，他10歲出頭的大兒子孫策，結識了年齡一樣大的周瑜。他們相處得很好，話語投機，也就結拜成了兄弟。

這種結拜，在孫堅看來不過是小孩子的遊戲，他還沒有猜到這種結拜會影響到以後的政局。他帶著這群滿懷夢想的年輕人，踏上了亂世的征途。他們在宛城衝鋒陷陣，率先登上城牆，每個人都砍死了20個敵人以上；他們接著轉戰涼州，克敵制勝……贏得「江東之虎」的稱號。

到哪裡都是勝利，這些作戰也豐富了他們人生的經歷，也為自己的人生迎來了機遇與挑戰。孫堅被任命為長沙太守，名為高官，其實是讓他去平叛，因為這裡有個區星的地區才把來人聚起來造反了。孫堅明知山有虎，偏往虎山行，到任之後，不到一個月就把叛亂平了，周邊那些響應區星起事的零陵、桂陽諸匪，也被孫堅打了下去，匪首被砍下腦袋，其餘不問，願意務農的務農，不願意的都為政府當兵有糧吃，結果孫堅有了一支還算可以的軍隊，當然，孫堅知道這些烏合之眾的作戰能力有限，於是就勤加練習。

非凡之人一般有著非凡的眼光，孫堅知道亂世既然來了，不是那麼容易就會離開的，自己有備方可無患。

如此看來，孫堅的能力高超，魄力與責任感更令人敬佩。在他出兵零陵、桂陽之前，他的部下勸說道：「將軍的任務是肅清區星造反，出兵零陵、桂陽屬於越界征討，這是越權行為啊。請將軍三思。」

孫堅直接就回答說：「我只知道平定叛亂讓老百姓安居樂業是每個為官者的責任。」於是毅然出兵。當然，平定叛亂之後沒有誰來追究孫堅的越權行為，因為朝廷看到叛亂沒了高興還來不及呢。為了讓自己的統治能繼續下去，還對孫堅論功行賞。

BC　上古時期

秦
— BC200　西漢

— 0
　　東漢

— 100

— 200　三國
　　晉
— 300

— 400　南北朝

— 500

— 600　隋朝
　　唐朝
　　武則天稱帝
— 700
　　安史之亂
— 800

— 900　五代十國
　　北宋
— 1000

— 1100　南宋

— 1200　元朝

— 1300
　　明朝
— 1400

— 1500

— 1600
　　清朝
— 1700

— 1800

— 1900　中華民國

— 2000

革命才是真理

美人是禍害

BC

耶穌基督出生　0—

君士坦丁統一羅馬

羅馬帝國分成兩部

波斯帝國　500—

回教建立

凡爾登條約

神聖羅馬帝國建立
1000—

十字軍東征

蒙古第一次西征

英法百年戰爭開始

哥倫布發現新大陸
1500—

英國大破無敵艦隊

發明蒸汽機

美國獨立
拿破崙稱帝

美國南北戰爭開始

第一次世界大戰
第二次世界大戰

2000—

王允沒有藉曹操的手除掉董卓，他一直對這事耿耿於懷。

等他見到自己養女貂蟬的時候，便有一計上心頭，貂蟬有閉月羞花之姿，董賊與其子呂布肯定都難以把持，何不用美人計？

於是，他先把貂蟬暗地許給呂布，再把貂蟬明獻給董卓。而聰穎的貂蟬也知道採取措施周旋於二人之間，向董卓展示自己嫵媚的一面，給呂布看自己楚楚動人的一側。董呂二人均是神魂顛倒，衝突日漸增大。

呂布得知董卓把貂蟬納入府中後，心懷不滿。一天，他趁董卓上朝，潛到董卓府去探望貂蟬，二人在鳳儀亭相會。貂蟬哭得像淚人一樣，呂布心疼得要命，當然對董卓十分惱怒。這時董卓恰巧回府看見了正在卿卿我我的兩人，怒火中燒，拿戟就刺向呂布。你膽子太大了吧？竟然調戲我的女人！呂布逃走。

美人計使得董卓呂布互相猜忌，形同水火。當然王允也沒有放過機會，他趁機說服呂布，董卓是個無惡不作的壞蛋，殺了他你就是大英雄！

呂布最喜歡聽別人說自己是英雄，殺了董卓自己還可以天天和貂蟬在一起了，於是答應了，可見世上最難過的關是「美人關」。

殺董卓各有各的理由，目標卻是一致的。

達成一致的王允、呂布，商量好在漢獻帝初平三年（西元193年）春

天殺掉董卓。形式是誆騙董卓說天子要禪位於他。董卓聽到後心花怒放，天子終於想通啦？於是高興得赴約來了。行到宮門，便遭到早已經等候在那的李肅一戟，董卓穿的衣服盔甲太厚，一戟竟然沒有穿透。董卓吃了一驚，大叫：「吾兒奉先（呂布字奉先）在哪？快來救駕！」

「他兒奉先」現身，不過不但沒有救他，反而補了他一矛，董卓睜著眼睛倒地死亡。估計臨死他還不清楚是怎麼回事。

董卓死了不要緊，可憐了董氏家族。樹倒猢猻散，還沒有來得及散去的董氏獼猴，便被從朝中的各個角落裡跳出來的英雄好漢，特別是袁家的門生舊吏殺了個精光。現在沒有什麼害怕的了，一起來殺董卓的全家老小啊，搶董卓的金銀財寶啊。董卓九十多歲的老母親，董卓尚在襁褓中的小兒子，也統統被殺紅了眼的好漢們砍下了腦袋。

這還不夠，於是董卓屍體的肚臍眼上就被點了燈火，董卓的屍體太肥，一直燃燒了三天才化為灰燼。這三天裡，大家盡情狂歡，終於除了大患了，但是他們忘記了董卓雖死，他還有大批的軍隊在長安城外呢。

狂歡之後，王允的腦子還沒有從狂歡的氣氛中清醒過來，他竟提出「兩個凡是」：凡是依附、同情董卓者，一律誅殺；凡是涼州籍董卓部屬，一律不赦！

第一個「凡是」，要了名士蔡邕的命。蔡邕聽到董卓死掉的消息，文人傷時，輕輕感歎了下世事無常，就被王允聽到了。王允派人把蔡邕抓過來，大義凜然指責蔡邕：「董卓為非作歹，他死了你不高興反而歎氣，原來你是他的同夥啊。」於是把蔡邕問斬。

很多朝臣知道蔡邕的才華，而且知道蔡邕正在寫後漢一朝的史書，都說饒了他讓他寫書去吧。王允拉下臉不高興了：「以前漢武帝不殺司馬遷，司馬遷寫了本《史記》盡說漢武帝的不是；現在讓蔡邕這樣的人寫史，還不知道把我們都寫成什麼樣呢？」

身正不怕影子邪。你殺掉董卓，大功勞一件，怕蔡邕寫什麼呢？人都追求完美，王允想，自己早先屈身逢迎董卓的醜態，蔡邕都看見了，要是他都寫出來，後人看到還不知道怎麼想我呢？殺了蔡邕，史書由我來寫不

BC　上古時期
秦
— BC200　西漢
— 0　東漢
— 100
— 200　三國
— 300　晉
— 400　南北朝
— 500
— 600　隋朝
唐朝
— 700　武則天稱帝
安史之亂
— 800
— 900　五代十國
北宋
— 1000
— 1100　南宋
— 1200
— 1300　元朝
— 1400　明朝
— 1500
— 1600
— 1700　清朝
— 1800
— 1900　中華民國
— 2000

就好了。

不過還沒有等他來寫，他第二個「凡是」裡邊沒有赦罪的董卓兵馬就打進長安了。

王允頭腦不簡單，可也就用美人計那點本事，當面對董卓的大批兵馬，他只好去追隨蔡邕，兩人到地下一起寫後漢史了。

遷往許都

董卓之亂以後，東漢王朝名存實亡，對各地州郡失去了控制。各地官僚、豪強趁火打劫，爭奪地盤，形成了大大小小的割據勢力。

曹操本來勢力很小，但是他肯動腦筋，從不硬拼，而是講究智取，他

在忙著發展自己的勢力時，漢獻帝可是苦了，西元195年，長安的李傕和郭汜發生火拼，漢獻帝逃出長安，回到洛陽，可是當時的洛陽早就被董卓燒光了。

漢獻帝沒地方住，只能委屈的住在一個草棚裡，下雨的時候，還得跑街上避雨去，住沒地方住，就更別提吃飯了。

糧食找不到，大臣們就去地裡挖野菜，放開水裡煮煮給漢獻帝充飢，

這日子簡直沒法過了。就在漢獻帝覺得自己快要活不成的時候，曹操聽說

了這事，他當時正駐兵在許城（今河南許昌），聽聞漢獻帝的慘狀，就找手底下的人商量，要不要把漢獻帝接過來。

謀士荀彧（音玉）說：「從前晉文公曾發兵把周襄王送回洛邑（今

洛陽），成為霸主，很得人心，如今將軍如果能效仿，那必定也能得人

心。」

曹操覺得很有道理，他便派出曹洪帶領一支人馬到洛陽去迎接漢獻

帝。當時的漢獻帝餓的就剩半條命了，看見曹操要帶他去好地方吃香的喝

辣的，巴不得馬上就走。可是他身邊的大臣董承害怕曹操使壞，硬是把漢

獻帝給攔下來了。

曹操後來親自跑去跟漢獻帝一行人解釋，說現在兵荒馬亂的，皇帝住這麼個破地方多不安全啊，許都設備齊全，有吃有喝，我們一起去許都多好啊。

在曹操的說服下，漢獻帝一行就前往許都了，也就是在西元196年，曹操把漢獻帝迎到了許城，從那時候起，許城成了東漢臨時的都城，因此稱為許都。

當漢獻帝到了許都，曹操就為他修建宮殿，讓漢獻帝能夠安安穩穩的在許都上班工作，而他自己則自封為大將軍，開始用漢獻帝的名義去向各地的諸侯發號命令了，這也就是歷史上的「挾天子以令諸侯」。

曹操先通知袁紹，訓斥他只顧自己發展，不給朝廷謀福利。這讓袁紹氣的鼻子都歪了，曹操居然敢對他指手畫腳。但袁紹還是顧及漢獻帝的面子，沒有對曹操發火。曹操看到自己現在說什麼別人聽什麼，感到很高興。

可是馬上就有他煩心的事情來了，許都人太多，糧草供應不上，可也不能再搬了，於是曹操提出了「屯田」，就是把流亡的農民招集到許都郊外開墾荒地，由官府租給他農具和牲口。每年收割下來的糧食一半歸官府，一半歸農民。

曹操的這個方法讓許都的糧食豐富了起來，而曹操本人也沾了不少光，他在許都養的兵肥馬壯，還吸納了一批智囊團，例如荀攸、郭嘉、滿寵等謀士，他的勢力更強大了。

煮酒論英雄

曹操迎漢獻帝到許都的那年，劉備跑來找他了，劉備也不容易，自從舉起造反大旗，運氣就沒好過，幾乎沒打過勝仗。

這次有了曹操做後援，劉備的信心足了些，曹操和劉備一起去攻打呂布，很迅速的就把呂布給消滅了，呂布的割據勢力被他們給搶了過來。回

BC　上古時期

— BC200　秦
　　　　　西漢

— 0　　　東漢

— 100

— 200　　三國
　　　　　晉
— 300

— 400
　　　　　南北朝

— 500

— 600　　隋朝
　　　　　唐朝
　　　　　武則天稱帝
— 700
　　　　　安史之亂

— 800

— 900　　五代十國
　　　　　北宋
— 1000

— 1100
　　　　　南宋
— 1200
　　　　　元朝
— 1300
　　　　　明朝
— 1400

— 1500

— 1600
　　　　　清朝
— 1700

— 1800

— 1900　中華民國

— 2000

到許都之後，曹操就請求漢獻帝封劉備為左將軍，而且私底下，曹操總是對劉備尊敬有加。

劉備心裡有些發毛，曹操從來都是看人仰著頭，他幹嘛偏偏對自己這樣啊？越想劉備就越不安。劉備深知自己不是什麼重要人物，曹操這麼用心地跟他套關係，肯定有所圖。於是劉備為了不讓曹操猜忌他，就裝作胸無大志的樣子，每天在菜園子裡施肥種地。

曹操看到劉備的舉動也狐疑了，據探子回報，劉備三人每天既不去大臣家裡串門，也不去街上閒逛，就是在院子裡種點菜苗。

曹操心想，劉備要是每天造兵器，拉關係他反倒能接受，可是劉大叔帶領著兩個義弟，三個虎背熊腰的大漢成天蹲在菜地裡，這實在是無法理解。

在這場爭鬥中，方法手段已經次要了，重要的是目的。曹操誘敵深入，希望近距離的找出破綻，但是劉備以守為攻，他不露鋒芒的行動給曹操傳達了一個錯誤的資訊，我們其實就是想混口吃的，沒什麼大理想，現在雖然也算是在中央任職了，但是能省還是省吧，畢竟提倡節約總是沒錯的。

而曹操也幾乎就半信半疑的快要相信他們的胸無大志了，後來曹操找劉備喝酒談人生，論理想，劉備又是裝傻充愣。

曹操一再地說著一句同樣的話：「如今的天下，除了我，就只有你才算得上是真英雄了啊。」劉備雖然一直迫切表示自己只是一個小角色，根本不配和曹大人相提並論，但是曹操還是不住口地說劉備這個好，那個厲害，後來看到劉備就是個沒有大志的人，曹操才放他回去。

這以後，劉備更是時刻準備著離開曹操，雖然董承邀請劉備和他一起除掉曹操，但劉備不想惹禍上身，他趁曹操想去伏擊袁術，主動請纓，帶領了曹操的一隊人馬就溜了。

然後劉備用曹操的人打敗袁術，奪回了徐州，就在那紮營安寨。曹操氣得要命，正巧他得知了董承的事情，就把火全撒到董承身上了，然後帶領兵馬，殺氣騰騰地去找劉備討個說法。

發明蒸汽機

美國獨立
拿破崙稱帝

美國南北戰爭開始

第一次世界大戰
第二次世界大戰

　　　　2000—

劉備打不過曹操，只能放棄徐州往冀州投奔袁紹，慌亂之中，他和自己的兄弟關羽，張飛走失了，關羽被曹操捉住，張飛下落不明，曹操總算是出了一口惡氣。

官渡之戰不是蓋的

劉備逃到了鄴城，看著被曹操打得屁滾尿流的劉備，袁紹唏噓感歎，曹操真是個人才，是個對手，他決定先下手為強，進攻許都，攻打曹操的大本營。

他的謀士田豐這時站出來說，如果貿然行動，大軍肯定會失敗。袁紹聞言極度不爽，田豐的嘴怎麼這麼臭，我還沒打，你就說我肯定會輸。既然你那麼害怕，蹲大牢去吧，別跟著我去打仗了。就這樣，田豐還沒說完話就被關了起來。

袁紹帶著所剩無幾的謀士和一群虎將向曹操發起了總攻，先是在黎陽渡河，不料曹軍大將于禁反而到黃河北面，一把火燒了袁軍的屁股，還殺了好幾千人。在黃河三渡口白馬津、延津、杜氏津一帶，曹袁兩軍互相強渡和砍殺。不過于禁太聰明，很少與袁軍正面交手，採用游擊戰和叢林戰方法，逗得袁紹團團轉。

袁紹顧不得和于禁周旋，直接將大軍開赴白馬，與曹操的主軍碰面，擺開陣勢打起來。白馬城是曹軍的劉延在把守，袁紹的愛將顏良把這裡作為自己進攻的關鍵點。劉延當然打不過顏良，只能等待曹操的援軍。曹操北上的路線本是跟在于禁的後面，聽說白馬城之圍一事後，馬上叫夏侯淵到延津一帶做幌子，表示自己也在那邊。此舉跟當年派王忠、劉岱去晃點劉備很像，不過曹操這次做得更逼真，平時夏侯兄弟一向不離自己半步，這會兒他們只要出現在延津，袁紹肯定以為自己沒去援救白馬城，實則曹操早就帶著徐晃、張遼、關羽等人奔向了白馬城。

因為曹操對關羽很好，所以關羽為了感激就替曹操賣命，在這次征戰

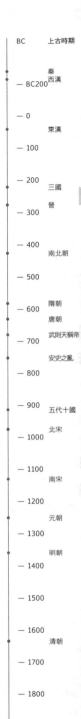

BC　上古時期
秦
西漢
— BC200
— 0　東漢
— 100
— 200　三國
晉
— 300
— 400　南北朝
— 500
隋朝
— 600　唐朝
武則天稱帝
— 700　安史之亂
— 800
— 900　五代十國
北宋
— 1000
— 1100　南宋
— 1200
元朝
— 1300
明朝
— 1400
— 1500
— 1600　清朝
— 1700
— 1800
— 1900　中華民國
— 2000

中，關羽殺了袁紹的兩名大將顏良和文醜。這讓袁紹很生氣，他認為劉備和關羽串通好了，要來害他，劉備表了半天衷心，袁紹才放過他。

袁紹的軍隊被曹操殺的垂頭喪氣，但袁紹還是不肯放手，他打算仗著自己糧食多，跟曹操打持久戰，打不過曹操，就耗死曹操。但可惜，袁紹這個計畫很完美，但是實施起來就出問題了。

曹操也不是個省油的燈，袁紹有什麼打算他一清二楚。曹操寫信到許都告訴荀彧，準備退兵了。但是荀彧給他口信讓他無論如何堅持住。就在曹操頭疼的時候，袁紹手下的謀士許攸半夜來投奔他了，曹操高興的光著腳就跑出來迎接。

原來許攸給袁紹建議讓他派出一小支人馬，繞過官渡，偷襲許都。但袁紹不但不聽，還罵他，一氣之下，許攸就來曹操這邊了。

有了許攸的幫忙，曹操士氣大振，他在許攸的建議下，派了一支輕騎兵去襲擊袁紹放糧食的地方，把袁紹的糧食全部燒光了。這個消息讓正在官渡的袁紹部隊十分驚慌，士氣大失，曹操還沒怎麼費勁，就贏了。

這場著名的官渡之戰，以少勝多聞名歷史，經過這次慘敗，袁紹的主力已經消滅。過了二年，袁紹病死。曹操又花了七年工夫，掃平了袁紹的殘餘勢力，統一了北方。

老子沒了兒子上

北方打的熱鬧，南方也沒閒著。

漢獻帝初平四年（西元193年），江東猛虎孫堅不幸中箭身亡，他的部眾為了謀生也都投歸了袁術。當時孫堅長子孫策十九歲，他把父親葬到老家曲阿之後，也攜帶著兄弟等人依附於袁術。為報父仇，他主動請纓出戰，袁術怕再損耗部將，沒有同意。

哥倫布發現新大陸　1500—

英國大破無敵艦隊

發明蒸汽機

美國獨立

拿破崙稱帝

美國南北戰爭開始

第一次世界大戰

第二次世界大戰

2000—

袁術聯盟南北作戰均遭失利，自己一看局勢不好便跑到了九江，解決了揚州刺史陳溫，自己做起刺史來。袁紹的勢力達不到這裡，兩人的決戰

也就告一段落。

此時的揚州局勢也不明朗，因為朝廷派了一位宗室劉繇來做揚州刺史。劉繇到了揚州卻不敢去政府所在地壽春，因為袁術控制著呢，自己可不想落到袁術手中，便到壽春東邊的曲阿上任了。這時的揚州，東邊一個劉刺史西邊一個袁刺史。東邊一個劉刺史為了遏止袁術的勢力擴張，在曲阿到壽春的地界上設置了兩個據點，袁術也不甘示弱，派了孫堅舊部孫賁、吳景圍攻這兩個據點，打了一年也沒有打出來成效。

你們這兩人也太不爭氣了，白吃了我一年的軍糧！袁術氣呼呼地在軍門外踱步，抬眼就看見了孫堅的長子孫策，腦子一轉，為什麼不讓孫策去打？這小子一直吃我的穿我的，就是沒有回報我呢。沒想到孫策不但不費吹灰之力把這兩個據點打下來，並且一鼓作氣攻到了曲阿，把劉繇也給打跑了。

孫策確實繼承了父親的軍事才能，博得了袁術的喜歡。之後袁術屢次對手下以及賓客說：「我要是有孫策這樣的兒子，死也沒有什麼遺憾的了！」

他說得很對，他沒有孫策這樣的兒子，臨死時候抱恨終生，吐血而亡。不過現在袁術覺得把孫策當做一件工具挺實用的，重要的戰事也都安排給孫策。

孫策還打了一場盧江之戰，當時盧江太守陸康也是朝廷任命的，自覺身貴，不跟袁術同流合污，袁術很惱恨，但派將屢攻不能克，就又想到了孫策了。他說：「只要攻克盧江，太守的位置就是你的。」孫策一聽不錯，也便率將奮力攻城，不巧陸康病死，盧江城無人主事，被孫策攻陷。

不過袁術馬上就失言了，他沒有讓孫策繼任盧江太守，而是任命了一個自己的親信擔任此職。孫策本來愉悅的心情化為一肚子悶氣，但是沒辦法，誰叫自己寄人籬下呢？盧江之戰後，孫策下定了決心，一定要創出一番事業來，結束這種乞憐於人的生活。

孫策打聽到名士張紘很有謀略，此時正在附近居住，便備了些禮物，前去請教治理天下的辦法，開始了東吳版本的「三顧草廬」。第一次去的

BC 上古時期
秦 西漢
— BC200
— 0 東漢
— 100
— 200 三國
晉
— 300
— 400
南北朝
— 500
— 600 隋朝
唐朝
— 700 武則天稱帝
安史之亂
— 800
— 900 五代十國
北宋
— 1000
— 1100
南宋
— 1200
元朝
— 1300
明朝
— 1400
— 1500
— 1600
清朝
— 1700
— 1800
— 1900 中華民國
— 2000

時候正趕上張紘母親病逝，張家正在辦喪事。張紘對孫策說，不好意思，我正在喪居期間，方寸已亂，其他的事情都靠邊站。孫策只得鬱鬱而歸。之後孫策不間斷地去問好送禮，有一次還站在大雨中鞠躬不止，這些做法最終打動了張紘。

張紘就對孫策說：「現在天下大亂，要想成就一番事業，除非先占一塊地盤啊。袁術這個人你也看到了，好好的南陽被他折騰成什麼樣子了，怎麼能成事？如今江南混亂，各個家族占山為王，要是將軍您能向袁術借兵一統江南，然後招攬天下豪傑，養兵蓄銳，靜觀天下，到時機成熟時候入主中原，那麼大事就成功了。」

這可是最早的「隆中對」，孫策一聽恍然大悟，他抓住張紘沒有放開，表示嘆服與感謝，之後二人經常交談結交。孫策還把全家家眷都交由張紘照顧，然後在這條方針的指導之下，放心放手去開拓自己的事業去了。

但是平定江南，談何容易。當時的江南勢力紛爭，錯綜複雜。

亂到極致是瘋癲

可找著謀士了

官渡大戰以後，劉備逃到荊州，投奔劉表。劉表撥給他一些人馬，讓他駐在新野（今河南新野縣）。張飛和關羽也找回來了，三兄弟又聚到一起了，可是劉備卻並不開心，眼看著自己就是知天命的人了，卻還是一事無成，想想就沒臉見人。

後來劉備總結了一下，自己之所以這麼失敗，就是因為沒有一個足智多謀的人，因為劉備窮，謀士都不願意跟隨他。

劉備開始四下打聽，問哪裡有聰明的謀士，還真被他給打聽到了，隆中名人司馬徽舉賢不避親，極力推薦了諸葛亮和龐統（龐德公的侄子），有話為證：「臥龍鳳雛，得一而可安天下也！」

劉皇叔很實在，他為了穩妥決定要把這兩個人都收羅進來。龐統很積極，劉備還沒去請，他就自己跑過來自薦，劉備很高興，打算再派人去找諸葛亮。這時，一個人發話了。

「諸葛亮非等閒之輩，主公如果不親自去請，恐怕有怠慢的意思。」

醍醐灌頂，劉備親自準備了禮盒，帶著關羽和張飛就找去了諸葛亮家，但是很不湊巧，諸葛亮出門了，問什麼時候能回來，家裡人答道沒交代，原來諸葛亮還是個踏青愛好者，常常一個人跑野地裡去溜達，什麼時候回來要看他的心情。

沒關係，這次不湊巧，下次再來就是了。劉備留下姓名和來拜訪的目的就回去了。回去的路上，聽到田間有個農夫在唱歌，出口不凡，氣勢恢宏，經過跟老鄉打聽，劉備才知道原來這人竟然是諸葛亮的弟弟，弟弟都這麼有出息，那哥哥一定錯不了，劉備滿懷希望地走了。

過了幾天，劉備再次出發去到諸葛亮家裡，非常不幸的是他卻被告知，很不湊巧，先生本來回來了，不過今天一早又去岳父家喝酒去了。

沒辦法，那就等等吧，也許喝完了諸葛亮就回來了呢。結果一等等到太陽下山，也沒見到諸葛亮的影子。這次一旁的關羽和張飛也數落著諸葛亮的不是，上次來的時候都留下姓名了，既然你回來了，不說主動來拜訪，起碼也該在家等著啊，還擺那麼大的譜。

劉備再次準備了厚禮，帶著關羽和張飛去了諸葛亮家，這次很剛好，諸葛亮在家，不過在午睡。

劉備很高興，在家就算放心了，那就等他睡醒了再見，上次他出門不知道什麼時候回來，但睡覺睡幾個鐘頭總會醒的，於是恭恭敬敬地在門外等候。

因為劉備堅決要求不要打擾諸葛先生的休息，所以家人也沒去通知諸葛亮門外有人等著，諸葛亮一個放心覺睡起來，天都快黑了，推開門正準備問老婆晚上吃什麼，突然看見院子裡杵了三個黑影，嚇了一跳。

「先生，劉玄德等你多時了。」可算起床了，劉備鬆了口氣。

和諸葛亮相談甚歡，劉備的謙虛坦誠感動了諸葛亮，諸葛亮決定出山幫他的忙，劉備激動萬分，諸葛亮可是個人才，看來自己就要轉運了。

天涯海角追殺令

西元208年，曹操開始南下，進攻劉表，但是曹操走得慢了點，他還沒到荊州，劉表就病死了，劉表的兒子劉琮被曹操嚇破了膽，趕緊投降，這仗贏的太簡單了。曹操轉頭就去收拾劉備，劉備早嚇得跑掉了，一路上

耶穌基督出生 0—

君士坦丁統一羅馬

羅馬帝國分成兩部

波斯帝國 500—

回教建立

凡爾登條約

神聖羅馬帝國建立
1000—

十字軍東征

蒙古第一次西征

英法百年戰爭開始

哥倫布發現新大陸
1500—

英國大破無敵艦隊

發明蒸汽機

美國獨立
拿破崙稱帝

美國南北戰爭開始

第一次世界大戰
第二次世界大戰

2000—

帶著百姓，走也走不快，很快就在當陽長坂坡被曹操追上了。

劉備被打得很慘，老婆丟了，兒子沒了，要不是趙雲仁義，拼死替他搶回兒子，只怕劉備就絕後了。

實在沒有辦法的劉備向江東的孫權求助，因孫策被人暗殺，用毒箭射死了，這才輪的到孫權接班。

孫權就派了魯肅來和劉備洽談，劉備就派出了諸葛亮對陣。

諸葛亮就跟魯肅到了東吳柴桑見孫權。

孫權見諸葛亮來了，故作高傲，一言不發地看著諸葛亮在那裡比比劃劃，分析曹操各種弱點，諸如大軍遠征兵疲馬困、人數減半、水土不服之類。諸葛亮知道他故意不理自己，暗地裡耳朵豎得老高，便笑著說：既然孫權你怕了曹操，還是投降他吧，也不必跟我們一般見識，反正劉備不成氣候，遲早是要完蛋的。不過我們主公可是個有氣節的人，就算戰死也不投降。

孫權聞言大怒。

孫權喚來自己的屬下，詢問打曹還是降曹。正好曹操的威脅信到，孫權順便讀給大家聽。臣子們討論一會兒就吵了起來，有人認為投降，有人認為坐視不理，年輕一點的則認為跟曹操一拼到底。大家越吵越激烈，把孫權弄得糊裡糊塗，躲回屋裡鬱悶去了。

生氣歸生氣，仗還是要打的。孫權將魯肅找到內室，與他「垂淚對望」，魯肅摸著下巴想了好久才說：把周瑜叫回來吧，由他來決定。

周瑜與孫策是結拜兄弟，二人分別娶了二喬姐妹花，周瑜娶的是小喬。周瑜能文能武，連蘇軾都說三國風流人物只有公瑾（周瑜字）才配得上，足見他有多悍。刻下，周公瑾正在鄱陽湖練水兵，一接到孫權的飛鴿傳書，他就趕赴柴桑。

沒見到孫權前，程普、黃蓋、韓當等一班人都來見周瑜：水軍都督，我們是寧死也不會投降。特別是黃蓋，他激動得口水噴了周瑜一臉。

周瑜擦了擦臉上的口水說：我也沒說讓你們投降，激動什麼？他將幾位老將送了出去，諸葛瑾、呂范等文官又進來了。

BC　上古時期

秦　西漢
— BC200

— 0
　　東漢

— 100

— 200

— 300　三國　晉

— 400
　　南北朝

— 500

— 600　隋朝
　　唐朝
　　武則天稱帝
— 700
　　安史之亂

— 800

— 900　五代十國
　　北宋
— 1000

— 1100
　　南宋

— 1200
　　元朝
— 1300
　　明朝
— 1400

— 1500

— 1600
　　清朝
— 1700

— 1800

— 1900　中華民國
— 2000

諸葛瑾不好意思地說：我老弟諸葛亮來找主公商量對付曹操的事情，我沒敢多嘴，都督有何高見？

周瑜微笑著說：我自有主張，你們不用擔心。

把眾人打發出去後，諸葛亮又來了，而且是有備而來。他和周瑜商量了一番利弊，兩人達成了共識，那就是聯合抗擊曹操。

諸葛亮帶著這個好消息回到江夏，劉備樂得不得了，帶著從劉琦那裡搞來的兩萬兵馬，順流而下經夏口至樊口，與周瑜三萬水軍回合。

偷雞不成蝕把米

曹操聽說周瑜把自己送去的勸降信撕了，還砍了使者的腦袋，怒罵一通之後派出蔡瑁和張允督船打東吳，與甘寧領導的東吳戰船交手。

蔡瑁、張允都是老將了，薑畢竟是老的辣，甘寧不幸慘敗而歸，周瑜急忙補上空缺，與曹軍再戰。作為水軍都督的周公瑾當然沒甘寧那麼窩囊，三兩下就把曹軍轟跑了，但是因為水上西北風刮得厲害，東吳戰船無法進一步推進，只能暫時收兵。

曹軍敗興而回，蔡瑁和張允被曹操一頓臭罵，二人心中極為不爽。每每和東吳戰船打仗的都是荊州水軍上一線，曹軍在後面躲著，算什麼能耐！二人憤憤離去。

曹操叫來一幫親信，詢問該如何對付周瑜，蔣幹站出來說：我與周瑜是好朋友，我去跟他說。曹操大喜，給蔣幹帶上充足的乾糧，彈了彈他腦袋上的儒冠說：去吧，全靠你了，兄弟。

蔣幹開心地跑到樊口拜見周瑜。周瑜早知道他是曹操的說客，每當蔣幹要說話的時候就故意岔開話題，晚上又辦了個「群英會」，喝酒到天明。

美國獨立
拿破崙稱帝

美國南北戰爭開始

第一次世界大戰
第二次世界大戰

2000—

凌晨時候，周瑜終於玩夠了，讓蔣幹扶他回房睡覺。蔣幹自己則坐在大廳裡發呆，怎麼也睡不著，便到周瑜的書房看看，沒想到在周瑜的桌子

上看到一封信。他打開一看，不禁大驚失色，竟然是蔡瑁、張允給周瑜的信。蔣幹這下更精神了，一路狂奔回曹營，告訴曹操蔡、張二人通敵。

曹操越想越生氣，覺得最近荊州軍情緒很不穩，難道是打算背叛他？他終生都堅信一項準則：寧可我負天下人，勿叫天下人負我。蔡、張兩個老頭既然如此待他，他也沒必要客氣了。

某一天的夜裡，曹操帶領一隊人馬突襲荊州軍營，輕鬆兩刀殺了蔡瑁和張允，致使曹方水軍群龍無首，全賴曹操一方不諳水性的北方人指揮。然後為了補上蔡、張的空缺，曹操讓毛玠和于禁做水軍都督。兩個旱鴨子指揮一幫水軍，結果可想而知，周瑜心想曹操可是一點也沒浪費自己的反間計啊。

用腳丫子也能想出來，周瑜桌子上的那封信有百分之九十九是假冒偽劣產品，但多疑的曹操偏偏就中計了。

先是中了周瑜的計策，後來又中了諸葛亮的計。

曹操是富人，武器多，諸葛亮決定從他身上拔毛，一天半夜，他向魯肅借了二十艘船，在船上插滿了稻草人，給稻草人穿上士兵的衣服，指揮各位船長向曹軍方向開去。

天色大晚，江上起了大霧，曹軍這方燈火通明，正準備吃晚飯，信號兵突然發現霧中隱約有東吳水船，回身衝進主艦向曹操報告情況。曹操覺得可疑，就讓人放箭擊退敵人，於是在曹操強大的活力下，諸葛亮的草船收穫了十萬支箭。

赤壁燒了曹操的心

大戰還沒開始，曹操就損兵折將，還賠上了這麼多武器，讓他很是不爽。但是周瑜的詭計遠沒有停止。

一天，黃蓋被揍得皮開肉綻以後，哭哭啼啼地寫了一封「血書」，讓闞澤送去給曹操，信中說得無限淒涼，先講自己對孫吳有多麼仗義，再

BC　上古時期
秦
─ BC200　西漢
─ 0
東漢
─ 100
─ 200　三國
晉
─ 300
─ 400　南北朝
─ 500
─ 600　隋朝
唐朝
─ 700　武則天稱帝
安史之亂
─ 800
─ 900　五代十國
北宋
─ 1000
─ 1100
南宋
─ 1200
元朝
─ 1300
明朝
─ 1400
─ 1500
─ 1600
清朝
─ 1700
─ 1800
─ 1900　中華民國
─ 2000

講周瑜剛愎自用、自以為是，又說自己對孫吳大失所望，希望曹操能收留他，他還能幫曹操拐帶一批東吳水軍。

曹操告訴闞澤說，黃蓋要是真投降，就給他高官厚祿，讓他吃不完拿不盡。被曹操遣送回來的闞澤在黃蓋耳邊說了一大堆，老黃開心地去向周瑜報告好消息：曹操中計了。原來，這是黃蓋和周瑜的苦肉計。

而後龐統又出馬了，他到曹操那裡跟曹操聊天，曹操告訴他，這場仗自己最擔心的就是自己軍士暈船。

龐統給曹操出了個主意，讓曹操用大鐵索將船捆綁起來，二十艘大船為一行，三十艘小船為一列，船與船之間搭架木板，建造巨型的水上陸地。曹操一聽真是好主意，有學問的人果然不一樣。他馬上就照辦了。但其實這都是諸葛亮他們的計謀。

看著曹操把船捆好了，挑了個好日子，開戰了。

一天晚上，曹操舉目眺望，發現由對面過來數十艘船，上插黃龍旗，寫著「先鋒黃蓋」，果然是黃蓋的降船。曹操剛想笑，卻又發現黃蓋那些船的甲板上空空如也，一個人也沒有，不明所以。就在此時，東風突然刮起，黃蓋的數十艘船突然加速向曹操方向駛來，而且船尾竟然點著大火。

曹操這才明白自己中計了，但已經晚了，在大風的幫助下，火是越燒越大，曹操損失慘重，他本人因為提前溜到了陸地上，這才撿回了一條命。曹操聽了張遼的話往烏林跑，慌不擇路，來到一處山溝，恰好遇上了大雨，道路又是泥濘又是沼澤，很多馬和士兵都身陷其中。這一次水火相繼，把曹操弄得狼狽不堪，曹軍七零八落，逃到了南彝陵葫蘆口。曹操一屁股坐在一棵枯樹下，又爆笑出聲，對眾人說：我要是諸葛亮和周瑜，就在這裡放一票人馬，等我們走得筋疲力盡，便沖出來將我們一網打盡。

十字軍東征

蒙古第一次西征

英法百年戰爭開始

哥倫布發現新大陸
　　　　1500—

英國大破無敵艦隊

發明蒸汽機

美國獨立
拿破崙稱帝
美國南北戰爭開始

第一次世界大戰
第二次世界大戰

　　　　2000—

曹操的「烏鴉嘴」再次發揮了超級強悍的作用，他即將走上的華容道上，關羽在那等著他呢。

但是曹操臉皮非常厚，他提起自己當初對關羽的好來，讓關羽不忍心對他下手，還把他放走了。最後曹操還是逃回許都，休養生息去了。

將戰爭進行到底

不做私人醫生

　　赤壁一戰，讓劉備和孫權成了緊密的夥伴。劉備更好命的是向孫權借來數郡，連接整個南荊州站穩了腳。孫權只分得荊州東南方的幾個小城，但背後有大片的江東土地，與曹操遙相對峙。

　　曹操也知道南攻對於北方軍人來說太困難，且有朝廷反對派勢力不斷抨擊自己，北有馬騰、韓遂如鋒芒在背，不如回許都修養，將北方的「蟑螂」真正掃淨，再圖整個天下。曹操派出曹仁留守江陵抵禦劉備、孫權，自己領兵回朝。至此，三國鼎立的局面初具規模。

　　回到許都的曹操心情很不好，自己打了敗仗不說，他心愛的小兒子曹沖也得了重病，眼看就要沒氣了。這時曹操感慨：「要是華佗在，孩子不會死得那麼早。」

　　曹操惦記的華佗是一個醫學家，而且還是一名神醫，什麼病都能治好，但是華佗是個熱愛自由的人，他拒絕當官，只想當個自由的行醫者。

　　他成功的案例很多，最著名的當算是為關羽刮骨療傷了，當時關羽中了毒箭，劇毒無法排除，讓中箭的胳膊腫得老高。華佗就拿小刀劃開關羽的肉，在關羽的骨頭上把毒都刮了出去。

　　這個案例中不論是醫生還是病人都是英雄，但接下來這個就不好說了。曹操一直有個治不好的偏頭疼的毛病。他看過很多醫生，但就是沒有

BC 上古時期
— BC200 秦 西漢
— 0 東漢
— 100
— 200 三國
晉
— 300
— 400 南北朝
— 500
— 600 隋朝
唐朝
— 700 武則天稱帝
安史之亂
— 800
— 900 五代十國
北宋
— 1000
— 1100 南宋
— 1200
元朝
— 1300
明朝
— 1400
— 1500
— 1600
清朝
— 1700
— 1800
— 1900 中華民國
— 2000

BC

耶穌基督出生　0—

君士坦丁統一羅馬

羅馬帝國分成兩部

波斯帝國　500—

回教建立

凡爾登條約

神聖羅馬帝國建立
　1000—

十字軍東征

蒙古第一次西征

英法百年戰爭開始

哥倫布發現新大陸
　1500—

英國大破無敵艦隊

發明蒸汽機

美國獨立
拿破崙稱帝

美國南北戰爭開始

第一次世界大戰
第二次世界大戰

　2000—

效果，聽說了華佗的大名，曹操就派人去把華佗找來。

華佗在曹操的頭上扎了幾針，曹操的頭疼就好了。曹操很高興，他讓華佗留下來，專門為他一個人治病。這可讓華佗為難了，他志在天下，不想留在曹操身邊，曹操看華佗不樂意，就把華佗關到了監獄裡。

但是華佗寧死不屈，曹操最後就把華佗殺了，打從華佗死後，曹操發頭風病，就再沒有找到合適的醫生給他治療。但曹操還死鴨子嘴硬，就是不肯承認自己的錯，直到他的小兒子曹沖死了，他才懊悔萬分。

劉備進益州

赤壁之戰以後，劉備的日子稍微好過了一些，但還是寄人籬下，得看人眼色，諸葛亮給他分析，如今南有孫權，北有曹操，唯一的發展方向便是西面的益州（現在四川的大部分地區），和諸葛亮想到一起的還有龐統，他也曾勸過劉備說：「如果不求向西發展，和孫權，曹操他們抗爭的機會恐怕難以得到。」

益州當時主事的是劉璋，簡單做個介紹：劉璋，男，字季玉，因為出身官宦家庭，從小沒吃過苦，所以導致長大後成天玩樂，沒有什麼憂患意識。

大家為了爭地盤，搶勢力打得齜牙咧嘴，頭破血流，你一個人在圈外看熱鬧那是絕對不行的，一定要把你拉下水來。

赤壁之戰前夕，曹操一路奔到這邊來挑釁，劉璋看到苗頭不對，便想趁曹操還沒想到打他之前，先跟曹操表明一下立場，說自己是和其他人不一樣的，自己沒有擴充地盤的野心，而且是非常願意歸順的，只是千萬不要攻擊他。為了把這個想法順利的傳達給曹操，劉璋挑選了一個人作為他的使者，前去曹操那裡。

此人名叫張松，體格瘦小，長相偏差，但是人不可貌相，小個子張松很有才華，尤其是口才不錯，劉璋認為他一定能表達清楚自己的意願，並

且說服曹操放過自己。

帶著劉璋的殷殷期盼，張松就上路了，俗話說短小精悍是為人精，說的就是張松這樣的人。除了口才之外，他還擅長另一種本領——見風使舵。通俗點講，就是誰給的好處多就跟著誰。

劉璋一向沒什麼大志，自然對手下也疏於管理，張松自認為才高八斗，是個有大作為的人，可是自從跟了劉璋每天不是坐辦公室就是喝茶下棋，而且薪資也是常年不見漲。虛度光陰的張松認為跟著劉璋實在是沒有前途。

曹操就不一樣了，幾年內將風暴席捲了大半個中國，跟著他混一定能混出個名堂來，可惜曹老闆當時已經到達江陵，給劉備收拾的七零八落，痛不欲生，給了孫權一個結結實實的下馬威，被勝利沖昏頭腦的他，根本沒把劉璋放到眼裡。

劉璋？張松？貴姓？貴庚？現在真是沒空搭理你們。

坐了冷板凳的張松氣得不行，他認為這是曹操對他智商和人格的侮辱，所以一路罵著曹操的祖宗就回到了劉璋那裡，添油加醋的對劉璋說了一堆曹操的壞話，還捏造了情報說曹操很快就打算來攻打益州了。

急成熱鍋上的螞蟻的劉璋慌忙問張松有沒有什麼應對的辦法，他可不想打仗，更不想被打。

「我看如今只有聯合劉備，一起來對付曹操了。」張松這個建議出的不明不白，就算曹操對不起你，你也沒必要扯出實力，人品，水準都不高的劉備來啊，看來此人的確是腦子有點問題，難怪曹操第一眼就沒看上他。

話雖如此，劉璋還是認同了張松的意見，又派了一個人去找劉備，傳達自己希望結盟的意思。

這個人叫法正，除了個人素質稍微比張松高一丁點外，大致情況兩人都差不多，懷才不遇的法正去到劉備那裡，受到了劉備的熱情款待，備受重視的法正覺得領導者就應該是這樣，頓時萌生了倒戈的想法。

其實劉備對誰都這樣，這是人家的做人習慣。法正還什麼都沒搞清楚

BC　上古時期

秦
— BC200　西漢

— 0
　　東漢

— 100

— 200　三國
　　晉
— 300

— 400
　　南北朝
— 500

— 600　隋朝
　　唐朝
— 700　武則天稱帝
　　安史之亂
— 800

— 900　五代十國
　　北宋
— 1000

— 1100
　　南宋
— 1200
　　元朝
— 1300
　　明朝
— 1400

— 1500

— 1600
　　清朝
— 1700

— 1800

— 1900　中華民國
— 2000

就急著當叛徒，說到底還是頭腦有點簡單。

諸葛亮在一旁看出了那麼點意思，就鼓動劉備繼續對法正好吃好喝的招待著，而他自己也不時地找法正聊聊天，藉機會看看這個人到底水準怎麼樣，結果法正肚子裡還真有點東西，不是個草包。

如果把法正爭取過來，讓他安插在劉璋身邊充當間諜，那對劉備得到益州可就大有幫助了，諸葛亮對法正許諾如果劉備成為益州的主人，一定會給他加官晉爵，加薪提成的。

法正面對金錢和官位的誘惑，終於屈服了，拍著胸脯保證以後一定定期彙報劉璋的動向。看著法正離去的背影，諸葛亮沒有高興，政治上耍點陰謀詭計是家常便飯，但諸葛亮不是陰謀家，他還是沒有習慣這樣的傾軋和覆滅。

但是有個人卻很高興，就是張松，這位仁兄一看自己有同盟軍了，立刻和法正聯絡了感情，交流了心得，在之後的日子裡，兩個人心有靈犀的在劉璋耳朵邊為劉備說好聽話。

本來就沒什麼主見的劉璋被這兩位仁兄灌輸的，認為天底下除了劉備再也找不出第二個可以幫助他的人了。

法正經常將劉璋的舉動和言語彙報給諸葛亮，相比之下，張松的動作就狠多了，他不時的鼓動劉璋將劉備接到益州來住，理由是大家離近了，凡事好商量。

劉璋雖然沒本事，但還不傻，知道整個軍團來自己家會是什麼後果，所以張松的險惡用心一直沒能得以實現。

但是機會終於被張松等到了。

製造這個機會的是曹操，惹事的永遠是這位大哥。真是受不了。

就不能安分一下

吃了敗仗，元氣大傷的曹老闆堅信陽光總在風雨後，自己還會再站起

來的，所以沉寂了一段時間後，他再次站在了惹事排行榜的第一名。

曹操認為馬騰與自己近在咫尺，最近動靜特別多，顯然是有造反的跡象。荀攸思考了片刻，建議曹操封馬騰為征南將軍，假意讓老馬去打孫權，實則引他入京再除掉他。曹操不停地點頭，傳令叫馬騰進京。

馬騰心知曹操欲除掉自己，留了長子馬超在家看守，帶著兩個兒子馬休、馬鐵和侄子馬岱去了許都，還未得到掛名的頭銜，便被曹操在三句話間謀殺了，只有馬岱逃出生天。

在西涼州等著父親回家的馬超忽然做了噩夢驚醒過來，下人忽然撲進屋裡報告馬騰身亡的消息。馬超「咕咚」跪到地上，失聲痛哭，哭夠了之後，便與韓遂合夥發兵往長安方向進軍，誓殺曹操為馬騰報仇。在進軍的路上，西涼各路人馬皆痛恨曹操不仁不義，紛紛投靠了馬超一方。嚇得長安郡守鐘繇魂飛魄散，急報曹操快派兵設防。

在曹操大軍趕來之前，長安已經失守，曹操只好令曹洪和徐晃帶一萬兵馬幫鐘繇死守潼關。馬超見很難攻過去，登上潼關口對著曹洪、徐晃放聲大罵，把曹操的爺爺、爸爸、曹操本人、曹操的兒子們全罵了個遍，跟當年陳琳罵曹操有一拼。只不過馬超不太文明，罵語之間有粗口。曹洪的脾氣向來暴躁，容不了馬超在那裡「叫罵」，徐晃卻總是攔著他，讓他不要輕舉妄動，顯然識破了馬超的激將法。

馬超看曹洪等人就是不出潼關，恨得牙癢癢，每吃完一頓飯便跑出來繼續罵，罵累了回去吃，吃完再罵，實在太累就回去睡覺。如此反覆咒罵好幾天，馬超的嗓子都發炎了，徐晃、曹洪仍是沒動地方。

於是，接著罵曹操祖宗十八代。馬超鍥而不捨的精神終於「感動」了曹洪，洪爺終於按捺不住衝出潼關向馬超殺來。

馬超大吼「來得好」，幾個回合便令曹洪敗兵逃走。前者緊隨曹洪的腳步殺進潼關，徐晃不得不放棄關口往東撤。

曹操看到灰頭土臉的曹洪，本想賞他百八十個大板子，後來一想曹洪性格所致，罰了等於沒罰，不如專心對付馬超。

馬超就這樣和曹操對上了，雙方你來我往，打得很是熱鬧。曹操渡過

BC　上古時期

－ BC200　秦
　　　西漢

－ 0

　　　東漢

－ 100

－ 200　三國

　　　晉

－ 300

－ 400

　　　南北朝

－ 500

－ 600　隋朝
　　　唐朝

－ 700　武則天稱帝
　　　安史之亂

－ 800

－ 900　五代十國

　　　北宋

－ 1000

－ 1100

　　　南宋

－ 1200

　　　元朝

－ 1300

　　　明朝

－ 1400

－ 1500

－ 1600

　　　清朝

－ 1700

－ 1800

－ 1900　中華民國

－ 2000

黃河到馬超的屁股後面打他，既可以讓馬超無險可守，也可痛擊馬超。此計是徐晃向曹操提出來的，深得曹操贊同。

但馬超已經先一步猜到曹操、徐晃會選擇在蒲阪津一帶渡黃河，叫韓遂去渭河北岸攔住曹操去路。韓遂卻認可「兵半渡可擊」這種老兵法，非要等著曹操渡河到一半的時候迎頭痛擊，讓曹操葬身大水之中。

雙方都想的很美，但誰也沒實現自己的想法，曹操把馬超打的跑了很遠，他滿足了一下勝利心理，就回來了。

禍害活千年

建安十六年（西元211年），曹操派兵準備去征伐漢中的張魯。這個大事讓劉璋很害怕，張魯的領地就自己旁邊，打完張魯不就該輪到他了嗎，這個危險的信號讓劉璋坐立難安，這時張松又不失時機的來勸說將劉備迎進益州，兩家共同抵抗曹操。

已經亂了方寸的劉璋這次沒有反對，他派法正帶領四千人馬到荊州去迎接劉備，請他來和自己共同抵禦曹操。

幾年的籌備，又安插間諜，又觀察局勢，諸葛亮等待的就是這一天，他帶著法正找到劉備，在地圖面前，為劉備再次上了生動而激勵的一課。

「我們現在在荊州，如果曹操或者孫權打過來，我們是毫無退路，而且沒有防守，但是得到益州的話，情況就大不相同了，可攻可守，而且那

裡劉璋的兵馬幾萬，可以為我們擴充勢力所用。」

「進入益州已經是水到渠成的事情了，法正對益州瞭若指掌，有了他做內應，益州，我們一定可以兵不血刃的得到。」

「將來蜀地就是我們的，全國的統一將從這裡開始邁出第一步。」

演講完畢，縱觀此演講，要點明確，思路清晰，語言生動，緊抓要

害，別說文化不高的劉備，就連法正也歎為觀止，自愧不如。

既然話都說到這份上了，我再不行動也就太對不起諸葛先生的一番心

意了。劉備大吼一聲，「拼了。」這位劉大叔，胸中的雄心終於被諸葛亮點燃，爆發出了燎原的氣勢。

話又得說回來，要去別人家住了，自己家也不能不管啊，諸葛亮留下張飛，趙雲，關羽和他一起坐鎮荊州，守住門戶，而劉備則是帶著龐統一干人馬大約兩萬人，隨同法正西去，上了益州。

先走路後坐船，舟車勞頓一番後，在綿陽一帶，劉璋帶著儀仗隊親自把劉備接進了益州裡。

要說劉璋這人可真不錯，不但對劉備他們盛情款待，還主動把白水軍的統兵權交給了劉備，自己躲到一邊去不管事了。只盼著早點結束戰鬥，重過和平年代。

可惜劉備就是那白眼狼，你把他招來容易，送走可就難了，有了白水軍，劉備的軍隊擴張到三萬人，而且還補充了很多器械物資，一下子戰力大漲的劉大叔激動了，還是軍師說的對啊，益州不能錯過，來了我就不能再走了。

吃了秤砣鐵了心的劉備打算在益州生根發芽，雖然表面還是要做做樣子，讓劉璋看到他還是積極備戰，不是來這裡白吃白喝的，但私底下卻是到處和益州當地的大族豪強結識，還老去劉璋的手下家裡溜達，跟人家交流感情，說心裡話。劉備這樣過河拆橋，劉璋都沒發現，還依舊對劉備好好招待著。

在後方坐鎮的諸葛亮不斷告誡劉備不要著急，先要厚豎恩德，以收眾心，然後再爭取足夠的時間來發展自己的勢力。在軍師英明的遠程指導下，劉備在益州逐漸如魚得水。等劉璋反應過來自己的主人位置被威脅的時候，另一件事情的發生卻是直接加速他的下臺。

這件事情的肇事者是曹操。一把年紀了，他沒想過退休，活躍在政壇和軍界的最前沿，今天打打這個，明天捅捅那個。

剛打完張魯和馬超，曹老闆又惦記上了孫權，當年你燒了我那麼多船，讓我損失了那麼多箭，給我造成的巨大損失，我今天讓你全給我補回來。

BC　上古時期
秦
— BC200　西漢
— 0
東漢
— 100
— 200　三國
晉
— 300
— 400
南北朝
— 500
— 600　隋朝
唐朝
— 700　武則天稱帝
安史之亂
— 800
— 900　五代十國
北宋
— 1000
— 1100　南宋
— 1200
元朝
— 1300
明朝
— 1400
— 1500
— 1600
清朝
— 1700
— 1800
— 1900　中華民國
— 2000

孫權找到了劉備，讓他看在自己把妹妹孫尚香嫁給他的分上，幫自己一把。劉備和諸葛亮商量了一番，決定幫這個忙。

水利是個好東西

達成共識的劉備和孫權，將之前二人一直爭執不下的荊州一分為二，以湘水為界，湘水以西歸劉備，湘水以東歸東吳。然後就開始專心對付曹操。曹操聽說劉備出兵來打自己了，趕緊跑到漢中去指揮戰鬥了。

這場戰鬥曠日持久，一直打了一年多，在第二年，陽平關一次戰役中，劉備戰勝了曹操，把他的大將夏侯淵給殺了，這讓曹操不得不退出漢中，撤回到長安。劉備居然打敗了曹操，這對劉備是個鼓舞，他決定自我鼓勵一下，在西元219年，他自立漢中王。

當了王的劉備沒放棄繼續攻打曹操，按照諸葛亮的戰略，要乘勝追擊，從東面的荊州直接攻打中原。鎮守荊州的是關羽，於是劉備讓關羽帶著大軍就去攻打中原的第一站樊城了。曹操派人去增援，令關羽一時無法攻破城池。

正在雙方相持不下的時候，樊城一帶下了一場大雨。漢水猛漲，平地的水高出地面有一丈多。

關羽決堤放水，大水湧向于禁大軍的屯聚地，一時七軍淹沒在大水之中，會游泳的士兵暫時苟活，不會游泳的大多數瞬間就沒了性命。灰色的陰雲下，于禁佇立在堤壩上任風雨吹打，回首30年前塵如夢，于禁不得已出降。無能為力的他，只能眼睜睜地看著自己的英名在這場大水中灰飛煙滅，關羽斬了不投降的龐德以振奮軍心。

哥倫布發現新大陸
　　　　　1500—

英國大破無敵艦隊

發明蒸汽機

美國獨立
拿破崙稱帝

美國南北戰爭開始

第一次世界大戰
第二次世界大戰

　　　　　2000—

當往事成煙雲，無數人感歎于禁的事蹟時，無不為他最後的變節投降扼腕歎息，包括曹操。曹操在聽說後感歎不已：「我和于禁相處30年，為什麼臨危處難，他還不如降將龐德（龐德為馬超將領，馬超落敗投劉備，龐德歸順曹操）！」曹操傷透了心，也許是關羽太厲害了吧——溫酒斬華

雄，飛馬刺顏良，過五關斬六將，曹操想到這些時候馬上命令曹仁堅守樊城，只守不戰，自己在朝中還提議遷離許昌，萬一關羽打過來了怎麼辦？

　　能讓曹操有遷都這種想法的人的確不多，當初曹操和袁紹談自己理想的時候說要任用天下的良才，用自己的統治之術駕馭他們，作出一番成就。曹操總是沉著迎敵，從來沒有過躲避的想法，可能真是歲數大了，有了精神負擔。

　　但是他的謀士司馬懿安慰他說：「別擔心，我看劉備和孫權兩家是貌合神離，這次關羽贏了，孫權肯定不高興了。我們乾脆去派人遊說孫權，答應把江東封給他，約他夾攻關羽，這樣，樊城之圍自然會解除了。」

　　曹操覺得這個主意不錯，就派人去找孫權了。

　　一場大雨成就關羽英名。關羽也就達到了人生的頂峰，威震華夏，肆無忌憚，縱容部下做出過分的事情：出兵搶了孫權地盤的糧食。

　　占我江陵不還，孫權本來就一肚子的火，這下更有理由了。親兄弟還要明算帳呢，你要幹什麼呀？太不把我東吳放在眼裡了。

　　就在關羽集中精力對付曹操勢力的時候，他卻不知道自己將要面臨的是什麼，無限風光的背後，卻是身首異處。

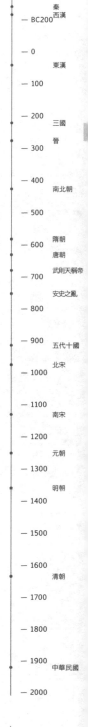

BC

耶穌基督出生　0—

君士坦丁統一羅馬

羅馬帝國分成兩部

波斯帝國　500—

回教建立

凡爾登條約

神聖羅馬帝國建立
1000—

十字軍東征

蒙古第一次西征

英法百年戰爭開始

哥倫布發現新大陸
1500—

英國大破無敵艦隊

發明蒸汽機

美國獨立
拿破崙稱帝

美國南北戰爭開始

第一次世界大戰
第二次世界大戰

2000—

留下的全是遺憾

紅臉關公掛了

司馬懿的分析是有道理的。劉備和孫權兩家雖然結了盟，但是心結很大。魯肅在世的時候，是主張吳蜀和好，一起對付曹操的。後來魯肅死了，接替他職務的大將呂蒙，就和魯肅的主張不同。

當初呂蒙不好讀書，有些人瞧不起他，包括主公孫權、都督魯肅。孫權勸呂蒙讀書他還說忙，孫權說：「你再忙有我忙嗎？我日理萬機還抽時間看書呢！」呂蒙一聽也是，從此就開始讀書，後來魯肅到呂蒙軍營巡查，一和他談話嚇了一跳說：「我上次見你時你不是一介武夫嗎？如今怎麼有如此學識？」

呂蒙就說了一句話來反駁他：「士別三日，當刮目相看。」之後魯肅有事沒事就找呂蒙說話，有時候魯肅對他的想法也佩服得不得了，魯肅去世後，東吳能挑都督這個擔子的，就只有呂蒙了。

呂蒙接替魯肅，在荊州與關羽演對手戲，他並不急於求成，學魯肅那樣先耗著吧，我不信找不著機會。

機會也不是好找的，關羽進攻曹仁的時候都留下重兵防備呂蒙偷襲。

突如其來的山洪圍困于禁和龐德，讓關羽落了個大便宜。本來經過幾年臥薪嘗膽的孫權打算等關羽被曹仁打敗就勢進兵荊州，聽說關羽戰勝很失望，也很擔心。那關羽接下來不就要收拾我了？孫權連忙給關羽寫了一

封信，說希望關羽把女兒嫁給自己的兒子，實際上就是讓關羽的女兒來東吳當人質，試驗一下關羽有無出兵東吳的意思。

關羽確實想收拾完曹仁後收拾東吳，讓大哥劉備一統華夏是他的最大夢想。對曹操作戰的勝利使關羽心高氣傲，他斷然拒絕掉了孫權的聯姻，讓孫權探出了自己的底牌。

孫權就找呂蒙商量，呂蒙說：關羽進攻樊城，兵力不足還留下很多駐軍守城，是在防備我啊，請你准我病假回鄉休養吧。孫權依計而行。

呂蒙建議陸遜代替自己駐守陸口前線，一介書生陸遜就走向了政治的舞臺，在取荊州上他也著實出了一點力，他寫了一封謙遜十足的信給關羽，送了一頂高高的帽子給關羽戴：關將軍，現在誰還是您的對手，我鎮守我方路口，希望我們和平共處啊。

關羽自然很是得意，以為東吳無人，派了一個根本沒有打過仗的黃毛小子任都督，徹底放鬆了對東吳的警惕。他不知道事實上陸遜雄才大略，早就串通呂蒙偷襲荊州，呂蒙辭職自己上臺讓關羽上當的點子就是他出的。

關羽果然上當，撤了荊州的守備部隊，大家都去攻打樊城，共同立功。殊不知，背後出大事了。

裝病的呂蒙渡江來到荊州江陵，輕而易舉拿下，然後順江而下突然出現在公安，守將糜方、傅士仁不戰而降。投降是因為糜芳、傅士仁剛挨過關羽的軍棍，不久前他們兩人喝酒不小心燒著了自己的軍營，惹怒了關羽。其實這種處罰無可厚非，但是兩個人懷恨在心，恐怕也是平時關羽傲氣積下的怨恨。

之後，呂蒙又是兵不血刃地取得了襄陽，抓住了城中將士所有的家屬，包括關羽的。不過呂蒙並沒有怎麼為難他們，反而一一撫慰，真是將瓦解敵軍的計策用到了家。

於是關羽部將都沒有了戰鬥的信心和勇氣。

呂蒙的計謀讓樊城的援軍徐晃撿了個大便宜，面對傻了眼的關羽將士，徐晃果斷出擊，殺得關羽敗退，但是能退到哪裡去？現在關羽連營寨

BC　上古時期

秦
BC200　西漢

0

東漢

100

200　三國

晉
300

400　南北朝

500

600　隋朝
唐朝
武則天稱帝
700
安史之亂

800

900　五代十國
北宋
1000

1100
南宋
1200
元朝
1300
明朝
1400

1500

1600　清朝

1700

1800

1900　中華民國

2000

BC

耶穌基督出生　0—

君士坦丁統一羅馬

羅馬帝國分成兩部

波斯帝國　500—

回教建立

凡爾登條約

神聖羅馬帝國建立
　　1000—

十字軍東征

蒙古第一次西征

英法百年戰爭開始

哥倫布發現新大陸
　　1500—

英國大破無敵艦隊

發明蒸汽機

美國獨立
拿破崙稱帝

美國南北戰爭開始

第一次世界大戰
第二次世界大戰

　　2000—

也沒有了，手下的將士無路可走，又因為家屬在呂蒙手裡，紛紛投降東吳。關羽制止不住。面對潰敗，他也學起自己的大哥——棄軍逃走。退守麥城之後向上庸的劉封、孟達求救，在孟達的口舌之下，關羽多少年前在劉備認劉封為義子之時說的一句「大哥你都有兒子了還認義子做什麼？」激怒了劉封，面對正在麥城苦苦掙扎的關羽，平時好歹都能說得過去的叔侄關係如今卻不共戴天起來。

關羽惱怒之下決定依仗自己的武力突圍入川，不過在徐晃和呂蒙的共同追擊下，他已經沒有了水淹七軍時的威風凜凜，陷入東吳軍隊包圍還沒有施展武力便被潘璋所獲。在麥城，關羽就這樣走到了他人生的盡頭。

殺死了關羽，曹操認為孫權立了大功，把孫權封為南昌侯，到了曹丕即位稱帝以後，又封為吳王。

在建安二十四年（西元219年），隨關羽一起死去的名將很多。在漢中，夏侯淵被斬殺在定軍山下。

在樊城，龐德被關羽所殺，于禁投降後更是生不如死。儘管後來蹣跚歸國，但在新即位的主人曹丕羞辱下迅速死去。

在東吳，取得成就的呂蒙也沒有瀟灑多久，也因突發疾病而死。

大哥先走一步

人老的時候心也隨著老了，這在一世豪傑曹操身上得到最好的驗證。建安十六年（西元211年）曹操在西北擊敗馬超軍隊後沒有窮追猛打，已經顯出老態；建安二十年（西元215年）曹操沒有趁著平滅張魯的餘威打到益州去，反而說出「既得隴，復望蜀耶」，更是道出他已經身心俱疲；三年之後的建安二十三年（西元218年）六月身體還算健康的曹操在許昌寫下了自己的遺囑，他知道自己時日不多了。

劉備與曹操對抗久了，也確實摸清楚了曹操的脾氣，以前他見著曹操就跑，在漢中與曹操對決這次卻沒有望風而逃，而是據險不戰，在曹操退

走後佔有了漢中。劉備之所以不逃，就是看出了曹操的心已經老了。

孫權看不透曹操。他殺了關羽之後還將關羽的首級送給曹操，並勸他代漢自立，曹操的反應是：「你想讓我往火爐上烤啊！」

當時能夠阻止曹操稱帝的就只剩下曹操自己了，可曹操偏偏不邁過這道坎，寧願當他的丞相。代漢不代漢，留給我的兒子吧。選誰接替自己的基業呢？曹植雖然才高八斗，文采超過自己，但是僅僅是個文人，如果生在治世可以光耀曹氏的門楣，但是在亂世之中，如果他成為繼承人，結果會基業斷送，淒慘無比；曹彰則是一介勇夫，管理不好朝政國家；曹丕呢？他的詩文雖然小氣，但是小氣的根源是真正的自私和利己，也不乏殘忍，在亂世中還算能夠保全家業，現在只好矮子裡挑將軍了。

曹操死前最念念不忘的是他的長子曹昂，不時說：「要是你母親問我兒子呢，我該怎麼回答啊？」他說的曹昂之母並不是生母，而是養母——曹操的元配丁夫人。曹昂雖是丁夫人的養子，但是因為她沒有生兒子，感情恐怕比一般的母親對親生兒子還要親。丁夫人因為曹昂在一場戰役中喪生與曹操吵架鬧氣，被曹操一怒趕回娘家。後來曹操多次去請她回來都沒有結果。有一次曹操再請，說了半天好話丁夫人也沒有理他。曹操自覺無趣，只得鬱鬱回去，不過走到門外時候又問：「到底回不回去？」丁夫人死心了似的還是不回應，曹操長歎一聲「真拿你沒有辦法！」曹操有一段時間想幫她改嫁，可是曹操的元配誰敢要呢？

建安二十五年（西元220年）一月，曹操死於洛陽。同年，他的兒子曹丕逼迫漢獻帝退位。之後江山就改了「魏國」這個名字。當了皇帝的曹丕，追封自己的老爸為魏武帝，自己的一干親戚、朋友爪牙等，統一稱呼為曹魏集團，統統升官，芝麻開花節節高嘛。

大哥替你報仇

曹丕當了皇帝，與此同時，在成都的大耳朵劉備也跟著稱了皇帝，

BC　上古時期
秦
— BC200　西漢
— 0
東漢
— 100
— 200　三國
— 300　晉
— 400
南北朝
— 500
— 600　隋朝
唐朝
武則天稱帝
— 700
安史之亂
— 800
— 900　五代十國
北宋
— 1000
— 1100
南宋
— 1200
元朝
— 1300
明朝
— 1400
— 1500
— 1600
清朝
— 1700
— 1800
— 1900　中華民國
— 2000

BC

耶穌基督出生　0—

君士坦丁統一羅馬

羅馬帝國分成兩部

波斯帝國　500—

回教建立

凡爾登條約

神聖羅馬帝國建立
1000—

十字軍東征

蒙古第一次西征

英法百年戰爭開始

哥倫布發現新大陸
1500—

英國大破無敵艦隊

發明蒸汽機

美國獨立
拿破崙稱帝

美國南北戰爭開始

第一次世界大戰
第二次世界大戰

2000—

建立了蜀國政權，藉口是漢獻帝被曹丕害死了。其實漢獻帝活得比大耳朵和曹丕都長，一直到曹丕的兒子魏明帝青龍二年（西元234年）三月才死掉，在這之前魏明帝太和三年（西元229年）孫權也忍不住建立了吳國，圓了自己的皇帝夢。

劉備稱帝，完成了自己最初的夢想，也是最終的夢想，由賣草鞋的變成為皇帝，這才是真正的奮鬥。不過，迎接他的命運不是享福，而是災難。

劉備雖然為人卑鄙了些，但是對於自己的兩個結義兄弟還是真心對待的，幾十年生死不離，是誰都會有真情誼，當他得知關羽死亡的消息，便要進兵東吳，報仇雪恨。諸葛亮說不可，他對劉備說，報仇可以，但現在時機還不成熟。諸葛亮勸得很少，說明當了皇帝之後，劉備更加疏遠諸葛亮。

這時候趙雲也上書冷靜分析：「代漢的是曹魏，不是孫權，如果先把魏滅掉，東吳便會不戰而屈服。到時候想怎麼報仇都可以。現在我們應該進攻關中，在黃河、渭河對抗魏國。我們是正統的漢室，一旦攻進關中，那裡的老百姓都歡迎我們，做我們堅強的後盾。」這是趙子龍版的「隆中對」，入情入理。但劉備現在哪裡還聽得進去，動員了蜀國七十多萬大軍，分水陸兩路，殺奔東吳。

「義」這個字在中華民族心中被賦予了很重的分量，所以才有了「捨生取義」這句很有境界的話。劉備的舉動，作為一個正常人來說，無可厚非。因為任何一個失去手足的人都有權利採取報復的行動，可以理解，但是劉備忽略了自己的身份，現在的他已經不是那個居無定所的漂泊者了，而是一國之君。當劉備再聽到張飛死訊時候，被徹底逼上了失去理性的道路。

七十多萬大軍開到了自己的境內，這種復仇的銳氣嚇倒了孫權，就像當初曹操興兵為老爸報仇問罪徐州陶謙一樣，親情導致的戰爭是最不好妥協的，也近乎沒有妥協的餘地。

隨著劉備大軍的攻無不克，勢如破竹，孫權一時想不出什麼有效的手

段說服劉備放棄。而劉備呢？也根本不想放棄這種念頭，靜下心來想想，自己報仇之餘，還可以佔有東吳，可以說是一舉兩得。先打下東吳，再收拾曹魏，還是按著諸葛亮「隆中對」來的嘛。

你死我活的戰爭開始了，雖然劉備賠進了老將黃忠，但是東吳的損失更大，甘寧、潘璋等東吳剩餘的大將都為保衛自己的疆土盡了忠。面對孫權的無計可施，諸葛亮的哥哥諸葛瑾走到了臺前，決定為孫權出使蜀營。子瑜（諸葛瑾字子瑜）先生真的是抱著必死的決心了。同時他也覺得這個時候只有他作為使臣出使才能有活著帶回傳話的機率了。畢竟他是蜀國丞相的哥哥。

諸葛瑾很會辦事，把關羽之死的責任推給了已經死去的呂蒙的身上，儘管違心，但是有什麼辦法呢？而且開出了條件也是曠古絕今、換個人都會答應的：送還蜀國荊州全土，兩國永結盟好，共伐曹丕。

看來孫權真的怕了，作出如此的妥協讓劉備比較一下他和關羽的親情如何與漢室的親情相比，這種條件是對劉備空前有利的，但是劉備此刻不是蜀國皇帝劉備，而是關羽的大哥劉備，斬釘截鐵地拒絕了諸葛瑾。

劉備徹底完蛋

劉備死咬東吳不放，不明白得饒人處且饒人，這一點他連死去的何太后都不如，何太后還曾對弟弟何進說，思路決定出路，給人出路就是給自己出路。此刻劉備沒有思路，只有拼殺一條原則，最終斷送了自己的大好前途。

劉備兵臨城下，孫權一籌莫展，大將呂蒙已經病故了，眼下誰還能抵禦外敵？在案頭徘徊許久突然想起呂蒙死前推薦的陸遜了，呂蒙保證說陸遜可以擔當重任。陸遜是孫權的女婿，標準的裙帶官，但是並不是浮誇子弟，而是很有才學，權貴要拉攏看中的後進，招其當女婿或者認其為義子都是常用的手段。這個女婿也沒有給孫權丟臉，在襲取荊州的過程中出了

BC 上古時期
秦
西漢
— BC200
— 0
東漢
— 100
— 200 三國
晉
— 300
— 400 南北朝
— 500
隋朝
— 600
唐朝
武則天稱帝
— 700
安史之亂
— 800
— 900 五代十國
北宋
— 1000
— 1100
南宋
— 1200
元朝
— 1300
明朝
— 1400
— 1500
— 1600
清朝
— 1700
— 1800
— 1900
中華民國
— 2000

大力。

如今讓年輕的陸遜做大都督，反對聲當然一片，韓當、周泰等老將就在大堂上直言不諱說：我打了這麼多年仗還從來沒有見過如此年輕的都督，他能行嗎？反對歸反對，大敵當前，孫權只有相信「死鬼」呂蒙的話，試一試了。

其實，孫權他們在爭議的時候陸遜早已經在前線抗敵了。他在呂蒙取

得荊州之後就沒有回過朝中，待在荊州做長遠的打算：對當地的少數民族首領封官許願，對荊州的下層士人廣開入仕門路。這些是剛愎自用的關羽想不到的，也是賣草鞋出身的劉備想不到的，他進軍荊州的時候只能想到

給少數民族的首領大把金錢將之收買起來指望他們變亂。他哪裡知道，對

少數民族的酋長來說，任命一個官位比黃金要重要得多，要那麼多錢又花不了，一個官位換來的可是尊重。

陸遜玩這一招，怕是早就料到劉備的入侵。

所以劉備攻過來時候，荊州當地人士並沒有像劉備當初盤算的那樣熱烈歡迎他。到了陸遜和劉備對峙之時，荊州本地的少數民族反而與東吳軍

隊一起同仇敵愾抗敵，劉備指望荊州變亂於內的圖謀被陸遜化解了。

劉備心想，這也沒什麼，你們不支持我，我這麼多兵，一起送你們上西天吧。

可是他遇到了一個更大的難題，他也曾給曹操出過同樣的難題，那就是堅守不戰。陸遜嚴令堅守隘口，不准出戰，違令者必斬。劉備在長江各

個隘口晃了八個多月，多次求戰，陸遜就是不出兵。

陸遜帳下也是一片噓聲。我們東吳為什麼不出戰？裝孫子這種事傳出

去多丟人！這也怨不得那些武將們抱怨，當時有這麼一個狀況：孫權的侄

子孫桓孤軍被困在夷陵城中，如果被像瘋子一樣的劉備拿住，那還不給直

接砍了？所以眾將屢次請纓，要求護主解圍。但是陸遜微笑著沒有理會，

只是默默地等待時機。

這是一場雙方毅力的較量，而劉備小看了陸遜，高估了自己，故作聰

明的劉備在接下來的較量中犯了嚴重的錯誤，認為陸遜小子懼戰，因此從

巫峽到夷陵連營數百里，大大方方地擺出和東吳拼消耗的架勢，正中陸遜下懷。

陸遜就等劉備聯營百里的這一刻，他聽到消息就從椅子上跳了起來，註定了自己的勝利。高明的棋手，在子數不多的時候，就是等待對手的昏招。陸遜等來了劉備這一招。你聯營？我一把火不就燒了你嗎？

終於，火著了起來，劉備也傻了眼，不知道怎麼自己就處於失敗之中了，我不是還沒有與陸遜過招嗎？他哪裡知道戰爭局勢的瞬息萬變，他早就處於陸遜近乎完美的佈局之下，現在只剩下在火海中四處奔命，而在逃命時，劉備就像被陸遜牢牢把住了脈一樣，逃到哪裡，哪裡就有吳兵等著抓他，先遇見徐盛，又遇著丁奉，劉備身邊張苞、馮習捨命相擋，才有了機會逃走上路。後來又被朱然截斷了去路，多虧了老將軍趙子龍救駕才得以逃生。劉備在逃竄中沒有曹操大笑的豪情，而是一直在心疼自己的被燒得片甲無存七十萬人馬。

赤壁之戰後，曹操尚能死灰復燃並繼續形成燎原之勢，但在夷陵戰後，劉備只能苟延殘喘以圖自保。蜀國不僅僅是兵員喪失無存，益州多年積聚的財富也在此役中喪失殆盡。

這次失利對劉備打擊空前絕後，空前是劉備以前也從來沒有指揮過七十萬兵馬的戰役，絕後是劉備不久後就病死了，歷史再也沒有給他機會再指揮一場戰役。

在白帝城，劉備完成了最後一件事，就是托孤給諸葛亮。看到被諸葛亮帶來的阿斗，他向阿斗坦白了自己一生的作為，不配當兒子的模範。他寫下這幾個字：「你的父親沒有德啊，你可千萬別學我，多學學好啊。」人之將死，其言也善，劉備這輩子總算說了一句實話。

不過臨死他還是嚇唬了一下諸葛亮。他對向諸葛亮說：「你的才華比曹丕強十倍還多，你看著阿斗能輔佐你就輔佐，要是實在不成器，你就取而代之吧。」這樣說讓諸葛亮如何吃得消？諸葛亮嚇得馬上跪倒劉備床頭，汗流浹背說，臣願意鞠躬盡瘁，死而後已。諸葛亮度量大，不計較劉備的試探。要是換成另外一個人，比如魏國的司馬懿，就一定會有很不好

BC　上古時期
─ BC200　秦
西漢
─ 0
東漢
─ 100
─ 200　三國
晉
─ 300
─ 400　南北朝
─ 500
─ 600　隋朝
唐朝
武則天稱帝
─ 700　安史之亂
─ 800
─ 900　五代十國
北宋
─ 1000
─ 1100　南宋
─ 1200
元朝
─ 1300
明朝
─ 1400
─ 1500
─ 1600　清朝
─ 1700
─ 1800
─ 1900　中華民國
─ 2000

的反應：你既然不相信我，我又何必為你後代效力呢？

　　隨著諸葛亮誠惶誠恐地接過了劉備的遺詔，桃園結義三兄弟就在白帝城落下了帷幕，隨之而來的是兩大高人的終極對決。

還得接著好好幹

　　劉備臨死的時候對劉禪和另外兩個兒子劉永、劉理說：我死之後，不僅要以諸葛亮為老師，還要以諸葛亮為父親。神情意切，諸葛亮在一旁感激涕零。

　　不過，劉備也確實會玩手段，托孤給諸葛亮之後，又托孤給了另外一個人——李嚴。輔漢將軍李嚴被劉備提升為尚書令，鎮守永安，掌管內外軍事大權，從軍政兩方面限制諸葛亮。不過李嚴沒有怎麼發揮才能就被諸葛亮壓下了。

　　因為劉禪繼位改號建興元年（西元223年）就重封諸葛亮為丞相，兼領益州刺史，一切大小的事務，都交給諸葛亮處理。老爸讓我以諸葛亮為老師，事情當然是老師說了算，老爸讓我以諸葛亮為父親，當然得聽父親的。李嚴在永安乾瞪眼，自己怎麼沒有撈個老師或者父親當當呢？

　　諸葛亮執政後，首先辦了符合他路線的一件大事——恢復與東吳的外交關係，說服孫權與蜀聯合，共同伐魏，這一直是他的本意，只是為了給兄弟關羽報仇的劉備背離了軌道。

　　外部剛協調好，內部益州郡的大族雍闓造反了，再加上南邊的永昌郡當地少數民族領袖孟獲，也用造謠的方法煽動各個少數民族一起造反。

　　諸葛亮處在這外患之中，一點兒也不手忙腳亂，帶了部隊，渡過瀘水，就把雍闓抓住殺了。對待孟獲這個少數民族首領，諸葛亮就不是抓住殺掉這麼簡單了，他抓住就把他放了，再抓住又放掉了，如此循環七次有餘，最終孟獲死心塌地歸降諸葛亮，諸葛亮這樣一來就收攏了少數民族的心。

BC

耶穌基督出生　0—

君士坦丁統一羅馬

羅馬帝國分成兩部

波斯帝國　500—

回教建立

凡爾登條約

神聖羅馬帝國建立
1000—

十字軍東征

蒙古第一次西征

英法百年戰爭開始

哥倫布發現新大陸
1500—

英國大破無敵艦隊

發明蒸汽機

美國獨立
拿破崙稱帝

美國南北戰爭開始

第一次世界大戰
第二次世界大戰

2000—

諸葛亮同時也教導孟獲、指點他，使他成為一位有用的人才。少數民族地區完全恢復了秩序之後，部將建議諸葛亮留兵鎮守，諸葛亮沒有採納，他說：「留兵太多，就妨礙北伐的計畫；留兵太少，只能引起當地人的反感，人家既然反叛你也應付不了。倒不如完全撤兵，對本地人誠心相待。」

如他所說，在撤兵以後，南方的少數民族地區就沒有再叛亂過。

他本人在蜀後主建興三年（西元225年）十二月回到成都。回來以前，他下令把益州郡改稱為建寧郡。益州本是一個州，而益州郡又一直是州內的一個郡，二者名字一樣，讓人混淆不清。諸葛亮給益州郡改名，雖是一件小事，卻十分要緊，也顯出了諸葛亮懂得「正名」的重要性。有名才能順利做事。

蜀後主建興四年（西元226年），諸葛亮表面上沒有什麼舉動，但看似平靜的湖面下流淌著激流，他在全力為大舉北伐做準備：十萬將士的軍服、軍糧與武器。於是第二年北伐開始。諸葛亮率領大軍開往漢中，又從漢中進擊中原，出發之時，他寫了一封十分令人感動的上表，不僅感動了「後主」劉禪，而且感動了無數的後來人（包括你我）。語重心長，不勝依依，然後踏上了連年烽火路。

諸葛亮的第一次北伐，錯誤地以馬謖為先鋒，導致馬謖為張郃所敗，錯失良機，諸葛亮不得不退兵。

蜀後主建興六年（西元228年）冬天，諸葛亮第二次北伐，受到曹真的抵抗，因為糧食供應不上而返回，不過，在退兵的時候殺死了追擊的曹魏將領王雙。

蜀後主建興七年（西元229年），諸葛亮派陳式進攻武都、陰平，魏將郭淮率眾準備攻擊陳式，諸葛亮親自率兵迎戰郭淮，郭淮退走，趁機奪取了武都、陰平兩郡，增加了國土面積。

蜀後主建興九年（西元231年），諸葛亮第四次北伐，雖然採用木牛運送糧食，但是還是因為糧食供應不上，被迫退兵，本次的戰果是射殺曹魏大將張郃。

BC　上古時期

秦
西漢
— BC200

— 0
東漢

— 100

— 200　三國

— 300　晉

— 400
南北朝

— 500

— 600　隋朝
唐朝

— 700　武則天稱帝

安史之亂
— 800

— 900　五代十國

北宋
— 1000

— 1100
南宋

— 1200

元朝
— 1300

明朝
— 1400

— 1500

— 1600
清朝
— 1700

— 1800

— 1900　中華民國

— 2000

蜀後主建興十二年（西元234年），諸葛亮兵出斜谷，以流馬運送糧食，佔據五丈原，與司馬懿在渭南對峙，並且吸取前面幾次因為糧食供應不上而被迫退兵的經驗，分兵屯田以資軍用。不幸的是諸葛亮於該年不幸病逝。北伐擱淺。

南征北伐，治國理家。大大小小的事情，他都要親自過問，親自操持，即所謂的「事必躬親」。諸葛亮不像丞相，倒像管家。

諸葛亮與司馬懿鬥智鬥勇

司馬懿發跡

剛滿35歲的司馬懿不聲不響被曹操提升到了丞相府東曹屬的職位上去，成為丞相府的一大奇事。關於他的飛黃騰達，相府內流傳著多種版本，有的說司馬懿總是拍曹丞相的馬屁，有的說司馬懿給曹丞相送了一份大禮，還有的說司馬懿其實是曹丞相的私生子，眾口不一，且沒有哪種說法可信。但是司馬懿當上東曹屬，年紀輕輕便掌管了相府裡的人事任命大權，實在令那些熬多年也沒有出頭的大小官員們議論紛紛。

我靠！這世道真是怪，怪得離奇：孫權手下那個故去的周瑜，27歲便當了東吳都督，統帥全軍；蜀國那個書生諸葛亮，只憑著一齣「隆中對」，也是30歲不到指點江山，取荊州得益州。離譜得很！他們為什麼會那樣聰明，看透了這個時代的趨勢，身邊的司馬懿也是如此厲害的角色嗎？到目前為止還沒有看出來！

他們沒有發現是因為司馬懿的隱忍之道，這也是司馬懿的過人之處。

一直以隱忍為準則的司馬懿還在丞相府中找到了兩個榜樣——曹操和荀彧。應該說，在丞相府以後的工作中，他時時處處都在向這兩個榜樣學習。一個榜樣的力量是無窮的，何況現在有兩個榜樣，司馬懿很快就超越了榜樣，這是因為他總結出了榜樣的優缺點：荀彧作為高明的謀略家，他的長處僅僅局限於運籌帷幄之中，發展的空間太狹窄，始終只能在幕後活

動，無法馳騁疆場登上歷史的大舞臺。而曹操能謀善戰，他的空間無限廣闊，勢必成為超級強者。有了這樣的總結，有治於天下的司馬懿就使自己一步步完善成為集曹操、荀彧兩人所有長處為一體的真正梟雄。

但在曹操的眼皮底下，司馬懿不敢展示自己的雄才大略，他做的瑣碎工作主要就是指揮軍隊耕田，實現軍屯。司馬懿還親自到牧場和田間督促農牧生產，夜以繼日，不辭辛勞，順便也消除曹操對自己的戒心，不讓上司把自己視為眼中釘。讓曹操高興的是他在與東吳臨近的淮河流域大規模屯田，供應軍糧，讓自己放心多了。

不露聲色的司馬懿在丞相府技高一籌。建安二十四年（西元219年），關羽率軍攻打樊城，水淹七軍，取得全勝。曹操打算遷都到河北地區來避開關羽的軍威。司馬懿這時候出來說話了，丞相，我們應該聯合孫權，孫劉聯盟表面上親密，實際上疏遠，矛盾重重。後來孫權派呂蒙從後路進攻關羽，關羽敗走麥城，說明了司馬懿確實看透了問題。他的建議，不費一兵一卒就解決了曹魏的危機，不可不說是高明而深沉。

司馬懿雖然下足了工夫，也建了些功勞，但曹操始終沒有完全消除對他的防備之心。你那麼聰明的一個人，能讓我放心嗎？直到建安二十五年（西元220年），曹操患頭風病痛死後，司馬懿才總算等到他的出頭之日，這時他已經四十二歲了。

曹丕委任他做一件看似不難、實則重要的事情：擔任曹操的治喪委員會總幹事。司馬懿把曹操的葬禮辦得風風光光的，功勞很大，所以曹丕繼承魏王之後，馬上提拔這位能幹的親信，封他做丞相的秘書長，這就意味著魏國的一切事情都要過他的手，掌大權了。這一次相府裡沒有人再敢對他議論紛紛了。

與此同時，他生平中最大的對手諸葛亮也掌握了蜀國的大權，他們二人的對弈也將轟轟烈烈展開。

策反高手出馬

諸葛亮的第一次北伐準備了很久。他不僅令魏蜀西北交界處的天水、南安、安定三郡回應他的北伐，還約好了已經投降魏國的孟達。

孟達，陝西扶風人，曾經效忠於劉璋政權，曾經與法正一起奉了劉璋的命令，迎接劉備入川抵抗張魯。迎著劉備之後，劉備叫他留在了荊州，當宜都郡的太守。

建安二十四年（西元219年），劉備攻取西川時候，孟達替劉備拿下了房陵、上庸、新城三個郡，劉備拜他為「副軍將軍」，讓他做了房陵太守。關羽在麥城被困時候求救於他，他不出兵還挑撥關羽與劉封的叔侄關係，這就決定關羽的死他負有很大的責任。劉備也是這麼想的，就下令剝奪他的將軍稱號，孟達怕如此下去早晚小命會斷送，棄城投降曹丕去了。

曹丕對孟達很好，封他為平陽亭侯，放心地讓他去做新城郡太守。孟達在曹丕的領導下雖然相當風光，卻免不了內心的譴責。曹丕死後，曹丕的兒子曹叡繼位後待他不好，而且還擔心他會不會投降蜀國去。這不是空穴來風，主持蜀國政務的諸葛亮常常寫信給他，聊天敘舊情，好像是他不曾投降給魏國。

孟達終於抵擋不了諸葛亮高超的「策反」，在暗中答應了叛魏歸漢。

蜀後主建興五年（西元227年）十二月，孟達豎起了反旗。他預料到駐守南陽的司馬懿不能把他怎樣。因為情報人員需要走若干天才能把他造反的消息從新城傳到南陽去；司馬懿也需要好幾天才能把這項消息從南陽送到都城，朝廷也需要不少日子才能把討伐的聖旨送到司馬懿手中，接下來司馬懿才能出兵，大兵從南陽到新城，還需要一段日子。

孟達做夢也沒有想到司馬懿有不必向朝廷請示直接出兵的權力，更沒有想到司馬懿早就斷定了他遲早會反，大兵早就在向新城郡的路上了。所以他宣佈造反才八天，司馬懿已經率兵來到了新城郡孟達的駐紮地房陵城下。

BC　上古時期
秦
— BC200　西漢
— 0
東漢
— 100
— 200　三國
— 300　晉
— 400
南北朝
— 500
— 600　隋朝
唐朝
武則天稱帝
— 700　安史之亂
— 800
— 900　五代十國
北宋
— 1000
— 1100　南宋
— 1200
— 1300　元朝
明朝
— 1400
— 1500
— 1600　清朝
— 1700
— 1800
— 1900　中華民國
— 2000

　　孟達當然不是司馬懿的對手，兩三下就成了俘虜，頭被割下，成了無頭魂魄，等到諸葛亮和孫權分別派軍隊前來支援時，司馬懿的大兵已經擺開了擋住的陣勢。

　　沒有了內應，諸葛亮把十萬大軍移到漢中，於蜀後主建興六年（西元228年）春天開始了聲東擊西戰術：趙雲與鄧芝帶著一部兵力守住陝西寶雞東南四十裡的箕谷，裝作要出擊樣子，自己率領主力突襲魏國在西邊的軍事重鎮祁山。祁山守將張郃自然吃不消，魏明帝曹叡也認為必須自己御駕親征才能壯大聲威穩住局勢。

　　諸葛亮第一次出兵祁山，本可以大獲全勝；可惜，前鋒馬謖不聽裨將軍王平的規勸，大軍在街亭敗在了張郃手下，死傷慘重。司馬懿得知，也乘勢率領大軍十五萬向諸葛亮所在的西城小城蜂擁而來。

　　當時諸葛亮身邊沒有大將，只有一班文官，他所帶領的五千兵，也有一半運糧草去了，只剩一半士兵留守城池。眾人聽到司馬懿前來的消息都大驚失色。諸葛亮登城樓觀望後，對眾人說：「大家不要驚慌，我有對付司馬懿的辦法。」

　　諸葛亮下令把能找著的能飄起來的旗子都掛出來，然後又下令大開東南西北四個城門，士兵都躲起來，只剩幾十名士兵打扮成百姓模樣，沿街打掃。諸葛亮自己穿上大袍子，頭戴上高綸巾，帶上一張木琴，領上兩個小書僮，就在城上望敵樓前坐下來，靜心彈琴來。

　　塵土自遠處飛揚而至，夾雜著司馬懿得意忘形的笑聲，今天可是他成就功業的最好時機。諸葛亮成了甕中之鱉，想到他馬上就會成了自己的戰俘，無論誰是司馬懿都會高興得在最前面衝殺。

　　司馬懿第一個衝到城下，見了打開城門的氣勢，大驚道：「這怎麼可能？」便勒馬剎車，不敢輕易入城，抬頭卻看見諸葛亮端坐在城樓上，正在笑容可掬地彈琴。右面一個書僮，手裡捧著拂塵；左面一個書僮，手裡握著寶劍，臉上都是怡然自得神情。城門內外，二十多個百姓模樣的人在灑水掃地，旁若無人。

　　這儼然是一座空城！但是蘊涵著巨大的殺機！

司馬懿觀察半天後下了這個判斷，便令後軍改作前軍，快速撤退。他的二兒子司馬昭說：「父親怎麼不攻進去試試？說不定是諸葛亮那廝城中無兵，故意弄出這個樣子來騙我們！」

司馬懿說：「諸葛亮　生謹慎，怎肯冒險。現在城門大開，裡面必有埋伏，我們要是進去了，正好中了他的圈套。還是快撤吧！要是追兵出來了死得更慘！」各路兵馬一聽說，都使出了吃奶的力氣回撤，爭先恐後，生怕死得最慘那個是自己。

一剎那，西城又恢復了平靜。諸葛亮擦拭臉頰的汗水，感歎狡猾的司馬懿錯過了一個大好機會。

熬也熬死你

不息的戰爭已經鬧得民不聊生了，沒想到上蒼也跟著來湊著熱鬧。魏明帝太和五年（西元231年）春天某一天，天空中有一顆碩大的流星，劃著刺眼的弧線，砸在了魏國的領土上。

當時震動了魏國上下。從第二天起，進京的術士源源不斷，解說天象。人不少，不過所有的術士都給出了同一個說法：天降異象，魏國有災，死傷慘重。

魏國君臣都半信半疑。如今三國交戰不斷，幾乎天天都有成千上萬的將士死亡，司空見慣，沒什麼值得詫異的。如果你要是說，天降異象，今年三國之間不再打仗了，那才是天底下第一大奇事！

一聽君臣都有異議，最後術士們又補充了一句，今年必有上將喪生。

這麼一說，大家都不交頭接耳了，都開始猜想了，上將喪生，會是誰呢？不過文官不禁都鬆了口氣，自己又不上戰場，也不是什麼上將，災難離我遠遠的！而武將都自覺或不自覺地在心底默默禱告：那員上將別是我！可千萬別是我。

身位皇帝的曹叡想得就不像臣下那麼簡單了，他更認真嚴肅地關注

BC　上古時期

秦
—BC200　西漢

—0
東漢

—100

—200　三國

—300　晉

—400
南北朝

—500

—600　隋朝
唐朝
—700　武則天稱帝
安史之亂
—800

—900　五代十國
北宋
—1000

—1100
南宋
—1200

元朝
—1300

—1400　明朝

—1500

—1600
清朝
—1700

—1800

—1900　中華民國

—2000

著這件事。這個天象是不是預示著蜀國丞相諸葛亮又要進犯？根據他從戰爭前方得到的最新情報顯示，自上次諸葛亮北伐失利之後，一直在厲兵秣馬、準備再犯我邊境。無論與天象是否有關，魏蜀之間的大戰，都在所難免。

　　諸葛亮，你為什麼不歇息一下？這位年僅二十六歲的年輕皇帝深深地憂慮著敵情。自他五年前登基以來，諸葛亮自恃天下無敵，小看自己，連年挑起戰爭，弄得自己東禦西防，左支右絀，幾乎沒有喘息之機。幸虧在老爸曹丕留給自己的幾位輔政大臣幫助下才渡過了難關。特別是得到輔政大臣兼宗室名將曹真的得力相助，要不是他，諸葛亮早就攻下都城，還值得一說的是另一位輔政大臣司馬懿，防吳工作也做得不錯，讓自己很放心。然而，才過了幾天清靜日子，不曾想到諸葛亮又開始蠢蠢欲動，還伴隨著這顆墜落的碩大流星。

　　諸葛亮在春暖花開喜氣洋洋的煙花三月沒有去郊遊踏青賞花弄月，而是揮師十萬，氣勢洶洶，再出漢中，大舉進犯魏國邊境！曹叡接到這份加急掛號信的同時還收到了一封信——魏國關中戰區大將曹真的暴病身亡。術士們的預言成真，所有的人都恍然大悟：喪生的上將，竟是大將軍曹真！

　　八年來，抵擋蜀國進攻的戰役，大多由曹真統率指揮。曹真以他顧命大臣之尊與百戰不殆之威，在魏國軍隊中建立了穩如泰山的地位。如今，將星隕落，蜀吳少了曹真這樣的強勁對手，自是歡喜慶賀。諸葛亮更是煥發光彩，信心百倍披甲上陣，加快行軍的速度，直奔祁山大營列陣對決。

　　諸葛亮覺得此次上蒼保佑蜀國，就把漢中與後方的政務，都交給李嚴負責，自己緩解壓力以便用全副精神與魏軍決戰。趙雲等一批老將已經亡故，此次跟隨諸葛亮上陣的將領有魏延、王平、高翔、吳班等。

　　魏方的統帥自然是老對手司馬懿，大將有張郃、郭淮等。

　　諸葛亮有了充足的準備與鬥志，對司馬懿發起了猛烈的進攻，可是還是沒有取得多少成效，原因就是老對頭司馬懿憑藉天險，以守為攻，準備打持久戰來拖垮他。拖得最後連被曹叡派在司馬懿軍中作「監軍」的賈詡

都看不過去，賈詡說：「你這麼怕諸葛亮，還出來打什麼仗？這樣下去天下的人都會笑你的。」

賈詡都這樣說了，司馬懿只好看準機會出戰，不知道他看的是什麼機會，一出戰就被諸葛亮打得落花流水，看來司馬懿確實不如諸葛亮。司馬懿吸取教訓，再也不出戰了，任憑賈詡去說。大權在自己手裡攢著呢，急什麼急？司馬懿對蜀軍的軍事判斷是正確的。蜀軍孤軍深入，戰線拉得太長，糧草供給有困難，因此諸葛亮每次出征，都希望速戰速決，如果不成功就會退兵。

諸葛亮屢次出征，都奈何不了司馬懿，那傢伙就是不戰有什麼辦法？有一次不得已派人送一套女人的衣服給司馬懿，羞辱他都不是男人，去穿女人衣服回家織布去吧。司馬懿才不管這些羞辱呢，就一個字「忍」，仍不出戰。

百忍成金。忍，是大政治家在權術鬥爭中制勝的重要因素。而諸葛亮天天操勞，事無巨細，親自過問，吃得少，喝得少，身體終於扛不住了，病逝五丈原。歷時七年的諸葛亮北伐戰爭結束，白白成全了司馬懿在魏國的地位。

魏明帝青龍三年（西元235年），司馬懿因阻擋諸葛亮進攻有功，被提升為太尉，統領全國軍事，大權在握。

司馬懿的「鳩占鵲巢」

司馬懿演技高超，三國時代要是辦一場「奧斯卡」，司馬懿肯定勇奪影帝地位。他吸取曹操與荀彧的精華，在魏明帝曹叡時期，從一個謀士順利轉型為武將，登上更為廣闊的歷史舞臺，把以前深藏不露的軍事才能淋漓盡致地展現在大家面前，所有的人都吃驚得睜大了眼睛。熬死諸葛亮之後，司馬懿安排好邊防就北上遼東攻打公孫淵。公孫淵是遼東太守公孫度之孫。公孫度依附曹操在遼東成為一方諸侯，他的孫子對魏國不滿，就在

BC　上古時期

秦
—BC200　西漢

—0
東漢

—100

—200
三國
—300　晉

—400
南北朝

—500

—600　隋朝
唐朝
—700　武則天稱帝
安史之亂
—800

—900　五代十國
北宋
—1000

—1100
南宋

—1200
元朝
—1300
明朝

—1400

—1500

—1600
清朝
—1700

—1800

—1900　中華民國

—2000

遼東造反起來。

攻打公孫淵是一場遠征戰役，但司馬懿只帶了四萬人馬前往，也僅用了一年時間便滅了公孫淵，鞏固了魏國的大後方，魏國歡慶，連遠在東吳的孫權也不得不為發出讚歎：「司馬懿，你真行！」

這個真行的司馬懿也就接受了曹叡的托孤之事。被托孤可是好事啊，諸葛亮被托孤掌握住了一切大權，自己如今也有這個機會了，得好好抓住。司馬懿也差一點喪失這個機會，當時司馬懿正在關中鎮守，接到曹叡的詔書，星夜馳奔，累死了十五匹快馬，終於見了曹叡最後一面。

「仲達啊，我的孩子就交給你了……」曹叡拉著司馬懿的手，將剛滿八歲的太子曹芳交給了他，還讓曹芳抱著司馬懿的脖子，司馬懿頓時跪下來痛哭流涕，周圍的人都感動得一塌糊塗。

曹叡托孤，場面搞得與劉備托孤一樣感人至深，也許是居高位者的想法都差不多，他和劉備一樣，托孤的時候玩了一手，為了牽制司馬懿，他同時還把曹芳托給了另一個大臣——曹叡的同族兄弟，大將軍曹爽。

曹叡畢竟是曹操的後代，他比劉備高明了一點，他事先就把職責分得清清楚楚：曹爽掌握軍政大權，負責政治上的事情，司馬懿參掌軍權，負責國家防務。曹叡的願望是美好的，兩位托孤重臣通力合作又相互牽制，確保曹家政權平穩過渡，等小皇帝長大親政了，再由他收回政權。

對於這點，司馬懿很清楚，所以，儘管曹芳抱著自己的脖子親昵，司馬懿哭泣的表情下掩飾著憤怒：你曹叡既然想讓人出力，為什麼做如此精細打算？我要是真替你兒子賣命，那不是傻瓜嗎？

司馬懿老謀深算，不露聲色，而曹爽是一個繡花枕頭，傲慢自大，如今一被托孤更加勢大，那些朝中趨炎附勢的紛沓而來，就有些獨行專斷的意思了。

不過，剛開始輔政，曹爽對司馬懿這位老臣還是恭敬有加的。可不久，他的那些部下就開始騷動了：「老大，我們得小心了，司馬懿那老小子野心勃勃的，聽說他現在到處收買人心，要抓緊時間行動啊！」可見很多事情由不得自己，手下為了謀取更大的利益推著頭頭向前，頭頭不只是

哥倫布發現新大陸

1500—

英國大破無敵艦隊

發明蒸汽機

美國獨立
拿破崙稱帝

美國南北戰爭開始

第一次世界大戰
第二次世界大戰

2000—

為了自己一個人活，能不向前嗎？

部下的建議其實也不錯，獨掌政權很好啊，錯就錯在曹爽這些人志大才疏，不清楚自己的斤兩，就想去扳倒司馬懿。於是有一天，他給小皇帝曹芳一串糖葫蘆，說：「乖，是叔叔親還是司馬懿老東西親啊？」

曹芳舔著糖葫蘆說：「叔叔親。」

「那就聽叔叔的話，讓司馬懿去當皇帝的師傅（太傅）去吧！」曹芳嚼著糖葫蘆就答應了。

不過雖說司馬懿沒了實權，可有過那麼多貢獻，影響還在朝廷上瀰漫。從此，曹爽雖然獨掌大權，很多事情處理上還是不怎麼順手，他惱怒之下殺掉了幾個親司馬派人物，才奠定了自己的專政地位。隨後幾年，曹爽大量培植親信，為非作歹的事幹了不少。

而司馬懿冷眼旁觀這一切，什麼也不說，等他的原配夫人張春華故去時，他趁機向曹爽說想回家頤養天年。曹爽巴不得司馬懿離開朝廷，立刻同意，還舉辦了一場歡送會。司馬懿的兩個兒子司馬師、司馬昭也藉口照顧多病的老父親，辦了停薪留職手續，揮揮手，走人，你們好好折騰吧。

曹爽自我感覺日益良好，他哪裡知道司馬懿的以退為進、韜光養晦。朝中一些政治神經敏感人物當然知道大風大浪還在後頭。

可眼下曹爽更加得意忘形，和漢末董卓的行為差不多，比董卓好點的就是不亂殺人，穿皇帝的衣服，玩皇帝的珍寶奇玩，睡皇帝的女人，哦，這時候曹芳還沒有女人，他睡的應該是宮中的歌女姬妾。自己專政的生活太有樂趣了，誰也管不了自己。

大司農桓範就上前勸曹爽：「你們曹氏兄弟掌握朝政，可不能一起離開崗位啊。要是有人不老實，把你們關在都城外邊，即使你們手中有權沒有軍隊，怎麼辦？在都城賞月觀花就好了。」

曹爽惡狠狠放出話來：「誰敢！」

「別忘了，司馬懿還在城裡呢！」桓範說。

桓範不說，曹爽差一點把司馬懿忘了，想起司馬懿，他越想越不放心，就派自己心腹李勝去看看司馬懿在家做什麼，司馬懿聽說就再次施展

了他的拿手好戲——裝病。司馬懿裝病的本事到了老年已是練就得爐火純青，他躺在床上裝作痴呆，兩個丫鬟伺候他喝粥，粥從嘴角直流出來淌到胸口。李勝在一旁看著就感到噁心，但為了試探就說：「我馬上要到本州（在河南）做官了，來給您老辭行。」

司馬懿故意打岔，上氣不接下氣地說：「本州那麼遠，一路顛簸，小心啊。我快要死了，我們以後怕再也見不著了，我那不成材的兒子們還要托你關照。」說著眼淚都掉出來了。如此不顧形象，自然順利騙過李勝，曹爽認定曾經叱吒風雲的司馬懿現在成了只剩一口氣的殘廢，可喜可賀，用不著防範了。

實際上司馬懿早就讓兩個兒子安排一大批將士，潛伏於洛陽各處，隨時準備兵變。魏曹芳嘉平元年（西元249年）一月魏明帝曹叡忌日那天，曹爽陪小皇帝去京外掃墓。司馬懿聽說就從病榻上一躍而起，帶領兒子奔向宮中，發動了宮廷政變，挾持太后之後就率兵佔領了洛陽各個城門。曹爽兄弟幾個在城外成了孤軍，回想起沒有留兩個兄弟守京，才懊悔不已。司馬懿說，只要交出兵權，你曹爽兄弟的爵位仍會保留，絕不加害。曹爽

居然相信了，把官符交出，投降了。大家擁著小皇帝剛回京，司馬懿就馬上誅殺了曹爽兄弟幾個，夷滅三族，一時間洛陽城血流成河。

司馬懿已經徹底走上了一條與曹魏政權決裂的路。

司馬懿隱忍多年的狠毒面目到老終於暴露，曹魏政權果然如曹操最初擔憂的那樣落入了司馬懿之手。儘管不久後司馬懿病死，但他的兩個兒子司馬師、司馬昭控制朝局，比當年曹操控制漢獻帝還嚴。

哥倫布發現新大陸
1500—

英國大破無敵艦隊

發明蒸汽機

美國獨立
拿破崙稱帝

美國南北戰爭開始

第一次世界大戰
第二次世界大戰

2000—

這給東吳帶去了連鎖反應，司馬懿奪權引起年邁的孫權的不安，他身邊有個居於高位的陸遜。從荊州到夷陵，孫權親眼目睹了陸遜從沉默中走向輝煌，輝煌得幾乎蓋過自己的光芒，自己百年之後，他會不會像司馬懿一樣奪得自己的江山？孫權既然有了這樣的想法，年事已高的陸遜必然倒在他的政治祭臺上。

吳國無人，蜀國有姜維

　　孫權除掉一切能給子孫後代帶來威脅的力量後死去，不過他的後代一個比一個不爭氣，一個比一個殘忍，也一個比一個短命，十幾年中就有孫亮、孫休、孫和、孫皓四位君主，將士之中也沒有出什麼新的人才，所以就一直偏安東南，守住國土。蜀國倒還有一個姜維繼承著諸葛亮的志願，繼續北伐，但依然沒有取得成效。蜀國到了後期，一個黃皓就把朝廷搞得烏煙瘴氣，身為大將軍的姜維竟然淪落到去種田避禍的地步。

　　能夠入諸葛亮法眼，收他為唯一的學生，可以想像姜維有何等的才氣，姜維也從此開始成為三國後期最耀眼的將才。師徒關係在諸葛亮一出祁山時候開始，魏國年僅二十六歲的姜維吸引了時年四十七歲諸葛亮，諸葛亮決心捕獲他。被抓的姜維無奈只能投靠。從這一刻開始，便有了蜀國後期的風風雨雨。

　　蜀後主建興十二年（西元234年），五十四歲的諸葛亮最後一次北伐時候，病故歸天，時年三十二歲的姜維封閉消息，悄然退軍。一方面避免蜀軍自亂，另一方面克制司馬懿全面進攻。但是司馬懿的耳朵比順風耳還靈，他還是得知了老對手死去的消息，自然大喜過望，立刻全面追擊，姜維則不聲不響佈陣，樹起諸葛亮的大旗，鳴鼓作戰。多疑的司馬懿以為這是諸葛亮拿自己的生命開玩笑實施的圈套，連忙撤退。姜維命參軍署府事楊儀率小隊人馬在前方造勢，自己率大軍安全退回蜀國。

　　蜀國的敗落從諸葛亮時已經顯現，諸葛亮生前在平衡蜀內各個派系的鬥爭上費了不少心思，取得了不少成績，大家團結一起對敵，但是沒能徹底解決魏延和楊儀之間矛盾，鎮北將軍魏延性格高傲，在軍中大家都儘量避著他，更不要說去惹他了，可是唯獨楊儀卻數次去惹魏延，有時候還開魏延的玩笑，魏延為之憤怒，二人勢如水火。諸葛亮死後，楊儀手中握有軍權，他找藉口立刻把魏延殺掉，費禕又利用權術使楊儀被廢為平民，不久後費禕也不知被何人刺殺了。事情混亂如此，蜀國已經不是姜維一人能

BC　上古時期

—BC200　秦
　　　西漢

—0
　　　東漢

—100

—200　三國
　　　晉
—300

—400　南北朝

—500

—600　隋朝
　　　唐朝
—700　武則天稱帝
　　　安史之亂
—800

—900　五代十國
　　　北宋
—1000

—1100
　　　南宋
—1200

—1300　元朝

　　　明朝
—1400

—1500

—1600
　　　清朝
—1700

—1800

—1900　中華民國

—2000

夠改變的，但是姜維依然用他個人的才智，寫下了蜀國最後的輝煌。

　　蜀國的實力，在三個國家中倒數第一，丟掉荊州後就只剩一個益州了，敵眾我寡，只能以攻為守，主動出擊，步步蠶食敵方，這就是諸葛亮的規劃，他五出祁山征討魏國，有好幾次都攻下了魏國的城池，這就是收穫。按照蠶食的方針，如此循環，必將了卻君王劉備的心願。姜維徹底貫徹老師諸葛亮的策略，不停地進攻魏國，從蜀後主延熙元年（西元238年）第一次出祁山，直到蜀後主景耀五年（西元262年）最後一次出兵，二十多年間，姜維竟然組織了十一次北伐！勝敗各有：勝五次，平手四次，敗兩次。與諸葛亮相比，毫不遜色，因為諸葛亮時期還有趙雲等大將，而姜維獨當一面時期真的就是獨自上沙場，國中無大將，只好自己獨力與魏國的眾多大將屢次作戰，戰功赫赫。

戰到最後的三國人物

三匹馬搶了「槽」

　　當大將鄧艾率領魏兵從天而降，蜀中的兵將大為驚奇，這兩千人有如此霸氣，蜀國將士又發揮他們一貫的作風——投降。蜀後主劉禪也投降了鄧艾，至此，蜀國政權歷二帝，前後四十二年，終於宣告結束。鄧艾就在摩天嶺上寫下了屬於自己的傳奇——征服蜀國。

　　蜀國走到了盡頭，沒有什麼事情可忙了，魏國這邊依舊繁忙。

　　很多年前，曹操的兒子曹丕從東漢最後一個皇帝獻帝手中贏得了皇帝的寶座，掌握了權力。歷史的車輪滾滾前進，一般來說掌握權力就會腐化，曹魏集團也不例外，他們的戰鬥力不斷下降，最後走路都走不穩，更別說騎馬打仗了。就在曹魏集團的眼皮子底下，司馬集團悄然壯大！

　　曹爽兄弟被殺，鐘會等作為司馬氏的同夥自然飛黃騰達，一人升天，他的雞貓狗鴨都會高升的。與此相對，與曹魏政權息息相關的夏侯氏卻倒了大楣，駐守邊防的夏侯淵之子夏侯霸逃奔蜀國，聽說族人全部被殺，夏侯霸也就死心塌地效力蜀國了，為後來抵抗魏國進攻作出了和姜維一樣的貢獻。

　　魏國的前行步驟很明確。司馬兄弟先是把曹芳廢了，像最初董卓廢皇帝一樣，本來打算擁立曹操的一個兒子彭城王曹據當皇帝。但是太后覺得這樣一來輩分就徹底亂了，太后的位置在朝中過於尷尬，自己的叔叔當皇

BC	上古時期
BC200	秦 西漢
0	東漢
100	
200	三國
300	晉
400	南北朝
500	
600	隋朝 唐朝
700	武則天稱帝 安史之亂
800	
900	五代十國
1000	北宋
1100	南宋
1200	
1300	元朝
1400	明朝
1500	
1600	
1700	清朝
1800	
1900	中華民國
2000	

BC

耶穌基督出生 0—

君士坦丁統一羅馬

羅馬帝國分成兩部

波斯帝國 500—

回教建立

凡爾登條約

神聖羅馬帝國建立
1000—

十字軍東征

蒙古第一次西征

英法百年戰爭開始

哥倫布發現新大陸
1500—

英國大破無敵艦隊

發明蒸汽機

美國獨立
拿破崙稱帝

美國南北戰爭開始

第一次世界大戰
第二次世界大戰

2000—

帝，該怎麼叫？就與司馬兄弟商量著另外選一個人。鐘會這時候就給司馬兩兄弟一個新的人選——曹丕的孫子高貴鄉公曹髦。鐘會把曹髦吹得才高八斗，司馬兄弟就犯疑了：「你找這樣一位能人做皇帝，我們還怎麼取而代之？」

鐘會說：「現在不是個過渡嘛，我們還沒有準備好。權力不是在我們手上掌握著嘛。再說，現在要是取而代之，各地諸侯也會來征討啊。要先解決地方勢力。」

確實，有人已經不服氣要採取行動，淮南的毌丘儉和曹魏集團的夏侯氏比較親近，看見夏侯氏的人全部被殺，皇帝也被廢除，就以太后的名義舉兵討伐司馬兄弟。司馬師找鐘會商量，鐘會給司馬師出了個主意——拿淮南將士在都城的家屬作要脅。先分五路兵馬對淮南地區進行圍困，但只是圍而不攻，並頒佈赦令，繳槍者不殺！淮南將士頓時全無鬥心。毌丘儉的軍隊在司馬師的大兵壓境之下，瓦解了。

不過，司馬師也因為過於緊張，臉上的腫瘤破裂，眼睛都流出來了，死在回軍的路上。大權當然不會跑到別人的手中，他的兄弟司馬昭在那等著呢。

司馬昭當政，出兵滅掉了蜀國，以後他要做的事情就是順流而下，去完成歷史所賦予的某種必然——結束三國時代。在徹底完結這個時代之前，魏曹奐（音換）咸熙二年（西元265年），司馬昭的兒子司馬炎逼著魏主曹奐禪位，改了個國號叫「晉」，司馬炎就是晉武帝，歷史進入了新的一頁。

曹魏集團徹底下了地獄，曹操的夢終於得到應驗，三匹馬搶了「槽」（曹）。

鄧艾偷渡

蜀後主景耀六年（西元263年），魏國鄧艾、鐘會率領大軍進攻蜀

國，此時正因宦官專權不得不在外避亂的姜維聽說後馬上出山，駐守在劍閣進行對抗，一個人領幾千兵馬就把魏國的大軍壓制得動彈不得，可惜，天要亡蜀，鄧艾竟然領兵越過了四百里荒無人煙的險域，越過連鳥都飛不過去的摩天嶺，奇襲成都的北大門綿竹，守將諸葛亮之子諸葛瞻戰死，綿竹失守。姜維接到消息後正欲班師抗敵，誰知成都劉禪已經投降。姜維只好投降鐘會。

姜維的投降不是簡單的投降，他在等待一個時機。當成都城內的蜀國大臣舉家自殺、悄然歸隱、歡呼解放等都塵埃落定，姜維最悲壯最漂亮的戲份，才拉開帷幕。

帶兵進攻蜀國的是鐘會和鄧艾兩人，但攻進成都，接受劉禪降書的只有鄧艾一個人。榮耀落在鄧艾身上，鐘會自然不快。姜維投降於鐘會，鐘會也並沒有看低他，早先時候他們都在魏廷為臣，鐘會也知道姜維的厲害，現在得到神人諸葛亮的指點，那是更加厲害了，所以有事還向他諮詢意見。這次當然要聽姜維的意見了，姜維就抓住了這一個機會，建議鐘會除掉鄧艾。於是鐘會收買了軍中監軍，監軍就向朝中稟報鄧艾坐擁成都，不思歸返，要謀反。司馬昭下令罷免並押解鄧艾。鄧艾莫名其妙被關進了牢房，在魏曹奐咸熙元年（西元264年）的一月，鐘會抵達成都之時，鄧艾父子在牢中已經餓得半死。這一計的成功，更讓姜維成為鐘會的心腹。鐘會對姜維舉著大拇指：高人！

隨後高人姜維便開始了他的第二步棋——策反鐘會。在一個夜深人靜的夜晚，姜維對鐘會說：「大將軍，我對你說一件事，不知道你感不感興趣？」

鐘會當然要聽聽，姜維說：「您看鄧艾，監軍一句話就致於他死，您在他身上看到自己的影子了嗎？」

鐘會示意他說下去，姜維娓娓道來：「魏軍現在都聽你，而蜀國降軍聽我的，我們有兩國三十萬大軍。魏國現在有這麼多兵力嗎？益州是我們的地盤，對抗魏國還不是舉手之勞？」

鐘會想想姜維說得很有道理，朝中鬥爭錯綜複雜，自己滅掉蜀國不知

BC　上古時期
秦
西漢
— BC200
— 0　東漢
— 100
— 200
三國
— 300　晉
— 400
南北朝
— 500
隋朝
— 600　唐朝
武則天稱帝
— 700　安史之亂
— 800
— 900　五代十國
北宋
— 1000
— 1100　南宋
— 1200
元朝
— 1300
明朝
— 1400
— 1500
— 1600
清朝
— 1700
— 1800
— 1900　中華民國
— 2000

道有多少人眼饞呢，說不定自己一回朝就人頭落地了，鄧艾確實是自己的影子，如今有這麼大的勢力為什麼不自己幹一番事業呢？鐘會決定倒戈，重立劉禪為皇帝，扶起蜀國的大旗，對抗魏國。

　　司馬昭也確實防備著鐘會，鐘會前腳倒戈，司馬昭後腳就帶著一萬精兵進入蜀內，宣佈解除鐘會的大將軍職務，蜀中魏將不得不聽其命令。於是姜維和鐘會只好走一步險棋，把所有的魏軍將領關押起來。行動尚未進行，蜀中魏將生怕步鄧艾後塵，立刻對鐘會、姜維採取進攻，魏軍、蜀軍在成都城內激戰，終因寡不敵眾，姜維、鐘會死在亂軍之中。

扶不起的阿斗

　　鄧艾滅了蜀漢以後，後主劉禪還留在成都。司馬昭覺得蜀國都是自己的了，還留一個皇帝在那不妥當，於是他就派人把劉禪接到了洛陽來。

　　劉禪作為劉備的兒子，是一點沒把劉備的優點繼承上，作為一個富二代，他除了吃喝玩樂就是胸無大志。劉備活著的時候就很頭疼這個兒子，讓諸葛亮好好照顧，可是把諸葛亮都給累死了，劉禪也沒長出息。

　　在諸葛亮死後，雖然還有蔣琬、費褘、姜維一些文武大臣輔佐他，可是這些人都不像諸葛亮管他管的那麼嚴，劉禪也就開始肆無忌憚的玩樂了。越玩樂蜀國越完蛋，最後被宦官黃皓得了勢，蜀漢的政治就越來越糟了。

　　到了蜀漢滅亡，姜維被殺，大臣們死的死了，走的走了。劉禪身邊也就沒剩下什麼人了，所以說，司馬昭接劉禪去洛陽的時候，隨行的人只有地位比較低的官員郤（音系）正和張通兩個人。

　　這兩人一路上也夠累的，劉禪什麼也不懂，不會跟人打交道，不懂得跟人怎麼說才是合規矩的話，這些事情，全得郤正指點，一路上把郤正累的半死，好不容易到了洛陽了。司馬昭用魏元帝的名義，封他為安樂公，還把他的子孫和原來蜀漢的大臣五十多人封了侯。

美國獨立
拿破崙稱帝

美國南北戰爭開始

第一次世界大戰
第二次世界大戰

2000—

司馬昭這麼做就是要做給別人看，讓人覺得自己特有君王風範，也是為了穩住對蜀漢地區的統治，這一切在郤正眼裡都很虛假，但是在劉禪看來，這就跟天上掉餡餅一樣，真是天大的好事。

劉禪來到洛陽，天天吃喝玩樂，也不著急回去，反正在洛陽有人好吃好喝的伺候著。劉禪胸無大志的想法讓郤正很是痛心，但是他也沒辦法，誰讓自己跟了這麼個不爭氣的主上呢，怨不得別人。

有一次，司馬昭大擺酒宴，請劉禪和原來蜀漢的大臣參加。宴會中間，司馬昭故意讓一班歌女演奏蜀國的歌舞。蜀國的大臣們看到自己國家的歌舞，很是激動，想到自己的國家已經沒了，更是激動，個個都要痛哭出來了。

唯獨劉禪看得很高興，就跟在自己家看一樣，恨不得也上場跟這些歌女們一起跳一場。劉禪的神情被司馬昭看了個正著，他想劉禪都沒心沒肺到這種地步了，難怪有諸葛亮那樣的能人輔助，蜀國都沒強大起來。

過了幾天，司馬昭在接見劉禪的時候，問劉禪說：「您還想念蜀地嗎？」劉禪開心地回答說：「這兒挺好，我不想念蜀地了。」

司馬昭高興地哈哈大笑起來，一旁站著的郤正聽著覺得太不像話了，好歹也應該說幾句表示傷心的話應付一下，這樣多不像話。

於是，他私底下告訴劉禪，下回司馬昭再問他類似的問題，就應該做出悲痛欲絕的表情，說自己很想回家去。

果然，沒過幾天，司馬昭又問劉禪還想回蜀國嗎？劉禪想起郤正教自己的話，就重複給了司馬昭聽，還努力做出一副悲痛欲絕的表情，司馬昭一看就是裝的。劉禪見司馬昭發現了，就告訴司馬昭，這都是郤正教的。

司馬昭徹底對他放心了，專心致志地去對付吳國了。

三國演義終結

蜀漢被司馬昭滅了以後，東吳也岌岌可危。西元265年，西晉建立。

BC　上古時期

秦
— BC200　西漢

— 0
東漢

— 100

— 200
三國
晉
— 300

— 400
南北朝

— 500

— 600　隋朝
唐朝
— 700　武則天稱帝
安史之亂
— 800

— 900　五代十國
北宋
— 1000

— 1100
南宋
— 1200

元朝
— 1300
明朝
— 1400

— 1500

— 1600
清朝
— 1700

— 1800

— 1900　中華民國

— 2000

BC

耶穌基督出生　0—

君士坦丁統一羅馬

羅馬帝國分成兩部

波斯帝國　　500—

回教建立

凡爾登條約

神聖羅馬帝國建立
　　　　　1000—

十字軍東征

蒙古第一次西征

英法百年戰爭開始

哥倫布發現新大陸
　　　　　1500—

英國大破無敵艦隊

發明蒸汽機

美國獨立
拿破崙稱帝

美國南北戰爭開始

第一次世界大戰
第二次世界大戰
　　　　　2000—

司馬炎在老爹司馬昭死後把魏元帝也處置了，自己做起了皇帝，就是晉武帝。

三國就剩下一個東吳，晉武帝迫不及待地要統一中國，西元279年，他下令出兵攻打東吳。那個時候東吳的皇帝孫皓還沉浸在溫柔鄉中，成日花天酒地，而且還是個暴君，把百姓可折騰慘了。

西晉的大兵分了三路進攻，其中王濬帶著一路人馬準備乘船走水路。他之前就做了充分的準備，光是超級戰船就建了好幾艘，上面的設施跟五星級酒店似的。其實早在王濬造船的時候，就有碎木屑從海上飄到了東吳，也被東吳的一個太守吾彥發現了。

可是當吾彥把事情說給孫皓聽以後，孫皓還不以為然，說什麼自己沒招惹別人，別人打他幹什麼。吾彥心想這皇帝遲早要死，就沒理他，自己開始著手防備西晉的進攻了。他叫人在江面下面設置了很多障礙，有鐵鍊、鐵錐等。

西晉部隊的中路和東路都打得正起勁，捷報頻傳，可是王濬的水軍卻在水路上遇見了大麻煩。不過王濬靈機一動，也就把這麻煩給解除了。他讓人又造了幾十隻大木筏，上面擺著稻草人，打扮成大兵的模樣，再派上幾個水兵領著木筏走，木筏撞到水面下的鐵錐之後，鐵錐自動地就纏在上面了。

至於大鐵鍊，王濬也想了個好辦法。那就是在木筏上捆上火炬，上面澆上足夠的油，到了鐵鍊所在之處就把火炬點燃，直到鐵鍊被燒斷為止。這樣一來，水上的障礙就被掃清了。晉軍直逼東吳都城建業，跟另外的兩路大軍會合。

東吳的無能主子孫皓這才被晉軍的強逼驚醒了，他連忙出兵前去迎戰，可是自己的部隊一看到王濬進攻的架勢，一個個都被嚇傻了，哪裡還敢上前去打仗。沒辦法，又派了一個叫陶濬的將軍，誰知道這將軍竟然口出狂言，說是只需要兩萬兵力就能讓西晉的部隊死無葬身之地。

孫皓盡信了陶濬，東吳的大兵自己卻不傻，琢磨著這一仗除了送死還是送死，就趕緊逃跑了。

王濬率領的大軍幾乎就沒開打，建業就被順利地拿下，估計王濬心裡也不怎麼過癮。孫皓想逃也逃不成，只好自己送上門去投降。西元280年，隨著東吳的滅亡，三國鼎立的時代正式宣告結束，西晉再次完成了統一中國的大業。

當大紅的喜報飛入晉宮

晉武帝司馬炎登位後，心情順暢，沒有想到自己還有這麼一天，但想到自己的疆土還有東吳地區沒有統一過來，就去找征南大將軍羊祜商量：「羊祜，你全力籌措伐吳的事情吧。」

羊祜已經鎮守荊州多年，他在襄陽屯田開荒八百餘畝，使軍糧供應日趨豐足外，可是就是沒有與吳軍發生過戰鬥。

雖說羊祜沒有動用武力，但他在軍事上不動聲色地採用了攻心戰術瓦解敵軍，從別人都不會關注的生活小事上做起。有一天，羊祜帶著人出去打獵，剛好撞見了東吳現任都督陸抗（陸遜的兒子）陸抗也出來射獵。羊祜便下了命令：「我們只在我們的地盤上打獵，都不許越國界啊。」手下就都在晉地打圍，沒有一個人出界的。陸抗遠遠看見，感歎道：「羊祜將軍帶兵有方，這樣的敵人不好打敗啊。」

到了晚上，羊祜回到軍營，看看一天的收穫，發現有很多獵物上是東吳的箭，他就派手下如數給陸抗送了過去。陸抗見羊祜如此，特意將自己親釀的佳釀回贈羊祜，來表示自己的感謝。

羊祜剛要去品嘗，手下陳元勸說：「羊祜將軍先不要喝，要是裡邊有毒怎麼辦？」

羊祜笑著說：「陸抗將軍不是小人，不必懷疑！」說完就暢飲了一頓。自此晉吳前線，常有往來，雙方賓禮相待。

對手之間惺惺相惜當做知己，把敵人當朋友，不是高風亮節的人怕無法辦到。他們處於對手位置只能恨生不逢時。

BC　上古時期
— BC200　秦　西漢
— 0
— 100　東漢
— 200　三國
— 300　晉
— 400
— 500　南北朝
— 600　隋朝
唐朝
— 700　武則天稱帝
安史之亂
— 800
— 900　五代十國
北宋
— 1000
— 1100　南宋
— 1200　元朝
— 1300
— 1400　明朝
— 1500
— 1600　清朝
— 1700
— 1800
— 1900　中華民國
— 2000

耶穌基督出生　0—

君士坦丁統一羅馬

羅馬帝國分成兩部

波斯帝國　500—

回教建立

凡爾登條約

神聖羅馬帝國建立
　　　1000—

十字軍東征

蒙古第一次西征

英法百年戰爭開始

哥倫布發現新大陸
　　　1500—

英國大破無敵艦隊

發明蒸汽機

美國獨立
拿破崙稱帝

美國南北戰爭開始

第一次世界大戰
第二次世界大戰

　　　2000—

　　又一天，羊祜聽說陸抗得了一種病，病症與自己以前的一樣，便派人送過去了一副好藥，陸抗剛要喝，手下也跑進來進諫：「羊祜可是我們的敵人啊，他給都督送藥怕是沒有安好心。這藥可吃不得！」

　　陸抗說：「羊叔子（羊祜字叔子）哪會是卑鄙小人？我們不要亂說。」於是就服下藥去。果然，第二天病便好了。陸抗對大家說：「羊叔子對我們開誠佈公，我們也不能向對方使什麼暗地陰謀！保衛好我們的疆土就是了。」

　　晉國經過七年籌備之後，在荊州邊界的駐兵、軍備遠遠超過了東吳，當吳軍都督陸抗因病過世，羊祜就上書司馬炎請求伐吳，他說，吳國境內現在因為君王孫皓的殘暴統治，內部紛爭嚴重。都督陸抗病逝，現在可是大好時機。

　　對手之間惺惺相惜為知己才是真知己，羊祜在上書之後也病逝追隨陸抗而去，司馬炎另派將軍杜預代替羊祜督理荊州，準備攻吳。為了做到萬無一失，司馬炎又讓益州刺史王濬在已經歸順晉廷的西蜀境內製造大船，鍛鍊水軍，準備順江而下，分兩路夾擊吳國。

　　萬事俱備，東風也得。晉武帝咸寧五年（西元279年）十一月晉軍終於兵分六路，進入吳國境內。

　　東吳雖有積極抵擋，但滅亡已成定局。晉武帝太康元年（西元280年），吳主孫皓出降。吳國自孫策於漢獻帝興平二年（西元195年）入主江東，佔有丹陽、吳郡開始，繁華幾何，歷時八十五年而亡。

魏晋風流

（西元266年～西元420年）

曇花五十年

BC

耶穌基督出生　0—

君士坦丁統一羅馬

羅馬帝國分成兩部

波斯帝國　　500—

回教建立

凡爾登條約

神聖羅馬帝國建立
　　　　　1000—

十字軍東征

蒙古第一次西征

英法百年戰爭開始

哥倫布發現新大陸
　　　　　1500—

英國大破無敵艦隊

發明蒸汽機

美國獨立
拿破崙稱帝

美國南北戰爭開始

第一次世界大戰
第二次世界大戰

　　　　　2000—

競富生活

　　晉武帝在280年滅掉吳國之後，就算是正式的統一了南北了，不過西晉的統一只是曇花一現，因為晉武帝實在不是個治理國家的人才，他能夠統一南北，結束三國割據的戰亂局面，完全是走了狗屎運了。

　　首先，他的爺爺、老爹都很彪悍，替他坐穩了江山，其次他的對手實在太次了，晉武帝也就是晚生了那麼幾年，要是讓他趕在諸葛亮活著的那個時代，他早沒戲了。但不管怎麼說，傻人有傻福，晉武帝就這麼打了劉阿斗，滅了只知道殺人的孫皓，將三國都歸到自己的名下了。

　　晉軍過江去接收吳國的時候，被孫皓殺怕了的老百姓以為自己可盼到救星了，紛紛夾道歡迎，就差鋪紅地毯，撒花了，大家高興得跟過年似的，想著可是要從此以後過上安定團結的好日子了。

　　但是沒想到，這個新皇帝照樣是個不可靠的傢伙。正事不幹，就愛喝酒尋歡作樂，倒是沒孫皓那麼愛殺人了，可他也不管事，還是不理老百姓的死活。

　　晉武帝很愛面子，非常講排場，他覺得自己統一了南北，算得上是名垂青史的大人物了，這生活品質怎麼的也該提高提高，於是他就大興土木，開始住豪宅，驕奢淫逸起來了。

　　在他帶頭提倡下，朝廷裡的大臣把擺闊氣當做體面的事。

在京都洛陽，當時有三個出名的大富豪：一個是掌管禁衛軍的中護軍羊琇，一個是晉武帝的舅父、後將軍王愷，還有一個是散騎常侍石崇。

這三人一個比一個有錢，一個比一個有權，羊琇、王愷都是外戚，他們的權勢比石崇大，但是石崇的錢可是比他們多得多，多到什麼地步，沒人能說清楚。

石崇當過幾年荊州刺史，在這期間，他除了加緊搜刮民脂民膏之外，還幹過骯髒的搶劫勾當。有些外國的使臣或商人經過荊州地面，石崇就派部下敲詐勒索，給了就放你過去，不給就把你殺了，然後把你錢搶走。

那些年，靠掠奪了無數的錢財、珠寶，石崇成了超級富豪。後來石崇來到了洛陽，認識了這兩人，三人湊到一起，天天就是攀比。

這三人他們也不用工作，每天就是閒的無聊，石崇聽說王愷家裡洗鍋子用飴糖水，他就讓自己家的廚子用蠟燭當柴火燒。

王愷為了炫耀，他還專門在自己家門口的大路兩旁，夾道四十里，用紫絲編成屏障。誰要是來王愷家，誰就能見識見識這個奢華的裝飾了。

看著王愷比過自己了，石崇用了比紫絲貴重的彩緞，鋪設了五十里屏障，這下王愷被比下去了。

為了贏回來，王愷去找自己的外甥晉武帝幫忙，晉武帝覺得這樣的比賽挺好玩，就也要參加，他把宮裡收藏的一株兩尺多高的珊瑚樹賜給王愷。王愷帶著這株珊瑚樹就去找石崇炫耀了。

沒想到石崇想也沒想就把王愷帶來的珊瑚樹砸了，這下可把王愷氣壞了，他要跟石崇理論，但石崇卻把他領到了自己的倉庫裡，裡頭好多又高又大的珊瑚樹，石崇讓王愷隨便挑不要客氣，王愷這才真的認輸了。

有個大臣傅咸看不慣這樣的行為，他上了一道奏章給晉武帝，希望晉武帝能出面管管，但晉武帝也忙著搜刮財富呢，哪有工夫搭理這件事，這件事也就不了了之了。西晉王朝一開始就這麼腐敗，接下去肯定沒好事。

BC　上古時期
秦
西漢
— BC200
— 0
東漢
— 100
— 200　三國
晉
— 300
— 400
南北朝
— 500
— 600　隋朝
唐朝
武則天稱帝
— 700
安史之亂
— 800
— 900　五代十國
北宋
— 1000
— 1100
南宋
— 1200
元朝
— 1300
明朝
— 1400
— 1500
— 1600
清朝
— 1700
— 1800
— 1900　中華民國
— 2000

皇帝是個活寶

晉武帝聰明，怎知生了個兒子卻沒繼承他的優點，呆頭呆腦的倒像個笨瓜。晉武帝整天捂著腦袋想，自己的老爹和爺爺也都是聰明人，怎麼就有這麼一個兒子呢？晉武帝甚至還懷疑是基因突變造成的。

這笨孩子叫司馬衷。朝廷裡有這麼個「活寶」太子，大臣們倒也覺得新鮮。可晉武帝卻鬱悶了，他還得考慮將來自己死了兒子怎麼辦。大家心裡都琢磨著讓晉武帝趁早換個接班人培養，可是嘴上也不敢明說。

有一次，晉武帝辦了個宴會，大家喝多了以後又唱又跳的。這時候一個叫衛瓘的人裝著一副喝了五斤白酒的醉漢模樣，在晉武帝身邊繞來繞去，一不小心就栽倒在晉武帝的寶座前。那人跪在那裡，醉醺醺地說：「哎，可惜了你啊，寶座！」

晉武帝這麼精明的人，怎麼會不明白此人的意思，可正因為精明，他也裝糊塗地讓侍衛把這人帶了下去，裝著什麼都不知道。後來也沒人再敢跟晉武帝提這檔子事了。

晉武帝煩惱歸煩惱，可兒子還是自己的親，為了考察下兒子究竟笨到什麼地步，晉武帝特意找人出了份試卷，拿去叫兒子填。

兒子一看試卷，上面大多是如何處理國家政事的題目，他怎麼會做呢。這時候老婆搶下了試卷，就找了一個不錯的老師來給司馬衷作弊，讓老師代替司馬衷答卷。這老師肚子裡有點墨水，答得中規中矩的。

正當太子的老婆滿意地直點頭的時候，身旁的一個太監擠眉弄眼地說：「答的確實有水準，可是您想想，我們太子是這麼說話的嗎？皇上還不知道他兒子什麼情況？到時候一定會懷疑。」

太子的老婆這才反應過來，於是就讓這太監另寫一份。太監也念過幾年書，起碼比太子高明多了，他答完了試卷以後讓太子照著抄了一遍，就拿去給晉武帝打分數了。

晉武帝接過試卷一看，該答的也都答了，雖然沒什麼水準，但是他本

BC

耶穌基督出生　0—

君士坦丁統一羅馬
羅馬帝國分成兩部

波斯帝國　500—

回教建立

凡爾登條約

神聖羅馬帝國建立
1000—

十字軍東征

蒙古第一次西征

英法百年戰爭開始

哥倫布發現新大陸
1500—

英國大破無敵艦隊

發明蒸汽機

美國獨立
拿破崙稱帝

美國南北戰爭開始

第一次世界大戰
第二次世界大戰

2000—

來就沒對兒子有很大的期望，只要兒子能不把題目搞混就好。

西元290年，晉武帝到了大病的晚期，那時候的太子已經三十出頭。晉武帝臨死前叫人寫了個遺書，交代他的叔父汝南王司馬亮和皇后的老爹楊駿給司馬衷當輔政大臣。可是當時在晉武帝身邊的只有楊駿，後來楊駿又跟皇后聯手弄來一封假遺書，說晉武帝只交代了楊駿一個人輔政。

老爹死了，司馬衷坐上了皇帝的寶座，他就是晉惠帝。可是這三十多歲的人連一點小事情都處理不了，搞得朝廷裡的大臣們哭笑不得。

一日，晉惠帝在御花園裡溜達，身邊跟了一群太監。這時候荷塘裡的癩蛤蟆正大聲地叫喚，晉惠帝就問：「這玩意兒為什麼叫？為官還是為私？」太監們大眼瞪小眼地，也不知道該怎麼說，就隨口說：「在哪住就為哪！」

也不知道這晉惠帝聽懂了沒有，只見他迷迷糊糊地點著頭。

又有一次，因為老天不給面子，所以全國上下一片飢荒的景象，餓死了不少百姓。晉惠帝知道以後就問：「他們怎麼會餓死呢？」

身邊的人答：「顆粒無收，沒有糧食可吃。」

晉惠帝又說：「沒有糧食，為何不弄點肉粥吃吃？」

這時候身邊的大臣們什麼話都不說了，各懷心事。自己的皇帝是這麼個傻瓜蛋，那看來這皇位換成自己坐，這位皇帝應該也意見不大，那些野心家們開始蠢蠢欲動了。

八王亂天下

晉武帝還活著的時候，他封了底下二十七個同姓的王，這些人都有自己的軍隊。晉武帝之所以要這麼做，是因為他看了看歷史書，尤其是魏國滅亡那段更是令他印象深刻。他認為魏就是因為沒給皇族子弟適當的權力，所以才滅亡的。在晉武帝的決策下，司馬氏的王爺們個個手握重兵，造反條件十分好。

BC　上古時期
— BC200　秦西漢
— 0　東漢
— 100
— 200　三國
— 300　晉
— 400　南北朝
— 500
— 600　隋朝 唐朝
— 700　武則天稱帝 安史之亂
— 800
— 900　五代十國 北宋
— 1000
— 1100　南宋
— 1200
— 1300　元朝
— 1400　明朝
— 1500
— 1600　清朝
— 1700
— 1800
— 1900　中華民國
— 2000

晉武帝正為自己的大智慧高興著，以為這麼一來自己就可以安安穩穩地在皇帝寶座上多坐幾年，可是他哪裡知道，他這一舉動倒把兒子晉惠帝套牢了。

晉惠帝好不容易從接班人成為了真正的王者，可是因為他那顆白癡腦袋，讓皇后的老爹楊駿掌握了大權。不過晉惠帝也算命好，誰讓他有個機靈的老婆賈后呢，要不是這老婆，估計晉惠帝還要早死好幾年。

賈后不是一般的女人，她是個特殊的女人，怎麼個特殊法？一心狠、二手辣！

她見楊駿整日在朝廷裡逍遙，早就看他不順眼了，於是就找來汝南王司馬亮，把當年楊駿幹的壞事給抖了出來。司馬亮大怒，帶著兵就殺向了楊駿。

一邊跟司馬亮聯繫著，另一邊賈后還叫了楚王瑋。有了這兩人的支持，很快賈后就弄死了楊駿。

司馬亮自打從洛陽過來京城以後就不願意回去了，他在楊駿死了以後一直在晉惠帝身邊當輔政大臣。不過他跟楊駿都不是什麼好人，也想獨吞大權，只可惜目前兵權還握在楚王瑋的手裡。

賈后估計是幹造假文書的事幹上癮了，她看穿了司馬亮的心，又偷偷地偽造了晉惠帝的文書，讓楚王瑋把司馬亮做掉了。可是楚王瑋卻沒想到賈后是那麼一個狠毒的女人，以至於她後來也順帶把自己給辦了。就在司馬亮死的當天夜裡，賈后就又偽造了皇帝的旨意，說楚王瑋殺了司馬亮，想要謀反。

晉武帝臨死前相中的兩個輔政大臣現在通通去找他了，賈后成了幕後黑手，從此獨攬了大權。

遇上賈后這麼一個女人在簾子後操縱政事，誰的日子都不好過，賈后這大權一攬就是七八年。

後來這女人邪惡的本性又暴露了出來，原因是太子司馬遹。賈后看不上這個太子，因為他不是賈后親生的，害怕他把自己滅了。於是賈后又動了歪腦筋，打算除掉這太子。

發明蒸汽機

美國獨立
拿破崙稱帝

美國南北戰爭開始

第一次世界大戰
第二次世界大戰

2000—

她先是找人仿著太子的口氣寫了封信，再把太子騙過來喝酒，等太子喝醉了再讓他把信的內容重新抄一遍。翌日，賈后就讓老公把大臣們都叫來，給他們瞧瞧太子親手寫的造反信。於是賈后順利地把太子摘除了。

大家對賈后的種種舉動都心知肚明，畢竟誰都不傻。朝中的氣氛越來越詭異，大臣們天天等著盼著賈后早點死。

這時候趙王司馬倫決定站出來「替天行道」。他雖然掌握著禁軍，可是也擔心賈后敗落以後又把大權送回到前太子的手裡，所以他決定想著先把太子弄下去再說。司馬倫在外面到處胡扯，說大臣們正偷偷地讓太子重新歸位，賈后知道以後二話不說就讓太子喝下毒藥。

聰明反被聰明誤，賈后總算是中了別人一計。這時候，司馬倫帶著兵殺到了賈后的臥室，說她殺了太子，也該死。

賈后死了以後，司馬倫就當上了相國，而且手裡還握著大權。不過他覺得這樣還不過癮，所以又把白癡的晉惠帝軟禁了。

當皇帝真不錯，司馬倫一高興就給下面的人都封了官，讓他們也高興高興。只是當時官帽上都縫著貂尾巴，可是由於司馬倫封的官太多了，哪有那麼多貂尾巴供給他啊，無奈之下只好找來狗尾巴代替。

聽說司馬倫當了皇帝以後，在各地稱霸的諸侯王都不忍了，於是紛紛前來跟他搶寶座。這就是「八王之亂」。西元306年，經過十六年的打打殺殺，就只剩下東海王越一個人了，他順勢把晉惠帝殺害，又搞出一個晉懷帝，就是晉惠帝的老弟司馬熾。

流民集中營

這邊打仗，那邊腐敗，西晉的統治者把國家整得翻天覆地，熱鬧非凡。老百姓的日子已經夠不好過的了，可是老天爺也跟著這幫統治者一起湊熱鬧，今天鬧了水災，明天再打個雷、放個火。

終於，百姓們沒飯吃了。怎麼辦？逃！

BC　上古時期
秦
西漢
— BC200
— 0
東漢
— 100
— 200
三國
晉
— 300
— 400
南北朝
— 500
隋朝
— 600
唐朝
— 700
武則天稱帝
安史之亂
— 800
— 900
五代十國
北宋
— 1000
— 1100
南宋
— 1200
元朝
— 1300
明朝
— 1400
— 1500
— 1600
清朝
— 1700
— 1800
— 1900
中華民國
— 2000

　　西元298年，浩浩蕩蕩的逃荒大軍從略陽、天水等地朝著四川就走了去，這裡面就有一個叫李特的人。跟李特同行的還有他的老弟們，這一家的孩子倒還善良，一路上照顧著大家，特別受大家歡迎。

　　流民們跟走兩萬五千里長征似的終於到了四川，放眼一看，這裡的小老百姓生活的還挺滋潤。於是他們就一個個留了下來，在有錢人家做著保姆、保安一類的工作，混口飯吃。

　　就在流民們覺得自己後半生的日子有了點希望的時候，益州刺史羅尚卻出來找他們的麻煩了。這羅尚也是吃飽了撐的，於是就想把流民們趕走。

　　自己的老家成了那副鬼樣子，誰願意回去啊？流民們聽到羅尚要趕他們走的時候，一個個哭天喊地地叫命苦，還跑去找李特想個辦法。

　　那時候李特兄弟已經做起了慈善事業，在綿竹建了一個大房子，讓走投無路的流民都住了進去。將近一個月吧，這大房子裡就住了兩萬多人。

　　李特派一個叫閻彧的兄弟去跟羅尚談談，要求讓流民在四川多住上一陣子，旅個遊什麼的。

　　閻彧見了羅尚之後也沒跟他客氣，直接說：「您可要當心我們這些小老百姓吶，不是有那麼一句俗話：水能讓船在它上頭行著，但若急了也能把船給打翻。」羅尚卻笑著回答：「我早就想通了，讓流民多住幾日，你放心地回去吧。」

　　閻彧回去後把羅尚的話轉達給了李特，而且還讓李特提防著點羅尚，李特也是這麼想的。之後李特就組織流民，刀槍什麼的都準備好，要是羅尚真的帶了兵來，那麼流民們就要跟他對抗。

　　果然，羅尚不是個好人，當晚就帶兵三萬人殺進了綿竹李特的難民營。這時候正是睡覺的時間，四周靜悄悄的，羅尚的人以為流民們都在夢裡溜達呢，吆喝了一聲就動刀動槍了。可沒想到剛才還能聽見打呼聲呢，這下子倒好，營中傳來了陣陣的鑼鼓聲，流民們一個個拿著刀槍就殺了出來。羅尚的部隊被打了個落花流水，滿地找牙。

　　一不做二不休，既然已經開殺了，那麼不殺到底也不行。流民們知

道自己已經沒了退路，晉軍更不會放過他們，於是都紛紛嚷著要李特帶著他們跟官府對抗。就這樣，李特被推選為鎮北大將軍，老弟李流為鎮東將軍，還另立了幾個魁梧的人當首領。沒過幾天，旁邊的廣漢就被流民軍隊拿下。

　　李特的大軍進駐廣漢以後，他把漢高祖當偶像，打開了官府的糧倉，還規定了一些注意事項。大家在廣漢城中住的也算安穩。可是羅尚那傢伙怎麼願意停戰？他表面上跟李特嘻嘻哈哈的，實際上卻招攬了一幫有錢有勢的人準備對李特下狠手。李特防不勝防，最終還是被羅尚做掉了。不過李特也算是死能瞑目，因為他後繼有人。他的兒子李雄繼承了他的事業，繼續在流民中混著，還混得有模有樣，當了個成都王，國號大成。之後李雄的侄兒又把國號改為漢，於是歷史書上就有了一個「成漢」。

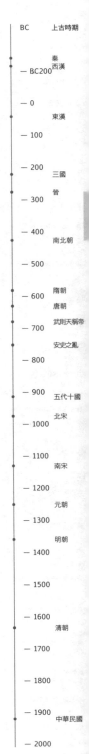

五胡十六國

耶穌基督出生　0—

君士坦丁統一羅馬

羅馬帝國分成兩部

波斯帝國　500—

回教建立

凡爾登條約

神聖羅馬帝國建立
　　　　　1000—

十字軍東征

蒙古第一次西征

英法百年戰爭開始

哥倫布發現新大陸
　　　　　1500—

英國大破無敵艦隊

發明蒸汽機

美國獨立
拿破崙稱帝

美國南北戰爭開始

第一次世界大戰
第二次世界大戰

　　　　　2000—

匈奴人稱漢帝

西漢末年的時候，有一批匈奴人在郡縣窩著，他們跟漢人在一起混，日子久了，也覺得自己跟個漢人差不多，這叫同化。匈奴裡的一些有錢人還覺得自己是漢朝皇室的親戚，因為他們的老祖宗曾跟漢朝和親，所以就想改個大漢皇帝的姓，於是就姓了劉。

自從曹操把北方統一以後，匈奴也被他從三萬個小部落合成了五個大部落，其中有一支部落的主帥叫劉豹。

劉豹有個叫劉淵的兒子，劉淵小時候不僅長得好看，而且愛學習，文的武的都不賴。長大了以後，劉淵也挺有出息，先是接了死去老爹的班，在老爹的職位上先待了幾年。之後想著換個環境工作，於是就去了西晉的成都王司馬穎那裡當將軍，管著五部匈奴軍隊。

八王混戰那時候，匈奴部落裡的一些有錢人也看得心癢癢，人家一個個都跟晉劃清了界限，我們匈奴也不能落後啊。於是一些有錢的貴族就聚集在左國城開了個小會。

其中一個人說：「我們打漢朝的時候就跟漢人結拜了，雖然漢人給了我們封號，可那都是空頭支票啊，連一寸土地都沒有，這算什麼皇親國戚？跟個平頭老百姓差不了多少！現在晉朝裡正打得火熱，不如我們匈奴也湊湊熱鬧？」

出席會議的其他貴族也都覺得這人說的有理，於是大家就開始推選頭頭。後來經過激烈的爭論，終於認定這個頭頭非劉淵莫屬。那傢伙有才，而且也有點影響力，就讓他當個單于吧。

商量好了以後，這幫人就派了個送信的去鄴城找劉淵。劉淵一聽是眾人推舉他當單于，這下可樂翻了天，就跟司馬穎說自己要回家給老爹辦後事，請幾天假。可是司馬穎死活不讓劉淵走，劉淵無奈，只要先讓那送信的人回去，告訴大家把軍隊整頓好。

過了一陣子，司馬穎被晉朝的并州刺史司馬騰、將軍王浚跟鮮卑貴族聯手給揍了一頓，兵敗後連滾帶爬地逃亡到了洛陽。這時候劉淵說服司馬穎，說自己可以回去帶匈奴兵過來幫他，於是司馬穎就讓劉淵去了。

劉淵回去後順利地當了單于，先帶了幾萬人馬幫著晉軍打跑了鮮卑，匈奴的人都奇怪他為什麼不把晉朝給做掉，劉淵卻說：「晉朝雖然已經勢弱，可是晉朝也不光是那些個貪官污吏組成的啊，還有那麼多小老百姓呢，人家可不一定吃我們這一套。我琢磨著漢朝特別受老百姓擁護，我們以前不也跟漢朝結拜嗎，不如就自稱是漢朝的繼承人，老百姓一定向著我們。」

於是，在眾人的擁護下，劉淵成了漢王。之後他一鼓作氣，過五個關口就能做掉六個將士，迅速地拿下了太原等好幾個郡，事業越做越大。聽說劉淵這麼厲害之後，其他的小嘍囉們也趕緊跟著他幹了。

西元308年，劉淵把都城定在了平陽，還自稱漢帝。這時候他正在集中火力打洛陽，可是城中的老百姓一聽說他是匈奴人就不依了，劉淵兩次往裡衝殺都沒有成功，只好暫時退下。

劉淵有生之年還是沒把洛陽給拿下，不過他的遺憾也有兒子來完成。劉淵的兒子叫劉聰，他當了皇帝以後就派了劉曜、石勒去打洛陽。終於在西元311年，晉懷帝被俘，洛陽淪陷。

劉聰的脾氣有點火爆，他進了洛陽城以後就大肆屠殺居民和晉朝的官員。一次宴會上，劉聰叫晉懷帝穿著破爛衣裳為大家倒酒，不料一些晉朝的大臣心酸地掉起了眼淚，劉聰二話沒說就把晉懷帝給殺了。晉懷帝死了

BC　上古時期

秦
—　BC200　西漢

—　0
東漢

—　100

—　200　三國

—　300　晉

—　400
南北朝

—　500

—　600　隋朝
唐朝

—　700　武則天稱帝
安史之亂

—　800

—　900　五代十國
北宋

—　1000

—　1100　南宋

—　1200

元朝
—　1300

明朝
—　1400

—　1500

—　1600

清朝
—　1700

—　1800

—　1900　中華民國

—　2000

以後，他的侄兒司馬鄴在長安的晉朝官員的擁護下也當了皇帝，就是晉湣帝。不過很快劉聰就把長安拿下，晉湣帝也難逃厄運。

存活了52年的西晉王朝在劉聰的馬蹄下送了命，後來北方就更混亂了，這回主要是少數民族在折騰，就是「五胡十六國」。

聽見雞叫就起床

西晉初期時，有一個叫劉琨的年輕人在司州當官。他有個至交好友，叫祖逖。兩個人整天形影不離的，甚至晚上都躺在一張床上討論國家大事。

一天晚上，兩個人說累了都呼呼地大睡起來，正當劉琨在夢中流口水的時候，一陣雞叫聲把旁邊的祖逖吵醒了。他起身看看窗外，發現外面還是烏漆抹黑的一片，月亮還掛在樹梢上。可是祖逖怎麼也睡不著了，於是他就把劉琨叫醒，說是要一起去院子裡舞劍。

劉琨被祖逖吵得也沒了睡意，於是兩個人就在院子裡練起武來。從那以後，每當雞叫的時候他們兩個就開始練武，一天一天地堅持了下來，終於功夫不負苦心人，把自己雙雙練成了將軍。

西晉末年的時候，就算是匈奴已經把西晉王朝折騰到快盡了氣數，可這時候仍舊有一些有骨氣的兄弟們在誓死捍衛自己的民族，這其中就有劉琨。

西元308年，匈奴在并州為非作歹，百姓叫苦連天。晉懷帝讓劉琨去那裡當刺史，把當地的治安搞起來。接到旨意以後，劉琨二話沒說就去了并州，他召集了千名士兵在并州的晉陽城裡加強建設，還帶兵在城門駐守，讓匈奴不敢來進犯。

僅僅用了不到一年的時間，劉琨就用自己的聰明才智說服了一萬多名匈奴人，還經常激勵當地的百姓，跟大家一起把家鄉建設的有模有樣的。

自稱漢帝的劉淵看見劉琨的架勢心裡也有些發毛，不敢輕舉妄動。劉

發明蒸汽機

美國獨立
拿破崙稱帝

美國南北戰爭開始

第一次世界大戰
第二次世界大戰

2000—

聰後來佔領了洛陽，這時候北方的晉軍已經形同虛設，但是劉琨仍舊鬥志昂揚地堅持抵抗。不久，晉湣帝就在長安宣佈就職，劉琨被任命為并州一帶的大將軍。

在并州防守的那一段時間裡，劉琨的軍隊腹背受敵，南邊被劉聰包圍著，北面則受著漢將石勒的監視。也不知道是不是吹牛，就算在這樣艱苦卓絕的環境下，劉琨還是跟晉湣帝說：「您放心，我跟劉聰、石勒總是要血拼到底，不是他死就是我活，不把他們踩平我絕對不去見您！」

除了有天不怕地不怕的架勢以後，劉琨還用上了自己的腦子。那時候還在晉陽做城市防守和建設，有一次被匈奴圍得個水泄不通，而自己手上又沒有足夠的兵力打退匈奴那廝。這時候劉琨急中生智，在晚上偷偷地爬上城樓，拿出一支蕭就開始亂吹。悲涼的音樂讓匈奴的士兵眼淚嘩嘩地流著，個個都哭天喊地叫著爹娘，哪還有鬥志攻城，全都夾著屁股散了去。

然而縱然劉琨有著熊心豹子膽，也抵不過西晉滅亡的大勢。為了給自己增添力量，劉琨跟鮮卑族的頭頭聯繫上了，並且要求一起向劉聰出擊，可最後還是以失敗告終。後來劉琨的軍隊又在途中遭到石勒的埋伏，士兵們幾乎全都丟掉了小命，劉琨無奈，只好往幽州逃了去。

王馬共天下

晉湣帝的寶座沒坐多久就被劉聰從長安拔了下來，不過他在自己被劉聰俘虜之前就已經安排好了新的皇帝人選，那就是當時在建康當琅琊王的司馬睿。

要當皇帝那就需要有很高的威望，以便唬住自己手底下的那些人，讓他們做牛做馬地為自己服務。想當年司馬睿最初到江南做琅琊王的時候，當地的大小貴族們並沒有把他放在眼裡，這讓司馬睿很是鬱悶。那時候跟他一起下江南發展事業的還有一批官員，其中有一個最著名的便是王導。

司馬睿覺得王導這人有點意思，估計能夠給他帶來點好運，於是就讓

BC　上古時期

秦
—BC200　西漢

—0
東漢

—100

—200　三國

晉
—300

—400　南北朝

—500

—600　隋朝
唐朝
武則天稱帝
—700
安史之亂

—800

—900　五代十國

北宋
—1000

—1100　南宋

—1200

元朝
—1300

明朝
—1400

—1500

—1600　清朝

—1700

—1800

—1900　中華民國

—2000

王導想個辦法讓自己鎮住江南的這幫財主。王導為了讓自己辦事辦得超級有成效，就叫來了當時在揚州當刺史的堂哥王敦，兩人一起商量著如何讓司馬睿在精神上蓋過那一群沒長眼的財主。

王導與王敦在江南這一片混的還算可以，於是在三月初三那天，也就是當地的傳統節日上巳節，王導和王敦在前面開路，司馬睿則和一群官員在後面跟著，浩浩蕩蕩地走在江南的大街上，準備到江邊去祈福。

一群人敲鑼打鼓地往前行進著，老百姓們都跑來看熱鬧，這場面也驚動了一個叫顧榮的大財主。顧榮一看不得了，連王導、王敦都親自出馬了，恐怕司馬睿也不是個好惹的人，於是也趕緊跑到人前哭著喊著要拜

主。司馬睿的威望被顧榮這麼一拜，上升了不少。

後來司馬睿給顧榮等當地有名的財主們都大大小小地封了個官做。又由於北方戰亂，一些有錢人拖家帶口地都來到江南逃難，這時候司馬睿聽從了王導的建議，把這些貴族都叫到朝裡來當官。這時候司馬睿在江南就

算是盤踞了。

西元317年，司馬睿在建康當上了皇帝，就是晉元帝，史上把他的朝代稱為東晉。晉元帝始終不忘王導的好，在他即位的那天還讓王導過來坐

坐龍椅。這可把王導給嚇壞了，連忙說：「陛下您是天子，那就是老天爺的兒子，我一個普通老百姓的孩子怎麼敢坐上去！」

晉元帝聽了王導這麼一番話後龍心大悅，也就不再堅持要王導坐上來

了。後來晉元帝對王導、王敦兩兄弟一直很崇拜，不僅讓王導操縱了朝廷大權，而且還給了王導的親戚很多好處，王導的勢力一時龐大起來。

晉元帝當時沒有防備，這讓王導越來越猖狂，他覺得晉元帝能有今天

都是自己的功勞，因此也就不怎麼看得上眼前的這個皇帝。晉元帝也不算

很笨，王導心裡怎麼想的他也知道，這才有意識地從王導的手裡分出點權

力給別人，東晉王朝的內部問題也因此而顯現了。

有本事就稱王

　　東晉建立之初，為立足江南，抵禦北方匈奴、鮮卑等貴族的進攻，統治者還算是盡心盡力的維持著王朝的生機。他們一方面實行休養生息政策，一方面安撫北方流浪過來的農民，在統治者的盡心盡力下，不久後，江南這片土地就出現了「荊揚晏安，戶口殷實」的局面。由於生活安逸舒適，一些原來還想返回中原的南渡士族，就不想回去了，山長路遠的，不如就待這裡算了。

　　東晉的最高統治者也不願意再回去了，就留在了這東南的小角落裡。但是好景不長，驕奢淫逸都是出現在情況穩定之後的，東晉的內部漸漸出現了問題，只是一開始，這個問題還比較小，統治者們還沒察覺。

　　東晉算是安頓了下來，可是在晉元帝即位的第二年，匈奴族的漢國國主劉聰病死。漢國內部也發生分裂。劉聰的侄兒劉曜接替了國主的地位。

　　這位年輕人非常有想法，他覺得用漢朝的名義並不能欺騙人民，於是在西元319年，改國號為趙。而漢國大將石勒在反晉戰爭中擴大了兵力，不願再受劉曜的統治，也自稱為了趙王。

　　石勒是羯族人，家族也算不錯，雖然沒有很大的權力的，但世代是羯族部落的小頭目，日子也一直過得挺安穩。

　　後來，石勒長大了，并州地區鬧起飢荒，大家都沒飯吃了，紛紛外出找吃的，在這場混亂中，石勒和自己的家人走散了，他就開始從事各種職業謀生，給人當過傭人、奴隸等等。

　　石勒受了很多苦，他覺得生活無望，大家都活得這麼累，不如造反得了。於是他就召集了一群流亡的農民，組成了一支強悍的隊伍。劉淵起兵以後，石勒投降漢國，在劉淵部下當了一員大將。

　　當兵當久了，石勒悟出點道理，那就是只有蠻力，不懂得兵法那是不行的，但石勒是個苦孩子，從小沒讀過書，壓根不識字。為了彌補他想學文化知識這個遺憾，石勒收留了一批漢族中貧苦的讀書人，組織了一個

BC　上古時期
—BC200　秦 西漢
— 0　東漢
— 100
— 200　三國
— 300　晉
— 400　南北朝
— 500
— 600　隋朝 唐朝
— 700　武則天稱帝
— 800　安史之亂
— 900　五代十國
— 1000　北宋
— 1100　南宋
— 1200
— 1300　元朝
— 1400　明朝
— 1500
— 1600
— 1700　清朝
— 1800
— 1900　中華民國
— 2000

「君子營」。

石勒自己能打仗，身後還有這麼一批人給他出主意，勢力越來越壯大了，到了西元328年，他終於消滅了劉曜，自己當了皇帝，歷史上把劉氏的趙國稱為「前趙」，把石勒建立的趙國稱為「後趙」。

建國後，石勒依然十分重視讀書人，他還下過命令，只要捉到讀書人，千萬不能處死，要送到他那裡，讓他親自處理。

他還開辦學校，要他部下將領的子弟進學校讀書。他還建立了保舉和考試的制度。凡是各地保舉上來的人經過評定合格，就選用他們做官。

石勒雖然不識字，但卻很喜歡讀書，他常常讓別人把書上的知識念給他聽，他邊聽還邊做筆記，發表看法。他十分喜歡讀史書，從史書中能吸取不少治國安邦的經驗。由於石勒重用人才，懂得知人善用，也在政治上比較開明，後趙初期出現了興盛的氣象。

壯志未酬

隨著匈奴對中原的佔領，許多北方人到南方避難，劉琨的好友祖逖也帶了幾百家鄉親來到淮河流域一帶。拖著幾百個人逃難，真是一支大隊伍，為了防止人員走失，祖逖主動出來指揮。

他把自己的車馬讓給老弱有病的坐，自己的糧食、衣服給大家一起吃用。人們都很敬重他，覺得他夠意思，夠兄弟，就推舉他做了首領。

到了泗口（今江蘇清江市北），祖逖已經在一路上收留了不少青壯年，大家都是被迫離開家園逃難的人，看到祖逖這麼有才能，就希望能夠跟著他，一起收復北方的家園。當時司馬睿還沒有即皇帝位。

祖逖渡江到建康，勸琅邪王司馬睿說：「晉朝大亂，主要是由於皇室內部自相殘殺，使胡人有機會攻進了中原。現在中原的百姓遭到敵人殘酷迫害，人人想要起來反抗。只要大王下令出兵，派我們去收復失地。那麼北方各地的人民一定會群起響應。」

發明蒸汽機

美國獨立
拿破崙稱帝

美國南北戰爭開始

第一次世界大戰
第二次世界大戰

　　　2000—

但司馬睿很不想出戰，他覺得自己現在的生活就挺好了，但祖逖說的也有板有眼，他也找不出合適的理由來拒絕。只好勉強點頭同意了，司馬睿先給祖逖一個豫州刺史當當，還撥給一千個人吃的糧食和三千匹布，說這樣做已經盡力了，剩下的武器和人馬讓祖逖自己想辦法。

拿來這些贊助品，祖逖就帶著他手底下的人橫渡長江，要去收復被佔領的失地，當船走到江水中心的時候，祖逖拿船槳拍著船舷向部眾發誓，自己一定要掃平佔領中原的敵人，不然絕不再過這條大江。

到了淮陰，祖逖迅速的擴招，馬上就聚集了兩千多人馬，他帶著這些人一路上收復了許多失地。他除了趕跑敵人，還說服那些為了爭奪地盤，大打出手的地主貴族，讓他們聯起手來和自己一起打擊敵人。

祖逖的名氣越來越大，劉琨也聽說了這件事情，他感到很高興，也想著要起義呼應自己的好朋友。

在祖逖的艱苦鬥爭中，收復了黃河以南的全部領土，後趙的士兵陸續向祖逖投降的也很多。晉元帝即位後，因為祖逖功勞大，封他為鎮西將軍。但可惜晉元帝心眼太小，覺得祖逖功勞太大了，怕他將來造反，自己壓不住，就派了一個戴淵來當征西將軍，統管北方六州的軍事，叫祖逖歸他指揮。

祖逖心裡很不開心，不久後，他又聽說好友劉琨在幽州被王敦派人害死，又聽說晉元帝跟王敦正在明爭暗鬥。高層就只顧得眼前的那一畝三分地，完全沒把目光放長遠，他辛辛苦苦打下來的山河只怕是很快又要丟失了。

心裡很不舒坦的祖逖年紀也大了，身體也大不如從前了，經歷了這番打擊，很快就臥床不起，病死了。雖然沒能夠完成恢復中原的事業，但他那中流擊楫的英雄氣概，一直被後代的人所傳誦。

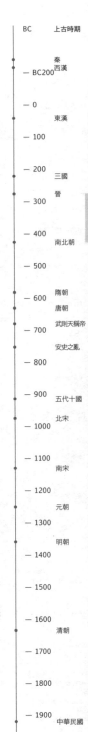

與自己人鬥其樂無窮

窩裡反得厲害

祖逖死了以後，東晉內部的人開始了窩裡反。晉元帝本來是要把王敦除掉，反倒被王敦先將了一軍。後來晉明帝當了皇帝以後，王敦又朝著建康這邊打了一次，不過這次敗了北，自己也鬱悶地得病死了。

晉明帝的兒子晉成帝在位的時候，歷陽鎮的大將蘇峻也虎視眈眈地瞪著建康。晉明帝為了消除這個心頭的禍患，就派了陶侃前去殺敵。陶侃前後用了兩年的時間才把蘇峻這小子給滅了。

陶侃之前在王敦手底下做事，因為屢建戰功，所以十分遭人嫉妒，經常有人在王敦耳朵旁說風涼話。後來王敦也起了疑心，就打發陶侃去了邊遠的廣州。

雖然被王敦降了職，但是陶侃也不因此而自暴自棄，他可積極著呢。陶侃每天早晨都要把一百塊磚頭從屋裡搬到屋外，晚上又把外面的一百塊磚頭再搬回屋裡。

大家都看他忙得不亦樂乎，卻也不知道為了什麼。陶侃見大家大眼瞪小眼地看著他，他就解釋說：「在這邊遠地區也不能丟了志向啊，萬一哪一天朝廷又用上我了，那我們還是硬漢子一條，我搬磚就是為了鍛鍊身體。」

後來王敦戰敗，東晉又讓陶侃做了征西大將軍，另外還給他封了個兼

BC

耶穌基督出生　0—

君士坦丁統一羅馬

羅馬帝國分成兩部

波斯帝國　500—

回教建立

凡爾登條約

神聖羅馬帝國建立
1000—

十字軍東征

蒙古第一次西征

英法百年戰爭開始

哥倫布發現新大陸
1500—

英國大破無敵艦隊

發明蒸汽機

美國獨立
拿破崙稱帝

美國南北戰爭開始

第一次世界大戰
第二次世界大戰

2000—

職做著，就是荊州刺史。當地的百姓聽說陶侃來了都歡天喜地，可見陶侃是多麼得人心。

陶侃從來都是個認真的人，不管當芝麻小官還是當大官，什麼事情都要做得完美。他覺得自己不過是個普通人，沒有神仙的本事，因此做事就要一絲不苟地完成。還教育手底下的人說：「聽說大禹是個神聖，人家當神仙的還分秒必爭地做事，我們這些凡人就更加不能馬虎了。人活著就得做出點功績，你們說，我說的有道理嗎？」

陶侃在職的時候，經常教育手下為人之道，而且還嚴格要求他們的言行。有好多小官因為吃喝嫖賭而誤了工作，陶侃不僅狠狠地揍了他們一頓，而且還把喝酒的器具以及賭博的工具通通扔掉。

陶侃還是個有創意又節約的官，他懂得如何做到廢舊物品的回收和利用，而且還利用的很有門道。因為荊州是坐落在長江邊上的城市，所以官府造船時就有很多碎木屑從上游飄到這邊，陶侃就讓人把江裡的碎木屑和竹頭通通撿回去存起來。

後來到了冬天下大雪，又趕上有高官來視察，陶侃害怕路滑讓官員們不好走，就派人把倉庫裡的碎木屑都灑在路上。還有一回，官府造船需要一批竹釘，陶侃就把自己派人撿回來的竹頭都拿了出來。

此外，他還是個知道珍惜的人。一次他在外地出差的時候，看到一個人在路上走著，手裡不停地把路邊還沒長成的稻子拔下來玩。陶侃十分氣憤，就攔住了他，問：「你這是幹什麼？」

那人的眼神裡也充滿了奇怪，不耐煩地說：「拔了玩啊，還能幹什麼？」陶侃一聽更氣了，嚷嚷道：「人家稻子都沒長成呢，你拔了幹嘛？你以為種糧食是容易的啊？！」說著就讓人把眼前這不懂得珍惜的人揍了一頓。

鄉親們聽說這事以後，更覺得陶侃是個好官，都積極地下地種田。在陶侃的帶領下，荊州漸漸地富了起來。

BC 上古時期
—BC200 秦 西漢
—0 東漢
—100
—200 三國
—300 晉
—400
南北朝
—500
—600 隋朝 唐朝
武則天稱帝
—700
安史之亂
—800
—900 五代十國
北宋
—1000
—1100 南宋
—1200
元朝
—1300
明朝
—1400
—1500
—1600 清朝
—1700
—1800
—1900 中華民國
—2000

南邊亂完北邊亂

BC

耶穌基督出生　0—

陶侃平定了蘇峻的叛亂以後，東晉王朝總算是安定了下來，能夠過上安穩日子了。但北邊卻又亂了起來。後趙國主石虎（石勒兒子）死了以後，內部發生大亂，趙國沒了像石勒那樣的人才管理國家，國家一團大亂，政權被後趙大將冉閔奪走了，他奪了權之後就稱帝，建立了魏國，歷史上稱為冉魏。

君士坦丁統一羅馬
羅馬帝國分成兩部

不久後，鮮卑族貴族慕容皝（音晃）建立的前燕又滅了冉魏。西元352年，氐族貴族苻健也乘機佔領了關中，建立了前秦。這鬧哄哄的亂了好多年之後，北邊的政權在硝煙中不停更替，看得東晉這邊的人眼花撩亂。

波斯帝國　500—

回教建立

在後趙滅亡的時候，東晉的將軍桓溫向晉穆帝（東晉的第五個皇帝）上書，要求帶兵北伐，收回自己的地盤。桓溫是個很有軍事才能的人，他在當荊州刺史的時候，曾經進兵蜀地，滅掉了成漢，給東晉王朝立了大功。所以他要出馬去收復失地，那勝算還是很大的。

凡爾登條約

神聖羅馬帝國建立
1000—

但可惜那時東晉王朝內部衝突很激烈，大家都在忙著內部的鬥爭。晉穆帝表面上提升了桓溫的職位，實際上又猜忌他。桓溫要求北伐，晉穆帝沒有同意，卻另派了一個殷浩帶兵北伐。

十字軍東征

蒙古第一次西征

在政治鬥爭的暗算中，東晉失去了統一南北的最後機會，被派出去的這個殷浩肚子裡沒什麼墨水，就是個會吹牛的人。他到了洛陽，還沒怎麼指揮呢，就被羌族人打得大敗，死傷無數的大敗而退。

英法百年戰爭開始

看到這個下場，桓溫又上了道奏章，要求朝廷把殷浩撤職辦罪。晉穆帝這個時候沒辦法了，自己派出去的人不合格，活該被撤職，但眼下又沒有合適的人去北伐，只得同意桓溫帶兵北伐了。

哥倫布發現新大陸
1500—

英國大破無敵艦隊

發明蒸汽機

西元354年，桓溫統率晉軍四萬，從江陵出發，分兵三路，進攻長安。前秦國主苻健派兵五萬在嶢關抵抗，但沒能抵抗的住，被打的稀裡嘩啦的逃回了長安。看到對手這麼厲害，苻健只好挖地洞準備蟄伏。

美國獨立
拿破崙稱帝
美國南北戰爭開始
第一次世界大戰
第二次世界大戰
2000—

桓溫一路高歌北上，沿途的官員都向他投降。老百姓們也很高興，自從西晉滅亡後，北方百姓可是吃了很多苦，現在看到晉軍又殺回來了，高興得跟過年一樣。

桓溫駐兵灞上，本想著等關中麥子熟了，就派人去搶收，補充了糧草繼續打，可惜苻健也厲害，他沒等麥子熟就全收走了，桓溫的軍糧斷了，待不下去，只好退兵回來。但這次是個大勝仗，晉穆帝把他提升為征討大都督。

後來，桓溫又進行了兩次北伐。每次都打得不錯，但都因為沒糧草退了回去。連連打勝仗的桓溫野心也越來越大了，就開始琢磨著自己也當個皇帝玩玩。他這個心思被心腹得知，就鼓動他廢掉現在的皇帝，那時晉穆帝已經死了，在位的皇帝是晉廢帝司馬奕。

於是，桓溫帶兵到建康，把司馬奕廢了，另立一個司馬昱當皇帝，這就是晉簡文帝。桓溫當了宰相，帶兵駐在姑孰（今安徽當塗）。

掌握大權的桓溫想著等機會把權力搶過來，可是他還沒等到機會，晉簡文帝就病死了，留下了詔書，傳位給太子司馬曜，就是晉孝武帝。

看著怎麼都也輪不上自己當皇帝，桓溫急了，他帶著大隊人馬就衝進了建康，想要給文武百官來個下馬威，讓他們都臣服自己。

到了建安，桓溫請兩個最有名望的士族大臣王坦之、謝安到他官邸去會見，想軟硬兼施的讓這兩人聽自己的話。但這兩人卻沒跟他站在一起，讓桓溫很是失望，在他準備動手搶奪帝位的時候，病魔先一步把他召喚走了。

桓溫病死了之後，謝安擔任了宰相，桓溫的弟弟桓沖擔任荊州刺史，兩人同心協力輔佐晉孝武帝，東晉這才算是穩當了下來。

人才哪都要

王猛出生在貧困家庭，因為家裡沒有錢，所以他只好靠著賣簸箕生

BC　　上古時期
秦
— BC200　西漢
— 0
東漢
— 100
— 200　三國
— 300　晉
— 400
南北朝
— 500
— 600　隋朝
唐朝
— 700　武則天稱帝
安史之亂
— 800
— 900　五代十國
北宋
— 1000
— 1100　南宋
— 1200
元朝
— 1300
明朝
— 1400
— 1500
— 1600
清朝
— 1700
— 1800
— 1900　中華民國
— 2000

活。雖然人窮，可是王猛志卻不短。他是個愛學習的孩子，因為書看得多，所以學問也自然地高了。

那時候一些出自名門望族的人都瞧不上王猛，只給他弄了個小官去當，可是王猛也瞧不上這職位，索性就不工作，躲到深山老林裡去養生去了。

後來桓溫打到關中，王猛聽說了以後覺得是時候施展施展才華了，於是就去灞上，要求見見桓溫。桓溫也是第一次北伐，想搜羅點有文化的人，聽說有個學問人要見他，也就欣然地答應了。

只見王猛穿得破破爛爛地就進來了，為了試探王猛究竟有多少學問，桓溫就讓他聊聊當今的社會問題。王猛一聽這問題就來了興致，這可是他的拿手強項啊，早就研究透徹了。王猛嘰裡呱啦地說了一大堆，桓溫越聽越覺得這人是個人才。

後來桓溫又問王猛：「我想請教一下王先生，我帶了這麼龐大的隊伍來到關中，可是當地的志士怎麼沒一個來看看我呢？」王猛聽了這問題之後不禁一笑，說：「您來是來了，可您真的是來打仗的嗎？那為什麼一直按兵不動呢？大家都不知道您究竟是什麼意思，所以才沒敢過來拜見啊。」

桓溫聽王猛說的有理，而且自己也確實沒有馬上開戰的意思。這一次來就是想讓自己的威風在關中顯露一下，也不急著打長安。

透過這次的會見，桓溫覺得王猛的確是個難得的人才。當他準備退兵回去的時候，就幾次三番地邀請王猛跟他一道往南走。可是據王猛瞭解，東晉現在正在起內訌，給他再高的官職他也不願意回去受罪，就又回老林裡去了。

經過跟桓溫這麼一折騰，王猛的名聲傳播了出去。之後苻堅接手管理前秦，他想找個可靠的人給自己當參謀，聽說了王猛之後就讓他進了朝。

王猛跟苻堅兩人第一次見面就聊得熱火朝天的，還相見恨晚，王猛很快就成了苻堅左右手。後來苻堅當了大秦的皇帝，王猛也跟著升了職，除了苻堅以外，他在朝廷中就是最大的，說一不二。

耶穌基督出生　0—

君士坦丁統一羅馬
羅馬帝國分成兩部

波斯帝國　500—

回教建立

凡爾登條約

神聖羅馬帝國建立
　1000—

十字軍東征

蒙古第一次西征

英法百年戰爭開始

哥倫布發現新大陸
　1500—

英國大破無敵艦隊

發明蒸汽機

美國獨立
拿破崙稱帝
美國南北戰爭開始

第一次世界大戰
第二次世界大戰

　2000—

不過那時候王猛雖然得勢，但是年紀也不大，三十六歲，有些前秦的老臣不願意受年輕人的管制，就跟王猛較勁。其中一個叫樊世的老臣，他以前跟苻健把天下打了下來，跟王猛較勁較的還挺厲害。

樊世經常背地裡罵王猛，有一次乾脆當著王猛的面就吵了起來：「我們辛辛苦苦地種地，長出稻子來倒成了你的了，豈有此理！」

王猛也不示弱，說：「嘿，我看您老以後還得把稻子做成熟飯給我端上來呢！」樊世一聽王猛這麼囂張，直接嚷嚷道：「我樊某人要是不把你的頭砍下來示眾我就去跳江！」

後來這兩個人鬧到了苻堅跟前，樊世居然伸出拳頭想要揍王猛，苻堅哪裡肯讓樊世如此放肆，直接把樊世拉出去殺掉了。這件事後，再也沒人敢跟王猛明裡較勁了。

王猛透過法治幫著苻堅把國家治理得井井有條，不論何人都敬他三分，而且大家都不敢再為非作歹，好好地做起了臣民。前秦的國力也越來越強大，最終統一了黃河流域。

西元375年，王猛病重，臨死之前他把苻堅叫到床前，語重心長地做了最後的囑咐：「您千萬不要小看鮮卑人和羌人啊，要把他們通通趕走，我們大秦才能安定！您也不能去打東晉，雖說它遠在江南，可人家有著晉朝的正統，我們不要自討苦吃！」

固執不是優點

雖然王猛活著的時候，苻堅很聽他的話，但是王猛一死，苻堅就原形畢露了，重新展露出了他頑固不化的個性。

之前，王猛臨死前曾經給苻堅一個忠告，說前秦的最大敵人是鮮卑人和羌人，千萬不能對他們心軟，但苻堅非但沒聽進去，他還認為從前燕來投奔他的鮮卑貴族慕容垂和羌族貴族姚萇（音常）是好人，對他們非常信任。

BC 上古時期

秦
西漢
— BC200

— 0
東漢

— 100

— 200
三國
晉
— 300

— 400
南北朝

— 500

— 600 隋朝
唐朝
— 700 武則天稱帝
安史之亂
— 800

— 900 五代十國
北宋
— 1000

— 1100
南宋

— 1200
元朝
— 1300
明朝
— 1400

— 1500

— 1600
清朝
— 1700

— 1800

— 1900 中華民國

— 2000

王猛之前還勸苻堅千萬不要攻擊東晉，這事要等到時機成熟的時候再說，但是苻堅不聽，反正王猛也死了，自己幹什麼他也管不住了，苻堅把東晉當做唯一的敵人了，非要把它消滅不可。

在王猛死後的第三個年頭裡，苻堅就派他的兒子苻丕和慕容垂、姚萇等帶了十幾萬大軍，分兵幾路進攻東晉的襄陽。但是鎮守襄陽城的東晉將軍朱序是個很頑強的人，他就是死活不給前秦部隊機會，讓前秦軍打了將近一年的時候，累的死去活來，才算是把襄陽城給攻打了下來。

後來，苻丕把朱序俘虜了，送到長安去。苻堅認為朱序能夠為晉國堅守襄陽，是個有氣節的忠臣，這樣的人才不能浪費，殺了怪可惜的，就把他收編在了秦國當官員。

接著，苻堅又派兵十幾萬從襄陽向東進攻淮南。這次東晉派出了謝石、謝玄率領水陸兩路進攻，把秦兵打得一敗塗地。看到東晉裡居然還有這麼厲害的人物，苻堅本該聽王猛的話別去招惹了，結果他不聽勸告。

到了西元382年，他又一次想派大軍去攻打東晉。他在大殿上和大臣們商量，看自己現在去討伐東晉，大家是什麼意見。沒想到，大臣們紛紛表示反對，也不知道是不是王猛顯靈了，反正大臣們跟王猛之前說的口氣一模一樣。

這個情況是苻堅沒預料到的，他覺得很不高興。非要一意孤行的去攻打東晉，大將石越說：「晉國有長江作為天然屏障，再加上百姓都想抵抗，只怕我們不能夠取勝。」

苻堅卻認為自己兵多人多，就算跳到長江裡，也能把長江用人肉盾牌給堵的截流了，還怕什麼。於是他要親自帶著兵馬去攻打東晉，但是大臣們還是勸他要冷靜，很不耐煩的苻堅把那些多嘴多舌的大臣們趕了出去，他要自己思考一會兒。

這時，他的弟弟苻融湊了上來，苻堅以為弟弟是支持自己的，可是沒想到弟弟也說出了反對的意見，於是他很生氣。苻融看見有苻堅這樣一意孤行，就搬出了王猛，想讓王猛趕緊顯顯靈，讓苻堅打消這個念頭。

但是苻堅毫不理會。從苻堅下定決心要再次攻打東晉，每天都有大臣

到宮裡求他千萬別衝動，他都當耳邊風沒聽見。

有一次，京兆尹慕容垂進宮求見。苻堅跟他談起了攻打東晉的事情，沒想到慕容垂倒是舉著雙手雙腳贊成。得到了支持的苻堅很是高興，他決定馬上準備兵馬，他派苻融、慕容垂充當先鋒，又把姚萇封為龍驤將軍，指揮益州、梁州的人馬，準備出兵攻晉。

就在苻堅積極備戰的時候，慕容垂的兩個侄兒卻是在和慕容垂商量著如何恢復燕國呢。

老將出馬

西元383年的8月，苻堅親自帶領八十七萬大軍從長安出發，他信心滿滿，向南的大道上，步兵、騎兵，再加上車輛、馬匹、輜重，隊伍浩浩蕩蕩，煙塵滾滾，這樣的隊伍向江南逼近，不用打也能把他們嚇死。

苻堅作為前秦的皇帝，他的確有著自信的本錢，西元357年的時候他取代苻生自立為帝。因為苻堅這小子從小就生活在漢人堆裡，所以肚子裡也有點小墨水，懂得什麼叫禮賢下士。上位之後就重用了一個窮光蛋王猛，還是個漢族。

王猛這傢伙運氣可不小，那時候門閥制度多森嚴啊，像王猛這樣的平民小百姓哪敢想自己有朝一日能出頭。

苻堅野心勃勃的，東一仗西一仗地打得不亦樂乎，而且每次都能打勝。西元377年，他又把代給滅了，北方因此而統一，前秦也成了五胡十六國中國力最強盛的國家。

前秦不愧是坐落在北方的國家，看那雷厲風行的作風就有北方的氣魄，統一霸業志在必得。反過來再看看東晉，這王朝還真是清閒，什麼也不愁，成天在溫柔鄉裡晃蕩。東晉在西元317年建於建康，佔據漢水，淮河以南，心想著能和前秦互不干擾，「只把杭州作汴州」。

這可就想錯了，你不犯人，人未必放過你，況且統一在戰亂中一直

BC　上古時期
秦
—BC200　西漢
—0　東漢
—100
—200　三國
—300　晉
—400　南北朝
—500
—600　隋朝　唐朝
　武則天稱帝
—700　安史之亂
—800
—900　五代十國
　北宋
—1000
—1100　南宋
—1200　元朝
—1300
—1400　明朝
—1500
—1600　清朝
—1700
—1800
—1900　中華民國
—2000

是一個大的趨勢。東晉這小朝廷一聽說秦軍殺過來了，全朝上下都嚇得不輕，趕緊安排人準備去打仗。這就不得不提到謝氏家族了。

東晉正是門閥制度盛行的時候，出身好了一生的生活甜如蜜，出身差了就等著忍飢挨餓吧。所謂的上品無寒士，下品無士族。「舊時王謝堂前燕，飛入尋常百姓家」，可見這謝氏家族還有點不簡單。可是朝廷要讓這群官宦子弟上沙場，這不開玩笑嗎？人家秦軍那都是久經沙場的老油條了，跟這群小毛孩打仗跟吃飯一樣簡單。

晉孝武帝和京城的文武官員都眼巴巴地望著宰相謝安，希望他能給拿個主意。謝安知道其他人也指望不上，便決定自己坐鎮建康，派弟弟謝石擔任征討大都督，謝玄擔任前鋒都督，帶領八萬軍隊前往江北抗擊秦兵，又派將軍胡彬帶領水軍五千到壽陽（今安徽壽縣）去配合作戰。

謝玄是謝安的侄子，是個軍事能人，但看到前秦的兵力比東晉大十倍，心裡還是很緊張。他在出征前，特意去請教謝安這仗該怎麼打，沒想到謝安卻告訴他自己自由安排，讓謝玄不要擔心。

回到家裡的謝玄總覺得謝安的話不能讓他踏實，於是第二天，他又請自己的朋友張玄去探探謝安的口風。

沒想到謝安一見到張玄，也不跟他談正事，反而把他拉到了山間的一幢別墅裡，去談天下棋，一直玩到天黑才回去，就是沒跟張玄說怎麼準備打前秦軍隊。

謝安的鎮定自若的態度雖然很讓周圍人佩服，但是大家最關心的還是這個仗該怎麼打，不然你光在這裝樣子，到時候敵人打過來，只怕大家都逃不掉。但是謝安的胸有成竹很快就驗證了，老將出馬從來不會慌張。

耶穌基督出生　0—

君士坦丁統一羅馬
羅馬帝國分成兩部

波斯帝國　500—

回教建立

凡爾登條約

神聖羅馬帝國建立
　　　1000—

十字軍東征

蒙古第一次西征

英法百年戰爭開始

哥倫布發現新大陸
　　　1500—

英國大破無敵艦隊

發明蒸汽機

美國獨立
拿破崙稱帝

美國南北戰爭開始

第一次世界大戰
第二次世界大戰

　　　2000—

最後的道路

就這麼敗了

秋風每年都在淝水上吹拂，弄得兩岸的風景也有點迷人。不過今年兩岸的風景換成了軍隊。右岸的晉軍裝得跟樹樁一樣齊整，左岸的秦軍可不喜歡裝模作樣，跟撒了一推黑芝麻似的，黑壓壓的又跟螞蟻窩有的一拼。

也不知道這是怎麼回事，只見秦軍開始緩緩後撤，場面混亂，還有人在後面嚷嚷：「秦軍敗了，秦軍敗了。」這一聲不要緊，一時間風聲鶴唳，草木皆兵，士兵們你推我擠，像亡命之徒般向後狂奔，不知多少人被踩到腳下，多少人因此亡命。

這時候晉軍趁機開始渡河，窮追猛打一番，秦兵的屍體落入淝水，把淝水都阻斷了。想當初秦軍頭頭苻堅南下的時候是何等的意氣風發：「以我軍的力量，把所有的馬鞭扔到江中，這淝水還流的動嗎？」

哎，如今這淝水果然是斷流了，可是也不是馬鞭阻斷的啊。本來雄心勃勃地希望勝利而歸，結果卻落得如此收尾，晉軍跟秦軍更是一家歡喜一家愁。

不過什麼事都說不準，中國歷史上以少勝多、以弱勝強的戰爭太多了，一點也不稀罕。而且苻堅驕傲地跟上了火星似的，與當年的曹操也有的一拼。其實苻堅在淝水敗北還不是因為他驕傲自大，而是另有原因。

大概是當皇帝時間太久了，實踐經驗有點匱乏，苻堅在徵兵的時候總

BC　上古時期

— BC200　秦
　　　　　西漢

— 0
　　　　　東漢

— 100

— 200
　　　　　三國

— 300　　晉

— 400
　　　　　南北朝

— 500

— 600　　隋朝
　　　　　唐朝

— 700　　武則天稱帝

　　　　　安史之亂

— 800

— 900　　五代十國
　　　　　北宋

— 1000

— 1100
　　　　　南宋

— 1200

　　　　　元朝
— 1300

　　　　　明朝
— 1400

— 1500

— 1600
　　　　　清朝

— 1700

— 1800

— 1900
　　　　　中華民國

— 2000

共湊了97萬人，可是這些人原來不是種地的就是商販，一點正規的作戰訓練都沒有接受過，讓他們去上戰場打仗無疑就是送死。試想，一群烏合之眾如何能夠打勝仗？

當兩軍都在淝水兩岸等著開戰的時候，晉軍的謝玄派了個人去跟對岸的苻融說：「您們大老遠地跑來這裡打仗，怎麼還在岸那邊列了個陣？這擺明了就是不想急著打嘛。不如貴軍先稍往後面退上一退，讓我軍過了淝水，好讓將士們從容不迫地打上一打，我跟諸君在隔岸欣賞著，不是也很有意思嗎？」

謝玄的話跟東晉的修養性情之風如出一轍，真不愧是東晉人。不料苻融等人偏偏又沾染了一點漢族文化，竟然真的答應了。就是這一退，苻堅的統一夢玩完了。秦軍本來招的就是一群農夫，這回更是不知道該幹什麼了。

在這之前晉軍就成功地偷襲了駐紮在洛澗的秦軍，秦軍士氣已經受挫，現在又莫名其妙地後退，一時間山崩地裂，完全失去了控制。苻融企圖阻止，結果無異於螳臂擋車，反被亂軍踩死。晉軍八千精兵順利渡過淝水，秦軍兵敗如山倒。

這一戲劇性的逆轉，不由得不讓人目瞪口呆。但這就是歷史，雖然苻堅沒能實現自己當大皇帝的理想，可是有人就願意當個小皇帝。後來一些早就圖謀不軌的人趁機在戰爭中保存了實力，北方又重新分裂，而苻堅在回到北方老窩之後又被他的羌籍大將姚萇親手縊死。

苻堅也是活該，王猛在臨死的時候早就警告過他要防著點鮮卑和羌族，可是苻堅自負的跟什麼似的，硬是沒把王老漢的話放在眼裡，結果自討苦吃。

中國的統一還真是跟蝸牛爬一樣，一百年前的赤壁之戰就讓統一退後了八十年，這回的淝水之戰可倒好，讓統一直接推延了兩個世紀。南北對峙開始了，東晉還在南邊的溫柔鄉裡度日，北方戰亂一片，南邊當然是不錯的避風港。

美國獨立
拿破崙稱帝

美國南北戰爭開始

第一次世界大戰
第二次世界大戰

　　　　　2000—

不過雖然北邊的五胡讓百姓不得安寧，不過人家亂也亂的有道理，從

長遠看來還能促成中華民族的大融合。所謂我中有你，你中有我。

人人都想當皇帝

　　淝水之戰大獲全勝後，有著首要指揮功勞的謝安本來想趁著前秦一塌糊塗崩潰的機會，將謝玄派過去收復黃河流域大片失地。可是晉孝武帝卻重用他弟弟會稽王司馬道子，竭力排擠謝安。這種小心眼的做法讓謝安的計畫沒能順利的實行下去，後來謝安病逝之後，東晉政權就落在昏庸的司馬道子手裡，東晉的朝政就越來越腐敗了。

　　這個時期，東晉的土地兼併現象越來越嚴重，農民賦稅格外沉重。昏庸沒頭腦的統治者為了遏制地方割據勢力的擴張，大肆徵兵，最終導致了在西元399年，也就是晉安帝在位的時候，會稽郡一帶爆發了孫恩領導的農民起義。

　　農民起義很快就發展起來，不過兩年時間，起義軍就發展到了十多萬人，他們浩浩蕩蕩地殺到了建康門口，東晉王朝出動北府兵，才把起義鎮壓下去。但這個時候的東晉已經是名存實亡了。

　　農民起義剛鎮壓下去，統治集團內部又亂了起來。桓溫的兒子桓玄佔領了長江上游，帶兵攻進建康，廢了晉安帝，自立為帝。過了三四個月，北府兵將領劉裕打敗桓玄，迎晉安帝復位。

　　但千萬別以為劉裕是好心，他也是想著要當皇帝呢。

　　西元410年3月，晉朝大將劉裕想當皇帝但是不好意思說出來，就大集朝臣在壽陽歡宴。席間，為了試探諸人反應，他說：「桓玄篡位，我首倡大義，興復帝室，南征北伐，平定四海，而現在已經老了，想奉還爵位，歸家養老啊。」

　　突然表示要告老退休，大臣誰也不知道他葫蘆裡賣的是什麼藥。席散之後，中書令傅亮是個聰明人，他猜到劉裕的意圖了，所以出門後又返回劉裕王府，連夜叩門請見。

BC　　上古時期

— BC200　秦
　　　　西漢

— 0

　　　　東漢

— 100

— 200　三國

　　　　晉

— 300

— 400　南北朝

— 500

— 600　隋朝
　　　　唐朝

— 700　武則天稱帝
　　　　安史之亂

— 800

— 900　五代十國

　　　　北宋

— 1000

— 1100

　　　　南宋

— 1200

　　　　元朝

— 1300

　　　　明朝

— 1400

— 1500

— 1600

　　　　清朝

— 1700

— 1800

— 1900　中華民國

— 2000

行禮之後，傅亮先開口說話了：「我現在應該馬上回都城建康。」

劉裕也明白了他的意思，立即高興地問：「你需要多少人相隨？」

傅亮答：「十幾個人就夠了。」

傅亮回建康，馬上操辦禪讓典禮的事情，以詔命「徵」劉裕「入輔」。等劉裕率領大隊人馬至建康，傅亮就把已經擬好的詔書呈上，讓司馬德文照抄一遍。

「斜陽草樹，尋常巷陌，人道寄奴曾住。想當年，金戈鐵馬，氣吞萬里如虎。」詞中的「寄奴」就是後世辛棄疾由衷歌頌的劉裕。在注重出身的南北朝時期，劉裕年輕時家徒四壁，是個市井流氓，還特好飲酒賭博。不過英雄不問出處，日後成了名的劉裕，就連年輕時代的不務正業也成了「有大志向」的一種表現。

劉裕也不是偶然成功的，他會玩手段，戰爭更是讓他發了跡。討伐桓玄政變勝利後，最大的贏家就是劉裕。

在接下來的打擊盧循起義的過程中，劉裕明白了在外面保留敵人的重要性，外患才可以內寧，正是由於盧循的存在，才使劉裕一直握有重兵，並靠這些資本最終取得成功。在和盧循作戰的過程中，劉裕藉機剷除晉室那些威脅他地位的人。

此時此刻，劉裕的聲望達到了頂峰，不當皇帝就對不起他的聲名，而晉朝的皇帝很明白道理，既然是必然要下臺，不如做得光明正大，主動把寶座讓出來，希望落個好下場。

因為迎安帝撥亂反正，對晉室有「再造」之功，朝廷給了劉裕好多次官做，可是劉裕卻次次藉故推辭，戲唱的是一場比一場真。劉裕越是退讓，群臣就越是積極，簇擁著安帝親幸劉裕宅第。

劉裕知道冒險當皇帝也落不得好下場，桓玄就是例子。所以他在京城之外操控著朝廷，遠離是非之地的同時，也保證自己手裡的軍權不至於架空。如此一來，進退自如。等到安帝一死，劉裕又開始唱戲了，他立了琅
琊王司馬德文為恭帝，玩起了手段，以便更好奪權。

西元420年的夏天，天氣悶得要死，恭帝擬了個草稿，說要讓位於老

英雄劉裕，從此南朝進入了一個新的時期，那就是宋。劉裕也不太厚道，人家恭帝都被軟禁起來念佛了，他倒好，還派人活活地把這可憐的孩子給殺了。

不過劉裕的心狠手辣也沒有什麼好下場，他兒子宋文帝也是正在批奏摺的時候，太子與謀反的士兵突然提著刀就闖進來把他殺死在床頭邊上，真是人生徒感慨啊。

既篡位又殺死前朝皇帝就是劉裕開的先河，有樣學樣，一代又一代，估計每位「開國皇帝」在鑼鼓歡慶以及臣民的歡呼聲中，都不免存有彷徨顧慮的黑色意念：我家子孫何時何地會被何等臣下以何種手段殺死呢？

沒後悔藥可吃

西元439年，北魏太武帝統一了北方。這時候，南邊的宋朝已經建立了有十九個年頭。中國歷史上出現了南北對峙的局面。

宋武帝才當了三年皇帝，屁股底下的寶座才剛剛坐熱就歸了天。他兒子宋文帝趕緊拿過老爹手裡的權力，繼續當皇帝。這時候北魏的軍隊已經雄赳赳氣昂昂地渡過了黃河，並且把黃河南邊的很多地方都給占了。

宋文帝連忙派人抵抗魏軍，這個人就是檀道濟。宋文帝果然沒有看走眼，檀道濟一出馬，魏軍就嚇得接連失敗，而宋軍則得意洋洋地後面望著邊跑邊摔跤的魏兵。可正因為勝仗打多了，檀道濟心裡那點驕傲的情緒就蹦了出來，這就導致他對魏軍的防守有點失誤。

魏軍逮了個機會朝著宋軍就開了火，最要命的是，魏軍把檀道濟部隊的糧食給燒成了灰。宋軍沒了糧食就沒辦法打仗，畢竟再硬的漢子也得靠吃飯撐著。這時候偏偏有個宋軍的逃兵跑去跟魏軍說了宋軍的情況，這可把魏軍的將士們給樂壞了。

宋軍的士兵們因為沒了飯吃，有的甚至還選擇了逃跑。不過身為大將的檀道濟看上去倒是逍遙自在，一點都不驚慌。

BC　上古時期

— BC200　秦　西漢

— 0　東漢

— 100

— 200　三國

— 300　晉

— 400　南北朝

— 500

— 600　隋朝　唐朝

— 700　武則天稱帝　安史之亂

— 800

— 900　五代十國　北宋

— 1000

— 1100　南宋

— 1200　元朝

— 1300

— 1400　明朝

— 1500

— 1600　清朝

— 1700

— 1800

— 1900　中華民國

— 2000

夜裡時分，檀道濟帶著自己的部下到糧倉裡清點糧食。手底下的人有的拿斗，有的量米，看上去像是忙得不亦樂乎，也不像是沒有糧食的樣子。這個場景正巧被在外面偷看的魏兵看到了，連忙回去稟報。

魏軍得知宋軍不但沒有喪失糧食，而且糧食還很多以後，將軍氣得個半死，就把那個前來投降的宋兵給殺了。

這究竟是怎麼回事？其實就是檀道濟耍了個小聰明。他讓將士們在布袋裡先裝上快滿的沙子，然後再把部隊中僅剩的米在沙子上鋪上一層，每個袋子都是如此。然後大家再裝著好像量米的樣子，讓魏兵以為糧倉裡還有大量的糧食。

天快亮的時候，檀道濟帶著他的大部隊就上了路。他們仍舊裝著一副雄赳赳氣昂昂的樣子，就是想嚇唬嚇唬魏軍。再加上魏軍本來就吃過很多敗仗，心裡一直對檀道濟有害怕的情緒，這一來就更不敢前去追打了。

就這樣，檀道濟平安地帶著他的部隊回到了宋朝。

檀道濟也確實是個難得的軍事人才，他在宋武帝和宋文帝這兩個皇帝身邊都表現不俗。也正是因為他的功績太顯赫了，讓皇帝們也起了疑心。再加上嫉妒檀道濟的大臣在皇帝耳邊說他壞話，檀道濟的末日也就到了。

凡爾登條約

神聖羅馬帝國建立

1000

十字軍東征

蒙古第一次西征

英法百年戰爭開始

因為別人誣陷，皇帝害怕檀道濟搶了自己的寶座，檀道濟最終還是被宋文帝給做掉了。他在臨死前還直嚷嚷：「我看大宋的江山早晚毀在你們這幫狗雜種的手裡！」

檀道濟被殺的消息倒是給魏軍帶來了極大的快樂，這以後他們也沒了害怕的對象，能不樂嗎？後來北魏肆無忌憚地進攻宋朝，宋文帝這時候才後悔殺了檀道濟，可這世上哪裡有賣後悔藥的。

哥倫布發現新大陸

1500

英國大破無敵艦隊

發明蒸汽機

美國獨立
拿破崙稱帝

美國南北戰爭開始

第一次世界大戰
第二次世界大戰

2000

改革之路不好走

一個少數民族的自強之路

大概是因為古代的通訊設備不發達，也沒有什麼新聞播報，這導致在一段時間內，長江以南的人民總是覺得北方住著的都是野蠻人，例如鮮卑族。也的確，鮮卑曾經是中國北方一個相當落後的少數民族，而且在建立了自己的政權後此民族仍然不思進取，跟先進的漢文化差了十萬八千里。

不過永安年間的時候，一個叫陳慶之的南朝梁國使臣去洛陽旅遊了一回，他回到自己的地盤建康以後說了這麼一番話：「都說長江以北住著的不是文明人，可我這次去洛陽旅遊卻發現情況大不一樣，那地方物產還是非常豐富的，人也友善，說起來還是個禮儀之邦。」聽說自從這位使臣說了這番話後，曾自視清高的江南人民就再也不敢小瞧北方人民了。

西元386年，鮮卑族拓跋氏成立了魏晉南北朝時期的一個重要政權北魏，這也是中國歷史上第一個由少數民族建立的、影響較大的政權。其實鮮卑這個落後的民族之所以能夠發展成陳慶之眼中的禮儀之邦，關鍵還歸功於北魏孝文帝大刀闊斧的改革。

鮮卑族的老祖宗以前在大興安嶺北面遊蕩，工作大多是放牛放羊外加打獵之類的，那時候拓跋鮮卑窮得叮噹響，文化建設就更不用提了，跟中原比起來簡直一個天上一個地下。道武帝時期拓跋部勇猛地闖入了中原，想要在中原這邊謀求更好的發展，不過夢境總是比現實生活完美得多，鮮

卑族原先的發展計畫實施起來也較為困難。

當時北魏北邊的經濟成分還主要是氏族經濟，一眼望去仍舊是風吹草低見牛羊，牛羊旁邊是奴隸。一直到了太武帝末年，因為大規模的戰亂都已經結束，所以社會經濟也開始復甦，農業經濟漸漸地代替了奴隸制經濟，開始在中原的大地上開放出鮮花來。

雖然經濟有了些小起色，可是北魏社會經濟封建化的步伐只是比蝸牛爬快那麼一丁點，到孝文帝改革前，北魏國家仍然是幾種經濟制度攪和在一起的大麵團。不過封建經濟制度顯然已經當上了大哥，他怎麼能容忍其他兄弟們不服管教，因此幾種經濟制度之間不停地鬥著，階級矛盾跟蜘蛛網一樣複雜。再加上那時候北魏的統治者都是些沒文化的大老粗，他們征服人民的方式就是剝削和武力，所以民族問題也越來越尖銳。

太武帝大概是意識到自己的民族有點野蠻，再加上局勢亂七八糟，為了讓鮮卑拓跋更好地在中原地區紮根下去，他也勉為其難地讓一些優秀的漢人參政，進行一些漢化改革，這些改革讓太武帝統一了黃河流域一片的北方地區。

然而知人知面不知心，漢族官員在朝中也沒有受到重用，大多只是些顧問級別而已，軍政大權仍然操縱在鮮卑族手裡。可是畢竟漢人是有文化的，打心底裡不服那些大老粗的管制方式，因此兩家經常劍拔弩張的，誰也不讓誰。稍微落後點的人在文明人跟前總是有那麼些害怕的心理，鮮卑族也不例外，我用你漢人可以，但是你要在我許可的範圍內行事，不然就別怪我不客氣。

崔浩就是個不幸的人。他在太武帝跟前當參謀，而且是主要參謀，可以說為北魏的建設盡心盡力。可是在修撰國史的時候，因為把拓跋氏老祖宗的一點壞事抖了出來，再加上太武帝是個小心眼，一氣之下就把崔浩給殺掉了，連同修史的128人，外帶稍微跟崔浩沾上點親戚關係的，全都沒有保住小命。

那時候北魏並沒有把漢化改革寫進治國方針中去，仍然用野蠻的政治手段壓迫著文明的漢人。文成帝即位後，雖然大家對打仗這事已經不怎麼

哥倫布發現新大陸
　　　1500—

英國大破無敵艦隊

發明蒸汽機

美國獨立
拿破崙稱帝

美國南北戰爭開始

第一次世界大戰
第二次世界大戰

　　　2000—

感興趣，北魏政權進入了文治時期，可是各種各樣的衝突還是層出不窮。北魏政權還在風雨中左搖右晃。

成功背後的女人

傳說每個成功男人的背後都有個懂事的女人來扶持。孝文帝之所以能夠改革成功，也是因為他的背後有個女人在支持，只不過這個女人不是他老婆，而是他的祖母馮太后。

馮太后原是大漢民族的成員，祖父還曾是北燕的末代國君。後來爹爹投降了北魏當了個刺史，叔叔之類的親戚也都在北魏當官。文成帝挑老婆的時候看上了馮太后，那時候她才十歲，就被選為了貴妃，14歲就當了皇后。

雖然成了北魏的皇后，可馮太后從小是在漢人堆裡長大的，因此自身素質是相當地出色。再加上北燕滅亡以後，幼年的馮太后還過過一段苦哈哈的逃難生活，所以對民間的疾苦也相當瞭解。憑藉著自己的一點才能，馮太后把北魏建設成了一個像樣的國家。

文成帝死了以後，獻文帝繼位，這位小皇帝當時才12歲，什麼都不懂，因此被太原王乙渾專了權。這位大王的行為太過放肆，略微看不順眼的人他都通通殺掉，這讓馮太后極為不爽，暗地裡把乙渾給解決了。

之後馮太后就自己管起了國家大事，頗有武則天的風範。她在朝中重用了一批文化人，而且都是漢人，還進行了種種的改革，北魏政權終於從搖晃的小樹枝穩定成一棵大樹。一年零八個月以後，獻文帝給她生了個小孫子，也就是後來的孝文帝，馮太后看著小孩很高興，就回家專心帶孩子去了。

獻文帝等著盼著馮太后趕緊退休，親政以後就大肆地為自己拓寬勢力，任用的盡是些沒文化的鮮卑人。馮太后看著自己辛辛苦苦建設起來了國家政權眼看又要玩完，趕緊丟下孩子站了出來。她毒死了獻文帝，再次

BC　上古時期

— BC200　秦
　　　　西漢

— 0
　　　　東漢

— 100

— 200　三國
　　　　晉

— 300

— 400　南北朝

— 500

— 600　隋朝
　　　　唐朝

— 700　武則天稱帝
　　　　安史之亂

— 800

— 900　五代十國
　　　　北宋

— 1000

— 1100　南宋

— 1200

— 1300　元朝

— 1400　明朝

— 1500

— 1600

— 1700　清朝

— 1800

— 1900　中華民國

— 2000

出來掌權。

這一次馮太后把年號改為了「太和」，大概就是希望建設一個和諧社會吧。之後，馮太后就開始大刀闊斧地展開了自己的漢化改革：廢除「一族之婚，同姓之娶」，大大地提高了國民的智商；懲治貪污腐敗，頒佈均田制，緩和了階級衝突……總之，無論是民風民俗還是官場的黑幕，哪裡不對她改哪裡，直到看著自己的國家從野蠻一步步地走向文明，她這才放下心來。

無論改革走的是哪條路，馮太后都秉著和諧的總方針，堅持向文明一步一步地邁進。北魏的社會治安越來越穩定，經濟也急速地往上飆升，人口由稀薄變得濃密，全國上下一片欣欣向榮的景象。

馮太后給孝文帝後來的改革發揮了奠基作用，北魏也從一個窮得叮噹響的弱國漸漸地過上了富足的日子。

耶穌基督出生　0—

君士坦丁統一羅馬

羅馬帝國分成兩部

波斯帝國　500—

回教建立

凡爾登條約

神聖羅馬帝國建立
1000—

十字軍東征

蒙古第一次西征

英法百年戰爭開始

哥倫布發現新大陸
1500—

英國大破無敵艦隊

發明蒸汽機

美國獨立
拿破崙稱帝

美國南北戰爭開始

第一次世界大戰
第二次世界大戰

2000—

天降大任於孝文帝

可憐的孝文帝，五歲的時候老爹獻文帝就被祖母毒死了。不過因為當時人小不懂事，因此也沒怨恨了馮太后，繼續給老太后當著乖孫子。孝文帝名叫拓跋宏，是由馮太后一手帶大的皇帝，所以腦子裡都是馮太后的那一套思想。

為了給北魏培養一個優秀的接班人，自從孝文帝出生以後，馮太后就盡心盡力地對其進行全面的漢化教育。她給孝文帝請了一批專職的老師，講一些儒家文化的內容，要求孝文帝誦讀儒家經典，還專門出了一本叫《勸戒歌》的書來教孝文帝如何當個好皇帝。

馮太后對孝文帝的管教十分嚴格，並讓人十天就跟她彙報一次孝文帝的近期表現。在馮太后的教育之下，孝文帝對大漢民族的優良文化繼承得數一數二，而且也打心底裡覺得鮮卑文化不能跟漢文化相提並論，根本不是一個層級。

孝文帝的漢化改革思想不僅得到馮太后的大力培養，而且在這期間，他的治國才能和膽識也得到了馮太后的刻意鍛鍊。在孝文帝少年時期，馮太后常把他帶在身邊，直接參與漢化改革的廷議和決策，言傳身教，讓他領悟其中的方略。

在生活作風上，由於馮太后的以身作則，注意節儉，對他施加影響，因此孝文帝也培養了寬容簡樸的作風。為了鍛鍊孝文帝的實際才幹，馮太后常常放手讓他單獨去處理一些政務，孝文帝的見識逐漸得到提高，處理政務也英明果斷。太和十年以後，馮太后進而讓他直接處理國家大事，自此以後，「詔冊皆帝之文也」。

西元490年，馮太后完成了自己的使命以後就放心地去了。這時候孝文帝已經長成了24歲的英俊小夥子，不僅才華滿腹，而且有著青年政治家的才幹和膽識。

在孝文帝親政時，由於馮太后執政時期的改革措施，北魏社會正處於一個由奴隸制向封建制急速變化的過渡階段，氏族制和奴隸制經濟成分漸漸萎縮，封建制經濟則有長足發展，更由於「均田制」的實施，這種封建化的趨勢已發展到較高階段，而與這個過程始終相伴的是各族人民反抗拓跋政權的階級鬥爭和民族鬥爭。

孝文帝在這個時候坐上了第一把交椅，這讓他感覺到自己身上的擔子相當重，北魏政權再也不能走老路下去了。於是，他決定開始繼續執行馮太后的思想，而且要更加深入地貫徹下去，讓鮮卑族完全地漢化。

洛陽是個好地方

孝文帝做的第一件偉大的事情就是把自己的都城遷到了洛陽。為什麼要遷都？這還得先從北魏當時的都城平城（今山西大同）說起。

平城位於黃土高原的北部，那時候那裡的自然環境真可以用「鳥不生蛋」來形容，農業生產極為落後，老百姓吃不飽飯，朝不保夕。再有因為

BC　上古時期
秦
BC200　西漢
0
東漢
100
200
三國
晉
300
400　南北朝
500
隋朝
600　唐朝
武則天稱帝
700　安史之亂
800
900　五代十國
北宋
1000
1100　南宋
1200　元朝
1300
明朝
1400
1500
1600
清朝
1700
1800
1900　中華民國
2000

地勢的原因，那地方從哪望過去都是山，交通閉塞，對於一個國家的發展來說非常不利。

除了自然環境的因素以外，孝文帝還考慮著都城的戰略意義。如果始終把都城定在平城，那就意味著孝文帝要在遙遠的北方統治整個中原地區。這麼一來，中原地區就是天高皇帝遠，孝文帝不怎麼能管得著，想要安安穩穩地控制住那裡也不大現實。要是還想把疆土再稍微地往長江以南擴展一下，那就更加困難了。

除了內憂以外，平城還有受外族侵擾的危險，特別是北方柔然族勢力，吃飽了飯就想要跟北魏玩玩。孝文帝要專心治理自己的國家，哪有工夫天天跟他打來打去的。孝文帝被馮太后培養得十分有遠見，他還想到了平城是個缺乏漢文化底蘊的偏遠地區，根本不是文明人所選的住地。

既然老家平城不能讓孝文帝發揮自己的才能大展宏圖，那麼遷都就是必然之選了，可是往哪遷呢？孝文帝心裡盤算著兩個地方，一個是許昌，一個是洛陽，兩個都位於現在的河南省。

洛陽是東漢、曹魏、西晉的故都，自「永嘉之亂」以來，經過鐵蹄的糟蹋，「自晉宋以來，號洛陽為荒土」，十六國政權無一定都洛陽，說明洛陽當時已經破爛不堪，不適合建都。

許昌在曹魏時曾為「五都」之一。當時河北是比較富庶的地方，一年之中便徵到絹三十萬匹以上，數目相當可觀，元帝時因遭遇自然災害，曾遣部分貧民到河北就食，反映了這裡的農業也比較發達。自東漢末年，曹操經營河北，開鑿白溝、利漕、平虜、泉州等渠後，由許昌城可以過利漕渠、白溝，通黃河，轉江淮，使許昌城航運通漕也非常便利。

顯然相比洛陽來說，當時的許昌更適合被封為都城，可孝文帝偏偏就沒有選許昌。說來說去還是因為馮太后的教育有方，孝文帝是個有文化的皇帝，他最終選擇了洛陽作為自己的都城，還是考慮著政治文化因素。

雖然當時洛陽的經濟不堪一擊，可是洛陽是華夏古都，更是漢族文化的中心之一。從地理位置來看，洛陽也是個四通八達的地方，去哪都方便，更不用太過擔心北方蠻族的騷擾，就算要打進這裡來也需要一點時

英法百年戰爭開始

哥倫布發現新大陸
1500—

英國大破無敵艦隊

發明蒸汽機

美國獨立
拿破崙稱帝
美國南北戰爭開始

第一次世界大戰
第二次世界大戰

2000—

日。而且當時很多漢族的公卿門閥大族都在洛陽發展，孝文帝對漢文化的崇拜和推崇，再加上他統一中國的恒心，選洛陽就不由分說了。

善意的謊言

經過孝文帝這麼仔細一琢磨，遷都洛陽顯然已經有了重要的意義。對別人來說遷都可能沒什麼大不了的，可是對孝文帝來說卻是非比尋常。孝文帝遷都，勢在必得。

孝文帝考慮清楚了以後就把自己的想法跟人家分享了一下，嘴上說是商量，其實心裡卻是沒得商量，遷也得遷，不遷還得遷。果然，聽了要遷都以後，反對的大臣還不占少數，心想著好好的安穩日子你不過，遷什麼都啊。

看見底下人都不肯遷都，孝文帝知道這些人是不願意拋棄眼前的富貴生活，畢竟南下是件極為折騰人的事，還得搞建設。無奈之下，孝文帝就用了一計，他說要南下進攻南朝，我們稱為善意的謊言。

孝文帝故意大發雷霆，嚷嚷說：「由得你們不遷都？這究竟是誰的國家？誰是皇帝？！」聽孝文帝這麼一叫囂，底下的人都不敢再說話，只有拓跋澄出來反駁：「國家當然是你的，但我們也是國家的大臣，南下打仗根本就是胡扯，那麼危險怎麼打仗？！」

孝文帝看見拓跋澄這傢伙吹鬍子瞪眼的，心裡就覺得好笑，於是就宣佈退朝了。後來孝文帝跟拓跋澄約好了單獨會面，這才語重心長地告訴他說：「您老別往心裡去，我剛才就是想嚇唬嚇唬大家。你也知道，我們平城用來打仗還可以，可是要建設成有文化底蘊的都城，那比登天還難啊！我覺得要移風易俗非得遷都洛陽不可，所以就假借打仗之名要南下，順道遷個都，你意下如何？」

拓跋澄聽孝文帝這麼一解釋，這才反應過來，再仔細一琢磨，覺得也對，也就不再反對了。

BC　上古時期
秦
西漢
— BC200
— 0　東漢
— 100
— 200　三國
晉
— 300
— 400　南北朝
— 500
— 600　隋朝
唐朝
武則天稱帝
— 700
安史之亂
— 800
— 900　五代十國
北宋
— 1000
— 1100　南宋
— 1200
元朝
— 1300
明朝
— 1400
— 1500
— 1600　清朝
— 1700
— 1800
— 1900　中華民國
— 2000

西元493年7月，南朝齊武帝死。孝文帝一看時機已到，8月就帶著大軍往南邊走，經過一個月顛簸終於折騰到了洛陽。那時候正是中原的秋天，九月裡的小雨淅瀝瀝地下個不停，孝文帝命令大軍原地休息。這時候孝文帝自己帶著一幫大臣跑去西晉宮殿的遺址參觀去了，看著眼前荒涼的一幕，孝文帝的眼淚嘩啦啦地往下流，激動之下就誦讀了《詩經》。

參觀完以後，孝文帝身披戎裝，裝得跟真的似的就帶著大軍繼續前進。這時候雨下得更大，腳下的路成了一片泥濘，這讓隨行的大臣們想起太武帝拓跋燾南征戰敗逃回的情景，不由擔心這次征伐會重蹈覆轍，勞民傷財，而士兵們也勞苦不堪，都不願再前進。

孝文帝見勢更起了興致，大聲下令繼續進發。群臣紛紛下跪，哭天喊地地不讓往前走，安定王拓跋休還代表大家訴說了南伐是多麼不明智的決定。

孝文帝趁機也表達了自己的意願：「費了這麼大的周折，要是不闖出個名堂，就這麼回去，我怎麼跟老百姓們解釋？我們鮮卑族世世代代都想著盼著入中原，如果你們真的不願意南下打仗，那我們不如也不回去了，就定都洛陽。誰願意就站左邊，不願意就站右邊，讓我看看比例。」

很多人其實還是不願意遷都的，可是一想到遷都就不用打仗，就也都站在了左邊。就這樣，大家嚷嚷著「萬歲」，孝文帝看見這場面也覺得心滿意足。後來他派人回去平城那邊通報留守的官員，讓大家收拾收拾也趕緊往洛陽走。

西元495年，北魏的新都城就落定在了洛陽。經過孝文帝大刀闊斧的改革，洛陽漸漸地被建設成了一個國際化的大都市，一片繁榮的景象。

擇偶：胡漢的黏合劑

都城這件事終於穩定了下來，再經過孝文帝的一番努力，洛陽的老百姓也都生活得安穩。

看大家心情都由陰轉晴了，孝文帝打算再把結婚這事給辦一辦。孝文帝一心想要徹底把鮮卑族落後的風俗習慣改改，左思右想才決定從婚姻制度改起，畢竟結婚這事對大多數人來說還是樂在其中的。

其實之前馮太后就頒佈了個婚姻法令，廢除「一族之婚，同姓之娶」，孝文帝這次只是要加大力道，深入改革而已。為了增強漢族和鮮卑族之間的聯繫，讓鮮卑人過上跟漢人一樣的幸福生活，也為了讓漢人對自己產生好感，孝文帝決定立刻開始實行這個計畫。

民族關係歷來就是個複雜的東西，大家你爭我搶都是為了多占點資源，不但要自己夠吃夠喝夠住，還得想著後代人也衣食無虞。民族之間經常會發生打架鬥毆的事件，相互之間都恨著對方。而且這種現象對於鮮卑族人民來說更是家常便飯，稍不如意就靠武力來解決，怎麼看都覺得漢人不順眼。在漢人眼裡，鮮卑人也是不通情理的流氓族類，更不願意與之交往。因此，雙方之間的通婚也就不敢想像了。

這種複雜的局面著實讓孝文帝難以著手，他這才決定以身示範，不僅自己取了幾個漢族的老婆，而且還讓兄弟姐妹和大臣們也跟漢人談談戀愛，通個婚。在皇室的表率下，鮮卑貴族都看著心癢癢，紛紛與漢族地主集團通婚往來，漸漸地雙方都嘗到了通婚的甜頭，也就願意繼續通婚下去了。

這麼一來，鮮卑族跟漢族之間的聯繫就更加緊密，漢族人也提高了自己的身份和地位，鮮卑族則從漢人那裡學到了不少文化知識，自身也越來越進步，朝著文明邁進了。時間一長，族與族之間的通婚便成了家常便飯，其中尤以鮮卑跟漢族上層之間的通婚占了絕大多數。

孝文帝不愧是馮太后培養出來的精英皇帝，他肚子裡的墨水足夠讓他放下民族偏見，跟漢人融洽地相處。孝文帝籠絡漢族高門，獲得漢族大姓支持，通過與漢族地主的聯姻來推動鮮卑貴族的門閥化，擴大了統治的基礎，這固然是出於政治方面的考慮。

其實，他還有更重要的目的，這就是把鮮卑與漢聯姻作為增進兩個民族之間的瞭解、擴大相互交流的一種手段，使鮮卑族的文化取向逐漸趨同

BC 上古時期
秦
BC200 西漢
0
東漢
100
200 三國
晉
300
400 南北朝
500
隋朝
600 唐朝
武則天稱帝
700 安史之亂
800
900 五代十國
北宋
1000
1100 南宋
1200
元朝
1300
明朝
1400
1500
1600
清朝
1700
1800
1900 中華民國
2000

於漢族，達到族際文化共用的目的。

　　胡漢通婚就像孝文帝手裡的糨糊一樣，是鮮卑族和漢族之間的黏合劑，因此，單靠上層人物之間的通婚並不能達到普及的作用，僅僅只是個推動。所以，讓普通的老百姓之間也行動起來，這才是最主要的。

　　可是普通老百姓哪裡顧得上管權力爭鬥的事情，他們只顧自己每天吃飽了沒有，穿暖了沒有，所以妨礙他們交往的主要原因還是民族之間的風俗習慣差異很大。鮮卑人跟漢人不僅說話相互聽不懂，就算用文字也無法交流，穿衣打扮更不用說了。這樣的兩個人生活在一起，那就是牛頭不對馬嘴，非離婚不可。

　　有介於此，孝文帝的心裡又有了新的主意：要想讓通婚民眾化，那就得從改變大眾的生活方式入手。

從裡到外的漢化

　　從古至今，人類的發展無疑是先進的淘汰落後的，因此，孝文帝在改革的過程中選擇漢人的生活方式是大勢所趨，一點也容不得懷疑。

　　孝文帝是個聰明人，他知道要想讓自己的北魏在中原的統治讓漢人信服，那就要全面遵循儒家的文化，因為中原士大夫的心理就是這麼想的，他們衡量一個王朝是否正統的標準就在於文化的道德，而其他的血統和種族只是表皮。

　　孝文帝的漢化方針涉及了老百姓的戶口問題。他要求凡是到洛陽生活的人，一概不能再使用原籍，而通通以洛陽人自稱，死了以後也要在洛陽入土。

　　另外，為了讓人們交流得更順暢，孝文帝還立志在語言上下一番工夫。他要求朝中的文武大臣，凡是三十歲以下的，通通要用漢語講話，一旦發現說了鮮卑話，那就要丟官。三十歲以上的人可以慢慢地學習說漢語，畢竟年齡大了，方言不好改。

語言的改變必然要求鮮卑族複姓單音化，這是一種連鎖反應，丟棄拗口的複姓而將其改為相應易懂、易讀、易記的單音姓的做法，自然而然地會拉近鮮卑與漢民族之間的距離，大大降低民族間的陌生感與排斥情緒，有利於增強民族之間的親和力。

所以，西元496年，孝文帝又開始改革鮮卑的姓氏了，要求鮮卑人把複姓一律改成漢姓。這樣一來，拓跋氏就改姓了元，丘穆陵氏改為穆姓，步六孤氏改為陸姓，獨孤氏改為劉姓等。

除了管理戶口、姓氏以及語言之外，對於人們穿什麼衣服，孝文帝也要管一管。他讓鮮卑人都改穿漢人的衣服。這樣一來，大家都在大街上都穿著一類衣服走著，看起來也更加親切一點，認識的、不認識的也都能和諧相處。

孝文帝還下狠心讓鮮卑人拋棄以前用的度量衡制度，學習使用漢人的長尺大斗。雖然這讓鮮卑人適應起來比較難，但是為了日後的方便，大家還都是積極地學習著，大街上買個什麼東西倒也方便。

孝文帝在北魏實施的全盤漢化方針融合了胡漢這兩個民族，儒家思想隨著時間的推移也在鮮卑族社會中生根發芽，基於共同文化的共同心理素質逐漸形成。

鮮卑與漢兩個民族的成員在許多方面如語言、文字、風俗、經濟、政治等方面達到了高度的一致，反過來民族間一致性與和諧度的增加又促使了族際通婚現象的大量增多，族際通婚不再是政府強求而成了民族間交流的結果。錯綜複雜的婚姻關係網把鮮卑與漢兩個民族緊密地聯結在一起，廣泛的交往、共同的生活方式又鞏固民族之間的聯繫。

漸漸地，鮮卑人跟漢人之間也建立起了友誼，不再是以前那個看見對方就想打架的架勢。

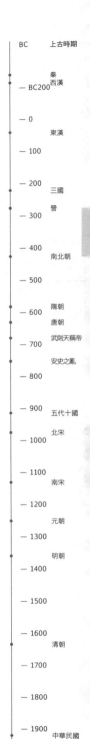

總結規劃一下

從420年到589年的這170年裡，中國南方政權更替頻繁，先後經歷了宋、齊、梁、陳四個王朝。這些王朝都在建康定都，史稱「南朝」。

東晉大將劉裕，廢晉帝自立後，建國號宋，他就是宋武帝，別看他是搶了別人的皇位坐，但他還是挺有作為的，在當皇帝30年裡，宋朝賦輕役稀，江南民殷國富，進入東晉南朝國力最強盛的時期。

陳朝後主叫做陳叔寶，是個完全不懂國事，只知道喝酒享樂的人，沒什麼崇高的人生追求，陳朝在他的帶領下，越來越完蛋。陳叔寶就知道自己享受，就是不管他底下的老百姓。

陳後主就這樣過了五年的荒唐生活。這時候，北方的隋朝漸漸強大起來，決心滅掉南方的陳朝。隋朝後來出兵，輕而易舉的打下了陳朝，589年，陳朝滅亡。

在東晉統治南方的時候，中國的北方和西南地區先後出現過十幾個少數民族割據政權，史稱這一時期為「十六國」。然後稍後一段時間，大概是439～581年，大約與南朝同一時期，北方先後出現少數民族建立的北

魏、東魏、西魏、北齊、北周5個政權，歷史上稱為北朝。

北朝和南朝就這樣南北對峙著，也就是歷史上所謂的南北朝。

十六國的後期，鮮卑族拓跋氏建立的北魏強大起來。他們原來一直生活在大興安嶺的北段，後來不斷南遷，就進入中原了，北魏軍事力量強

大，逐漸消滅了抵抗他的勢力，進入中原，但是發展到後期，周武帝死後，就慢慢不行了，大權就落入了外戚楊堅的手裡。

一個新的朝代也就要拉開序幕了。

英國大破無敵艦隊

發明蒸汽機

美國獨立
拿破崙稱帝

美國南北戰爭開始

第一次世界大戰
第二次世界大戰

　　　　　2000—

短暫隋朝

（西元581年～西元618年）

老子英雄兒混球

外孫無能，爺爺頂上

許多科學家在接受頒發給自己的榮譽的時候，總喜歡說一句謙虛的話：「我是站在巨人的肩膀上才有了今天的成就」。也就是說，一個人或一件事情，想要達到鼎盛是需要一個過程的。

而在動盪的兩晉南北朝之後，建立起來的隋朝，正是中國封建王朝向頂峰攀爬的一個重要基石。人們總是說大唐盛世，但如果沒有隋朝在底下當基石，那唐朝也不能屬害到那種地步。

西元581年，北周外戚楊堅，改國號隋，因為楊堅在北周封的隋國公，而後定年號開皇，定都長安。楊堅也就是歷史中的隋文帝。

說起楊堅，也是個「官後代」，楊堅是北周的外戚，也就是說，楊堅他們家是皇帝的母族和妻族，楊堅他們家是屬於皇帝老婆的娘家人。

按說自家人是應當幫自家人的，楊堅是皇帝老婆的娘家人，那他也算皇帝的半個親戚，理應好好輔佐皇帝，管理好國家才是。可是楊堅卻不這麼想，他每天跪拜龍椅上那個小孩子，自覺心裡很不是滋味。

小皇帝什麼也不懂，大主意都是大臣們拿的，可是享受的卻是這小子。楊堅發覺出當皇帝的好處來了，於是便想取而代之。

思來想去，他終於走上了中國古代歷朝歷代都會發生的一些道路，外戚干政。楊堅起兵造反，拿下皇位，趕走小皇帝，自己當了皇帝。

BC

耶穌基督出生　0—

君士坦丁統一羅馬

羅馬帝國分成兩部

波斯帝國　500—

回教建立

凡爾登條約

神聖羅馬帝國建立
1000—

十字軍東征

蒙古第一次西征

英法百年戰爭開始

哥倫布發現新大陸
1500—

英國大破無敵艦隊

發明蒸汽機

美國獨立
拿破崙稱帝

美國南北戰爭開始

第一次世界大戰
第二次世界大戰

2000—

所以，當時的情況是這樣的，楊堅作為北周靜帝的爺爺，他廢掉自己的外孫子自立，做皇帝，代周自立了。

當了皇帝之後，楊堅並沒有忘記自己的職責，他一上任就開始兢兢業業地忙起了家國大事，他在西元589年，派他的次子晉王楊廣，用水陸50餘萬大軍滅了陳國，陳國是南朝最後一個朝代，楊堅就此統一了南北。

其實，統一南北也並非是楊堅就有多麼的厲害，而是楊建剛好就站在了時代的頂端，當時的民族大融合已經到了水到渠成的地步了。楊堅不過是正好發揮了一個促進的作用，所以，可以說這個是歷史便宜了楊堅。

不管怎麼說，統一了南北之後，楊堅更是發光發熱，繼續進行自己的事業，那個時候北方因為長年征戰，生產力水準大幅度下降，人們生活的比較困苦，楊堅就立志恢復北方農業的發展。

在他的努力下，北方農業和經濟得到了發展，奠定了隋朝的經濟基礎。因為北方原來生產力水準就比南方要高，雖然經過戰亂的破壞，但是這個時候它已經積極恢復與發展。統一需要打仗，但是打仗，說句實在話，靠的就是經濟實力的支持，不然你上哪弄那麼多糧草啊，馬匹啊，將士的軍餉啊，這些都需要經濟基礎。楊堅有了這樣的基礎，自然打起來比較佔便宜。

後來，楊堅努力發展，一鼓作氣，慢慢的統一了南北。隋朝也就在楊堅的帶領下，走向了輝煌，雖然這個巔峰持續的時間很短，但還是不能抹殺楊堅的功績。

典範如何養成

楊堅這小夥子用現在的話來說，那就是帥呆了。初唐的李延壽在《北史》中讚美隋文帝楊堅：「皇考美鬚髯，身長七尺八寸，狀貌瑰偉，武藝絕倫；識量深重，有將率之略。」看見沒？這就說楊堅不但身材健美，頭腦聰慧，樣貌英俊，人家還是個文韜武略，德才兼備的男人。

BC　上古時期

—BC200　秦　西漢

—0　　東漢

—100

—200　三國

—300　晉

—400　南北朝

—500

—600　隋朝　唐朝

—700　武則天稱帝　安史之亂

—800

—900　五代十國

—1000　北宋

—1100　南宋

—1200　元朝

—1300　明朝

—1400

—1500

—1600　清朝

—1700

—1800

—1900　中華民國

—2000

　　楊堅勤勞愛工作，他和大多數皇帝不一樣的地方還有一點，他的老婆不多。

　　在中國歷史上的皇帝，大多是皇后妃嬪一大卡車都裝不下，其中數量最多的應該算是洪秀全了，他的老婆約有一百多個，但是隋文帝沒有妃嬪。這也就是為什麼隋文帝建立了一個王朝，而洪秀全一下子就被滅了，人生追求就不在一個層次上。

　　楊堅沒有妃嬪不是因為他個人情感有問題，而是他實在是太忙了，忙的起早貪黑，顧不上跟女人溫存。

　　楊堅那是真忙，可不是做做樣子，他勤勞思政，每一坐朝，或至日昃。全身心地撲在工作上，真是人民的好公僕。

　　楊堅的能力也很強，他日以繼夜的工作，到底還是做出了一些成績的。首先要提的就是他修建兩都，這是他在位時候比較大的功績。

　　他修建了大興城，也就是長安，雖然東京洛陽是在隋煬帝時候修建的，但如果沒有楊堅這就開始打下的基礎，隋煬帝也不能那麼順利的修建成功。所以說，楊堅還是發揮了很大的作用的。

　　還有一個功績就是楊堅廣設倉庫。楊堅不知道是不是一個未雨綢繆的人，他自己是皇帝，不愁吃不愁喝的，但偏偏有搜集糧食的癖好。

　　他修築糧倉，囤積糧食非常瘋狂。在後來考古學家的一次考古活動中發現了一個叫做含嘉倉的隋朝糧倉。

　　在考古學家的統計中，這個糧倉有259個糧窖，其中一個糧窖裡面就發現了碳化的穀子50萬斤，那這一個糧倉得放多少糧食，真是讓人目瞪口呆。而且隋朝的糧倉還有很多，一個比一個大，儲藏糧食之多，真是讓人歎為觀止。

　　這麼多糧食能讓全天下的人頓頓吃到撐，也能吃個數十年，可惜的是隋朝的接班人不行，隋朝三十八年就亡國了。所以這麼多糧食也就便宜了唐朝，唐朝後來還把隋朝的糧食吃了好多年才吃完。

　　《文獻通考》上說，「古今稱國計之富者莫如隋」。隋朝的官府最有錢最有糧食，這都是隋文帝的功勞。但是隋文帝很節儉的，從不浪費，他

工作累了就吃點粗茶淡飯，從不搞特殊待遇。

當然，隋文帝的老婆獨孤氏也是個好老婆，她不時地就提醒丈夫要好好幹，不要辜負老百姓的期望，有這樣一個老婆天天跟身後提醒，隋文帝自然是幹勁十足，忙於朝政，勵精圖治了。

和這樣的皇帝一比，陳朝的後主不亡國都沒道理了，一點不積極向上，難怪楊堅能把他滅了。

趙綽依法辦事

為了把好不容易得來的統一的國家建設得更美好，隋文帝不僅採取了種種的改革措施，而且還專門找人把法律修修，一些酷刑也因此被廢除。這樣的好事讓全國人民都高興得不得了，可是隋文帝自己並不嚴格執行。

雖然對外聲稱是天子，可是說到底皇帝也是個普通人，偶爾發發脾氣也是正常事。可是身為一國之君，就要有效地控制一下自己的情緒。隋文帝經常發了脾氣就違反法律中規定的條例，要把不該殺頭的人給殺了，這讓底下辦事的官員都不好做人。

趙綽那時候在大理上班，做管理工作，他覺得維護法律的威嚴是他應盡的責任，可是隋文帝的行為讓他難辦了，兩人也因此常常鬧點小糾紛。

一次，一個叫辛亶的刑部侍郎被人告說他亂搞迷信，隋文帝還沒查法律條款就要把這人給殺了。可是趙綽說：「這人沒有犯下死罪，我不能殺他。」隋文帝一聽趙綽的話就來氣，說：「你要是想救趙綽就拿自己的命來換。」

趙綽可不怕隋文帝這一招，更不怕死，就讓隋文帝隨便。這時候趙綽已經被拉了出去，準備等死。隋文帝突然又變卦了，他也不想把趙綽這麼好的官員殺死，於是就傳話說：「你還想說點什麼嗎？」

趙綽回答：「我一心一意地嚴格執法，還怕什麼死啊！」隋文帝東張張西望望，裝模作樣地等了一會兒，氣也消了，就讓趙綽回家去了。

BC　上古時期
— BC200　秦 西漢
— 0　東漢
— 100
— 200　三國
— 300　晉
— 400　南北朝
— 500
— 600　隋朝 唐朝
— 700　武則天稱帝 安史之亂
— 800
— 900　五代十國 北宋
— 1000
— 1100　南宋
— 1200
— 1300　元朝
— 1400　明朝
— 1500
— 1600　清朝
— 1700
— 1800
— 1900　中華民國
— 2000

還有一回，一個叫來曠的官員不知道從哪裡聽來的閒話，說什麼隋文帝不喜趙綽，於是就想拍拍隋文帝的馬屁，就寫了封信給隋文帝，說趙綽在大理辦事辦得太寬鬆，不得人心。隋文帝看了以後覺得信中所講合情理，就給來曠升了職。

來曠以為皇帝真的信任他了，就更加放肆地誣陷起趙綽來。可是這回隋文帝留了個心，派人前去大理核實，結果根本就沒有這等事，隋文帝氣呼呼地又嚷嚷著要殺來曠。

隋文帝跟個小孩似的，想要看看趙綽這回怎麼處置陷害自己的人。誰想到趙綽居然不同意殺來曠，還說來曠有罪是有罪，可是罪不致死。這可把隋文帝給氣壞了，臉一垮就回了宮。

趙綽在後面跟著，還一邊大聲地嚷嚷：「陛下，我不提那來曠小子的事了，我有要緊的事要跟您商量啊！」隋文帝以為這趙綽真的有什麼緊要的事，就讓他進來了。

趙綽說：「我罪過可大了，三條：一，沒把手下的人管好，出了來曠這麼一個人渣；二，剛跟陛下頂嘴，這也是大逆不道；三，我剛剛說有急事是在撒謊。」隋文帝聽了趙綽這麼一說就樂了，也就沒再繼續追究，由著趙綽處置來曠。

隋文帝為了當好皇帝，平時生活也比較節儉，鋪張浪費的事不僅自己不做，也不讓親戚朋友做。有一次他的一個兒子楊俊偷偷地在外面修了五星級的宮殿，隋文帝知道了以後就要撤他的職，大臣們紛紛給楊俊說好話，可是隋文帝仍然堅持依法辦事。

後來，隋文帝發現太子楊勇平日裡不知道節儉，生活作風極為不端，就多次警告他要好好地當太子。可是另一個兒子楊廣聽說了以後就順著老爹的脾氣走，表面上迎合著老爹，背地裡卻做盡了壞事。

隋文帝嫌太子楊勇沒什麼出息，就把他給廢了，另立了楊廣為太子。後來隋文帝才意識到自己當年的糊塗，因為他發現楊廣是個人面獸心的傢伙，可是也晚了。楊廣之後無情地殺死了他老爹，自己當上了皇帝，他就是隋煬帝。

耶穌基督出生　0—

君士坦丁統一羅馬

羅馬帝國分成兩部

波斯帝國　500—

回教建立

凡爾登條約

神聖羅馬帝國建立
1000—

十字軍東征

蒙古第一次西征

英法百年戰爭開始

哥倫布發現新大陸
1500—

英國大破無敵艦隊

發明蒸汽機

美國獨立
拿破崙稱帝

美國南北戰爭開始

第一次世界大戰
第二次世界大戰

2000—

腐敗啊腐敗

隋煬帝楊廣是個暴君，但不是昏君，雖然楊廣幹了好多不得人心的事，但也不能說他幹的那些事情全無用處。

比如隋煬帝開通運河，他將運河分為了永濟渠、通濟渠、邗溝、江南河這麼四段。以洛陽為中心，北通涿郡，南達餘杭，是世界上最早最長的大運河，雖然隋煬帝一般拿這運河來下江南遊玩方便，但實際上運河的作用很大，為交通解決了很大的問題，能為百姓運輸糧食等等。

而在隋煬帝自己的考慮來看，開通這條貫通南北的大運河，能夠加強他對全國政治上的控制。

西元605年，隋煬帝派管理建築工程的大臣宇文愷負責造東都洛陽城，宇文愷是個高級工程師，也是個高級心理學家，他很懂得迎合隋煬帝的心思，就把都城的工程搞的特別浩大。

建造宮殿的材料當地沒有，都得從外地運來，那時也沒車就只能是靠人力，光一根柱子就得發動上千人去搬。可見這柱子得有多大，一根柱子都這麼大，那可見這宮殿得修多大了。為了修這宮殿，隋煬帝徵召了二百萬民工，日夜不停地施工。

那時候別說加班費，連薪資都沒有，民工們個個辛苦大半天，一分錢撈不到，還得挨打受氣，所以就對隋煬帝產生不滿了。

但隋煬帝不管這些，他只要住好吃好就行，宇文愷的確是個人才，他還在洛陽西面專門造了供隋煬帝玩賞的大花園，叫做「西苑」，周圍二百里，園裡人造的海和假山，亭臺樓閣，奇花異草，應有盡有。這還不算完，到了冬天樹葉凋落的時候，他們派人用彩綾剪成花葉，紮在樹上，使這座花園看起來四季長春一樣。

隋煬帝是享受到了，可是他還不滿足，於是他在建造東都的那一年，又下令要修造大運河，隋煬帝下令修大運河的時候，可沒想過是要為百姓謀福利，他就是為了讓自己出門變得方便點。

BC　上古時期

—BC200　秦 西漢

—0

東漢

—100

—200　三國

—300　晉

—400

南北朝

—500

—600　隋朝
　　　唐朝

—700　武則天稱帝

安史之亂

—800

—900　五代十國

北宋

—1000

—1100

南宋

—1200

元朝

—1300

明朝

—1400

—1500

—1600

清朝

—1700

—1800

—1900　中華民國

—2000

他徵召河南、淮北各地百姓一百多萬人，從洛陽西苑到淮水南岸的山陽（今江蘇淮安），開通一條運河，叫「通濟渠」；又徵召淮南百姓十多萬人，從山陽到江都（今江蘇揚州），把春秋時期吳王夫差開的一條「邗（音含）溝」疏通。

這樣他從洛陽到江南就方便多了。後來嘗到好處的隋煬帝，又連著兩次徵召民工，開通了兩條運河，一條是從洛陽的黃河北岸到涿郡（今北京市），叫「永濟渠」；一條是從江都對江的京口（今江蘇鎮江）到餘杭

（今浙江杭州），叫「江南運河」。

他後來嫌四條運河不方便，就溝通了一下，讓這四條運河變成了一條，就形成了一條全長四千多里的大運河了。

出門旅遊就坐船

隋煬帝本來就特別愛玩樂，尤其愛旅遊。自從大運河開通了，更是讓他旅遊的興致來了，動不動就要帶著人坐船出去玩，攔都攔不住。

從東都到江都的運河剛剛完工，隋煬帝就要出門了，他帶了十二萬人的龐大隊伍就打算出門去江都旅遊去了。

隋煬帝不怕麻煩，他早就派官員造好上萬條大船。讓這些人上船走就

行，不怕坐不下。到了出發那天，隋煬帝和他的老婆蕭后分乘兩條四層高的大龍船，船上有宮殿和上百間宮室，裝修得十分豪華精緻。

然後他的那些妃子、大臣與文武百官們坐的船就要稍差一點了，但也

是經濟艙，再往後的幾千條大船就裝了保護他的士兵和一堆武器什麼的，

萬一遇到搶劫的，自己也不怕。都準備妥當了，這上萬條大船就浩浩蕩蕩

地出發了，足足有二百多里長。

隋煬帝是出來旅遊的，所以他不著急，那些專為皇帝享樂打算的人早就安排好了，運河兩岸，修築好了柳樹成蔭的御道，八萬多名民工，被徵

召來當縴夫（在河岸邊以人力拉動船隻的人），還有兩隊騎兵夾岸護送。

也就是說，這船全靠人力拉著走，那能走多快，慢的跟蝸牛爬似的，一輩子都到不了江都，可隋煬帝不管那個，他就在船上摟著大老婆，小老婆們看看風景，吃個水果。看著陸地上別人給他安排好的五彩繽紛的道路，非常享受。

這還不算完，皇帝是享受了，那幫王公大臣們也不能乾坐著，隋煬帝很是大方，他讓兩岸的老百姓們，給他們準備吃的喝的，叫做「獻食」。那些州縣官員，就逼著百姓辦酒席送去，有的州縣，送的酒席多到上百桌。這麼多菜肴，他們一行人根本吃不來，剩下來的菜他們也不打包，就在岸邊挖個洞埋了，倒是不污染環境，可是那些被迫獻食的百姓，卻弄得傾家蕩產了。就這麼勞民傷財一番，總算到了江都了，在江都玩一陣，隋煬帝又要回洛陽，之前的戲碼又得重演一遍。

享受到樂趣的隋煬帝幾乎每年都要出去一趟，他出去一趟就得鋪張浪費一回。可是也不能不讓他出去，於是就只能變著花樣的逗隋煬帝開心，高級工程師宇文愷就為了迎合隋煬帝，又發明了一種活動宮殿，這個宮殿可以裝幾百個人，但是下面有輪子，可以四處走動，很是時髦。

時髦完了，隋煬帝突然想做點別的事，他琢磨來琢磨去，就決定炫耀武功，於是西元611年，他發動了對高麗的戰爭。他還要親自指揮戰鬥，依然是坐船去，他從江都乘龍船，沿著大運河直達涿郡。

他下令全國的軍隊都要集中到涿郡供他差遣，這個高麗就是高句麗，也就是今天的朝鮮北部，隋煬帝為了對付他們，動用了100多萬大軍，但最後生還的就2700人，為了打高麗，光從路上興兵不行，還得走水路，走水路就需造戰船。那些造船的民伕在官吏監視下，日日夜夜在海邊造船，沒法休息。因為長期的下半身泡在海水裡，都腐爛的生蛆了。

實在是忍不下去了，當時鄒平（今山東鄒平）人王薄，率先發動了農民起義，他在長白山舉起大旗。後來其他各地農民也紛紛反了。

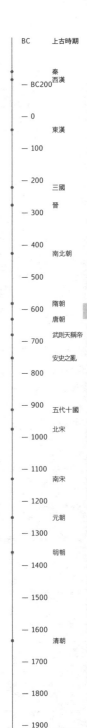

BC　上古時期
秦
西漢
BC200
0
東漢
100
200　三國
晉
300
400　南北朝
500
600　隋朝
唐朝
武則天稱帝
700　安史之亂
800
900　五代十國
北宋
1000
1100　南宋
1200　元朝
1300
明朝
1400
1500
1600　清朝
1700
1800
1900　中華民國
2000

兄弟都是好漢

BC

耶穌基督出生　0—

君士坦丁統一羅馬

羅馬帝國分成兩部

波斯帝國　500—

回教建立

凡爾登條約

神聖羅馬帝國建立
1000—

十字軍東征

蒙古第一次西征

英法百年戰爭開始

哥倫布發現新大陸
1500—

英國大破無敵艦隊

發明蒸汽機

美國獨立
拿破崙稱帝

美國南北戰爭開始

第一次世界大戰
第二次世界大戰

2000—

苦孩子有前途

　　隋煬帝脾氣火爆，人也很野蠻，不聽取別人的意見，第一次打高麗的時候就吃了敗仗。這野心上來以後，又準備親自出馬，第二次再跟高麗打一仗。他帶著大兵往遼東走，這時候又派了大臣楊玄感在黎陽負責伙食工作。

　　隋煬帝之前的左右手楊素幫著他上位，立了大功，可是這皇帝太不厚道，倒懷疑楊素起了野心，心裡一鬱悶就把楊素給殺了。楊玄感正是楊素的兒子，他對老爹被殺這事一直耿耿於懷，成天琢磨著怎麼把隋煬帝給做掉。

　　這一次，楊玄感覺得時機成熟了，就藉著保證後勤工作的名義搜羅了很多肌肉男，準備帶著他們大幹一場。這些肌肉男們之前都幹著苦力活，也十分痛恨隋煬帝，聽了楊玄感的話以後就立刻加入了這支造反的隊伍。

　　楊玄感手下的人差不多有了八千，他給每個人都發了武器，準備跟隋煬帝火拼。可是這時候楊玄感又覺得缺了點什麼，後來才想到自己是想找個參謀，這才想起了李密。

　　李密年輕的時候在隋煬帝的身邊當侍衛，是個聰明伶俐的傢伙，可也正因為這點小聰明，他經常上班不好好值勤，有一次偷懶就被隋煬帝給撞見了，立刻被辭了。李密不覺得這事有什麼大不了，他還看不起隋煬帝那

脾氣呢。於是李密回了老家，準備充實學問。

老家雖然清淨，可是有時候也難免悶得慌。有一次李密讀書讀煩了，就想著如何讓讀書變得更有趣，也更能充分地利用時間。於是他就把一本《漢書》掛在了牛角上，自己騎著牛就出去溜達了。他邊溜達邊在牛背上看書，這才覺得生活有滋有味。

這時候剛好趕上宰相楊素從一旁經過，他看到眼前這小夥子以後就很好奇，問他這是做什麼。李密看到了楊素，他認識這是大宰相，就趕緊從牛背上跳下來，恭敬地回答說：「宰相大人，我在看漢書啊，正讀到項羽的故事了。」

楊素看這小子有點意思，就跟他聊了起來。兩人說著說著，楊素就發現這孩子還挺有文化。楊素回去以後就把今天的所見所聞說給了兒子楊玄感，還直誇李密比兒子強，說什麼要是以後遇到了困難，就讓兒子去找李密。由於老爹的關係，後來楊玄感就跟李密成了好友。

楊玄感這次造反想找個參謀，立刻想到了李密，於是就讓人直奔長安，接上李密就來了黎陽。楊玄感問李密如何幹掉隋煬帝，李密想了一會兒，說：「辦法是有的，而且還有三種。」

楊玄感瞪大了眼睛，讓李密趕緊把這三種方法說出來，李密慢吞吞地說叨著：「先說我的上策吧：皇帝現在在遼東，我們帶著大兵去追，把他的後路給斷了。而且那廝現在正要打高麗，前面的高麗也不會放過他。前後夾擊，估計他也活不了幾天了。此外，我還有一個辦法：我們先把長安給拿下，在那邊守著，等那廝回來再給他個措手不及。不過這是個中策。最後是下策：那就是先攻洛陽。」

楊玄感是個急性子，估計也難成大器。他聽了李密的計策以後，覺得前兩個辦法都不夠快，於是就決定採用第三個辦法，也就是下策。

商量好以後，楊玄感就開始朝洛陽開伐了，他的隊伍也在不斷地擴大，也打了幾個勝仗。隋煬帝見勢又上了脾氣，派了大兵就往楊玄感那邊去了。楊玄感抵不過隋軍，只好倉惶地往長安逃，可是還是沒能躲過一死。

BC　上古時期
秦
— BC200　西漢
— 0
東漢
— 100
— 200　三國
晉
— 300
— 400　南北朝
— 500
— 600　隋朝
唐朝
武則天稱帝
— 700
安史之亂
— 800
— 900　五代十國
北宋
— 1000
— 1100
南宋
— 1200
元朝
— 1300
明朝
— 1400
— 1500
— 1600
清朝
— 1700
— 1800
— 1900　中華民國
— 2000

BC

李密這小子比楊玄感運氣好點，他成功地擺脫了大兵的追擊，後來也尋思著再度造反。為了儲積力量，李密跟老鼠一樣東躲西藏，直到聽說一個叫翟讓的人，這才決定前去投奔。

耶穌基督出生　0—

開倉放糧

君士坦丁統一羅馬

羅馬帝國分成兩部

翟讓原本只是在東郡當個跑腿的，因為惹了上頭的人而被打入了監獄，有個看監獄的人覺得翟讓這人挺厚道，就偷偷把他給放了。翟讓出來以後就跑到了附近的一個叫瓦崗的小村子，還在那裡搜羅了一批人，準備造反。

波斯帝國　500—

回教建立

在翟讓招攬的這幫人裡，有個叫徐世勣的年輕人，長得挺帥，還挺有才。他讓翟讓帶著人馬到有錢人多的地方去，先張羅點糧食再說。翟讓於是帶著一幫農民就去了滎陽，在弄到了不少富人的糧食和財產，而且手下的人也越來越多。

凡爾登條約

後來李密也去了翟讓的部隊，靠著自己的才能跟翟讓稱兄道弟起來。李密是個有大志向的人，他讓翟讓把隋煬帝幹掉，說：「你回去溫習溫習歷史書，看看以前的劉邦跟項羽，他們本來不也是窮小子嗎？可人家後來都把秦朝給推倒了，那多了不起！」

神聖羅馬帝國建立
　　　　　1000—

十字軍東征

起先翟讓還沒有這個想法，覺得自己沒這個實力，可是經過李密這麼一說，翟讓就決定這麼幹了。李密跟翟讓這麼一討論，就決定先把滎陽攻下再說。開戰以後隋煬帝派了張須陀前來助陣，這廝以前經常鎮壓起義軍，有了點經驗，囂張得很。翟讓之前也吃過他的敗仗，心裡有點慌。

蒙古第一次西征

英法百年戰爭開始

哥倫布發現新大陸
　　　　　1500—

英國大破無敵艦隊

這時候李密就發揮了他的遊說才能，說：「張須陀那廝就是個粗老漢，憑力氣幹活，腦子都生鏽了，我們肯定能勝過他！」聽李密這麼一激勵，翟讓頓時信心百倍。隨後翟讓就帶著大兵雄赳赳氣昂昂地穿梭在深山老林裡。

發明蒸汽機

美國獨立
拿破崙稱帝

美國南北戰爭開始

第一次世界大戰
第二次世界大戰

　　　　　2000—

張須陀覺得翟讓就是個棒槌，根本沒把他放在眼裡。這時候翟讓故意

讓大軍裝成抵不過張軍的樣子，拔了腿就往回跑，老張的部隊則在後面窮追。追著追著老張才發現不對勁，怎麼路越來越窄了，還沒回過神來，就見自己的部隊已經被李密帶領的人馬給包圍了，而老張也慘死刀下。

這次打了勝仗以後，李密的聲望在起義軍中就越來越強大，再加上李密很注意領導人平時的生活作風，將士們都喜歡他。後來李密讓翟讓趁著隋煬帝在江都巡遊的時候進攻東都洛陽，可是後來卻走漏了消息，這次進攻只好作罷。

李密改變了注意，準備進攻興洛倉，因為隋煬帝那不知節儉的傢伙在那裡建了一個全國最大的糧倉。由於隋煬帝的暴政，當地的百姓早就想把他幹掉，於是紛紛擠進了翟讓和李密的部隊，跟著一起造反。興洛倉很快就被拿下。

興洛倉得手以後，李密就下令把糧倉為老百姓開放了，百姓們樂得一個個都拿著工具過來裝糧食，淚眼汪汪地感激著起義軍。李密的威望越來越高，這時候翟讓也自愧不如，覺得還是讓李密來當最高領導人比較合適，他欣然地讓出了位置。後來李密就成了魏公，還是瓦崗軍的總指揮。

聽說瓦崗軍已經在洛陽有了政權，而且還接連地佔領了很多地方，各地的老百姓紛紛前來投軍，瓦崗軍已經在全國打出了名聲。然而這時，起義軍的內部卻有了矛盾。

要說李密也不是什麼好人，人家翟讓好心恭敬地把最高領導人的位置讓給了你，你就安安心心地做你的首領，可是你居然懷疑起翟讓來了。倒也是，翟讓退位以後，自己手下的那些死黨心裡十分不平衡，都吵著讓翟讓把位置搶回來，可是翟讓始終都覺得自己沒李密那個本事，也就罷了。

可是那些人的話卻讓李密聽到了，李密手底下的人也遊說著李密除掉翟讓，以免將來生出個事端。李密覺得他們說的有理，居然真的把翟讓做掉了。從此以後瓦崗軍就沒有了以前的聲勢，倒是北邊李淵帶領的造反部隊開始要慢慢地露出一些苗頭了。

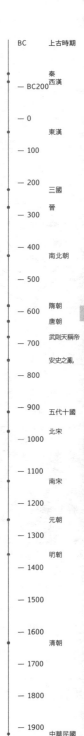

爹死得早

看到農民起義軍越來越囂張了，隋煬帝坐不住了，他就開始派人四處去打擊農民起義軍，其中李淵就是他派出的一員大將。

說起李淵，就有些來頭了，西元566年，長安唐國公府裡，李淵降生了，他老爸是安州總管、柱國大將軍、唐國公李昞，所以李淵算是個官二代，而且李淵的媽是楊堅老婆的同胞姐妹，也就是說李昞和隋文帝是「連襟」關係。所以李淵一生下來就不愁吃喝。

但是在李淵七歲的時候，李昞就去世了，從小死了爹，這也可能是讓李淵日後變得堅強的原因之一。

按照當時的官吏制度，李淵襲封為「唐國公」。

小小年紀就有了封號，還得像成年人一樣在官場中說一些口是心非的話，這很考驗青少年的純潔度。李淵從小就被灌輸教育，說他肩負著李家興旺的重大使命，一定要好好努力，不能丟人。

所以李淵比較早熟，從小就有堅實的理想和目標，那就是振興他們李家。那時李淵也不會想到，他這一振興，給振興出新朝代來了。他那時候想的也就是當大官，掌握大權勢，所以，為了能夠有足夠的智慧，李淵愛上了讀書。

什麼《漢書》、《史記》之類的歷史書籍他都喜歡讀，李淵是唐國公，不需要再去通過應試教育來博得地位，他讀書完全是出於個人喜好，還有就是要從中吸取歷史的經驗，能夠讓自己在官場上多掌握一些權謀之術。

西元580年，周宣帝病故，皇后和八歲的周靜帝無力控制朝政，李淵的姨夫楊堅（周靜帝的外公）趁此機會以大丞相的身份入朝輔政，其實就是為了篡奪帝位。後來地方上的一些掌握大權的頭目看到楊堅想當皇帝了，於是紛紛起兵造反，其實是自己也想當皇帝，但是他們敵不過楊堅，都被楊堅給滅了。

後來楊堅就開創了隋朝，稱了皇帝。這其中過程都是被李淵看在了眼裡，記在了心裡的。估計對他日後滅隋也有了點啟發。

楊堅建立隋朝，就要開始一展身手了，選拔人才是必需的，那時李淵長的一表人才，少年才俊的。楊堅一看這個小夥子不錯，而且楊堅算起輩分來，又算是李淵的姨夫，所以，就讓李淵當上了「千牛備身」，也就是皇帝的貼身保鏢。

別看這個職位不怎麼高，但是能夠經常跟隨在皇帝左右，那也是很威風的。李淵也沒有白白浪費機會，他跟隨楊堅的那些日子，跟楊堅學到了不少治國的本事，這也為他日後打下了基礎。

但好景不長，楊廣弒兄殺父，當了皇帝，李淵再次見證了權力的更替與血腥，他這個時候已經是個理性與頭腦完全成熟的成年人了，隋煬帝雖然重用李淵，但是旁邊說閒話的人也不少，李淵知道自己遲早會被隋煬帝猜忌，所以行事上一直很警惕。

西元617年，隋煬帝派李淵去太原去當留守（官名），鎮壓農民起義，這就給了李淵人生轉折的一次機會。

開始李淵到了太原，還是打了幾次勝仗的，但是農民起義軍越打越強，越打越多，他也感到緊張起來了，看來隋朝滅亡是不可扭轉的局勢了。

都是民謠的錯

李淵在太原左思右想的為自己想出路的時候，歷史已經把他給逼到不得不反的地步了。當時的隋朝末年，「楊氏將滅、李氏將興」的讖語廣為流傳。

這也不知道是誰編造出來的一句話，但這一政治預言在給當政的隋煬帝敲響警鐘的同時，也為「密謀造反」之人創造了一個有利的輿論環境。當時頗具勢力的李密、李淵、李軌都紛紛行動起來，藉助這一讖語招募自

BC　上古時期

—BC200　秦
　　　　西漢

— 0　　東漢

— 100

— 200
　　　三國
— 300　晉

— 400　南北朝

— 500

— 600　隋朝
　　　　唐朝
— 700　武則天稱帝
　　　　安史之亂
— 800

— 900　五代十國
　　　　北宋
— 1000

— 1100　南宋

— 1200
　　　　元朝
— 1300
　　　　明朝
— 1400

— 1500

— 1600
　　　　清朝
— 1700

— 1800

— 1900　中華民國

— 2000

己的追隨者。

但可惜李密他們實力不夠，魅力不足，起義的不夠成功，在隋朝軍隊的打壓下，累的抬不起頭來。

這頭在打壓著農民起義軍，在洛陽城裡的隋煬帝也是不得安寧，畢竟自己的天下剛坐穩沒幾天，就被人反成這樣，是很頭疼的事情。可能是日有所思，夜有所夢，一天晚上，隋煬帝就做了一個怪夢。

他夢見洪水滔天，淹沒了都城長安，沖毀了宮殿，一切陷於一片汪洋之中，唯獨城頭的三棵李樹安然無恙，並且枝繁葉茂，碩果累累。楊廣從夢中驚醒，嚇了一身冷汗。即刻召術士為他解夢。術士安伽陀為楊廣解夢，揭示了「楊氏將滅、李氏將興」的預言，並暗示楊廣不可不防。

這個術士也就是個靠嘴混飯吃的騙子，他的話必然是不能相信的，但是隋煬帝就信了，他把所有姓李的都懷疑了個遍，其中李淵是首當其衝。不過是因為李淵要在太原為自己打擊起義軍，他才沒有做什麼動作，要是放在平時，只怕李淵早就找不到自己的腦袋哪裡去了。

李淵後來也漸漸聽到了點風聲，一句平白無故的話就讓自己陷入了危險之中，為此李淵很是叫屈。

此事聽來蹊蹺，不禁讓人浮想聯翩。陳勝、吳廣起義時裝狐狸叫聲，王莽偽造天命之類似乎與其有異曲同工之妙。且不說夢與讖語的諸多牽強附會之處，也不說術士心懷鬼胎有什麼不可告人的秘密，單就這條讖語，有心之人便可借題發揮，伺機而動企劃大事了。

一不做二不休，反正不反也得被當成反賊殺掉，那不如反了得了。於是，李淵就將這首《桃李子歌》（「桃李子，莫浪語，黃鵠繞山飛，宛轉花園裡。」）重新演繹了一番。

發明蒸汽機

美國獨立
拿破崙稱帝

美國南北戰爭開始

第一次世界大戰
第二次世界大戰

2000—

民謠中，「李」就是李淵的姓氏，「桃」解釋為「陶」，是「陶唐」的意思，那是上古的帝王，而恰好李淵在隋朝被封為「唐公」。《起居注》引用李淵的話「吾當一舉千里，以符冥讖」來表示自己的決心和立場。從此，李淵便在天下順理成章地召集自己的追隨者，為起事做好充足的準備。

當時李淵已年過五十，上了年紀，仍然不失為一個有雄心壯志而又生機勃勃，幹練睿智的領導人物。

再加上李淵的兒子還有身邊將領個個能幹，所以，李淵要起兵就成了順理成章的事情了，他不反，反倒對不起跟著自己的這幫好弟兄了。

「人事有代謝，往來成古今。」朝代更替、國家興衰；生老病死、悲歡離合，人事總在不停地更替變化。歷史的舞臺上，你方唱罷我登場，縱然立下千秋偉業，也不過是為他人作嫁衣。在歷史對局的博弈中，李淵很快就會成為贏家，拉開了一個盛世王朝的序幕。

養兒就是好

李世民是李淵二兒子，他從小就智勇雙全，又喜歡四處結交朋友，喜歡跟他打交道的人也挺多。那時候有個叫劉文靜的晉陽縣令，覺得李世民是個青年才俊，將來一定大有作為，就跟李世民成了好友。但是由於劉文靜是李密的親戚，李密又是皇家通緝的人，所以跟他沾著邊的人也都逃不了關係，劉文靜也被關進了大牢。

死黨被押，李世民著急起來，趕緊就跑到監獄裡探望劉文靜。藉著探望之際，李世民還請教了劉文靜一個問題。其實就算李世民嘴上不說，劉文靜也能猜到他心裡想的是什麼。所以還沒等李世民開口，劉文靜就說：「老弟啊，你看現在全國上下都成什麼了，造反的人到處都是，你要是也想摻和那就得趁早啊！我這邊能給你拉攏到一些人，你爹那裡也有人，加起來十幾萬人馬夠你打天下的了！」

看李世民聽的頭點的如小雞吃米一樣，劉文靜就說的更帶勁了，兩人盤腿在牢裡，將造反這件事情說了個天翻地覆，熱血沸騰。

劉文靜為李世民提出了三點建議：

第一、要想造反不能大張旗鼓，那樣會引人耳目，遭到其他起事者的反撲，這一切要在潛移默化中完成，暗渡陳倉方能最後水到渠成。

BC　上古時期

－ BC200　秦 西漢

－ 0　東漢

－ 100

－ 200　三國

－ 300　晉

－ 400

－ 500　南北朝

－ 600　隋朝 唐朝

－ 700　武則天稱帝 安史之亂

－ 800

－ 900　五代十國 北宋

－ 1000

－ 1100　南宋

－ 1200

－ 1300　元朝

－ 1400　明朝

－ 1500

－ 1600

－ 1700　清朝

－ 1800

－ 1900　中華民國

－ 2000

第二、李淵雖然手中握有很多兵馬，但兵馬還是越多越好，成功的機率才能越大，所以還需要多招兵馬，到時候攻取長安，將各地的兵馬匯集一處，不怕不能成事。

第三、吸納人心，現在各地豪傑都紛紛起來造反，這些人手中的權力都可以為己所用，只要能讓他們歸順，到時候矛頭都指向大隋王朝，那江山必定就是李家的了。

李世民聽罷劉文靜的一番分析，他成竹在胸，覺得劉文靜這個朋友交的真是太值了，一臉的激動。

但是，此刻他要做的只有一件事情，就是徹底的說服李淵起事。而這也是個比較棘手的事情，李淵秉性固執，對於皇權一向不敢造次；對國家一向恪盡職守，想要讓他明目張膽地舉起起義的大旗，實在是有些困難。

而李世民雖然是李淵的得力助手，但李淵並不是十分信任他，所以李世民也只能是抱著試一試的態度了。

然後回家後，李世民就跟老爹李淵講了自己的想法，可是老爹是個保守的人，覺得當臣民的不能幹造反的事，就沒答應。

劉文靜白在牢裡做春秋大夢了。

遊說全靠一張嘴

可是李世民卻不甘心，他想這個時機不造反，那得錯過多少啊，於是他想了另一個辦法，那便是買通了李淵最信任的人——裴寂，為他幫忙。

此人時任晉陽宮副監，最會阿諛奉承，溜鬚拍馬，深得李淵的信任，二人同朝為官，關係十分要好，常在一起通宵達旦地飲酒、下棋、玩遊戲。李世民知道，只有裴寂能夠說服李淵，但如何能夠讓裴寂幫他這個忙，李世民也是下了一番工夫的。

英國大破無敵艦隊

發明蒸汽機

美國獨立
拿破崙稱帝

美國南北戰爭開始

第一次世界大戰
第二次世界大戰

2000—

裴寂自小清貧，父母雙亡，受盡了他人的白眼和欺負，這也是他性格圓滑世故的主要原因，這樣的經歷讓裴寂一直想飛黃騰達，不甘居於人下

的他一直在尋找合適的機會，和李淵要好，也是他巴結權貴，攀龍附鳳的一種表現。

李世民有個叫高斌廉的朋友經常和裴寂一起賭博，於是李世民就讓高斌廉故意輸給裴寂，這樣一來，裴寂心裡高興，什麼事都好說了。果然，當李世民向裴寂提出要求時，裴寂不假思索的答應。

而裴寂也並沒有直接去找李淵，他先是找了兩位美女，隨後才去找李淵，看到有美女送上門，李淵樂得享受。而裴寂也乘機向李淵講出了李世民的計畫，聽到老友相勸，也看到李世民的確是準備妥當了，李淵終於同意起事。

其實李淵昨夜也想通了，就算是自己不造反，最後也只有死路一條，於是就聽了兒子的勸，決定起兵反抗。

隋大業十三年三月，李淵起兵於太原，兵鋒直指長安，這次「一夜情」居然促成了唐朝的建立，隋朝的滅亡，不能不說是影響歷史進程的重大事件。

後來李淵把劉文靜從牢裡弄了出來，又把另外兩個兒子也從外地叫了回來，一夥人共同商議之後，就準備行動了。這時候有兩個當官的看著李淵一群人不對勁，就想問出個所以然，可是卻先被李淵下手給做掉了。

劉文靜又讓李淵先跟突厥那邊聯手，就這樣，李家人帶著兵馬就上了路，大舉開往長安。路上李家人還不忘搜羅人，很多吃不飽飯的農民都跑過來加入了他們的隊伍。

等他們的大部隊到了霍邑時，那裡正下著大雨，而且路途泥濘，根本無法行進，再加上遇到了隋軍將領宋老生的攻擊，李淵頓時沒了造反的心情。後來又聽說突厥準備朝晉陽打，李淵更是心灰意冷。

不過幸好李淵有李世民這麼一個懂得說話的兒子，他跟老爹說：「爹呀，您可不能放棄！現在是秋天吶，正是糧食豐收的季節，將士們怎麼會沒飯吃！再說了，那宋老生也是個棒槌，幹嘛要怕他！要是這時候我們放棄不打了，您想想，老百姓會怎麼看我們？更何況我們根本就沒有退路！」

BC　上古時期

— BC200　秦 西漢

— 0　東漢

— 100

— 200　三國

— 300　晉

— 400　南北朝

— 500

— 600　隋朝 唐朝

— 700　武則天稱帝 安史之亂

— 800

— 900　五代十國 北宋

— 1000

— 1100　南宋

— 1200

— 1300　元朝

— 1400　明朝

— 1500

— 1600　清朝

— 1700

— 1800

— 1900　中華民國

— 2000

聽兒子這麼一激勵，李淵心想也是，反正回去也是死路一條，乾脆硬著頭皮往前攻吧。就這樣，李淵跟李世民分別帶著大兵跟宋老生幹了起來，宋老生扛不住李家軍的進攻，倒了下去。

佔領了霍邑，李家軍又繼續往長安挺進。這時候李淵的女兒也帶著兵馬加入了進來，李家軍頓時聲勢浩大，長安也順順當當地被攻了下來。西元618年，李淵稱帝，就是唐高祖，中國的歷史就在大唐的鬧騰中活躍起來了。

耶穌基督出生　0—

君士坦丁統一羅馬

羅馬帝國分成兩部

波斯帝國　500—

回教建立

凡爾登條約

神聖羅馬帝國建立
1000—

十字軍東征

蒙古第一次西征

英法百年戰爭開始

哥倫布發現新大陸
1500—

英國大破無敵艦隊

發明蒸汽機

美國獨立
拿破崙稱帝

美國南北戰爭開始

第一次世界大戰
第二次世界大戰

2000—

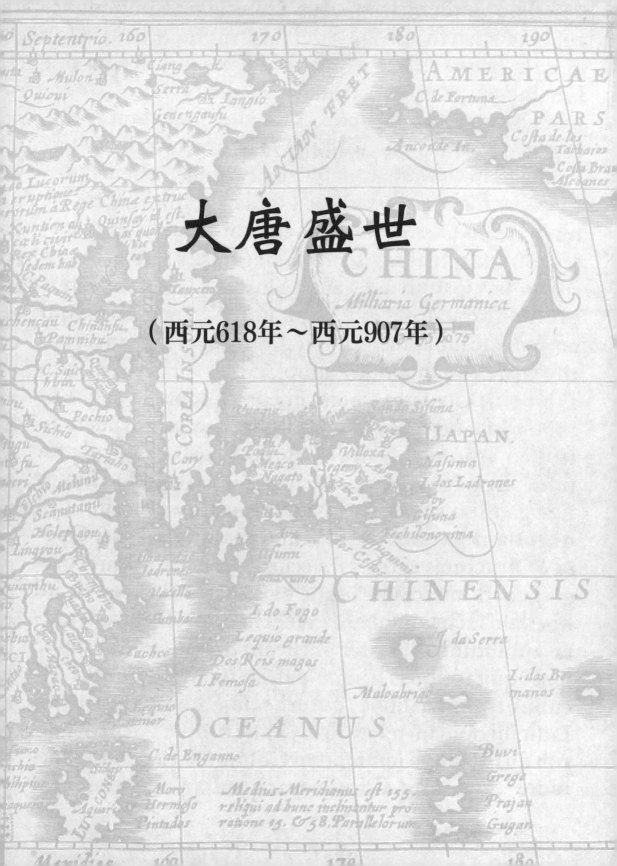

大唐盛世

（西元618年～西元907年）

親戚的力量

BC

耶穌基督出生　0—

君士坦丁統一羅馬

羅馬帝國分成兩部

波斯帝國　500—

回教建立

凡爾登條約

神聖羅馬帝國建立　1000—

十字軍東征

蒙古第一次西征

英法百年戰爭開始

哥倫布發現新大陸　1500—

英國大破無敵艦隊

發明蒸汽機

美國獨立
拿破崙稱帝

美國南北戰爭開始

第一次世界大戰
第二次世界大戰　2000—

有人喜劇，有人悲劇

　　隋煬帝死了，隋朝被滅了。他身邊的人自然也好過不到哪裡去了，首當其衝受折磨的就是他的妻子蕭皇后了。

　　隋煬帝和蕭皇后是在西元582年結的婚，也就是隋朝開皇二年，本著父母之命，媒妁之言，13歲的「晉王」楊廣娶了12歲的蕭氏。

　　而後他們一起生活，一直到了618年的春天，隋朝大亂，隋煬帝被部下逼迫，自縊身亡。而蕭皇后便落入了當時的權臣宇文化及的手中，成為了戰俘，成天被飼養在宮中，沒了人身自由。根據《隋書・列傳》中的記載，這場婚姻被寫為：「化及於是入據六宮，其自奉養，一如煬帝故事。」

　　隋煬帝死了，蕭氏的處境自然不會好到哪裡去。蕭氏雖然已經青春不再，但依然端莊，俊美，怎麼說人家也是個皇后，歷史上能當上皇后的女人，再怎麼也得算得上是一枝花了，放到今天，那得是選美冠軍才行。

　　所以，宇文化及作為一個正常的男人，他對蕭氏自然垂涎幾分，在619年，宇文化及帶著蕭氏，居然跑到魏縣，關起門來當皇帝。

　　不過可惜好景不長，皇帝並不是那麼好當的，尤其是動亂年代，除非足夠強大，否則只有等著被推翻。宇文化及還來不及鞏固他的力量，就被竇建德率著一支農民起義軍殺上門來，竇建德自稱「大夏王」，口口聲聲

為死去的楊廣報仇。

宇文化及與竇建德在聊城展開了一場惡戰，竇建德的軍隊戰鬥力很強，他動用了自己的戰車，將石頭拋上城牆，這種十分原始的「土炮」令宇文化及難以招架，聊城最終失守，落入了竇建德手中，而一同被竇建德接管的還有蕭氏。

蕭氏再次落入男人的手裡，這次她雖然選擇了自盡，但卻被竇建德的部下搶救了過來，竇建德自稱是楊廣的擁護者，對蕭氏一直以禮相待，在《舊唐書・列傳》裡說：「建德入城，先謁隋蕭皇后，與語稱臣。」

雖然如此，但蕭氏也並未獲得真正的自由，她一直在竇建德的軍中，雖然歷史中並未記載她曾被竇建德強行霸佔，但從一些古代文獻中，似乎也可以對竇建德與蕭氏的關係作出一些推斷。

在《舊唐書》中有過一段記載：「建德每平城破陣，所得資財，並散賞諸將，一無所取。又不啖肉，常食唯有菜蔬、脫粟之飯。其妻曹氏不衣紈綺，所使婢妾才十數人。至此，得宮人以千數，並有容色，應時放散。」

從這段歷史中可以看出竇建德是個正人君子，他不會去霸佔他人的妻女，而且最主要的是，竇建德的妻子曹氏十分彪悍，對竇建德看管嚴格，絕不允許他與別的女人有染，而且蕭氏留駐時間並不長，約莫兩三個月後，她又轉到了突厥人的手裡。

突厥對於中原人來說是個心驚膽顫的詞彙，突厥人粗獷豪邁，而且突厥人的「胡俗」更是令從小受儒家教育的中原人無法接受：在沒有血緣的前提下，兒子可以繼承父輩的女人，弟弟能夠再娶兄長的妻妾。在突厥，女人就好像是牲口一般，被人接管，毫無感情可言。蕭氏之所以會去突厥，是因為突厥的義成公主，從竇建德手上要走了她。

這位義成公主10年前被楊堅嫁給了啟明可汗。後來，她的丈夫死了，她便又改嫁「兒子輩」的始畢可汗、處羅可汗和頡利可汗。對於這段歷史，《隋書》一筆帶過：「突厥處羅可汗遣使迎後於洺州，建德不敢留，遂入於虜庭。」

不論蕭氏當時是否情願跟義成公主去突厥，總之她一個毫無依靠的寡婦只能聽從別人的安排，沒有自己做主的權力，去到突厥後，她隨同義成公主一起納入了處羅可汗的寢帳。後來，處羅可汗死了，姑嫂兩個又順理成章地嫁給他的弟弟——頡利可汗。

在突厥生活的蕭氏早就斷了回中原的念頭，一直到西元630年，突厥大敗，義成公主死了，頡利可汗遭擒。她這才回到長安，但此時的她依然是「戰俘」的身份，回到長安後，雖然受到了大唐的禮遇，但她卻深居簡出，獨自生活了18年後，孤獨終老。

《資治通鑑·唐紀》裡說：「庚子，隋蕭后卒。詔復其位號，諡曰愍；使三品護葬，備鹵簿儀衛，送至江都，與煬帝合葬。」蕭皇后死後，她與隋煬帝合葬在了一起，夫妻二人也算是最終相守在了一起。

為民做主好皇帝

蕭皇后的遭遇可以看到，那個動盪的時代，就算你是皇室中人，命運也會突然從天堂跌入地獄的，就更別說那些尋常百姓了。

所以，李淵當上皇帝，第一件事情，就是要好好振興自己的國家。

李淵絕對是一振到底的，誰能想到這個男人，居然能從皇親國戚當上了皇帝，揚眉吐氣了呢。整體來說，李淵終於振興了他們李家，這一振就振到了龍椅上，絕對的給李家長臉。但李淵不是個貿然衝動的人，雖然取得了這麼大的成就，但依然保持低調做風。

建國伊始，百廢待興。唐高祖在戰火紛飛的內戰中要重建一個能行之有效的中央政府，必然會遇到很大的困難。這些李淵都考慮到了，他將大殿重新裝修了一番，別的皇帝都是按奢華的來，他是越裝修越簡樸，意思就是要提醒自己要勤儉為民。

哥倫布發現新大陸
1500—

英國大破無敵艦隊

發明蒸汽機

美國獨立
拿破崙稱帝

美國南北戰爭開始

第一次世界大戰
第二次世界大戰

2000—

不過，他不勤儉也不行了，經歷了這麼久的戰亂，國家已經變得很窮了。舉個例子就知道有多窮了。

在西元617年唐軍攻克隋都的時候，紙張極為緊缺，官吏們只得利用以前隋朝和北周的文卷反面來書寫。連紙都沒得用了，那其他東西就更沒有了，可是李淵剛剛建立王朝，怎麼也得對自己手下的兄弟表示表示，他對這個賞賜兩尺布，就得給那個三寸釘，賞來賞去，國庫裡更是沒東西了。

但李淵不是光花不賺的人，他沒有讓唐人失望，唐王朝逐步擴大的領土統治權顯示了它的軍事力量，繼而恢復了它的財政地位並漸漸獲得了民眾的信任。換而言之，李淵為「貞觀之治」奠定了堅實的基礎，正所謂「冰凍三尺，非一日之寒」。沒有李淵前期的勵精圖治，就不會有唐朝後來的繁榮。

作為唐朝的奠基人，李淵得收拾隋朝之前那堆爛攤子，但他也不是把隋朝所有的東西都撤出去了，而是挑挑選選地利用了起來。

唐朝中央政府的基本結構承襲了隋代所用的三省制度，並逐步被合理化，每一省的職能都得到明確的分工。唐高祖李淵擁有一個最信得過的領導團隊：他的密友，他的老臣宿衛，他的親朋故舊。事實上，唐高祖的中央高級官員不外乎由下列三種人組成：經驗豐富的隋朝官吏；北周、北齊或隋代官吏的子孫；以前各朝代皇室的遺裔。

其實李淵也是在摸著石頭過河，一邊摸索自己的實踐經驗，一邊總結上個朝代的失誤：「隋末無道，上下互相蒙蔽，皇上驕橫，臣下諂媚奸佞之徒不斷。朕撥亂反正，志在安邦定國，平定亂世要用武將，守城治國要靠文臣，使他們各盡其才，國家才能安枕無憂。」

李淵愛總結和他小時候愛讀書的好習慣分不開，愛讀書的人一般都喜歡做個讀書筆記，把自己的心得體會寫一寫，不時地翻看一下。李淵這是把讀書的拚勁拿出來治理國家了，而且這招用的還不賴。

也正是因為李淵愛讀書，能夠意識到書本的力量，於是他要讓天下愛讀書的人多起來，他就想出了科舉制度。

BC　上古時期

秦
　　西漢
— BC200

— 0
　　　東漢

— 100

— 200
　　　三國
　　　晉
— 300

— 400
　　　南北朝

— 500

— 600　隋朝
　　　唐朝
— 700　武則天稱帝
　　　安史之亂
— 800

— 900　五代十國
　　　北宋
— 1000

— 1100
　　　南宋
— 1200
　　　元朝
— 1300
　　　明朝
— 1400

— 1500

— 1600
　　　清朝
— 1700

— 1800

— 1900　中華民國
— 2000

有功也有過

今天我們要上大學得考試，公司企業要用人也得面試，這種考試面試應該說都是從李淵那個時候的開科取士流傳變異下來的。

李淵用科舉考試的辦法，讓全國人民都去讀書，然後他從中挑選出讀書讀得最好的人來當官員，其中孫伏伽是唐代第一科狀元，很受李淵的重視。

孫伏伽曾於武德初年上書，坦言三事：一是「開言路」；二是廢「百戲散樂」；三是請「為皇太子及諸王慎選僚友」，這三項建議非常中肯。

李淵看後大喜，任命他為治書侍御史，並賜帛三百匹作為獎勵。

不久，孫伏伽又在滅王世充、竇建德後，建議李淵取消追究王、竇餘黨的命令，又為平定邊防、減稅賦等事頻頻上表獻策，又請設「諫官」一職，李淵都虛心採納了。可見李淵在納諫方面也是可圈可點的。

喜歡聽別人的建議是李淵的一個優點，但李淵畢竟也是個普通人，也有自己的情緒，情緒一上來，就難免會做點錯事。

在《舊唐書》中稱讚唐高祖善於決策並知人善任，重用了大量有才之士，但也指出了李淵的一些過失。

書中說他「誅文靜則議法不從，酬裴寂則曲恩太過」。這句話是說李淵斬殺劉文靜的事，劉文靜是李淵起兵時候的功臣，是唐朝的開國元勳。

但這人比較驕傲，看到自己成功臣了，就不謙虛了，也不虛心向大家相處了，天天走路昂著個頭，恨不得把頭昂到天上去。

這樣的人就恨不得讓全天下的人都捧著自己，劉文靜那時候喜歡跟一個叫做裴寂的官員比才能。但裴寂跟李淵的關係要近的多，而劉文靜則

是跟李世民的關係好。最後，劉文靜把裴寂給惹火了，裴寂就去李淵那告狀，說讓李淵提防劉文靜，以免他作亂。

美國獨立
拿破崙稱帝

美國南北戰爭開始

第一次世界大戰
第二次世界大戰

2000—

那個時候李世民鋒芒太盛，足以壓過太子李建成，為了滅滅李世民的威風，也為了維護自己的皇帝威嚴，李淵就下令殺了劉文靜，因為驕傲丟

掉腦袋的功臣，劉文靜不是第一個，也不會是最後一個。

李淵這麼做也是有自己的考量，但是不管怎麼說，對待功臣如此，確實是他用人中的一個重大失誤，這可能是君王維護其權威的必要手段吧。

懂得用人來幫助自己維護權力是對的，但再完備的制度如果沒有經濟作為支撐也會變得軟弱無力。

一開始，李淵把隋朝剩下的物資拿來自己用，雖然是緩解了一時的緊急之需，但也不是長久的的事。李淵恢復了由國家控制土地使用和土地分配的均田制度，這是在北魏時期建立的一種制度，後來在北朝和隋代都一直沿用。

他這樣做的用意是要根據成年男性納稅人的年齡，和社會身份保證給他們一定數量的土地，並限制個人手中所擁有的土地數量，和他們自由處理土地財產的權利。與此同時，政府還建立了一種直接稅制，即租庸調制，在這裡規定了每一個登記在籍的納稅人都得支付一定數量的穀物、布匹，並定期服勞役。

唐朝最初使用隋朝的五銖錢，後來唐高祖對唐代的貨幣制度也實行了改革。自從漢代滅亡以來，隋代第一次試圖給中國北方提供一個可行的貨幣制度，但事實證明，它是很不夠的；隋朝後期隨著公共秩序的瓦解，偽造貨幣之風十分猖獗。其結果是，人民使用各種商品以取代錢幣。西元621年，皇帝開始鑄造其大小、輕重和成色都劃一的新鑄幣。新幣取名為開元通寶，終唐之世它都是法定貨幣。

要說唐朝是棟大樓，那李淵就是為唐朝打下了一個很扎實的地基，這才讓李世民迎來了唐朝盛世。

親兄弟也滅

「一個受到震驚的亞洲從他身上看到了一個陌生的、史詩般的中國。絕不向蠻族求和，也不以重金去收買他們撤兵，唐太宗扭轉形勢，戰勝他

BC　上古時期

秦
— BC200　西漢

— 0
　　　　東漢

— 100

— 200
　　　　三國
　　　　晉
— 300

— 400
　　　　南北朝

— 500

　　　　隋朝
— 600
　　　　唐朝

　　　　武則天稱帝
— 700
　　　　安史之亂

— 800

— 900　五代十國
　　　　北宋
— 1000

— 1100
　　　　南宋
— 1200
　　　　元朝
— 1300
　　　　明朝
— 1400

— 1500

— 1600
　　　　清朝
— 1700

— 1800

— 1900　中華民國

— 2000

們，使他們害怕中國。」法國史學家勒內‧格魯塞在《草原帝國》一書中這樣寫道。

「自從盤古開天闢地，李世民大帝是中國帝王中最初一個被中國人真心稱頌崇拜的人物，固由於他的勳業，也由於他本身的美德。他治理國家的一言一行，也成為以後所有帝王的規範。」柏楊這樣誇過。

他們誇的李世民的確很不賴，人長得英明神武，打仗也厲害，文章寫的不是那麼差勁，但可惜的就是他的身分不怎麼好，他是李淵的二兒子，

上頭有個哥哥。如果李淵不是皇帝，那他當老二也就無所謂了，可偏偏李淵把皇帝搶到手了，那他當老二，就會感到特別的吃虧了。

老大李建成哪樣都不如李世民，但古代立長子為太子的規矩就是這樣，李建成將會是下一任的大唐皇帝，而戰功赫赫的李世民則是臣子。

如果不是李建成和李元吉設下「昆明池政變」的計畫洩露為他所知，李淵轉交傅奕的密奏亦有暗示逼他自殺之心，李世民只怕也不會跳出來。

自古帝王「家天下」，皇帝的事就是大家的事，自己的命也不一定就是自己的。皇家親情也不見得多麼深厚，就算這感情再堅實，一遇到個換

位或繼位什麼的，那可就亂套了。皇家繼位也有規矩，一看嫡親程度，二看長幼倫常，誰壞了規矩，要嘛站出來作反，上演親子相殘、弒君篡位的

歷史劇，要嘛淪為階下囚，埋骨深宮或他鄉。

這人在朝廷也是身不由己，每次換皇帝的時候都不知道廢了多少無辜

的小命，這些人的血不是讓歷史的車輪走不動，就是自己變成潤滑劑，讓車輪順暢地往前一路小跑。

李世民就是風頭太厲害了，這對他來說不是什麼好事，自己的皇帝爹

會擔心他居心不良，自己的兄弟會防著他奪了自己的權力。但厲害的人物

就是厲害，任憑你怎麼防備，他們總是有能耐跳到歷史的舞臺中央來。

西元626年，一天，太子李建成和齊王李元吉騎著大馬去找老爹李淵，個人有個人的心事，也顧不上看看周圍是不是有什麼不對勁的。前一天晚上，李世民跟老爹告狀，說太子要殺他，為了盡到老爹的責任，第二

天李淵就叫了三個兒子過來瞭解一下。

玄武門是宮內進進出出的要塞，看門的都是李建成的人，走在這裡他有什麼好不放心的？可正是這種想當然的心態，他把自己送上了西天。

都到了臨湖殿了，兩個人才發現氣氛有點詭異，骨頭裡都冷颼颼的。再看看周圍的侍衛，怎麼一個都不認識，二人想這回可完蛋了！李元吉趕緊趴在李建成耳朵跟前說：「不然我們先回去吧！」李建成正有此意，兩人騎上馬就往回掉頭。

還沒轉過身來，就聽到後面有人叫他們：「殿下，別跑啊！」李建成知道是叫自己，回頭一看，一群士兵已經湧在玄武門了，正殺氣騰騰地要包抄過來。李世民這小子居然騎著大馬在士兵中間湊熱鬧。

李建成傻了眼，不過李元吉倒是腦子比他好那麼一點點，急忙抽出弓箭來，可那雙發抖的手就是不聽使喚。李建成直愣愣地盯著對面的李世民看，結果喉嚨間濺出一捧鮮血，栽身馬下。世民的手法真不賴，乾淨俐落，一箭就把他大哥解決了。還沒回過神來，李元吉也跟著大哥去陰間了。

過程很慘烈

李淵還在宮裡等著三個兒子到來呢，結果卻聽說太子跟元吉因為謀反而被李世民殺了。老爹大哭一場，想通了以後也覺得自己的皇帝寶座恐怕是保不住了。三天後，他就趕緊讓李世民當了太子，兩個月後自己就宣告退位。李世民這才風風光光地當起了皇帝。

旁人都覺得李世民殺死兄弟，篡奪帝位，這種做法太不厚道了，但李世民知道自己真是太委屈了。

因為按照老祖宗的規矩，李淵當了皇帝之後，嫡子李建成順理成章地被封為太子。李世民雖然打仗的時候表現不俗，可是老祖宗的規矩他也得遵守，結果只能弄了個秦王當著，李元吉則是齊王。

不過這三兄弟中，李世民的實力最大，手下有文有武，文有房玄齡，

BC　上古時期
— BC200　秦 西漢
— 0　東漢
— 100
— 200　三國 晉
— 300
— 400　南北朝
— 500
— 600　隋朝 唐朝
武則天稱帝
— 700　安史之亂
— 800
— 900　五代十國 北宋
— 1000
— 1100　南宋
— 1200　元朝
— 1300　明朝
— 1400
— 1500
— 1600　清朝
— 1700
— 1800
— 1900　中華民國
— 2000

武有尉遲敬德，一個個都對他服服貼貼。李建成雖然貴為太子，不過他總感覺自己背後有冷風吹著，想著李世民不是個甘心屈就王位的人，就跟李元吉商量著想把他弄死。

李建成跟李元吉一拍即合，二人先是對老爹的幾個老婆下手，讓她們幾個女人多在老爹那裡吹吹枕頭風。這李淵耳朵根也軟，被幾個女人一慫恿還真就疏遠了李世民。李建成還假模假樣地請李世民喝酒，喝了幾杯以後世民就覺得肚子疼得不行，回到家後竟然吐了血。李世民這才意識到自己的處境不太妙。

後來突厥進犯中原，李建成又跟老爹提議讓李元吉出兵北征，讓李世

民暫且歇歇。李元吉當了主帥後，又請求把尉遲敬德等三員大將和秦王府的精兵都劃歸他指揮。他們打算將世民身邊置空再下手。

李世民聽說這事之後勃然大怒，他把長孫無忌和尉遲敬德都找來商量。兩人都勸李世民先下手為強，可是李世民念在兄弟情分上又遲遲下不

了手，這可急壞了兩位謀士：「我們可不能坐著等死啊！」李世民這才下了狠心跟老爹告狀，隨後又在玄武門搞了這麼一齣埋伏。

李建成死的時候心裡肯定在想，怎麼不見東宮的人來救我？其實宮城北門玄武門執行禁衛總領常何，他原來是太子最信賴的人，卻被李世民挖

了牆角。等李元吉和李建成進入玄武門後就把大門無情地關上了。也不知

道他那時候心裡是個什麼滋味。

等到東宮和齊王府的人都趕到後，他們也只能在門外打架。後來尉遲敬德把建成和元吉的頭高高地掛了起來，告訴他們頭頭都死了，還打個什

麼架！這就是玄武門之變。

這場政變可是讓後人好好地說上千年了，評價也都不一。王夫之就

說：「畢竟是親兄弟啊，慘不忍睹，慘不忍睹啊！李世民是心真狠啊，心

真狠！沒人性啊，沒人性！」不過也不能全怪李世民，他自己也是背水一戰，他不殺老哥，老哥就要殺他。

玄武門之變可能讓李世民多少對兄弟有些愧疚，或者此後的一生都受

到這場噩夢的侵擾。不過這次政變對於中華民族而言可是大好事，迎來了

一個貞觀之治，開創了一個空前絕後的好時代。

說真話不容易

魏徵之前在李密和竇建德手裡做事，太子李建成死之前也是太子手下的人。玄武門之變後，就有人把魏徵的檔案給翻了出來，把他過去那些事通通說給了李世民聽。還說魏徵之前曾說服李建成殺了李世民，李世民就把魏徵給喊了過來。

李世民氣呼呼地問魏徵為什麼要教唆李建成殺他，魏徵卻若無其事地回答說：「當初要是太子聽了我的話，恐怕他也不會死得那麼慘了。」李世民看魏徵這人說話也不會拐彎，覺得他是個實誠的人，就改變了態度，過去的事也既往不咎了。

後來李世民當了皇帝，也給魏徵封了官做著，叫諫議大夫。由於李世民心胸比較豁達，用人只看才能，不管他以前跟誰做事，所以很多李建成跟李元吉手裡的人也被他挖了過來。這就引起了自己手下人的不滿，大家都在背後議論紛紛的。

李世民聽說了以後，還不以為然，他跟手底下的人說：「你們瞧瞧自己那心胸，男人嘛，有點氣量好不好！誰有才我就用誰，難不成用人還要靠關係、走後門？！」李世民批評完以後再也沒人在背後議論這事了。

李世民是個開明的皇帝，又很有內涵，他為了做個仁君，就讓底下的人展開了批評與自我批評的活動，鼓勵大家說真話、講實話，只要是為了國家好。朝廷裡的風氣給李世民這麼一搞就好得不得了，大家都爭先恐後地發表意見，尤其是魏徵，更是個先鋒人物。

李世民覺得隋煬帝是個有文化的人，可怎麼也想不通他為什麼做出了沒文化的事，就把魏徵叫過來一起琢磨琢磨。看皇帝抓頭撓腮地想不明白，魏徵就開導他說：「唉，隋煬帝那傢伙吧，肚子裡是有點墨水，不過正因為這點墨水把他給害了。他總是覺得自己什麼都比別人強，剛愎自用

BC　上古時期
— BC200　秦
西漢
— 0
東漢
— 100
— 200　三國
晉
— 300
— 400
南北朝
— 500
— 600　隋朝
唐朝
武則天稱帝
— 700
安史之亂
— 800
— 900　五代十國
北宋
— 1000
— 1100　南宋
— 1200
元朝
— 1300
— 1400　明朝
— 1500
— 1600
清朝
— 1700
— 1800
— 1900　中華民國
— 2000

BC

耶穌基督出生　0—

—

君士坦丁統一羅馬

羅馬帝國分成兩部

波斯帝國　500—

回教建立

—

凡爾登條約

神聖羅馬帝國建立
1000—

十字軍東征

蒙古第一次西征

英法百年戰爭開始

—

哥倫布發現新大陸
1500—

英國大破無敵艦隊

發明蒸汽機

美國獨立
拿破崙稱帝

美國南北戰爭開始

第一次世界大戰
第二次世界大戰

2000—

的，後來倒把自己給埋了。」

魏徵還說：「歷史上凡是好皇帝，都能夠聽取底下人的意見。相反，那些昏庸皇帝就聽不進去了。」李世民聽了魏徵的話以後豁然開朗，心想自己一定不能跟隋煬帝一樣脾氣，要做個隨和的仁君。

因為魏徵給了李世民很多好的意見，所以李世民就越來越信任魏徵。可是老魏這人有點太直白，經常不給李世民面子，讓皇帝下不了臺，所以李世民也十分生氣。一天，李世民在朝上又跟老魏鬧了起來，氣得臉都綠了，回到臥室以後就跟老婆說：「我非得把那老傢伙給收拾了！」

老婆不知道李世民這是發的哪門子火，就問：「皇上，你想把誰幹掉啊？」

李世民說：「還不是魏徵那老傢伙！今天又在朝上給我找麻煩了！」

李世民的老婆聽了以後沒說話，自顧自地換了一身漂亮的朝服就出來了，而且還跪在了李世民面前。李世民看老婆這樣子很是不解，老婆就說：「恭喜陛下！人家都說有才的主子才有直白的手下，老魏是個好大臣，說明陛下就是個好主子啊！」

李世民聽老婆這麼一開導，頓時也覺得自己這個皇帝當得十分幸福，心情也就好起來了。西元643年，魏徵因病醫治無效而死，李世民一把鼻涕一把淚地說：「這銅鏡子能讓人修正衣冠，歷史的鏡子能讓國家借鑑，人這面鏡子則可以讓自己改正錯誤。老魏這一去，我就少了面明亮的鏡子啊！」

大唐雄起

心存老百姓

　　李世民那段即位的慘烈歷史一直是他心中的痛，玄武門之變後，李世民也正是因為怕人們說他是個篡位的昏君，這才更加卯足了勁的要幹出一番成績來。後人說他是「一日之惡」成就「三年之善」。他的「一日之惡」只能是玄武門之變，「三年之善」當然是貞觀之治。李世民是為了遮掩這一日的罪惡，才去行那三年的善行的。

　　當然這樣的話也是有失偏頗，後來李世民為了給自己正名，他還篡改了史書，雷厲風行的讓人在史書中把他的哥哥、弟弟給寫成了花花公子，說這樣的人要是登基成皇帝了，那可是要讓大唐朝遭殃了。

　　李世民這事幹的可就是睜眼說瞎話了，要是李建成，李元吉是兩個什麼也不會的大傻蛋，李淵造反的時候，這兩兄弟也不能替李淵幹那麼多事啊。但無論如何，李世民當了皇帝，只能由著他說了算。

　　一部《二十四史》，從來都是勝利者的大嘴史，失敗者的完蛋史。此話不假，李世民當上皇帝後，基於自己的優勢地位和強烈的「原罪」心理，對史官大加關照，那些史官們端詳了一下手中的筆，伸手摸了摸自己的腦袋，也罷也罷，功過都予後人評吧，先保住自己的命要緊。於是，我們就看到了現在的正史。

　　李世民雖然對史料進行了修改，但並不能抹去自己的這段歷史。

BC　上古時期
— BC200　秦 西漢
— 0
　　　　東漢
— 100
— 200　三國
— 300　晉
— 400
　　　　南北朝
— 500
— 600　隋朝
　　　　唐朝
　　　　武則天稱帝
— 700
　　　　安史之亂
— 800
— 900　五代十國
　　　　北宋
— 1000
— 1100
　　　　南宋
— 1200
　　　　元朝
— 1300
　　　　明朝
— 1400
— 1500
— 1600
　　　　清朝
— 1700
— 1800
— 1900　中華民國
— 2000

某一日，李世民在睡夢中隱約看到李建成與李元吉騎馬從天邊奔馳而來，二人胸口處均插著一支箭，李世民想上前與他們說話，可是不管他怎樣努力，他的嘴都無法張開，李世民急得滿頭大汗從夢中醒來……

他開始仔細思量，如何才能減輕這種道德上的譴責呢？他想到了古人的一句話：積善三年，知之者少；為惡一日，聞於天下。李世民下定決心，一定要鑄就一個輝煌王朝，以「三年之善」掩蓋這「一日之惡」。

所以，不管李世民即位的手段多野蠻、殘酷、血腥，他篡改歷史是篡改的多麼不要臉，但是他在這個歷史上的貢獻還是很大的。因為親身經歷過王朝的統治者因為不愛民，而遭到人民的反對，所以李世民很能體會到老百姓的力量有多大。

他吸取隋朝滅亡的教訓，很是強調老百姓的存在。

一定要以民為本

「民，水也；君，舟也。水能載舟，亦能覆舟。」這是唐太宗李世民的口頭禪，他老說這句話，意思就是提醒自己，別看不起老百姓，老百姓就跟你平時喝的水一樣，看起來不起眼，但一旦發威，淹死你小意思。

也估計是因為對玄武門「原罪」耿耿於懷，在這件事的鞭策下，李世民借鑑歷史，實行仁政，勵精圖治。

勤勞工作之餘，他就總結總結經驗教訓，吸取一下前面幾個朝代滅亡的原因，就是因為他們太不拿老百姓當回事了，這才被老百姓給滅了。自己可不能犯這樣的錯誤，自己得重視老百姓的生活。

所以，他老強調以民為本，李世民即位之初，就下令輕徭薄賦，讓老百姓休養生息。老百姓休息夠了，李世民也捨不得讓老百姓幹重活，他特別愛惜民力，從不輕易徵召徭役。他患有氣疾，不適合居住在潮濕的舊宮殿，但為了不讓老百姓受累，替他蓋新宮殿，他就一直在隋朝的舊宮殿裡住了很久。

這麼體貼的皇帝上哪找去，老百姓自然很擁戴他，雖說他殺了哥哥弟弟，幹了件不光彩的事。但老百姓誰在乎那個，反正你殺的是你家兄弟，跟我們沒關係。

就這樣，唐太宗貞觀之初，在唐太宗的帶領下，全國上下一心，經濟很快得到了好轉。到了貞觀八九年，牛馬遍野，百姓豐衣足食，夜不閉戶，道不拾遺，出現了一片欣欣向榮的升平景象。

在史籍中記載，貞觀五六年的時候，「米斗不過二四錢」，一斗米是十升，才三四文錢，糧食這麼便宜，就是因為太多了，東西一多就不值錢，李世民那時候，農業發展的太好了，糧食多的吃也吃不完，自然也就不值錢了。

史書上還寫道：「流散者咸歸鄉里。」原來打仗逃離的人全回來了。這就是人心所向，一開始大家都往外跑，現在大家都往回跑，這說明大家都信任了現在這個皇帝，老百姓們看到了希望，都想跟著他過好日子。

還有「終歲斷死刑纔二十九人，」就是說一年裡判死刑的二十九個。古代要判個死刑是個很麻煩的事情，得皇帝本人親自批准，而且要大臣求情三次，最後實在沒轍了，才能把這人給殺了。

這是表示要慎殺，不能隨便殺人。一年才殺29個人，那證明社會治安好，沒什麼人犯下很嚴重的法。

「九州道路無豺虎，遠行不勞吉日出。」這個最好，就是你出門旅遊或者辦事，你只要帶著換洗衣服就行了，走到哪都不愁沒吃的，因為大家都很富裕，你到了哪裡都能分一碗飯吃，而且唐朝那時候，人們都很熱情開放，十分好客。

這就是唐太宗時候的政績，很是不錯。

人才貯備足

唐太宗李世民的政績之所以那麼突出，之所以那麼優秀，他成功的第

BC　上古時期
── BC200　秦 西漢
── 0　東漢
── 100
── 200　三國
── 300　晉
── 400　南北朝
── 500
── 600　隋朝 唐朝
── 700　武則天稱帝 安史之亂
── 800
── 900　五代十國 北宋
── 1000
── 1100　南宋
── 1200
── 1300　元朝
── 1400　明朝
── 1500
── 1600　清朝
── 1700
── 1800
── 1900　中華民國
── 2000

一個原因是他擁有一個人才濟濟的心腹集團，他們團結一致，投入戰鬥，因而制勝。

自古人心最難測。縱觀歷史，有多少宏圖偉業功虧一簣，毀於內奸之手；又有多少英雄豪傑沒有死於敵人的刀口，反而死於自己人的手中。從來就是強者得天下為王，弱者失天下為寇。而那些爭搶天下的帝王將相們，互相較量的除了智慧、勇氣，還有知人善任的本領。李世民就有著知人善任，虛懷納諫的能耐。

歷史中的許多事情往往讓人難以捉摸。無論是哪個朝代或是體制，在歷史上總能找到與其相似的地方。

李世民與隋煬帝楊廣，二人就有著極為驚人的相似之處。他們都出生貴族，慣於玩弄權術。他們都在父皇的統一大業中都立過大功。兩人都是次子，都是通過非正常手段取得王位，都成功地在東北亞建立了軍事霸權。

然而不同的是二人卻得到不同的結局，一個成為讓世人尊崇的一代聖君，一個則身敗名裂，成為中國聲譽最差的皇帝之一。究其原因不難發現，在用人方面，楊廣的問題很大，而李世民則是遵循了「兼聽則明，偏信則暗」的原則。

知人善任是唐太宗的一大優點。隋朝滅亡的慘痛教訓歷歷在目，李世民很怕重蹈楊廣覆轍，就注意總結隋朝滅亡的原因。他認識到隋煬帝也不是不聰明，亡國的原因就在於他用一人的才智決斷天下，不能知人善任，結果弄得眾叛親離。唐太宗認為要安邦定國，必須要有大批賢能的人才輔佐。

哥倫布發現新大陸　1500—

英國大破無敵艦隊

發明蒸汽機

美國獨立
拿破崙稱帝
美國南北戰爭開始
第一次世界大戰
第二次世界大戰

2000—

在李世民的身邊，既有房玄齡、杜如晦這些智慧而又忠心耿耿的謀士，又有尉遲敬德、段志玄等不為重金所動的猛將，還有張亮不為嚴刑拷打所屈服、程咬金寧死抗旨等這樣為之賣命的心腹。這樣一個人才濟濟的心腹集團是隋煬帝所遠遠不及的，也是李建成所不能比的，李建成想和李世民鬥，可他只能去和自己的弟弟李元吉商量對策，兩人都是半斤八兩，商量半天也沒有結果。

哪像李世民，身邊始終有杜如晦、房玄齡、長孫無忌三人環繞在側。他與這三人事無巨細、推心置腹地討論，共謀大事。

當了皇帝後，李世民也不嫉妒別人有才，他很重用有才幹的人，賢相有房玄齡、杜如晦，一個多謀一個善斷，有「房謀杜斷」之稱。名將有李靖、李勣等，多次替李世民立下汗馬功勞。

人才不問出身

儲備人才也要注意新舊交替，李世民很注重選拔新的人才，而且他很有自己的一套選人標準，他曾說過：「打天下用人在於人和，治天下用人在於無才不用、用盡天下才。」並鼓勵任用德才兼備的人，他曾經對魏徵說：「國君在選拔官吏上絕不能草率從事。我現在做的每一件事天下人都會看到，每一句話天下人都會聽到。任用一個品行端正的人，大家都會勤勉工作；任用一個壞人，其他不好的人也就會前來投機。所以，用人一定要慎重！」

魏徵非常同意他的觀點，認為考核官吏要以政績來決定是否升遷罷免，要以德行好壞來決定用還是不用，並說：「太平之時，必須才行兼備，始可任用」。

李世民愛才，更尊重人才，無論出身貴賤，皆一視同仁。他仿照漢光武帝畫雲臺二十八將，命令人在凌煙閣畫了二十四位功臣的像。這些人出身很不一樣，有鐵匠出身的尉遲敬德，士卒出身的秦叔寶等，但都根據功勞進入了凌煙閣。

唐太宗李世民是我們中國古代久負盛名的明君，在長期的實踐中形成了自己的用人理論。唐太宗自己也很得意，認為天下英才都被自己搜羅過來了，稱道：「天下英雄，盡入吾彀中矣！」這種人才濟濟的盛況被稱為「前有漢，後有宋，皆所不逮」。

他在晚年寫的《帝範》一書中就反覆強調：「國之匡輔，必待忠良，

BC　上古時期
秦
— BC200　西漢
— 0
東漢
— 100
— 200　三國
晉
— 300
— 400
南北朝
— 500
— 600　隋朝
唐朝
— 700　武則天稱帝
安史之亂
— 800
— 900　五代十國
北宋
— 1000
— 1100
南宋
— 1200
元朝
— 1300
明朝
— 1400
— 1500
— 1600
清朝
— 1700
— 1800
— 1900　中華民國
— 2000

任使得人，天下自治。」並且認為「黃金累千，豈如多士之隆，一賢之重」。在他的一生中，可以說徹底貫徹了這個理念。

這裡還要提一提的就是李世民的結髮妻子長孫皇后，因為李世民在經濟方面是強調「輕徭薄賦，勸課農桑，興修水利，戒奢從簡」。作為李世民的妻子，長孫皇后很是支持，她帶頭穿著樸素，史書上說她是「衣不錦繡，裙不曳地」。

就是說穿衣服的布料都選最便宜的，而且為了省布料，裙子都不拖地，皇后都帶頭這樣做了，底下的妃子更得效仿了，那大臣們也是如此，所以唐朝那時雖然有錢，但人們都不浪費，也不亂花。所以在唐太宗時期，才能政治清明、社會穩定、百姓生活的安居樂業，這就是貞觀之治。

打的你不敢來

貞觀四年的冬天，北風吹到骨頭裡跟針扎似的，天氣冷得讓人不想出被窩。可就是在這種惡劣的環境下，大唐將軍李靖帶著自己的三千精兵撲向了讓唐人恨得牙癢癢的突厥。

當時的突厥可汗是頡利，這廝這會兒還在帳篷裡做美夢呢，哪想李世民會派騎兵突襲。聽到消息以後，頡利大驚，趕緊把大臣們都拉過來商議，他們覺得唐朝的部隊肯定是來了一大堆，不然李靖的騎兵也不敢孤軍深入啊。於是決定往北邊逃跑。

李靖的腦袋可是很精明的，不像頡利那麼蠢，他得知突厥要逃跑的消息以後就派間諜去對方營中散播流言，說可汗的親信康蘇密已過來這邊投降。於是，仗著大黑夜，李靖率領騎兵殺到了城中，收了一大把俘虜。頡利因為損失慘重，也顧不上什麼家當了，直接帶了幾萬人跑了了事。

哥倫布發現新大陸
1500—
英國大破無敵艦隊

發明蒸汽機

美國獨立
拿破崙稱帝

美國南北戰爭開始

第一次世界大戰
第二次世界大戰

2000—

李世民聽說李靖大獲全勝以後高興得手舞足蹈，還跟大臣們炫耀：「漢朝那李陵帶著五千兵在沙漠打仗，匈奴投降後他的功勞就被史書記了一筆。李靖才帶了三千人，比他還少兩千，這成就可是前所未有啊！好！

太好了！」

漢初的時候，西北來了個叫匈奴的民族，就在他們囂張的不得了的日子裡，大漢的猛將們殺了他個片甲不留。這回歷史的車輪好像走錯路了，唐初又來了個突厥。這突厥跟匈奴都一個鬼樣，凶的跟餓狼似的，總想搶別人點什麼吃的。

李淵把精力都放在建設新國家上面了，哪有心思跟突厥打仗。結果突厥趁機南下，不斷地騷擾大唐邊境。李淵不想理北邊那些沒文化的，發展國家才是首要，於是就跟突厥商量著走和平路線。

突厥也答應了，不過李淵也虛得有點大，成天派人帶著禮物往突厥那邊跑。突厥那廝也不是什麼好東西，吃著碗裡的看著鍋裡的，胃口是越來越大，等到新可汗頡利上任以後，李淵也快招架不住了。

玄武門之變的時候，頡利覺得可以趁機搗搗亂，就叫了其他部落的可汗一起出兵南下，直接就攻到了渭水河畔。二十萬將士可不能小看，何況頡利還準備著攻打長安。頡利也是異想天開，也不想想李世民是什麼人，殺了兄弟當皇帝的人能跟他妥協？不可能！

這時候唐朝的經濟發展已經穩步上升了，李世民決定跟突厥小試一下身手，這才把李靖拉上了歷史的舞臺亮亮相。不過在事業上李靖卻是大器晚成，李世民改元貞觀的時候，他已經是五十多歲的人了。

就在大唐決定攻打突厥的時候，東突厥內部又不平靜了，叛亂的叛亂，飢荒的飢荒。唐朝軍隊的機會可算是來了。李世民讓李靖帶了十二萬精兵分成六路深入大漠，大舉進攻突厥。

李靖在摸透了地勢以後，趁著一個月黑風高的夜晚，帶著三千騎兵就突然襲擊了突厥軍隊。後來又神不知鬼不覺地殺到了頡利可汗的大營。結果頡利屁滾尿流地逃跑了。同時，李世勣在白道也殺了突厥一個來回。頡利差不多要完蛋了。

見沒機會再翻身，頡利只好派了人去長安給李世民磕頭，說什麼要投降大唐，給大唐當終身的奴隸。不過他的小伎倆卻逃不過精明的李靖和李世勣，原來頡利是想等著來年草青馬肥的時候捲土重來。李世民才不是心

BC　上古時期

秦
BC200　西漢

0

東漢

100

200
三國

300　晉

400

南北朝

500

600　隋朝
唐朝
武則天稱帝

700
安史之亂

800

900　五代十國

北宋
1000

1100
南宋

1200

元朝
1300

明朝
1400

1500

1600

清朝
1700

1800

1900　中華民國

2000

軟的人，他決定要趕盡殺絕，西北霸王突厥從此就玩完了。

其實，頡利是東突厥的可汗，除了他之外，還有個西突厥。不過東突厥被李世民拿下之後，西突厥就嚇得直接歸順了大唐。西北是徹底沒了禍患。這一消息傳來之後，大唐朝廷裡是歌舞昇平，老爹李淵親自彈起了琵琶，李世民居然也會跳舞。

自從突厥被滅了之後，其他的少數民族就不敢再跟大唐耍花樣了，都真心實意地做牛做馬起來。李世民也被封上了「天可汗」，這皇帝當得真夠豪氣的。美事還不止這些，此後東西方的交通也越來越便利了，想致富先修路，大家交往得也是不亦樂乎。

耶穌基督出生　0—

君士坦丁統一羅馬

羅馬帝國分成兩部

波斯帝國　500—

回教建立

凡爾登條約

神聖羅馬帝國建立
　　　　1000—

十字軍東征

蒙古第一次西征

英法百年戰爭開始

哥倫布發現新大陸
　　　　1500—

英國大破無敵艦隊

發明蒸汽機

美國獨立
拿破崙稱帝

美國南北戰爭開始

第一次世界大戰
第二次世界大戰

　　　　2000—

太平盛世下

和尚去取經

　　長安的大慈恩寺裡有個叫玄奘的和尚，玄奘。這是一個富有傳奇色彩的名字，中國人對他的瞭解更多是在後世文人吳承恩的筆下，那個唐僧，那個師徒取經的故事——《西遊記》。

　　其實在退去了神話色彩後，玄奘的經歷也具有其自身的神奇性。他的西行促進了中國佛教的發展。東晉姚秦時，鳩摩羅什譯天竺人世親所著屬於小乘有宗的《俱舍論》和訶梨跋摩所著屬於小乘空宗的《成實論》，在中國傳播小乘佛教。在唐朝時，小乘佛教歸於消亡。因此，唐代流傳的佛教以大乘為主。

　　因為對佛法潛心研究，所以玄奘發現手上這些翻譯過來的佛經都有很多失真的地方，為了追求真理，玄奘決定要親自到佛教的發源地天竺瞧瞧，取些真經回來。

　　西元629年，玄奘決定把自己的想法付諸實際行動，於是就上了路，朝西邊去了。一路上玄奘經過了幾個堡，遇上過好人，也遇到過想要他命的歹徒。因為路途遙遠，所以也經歷也不少磨難，有時候甚至連水都喝不上一口，肚子更是吃不飽了。

　　玄奘走過第四個堡以後就迷路了，正巧身上的乾糧和水也沒了，而且眼前是一片荒蕪的沙漠，玄奘一時間不知該如何是好，甚至想到過要放棄

BC　上古時期

秦
BC200　西漢

0
東漢

100

200　三國
晉
300

400
南北朝
500

600　隋朝
唐朝
700　武則天稱帝
安史之亂
800

900　五代十國
北宋
1000

1100　南宋

1200
元朝
1300　明朝

1400

1500

1600　清朝
1700

1800

1900　中華民國

2000

此次西行。可是他又想了想當初臨行前的豪言壯志，頓時又有了氣力，騎著馬就往前走去。

　　玄奘在沙漠裡摸爬了幾天，因為沒有水喝，再加上旅途的勞累，玄奘的身體嚴重脫水，幾乎要暈了過去。然而就在第五天的夜裡，玄奘在沙漠走著走著就發現了一彎清泉，他連滾帶爬地過去，一頭栽進水裡面就使勁地往肚子裡灌水，直到解了渴才作罷。之後玄奘又走了一段路程，才到了一個叫高昌的地界。

　　高昌位於現在的新疆，當時那裡的大王對玄奘的壯舉十分欽佩，甚至到了膜拜的程度。他堅絕不肯放玄奘離去，可是玄奘執意要走，他也不能因為偶像要走就哭天喊地，所以就為偶像準備了人員、馬匹和路上用的東西，才放玄奘上路了。

　　也不知道走過了多少地方，玄奘的執著終於讓他來到了天竺。當他的雙腳踩到天竺國的地板上時，一股暖流頓時融化了旅途的艱辛。玄奘先是在天竺國旅遊了一段時間，把名勝古蹟看了個遍。

　　在遊覽的途中，一次，玄奘正坐在船上準備過恆河，這時候突然有一夥海盜殺了出來。因為這群人每年都要殺一個人作為祭祀用的祭品，這回遇見了玄奘，就打算殺了他。

　　玄奘眼看著自己的小命就要落在歹徒手裡，這時候為了求個心安，他就盤起了腿開始打坐，嘴裡還嘰裡呱啦地唸著。正巧一陣狂風刮過，恆河水怒了，翻天覆地地滾了起來，船也差點被打翻。一群強盜以為玄奘會魔法，就匆忙地就逃走了。

　　天竺國有一間非常大的寺廟叫做那爛陀寺，玄奘聽說了以後就自己去了哪裡，跟裡面的一個叫戒賢法師的人求教。玄奘這一學就是五年，直到自己把佛經全都掌握了，才準備回去。

　　西元645年，玄奘馱著六百多部佛教真經回到了大唐。李世民聽說了玄奘的壯舉以後也感慨萬千，趕緊派人把玄奘接到宮中來一睹他的風采。之後玄奘就安穩地在寺廟裡生活了下去，他依舊對佛經癡迷，還跟學生們一起編著了一本《大唐西域記》，講述了自己在取經途中的親身經歷，還

美國獨立
拿破崙稱帝

美國南北戰爭開始

第一次世界大戰
第二次世界大戰

2000—

介紹了許多國家的地理和風俗。

高宗麟德元年（西元664年），玄奘逝世。高宗聞之，十分哀慟，為之罷朝，反覆叨念「朕失國寶矣」。

玄奘西行，傳入大小乘佛教，完成中國佛教發展。而太宗皇帝大力支持玄奘翻譯佛經，就是嘗試平息佛教派別的紛爭。無論如何，玄奘的西行取經，對中國來說都是一件了不起的壯舉。

公主當大使

突厥被大唐搞定了以後，李靖又帶兵出擊了一個叫吐谷渾的西南少數民族，西邊的地方通通收歸了國有，大唐空前強大起來。介於唐朝的強大國力，西域的國家都不敢再騷擾大唐，也不想跟大唐繼續打仗，於是就紛紛來要求建交。

吐蕃也來大唐謀求雙方的和平外交關係。那時候吐蕃的大王是松贊干布，他從小就展露出過人的才能，敢打敢殺，更靠腦子吃飯。傳說松贊干布還喜歡文學，是個十足的文學青年，還寫了不少詩。

松贊干布的才能讓吐蕃人民頗為欽佩，他老爹死了以後，吐蕃內部那些不安分的貴族人士想要造反，松贊干布就帶著大兵把這些人打了個落花流水。

松贊干布覺得吐蕃人的生活十分無趣，又聽說大唐的文化深厚，就決定要多多跟大唐學習。於是他就派了人前往大唐去，希望大唐跟吐蕃建立兄弟關係。當時李世民也對松贊干布有些好感，就跟吐蕃建交了。

松贊干布大概是迷上了大唐的文化，過了些日子，他居然還想找個大唐的女孩給自己當老婆。於是他毫不猶豫地讓人再一次去見李世民，讓李世民把女兒許配給自己。可是李世民這回沒那麼好說話了，他堅決不肯答應。

負責此次洽談的吐蕃使者擔心回去後受到松贊干布的責罰，於是就想

BC　上古時期

秦
－ BC200　西漢

－ 0
東漢

－ 100

－ 200　三國
晉

－ 300

－ 400
南北朝

－ 500

－ 600　隋朝
唐朝

－ 700　武則天稱帝
安史之亂

－ 800

－ 900　五代十國
北宋

－ 1000

－ 1100
南宋

－ 1200

元朝
－ 1300

明朝
－ 1400

－ 1500

－ 1600
清朝

－ 1700

－ 1800

－ 1900　中華民國

－ 2000

好了藉口。回去以後，這使者跟松贊干布胡扯說：「李世民那小子已經答應把他女兒嫁給您，不過吐谷渾那邊的大王也去求這等事，李世民就猶豫了。」

松贊干布正值年輕氣盛，聽使者這麼一說後就火大了。再加上那個時候吐蕃跟吐谷渾正不和，松贊干布立刻派了二十萬大兵就去跟吐谷渾打仗了。最終吐谷渾以失敗收場。松贊干布因為打了勝仗，再加上李世民之前沒有把公主嫁給他，他就又攻打了大唐境內的松州，還揚言說：「要是李世民還不答應我，我就殺上長安！」

這話可把李世民給激怒了，他立即派兵攻打吐蕃。松贊干布看到唐軍真的出動了，自己也有點心虛，就決定再次跟大唐求和。李世民這時候也沒有那麼大的脾氣了，於是就撤了兵。

要說這松贊干布真是個癡情的人，就是對大唐的女兒不死心。西元640年，他又派了使者帶著厚重的聘禮去大唐求親去了。這回的使者是一個叫祿東贊的人，這人比上次那使者機靈多了。當時跟李世民求親的人太多，李世民就出了五道題考他們，還說誰能夠答對題誰就把公主領走。後來祿東贊把五道腦筋急轉彎通通答對了，他順利地帶著文成公主就回了吐蕃。

西元641年，文成公主嫁給了松贊干布，那時候她才24歲，是個年輕漂亮的小姑娘。她去吐蕃的時候還帶去了不少好東西，例如瓜果蔬菜的種子等，另外還有一些書籍。文成公主在吐蕃生活了40年，促進了大唐跟西域國家的交往。

沒人來接班

唐太宗李世民雖然是個好皇帝，是個英雄人物，是能夠名垂青史的。但是他偏偏就沒有個爭氣的兒子能夠接他的班。

這點讓唐太宗很是頭疼。

耶穌基督出生　0—

君士坦丁統一羅馬

羅馬帝國分成兩部

波斯帝國　500—

回教建立

凡爾登條約

神聖羅馬帝國建立
1000—

十字軍東征

蒙古第一次西征

英法百年戰爭開始

哥倫布發現新大陸
1500—

英國大破無敵艦隊

發明蒸汽機

美國獨立
拿破崙稱帝

美國南北戰爭開始

第一次世界大戰
第二次世界大戰

2000—

雖然唐太宗在位22年期間，居安思危，任用賢能，虛心納諫，推行均田制與租庸調法，輕徭薄賦，崇尚節儉，興修水利，發展生產，協調民族關係，促進中外經濟文化交流，進而使國家統一，政治清明，經濟發達，文化繁榮，出現了歷史上有名的「貞觀之治」。

但是他的家事卻是亂七八糟，一團混亂。

兒子們看到唐太宗老了，也是時候該退休了，就紛紛蠢蠢欲動，想要自己去當皇帝，於是他們開始有的爭奪皇位繼承權；有的企圖舉兵謀反。這讓唐太宗感到選擇太子勢在必行了。

隋亡的教訓與皇室的矛盾都使他感到，為了李唐王朝長治久安和皇室內不骨肉相殘，選立與教育太子、諸王是一個迫切需要解決的重大問題。

他對皇儲的基本要求有這樣幾點：

第一，克己。不要因為生長於帝王之家而不注意克制約束自己。如果膽大妄為，言行放縱，會遭滅身之災。

第二，惜民力。穿衣吃飯等日常享用，都是蠶婦農夫等辛勤勞動換來的，要倍加珍惜。意思是勿奪農時，勿濫用民力，使百姓安居樂業。

第三，戒驕奢。唐太宗希望諸弟「學朕」，外絕遊覽觀賞的樂趣，內去歌舞女色的歡娛。處理軍國大事不怕辛苦焦勞，不驕奢淫逸，不倚仗自己的長處而鄙視別人的短處，以「得免於愆過爾」。

第四，慎聽斷，審理案件不要感情用事，高興時從輕發落，憤怒時從嚴懲處，要虛懷納諫。

而之所以選擇李治作為接班人，除了李治仁惠、「孝愛」之外，也因為當時的大臣長孫無忌的極力推薦，和唐太宗對於長孫皇后的厚愛。

不過，李治的性格過於軟弱，甚至可以說有點窩囊，這樣一個人應該會當一個好皇帝，但卻未必能夠駕馭整個大唐王朝。

所以，在晚年多病的時候，唐太宗為了有朝一日能走的放心，他便在貞觀二十二年即他去世前一年，特作《帝範》賜給李治，對他進行完整、系統的教誡。

《帝範》因是太宗統治生涯的全面總結，所以涉及面是非常廣泛的。

BC　上古時期

秦
西漢
— BC200

— 0
東漢

— 100

— 200
三國
晉
— 300

— 400
南北朝

— 500

— 600
隋朝
唐朝
— 700
武則天稱帝

安史之亂
— 800

— 900
五代十國
北宋
— 1000

— 1100
南宋

— 1200
元朝
— 1300

明朝
— 1400

— 1500

— 1600
清朝
— 1700

— 1800

— 1900
中華民國
— 2000

但其中最核心的部分，大致可以概括為「君道」二字。《帝範》開篇就集中地討論為君之道的理論，而且，其他各篇也都是圍繞著「君道」這一中心思想而展開的，即「君道」在各個方面的具體體現。宋史學家范祖禹特別稱讚「太宗可謂知君道矣」，是有道理的。

窩囊就是窩囊

西元649年，唐太宗病逝，他在位勞碌了20多年，總算是能夠安歇安歇了，他死了以後，接替他位子的是唐高宗李治。李治一點也沒繼承李世民的英明神武，就算李世民嘔心瀝血的教育他，但龍是龍，鼠是鼠這句話還是很有道理的。

李治實在不是當皇帝這塊料，先不說別的，但說他的體魄，就不夠健壯。皇帝要日理萬機，每天處理國事，身體得很結實才行。可是李治這哥們生下來，身體就不太健康，老是病快快的，經常頭暈目眩，動不動就頭疼的不能見人，這要今天看來，可能就是血壓高的緣故。

但李世民就選了這麼一個皇子來繼承他的皇位，再怎麼不行，大臣們還是得用心輔佐著。

說到選擇李治當太子的原因，這裡要闡述一下。這其中也是有一定緣由的。當時唐太宗的五兒子李祐，和太宗那個倒楣弟弟李元吉一樣被封齊王，但這個兒子和唐太宗的弟弟幹了一樣的事，就是造反。

李元吉沒反成功，李祐也失敗了，李世民那麼彪悍的一個人，哪容得自己被人反了。現在看到自己兒子要對自己下手，於是他就先下手了，立刻把兒子給鎮壓了，依舊是雷屬風行的沒話說。

李祐被逮起來後送到了公堂上審問，這審問本來也就是要問問他為什麼謀反，是你的皇帝爹對你不好嗎？總之就是對其他皇子有個威懾和教育的作用，可是沒想到，這一審問就審出事情來了，牽扯出了當時的太子李承乾。

BC

耶穌基督出生　0—

君士坦丁統一羅馬

羅馬帝國分成兩部

波斯帝國　500—

回教建立

凡爾登條約

神聖羅馬帝國建立
1000—

十字軍東征

蒙古第一次西征

英法百年戰爭開始

哥倫布發現新大陸
1500—

英國大破無敵艦隊

發明蒸汽機

美國獨立
拿破崙稱帝

美國南北戰爭開始

第一次世界大戰
第二次世界大戰

2000—

這裡頭居然還有太子的事，再一問下去，可了不得了，太子也在偷偷地想謀反呢，官員趕緊把這個消息報告給了李世民。

李世民聽到這個消息很是震驚，趕緊派人調查去了。李承乾是長孫皇后所生的嫡長子，因為出於對長孫皇后的敬重，這孩子兩歲的時候就被立為太子。那個時候李世民才不過20多歲，正年輕力壯呢。

所以這個太子一當就當了幾十年，太子很著急啊，眼看著自己越來越老，可是自己的皇帝爹卻是越活越有精神，這位太子就坐不住了，就怕等自己老子死後，雖然是可以當上皇帝，但也離死不遠了。

為了能夠及早享受到皇帝待遇，他就準備自力更生了，先是找了一幫巫師在自己府裡念咒扎小人，希望唐太宗早點歸天，然後就是跟一幫人密謀造反。查明了太子果然要造自己的反，李世民就把他廢為庶人，幽禁起來。於是就剩下濮恭王李泰和晉王李治。

自己這麼英明神武，可是卻沒有爭氣懂事的兒子，李世民也很心急。但不管怎麼樣，太子還是要立的，如果從感情上來講，李世民應該立李泰為太子，因為無論是從智商、情商、人生觀、世界觀等方面來看，他都很是塊當皇帝的料。

但也正是因為他太適合當皇帝了，太像自己了，李世民最後才沒有選擇他當皇帝，而是選擇了老實的李治。在李世民看來，李泰這麼像自己，難保不會在登基以後，學自己那樣把自己的兄弟殺了。

這種事一個朝代裡經歷過一次也就行了，幹多了太影響民心，所以他為了保護自己的兒子，也為了保護自己的國家，就犧牲了一個好皇帝，選擇了李治當太子，他還把李泰給囚禁了起來。

李治也是長孫皇后的兒子，但是和其他兄弟一點都不像，窩囊怕事，沒擔當。但沒辦法，李世民就決定讓他來接班了，不管他願意不願意，能幹不能幹，反正就是他了。後來李世民死了，李治就這樣被推上了皇帝寶座。

BC　上古時期

秦
西漢
— BC200

— 0　東漢

— 100

— 200　三國
晉
— 300

— 400　南北朝

— 500

隋朝
— 600　唐朝
武則天稱帝
— 700
安史之亂
— 800

— 900　五代十國
北宋
— 1000

— 1100　南宋

— 1200

元朝
— 1300

明朝
— 1400

— 1500

— 1600　清朝

— 1700

— 1800

— 1900　中華民國

— 2000

凡事靠老婆

　　李治當了皇帝後，的確是沒對他兄弟下手，誰讓他心地好呢。但他也不是做大事的料，天天病快快的，大臣們看見他就沒了工作的熱情。

　　幸虧唐太宗那時都給他安排妥當了，大事有大臣們擔著，小事有宮裡那幫人替他管著，他只用每天往龍椅上一坐，做做樣子就行。

　　李治也沒什麼權力欲望，他也樂得清閒，但是他喜歡清閒，有人就想出手了，就是他的妻子武則天。

　　武則天本來是先帝的才人，14歲入宮。

　　貞觀十一年，李世民看著武則天長得不錯，而且人也聰明伶俐，於是就把她弄進了宮，封了個才人先當著。進宮前武則天的老媽哭的那叫一個傷心，可是閨女卻冷不防地給她來了句：「媽，見皇帝說不定是福分呢！」

　　就這樣，小武美女帶著對未來的美好期望來到了李世民這邊，但是性格特別倔強，有時候比男人還要好強，不太受李世民喜愛。

　　有一次，西域弄了匹大馬獻給太宗，說是什麼神馬，叫獅子驄。長得倒是不賴，肥肥壯壯的，看起來還算可愛。不過聽說這馬有點脾氣，動不動就發火，誰都不讓騎。一天，唐太宗和李治一群人在御花園裡圍著這馬轉，太宗問：「這麼一匹火爆脾氣的神馬，你們誰有本事讓牠聽話？」

　　一群人大眼瞪小眼，誰都沒敢接話。這時候，只有14歲的武則天說：「我能！」唐太宗心想這小妞開什麼國際玩笑，就問她如何制服。武則天一臉嚴肅地說：「臣妾就用三件東西：鐵鞭、鐵錘還有匕首。先用鞭子抽，不行的話就用鐵錘砸牠腦袋，再不行，那就用刀子割牠脖子。有什麼難的？」

　　太宗被這小妞的話嚇了一跳，心想這麼一小女子還能說出這麼豪氣的話。不過又過了兩秒鐘，太宗一想不對，這小妞也太火爆了點，我可是喜歡溫柔一族的。於是太宗死的時候就讓人把武小妞打發到感業寺當尼姑去

了。

「看朱成碧思紛紛，憔悴支離為憶君。不信比來常下淚，開箱驗取石榴裙。」誰也想不到「鐵娘子」武則天還能寫出這麼感傷的詩吧？這就是她在感業寺過苦日子時發的感慨。不過她的苦日子沒過多久。

李治早就在他爹還活著的時候，就已經跟武則天有一腿了，坐上位以後就想著把這小妞再接回來。於是藉著祭祀的名義到感業寺來探親，兩人小別勝新婚，哭得稀裡嘩啦的。

轉了好幾個彎以後，武則天終於如願以償地成了李治明媒正娶的老婆，也就是皇后了。

現在看來武則天不被太宗喜歡這也不是壞事，關鍵還在於她後來勾搭上了李治，這才是她人生的轉捩點。

李治不愛管理朝政，但是武則天喜歡。她漸漸的權力欲望全部湧現出來了，李治一看這苗頭不對，老婆太能幹了也不是什麼好事，他就想召集大臣把武則天的這個皇后給廢了，但不巧的是武則天得到了消息，到李治面前大鬧了一場。

李治鬧不過武則天，只得作罷，而且李治這個窩囊廢，還把責任都推給了當時的大臣上官儀。後來李治是得清淨了，可是卻害得上官儀一家被武則天害的是暗無天日。

武則天這麼能幹，李治成了架空的傀儡，沒過幾年就去世了，這下武則天更是沒人管得住了，心也就更野了。

這個女人不簡單

林語堂在《武則天正傳》這樣說道：「武則天這個女人活了82歲，權傾中國達半個世紀之久。生活對她而言就如同遊戲一樣，她有比普通人更強烈的欲望，以至於穢聞不斷；爭權奪勢的遊戲，她玩得津津有味，她玩出的不像是一般婦人統治下的正常歷史，更像一齣夢魘般異想天開的荒

BC　上古時期
BC200　秦　西漢
0　東漢
100
200　三國
300　晉
400　南北朝
500
600　隋朝　唐朝
700　武則天稱帝　安史之亂
800
900　五代十國　北宋
1000
1100　南宋
1200　元朝
1300
1400　明朝
1500
1600　清朝
1700
1800
1900　中華民國
2000

BC

耶穌基督出生　0—

君士坦丁統一羅馬

羅馬帝國分成兩部

波斯帝國　500—

回教建立

凡爾登條約

神聖羅馬帝國建立
　　　1000—

十字軍東征

蒙古第一次西征

英法百年戰爭開始

哥倫布發現新大陸
　　　1500—

英國大破無敵艦隊

發明蒸汽機

美國獨立
拿破崙稱帝
美國南北戰爭開始

第一次世界大戰
第二次世界大戰

　　　2000—

唐戲。她決心要做一個有史以來最有威權最偉大的女人。她最後終歸失敗了，但絕不是她的過錯；她武姓家族中沒有一個人有她一半的智慧、一半的個性、一半的政治才能。我們有太多的理由去關心這個女人，也會樂意去看一看那樣歷史，去看她怎樣從一個才人變成一代女皇……」

武則天一開始也並沒有這麼強悍，欲望這玩意兒可不是一時生成的，而是一天天積累起來的。當初小武還在感業寺的時候，估計她也沒空想什麼建國大業之類的事，也就想想李治怎麼還不來接她回去。一旦回到了宮裡，隱藏在她內心深處的欲望就跟洪水似的爆發了出來。

一開始，武則天跟李治之間應該也是有點真感情的，李治性格上軟弱，而小武的強悍正好跟他互補，兩人想不黏在一塊都難。李治害怕他老爹，不過老爹身邊的小武美女讓他神魂顛倒了。因為得到不容易，所以就更加愛慕和珍惜。

但長時間的相處之後，武則天的個性越來越強悍，就讓李治受不了了，等李治反應過來的時候，他已經治不了武則天了。

武則天為了登上權力巔峰，非常彪悍。都說虎毒不食子，但武則天連自己的孩子都不放過，活生生逼死了兩個天真可愛的兒子。再說她那小公主，也是個為老媽鋪路的人。為生為存，為名為利，武則天為了登上皇帝的寶座是什麼可憎她就幹什麼。終於一步一叩首地完成了自己的理想。

在輔佐了三十多年的朝政後，武則天終於自己當上了皇帝，改國號為周。武則天成了中國歷史上第一個女皇帝，當得喜滋滋的。

說起來這女人還真有點治國的天賦，知道什麼人要用在什麼地方，一點都不浪費。還沒有當上女皇帝那時候她就已經表現得讓人害怕了，當了皇帝就更不客氣。不要看人家是小女子，可是氣魄上從來不輸給大男人。上官婉兒就是個活生生的例子，她老爹被小武殺了以後，小武發現這女子是個才女，於是就把這孩子留在自己身邊。

小武心裡明白，自己做過些什麼事，是功還是過，她都無所謂，給自己弄了個墓碑還是無字的，為的就是讓後人評價。不過這「鐵娘子」也確實幹了不少驚天動地的事，把大唐在中國歷史的舞臺上弄得歡天喜地的。

女人來當家

遇佛殺佛見鬼殺鬼

在武則天當皇帝之前，也是想了不少辦法，她想讓大家擁護她當皇帝，可是那個時候哪有女人掌權，所以武則天想當皇帝的想法，遭到了許多人的反對。其中一個官員徐敬業因為反對武則天，被武則天降職，他就乾脆藉著這個機會，在揚州起兵反對武則天。

看到出了這種事，武則天就找當時的宰相裴炎商量對策，可是沒想到裴炎說：「現在皇帝年紀大了，還不讓他執政，人家就有了藉口，只要太后把政權還給皇帝，徐敬業的叛亂自然會平息。」

武則天覺得這些男人都是一丘之貉，都是要逼自己下臺，將權力交還李家。武則天一生氣，就把裴炎打進牢監；又派出大將帶領三十萬大軍討伐徐敬業。徐敬業那點兵力哪禁得住折騰，一下就被武則天打敗了。

隨後又有兩個唐朝宗室——越王李貞和琅琊王李沖起兵反對武則天，也被武則天派兵鎮壓了。這往後大家就意識到武則天是個多麼難對付的人了，也就沒人敢明目張膽的反對她的專政了。

這個時候，有個拍馬屁的和尚又偽造了一部佛經，獻給武則天。那部佛經裡說武則天是彌勒佛投胎到人世間的，佛祖派她下凡，就是要讓她代替唐朝皇帝統治天下。雖然這瞎話編的一點可信度都沒有，但武則天聽了卻很高興。

BC　上古時期
— BC200　秦　西漢
— 0
東漢
— 100
— 200　三國
晉
— 300
— 400
南北朝
— 500
— 600　隋朝
唐朝
武則天稱帝
— 700
安史之亂
— 800
— 900　五代十國
北宋
— 1000
— 1100　南宋
— 1200
元朝
— 1300
明朝
— 1400
— 1500
— 1600
清朝
— 1700
— 1800
— 1900　中華民國
— 2000

她就拿這個作為噱頭，自己也趕緊加緊了步伐，當上了皇帝。

當上皇帝的武則天很注意自己的工作，在她當政期間，生產發展了，土地開發了，人口增加了，疆土開拓了，文化提高了，和許多國家也有了廣泛的經濟和文化交流。

除此之外，武則天還修訂了《姓氏錄》，藉此打擊了士族門閥勢力，增強了庶族地主的勢力。《姓氏錄》列後族武姓為第一姓，打破了魏晉以來士族大姓排在首位的格局，對門閥制度進行了徹底的否定，人們的門第觀念為之一新。隋唐以來，隨著科舉制的發展，大批的庶族地主知識份子

進入統治集團，而出身庶族的武則天就是他們的總代表。武則天就是依靠

這些人建立和鞏固著自己的權力地位。

武則天來自庶族，對下層人民的疾苦有一定的瞭解，明白農業是根本的道理。她曾經向高宗上《建言十二事》，把「勸農桑，薄賦役」列為第一條，由高宗詔令全國施行。在掌握政權之後，武則天也一直把發展生產

放在首位。她把農業生產的發展和人口的增加作為考核地方官政績、決定其升降的重要指標，還組織編寫了農書《兆人本業》，頒發全國，指導生

產。武則天還大力興修水利，灌溉了大量的農田，對農業生產的發展起了

極大的推動作用。

武則天做了這麼多事情，為唐朝中期的發展做出了很大的貢獻，但武

則天卻是個權力堅決捍衛者，絕不允許別人動她手裡的權力，為了捍衛自

己的權力，她施展了很多鐵血手腕。

鐵娘子發飆

一個女人當家難，一個女人管一個國家更難。武則天知道在自己背

後，有許多雙眼睛盯著自己的這個位子呢。

為了把那些個想要謀反的人揪出來，武則天想了個「高明」的辦法：

她讓全國上下的人都開始告密，無論是當官的還是普通的老百姓，只要告

密有功的，那就是重賞。當然了，告密也得要講點原則，如果發現是憑空誣告，那就是死罪一條。武則天還有一個規定，那就是告密的人必須親自來跟她彙報，中間不能有中轉站。

發佈了這條命令以後，全國上下一片激動，因為告密能升官發財，大家都幹起了這個行當。有人舉報他人謀反，那就需要有人來審問被舉報的人，武則天讓一個叫索元禮的人負責這項工作。

索元禮是個慘無人道的傢伙，只要是嫌疑人，他不分青紅皂白就先給人家一個下馬威，先上了酷刑再說。由於被審問的人經不過肉體如此的折磨，就算是被別人誣告了，他也得招供。這樣一來，冤假錯案層出不窮。

想必武則天也是昏了頭，竟然覺得索元禮這個人是個能辦事的，還大大地獎勵了他。全國人民一看，索元禮這樣的工作還不錯，於是都學起了他。有一個人叫周興，他可謂是第二個索元禮，甚至比索元禮還要猛，還有一個叫來俊臣。這索元禮、周興和來俊臣三人，殘暴的手段一個比一個多。

雖然也有人品好的大臣奉勸武則天，說這樣下去國家就不得了了。可是武則天根本就聽不進去勸，繼續讓告密的風氣橫行了下去。

有一次，又有人來跟武則天告密了。那人先跟武則天說了半天已經被殺掉的丘神勣，接著才說出周興跟丘神勣是一夥兒的。武則天一聽，急了，再一想，怒了。她趕緊把來俊臣找了來，讓他去查問。

來俊臣聽到這個消息的時候正在屋裡跟周興閒聊，又是喝酒又是吃肉的。剛開始他也吃了一驚，不過仍舊裝什麼事都沒有的樣子。來俊臣跟周興說：「哎，我就煩惱了，最近又弄到了一批圖謀不軌的人，可是硬是逼供不成，您幫我想個法子？」

周興一聽來俊臣向他請教了就高興，連忙說：「這有什麼難辦的！告訴你，準備一個大甕，然後再生一堆旺火，把甕放在火上，再把人丟進甕裡，你倒是看他招不招！」

來俊臣一聽樂了，他照著周興的說法讓人搞了一套器材過來，就擺在他跟周興所處的這個屋裡。大甕已經被烤紅了，這時候，來俊臣又跟周興

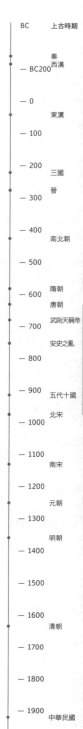

說話了：「老周啊，真是對不住了，這有人密告你跟丘神勣是一夥兒的，皇上讓我盤問盤問。剛剛您自個兒不是想了個招供的辦法嗎？我就不委屈你了，照著您說的做，您就進去吧。」

周興頓時傻了眼，他知道來俊臣也是個狠角色，更怕遭受皮肉之苦，連忙招了供。後來來俊臣判了周興死罪，可是武則天念著周興的「好」，就讓他去兩廣那邊種地去。不過周興在位的時候結下的冤仇太多，半路上就被人給暗殺掉了。

來俊臣也沒落個好下場，因為老百姓都哭天喊地地讓武則天殺了他，武則天無奈，也只好送他去見閻王爺了。

桃李滿天下

武則天那時候，天可是一下黑一下白的。準確地說，有的人一直頂著烏雲，有的人卻一直陽光普照。誰沒有個偏愛，過去再明的明君都有個明確的愛與恨，更何況中國歷史上唯一的女人皇帝。女人偏起心來那更是家常便飯的事情。

她也知道好不容易坐上皇帝這個位子，對那些和她做對，一直罵她的人們絕對不能手軟，等她落到他們手裡，他們才不會什麼憐香惜玉的；另一方面，要想要自己位子坐的穩，最重要的要有幫手，身為女人的她需要的幫助就更加多了。

在掃清威脅方面，她可是比鐵娘子更加鐵血。

而說到好，武則天對一些大臣的好可是沒話說，這其中當然就有狄仁傑。

狄仁傑做了一輩子的官，勤政愛民為人正直，今天打開電視還能看到他老人家的身影。他93歲，壽終正寢的時候，武則天尊尊敬敬地叫他國老，厚葬了他。要說狄仁傑究竟什麼能耐，那麼屬害能讓這個鐵娘子對他另眼相待，這其中可是有故事的。

耶穌基督出生　0—

君士坦丁統一羅馬
羅馬帝國分成兩部

波斯帝國　500—

回教建立

凡爾登條約

神聖羅馬帝國建立
　　　1000—

十字軍東征

蒙古第一次西征

英法百年戰爭開始

哥倫布發現新大陸
　　　1500—

英國大破無敵艦隊

發明蒸汽機

美國獨立
拿破崙稱帝

美國南北戰爭開始

第一次世界大戰
第二次世界大戰

　　　2000—

狄仁傑也蹲過監獄，坐過牢，得罪過不該得罪的人。要說普天之下，最不能得罪那自然是那個陰晴不定的女皇帝。什麼事情又最能惹毛她呢？那就是造她的反。她拿著駱賓王等人罵她的文章，叫來旁邊的人一起看：這孩子文章寫的多好啊，只是可惜了。可惜什麼呢？因為駱賓王最終是被殺了。

　　所以，後來來俊臣得意的時候，悄悄地在武則天耳朵旁遞了句話，狄仁傑就被抓到了大殿上。武則天自然不是傻子，造反的人她心裡都有著數呢。可是武則天也氣啊，你說你不造反，你招個別人出來也好啊，我這面子上也過得去，鬧得那麼沸沸揚揚的，不關著你我這臉面往哪兒放呢。

　　狄仁傑就這樣進了大牢，但沒多久就被放出來了，說上面有人惦記著你，你總有重見光明的一天。可是武則天可沒有打算讓這個硬脖子再做宰相了，太礙眼了。像武則天這樣厲害的人身邊肯定是有著一兩個奸佞的跟班，不然哪有當皇帝的優越感呢。

　　狄仁傑，你太厲害，我就把你調遠點，但是沒有你可不行，這國家不能毀了啊，我一個女子好不容易當上皇帝，哪能讓你笑話呢。你不來當宰相，我可以找你看上的人當宰相，這樣一定差不了多少。

　　狄仁傑一輩子沒少給武則天舉薦能人賢士。武則天呢，也會心一笑，她相信狄仁傑的眼光一定沒錯。張柬之啊，婁師德啊，肯定暗地裡沒有少謝狄仁傑的大恩大德，這種知遇之恩過去的人看的可比養育之恩還要重要。

　　武則天前前後後從狄仁傑那裡搜刮到的名單上總共有幾十個人的名字。在狄仁傑這裡，她可不擔心什麼小團體，小黨派的，人家畢竟是正人君子，並且人家是做過宰相的，肚裡可是撐過船的。

　　這些經過狄仁傑舉薦，之後受到武則天重用的人自然都是一等一的人才。女皇帝這回也稍稍放了心，坐穩了江山，開創了女性力量的高峰。這一切當然有狄老爺子添磚加瓦的功勞，社會主義的一磚一瓦都不容易啊，封建社會更是，他老爺子腦袋裡裝的可是整個天下。

　　狄仁傑去世後，武則天的江山還是很穩，畢竟掌舵的是她，不是狄仁

BC　上古時期
秦
— BC200　西漢
— 0
東漢
— 100
— 200　三國
晉
— 300
— 400
南北朝
— 500
— 600　隋朝
唐朝
武則天稱帝
— 700
安史之亂
— 800
— 900　五代十國
北宋
— 1000
— 1100
南宋
— 1200
元朝
— 1300
明朝
— 1400
— 1500
— 1600
清朝
— 1700
— 1800
— 1900　中華民國
— 2000

傑。等到她也撒手人寰，大周也跟著她殉了葬，一個人的力量是可以讓歷史小小的放一個假，但是滾滾長江還是要東逝水的。唐朝的氣數未盡，有了這麼個小插曲才讓這個傳奇的朝代有了更多傳奇的故事。

辦正事不含糊

史書上記載，武則天主張「以道德化天下」，她曾建議「王公以降皆習《老子》」，反對酷刑與苛政。但政治是冰冷而殘酷的，當她的統治

權威受到威脅的時候，她還是選擇了要用酷吏誅殺異己，擺脫危機。當她

的統治穩固後，她又要以循吏治天下，適時地拋棄酷吏來更好地維護其統

治。

武則天一直把行政大權牢牢地控制在自己手中。協助她處理朝政的主要人物不是酷吏，不是外戚，也不是男寵，而是一大批具有真才實學的賢

才。她在朝和稱帝的21年間，事事躬親，「宵衣佇旦，望調東戶之風；旰

食忘眠，希緝南薰之化」。她的勤政和知人善用使得她的統治堅如磐石。

當她的武周政權得到了鞏固，武則天也就不怎麼需要天天拿酷刑嚇唬

人了，她應該好好地去做點正事，治國安邦，大展宏圖，實現她的偉大抱負和人生理想了。

治國安邦需要的是真正的人才，那些天天琢磨怎麼整人的官吏自然是

不能重用的，武則天看看身邊的人，她得看看誰是可塑之才。曾經甘為自己赤膊上陣的侄兒們，一個個都在做著太子夢，國家靠他們怎能強盛得起

來？看來選拔人才還得從民間海選。

於是，武則天大刀闊斧地在全國範圍內選拔人才。她認為「九域之至

廣，豈一人之獨化？必佇才能，共成羽翼」。

她要求大家要有發現的眼睛，從身邊挖掘人才，如果自己就是個人

才，那也可以毛遂自薦。武則天如此的求賢若渴，好多人就紛紛舉薦，而

且武則天也不是個太注重形式的人，她要是覺得這個人合適，那就可以立

刻讓他走馬上任，不需要太多的手續。

武則天這樣做，自然為庶族地主廣開仕途，有利於打破關隴士族控制政治的局面。同時，她進一步發展科舉制度，特別是增加進士科，為庶族地主進入政權開了捷徑。唐太宗執政的23年中，共取進士205人，而高宗和她執政的55年中，所取進士達1000餘人，平均每年所取人數，比唐太宗時增加一倍以上。

可見武則天需要人才需要到什麼程度了，而且武則天還經常破格提拔人才，就算這人得罪過她，也照用不誤。

初唐詩人駱賓王在徐敬業叛亂的時候，曾寫討伐武則天的檄文《討武氏檄》。此文筆鋒犀利、句句切中要害。當武則天看到「豺狼成性。近狎邪僻，殘害忠良。殺姊屠兄，弒君鴆母」等句時，第一反應不是生氣，而是深為這樣的人才不在自己的手下而惋惜。

後來，唐玄宗開元年間的名臣姚崇、宋璟、張九齡等，都是武則天提拔上來的，武則天應該算是他們的知遇之人。

不但如此，她還讓大臣們發表不同意見，供她採納，為了採集更多的良好建議，她還在皇宮前面設立了東西南北四個箱子，分別接納老百姓不同的意見，進而瞭解百姓的想法，以求更好地施政。

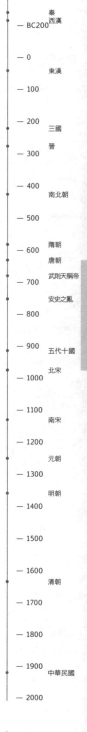

BC　上古時期

秦
—BC200　西漢

—0
　　　東漢

—100

—200　三國
　　　晉
—300

—400　南北朝

—500

—600　隋朝
　　　唐朝
—700　武則天稱帝
　　　安史之亂
—800

—900　五代十國
　　　北宋
—1000

—1100
　　　南宋
—1200
　　　元朝
—1300
　　　明朝
—1400

—1500

—1600
　　　清朝
—1700

—1800

—1900　中華民國

—2000

還得男人當家

BC

耶穌基督出生　0—

君士坦丁統一羅馬

羅馬帝國分成兩部

波斯帝國　500—

回教建立

凡爾登條約

神聖羅馬帝國建立
　　　　1000—

十字軍東征

蒙古第 次西征

英法百年戰爭開始

哥倫布發現新大陸
　　　　1500—

英國大破無敵艦隊

發明蒸汽機

美國獨立
拿破崙稱帝

美國南北戰爭開始

第一次世界大戰
第二次世界大戰

　　　　2000—

婦女有地位

　　古時候女人地位不高，但是武則天的執政把唐朝婦女沉睡的女性意識喚醒了，就像是一針興奮劑，加速了唐朝婦女積極參加社會各項活動。

　　在傳統社會中的男性統治者看來，女屬陰，男為陽，但在唐代，婦女參政議政的現象屢見不鮮。自武則天當政以來，這種婦女參政議政的現象更為突出。其中最值得一提的就是上官婉兒了，這個小女子跟隨在武則天身邊，流竄於各種權勢之間，遊刃有餘，如魚得水，絕對的政治人才。

　　唐朝婦女不僅參政，還喜歡學習文化知識，僅《全唐詩》中收錄的女作者就有100多人，唐人筆下的美好女性幾乎無人不能吟誦詩章。

　　武則天自己就不用說了，她文史兼通，擁有超人的政治才能。那時候男人找老婆不找漂亮的，要找有才的，像詩人元稹的前妻韋氏、繼室裴氏，著名才子吉中孚之妻張氏，殷保晦之妻封詢都是才女。夫妻倆閒的沒事，在臥室裡對對對子，做做詩歌，挺美。

　　女道士魚玄機自幼讀書習詩，在觀看新科進士題名時，曾吟出「自恨羅衣掩詩句，舉頭空羨榜中名」的詩句，表達了對自己才華的自信和不能與男子同登金榜、一展雄才的遺憾，真是巾幗不讓鬚眉。

　　因為唐朝婦女讀書看報，知識水準提高，思想層次也就提升了，尤其是武則天當政的時候，婦女的社會地位更是提高，她們所受到的封建禮

教束縛和壓迫較後代來說是比較少的，也有較多的自由，因此也就形成了唐代婦女開朗、奔放、勇敢、活潑的精神面貌，以及獨特的風格和思想觀念。

唐朝女性大多追求個性美，多種多樣的風格一點不亞於法國巴黎時裝週。那時候的女性就知道趕潮流，走個性路線。當時很盛行穿胡服、戴胡帽；施面妝也是「濃妝豔抹」。唐朝婦女的日常服裝，上身著衫，下身穿裙。衣裙上有瑰麗的花紋，裙子以紅、紫、黃等鮮豔的暖色調為主，雍容大氣盡顯其中。

不但穿的比較開放，生活習性上也很開放，女人也可以大口喝酒，大口吃肉。而且那個時候的婚姻思想開放，貞節觀念淡漠。女人改嫁是常事，一些公主，貴族女不但老換丈夫，還養男寵，當然，這可能跟武則天有這愛好也有關係。

不過唐朝對此要求也完全不嚴格，從宮廷到民間，人們性生活的自由度相當大。白居易在《琵琶行》裡敘述了一位商人婦在丈夫外出時夜半與一群陌生男子在船上聚會交談並彈奏琵琶的事情。宋朝人洪邁曾感歎道：「瓜田李下之疑，唐人不飢也。」這哥們估計想，憑什麼唐朝就這麼快活，到我們宋朝這就那麼多要求。

武則天的統治，不論是從哪方面來講，都是有利於社會發展的，她在太宗、玄宗之間是一個承上啟下的人物，她的統治有貞觀遺風。她在位15年，後來被迫將位子讓給了自己的兒子，李唐皇室又恢復了。

佷子來做主

唐朝真的是個偉大的朝代，所謂偉大就是它充滿了神奇。一個女人在中國的歷史上可以爬到皇帝的位子，實在是在那個偉大的朝代才能夠實現。後來姓李的把皇位又拿了回來，這就是唐中宗。

唐中宗和韋皇后真是奇怪的夫妻倆。李賢眼睜睜地看著自己的偉大

BC　上古時期
秦
— BC200　西漢
— 0
東漢
— 100
— 200
三國
— 300　曹
— 400
南北朝
— 500
— 600　隋朝
唐朝
— 700　武則天稱帝
安史之亂
— 800
— 900　五代十國
北宋
— 1000
— 1100
南宋
— 1200
元朝
— 1300
明朝
— 1400
— 1500
— 1600
清朝
— 1700
— 1800
— 1900　中華民國
— 2000

的母親把父親擠到小板凳上，她自己當然一屁股坐在了龍椅上面不願意起來。這點總該教會他不能娶個太厲害的女人做老婆，可是他偏偏娶了個終身把自己婆婆當做偶像的韋氏。

而韋皇后也真是的，無論怎麼說她總該是李家的人，李家的江山是誰搶走的？自然是姓武的。他們回來的第一天就應該把威脅給除了，她竟然唱了個反調，重用武三思，實在是搞笑至極。

幸好的是，李家總算還有有出息的人在，命不該絕。李隆基就是姓李的希望，他年紀輕輕就除了想重走武則天道路的韋皇后，然後幫助自己的父親復了位。

唐睿宗心裡明白：自己這個兒子是他那偉大的媽媽武皇帝（武則天倒是生了幾個有自知之明的膽小兒子）一手帶大的，有出息。而看看自己已經這樣了，不如讓賢吧，讓有能耐的人來接管這個爛攤子。

那就讓李隆基來接吧。李隆基是一個充滿玄妙的奇特之人，他玄就玄在幾乎是個文武全才，史書上說他：「性英武，善騎射。通音律、曆象之

學。」奇就奇在無論在什麼場合中，都能扮演好相應而又出色的角色。

他出生的時候正是奶奶武則天主政要做女皇的時候，所以他幼時就經歷了錯綜複雜的宮廷變故，這就促使他形成了意志堅定的性格，也培養了他卓越的政治素質，敢於在鐵與血、生與死的光影中進行角逐。

他小時候就很有大志，在宮裡自詡為「阿瞞」，雖然不被掌權的武氏族人看重，但他一言一行依然很有主見。他七歲那年，一次在朝廷舉行的祭祀儀式上，當時的金吾將軍武懿宗大聲訓斥侍從護衛，李隆基馬上怒目而視，喝道：「這裡是我李家的朝廷，干你何事！竟敢如此訓斥我家騎士護衛！」

這一舉動讓在場的人目瞪口呆。後來武則天得知後，不但沒有責怪李隆基，反而對這個年小志高的小孫子倍加喜歡。到了第二年，李隆基就被封為臨淄郡王。

發明蒸汽機

美國獨立
拿破崙稱帝

美國南北戰爭開始

第一次世界大戰
第二次世界大戰

　　　　2000─

李隆基雖然年輕氣少，但不失老練，他將各種輿論視為玩物，一切從實際出發，憑需要而定揚棄態度。另外他對政治有著自己獨到的見解。可

能是受太宗皇帝的影響，他認為政治需要冒險精神，大成功必須大冒險，為了成功，可以不擇手段，甚至不顧親情。

所以，李隆基毫不猶豫的幹掉太平公主，幹掉一切跟他作對的人，自己奪過了李唐的大旗，氣宇軒昂地走了下去。

姚崇滅蝗

李隆基剛當上皇帝的時候，大唐朝簡直慘不忍睹，這可激燃了他的鬥志。他可是鐵了心要做一個明君，當年，唐玄宗把年號改為「開元」，表明了自己勵精圖治，再創唐朝偉業的決心。

他做的第一件事就是把周圍的親信挑選了一番。姚崇這個時候做了宰相。雖然不是在打仗的時候，扮演至關重要的角色，但是作為一個「救時宰相」倒是當之無愧的。

那個時候，整個國家的情況都不是很好，今天這裡淹了水，明天那裡又火災。到了最後，連蝗蟲也要來湊個熱鬧。一個個蝗蟲在莊稼地裡密密麻麻地示威遊行，老百姓們是愁了又愁。心想道這該除了的人都死了啊，新的開始怎麼還不給人活路呢。

老百姓們的痛苦不斷的升級，大家紛紛跑去求天求地，可是就叫天天不應，叫地地不靈的，真的是天地不仁啊。姚崇在京城裡已經做到宰相了，按理說一般這個位子上的人哪能聽到老百姓們的叫天叫地的，他們錦衣玉食就好了啊。

但是，姚崇卻不是，他上書給李隆基，毛遂自薦說：不就是個小蝗蟲嗎？陛下您批准我去治牠們，保管辦得妥妥當當。李隆基一看，可喜了，正愁沒有人接這個苦差事呢，剛好，有人送上門來了。

姚崇切切實實走到鬧蝗災的農田裡才明白什麼叫做災難：整個土地連一片生機也沒有，蝗蟲卻依然猖獗。他開始想辦法了，這些蟲子，怎麼才能弄死牠呢？其實弄死還不簡單，問題是這個數量，這個規模，讓人看著

BC　上古時期
— BC200　秦　西漢
— 0
東漢
— 100
— 200　三國
晉
— 300
— 400　南北朝
— 500
— 600　隋朝　唐朝
武則天稱帝
— 700　安史之亂
— 800
— 900　五代十國
北宋
— 1000
— 1100　南宋
— 1200
元朝
— 1300
明朝
— 1400
— 1500
— 1600　清朝
— 1700
— 1800
— 1900　中華民國
— 2000

就害怕，哪裡有法子下手啊。

幸好姚崇自己說要來治理蝗災，不處理完他也交不了差啊，他想了個好辦法：在田地裡生上火堆，這些蝗蟲喜歡光啊，牠們就朝著明亮的地方飛去，這樣一個個小命就這樣被大火給要了。就這樣，沒用多久，蝗蟲就被姚崇給壓下去了。

回朝請命的時候。李隆基暗地裡高興，他是找了個好的宰相幫著他啊，自然開心。後來姚崇當宰相的那陣子，他東面撲火，西面洩洪，做了不少的實事，慢慢地為李隆基創作出來的開元盛世打下了基礎。

後面，唐玄宗還有好幾個宰相接姚崇的位子，也都像模像樣的，比如說宋璟、張說啊。但是後來，唐玄宗厭煩了，他愛上了楊貴妃，再後來怎麼樣大家都知道，美人終究比江山難得啊。所以對於唐玄宗這樣的聰明人來說，做得好沒什麼，主要的是你能不能堅持。

慣出了壞毛病

唐玄宗統治前期，政治清明，國家強盛，經濟空前繁榮，「開元之治」算得上是一部傑作。杜甫曾用那首《憶昔》對此進行歌頌：「憶昔開元全盛日，小邑猶藏萬家室。稻米流脂粟米白，公私倉廩俱豐實。九州道路無豺虎，遠行不勞吉日出。齊紈魯縞車班班，男耕女桑不相失。」

「公私倉廩俱豐實」，這意思就是無論是國庫還是個人，那倉庫裡都是滿的。國家有錢，老百姓也有錢，公家和私人都很富有，這樣的國力才是最強盛的。那個時候的唐朝是西方仰慕的天朝上邦。

GDP最能反映一個國家的經濟水準，那麼，如果用一些數字來證明唐朝當時社會的繁榮，下面這幾個數字最有說服力。

第一個數字，7000萬。這是唐玄宗統治的天寶（西元742年～755年）年間的全國人口數。而那個時候的東法蘭克福王國從塞納河到萊茵河之間的人口是200～300萬。直到16世紀，地中海地區的人口才5000萬至6000

BC
耶穌基督出生 0
君士坦丁統一羅馬
羅馬帝國分成兩部
波斯帝國 500
回教建立
凡爾登條約
神聖羅馬帝國建立 1000
十字軍東征
蒙古第一次西征
英法百年戰爭開始
哥倫布發現新大陸 1500
英國大破無敵艦隊
發明蒸汽機
美國獨立 拿破崙稱帝
美國南北戰爭開始
第一次世界大戰 第二次世界大戰
2000

萬。在農業經濟為主的時代，人口就是生產力。唐玄宗時期人口繁盛，反映了當時中國整體經濟實力是獨步於世界民族之林的。

第二個數字，66億畝。這是唐玄宗時期全國的耕地面積。唐朝的版圖，比之於漢代，有新的拓展；大運河把黃河流域與長江流域更密切地聯繫在一起。根據史料推算，當時全國實際耕地面積約850萬頃，折合今畝達66億畝，每人平均佔有達9畝多。

第三個數字，70餘國。這是《唐六典》列舉的開元時期前來朝貢的蕃國數。這些蕃國，從東亞的日本、朝鮮到東南亞地區的諸國，從今日中國邊疆少數民族政權到中亞、西亞乃至地中海地區的一些國家，都對唐朝中央政府建立了一種朝貢的政治關係。開元時代，長安、揚州、廣州等城市，雲聚著從海陸絲綢之路來華的胡商蕃客，成為溝通中外經濟、文化與政治聯繫的重要管道。

第四個數字，53915卷。這是開元年間整理國家圖書館的藏書數。《新唐書》中記載唐朝「藏書之盛，莫盛於開元，其著錄者，五萬三千九百一十五卷，而唐之學者自為之書，又二萬八千四百六十九卷。嗚呼，可謂盛矣！」

這四方面，一個比一個厲害，李隆基的確是個人才，年紀輕輕的就讓唐朝發展的這麼好。也可能是成功的太容易了，李隆基很快就在安逸的生活中，滋生了不少壞習慣。

當時的社會也的確是沒什麼再有能夠讓他操心的事了，大臣們都吹捧著他，周圍國家也都臣服他，他自然就飄起來了，他那些壞毛病，都是這大好的環境給慣出來的。

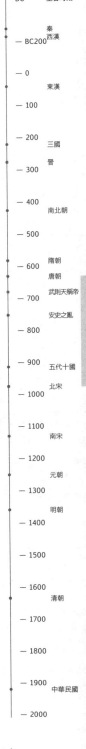

盛世驟然抽搐

驚破一簾幽夢

輕移蓮步出華清池的玉環，體態生香，在絲竹聲中翩翩起舞，翩若驚鴻，目光流轉百媚生，一旁的玄宗如癡如醉。「若祿山也在朕身邊該多好！」想起上次為他餞行時，自己還將御衣脫下贈給他，想來已經是一年前的事了。殊不知安祿山那小子已經在范陽作亂了，漁陽的鼙鼓生生地將他的霓裳羽衣曲「撕」成了後庭花之樂。

西元755年，安祿山找了個爛藉口從長安回到范陽，他找人弄了個假詔書給將士們看：「看清楚了，這可是皇帝的密旨，讓本人帶著各位大將軍去幹掉楊國忠。」這才跟史思明串通，帶著十幾萬人馬嘩啦啦地往南邊去了。唐太宗雲裡霧裡地跟做夢似的，剛才還念著愛臣祿山，這會兒可傻了眼。

其實，明眼人早就看出安祿山這傢伙圖謀不軌了，整天不務正業的，盡顧著給自己搜羅軍隊和人馬了。天寶元年的時候，他手裡的兵力已經占了全國的三分之一，之後又利用民族之間的紛爭大搞分裂，兼併了阿布思的數萬精兵，總兵力上了20萬。

張羅了差不多十來年，老安已經準備得差不多了，這時候唐玄宗也步入了爺爺級別，朝廷裡亂七八糟不成體統。老安之所以這回跟楊國忠過不去，就是因為這姓楊的不太老實，成天在唐玄宗面前告他的狀，說他要造

BC

耶穌基督出生　0—

君士坦丁統一羅馬
羅馬帝國分成兩部

波斯帝國　500—

回教建立

凡爾登條約

神聖羅馬帝國建立
1000—

十字軍東征

蒙古第一次西征

英法百年戰爭開始

哥倫布發現新大陸
1500—

英國大破無敵艦隊

發明蒸汽機

美國獨立
拿破崙稱帝
美國南北戰爭開始

第一次世界大戰
第二次世界大戰

2000—

反之類的。

　　實際上楊國忠也搞不懂老安這傢伙怎麼跟他槓上了，其實都是私人問題。想當年，老安入朝的時候，楊國忠跟楊貴妃姊妹都出去迎接他的到來，奉為貴賓。楊國忠還特意地表現良好，扶著老安上下大殿的樓梯。可是老安卻看不上楊國忠這小子，於是楊國忠怒了。

　　再加上太子李亨也天天在老爹面前說老安要造反，他手上可是有十幾萬人馬啊！唐玄宗有點擔憂，於是就聽了楊國忠的話，把老安弄進朝廷來了，看著他，看他要幹點什麼事。老安這麼精明的一個人，怎麼能不明白皇帝的意思呢？他就這麼進了長安，反倒讓楊國忠困惑了。

　　天寶十三年，老安見了唐玄宗，一把鼻涕一把淚地說：「臣本來就是少數民族，陛下不嫌棄所以用了臣，對人對事都不敢怠慢。無奈楊國忠嫉妒臣，污蔑臣要造反，看來臣的大期也快到了。」

　　唐玄宗聽了老安這些話心裡也不是個滋味，趕緊安慰安慰這老傢伙，從此更信任他了。以後誰要是再敢說老安要造反，唐玄宗就直接讓老安來處置。後來大家都知道老安要造反，可是沒一個人敢說。

　　老安從長安回到范陽之後，就發動了一場「安史之亂」，鬧得大唐王朝再也沒了安穩的日子。大唐的百姓那可不是一般的百姓，不知道多長時間都沒見過戰爭長什麼樣了，這回可倒好，聽說要打仗了，一個個嚇得都喪了膽。就連在城樓上看門的士兵，聽說叛軍打過來之後，竟然也跟著逃跑了。

　　這時候唐玄宗也正帶著心愛的女人往成都那邊逃，不料途中又出了個馬嵬兵變，可憐玉環香消於此。沒過多久，唐玄宗的兒子李亨在靈武坐上位，就是唐肅宗，他派郭子儀和李光弼去跟老安鬥。

　　西元757年，老安被自己的兒子殺死了，唐軍趁機收了長安和洛陽等地。後來唐肅宗害怕郭、李謀反，又把兵權給了對兵法一竅不通的魚朝恩。而史思明也沒閒著，不久他又把洛陽給拿下了，不料他兒子也不是個省油的燈，估計是跟老安的兒子學的，也把他老爹殺了。

　　西元762年，洛陽又被唐軍收回，史思明的兒子也被殺掉。安史之亂

BC　上古時期

— BC200　秦　西漢

— 0　東漢

— 100

— 200　三國

— 300　晉

— 400　南北朝

— 500

— 600　隋朝　唐朝

— 700　武則天稱帝　安史之亂

— 800

— 900　五代十國

— 1000　北宋

— 1100　南宋

— 1200　元朝

— 1300

— 1400　明朝

— 1500

— 1600　清朝

— 1700

— 1800

— 1900　中華民國

— 2000

折騰了八年總算是完事了，可是大唐王朝也快不行了。

草人借箭

　　唐軍和安祿山的叛軍作戰的時候，唐玄宗一溜煙地離開長安後，長安就失守了，郭子儀、李光弼聽到長安失守，不得不放棄河北，李光弼退守太原，郭子儀回到靈武。原來已經收復的河北郡縣又重新陷落在叛軍手裡。

　　安祿山也不是個草包，他的大軍在進入潼關之前，他先派了唐朝的降將令狐潮去進攻雍丘（今河南杞縣）。雍丘附近有個真源縣，縣令張巡是個很猛的人，他帶了一千多個壯漢，佔領了雍丘，和令狐潮的人打了個不亦樂乎。

　　令狐潮看這個張巡也是個人才，就想誘降他，正巧長安失守的消息傳來，令狐潮就寫了封信給張巡，說你看長安都沒了，你還守著這麼個小縣城幹什麼啊，不如跟我們一起反了吧，有你好果子吃。

　　張巡不理他，接著打。令狐潮一看這人真是茅坑裡的石頭，又臭又硬。他就不認真和張巡打，就是把張巡他們圍起來，讓你們跟我打，我有的是時間，等你們吃的喝的用完了，看你們還怎麼跟我鬥。

　　令狐潮計畫的很好，張巡看到令狐潮好像就要住這了似的，天天吃吃喝喝的，可是自己城裡的糧食武器卻是越來越少了，這樣下去，肯定是自己吃虧。於是張巡就想了個好主意，他趁一天晚上夜黑風高殺人夜，做出了行動。

　　那天晚上，雍丘城頭上黑漆漆一片，隱隱約約有成百上千個穿著黑衣服的士兵，沿著繩索爬下牆來。

　　很快這些人影就被令狐潮的人發現了，他們趕緊報告給令狐潮，說張巡派人來偷襲了，我們趕緊反擊吧。

　　令狐潮說打，那就打死他們。然後他就命令士兵向城頭放箭，一直

BC

耶穌基督出生　0—

君士坦丁統一羅馬

羅馬帝國分成兩部

波斯帝國　500—

回教建立

凡爾登條約

神聖羅馬帝國建立
　　　1000—

十字軍東征

蒙古第一次西征

英法百年戰爭開始

哥倫布發現新大陸
　　　1500—

英國大破無敵艦隊

發明蒸汽機

美國獨立
拿破崙稱帝

美國南北戰爭開始

第一次世界大戰
第二次世界大戰

　　　2000—

放到天色發白，忽然他發現有點不對勁了。那些人光站那不動，再仔細一看，這城牆上掛的全是草人，那些草人上全是箭。

原來這是張巡使的計策，來騙箭的。上了當的令狐潮大呼上當也晚了，自己白白送了張巡幾十萬支箭。

這件事把令狐潮氣的好幾天吃不下飯，又過了幾天，還是個夜黑風高的晚上，城牆上又出現了一群黑人。令狐潮接到報告，他說不用緊張，那都是草人，是張巡來騙我們的箭的，不用搭理。

可是這次不是草人，而是張巡派出的五百名勇士。這五百名勇士趁叛軍不防備，向令狐潮的大營發起突然襲擊。令狐潮來不及阻止抵抗，就被殺的四處亂逃，帶著一些士兵一直跑了十幾里路才停下來。

再次上當的令狐潮這次氣得肺都要炸了，他回去後又增加了兵力攻城。張巡照樣不怕他，跟他拼的火熱。令狐潮好幾次進攻，都被張巡打得抱頭鼠竄，但是令狐潮也有毅力，就是不退兵，跟張巡玩周旋戰，他屯兵在雍丘北面，不斷騷擾張巡的糧道。

說起來有點丟人，令狐潮帶了幾萬兵馬，而張巡不過就是一千多人，但一年多過去了，令狐潮就是沒把張巡收拾了，反而經常被張巡打一頓。後來睢陽（今河南商丘，睢音雖）太守許遠派人向張巡送來告急文書，說叛軍大將尹子奇帶領十三萬大軍要來進攻睢陽。張巡這才先放過令狐潮，趕緊帶兵到睢陽去了。

南霽雲借兵

尹子奇帶著十幾萬人馬前來進攻，而守城的唐軍才只有幾千人。由於張巡在打仗方面有著過人的才能，因此睢陽許遠就讓張巡守城。果不其然，在兵力懸殊很大的情況下，張巡的人馬居然幹掉了叛軍二萬多人。

尹子奇沒想到對方是個厲害的傢伙，就暫時退兵了。可是不出兩個月，他又得到了支援，再次圍在睢陽城底下，還不停地叫囂。在城裡守著

BC　上古時期

— BC200　秦　西漢

— 0
　　　　東漢
— 100

— 200　三國
　　　　晉
— 300

— 400　南北朝

— 500

— 600　隋朝
　　　　唐朝
　　　　武則天稱帝
— 700
　　　　安史之亂
— 800

— 900　五代十國
　　　　北宋
— 1000

— 1100
　　　　南宋
— 1200

— 1300　元朝

　　　　明朝
— 1400

— 1500

— 1600
　　　　清朝
— 1700

— 1800

— 1900　中華民國

— 2000

的張巡聽了外面的叫囂聲也急了。

一天晚上，張巡讓手下的人咚咚咚地敲起了戰鼓。這時候在外準備攻城的叛軍還以為裡面的人要殺出來了，尹子奇就讓他的人馬時刻準備著。可是直到天亮，也不見裡面的人出來。由於精神一夜高度緊張，到了早上，尹子奇的士兵已經沒了精神，一個個都昏睡了過去。這正中了張巡的計。只見張巡帶著大兵就往城外衝，殺了尹子奇的部隊一個措手不及。

這時候張巡想趁機把尹子奇幹掉，可是對方卻是個狡猾之人，他穿的衣服跟周圍的將士沒什麼兩樣，讓張巡不能確定。後來張巡讓手下的人用野蒿做成箭，咻的一下就射到了尹子奇眼前，尹子奇一看，便認為裡面的人連兵器都沒有了，頓時樂了起來。

可是這廝沒想到又中了張巡的計，臉上綻放的笑容還沒有收回去，只見他的左眼已經被另一支利箭給射瞎了。張巡立刻帶著人馬又殺了尹子奇的部隊一回。

尹子奇差點沒被氣死，可也只能回家養傷去了。休養好了以後，尹子奇又捲土重來，把睢陽圍了個水泄不通。可是經過長時間的折騰，張巡的部隊已經幾乎要彈盡糧絕了。危急之時，張巡趕緊讓大將南霽雲前往臨淮跟賀蘭進明求救。

賀蘭進明是個沒種的傢伙，他因為害怕跟叛軍打，所以就堅持不肯出兵相救。不僅如此，他還看上了南霽雲這位硬漢子，非得讓南霽雲跟著自己混，還要請南霽雲喝酒。南霽雲怎麼喝得下，他急得都快哭了。後來見賀蘭進明是真的不肯相救，無奈只好咬下了自己一根手指，作為交代。

後來南霽雲不知道從哪弄來了三千大兵，等到了睢陽城的時候因為躲避不利被尹子奇的部隊發現了，他們立即被圍了起來。一場硬仗開始在城外打了，裡面的張巡聽到外面淒慘聲一片，知道是南霽雲大將軍回來了，趕緊把城門打開讓他們進來。

南霽雲眼淚嘩啦地跟大家說了自己借兵的經過，聽到沒有援兵相救以後，城裡的將士們都嗚哇哇地哭了起來。這個時候張巡的部隊除了決一死戰沒有別的選擇，他們為了擋住叛軍的南下的去路，決定跟尹子奇血拼。

最後，張巡的部隊幾乎全軍覆沒。

西元757年，睢陽被叛軍佔領，唐軍的大將全部被殺。

失去對手了

坐穩長安，收復洛陽後，唐肅宗便派大軍去圍剿逃到河北的安慶緒。這次進軍，唐軍一共集中了九個節度使帶領的六十萬兵力，歸郭子儀和李光弼領導。但是唐肅宗怕這兩人擁兵自重，到時候不帶兵打叛軍，反而把自己給端了，那自己可把笑話鬧大了，於是他就故意不設主帥，卻派了一個完全不懂打仗的宦官魚朝恩作觀軍容使（監視出征將帥的軍事長官），九個節度使都得聽他指揮。

唐肅宗這招實在太爛了，那個魚朝恩除了會吃會喝，什麼事也不會。當時唐軍攻打鄴城的時候，史思明又舉兵反唐，從范陽帶兵救援安慶緒。六十萬的唐軍在魚朝恩的指揮下，一敗塗地，只能倉皇的逃回去了。

結果魚朝恩還把失敗的責任全推給郭子儀，唐肅宗本來就怕郭子儀權勢太大了，這次可逮住個機會懲罰他了，就趕緊把郭子儀朔方節度使的職務撤了，讓李光弼接替郭子儀的職務。

李光弼剛接手，還沒有做什麼準備的時候，叛軍裡頭又出事了，史思明在鄴城殺了安慶緒，自立為大燕皇帝，然後就整頓人馬帶到洛陽來了。洛陽城的官員們很害怕，都想逃走，這個時候李光弼毅然決然地站了出來，他將百姓和官員撤出洛陽，然後就帶兵去了河陽，等史思明進到洛陽城的時候，發現這已經成了一座空城，要米沒米，要人沒人的。

後來史思明害怕李光弼偷襲，就也去到河陽那邊駐紮下來，和李光弼的唐軍對峙。李光弼知道史思明人多，就不跟他硬拼，他聽說史思明從河北帶來一千多匹戰馬，每天放在河邊沙洲洗澡吃草，就命令部下把母馬集中起來，又把小馬拴在馬廄裡，等叛軍的戰馬一到沙洲，就把母馬放出來和敵人的戰馬混在一起。過了一會兒，母馬想起小馬，嘶叫著奔了回來，

BC　上古時期
秦
—BC200 西漢
—0
東漢
—100
—200 三國
—300 晉
—400
南北朝
—500
—600 隋朝
唐朝
—700 武則天稱帝
安史之亂
—800
—900 五代十國
北宋
—1000
—1100
南宋
—1200
元朝
—1300
明朝
—1400
—1500
—1600 清朝
—1700
—1800
—1900 中華民國
—2000

敵人的戰馬也跟著到唐軍陣地來了。

　　史思明白白丟了一千多匹戰馬，心裡氣得要命，他就想以牙還牙去報復唐軍，為了顯示一下自己的智慧，史思明也要智取，他集中了幾百條戰船，打算從水上進攻，前面用一條火船開路，想要把唐軍準備的浮橋燒掉。

　　但他的計畫被李光弼打聽到了，就命士兵準備好了又粗又長的竹竿，等史思明的那條火船一到，用竹竿頂住火船，把火船頂的沉入河底，然後唐軍又在浮橋上用石頭攻擊史思明準備的戰船，史思明又敗了。

　　就這樣幾次三番的進攻，史思明都被李光弼打退了，雙方就這樣僵持了很長時間，後來史思明兵力大減，他退回了洛陽。唐肅宗急於收回洛陽，加上一旁魚朝恩在講壞話，他就死命地催李光弼進攻洛陽。

　　李光弼說還不是攻打洛陽的時候，但是唐肅宗就是不聽，後來李光弼攻打了洛陽城，還打了個勝仗，唐肅宗還是以他不聽話為由，撤了他主帥的職位。史思明一看李光弼不領導隊伍了，就趕緊去攻打長安，要不是他後來被自己兒子殺死，只怕安史之亂還沒完呢。

　　史思明一死，叛軍再次四分五裂，這下被唐軍逮住了機會，狠狠地修理了一頓，安史之亂就此才算落下了帷幕。

下坡路走得快

瞎話沒編好

從唐穆宗開始以後，唐朝之後的皇帝就都是由宦官擁立的了。宦官的權力大到無可限制，想想，皇帝誰當都由他們說了算，那這天下誰還能管得住他們，後來唐穆宗之後，他的兒子李昂，也就是唐文宗即位。在唐文宗即位的第二年，各地推薦的舉人到京都應試。有一個舉人叫做劉蕡（音焚），在試卷中的答題裡公開反對宦官，認為國家如果要發展，就先得把權力從宦官手裡奪出來，將政權交給文武百官。

這話說得很好，讓閱卷的幾位考官看的很高興，但他們誰也不敢把這試卷遞給皇帝看，萬一這試卷被宦官們看到，他們的位子也就保不住了。於是乎，說了實話、文筆最好、思想最有深度的劉蕡沒考中，其他人倒是都考中了。

這件事情說明那個時候的宦官勢力影響之大，這件事讓唐文宗也很鬱悶，自己堂堂的一國之君，可是卻要聽一群太監擺佈，這皇帝當的也太窩囊了，想來想去，他決定起而反之，幹掉宦官們，自己當家做主人。

做好打算，就開始準備計畫了，有一次，唐文宗生了場大病，正好宦官頭子王守澄手下有個官員叫做鄭注，精通醫道。王守澄就把他推薦給了唐文宗治病。

這小子果然有兩下子，唐文宗吃了他開的藥，病一天天的就好了起

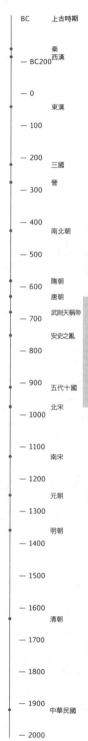

來。在給唐文宗治病的這些日子裡，唐文宗發現鄭注口齒伶俐，是個人才，就把他提拔為御史大人。

鄭注當了官，走了運，也不忘記幫朋友。他有個朋友李訓，聽說他當了大官就來投靠他，鄭注就把他推薦給了唐文宗，很快李訓也得到文宗的信任，後來，竟被提升為宰相。鄭李二人成了唐文宗的心腹，唐文宗就把自己想剷除宦官的心事告訴了他們，他們也積極的表示了支持。

當時的宦官頭頭王守澄掌握大權，要想解除宦官的權力，就得從他下手，他們打聽到王守澄手下有個宦官仇士良，跟王守澄有嫌隙，就讓唐文宗把仇士良任為左神策中尉，讓他跟王守澄鬥去了。

等仇士良把王守澄鬥下去，唐文宗就解除了王守澄的兵權，賜了他一杯毒酒。王守澄死了，接下來就該對付仇士良了。仇士良非常狡猾，不好對付，他們就決定智取。

李訓聯絡了禁衛軍將軍韓約，決定裡應外合。一天，唐文宗上朝的時候，韓約裝模作樣的說禁衛軍大廳後院的一棵石榴樹上，昨天夜裡降了甘露。降甘露是個很吉利的事情，李訓趕緊說要先替皇帝去視察一番，他晃了一圈回來說好像不是真的甘露，要讓唐文宗再派人去查查。

唐文宗就讓仇士良帶領宦官去觀看，仇士良又叫韓約陪著一起去。韓約膽子小，他走到門邊的時候就已經嚇得不行了。仇士良看他神情覺得不對勁，又覺得院子裡有些詭異，就沒進去，直接奔到唐文宗那裡，把唐文宗綁架走了。

等到李訓追上去的時候，仇士良領著一幫宦官早把唐文宗帶走了。看到預謀失敗，李訓只好化妝潛逃，但最後還是被宦官們派人殺死，這次牽扯到了一千多人，無論官職大小，統統被誅殺，歷史上把這個事件稱為「甘露之變」。

美國獨立
拿破崙稱帝

美國南北戰爭開始

第一次世界大戰
第二次世界大戰

　　　2000—

甘露之變後，宦官們更加嚴密的把唐文宗看管了起來，唐文宗想到奪權無望，就乾脆混吃等死起來，過了五年，病死了。仇士良立文宗的兄弟李炎即位，這就是唐武宗。

仙丹害死人

唐朝的大部分皇帝還有一個共同的愛好，那就是愛吃藥。從唐太宗的時候，就熱衷於吃丹藥來追求長生不老了。

煉丹在中國歷史發展中由來已久了，中國煉丹術的發明源自古代神話傳說中的長生不老的觀念。如后羿從西王母處得到不死之藥，嫦娥偷吃後便飛升到月宮，成為月中仙子。典籍中沒有確切的紀錄知道古代的服藥者吃什麼丹藥以求長生，但若根據晉人編纂的《列仙傳》，他們所服食的是包括丹砂、雲母、玉、代赭石、石、松子、桂等未經制煉的礦物和植物。

西元前3世紀中國就開始出現了煉丹，到了東漢，方士們的神仙思想發展成為道教，煉丹的風氣便深入民間。除了中國發展煉丹術以外，8世紀，阿拉伯也出現了煉丹術，他們追求一種叫做阿爾伊克西爾的萬應靈丹，指望用它來使人長壽。約12世紀，阿拉伯煉丹術隨著伊斯蘭教的勢力傳播到歐洲。

煉丹術在唐朝時期已經進入黃金時代。許多皇帝因服食丹藥中毒身亡，因此許多專家均提出方術丹藥不可盡信的警告。但皇帝們仍堅持煉丹，因不是所有丹藥都是有毒的，有人亦以金丹毒為戒，改用其他方法追求長生，而且當時「以毒攻毒」的觀念在現代醫學上是成立的。

根據清人趙翼在《廿二史箚記》卷19《唐諸帝多餌丹藥》中記載，唐太宗、高宗、憲宗、穆宗、敬宗、武宗、宣宗皆服丹藥中毒致死。大臣如杜伏威、李道古、李抱真皆因服食中毒而亡。可見當時迷信丹藥成風。

唐太宗是唐諸帝中第一位迷戀金丹服餌養生術的皇帝。長期的戎馬生涯和緊張激烈的政治、軍事鬥爭，極大地損壞了太宗的身體，至晚從貞觀六年開始，太宗的體質就每況愈下。

在西元636年（貞觀十年）遼東戰役回來時，唐太宗得病，此後一直調養，由此開始服用方士提煉的金石丹藥。先前唐太宗還曾經嘲笑秦皇漢武迷戀方術和尋求丹藥，後來自己也不由自主地陷進去了。

BC　上古時期

秦
— BC200　西漢

— 0
東漢

— 100

— 200　三國
晉
— 300

— 400
南北朝

— 500

— 600　隋朝
唐朝
— 700　武則天稱帝
安史之亂
— 800

— 900　五代十國
北宋
— 1000

— 1100
南宋
— 1200

元朝
— 1300
明朝
— 1400

— 1500

— 1600
清朝
— 1700

— 1800

— 1900　中華民國

— 2000

BC

耶穌基督出生　0—

君士坦丁統一羅馬

羅馬帝國分成兩部

波斯帝國　500—

回教建立

凡爾登條約

神聖羅馬帝國建立
1000—

十字軍東征

蒙古第一次西征

英法百年戰爭開始

哥倫布發現新大陸
1500—

英國大破無敵艦隊

發明蒸汽機

美國獨立
拿破崙稱帝
美國南北戰爭開始

第一次世界大戰
第二次世界大戰

2000—

到西元647年（貞觀二十一年），唐太宗又與高祖一樣得了「風疾」，煩躁怕熱，便讓人在驪山頂峰修翠微宮。第二年，派人從中天竺求得方士那羅邇娑婆寐，由於長期服食「延年之藥」，結果使病情不斷惡化，最終不治身亡。看來太宗服用丹藥的動機是治病，反過來卻讓丹藥害了自己。

唐高宗與太宗頗為相像。最初他也不信神仙之說：「自古安有神仙？秦始皇、漢武帝求之，疲弊生民，卒無所成，果有不死之人，今皆安在？」然而無奈高宗的體質一直較弱，顯慶五年十月，他剛33歲，也得了「風疾」。從這以後，病情就一直沒有好轉。總章元年（西元668年），婆羅門僧盧迦逸多，向高宗進獻了丹藥，從此高宗就離不開它了。後來大臣郝處俊以太宗的教訓勸阻了高宗。但高宗並沒有停止煉丹合藥活動。高宗的病情越來越嚴重，「上苦頭重，不能視」，很快也病逝了。

後來的唐朝皇帝似乎接受了先人的教訓，唐穆宗即位後，懲辦了為憲宗煉製丹藥的方士道徒。有「小太宗」之稱的唐宣宗，對神仙之說也有較清醒的認識。他即位以後，立即杖殺和流放了煉丹的道士趙歸真、軒轅集等人。還說：「朕每觀前史，見秦皇、漢武為方士所惑，常以之為誡……雖少翁、欒大復生，不能相惑。」

可是好景不長，兩位皇帝也都不約而同地重蹈覆轍。

據《通鑑》卷二四二長慶二年（西元822年）十一月條載：「上與宦者擊球於禁中，有宦者墜馬，上驚，因得風疾，不能履地，自是人不聞上起居。」宦官王守澄曾將懂醫術、善治丹的鄭注推薦給穆宗，受到厚遇。李德裕曾說：「鄭注精於服食。」穆宗為了減輕風疾的痛苦，親信方士，討得靈丹妙藥，為他治病。不幸的是穆宗也因過度服用丹藥致使病情加重而死。

宣宗明知丹藥之危害而偏要服食，司馬光將之歸結為「上晚節好神仙」。但這又很難解釋此前宣宗所發的關於神仙的一番宏論。宣宗從小體質就很差，患過大病。此後曾多次求訪異人、醉心服食仙丹，終於走上了不歸路。

唐朝的皇帝大都自幼生長在深宮，錦衣玉食，體質本來就不健壯，及至登基以後，更少了約束，內寵成群，加之政事雜務以及惡劣的情緒和不良的生活方式，使體質更加虛弱，極易產生疾病。高祖、太宗、高宗以及順宗、穆宗、宣宗都是得風疾，而後服用大量丹藥致死。

不管是出於對疾病的治癒，還是單純地希望長生不老，李唐皇室以及上層社會以服食金丹仙藥而求長生的風氣是不值得提倡的。不過現在回過頭來看，唐代因服丹而引起的煉丹活動也推動了醫藥化學的產生和火藥的發明。

朋黨的爭吵

官場中有兩夥官員，一夥是士族出身的官員，也就是富二代。一夥是底層出身的官員，也就是貧二代。因為利益和目標不同，這兩夥人成天的搞謀略，動心機，爭爭吵吵地一直鬧了40年，這場鬧劇被歷史稱為「朋黨之爭」。

朋黨之爭起源於唐憲宗時期，唐憲宗在位時期的一次科舉考試，要選拔敢說真話的人才，有人擔心宦官勢力，就不敢直言，但是有兩個下級官員，他們看不慣當下朝政的黑暗，就在試卷裡直言不諱地指出了宦官當權的種種弊端，也提到了當時朝政中一些官員不好的做法。

考官一看試卷，嗯，答得很好，就推薦給了唐憲宗，唐憲宗也很滿意，正準備重用時，一個人跳出來，插手了這件事，他就是當時的宰相李吉甫，李吉甫是個士族出身的官員，門第觀念非常重，他看不起來自底層的科舉出身官員，現在這兩人居然還敢批評時政，要是讓這兩人來當官，那豈不是給自己添麻煩。

所以，他就跑到唐憲宗那打小報告，說這兩個人是因為跟考官關係好，所以才能把題目答好，那是因為考官給他們透露試題內容了，他們提前去準備了。唐憲宗相信了他的話，也就沒有提拔這兩個人。

BC 上古時期
秦 西漢
— BC200
— 0
東漢
— 100
— 200 三國
晉
— 300
— 400
南北朝
— 500
— 600 隋朝
唐朝
— 700 武則天稱帝
安史之亂
— 800
— 900 五代十國
北宋
— 1000
— 1100
南宋
— 1200
元朝
— 1300
明朝
— 1400
— 1500
— 1600
清朝
— 1700
— 1800
— 1900 中華民國
— 2000

BC

耶穌基督出生　0—

君士坦丁統一羅馬

羅馬帝國分成兩部

波斯帝國　500—

回教建立

凡爾登條約

神聖羅馬帝國建立
　　　　　　1000—

十字軍東征

蒙古第一次西征

英法百年戰爭開始

哥倫布發現新大陸
　　　　　　1500—

英國大破無敵艦隊

發明蒸汽機

美國獨立
拿破崙稱帝

美國南北戰爭開始

第一次世界大戰
第二次世界大戰

　　　　　　2000—

　　這兩個人，一個叫李宗閔，一個叫牛僧孺。只能繼續當自己的小官。後來李吉甫死了，他的兒子李德裕仗著老爹的地位當了翰林學士，他一看到李宗閔和牛僧孺就想到當年他們投訴自己親爹的事，一直想伺機報復。

　　唐穆宗時期的一次科舉考試中，有兩個大臣的朋友考試不行，就託這兩個大臣去向當時的考官錢徽求情，但錢徽比較正直，沒理他們。正巧李宗閔有個親戚應考，被選中了。這些大臣就向唐穆宗告發是錢徽收了李宗閔的錢，所以才讓他的親戚考中了。

　　唐穆宗就讓李德裕調查這件事，李德裕肯定的說這事情是真的，唐穆宗就把錢徽和李宗閔降了職。兩人非常冤枉，就更恨李德裕了。牛僧孺自然也是跟他們站在一條戰線上，從這以後，他們就跟一些科舉出身的官員結成一起，跟李德裕這些士族出身的官員成天明爭暗鬥。在唐文宗的時候，李宗閔投靠宦官的權勢，被推薦當上了宰相，一榮俱榮，而牛僧孺也被提為了宰相。

　　風水輪流轉，這兩人一掌權，就把李德裕調出了京城，趕到了西川（治所在今四川成都）當節度使。李德裕心裡不滿，就想著報復，那時候李德裕正好收復了一個重鎮維州，結果牛僧孺卻把這屬於李德裕的功勞算到了別人頭上，讓李德裕氣得要命。

　　後來唐文宗得知了這件事情，對牛僧孺也有了看法。但是唐文宗本人沒什麼主見，他一會兒信李德裕，一會兒信牛僧孺，讓這兩派形成相互箝制。但不論是哪派，他們都要討宦官的好，因為宦官能夠給他們很大的幫助。士族官員、科舉官員再加上宦官，這個時候的唐朝政權已經很混亂了，一直到了唐宣宗的時候，才把這夥人都貶出了朝廷。

　　這場鬧了40年的朋黨之爭才算收場，但是混亂的唐王朝已經鬧得更加不好收拾了。

還是得反

唐朝末年換皇帝比換路燈的速度還要快，在宦官的操縱下，大臣們還沒跟皇帝混熟，新皇帝就又上位了。這樣的朝廷如何能夠管好天下，老百姓一看自己的死活沒人管了，那就只能自己管自己了，反了吧，反了自己給自己做主，才是出路。

於是在唐懿宗即位那年，浙東地區爆發了裘甫領導的農民起義，隊伍壯大的很迅速，從一開始的一百多人，發展到後來的三萬多人，非常壯觀，雖然這場起義堅持了八個月，最終還是被鎮壓下去了，但還是給唐朝的農民起義打了個頭陣。

又過了八年，駐守在桂林的八百名士兵（大多是徐州一帶的農民），因為駐防期滿，上司一再延期不讓他們換防。他們一想，不行，不能這麼受委屈，就殺了軍官，發動了起義。他們從桂林向北進攻，打回老家，沿路不斷有飢民參與進了隊伍中，隊伍很快發展到了二十多萬人。雖然這次起義也被鎮壓了，但老百姓反朝廷的火苗可是越燒越旺了。

黃巢就這個時候跳了出來，西元874年，濮州（今河南范縣）地方有個鹽販首領王仙芝，聚集了幾千農民，在長垣（今河南）起義。

唐朝末年，鹽稅特別重，老百姓根本買不起鹽，但人也不能老不吃鹽，所以一些貧苦農民就去販賣私鹽。但販賣私鹽是犯法的，總是要遭受官府的打壓，王仙芝被打擊的時間久了，就想乾脆反了，於是他自稱天補平均大將軍，發出文告，得到了很多人的回應，黃巢就是其中之一。

黃巢一開始也是個良好公民，還一心想著要考取功名，光宗耀祖呢，但是他考了好幾次都沒考上，反倒是覺得現在朝廷腐敗，自己不能去跟這些人同流合污，於是他從放榜的地方出來，就寫了一首詠《菊花》的詩，用菊花作比喻，表示他推翻唐王朝的決心。

待得秋來九月八，我花開時百花殺。

沖天香陣透長安，滿城盡帶黃金甲。

BC　上古時期
— BC200　秦　西漢
— 0　　　東漢
— 100
— 200　三國
— 300　晉
— 400　南北朝
— 500
— 600　隋朝　唐朝
— 700　武則天稱帝　安史之亂
— 800
— 900　五代十國　北宋
— 1000
— 1100　南宋
— 1200
— 1300　元朝
— 1400　明朝
— 1500
— 1600　清朝
— 1700
— 1800
— 1900　中華民國
— 2000

BC

耶穌基督出生　0—

君士坦丁統一羅馬

羅馬帝國分成兩部

波斯帝國　500—

回教建立

凡爾登條約

神聖羅馬帝國建立
　　　　1000—

十字軍東征

蒙古第一次西征

英法百年戰爭開始

哥倫布發現新大陸
　　　　1500—

英國大破無敵艦隊

發明蒸汽機

美國獨立
拿破崙稱帝

美國南北戰爭開始

第一次世界大戰
第二次世界大戰

　　　　2000—

黃巢是表決心了，可是王仙芝卻臨陣退縮了，就在他們戰績一片大好的時候，王仙芝接到了朝廷招安的消息，他就禁不住糖衣炮彈的誘惑，表示願意投降。這可把黃巢氣壞了，他去找王仙芝理論，但話不投機，黃巢就自己帶著自己的部隊離開。那邊等著招安的王仙芝後來也被唐軍殺了。

黃巢獨自領著起義軍對唐軍發起了更猛烈的攻擊。不禁打的唐軍潰敗後，唐僖宗帶著家眷趕緊逃去成都了。當日，唐僖宗前腳剛跑，黃巢後腳就進了長安城。過了幾天，黃巢就在長安的大明宮裡稱帝，國號大齊。

不過可惜的是，這場耗時七年的農民起義，最後還是因為戰術問題失敗了，因為黃巢的軍隊屬於游擊作戰方式，打一仗換一個地方，沒有留下人馬防守，這也給了唐軍反撲的機會。沒多久，因為大將朱溫的叛變，使得起義軍陷入了困境。

後來黃巢領兵退出長安，在陳州（今河南淮陽）失敗之後，受到官軍緊緊追趕，最後，退到泰山狼虎谷，被人殺害了。

取唐而代之

黃巢起義失敗後，唐僖宗回到長安。這時候的大唐王朝已經是四分五裂，破的像塊抹布一樣了。各地的藩鎮在幫著朝廷鎮壓起義的時候，相互吞併，忙著擴張，勢力越發展越大，倒是唐王朝的中央政權，在這幾年的過程中基本上已經是名存實亡。

在這些藩鎮之中，勢力最強大的要數河東節度使李克用和宣武節度使朱溫了。朱溫出身不太好，從小家裡就很窮，所以他也上不起學，沒人管教，就養成了遊手好閒的習慣，成天上街打架鬥毆，是當地比較凶惡的小混混。後來黃巢起義了，他看著參軍也是條出路，就也參加了起義軍，因為比較能打，就受到了黃巢的重用。

但是眼看著黃巢的起義軍後來不行了，他就投靠了唐朝，反過來打起義軍，唐僖宗為了安撫他，給了他大量的金銀珠寶，還賞他一個名字叫

「全忠」，意思就是讓他全心全意的忠實於唐朝，安心鎮壓起義軍。

唐僖宗也是個沒腦子的，重用一個叛軍，還叫什麼全忠。後來朱溫攻打黃巢軍隊的時候，不小心打了敗仗，眼看著就要被黃巢給滅了，他趕緊向李克用求救。李克用比較夠義氣，派兵救了他。

但朱溫很不是東西，他心想李克用以後肯定會跟他爭地盤，所以得先把他除了。朱溫就請客感謝李克用救了自己，他想把李克用灌醉了害死他。結果沒成功，李克用逃走了，兩人這就算結上仇了，這兩支割據力量一直互相攻打。朱溫的勢力越來越大，李克用只能保住河東地區。

唐僖宗死後，他的弟弟唐昭宗即位，即位後，唐昭宗想廢除宦官權勢，但沒想到宦官搶先一步把他給廢了，另立了新皇帝。朱溫看到長安內又有新變動了，他就也想來插一腿，他派親信去到長安，跟宰相崔胤秘密策劃變動，宰相有了朱溫做後盾，膽子就大了，他發兵奪了宦官的權，迎接唐昭宗復位。

復位後，唐昭宗想藉著朱溫的勢力消滅全部的宦官，宦官們也不能坐著等死，就投靠了另一個藩鎮鳳翔節度使李茂貞，他們還把唐昭宗劫持到了鳳翔。朱溫一看這還得了，太不把我放在眼裡了。他立刻發兵去找李茂貞要人，李茂貞打不過朱溫，就只能把唐昭宗送出去，舉白旗投降了。

朱溫攻下鳳翔，把唐昭宗搶到手，風風光光地回到了長安，此後大權就從宦官手裡轉移到了朱溫手裡。唐昭宗白忙了一回，還是沒撈到權力，非常鬱悶。朱溫不想在長安待，他殺光了宦官，就強迫唐昭宗遷都到洛陽。臨出發前，他還非讓長安的老百姓把屋子的房板拆了，都送到洛陽去。一路上就看見老人小孩全都一人扛塊板子，跟建築隊似的。

到了洛陽，朱溫就手起刀落，把唐昭宗殺了，他另立了一個十三歲的孩子做傀儡，就是昭宣帝。隨後朱溫就展開了進一步的清洗活動，他把所有反對的人都該殺的殺，該滅的滅，到了西元907年，看到時機到了，朱溫就廢了唐昭宣帝，自立為帝，改國號為梁，建都汴（今河南開封），朱溫就是梁太祖。

三百多年的唐朝就此正式完結。

秦
— BC200　西漢

— 0
東漢

— 100

— 200
三國
晉
— 300

— 400
南北朝

— 500

— 600　隋朝
唐朝
武則天稱帝
— 700
安史之亂

— 800

— 900　五代十國
北宋
— 1000

— 1100
南宋
— 1200
元朝
— 1300
明朝
— 1400

— 1500

— 1600
清朝
— 1700

— 1800

— 1900　中華民國

— 2000

BC

耶穌基督出生　0—

君士坦丁統一羅馬
羅馬帝國分成兩部

波斯帝國　500—

回教建立

凡爾登條約

神聖羅馬帝國建立
　1000—

十字軍東征

蒙古第一次西征

英法百年戰爭開始

哥倫布發現新大陸
　1500—

英國大破無敵艦隊

發明蒸汽機

美國獨立
拿破崙稱帝

美國南北戰爭開始

第一次世界大戰
第二次世界大戰

　2000—

五代十國亂糟糟

覺都不敢睡

　　朱溫即位，建立梁。這之後的歷史就是一團亂糟糟，梁17年後被後唐取代，後唐又被後晉取代，然後是後漢，後周。53年裡換了五個朝代，而且這五個朝代裡的大部分皇帝都不是病死的，而是被害死的。

　　所以說，那個時候真是亂糟糟的，除了當時中原地區王朝更替的快之外，在南方和巴蜀等地，還有許多割據政權，有的稱帝，有的稱王，前後一共建立了九個國（前蜀、吳、閩、吳越、楚、南漢、南平、後蜀、南唐），加上在北方建立的北漢，一共是十國。所以五代時期又叫做「五代十國」時期。

　　這段時期為什麼這麼亂，就是因為他每一個皇帝都是前一朝的大將軍，他們手握重兵，幹嘛不能當皇帝。所以那個時候就是誰打贏誰，誰就是皇帝，於是五代十國時期的歷史舞臺就成了個擂臺，那陣子有好多擂臺主被打倒。

　　朱溫還想著自己要長長久久地讓梁朝維持下去呢，他哪想得到梁朝會存在那麼短的時間。他剛即位不久後，鎮海（今浙江杭州）節度使錢鏐（音流）就過來了，帶著好多禮物來祝賀，還說自己願意臣服。剛登基就有人來投誠，朱溫非常高興，就封了個吳越王給他。

　　這個錢鏐原來出身貧窮，小商小販的買賣他都幹過，後來到浙西鎮將

董昌手下當部將。黃巢起義的時候他因為保住了臨安沒被起義軍攻陷，唐王朝就封他做了節度使。

當了節度使後，錢鏐就擺起了闊氣，他在自己的地盤上蓋起了豪宅，用起了豪華馬車，每回出門都前擁後護的，帶著好幾個保鏢。錢鏐爹一看自己兒子有錢了，就忘本了，開始炫耀了，就不願意跟他一起出門了，還勸他要低調。

錢鏐查覺出親爹跟自己不親了，很納悶，我又不是沒給你好吃好喝，沒伺候你，你幹嘛疏遠我啊。於是他就跑去問他爹這是為什麼。

他爹就告訴他，你怎麼那麼沒腦子，現在什麼時代啊，大家都在搶地盤，論勢力，你這麼炫耀，不是告訴別人你有權有勢嗎？這要是誰眼紅你，還不得把你殺了。我可得離你遠點，我還想多活兩年呢。

錢鏐一聽自己爹說的有道理，從那以後，他就開始小心翼翼，只求保住這塊割據地區。為了時刻提醒自己，危機尚存，錢鏐就用一段滾圓的木頭做枕頭，叫做「警枕」，這枕頭睡覺很不舒服，枕不踏實，剛睡熟，枕頭就從腦袋底下跑了，人也就醒了。錢鏐就想這樣讓自己日日夜夜保持清醒。

除了讓自己保持清醒，他還嚴格要求將士，讓將士們也不能放鬆警惕，晚上要是站崗的士兵打盹被錢鏐發現了，那可就不得了了。

錢鏐小心翼翼的保持他在吳越的統治地位。吳越國雖然小，但是因為長期沒有遭到戰爭的破壞，經濟也漸漸繁榮起來。

戲子無情

朱溫建立梁朝的時候，在北方還有兩個較大的割據勢力。一個是幽州的劉仁恭，一個是河東的晉王李克用。李克用一直對朱溫看不上眼，一直想著要幹掉他。

這時候，契丹族開始強大起來，契丹首領耶律阿保機統一了契丹的各

BC　上古時期
秦
BC200　西漢
0
東漢
100
200　三國
晉
300
400　南北朝
500
600　隋朝
唐朝
武則天稱帝
700　安史之亂
800
900　五代十國
北宋
1000
1100　南宋
1200
元朝
1300
明朝
1400
1500
1600
清朝
1700
1800
1900　中華民國
2000

部，建立政權。在北方地區稱霸後，耶律阿保機就想到中原來擴張，西元907年，他帶著三十萬人馬，就殺進了雲州（今山西大同）。

契丹人這麼一攪和，李克用就想借刀殺人，用契丹兵力對付朱溫，雙方在雲州碰頭，商量了下一步的對策。隨後還結為了兄弟，大家拍著肩膀說好兄弟，好好合作，約定好了日子一起去打梁。但是沒想到耶律阿保機一回去打聽，原來梁的勢力更大，他就又跟朱溫結成兄弟了。

這下可把李克用氣得不輕，氣的一病不起，拖到第二年春天就不行了。臨死前，他把兒子李存勖（音序）叫到床邊，跟他說我們家有三個敵人，一個是朱溫這就不用說了，那小子當年恩將仇報，要不是你爹我跑得快，那可就沒你了。第二個是劉仁恭，原先跟我是兄弟，後來居然投靠朱溫，也該死。第三個就是耶律阿保機，看我勢力小，就對我出爾反爾。兒子啊，這三個敵人，你可得替我滅了。

說完，李克用就交給李存勖三支箭，讓他時刻記住這三個敵人。

李克用死後，李存勖接替他父親做了晉王。他果然很孝順，為了替父親報仇就用心訓練士兵，整頓軍紀，把原先散漫的沙陀族士兵訓練得跟飛虎隊一樣。最大的敵人是朱溫，自然是先去找他報仇。

李存勖出兵跟梁兵進行了幾次大戰，每次都把朱溫打得頭昏腦脹，後來朱溫又羞又氣，發病死了。第一個仇人死了，接著去打第二個仇人，李存勖調轉方向，又攻破幽州，把劉仁恭和他的兒子劉守光都活捉過來，押回太原。

西元916年，耶律阿保機即位稱帝，過了五年，派兵南下，李存勖親自出兵，把耶律阿保機趕回了老家。

這邊朱溫的兒子梁末帝開始對李存勖報復，你氣死我爹，我就要打死你。雙方你死我活的打了十餘年仗，最後李存勖贏了，他滅了梁朝，統一了北方，後來他就即位稱了皇帝，改國號為唐，建都洛陽。這就是後唐莊宗。

仇也報了，事業也有了，唐莊宗想自己這下可清閒了，就搞了點業餘愛好，就是看戲。他從小就愛看戲，不過因為中間有事業要忙，就先把愛

好放一邊了，現在事業穩固了，就重拾舊好，不但愛看戲，他還喜歡上了演戲。

他還給自己起了藝名，叫「李天下」。李天下每天就什麼事情也不管，就是和一堆戲子在臺上唱戲。時間久了，他就想把戲子封為官員。戲子哪會當官，所以後唐朝政越來越混亂了。

看不慣的後唐將軍李嗣源（李克用的養子）帶兵反了，唐莊宗對叛變毫無還手之力，後來他在混亂中被流箭射死。

李嗣源接替唐莊宗做了後唐皇帝，這就是唐明宗。

老不羞當兒子

唐明宗在位的時候，他手下有兩員大將，一個是他兒子李從珂，一個是他的女婿、河東節度使石敬瑭。這兩人都很能幹，能打仗，能玩謀略。俗話說一山容不下二虎，把這兩個人放在一起，一定會打架。

這兩人就是互相不服氣，互相打擊對方。到了李從珂做了後唐皇帝（就是唐末帝）以後，兩人終於鬧到公開破裂的地步，誰也不服誰，那就開始打吧，誰把誰打敗了，那誰就是老大了。

李從珂派了幾萬人馬攻打石敬瑭所在的晉陽城。石敬瑭擋不住了，眼看著自己就要被李從珂活捉住生吞活剝了，他手下的一個謀士桑維翰給他出個主意，讓他向契丹人討要救兵，打李從珂。

那個時候，耶律阿保機已經死了，他的兒子耶律德光成了契丹國的頭兒。這小子是個野心勃勃的傢伙，要是給他點好處，他肯定會出手。眼下也沒更好的辦法了，石敬瑭就同意了這個餿主意。

桑維翰幫石敬瑭起草了一封求救信給耶律德光，說如果契丹願意救自己這一回，幫著自己打退唐軍，那雁門關以北的燕雲十六州的土地都獻給契丹。

燕雲十六州，東西約600公里，南北約200公里，面積約12萬平方公

BC　上古時期

— BC200　秦
　　　西漢

— 0
　　　東漢

— 100

— 200　三國
　　　晉
— 300

— 400
　　　南北朝

— 500

— 600　隋朝
　　　唐朝
— 700　武則天稱帝
　　　安史之亂
— 800

— 900　五代十國
　　　北宋
— 1000

— 1100　南宋

— 1200
　　　元朝
— 1300
　　　明朝
— 1400

— 1500

— 1600
　　　清朝
— 1700

— 1800

— 1900　中華民國

— 2000

里。這麼大一塊肥肉送到嘴邊，要是耶律德光不收下，那就真是傻了。

　　耶律德光大喜如狂，立即御駕親征，親自動手幫著石敬瑭去擺平李從珂。契丹人多猛啊，李從珂哪是對手，三下兩下的就被收拾了，被打敗的

李從珂眼看著沒轍了，就帶著一家老小在宮裡頭自焚了。就這樣，後唐完蛋了，只有14年，比朱溫建立的後梁還少了3年。

　　石敬瑭當上皇帝了，他果然是男子漢大丈夫，說話算話。他先是認真地履行了自己許下的諾言，將燕雲十六州劃給了契丹，然後他又為了永久

的得到契丹的保護，他就向耶律德光提出了一個請求：「爹，讓我當你的乾兒子吧。」

　　當時石敬瑭47歲，耶律德光37歲。

　　這要求提的耶律德光都不好意思了，但沒辦法，石敬瑭堅持要當他兒子，那也就認了吧。石敬瑭給耶律德光當了七年兒子就掛了，接替他的是他的侄子石重貴。這石重貴對耶律德光就不那麼客氣了，他向契丹國主上

奏章的時候，自稱孫兒，不稱臣。

　　而且石重貴還把在後晉經商的契丹人都抓去砍頭，連個理由都不給，耶律德光這下可抓狂了。他再次帶著兵來了，橫掃後晉，依然毫無懸念的

滅掉了後晉。

　　後晉，建國11年，就這麼沒了。西元947年，耶律德光進了汴京，自稱大遼皇帝。這下中原百姓可慘了，過著生不如死的日子，有壓迫就有反

抗，中原百姓受不了遼兵的殘殺搶掠，紛紛組織義軍，聲勢浩大。

　　耶律德光心裡有點慌了，他就找了個藉口退出了中原，不過燕雲十六

州，他依然霸在手裡。這塊土地後來就成了遼國進攻中原的跳板了。

官場裡的老油條

　　宰相是一個承上啟下的職業，比較特殊，上要輔助君王，下要安撫群

臣，可謂是責任重大，馬虎不得。許多人千辛萬苦爬上宰相的高位，但卻

總是臨門一腳的時候犯了失誤，被罰下場。例如明代第一奸相嚴嵩，將智商一流的嘉靖皇帝耍的團團轉，但最後依然沒有得到善終，餓死街頭。

所以說，做宰相除了要能力卓越，膽識過人之外，還要為人處世方面打的了太極，兵來將擋，水來土掩，能處事不亂，遇事不驚。這方面，五代十國的馮道可謂是第一高人，他可算得上是中國宰相中的第一「老油條」，歷經十位皇帝，均能進退的當，永保官位。

馮道並沒有什麼雄才大略，也沒有安邦治國的才能，他不過是一個貪圖官位，追求厚祿的庸人而已。而且還缺乏氣節，一旦看到苗頭不對，便立刻另攀高枝，他有一首詩就表達了他的為人之道：「莫為危時便愴神，前程往往有期因。終因海嶽歸明主，未省乾坤陷吉人。道德幾時曾去世，舟車何處不通津。但教方寸無諸惡，虎狼叢中也立身。」

從馮道的詩中可以看出他是一個見風使舵，識時務的人，在唐朝末年，他曾作幽州劉守光的參軍幕僚。劉守光敗後，他又轉事大宦官、監河東軍張承業。到了明宗的時候，他又拜端明殿學士，後來又做了宰相。

馮道也有自己的獨到之處，他從不盛氣凌人，始終一副刻苦勤儉的君子模樣示人。在後晉、後梁隔河而戰時，馮道在軍中，就住在一個茅草屋裡，當時有個將士搶了一個民間女子送給他，沒想到他將那名女子安置在別的房間裡，從不招惹。

對待他的上司皇帝，馮道也很懂得分寸，有一次，水運軍將在臨河縣得到一個玉環，玉環玲瓏剔透，上刻「傳國寶萬歲杯」六個字，於是他們便把這個玉環進獻給了明宗。明宗十分喜愛，常拿出來和眾大臣把玩。

但當馮道看到時，並沒有像其他大臣那樣阿諛奉承，而是說道：「這是前世遺留下的有形之寶，不足為奇；陛下身懷無形之寶，才是曠世罕見。」

明宗不解，問他緣由，他便慢慢道來：「仁義者，帝王之寶也。大寶曰位，何以守位曰仁。」他的意思是說明宗是這個國家的無價之寶，這個馬屁拍的極為高明，既讓明宗心裡喜滋滋的，又顯得馮道自己格調高雅。

後來，明宗死了，他再相閔帝。不久，潞王李從珂在鳳翔反叛，閔帝

BC　上古時期
秦
— BC200　西漢
— 0
東漢
— 100
— 200　三國
— 300　晉
— 400　南北朝
— 500
— 600　隋朝
唐朝
— 700　武則天稱帝
安史之亂
— 800
— 900　五代十國
北宋
— 1000
— 1100　南宋
— 1200
元朝
— 1300
明朝
— 1400
— 1500
— 1600　清朝
— 1700
— 1800
— 1900　中華民國
— 2000

BC

耶穌基督出生　0—

君士坦丁統一羅馬

羅馬帝國分成兩部

波斯帝國　500—

回教建立

凡爾登條約

神聖羅馬帝國建立
　　　1000—

十字軍東征

蒙古第一次西征

英法百年戰爭開始

哥倫布發現新大陸
　　　1500—

英國大破無敵艦隊

發明蒸汽機

美國獨立
拿破崙稱帝
美國南北戰爭開始

第一次世界大戰
第二次世界大戰

　　　2000—

領兵就奔了衛州。而閔帝前腳一走，馮道就率百官將潞王迎入。李從珂繼續用他為相。這種翻臉比翻書還要快的境界，馮道練得出神入化。

在西元936年，石敬瑭滅了後唐，建立後晉。作為後唐的宰相，馮道居然毫不畏懼，竟然親自找到了石敬瑭談判，最後居然被石敬瑭任他為司空。在石敬瑭死後，石重貴繼位。馮道仍然為相，並且加太尉。

但這個短暫的王朝僅僅保全了馮道十一年，之後不久，契丹大軍便打來了，直攻開封，這時的朝廷一片大亂，唯有馮道方寸不亂，在面對契丹主耶律德光的訓斥時也毫無懼色，耶律德光斥責他幾次易主，是不忠不孝的人，不能被信任。這樣的人居然還敢來上朝，簡直是活膩了。

但馮道卻說：「無城無兵，安敢不來？」

耶律德光又諷刺他：「你是何等的老兒？」

馮道諂媚地說：「我是無才無德的癡頑老兒。」

耶律德光聽完後覺得馮道有幾分意思，便問道：「倒也乖巧。我再問你，天下百姓如何救得？」

馮道答道：「此時佛出救不得，惟皇帝救得。」

耶律德光被這馬屁拍的十分舒服，便封馮道為太傅。

後來當後漢建立後，馮道又歸附了漢，被封為太師。四年之後，隨著後漢被後周所滅，馮道又成為了後周的太師兼中書令。

直到後周世宗柴榮即位後，馮道一帆風順的官運才受到了阻礙，柴榮有著雄才大略，他一向都不喜歡這個曾歷四朝，侍奉過九君的老傢伙，後來乾脆找了個藉口，罷免了他的太師職位，馮道一生大風大浪，最後在小陰溝裡翻船，又羞又惱，鬱鬱而終。

不管怎麼說，馮道這一生，無論天下如何是是非非，變化莫測，他都是穩坐釣魚臺，如果沒有幾把刷子，是沒辦法做到的。所以，第一「老油條」的稱號，他是當之無愧的。

幾次來挑釁

遼人進入中原沒多久後，後晉大將劉知遠在太原稱帝，後來，耶律德光溜出開封後，他就率領著軍隊南下了，一路上收復失地，打的遼人東跑西竄，老百姓們都拍手叫好。很快，劉知遠就收復了洛陽、汴京。隨後他便定都汴京，改國號為漢，這就是後漢高祖。

但他命不長，皇位上待了十個月就死了，他的兒子後漢隱帝劉承祐即位以後，壓不住陣，底下人蠢蠢欲動都想當皇帝。漢隱帝怕夜長夢多，就想先下手為強，他想來個殺雞給猴看，就秘密派人到鄴都殺害大將郭威。

結果郭威沒被殺，反倒是郭威奮起反抗，把他給殺了，隨後西元950年，郭威推翻了後漢，被擁戴成為皇帝。第二年，郭威就在汴京即位，國號周，就是後周太祖。

郭威出身貧苦，很能體會人間疾苦，而且他讀過書，也懂道理，不是打打殺殺的人，他注重改革，善用人才，周朝漸漸出現繁榮的局面。看著郭威享福了，有個人眼紅了，他就是劉知遠的弟弟劉崇，他在後周建國後，就佔據了太原，也就是北漢。

為了對付郭威，他投靠遼國，多次在遼兵幫助下進犯周朝，但都被郭威打跑了。雙方僵持到西元954年的時候，郭威死了，但卻沒有留下兒子。他的親戚柴榮非常能幹，郭威就在臨死前把他收做自己的兒子，到郭威一死，柴榮就繼承皇位，這就是周世宗。

劉崇一看郭威死了，想著機會又來了，他就又帶著人馬打過來了。消息傳到汴京，周世宗立刻召集大臣商量對策。

周世宗豪情萬丈的想要親自帶兵去阻擋劉崇的入侵，這個時候，大臣們紛紛站出來阻止，他們說周世宗剛即位就跑出去打仗，這朝中無人，萬一出點變動，不怕一萬就怕萬一啊。但是大臣們磨破了嘴皮子，周世宗還是要親自去會會這個劉崇。

周世宗率領大軍到了高平（在今山西省），就跟北漢兵碰上了。劉崇

BC 上古時期
秦 西漢
— BC200
— 0 東漢
— 100
— 200 三國
晉
— 300
— 400 南北朝
— 500
— 600 隋朝
唐朝
— 700 武則天稱帝
安史之亂
— 800
— 900 五代十國
北宋
— 1000
— 1100 南宋
— 1200
元朝
— 1300
明朝
— 1400
— 1500
— 1600 清朝
— 1700
— 1800
— 1900 中華民國
— 2000

BC

耶穌基督出生　0—

君士坦丁統一羅馬

羅馬帝國分成兩部

波斯帝國　500—

回教建立

凡爾登條約

神聖羅馬帝國建立
　　　　1000—

十字軍東征

蒙古第一次西征

英法百年戰爭開始

哥倫布發現新大陸
　　　　1500—

英國大破無敵艦隊

發明蒸汽機

美國獨立
拿破崙稱帝

美國南北戰爭開始

第一次世界大戰
第二次世界大戰

　　　　2000—

一看周世宗就帶了那麼點人就過來跟自己的幾萬大軍打，非常不屑。但周世宗不怕他人多，他擺開架勢就要打了。

人多果然是力量大，劉崇指揮北漢軍猛攻周軍，周軍右軍的將領頂不住，眼看就要敗下陣來了。這個時候，周世宗親自上陣，冒著刀槍箭雨就衝上去了，他的兩名得力幹將趙匡胤（音印）和張永德各帶領兩千親兵殺進敵陣。

周軍一看皇帝都挽著袖子上陣殺敵了，自己不能露怯啊，就開始往前衝。劉崇一看周軍個個士氣高漲，興奮得攔也攔不住，就有些膽怯了。他一洩氣，底下將領更害怕，就這樣，北漢兵就像山崩一樣敗了下來。

本來是想示威的，結果卻被周世宗打了一頓，丟臉丟大了的劉崇逃回晉陽，再也不敢露頭了。周世宗經過這一戰，名聲大振，他後來還努力工作，希望能夠統一中原，兩年後，他帶兵征討南唐，又北伐收復了大片北方失地，但可惜在他雄心勃勃的時候病倒了，然後就死掉了。

西元959年，他七歲的兒子柴宗訓接替皇位，就是周恭帝。

宋朝風華

（西元960年～西元1279年）

救世主駕到

BC

耶穌基督出生   0—

君士坦丁統一羅馬
羅馬帝國分成兩部

波斯帝國   500—

回教建立

凡爾登條約

神聖羅馬帝國建立
        1000—

十字軍東征

蒙古第一次西征

英法百年戰爭開始

哥倫布發現新大陸
        1500—

英國大破無敵艦隊

發明蒸汽機

美國獨立
拿破崙稱帝
美國南北戰爭開始

第一次世界大戰
第二次世界大戰

        2000—

天上掉餡餅

　　後周顯德七年正月某日黎明時分，天地間穿雲薄霧，隱約那陳橋驛外有火光閃動，在這冥晨之中猶如引導前路的幽燈。幽燈越聚越多，最後火光照亮了整個驛站，只見陳橋驛內外駐紮了百餘帳篷，萬餘士兵手持火把穿梭於帳篷之間，蠢蠢欲動。

　　正當此時，主帳內一陣騷動，一個衣衫尚未穿好、猶有幾分醉意的高壯男子，被幾人擁出帳外。他尚未站定，周圍驀然爆起士兵的震聾吶喊：「諸軍無主，願奉都點檢為天子。」男子不及回應，擁他出帳的幾人便將早已準備好的金色龍袍披在他的肩上。所有的兵將紛紛跪地，直呼：「萬歲、萬歲、萬萬歲！」一時間聲音響徹雲霄，打破了晨曦的靜謐。

　　男子慌忙俯身半跪在地，對眾將道：「這可使不得，我何德何能，怎可當皇帝……」他嘴上雖然推託，垂下頭後，嘴角卻逸出一絲不易察覺的笑意，眼中的精芒乍現，旋即斂去。下一刻，眾將已不顧他推託，硬是將他「逼」上了馬。……看來，他這個皇帝不當也不成了。於是乎，將士們收拾行囊，掉轉馬頭，直逼汴梁。

　　這不是在拍古裝戲，而是古人在演戲，演的就是黃袍加身，政權更替的政治戲。這場戲的主演兼導演就是趙匡胤，趙匡胤跟著周世宗南北征戰，是名得力幹將。如果周世宗還在世，那他一定是名福將，但可惜周世

宗死的早，這名福將就是禍害了。

趙匡胤從小就是個不服軟的人，年輕的時候，他為了訓練烈馬，差點被馬踩死都不肯撒手，終於讓馬服了他。後來趙匡胤開始找工作，但一開始，他的工作找得挺不順利，總是受到白眼，這也更讓他體會到職場的不易了。

後來慢慢學會應付白眼的趙匡胤也鍛鍊得愈發老練，他明白在這個亂世中，如果沒有權力，那根本無法生存下去。

後來他混成了周世宗手下得力大將，周世宗在位的時候，非常信任他，派他做禁軍統帥，官名叫殿前都點檢。這個職位雖然官不大，但權力可不小，禁軍是後周一支最精銳的部隊，裡頭的士兵隨便拉一個出來，都能一個抵十個用。

有了兵權的趙匡胤就成了大臣們忌憚的對象，在五代十國時期，武將奪取皇位的事情太多了。恰好這時，年幼的周恭帝即位，小皇帝更是壓不住趙匡胤了，雖然有著宰相范質、王溥輔政，但文人哪有力氣對付武將，整個後周政權謠言紛紛，說趙匡胤要奪皇位了。

西元960年，後周朝廷正在舉行朝見大禮的時候，忽然接到邊境送來的緊急戰報，說北漢國主和遼朝聯合，出兵攻打後周邊境。

這個時候只能派趙匡胤出馬了，但是沒想到，趙匡胤帶著兵從汴京出發了，但是到了陳橋那裡，卻自己當上了皇帝，徹底取代了後周。

這五十幾年的混亂時光，總得有那麼一個人站出來統一天下，還老百姓一個安寧日子，而趙匡胤就不小心被老天爺選中，此為時局所趨。

都想充老大

趙匡胤稱帝了，但他的皇帝日子並不好過，擔憂太多。

建隆元年，也就是西元960年四月，原後周昭義節度使李筠決定正式造反。這個時候也就是趙匡胤建立宋朝滿百天。

BC 上古時期
秦 西漢
BC200
0 東漢
100
200 三國
晉
300
400 南北朝
500
600 隋朝
唐朝
700 武則天稱帝
安史之亂
800
900 五代十國
北宋
1000
1100 南宋
1200 元朝
1300
明朝
1400
1500
1600 清朝
1700
1800
1900 中華民國
2000

李筠是造反的初犯，但一回生二回熟，李筠這麼多年看了那麼多造反的案例，早就蠢蠢欲動要自己試一試了。他還很有經驗，先不急著動手，而是到處派人去散佈謠言，說趙匡胤的不好，比如說趙匡胤奪了柴榮的江山、忘恩負義、欺負孤兒寡婦、狼心狗肺等等。

他要從輿論讓趙匡胤無法翻身，然後激起人們對趙匡胤的憤慨，進而跟他一起反對趙匡胤。

然後李筠就派兵奪取了澤州城，澤州，在潞州之西，面向太行山，佔領澤州，就可以控制黃河上游的沿岸地區永豐、回洛、河陽等，進而控制那些地區的糧倉，封住宋朝都城開封漕運之路。

糧食都沒得吃，還怎麼打仗，李筠這招夠狠，趙匡胤剛剛建國，就要讓自己的老百姓餓肚子了，真是要命。

更要命的消息還在後頭，北漢皇帝劉鈞已經親自率軍出太原，來援助李筠了。真是屋漏偏逢連夜雨，喝冷水都塞牙。但沒辦法，既然湊一塊了，那就一起解決了。西元960年5月21日，趙匡胤親自率領禁軍從開封出發，以火箭般的速度趕往太行山。

趙匡胤居然這麼快就打來了，這大大出乎了李筠的意料，因為趙匡胤帶來的人很猛，李筠和劉鈞兩股兵力都無法阻擋，被打的都退回了澤州城躲著去了。趙匡胤可沒因為他們躲起來就放過他們。

趙匡胤帶著全國大半軍隊在澤州城外日夜圍攻，經過半個多月的奮戰，他們終於攻上了澤州城頭。李筠在城被破的時候，跳入了火海，自焚了。這是趙匡胤登基以來的第一個勝利，後來他回到開封後，就開始對另一個心懷巨測的節度使李重進下手了。

他先是發出詔書，徙原中書令、淮南道節度使李重進為平盧節度使，移鎮青州（今山東益都），這是一條普遍的規律，一般皇帝想讓節度使搬家，那就是想讓節度使的腦袋一起搬掉。

但是趙匡胤似乎不是這樣想的，他令六宅使陳思誨帶鐵券丹書去揚州撫勞李重進，表示朝廷的愛戴和擁護。趙匡胤這麼個玩法，真是前無古人，難不成他真的是要對自己示好？李重進決心相信趙匡胤的誠意，先做

個順民。

　　但趙匡胤正是想降低他的警惕心，再收拾他。李重進因為驕傲自大，漸漸不得人心，趙匡胤看到他逐漸的沒有了凝聚力，便親自帶著大軍到了揚州城下，李重進這把是徹底輸了，他選擇了和李筠一樣的下場，自焚。

　　最後的勝利，再一次屬於趙匡胤。但趙匡胤並不開心，他剛即位不過半年，就先後兩個節度使起兵反他，雖然他是滅了他們，但這節度使這麼多，這日後要都反起來，他哪有那麼多精力一個一個的去滅，這皇帝當成這樣，也未免太累了。

　　幸虧趙匡胤還有一個愛將趙普，他幫趙匡胤解決了這個難題。

最有風度獎

　　戰國的蘇秦能說會道那是眾所周知，想當年他說服六國聯合起來跟秦打，還身揣著六國的相印在大街上炫耀。《孫子兵法・用間》就給了蘇秦很高的評價，所謂「燕之興也，蘇秦在齊」，連司馬遷也是他的小粉絲。

　　歷史上有才的丞相一抓一大把，秦國的李斯、漢朝的蕭何、再有光武時期的伏湛、卓茂，一個個才氣過人，在歷史的舞臺上各顯神通。不過有才也不能證明什麼，無才也沒說就不能當丞相，眼前這個趙普不就是個大老粗嗎？人家照樣在歷史書上跳的歡喜。

　　趙普從小就是個不愛學習的孩子，讓他看幾頁書就跟要他的小命一樣，長大以後就成了個沒文化的人。不過那年代像趙普這樣的小老百姓能讀點書也不容易，大多是些市井小混混，頂多認識幾個字。

　　趙普雖說沒念好書，不過腦袋還是靈光的，特別是政治方面的才能，尤其讓人驚歎。當初就把趙匡胤哄得高高興興的，等老趙奪了天下之後，趙普也自然跟著吃香的喝辣的。不但當了樞密院直學士，後來還又做了樞密使，最恐怖的是這沒文化的人居然連任了十年的「宰相」。

　　趙匡胤也是個愛面子的人，翻了翻史書，看見歷史上大凡有功德的皇

BC　上古時期
秦
西漢
— BC200
— 0　東漢
— 100
— 200　三國
晉
— 300
— 400　南北朝
— 500
— 600　隋朝
唐朝
武則天稱帝
— 700
安史之亂
— 800
— 900　五代十國
北宋
— 1000
— 1100　南宋
— 1200
元朝
— 1300
明朝
— 1400
— 1500
— 1600
清朝
— 1700
— 1800
— 1900　中華民國
— 2000

帝，其身邊都有個知識份子做參謀。於是就要趙普多看兩本書，也給他撐撐場面。不過趙普老哥最不喜歡的就是那些讀死書的人，讀書有什麼用？所以趙普臉不紅心不跳地跟宋太宗說：「老臣這有一本論語就夠了，讀一半就能幫太祖定了天下，再讀後一半肯定能幫著您讓天下太太平平的。」「半部論語治天下」由此而來。

宋太祖和宋太宗雖然心裡不喜，不過估計意識到趙普也就是這樣的人了，也懶得再管他，由他成天歪理邪說的，只要能幫著把社會弄得安定了那就沒什麼好說的了。

想想這宋太祖之所以能夠坐上位，除了有武林高手之外，趙普也是功不可沒。趙普曾經說服著趙匡胤的部將把老趙推上臺，兵變的時候又做牛做馬地在趙匡胤身邊當起了心理諮詢師，幫助老趙解決心理問題。熬啊熬地終於建了國，這時趙普又給趙匡胤想了個「杯酒釋兵權」的法子，讓老趙安安心心地做皇帝。

其實，趙普之所以能在太祖太宗跟前當紅人，那還有賴於他那靈光的腦袋瓜。不僅如此，更重要的是他能把趙匡胤想做但又不好意思說出來的話猜透，然後在一旁說出，趙匡胤覺得這人夠精明，就越來越喜歡他了。趙普最善於把老趙的情緒誘發到最高點，幫著他謀劃了好多「和平演變」的軍事策略，輕鬆地就能治理了國家，換了誰當皇帝都歡喜。

趙普在歷史的舞臺上活躍著，臺下的觀眾有喜歡他的，不過也有討厭他那副嘴臉的。例如王夫之就十分不喜歡趙普，說這傢伙不過是個幕僚。不過人家趙普能仗著一張嘴和幾個計謀幫趙匡胤奪了天下，嚇得武林高手們心驚膽顫的，這也是一種至高的境界。

其實大宋的武將們都很恨趙普，摩拳擦掌地想揍他一頓，這是為什麼呢？因為自從趙普成了丞相之後，這個肚子裡空空如也的「文人」卻把武將們弄得無地自容，沒有半點發揮特長的地方。

哥倫布發現新大陸

　　　1500—

英國大破無敵艦隊

發明蒸汽機

美國獨立

拿破崙稱帝

美國南北戰爭開始

第一次世界大戰

第二次世界大戰

　　　2000—

趙普雖然人有點小氣，見了比他強的人就嫉妒，不過他倒也能為國家選拔優秀的人才，而且認定了以後還相當地執著。例如有一次太祖想要謀一個官員，讓趙普幫著張羅這事，趙普尋了一個人推薦給太祖，可是太祖

說什麼都不錄用此人直接就拒絕了。過了幾天，趙普又拉著這人來太祖跟前，太祖怒了，把名單都給扯了。趙普當時沒敢出聲，不過後來還是給太祖推薦此人，太祖無語之後也有一點動心，就答應了。

其實，趙普之所以能夠從一介草民混到中央政府裡頭當大官，還跟宋朝的治國用材理念有很大關係。宋朝政府知道，科學是第一生產力，而要想讓科學發達，就得大力選拔人才。不論出身，不論地位，只要是有才的人，都可以為我大宋出力。再加上趙匡胤是個禮賢下士的好皇帝，趙普這才有了出人頭地的機會。

也正是從趙普開始，趙宋王朝重用文人才士才有了光榮的傳統，宋朝的科舉選拔人才制度就是很好的典範。

這頓酒代價真大

趙普那麼精明，他自然知道趙匡胤擔心什麼，於是跟趙匡胤說想要國家長治久安，就要把兵權集中到皇帝手中，這樣天下就太平無事了。

宋太祖連連點頭，讚賞趙普說得好。於是，就出現了下面這一幕歷史名劇。

西元961年一個平常的晚上，幾個人正在宴會上開心的喝酒，說笑，突然主人揮了揮手，音樂和助興的舞蹈都退了下去。還有人沒有反應過來，招了招手示意讓人把酒倒滿，結果遲遲沒有人來應答。

他抬起頭一看，大家都已經停下喝酒的進度，低著頭，一言不發。主人這時趁著酒意笑了起來：「哈哈，愛卿們，別停下來啊。來啊，朕親自替你倒滿。」說著向剛才要酒的人走去，邊笑著邊倒酒。

酒杯倒滿後，添酒的主人轉身走向另一個人，身後卻「撲通——」一聲，「陛下，都是臣的不是，臣罪該萬死！請恕罪！」

「哈哈，愛卿何罪之有！」主人（或許此時應該叫他一聲萬歲爺）轉回身，將跪在地上的人扶起，「只是朕最近晚上一直睡不好，想啊，這

BC　上古時期

秦
西漢
— BC200

— 0　　東漢

— 100

— 200　三國
晉
— 300

— 400　南北朝

— 500

— 600　隋朝
唐朝
武則天稱帝
— 700
安史之亂
— 800

— 900　五代十國
北宋
— 1000

— 1100　南宋

— 1200
元朝
— 1300

明朝
— 1400

— 1500

— 1600　清朝

— 1700

— 1800

— 1900　中華民國

— 2000

皇帝還真的不好做！哎！我看我還是和哪位愛卿換一換，你們哪個來做皇帝，我去做個什麼節度使之類的多逍遙自在，多好啊，也省得我天天睡得不安穩。」

「臣罪該萬死！臣罪該萬死！」這些嚇破了膽的大臣們全部撲通在地，把頭深埋起來，不敢抬頭。唯一站著的萬歲爺莞爾一笑。接著說道：「誰不想做皇帝呢，可是這皇帝當得我睡不著覺啊。」

「敢問陛下此話怎講，臣們一心服侍陛下，沒有異心啊！」

「你們是朕的左膀右臂，沒有異心朕當然知道，但是你們也知道朕是怎麼做皇帝的，若是你們的屬下也為你們來一齣黃袍加身，那又豈是你們左右得了的啊。」

席下跪倒的大臣們紛紛叩首表明忠心，一面表示絕對不會發生那樣的事情，有一位最機靈的再叩首，說道：「陛下啊，臣可是跟著您走南闖北，歷盡沙場，那樣的事臣是絕對不會做的，那樣的部下臣也是萬萬不會用的。再說臣也年事已高，望陛下准許老臣回鄉養老啊！」

「愛卿快快起身，都怪朕最近睡眠不足，所以有點緊張了啊，忘了愛卿你也一把年紀了，別累著了。」說完親自扶他起身。其餘的大臣們這樣一看全明白了，紛紛同樣表示交出兵權。

於是乎，音樂又響了起來，舞蹈也繼續助興，宮女、太監們紛紛攙扶起跪在地上的眾大臣。眾人抬頭看著此時已正襟危坐的皇帝，暗暗心裡捏了把冷汗。這便是原來我們黃袍加身的趙匡胤啊，怎麼現在變得那麼遙遠、可怕！

趙匡胤抿了口酒，道：「愛卿們跟著朕久經沙場，這份交情可是過了命的，朕哪能忘記。良田、美宅，朕都為你們置辦好了。銀兩那些啊，更是小問題，到時候買些這樣唱歌、跳舞的歌伎，你們也能每天在家裡過上清淨的日子啊。你們也都是有了年紀的人了，這人活著不就是要享受嘛，我哪好意思還讓你們為了我們家圍牆的事情，還天天過著擺弄著刀光劍影的日子啊！」

在座的紛紛謝恩。第二天，天剛濛濛亮，大家都趕著上朝，把昨天連

夜回去寫的請辭奏章呈上，生怕走不掉啊。有的甚至抱恙說上不了朝，以後也上不了了。就這樣，趙匡胤笑了。他笑的可開心了，大宋的江山穩住了，所有的兵權都被他用幾罈酒換來了。以後再也沒有人能在軍事上對他構成威脅。他笑了，笑了很多天。

只因為他和他的老夥計們說：「我的睡眠品質最近太不好了，老是怕你們搶我的皇位。」結果老夥計們一個個告老還鄉，沒有一個人再願意和他玩，可悲啊，可憐啊！不過他自己好像絲毫不覺得。

歷史上好像很難再找到第二個比趙匡胤還要矯情的人，更何況是在君主之間做比較。想當年還在起義的時候，就不願意挑開那層玻璃紙，硬是要黃袍加身才不情願的做了皇帝，辛苦死他了。現如今，收兵權就收兵權，除隱患就除隱患，老是要來拿睡眠來說事情。真的是矯情至極啊。

但是他這種做法還是有前瞻性的，總比那些婦人之仁到最後失了江山又失了美人，又有著強大的自尊，只有抹了脖子免得再去丟人要強。所以人做事就是要拉下來臉面，先說清楚總比後悔的好。

所以就這樣，趙匡胤成功地解決了封建社會的傳統遺留問題——中央集權問題。拿到了他想要的東西後，他自然低調地行事，沒有再找自己老夥計的麻煩，不時地可能還約著見見面，喝喝酒，逗逗樂，大家都相安無事才是老百姓的福氣。

可能是受了開國皇帝的影響，整個宋朝都是個矯情的時代。沒有前朝人的豪放，而傷春悲秋，歧路沾巾那更是家常便飯。

這樣的朝代當然也有美好的地方，大家都敏感、生動，就像開國皇帝一樣，對睡眠也能如此神經質的執著。大家守著自己的快樂，低調地過著偏安的生活，後來異族入侵叩響了宋朝的大門，皇帝也乖乖地搬了首都，不管怎麼說，自己快樂就行，和平萬歲那可是老祖宗給的家訓。

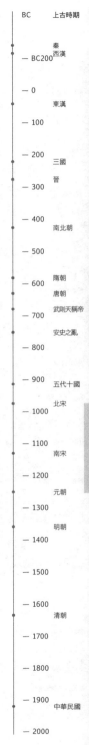

皇帝也得心病

　　唐末五代在華夏的土地上吵了近百年，趙匡胤終於騎著大馬、揮著大刀殺了出來，奪了中原最要害的地方。不過此時的局面也不安定，畢竟不是大一統，趙宋王朝的周圍還有幾隻惡狼狠狠地盯著他，那就是十國。

　　趙匡胤聽了趙普的話搞了個「杯酒釋兵權」，結果成功地解決了內憂，睡覺的時候也安穩了些。不過來自外界的干擾還是讓他睡到半夜三更就驚醒過來，如何解決這些周邊的豺狼虎豹，成了宋太祖日思夜想的大難題。

　　南唐位於宋的東南，與其直接接壤，當年趙匡胤殺到中原來的時候，南唐之主嚇得屁滾尿流的，趕緊跟宋朝求和，每年送點禮物討宋太祖的歡心，太祖也算是給了點面子，南唐也就多活了幾年。其實，南唐是十國裡面最不堪的一個國家，宋太祖也最不愛搭理它。等到老趙把周邊的小國家一個個地處理完之後，就毫不留情地給了南唐一刀。

　　南唐後主李煜是個多情的孩子，他派人前去跟老趙討個說法：「我李煜怎麼說也待你如父母，成天巴結著你，從來沒個閃失，你怎麼就這麼不給我面子？」沒想到卻換來老趙這麼一句狠話：「我的床旁邊怎麼容得下你這號人物呢？不宰你宰誰？」

　　趙匡胤自從當了皇帝以後就得了個心理疾病，歷史上稱作「臥榻情結」，而且久治不癒。最讓他睡不著覺的是後晉之主石敬瑭割讓遼國的「燕雲十六州」。雖然這「燕雲十六州」不是很大的地方，可是從軍事角度來看卻相當重要，囊括了當時中國東北部與北部地方最重要的險關要塞與天然屏障。若是把這塊寶地給弄沒了，那就相當於暴露在北方遊牧民族的鐵蹄之下。

　　因為宋和「燕雲十六州」中間夾了個北漢，而北漢又有遼國老大哥罩著，所以趙匡胤也不敢輕舉妄動，生怕跟北漢打仗的時候讓遼國撿了便宜。

早在多年以前的風雪夜晚，趙匡胤就天天到趙普家去吵，兩個姓趙的老漢就整日研究怎麼才能把這喉嚨裡的「魚鯁」拔去。不過趙普卻認為，北漢恰好可以成為阻擋遼入侵宋的屏障，至少在幾年之內還能保大宋北部一個平安無事，又因為南邊的小國家都是些小嘍囉，所以先打南邊一定志在必得。

趙匡胤覺得趙普說的有理，於是就暫時不跟北漢和遼國計較，先拿南方的小國家開了刀。趙匡胤在位的時候，大力地建設國家經濟，為國家積累了不少財力，給大宋今後的發展做出了不小的貢獻。不過趙匡胤是個短命鬼，那「臥榻情結」的心理疾病還沒治好就一命嗚呼，統一江山成了夢一場。

趙匡胤死了以後，他老弟趙光義接了班，也就是宋太宗。老哥沒完成的遺願也落在了弟弟身上。趙光義大概是個追求完美的人，他在收歸吳越、平定北漢之後，心裡那就一個爽啊，之後竟然想趁著滅北漢餘威一舉收復燕雲十六州，給自己的軍事生涯添上最完美的一筆。不料他們兩次大規模出兵都被遼國揍得滿地找牙，差點就去找哥哥去了。

但就是這種教訓也沒能讓太宗長點記性，居然又出兵攻打十六州，結果在「高粱河之戰」慘敗，連滾帶爬地逃回了宋國。後來他還大發感慨地說：「一箭未施戎馬遁，六軍空恨陣雲高。」看來想要把幽州拿下怕是輪不上他了。

三次敗仗讓宋軍元氣大傷，大家對太宗成天說三道四的，甚至想把他從皇帝的寶座上趕下來，讓太祖的兒子德昭繼位。這下可把太宗嚇得不輕，他趕緊把事業的重心收了回來，先把內亂安撫了再說。沒過多久遼國的主子就上了西天，年僅12歲的遼聖宗坐上了位。宋朝的大臣們都覺得這是個好機會，都紛紛上書請太宗趕緊出兵伐遼。

這次北伐由曹彬、田重進、潘美和楊業等分三路北上。楊業是宋太宗的愛將，他原來是在北漢做事，直到北漢滅亡了以後才投奔於大宋。然而此次北伐西線的戰爭，因為潘美那廝不肯出兵援救被困的楊業，楊業又因為心愛的兒子戰死沙場，一下沒想開就撞柱自盡了。北伐戰爭因此失敗。

BC　上古時期
秦
— BC200　西漢
— 0
東漢
— 100
— 200
三國
晉
— 300
— 400
南北朝
— 500
隋朝
— 600
唐朝
武則天稱帝
— 700
安史之亂
— 800
— 900　五代十國
北宋
— 1000
— 1100
南宋
— 1200
元朝
— 1300
明朝
— 1400
— 1500
— 1600
清朝
— 1700
— 1800
— 1900　中華民國
— 2000

宋太宗沒了愛將，也敗了北伐，他終於不得不承認自己沒有老哥那些軍事本領，只好轉為附庸風雅，開始「以文治國」。

不過經過太祖、太宗兩兄弟的治理，宋朝的江山基本上確定了下來，中土也基本統一，跟遼、西夏、大理一起在九州之上並立。

不給飯吃不行

宋太宗征討遼朝，落得個慘敗的結果，得力幹將楊業也自殺了，這手底下沒人，他就沒勇氣再跟遼朝作戰了。

再說那個時候，宋朝國內的局勢很不穩定，特別是川蜀地區接二連三爆發農民起義，地方很不順服中央，這讓宋太宗很是手忙腳亂，抓狂無比。其實這都要怪他哥哥宋太祖，川蜀地區在五代的時候，先後建立了前蜀、後蜀兩個政權，長期沒遭戰爭破壞，發展的挺穩定，攢下了不少物資。

宋太祖滅了後蜀後，非常不負責任的讓自己的士兵在成都搶掠，他看著後蜀錢多，自己正缺錢，就要把後蜀貯積的財富運到東京來。那些士兵也挺沒素質，不光把官府的錢搶了，順帶的把老百姓也洗劫了一番。

這下可惹火當地的老百姓了，他們對宋朝一直懷恨在心。到了宋太宗的時候，他又在那裡設立衙門，壟斷買賣。蜀地出產的茶葉、絲帛，都被官府壟斷了。一些投機的人壟斷了商業，讓老百姓的日子更難過了。

新仇舊恨，老百姓就決定反了。

當地青城縣（今四川灌縣西南）有個農民叫王小波，和他妻子的弟弟李順，兩人一開始靠販賣茶葉賺點小錢。官府禁止私自買賣茶葉後，把財路都斷了，王小波一尋思，乾脆就起義了。

西元993年，王小波把一百多個和自己情況差不多的農民集合起來，要大家起義反了朝廷。於是乎，大家紛紛加入了王小波的隊伍，而且大家還呼朋引伴，把自己的親朋好友一起叫來了。不出十天，就已經聚集了幾

BC

耶穌基督出生　0—

君士坦丁統一羅馬

羅馬帝國分成兩部

波斯帝國　500—

回教建立

凡爾登條約

神聖羅馬帝國建立
　　　　1000—

十字軍東征

蒙古第一次西征

英法百年戰爭開始

哥倫布發現新大陸
　　　　1500—

英國大破無敵艦隊

發明蒸汽機

美國獨立
拿破崙稱帝

美國南北戰爭開始

第一次世界大戰
第二次世界大戰

　　　　2000—

萬人。

王小波帶著自己的人馬，先是打下了青城。接著，又乘勝攻打彭山（今四川彭山）。打了勝仗後，王小波把當地貪官污吏的財物都拿出來分給了當地的貧苦百姓。然後王小波繼續北上，向江原（今四川崇慶東南）進攻。

可是王小波本人卻因為在攻打江原的戰鬥中，額頭中了箭，不治身亡了。

王小波死了，大家就推舉了李順做首領，繼續帶領大家反抗官軍。李順也不負眾望，他帶著起義軍攻下了許多城池，一路高舉大旗，殺向了成都。當地的官員抵抗不住，丟下成都跑了，李順就在當地建立了大蜀政權，自己當上了大蜀王。

在東京的宋太宗一聽，有人居然跟自己做對，還當上了王，這還得了，一山難容二虎，自己江山剛坐沒幾天，就有人出來搶。於是他趕緊派遣人馬，要去討伐李順。宋朝的軍隊是經過訓練的，比起李順的農民起義軍素質高許多。

李順他們沒能打過宋軍，成都被攻陷了，李順也犧牲了。這場為了吃飯而發起的農民起義最終以失敗告終。

治國天下還得靠腦子

文人治國問題多

宋太宗經過幾次敗北終於才知道老天爺沒賜予他打仗的天賦，這才安慰自己說「王者雖以武功克定，終須用文德致治。」於是他開始致力於發展文科，又是科舉又是編書的，而且他自己也確實喜好這一套。

雖然太宗有文科方面的才能，可是因為從小父母就給他弄了個錯誤的發展方向，整天動刀動槍地搞武行，因此也就耽擱了基礎教育。後來雖然自學了許多本書，可寫出來的東西還是缺乏厚度。太宗這一身也創作了不少詩詞歌賦，可就是沒一首讓大家讀了以後痛哭流涕抑或是感慨萬千的。

太宗特別喜愛肚子裡有墨水的文人，有的文人稍微寫了兩首詩出來就當了大官，可見他對文人是多麼迷戀。為了讓整個國家都浸泡著墨水的氣味，太宗甚至還不時地把武將們趕到圖書館裡去看書。

想當年太宗的老哥太祖為了避免大家都學他黃袍加身，於是就頒佈了條國策，說是要「文武分途、以文制武」。不過因為太祖命短，這條國策也還沒有深入地執行下去。直到太宗當了皇帝，才真正地實現了老哥的願望。

原來每年參加科舉考試人數不過兩千多人，到了宋太宗這裡，差不多一次就高達五千來人，真宗的時候更恐怖，居然有兩萬餘人，恐怕考試的人都沒地方坐下。與前代相比，宋朝的科舉制度更加透明，不像大唐那些

浪漫的傳統，有時候走走後門就能做個大官。宋朝科舉的考核制度非常嚴格，因此也給朝廷輸送了一批不錯的人才。

大宋民間有這麼一說：「好男不當兵，好鐵不打釘。」宋朝的孩子比生活在社會主義的孩子命好多了，那時候考試一旦及格了就是光宗耀祖的榮耀，又是敲鑼又是打鼓的，好不熱鬧。要是再加把勁，考個進士什麼的，那還有機會跟皇帝見上一面。

宋朝以文治國的精神原是秉承著孔老夫子的儒家思想，可是人家孔夫子那時候也沒有把讀書跟當官扯在一起啊。在孔子那年代，你要是想當官，那腦子裡就得有點計謀和策略，還得懂點兵法，光有墨水怎麼能行。直到西漢武帝的時候，他創立了太學，這才把讀書和考試當官扯到了一塊。

實際上，孔老先生的原意是當官的人要是有空，那就應該多看兩本書，以彌補一下自己的才疏學淺，讓這官當得更加有學識。可是自從太學之日乃至科舉興起之後，就讀書就變成了官場的敲門磚。

總之要想在大宋王朝混的有聲有色，那不讀書根本就行不通。宋真宗不是就說過：「富家不用買良田，書中自有千鍾粟。安居不用架高堂，書中自有黃金屋。娶妻莫恨無良媒，書中有女顏如玉。出門莫恨無人隨，書中車馬多如簇。男子欲遂平生志，五經勤向窗前讀。」

其實，太祖在宋初打壓武將，是害怕他們今後都跟他學著造反，想要打擊武將們的氣勢，讓他們知道點天高地厚。不料這樣一搞，武將日後的悲慘命運也來了。宋朝儼然已經變成一個「小文人」，也因此喪失了一些英勇和膽魄。

武鬥不如文鬥

經過這種種的武裝鬥爭，趙光義深切地意識到了與文鬥不與武鬥的好處，文人個個只知道舞文弄墨，想收拾他們，太容易了。武將可不一樣，

BC 上古時期
秦
西漢
— BC200
— 0
東漢
— 100
— 200 三國
晉
— 300
— 400
南北朝
— 500
— 600 隋朝
唐朝
— 700 武則天稱帝
安史之亂
— 800
— 900 五代十國
北宋
— 1000
— 1100
南宋
— 1200
元朝
— 1300
明朝
— 1400
— 1500
— 1600
清朝
— 1700
— 1800
— 1900 中華民國
— 2000

跟他們說道理，根本說不通，講拳頭，萬一自己拳頭不夠硬，那可就栽進去了。

所以，趙光義對自己的這一招重文抑武很是得意。看到這一招初見成效之後，宋太宗繼續來個深入鞏固，他要修書。

他命令翰林學士李昉、扈蒙等10多人編纂《太平廣記》和《太平御覽》。《太平廣記》收錄的是漢魏到宋初的小說野史之類的雜書，修成共500卷；《太平御覽》就非同小可，它初名叫《太平總類》，分55部，5363類，共1000卷，徵引各種書籍達1700多種。

這個工程非常浩大，這下文人可算是派上用武之地了，修好了這大部頭的書，文人就徹底從春天，過渡到夏天了，宋太宗會更喜歡文人的。

一般來說，修書在封建王朝時代，是一件驚天動地的大事。除了說修書具有的文化意義之外，修書還代表著那個時代的昌盛富足，說明那個時代的國君是聖明賢良的，是個明智的君主，是個注重全面發展的君主。

比如明朝時候朱棣修《永樂大典》，清朝的時候康熙時代的《康熙字典》，還有乾隆時代的《四庫全書》……

這些都是讓千古讚頌的事情。宋太宗估計是在戰場上占不到什麼便宜，決定改一下路線，要在文化方面有所建樹。不管他是怎麼想的，修書行動轟轟烈烈地展開了。但值得一說的是，修書並不是簡單的事情。

修書非常的費人費力，《康熙字典》、《四庫全書》這樣的書都是在盛世到時候修訂的，那個時候人們酒足飯飽，閒著也是閒著，就修修書稿，充實一下精神生活，這可以理解。但是宋太宗現在是宋朝剛剛建國18年，四周到處有強敵，不僅北方有強虜契丹，以及北漢，南方還有吳越。

這個時候修哪門子書啊，但宋太宗說修就修，沒人能攔得住，他在修書之前，先修了個建築物，崇文院，這事讓文人們更是感動。

哥倫布發現新大陸
　　　　1500—

英國大破無敵艦隊

發明蒸汽機

美國獨立
拿破崙稱帝
美國南北戰爭開始
第一次世界大戰
第二次世界大戰

　　　　2000—

封建王朝一直都還是挺注重文化教育的，即便是在五代十國那樣的亂糟糟的歲月裡，依然保留著「三館」——昭文館、史館、集賢院。但這三個地方在宋朝一開始的時候，特別的破舊，在宋朝初期，三館建在右長慶門東北，就是幾個小破屋，沒裝修，沒傢俱，特別的簡陋。

宋太宗看過這個環境後，認為這樣不行，他就命令在左升龍門東北為三館選新址，選好地方就開工，日夜趕工的修這個新館。而且宋太宗還擔任監工，有空就查看施工進度，非常盡職盡責。

皇帝這麼關心的事情，底下人哪敢含糊，拼了命的加緊蓋。一年之後，新三館落成了，然後就是把舊館裡的書分貯兩廊。東廊為昭文書庫，南廊為集賢書庫，西廊為史部群書，分為「經」、「史」、「子」、「集」四部，共六庫圖書。其書原有一萬二千餘卷，平蜀得書一萬三千卷，平江南得二萬餘卷，又下詔開獻書之路，於三館篇帙大備，正副本凡八萬卷。

宋太宗非常滿意，他給新三館賜名為「崇文」之院，意思就是崇尚文治，這下，文人們可又揚眉吐氣了。

武人失勢了

趙光義剛當上皇帝沒幾年，在秦州的一個叫李飛雄的男人就開始不安分了。這李飛雄的老爹是秦州節度判官李若愚，他還有個岳父叫張季英，也是個地方官。

別看李飛雄是小城市裡長大的，可志向那也是相當遠大，趙光義才坐上寶座沒幾年，李飛雄就望著眼饞了，想把老趙從龍椅上拉下來。於是他就在秦州那個離皇城相當遠的地方做著一些準備工作。

李飛雄先是掌握了秦州官府的一些秘密文件，多少銀子、多少兵馬，他是一清二楚。當然，這還得益於他老爹的關係。掌握了秦州本地的情況以後，他又去岳父所在的鳳翔，說服了岳父手下的一群人，帶著他們就連夜趕路。李飛雄一行人一路上過五關斬六將，最終到達了秦州的清水縣。

這時候是西元978年，縣城裡的官員正在操場上練兵，場面還挺宏大。練兵正練的起勁，突然聽底下人報上來說有「朝廷重臣」前來巡視。現場的官員裡有個叫周承的人，當看到一群朝廷命官出現在眼前時，他也

BC 上古時期
秦
— BC200 西漢
— 0
東漢
— 100
— 200 三國
晉
— 300
— 400
南北朝
— 500
— 600 隋朝
唐朝
武則天稱帝
— 700
安史之亂
— 800
— 900 五代十國
北宋
— 1000
— 1100 南宋
— 1200
元朝
— 1300
明朝
— 1400
— 1500
— 1600 清朝
— 1700
— 1800
— 1900 中華民國
— 2000

傻了，裡面果然有他認識的幾個命官。

周承等人心裡正納悶，也不知道這些皇城來的人想幹什麼。這時候就聽其中一個宣佈聖上的旨意了，說要把清水縣的大小官員全都抓了去審訊。那人宣旨宣的有模有樣的，跪在地上的人大氣都不敢出一個，一個個只得被捆了起來。

宣旨那人手裡並沒有真的拿著一塊黃布，因為當時流行一種聖上的密旨。就是趙光義剛當上皇帝的時候，封州有一個叫李鶴的人想要謀反，趙光義聽說後氣得直跺腳，連詔書都沒發，就讓人把李鶴那廝給殺掉了。當時清水縣那群官員估計也是想著這件事，就沒敢問朝廷命官要皇帝的詔書。

就在一群人嚇得要尿褲子的時候，其中一個叫劉文裕的人突然抬起頭來說：「聽大人們剛才說自己以前是在開封府做事的？小的以前也是在混的，大人們不記得小的了？」原來劉文裕也在趙光義手下做過事，那時候老趙還只是開封府尹。

聽劉文裕這麼一說以後，「朝廷命官」們半天沒反應過來，不過李飛雄還是「機靈」，他湊到前去悄悄地問了劉文裕一句：「以後我們榮華富貴共用，如何？」劉文裕一聽這話，立刻明白了是怎麼一回事，這哪裡是朝廷派來的命官，分明就是一群假傳聖旨的土匪。

不過劉文裕按捺住了自己內心的怒火，畢竟自己的人都被裝模作樣的土匪們扣著呢。他趕緊笑瞇瞇地應和著跟他說話的那個人，那人也把他身上的枷鎖取了下來。第二天，劉文裕就成了這群土匪的跑腿，帶著自己的人跟著土匪大哥們就上路了。

路上，劉文裕趁著土匪大哥們沒留神，把這幫假官員的身份告訴了自己人田仁朗，兩人就謀劃著怎麼在路上把這群人給幹掉。這時候田仁朗故意從馬背上摔了下來，裝著快要死的樣子，一群人看了以後也嚇得不輕，李飛雄趕緊過去看看怎麼回事，沒想到被田仁朗一個翻身就給擒住了。

哥倫布發現新大陸
　　　　1500—

英國大破無敵艦隊

發明蒸汽機

美國獨立
拿破崙稱帝

美國南北戰爭開始

第一次世界大戰
第二次世界大戰

　　　　2000—

之後可想而知，畢竟是在秦州的土地上，當然是劉文裕等人的勢力大了，更何況所謂的「朝廷命官」不過是假冒的土匪。就這樣，李飛雄一群

人反被清水縣的官員抓了個正著。要說這李飛雄也是長了個白癡腦袋，也不想想，當皇帝能這麼容易嗎？

軟刀子殺人

趙匡胤把江山交到老弟趙光義的手上以後就光榮地去了，趙光義當上皇帝的心情也是喜滋滋的，不過快樂的同時也有那麼一點小憂愁，畢竟大宋還沒有完全統一。然而令趙光義沒有想到的是，在未來很短的一段時間內，就有兩個留守的小國家主動送到了他的門上。

當初鑑於自己的能力跟大宋拼不過，吳越國王錢俶就跟趙匡胤簽了一份合約，說是每三年到大宋的宮中去拜見趙光義一次，以此來換吳越國的安穩。趙匡胤基於剛建國要安頓民生問題，也就暫時同意了，反正錢俶來拜見他的時候也少不了禮物，先玩著樂著再說吧。

轉眼間三年就過去了，雖然簽合約的主人已經去閻王爺那邊了，可是主人還有個弟弟接了班。趙光義好不容易盼到了錢俶該進宮的日子，卻遲遲也不見有人影朝這邊走來。這究竟是怎麼回事呢？原來錢俶這時候還在家那邊煩惱。

其實，早在簽完合約的第一年跟第二年，他就打發了自己的兒子去大宋看望過了趙光義，還大賀特賀趙老弟接班快樂。可是三年後自己就不得不主動送上門去跟趙光義聊上一聊，不然趙光義就得按照合約把他給滅了。雖然不情願，無奈之下錢俶還是帶著一大堆禮物上路了。

一路上奔波，終於是到了大宋。見到趙光義之後，錢俶趕緊把自己此行所帶的禮物給皇帝奉上，讓皇帝先高興了再說。果然，趙光義看到禮物樂得臉都開花了，熱情地款待著錢俶這一行人，還吩咐說把錢俶等都安排到五星級酒店去住著先。

可錢俶等人沒想到，這一住還走不了了。趙光義說什麼也不讓他們這麼早回老家去，說是大宋好玩的東西多，讓他們玩完了再走。這可把錢俶

BC　上古時期

—BC200　秦
　　　　西漢

— 0
　　　　東漢
— 100

— 200　三國
　　　　晉
— 300

— 400
　　　　南北朝
— 500

— 600　隋朝
　　　　唐朝
— 700　武則天稱帝
　　　　安史之亂
— 800

— 900　五代十國
　　　　北宋
— 1000

— 1100
　　　　南宋
— 1200
　　　　元朝
— 1300
　　　　明朝
— 1400

— 1500

— 1600
　　　　清朝
— 1700

— 1800

— 1900　中華民國
— 2000

一行人給弄鬱悶了，可是又不能跟趙光義翻臉，根本打不過他啊！如何是好？

正當錢俶一行人煩惱的時候，京城裡又來了一批人，聽說是漳州、泉州那方方的地主陳洪進。陳洪進是南唐的人，因為主子死了，他就暫時把主子的小孩安排到了龍椅上，可是沒多久就開始謀反，自己也想坐皇位了。然而當他把主子的小孩弄下來以後，反倒被一個叫張漢思的傢伙搶了風頭。

陳洪進想著要把張漢思給滅了，張漢思當然也琢磨著怎麼把陳洪進給做掉。就這樣，兩人都籌畫著如何先下手為強。可是張漢思終於還是沒抵過老對手的厲害，被陳洪進給送去了西天。

折騰到這時候陳洪進也老了，大概是覺得自己折騰不動了，就學著吳越的錢俶也來開封府朝拜趙光義。趙光義對主動投降的人當然不能虧待了，畢竟不用出兵就能把疆土給擴大了，這是多麼美好的一件事啊。於是趙光義就給了陳洪進一行人大大小小的好處，當官的當官，升職的升職。

南唐人的這一行為可把被困在開封府五星級酒店裡的吳越人鬱悶壞了，這樣一來，他們不投降也不行了。這是這麼輕而易舉的，趙光義輕輕鬆鬆地收復了兩個留守小國家，連睡覺都在夢裡樂著呢。

就這麼放手

統一一直是歷代帝王的心願，每一任帝王都希望自己的疆土無限擴大，自己的王國像鐵桶一樣堅固。趙光義也不例外。

宋朝雖然結束了五代十國的分裂局面，但周邊的少數民族政權，還有一些地方政權一直在蠢蠢欲動。宋朝在若干年的休養生息後，也的確是得到了發展和恢復，變得比較富強起來，這就更讓周邊的人眼紅了。

趙光義知道自己的王朝就像一塊肥肉，遲早會被權勢大的人給吞掉。為了避免被別人吞掉，他準備先吞掉別人。

耶穌基督出生　0—

君士坦丁統一羅馬
羅馬帝國分成兩部

波斯帝國　500—

回教建立

凡爾登條約

神聖羅馬帝國建立
1000—

十字軍東征

蒙古第一次西征

英法百年戰爭開始

哥倫布發現新大陸
1500—

英國大破無敵艦隊

發明蒸汽機

美國獨立
拿破崙稱帝
美國南北戰爭開始

第一次世界大戰
第二次世界大戰

2000—

經過一番精心部署，趙光義決心再次去征討各個政權，力求在他有生之年能夠統一中國。但是上天對這哥們不太公平，趙光義眼看著勝利的曙光就快要到跟前了，老天爺忽然讓他病倒了，而且這一病就再也沒有起來。

西元997年的二月間，趙光義59歲了，年輕時候受的箭傷發作了，這次特別厲害，史書記載，他病情惡化，生平第一次在便殿決事。就是連正殿都去不了了，那時候沒輪椅，他只能就近辦公了。

眼看著統一大業就要完成了，可是眼下他只能命令停戰，得病後的一個月裡，宋史中再也沒有任何政治、軍事、人事變動的記載。很明顯，大家都在忙著給趙光義治病呢，誰也顧不得發展其他事物了。

但是這樣做也沒用，在當年的三月二十八日，趙光義病的沒辦法起床了，話都說不清楚了，第二天，他就病死了。

趙光義這人比他哥哥狠，為人毒辣，所以他活著的時候，沒人敢說他不好。但是他死了以後，大家就都紛紛站出來說話了，在元朝有幾位學者，他們就說他是「太祖之崩不逾年而改元，」這是說他對自己哥哥不敬。

關於趙匡胤的死一直是個謎團，許多人認為是趙光義把趙匡胤害死，自己篡位當了皇帝，但因為沒有切實的證據，只能當做謎團了。

還說「涪陵縣公之貶死，武功王之自殺，宋后之不成喪，」說他對自己哥哥不敬重，對他哥哥的妻子、兒子也很不好。

不管後人怎麼說，對於趙光義來說，他有著遠大的追求，但也正是這追求讓他將宋朝帶入了積弱時代。而且他這個人運氣總是不太好，無論是兩次北伐契丹，還是遠征西夏，他都只差那麼一口氣。如果他能再堅持堅持，那他說不定就成了一個名聲更響亮的皇帝了。

不過，他真正做到了「與士大夫共治天下」，這之後百餘年間北宋的繁華昌盛、和平安定也有他很大的功勞。

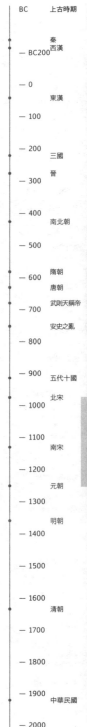

這些臣子的不同臉譜

丟人的結盟

遼朝一直和宋朝對抗，宋太宗沒來得及滅掉遼朝，自己先去西天報到了，到他兒子真宗趙恒即位後，遼國就更是囂張了。他們多次進犯宋朝邊境，讓宋真宗很是頭疼，這個時候有人向宋真宗推薦寇準擔任宰相，說寇準忠於國家，辦事有決斷。

寇準在宋太宗的時候就已經擔任過副宰相一些重要的職位了，不過是因為人出了名的直腸子，說話不拐彎，讓宋太宗很是受不了。後來被其他人誣告，排擠出了朝廷，現在遼國欺負宋朝欺負的太厲害了，大家又想把寇準叫回來。

寇準有經驗，而且有本事，讓他去對付遼國正合適。宋真宗一看也沒別人了，就把在地方上當知州的寇準調回了京城。

契丹前鋒統軍蕭撻凜帶著二十萬大軍越過瓦橋關，攻高陵，直抵於澶淵，即將飲馬黃河，直逼中原。宋朝內聽說了這麼不幸的消息以後都慌了神，也不知道究竟是該打還是該投降。這時候寇準和畢士安建議真宗親自去澶淵打上一仗，給士兵們振奮一下士氣，可真宗卻始終拿不定主意。

邊防告急的信跟雪花片一樣飛到了真宗的手裡，寇準在一旁坐著，臉上還帶著笑意。這可把真宗給鬱悶壞了，連忙問寇準幹嘛笑。寇準就說：「只要您親自上馬，到了澶淵以後兵將們就跟見了明星一樣，內心那叫一

個激動，他們一激動就得往前衝，一往前衝那就能打勝仗。」

　　就當真宗快要下決心披掛上陣的時候，卻不巧殺出來兩個老狐狸。當朝參知政事王欽若和陳堯叟沒皮沒臉地跟真宗說什麼「三十六計，走為上計。」寇準大罵了兩人一頓，真宗這才一臉鬱悶地往澶淵去了。

　　也難怪真宗這小孩害怕打仗，雖說他爺爺是當年的開國皇帝，扛著刀槍把天下給他打了下來，可是畢竟孩子們都是在蜜罐裡長大的，生在幸福窩裡，哪知道打仗是個什麼滋味。不過真宗也不愧是老趙家的後代，害怕歸害怕，還是硬著頭皮上了陣。

　　皇帝來看士兵打仗了！作為士兵，若看到高官親自來鼓勵他們，衝殺得便很起勁，更何況皇帝親臨？真宗一上澶州北城門樓，一呼而百應，大家頓時士氣高漲，一舉反攻遼軍。彎弓搭箭，一道長虹飛越戰場上的晴空，直入遼軍統帥蕭撻凜頭顱，蕭撻凜帶著一蓬鮮血，跌下馬去。遼軍一見主帥陣亡，頓作鳥獸散，棄甲拋兵，奔走逃亡。

　　蕭太后聽說這事以後，手捂著胸口就開始哭天喊地。可是又再也沒了力氣跟宋軍打了，只好厚著臉皮跟宋軍求和。

　　當時寇準堅決不同意議和，他想的是讓契丹對大宋稱臣，把幽州交出來，讓大宋百姓安安穩穩地過上太平日子。但有好人就有爛人，這時候那些不安好心的孬種都在真宗面前給寇準戴帽子，一口一個不是，說什麼寇準要擴大勢力搶真宗的寶座。寇準雖然生氣，可嘴上也不好再多說什麼。

　　後來宋朝就派曹利用去跟契丹商量議和的事情，曹利用走之前問真宗，多少價位以內他能夠接受，真宗說了個一百萬。曹利用接了旨正準備往契丹那邊趕的時候，卻又被寇準攔了下來，對他說：「別以為皇帝說了個一百萬那就是一百萬，你要是給我談的價位高出了三十萬，那就提著頭來見我！」

　　曹利用被寇準這麼一嚇唬也拼了老命跟契丹那幫人殺價，最終不多不少以三十萬歲幣拿下。回來跟真宗這麼一說，讓真宗樂不可支。愛好和平的真宗終於跟遼簽了合約，訂立「澶淵之盟」，每年給遼三十萬的伙食費。

BC　　上古時期
BC200　秦　西漢
0
東漢
100
200　三國
晉
300
400　南北朝
500
600　隋朝　唐朝
700　武則天稱帝　安史之亂
800
900　五代十國　北宋
1000
1100　南宋
1200　元朝
1300　明朝
1400
1500
1600　清朝
1700
1800
1900　中華民國
2000

BC

耶穌基督出生　0—

　　　—

君士坦丁統一羅馬

羅馬帝國分成兩部　—

波斯帝國　500—

回教建立　—

　　　—

凡爾登條約

神聖羅馬帝國建立
　　　1000—

十字軍東征　—

蒙古第一次西征　—

英法百年戰爭開始　—

哥倫布發現新大陸
　　　1500—

英國大破無敵艦隊　—

發明蒸汽機

美國獨立
拿破崙稱帝

美國南北戰爭開始

第一次世界大戰
第二次世界大戰

　　　2000—

　　澶淵這一仗打得響亮，至少向那些以為宋朝是個「文弱書生」的人證明了事實。想當年趙匡胤騎著大馬打下天下之後，他就非常注重真槍實彈，硬是把國家的科技實力搞了上去。什麼造船術啊、火藥武器啊、新型戰鬥裝備啊，要什麼有什麼。到了太宗、真宗的時候，軍隊的建設已經非常厲害了。

　　實際上，當初蕭太后跟他兒子殺過來的時候就是想嚇唬嚇唬宋朝，想從中賺些利潤，而不是真的要滅了大宋。正巧這大宋國也是一個知書達理的書生，喜歡舞文弄墨，不喜歡打打殺殺的，因此雖然打了勝仗，卻還是跟遼國簽了和平友好協議，順帶給了點銀兩讓遼國先花著。

　　「澶淵之盟」這三十萬的歲幣對真宗來說根本就是牛身上的一根毛，因此簽了協議大宋也不虧什麼，倒是換來了三十多年的和平盛世，到處鳥語花香的，羨煞後世旁人。

先天下之憂而憂

　　大中祥符七年（西元1014年），宋真宗帶著百官去亳州朝拜太清宮。一群人壓在南京市的馬路上，大家爭先恐後地要看皇帝。對於大多數人來說，看偶像要緊，然而有一個年輕小夥子卻悶在家裡，說什麼都不肯出去熱鬧熱鬧。這孩子名叫范仲淹，皇帝親臨的時候他還把頭埋在書堆裡，朋友說他是個死腦筋，可他卻說：「將來再見也不晚。」

　　那朋友哪裡知道小范心中的志向，果不其然，他第二年就參加了考試，並且登進士第，被任命為廣德軍（今安徽廣德縣）的司理參軍，那時候的進士是能夠親眼見到皇帝的。

　　小范的職業生涯並不十分愉快，短短的幾年工作經歷已經讓他看盡了官場的貪污腐敗。假如是為名為利，其實他完全可以讓自己容身於這樣一池污水中去，維持這桿秤的平衡。可小范終究是個思想境界高的人，他不願意蹚這攤渾水，因此一直遭到他人的排擠，工作不順心，鬱悶得很。

不過事情很快就有了轉機。宋仁宗寶元元年，也就是西元1038年的冬天，党項族的頭目李元昊自稱皇帝，建國號大夏，並徵召全國15歲以上的男子當兵。第二年，西夏軍隊進犯宋之邊境，次年正月，李元昊大軍進逼延州（今陝北延安）。

西夏的進攻給宋朝帶來極大的驚慌，北宋長期抑制武將，重用文人的政策犧牲了國防。又加上三十多年無戰事，宋朝邊防不修，帶兵的將帥也多是皇帝的親戚故舊，根本不懂軍事。西夏兵勢如破竹，北宋危在旦夕。

宋仁宗這才想到了被他遺忘的小范，二話不說就讓他擔任了陝西路永興軍的知軍州事。其實這時候的小范已經不是當年的小范了，已經52歲的他鬢染滿了白髮，不過當年那顆愛國之心還是那樣火熱，小范的心情十分沉重，於是就帶著一顆沉重的愛國心來到了延州。

在延州這個鳥不生蛋的地方，小范多年的精神修養終於發揮了作用。縱然是環境艱險，他還是帶著士兵在邊防取得了暫時的穩定。只可惜宋仁宗錯誤地估計了當時的形式，他內心激動地要求小范的部隊秉著進攻的精神往前衝，結果宋軍被困在定川寨被元軍殺了個狗血淋頭。軍事上的失利使宋朝被迫在軍事上對西夏採取守勢，外面還不消停的時候，宋朝內部的矛盾又尖銳了。

面對著自己帶領的一幫貪污腐敗分子，再看看自己手中的國家，宋仁宗終於開始自責了，他決定小小改革一下。於是在西元1043年，宋仁宗任命范仲淹和其他思想境界較高的人來當人民的好公僕，這就是慶曆新政。

早在28年前，小范的心中就已經開始醞釀改革的春風，這回皇帝一下令，他的新政綱領就從心裡浮現到了紙上，叫《答手詔條陳十事》。在短短的幾個月中，小范的改革思想就付諸了實踐，於是他看到這樣的情景：政府機構精簡了，裙帶關係減少了，當官的不倚老賣老了。大家憑能力上位，憑競爭升職。

就在小范把改革的春風吹進每一條巷弄的時候，宋仁宗突然發現這改革的幅度過大，與宋朝立國的方針相衝突。小范的改革動搖著腐朽的政治集團，要是真的讓改革再繼續下去的話，那麼百分之九十以上的當官的恐

BC 上古時期
秦
西漢
BC200
0
東漢
100
200 三國
晉
300
400 南北朝
500
600 隋朝
唐朝
700 武則天稱帝
安史之亂
800
900 五代十國
北宋
1000
1100
南宋
1200
元朝
1300
明朝
1400
1500
1600
清朝
1700
1800
1900 中華民國
2000

BC

耶穌基督出生　0—

君士坦丁統一羅馬

羅馬帝國分成兩部

波斯帝國　500—

回教建立

凡爾登條約

神聖羅馬帝國建立
　　　1000—

十字軍東征

蒙古第一次西征

英法百年戰爭開始

哥倫布發現新大陸
　　　1500—

英國大破無敵艦隊

發明蒸汽機

美國獨立
拿破崙稱帝

美國南北戰爭開始

第一次世界大戰
第二次世界大戰

　　　2000—

怕都要回家種地去了。面對這樣的情況，宋仁宗心中的軟弱和不堪還是站出來說話了，他讓小范暫時停下手頭的工作，回去反思反思。

宋仁宗這麼一位皇帝，雖然不能說太過不堪，不過也不能跟他的老祖宗們相比。這小皇帝有點心血來潮，想改革的時候就讓小范快馬加鞭，一看到改革過於猛烈，卻又害怕了起來。有這樣的皇帝也註定慶曆新政要失敗。而慶曆新政失敗的同時，宋朝滅亡的命運也就註定了。

西元1036年，那時候的小范正在開封府做事，一天他接到了來自宰相呂夷簡的調職通知，說是讓他到饒州工作。後來連余靖、尹洙、歐陽修等人也遭到了小范同樣的命運，紛紛被貶職，這也拉開了北宋「朋黨之爭」的簾子。西元1045年，小范的命運又再一次往深谷裡跌，朝廷居然不讓他做官了。

小范的境界早就在人生的歷練中混到了博士的水準，當他被貶到鄧州以後仍然保持著樂觀的心態。他「不以物喜，不以己悲」，「先天下之憂而憂，後天下之樂而樂」，但小范還是過於樂觀。「先天下之憂而憂，後天下之樂而樂」，在慶曆新政中范仲淹確實為北宋憂愁了一回，但北宋已在政治上的泥沼中不能自拔了，宋朝也再沒有給范仲淹一個樂觀的機會。

鐵面無私包黑炭

包拯生活在真宗和仁宗兩朝之間，這是宋朝歷史上政治相對清明的一段時間。作為封建士大夫的一員，包拯可以說完全能夠代表宋朝士大夫的一個側面。

雖然宋朝的士大夫在軍事上蒼白、無力。但也不能說宋朝的士大夫們是百無一用的書生，他們還是產生了自己關鍵的作用的。

包拯在景祐四年（西元1037年）正式登上仕途，那個時候的宋朝經過太祖、太宗、真宗三朝創業立制，宋朝的政治、經濟、文化都處於一個穩定發展時期，所以包拯的運氣還是比較好，大環境比較安定。

但包拯是個力求上進，要求進步的同事，他高瞻遠矚的發現現在朝廷內外存在著許多問題：冗官、冗兵、冗費日益嚴重，土地兼併激烈，小規模的農民起義接連爆發，社會問題、階級問題都在累積，政治、經濟危機四伏。外有遼、西夏與宋鼎足而立，宋朝每年以相當數量的「歲幣」、「歲賜」維持著和平共處的局面。

於是他在自己的職責範圍之內，提出了一些改革措施，雖然沒有像范仲淹、王安石他們搞得那麼聲勢浩大，但也算是從客觀效果上看，卻有利於當時的下層人民。包拯之所以為天下百姓所愛戴，原因很大部分也在於此。

包拯最出名的要數他的倔脾氣，司馬光在《張方平第二箚子》中說：「仁宗時，包拯最名公直。」現在的電視劇裡，包拯腦門上一個月亮，臉黑的跟炭似的，一看就是清官，不徇私枉法的官員。

在當時那個社會中，包拯也確實不是浪得虛名。在宋史上記載的包拯的一件事情充分說明了這一點。

他擔任天長縣的知縣期間，有盜賊將一戶人家耕牛的舌頭割掉了，牛的主人前來上訴。包拯說：「你只管回家，把牛殺掉賣了。」不久又有人來控告，說有人私自殺掉耕牛，因為當時法律規定，不准私自屠宰耕牛。於是，包拯道：「你為什麼割了人家的牛舌還要來控告別人呢？」這個盜賊聽罷又是吃驚又是佩服。後來，包拯任端州知州，端州這地方出產硯臺，在他任職期間，他沒有拿過一塊硯臺回家。

不但清廉，而且正直，包拯看不慣朝廷中一些人自恃權貴，橫行不法。他就親自去找皇帝進諫，他口若懸河，言辭激烈，竟將口水濺了宋仁宗一臉。

包拯的風範不僅影響到大宋一朝，歷經千年之後，他的風範一直為後人所景仰。尤其是他那傳說中的三口鍘刀，時時警醒著世人。

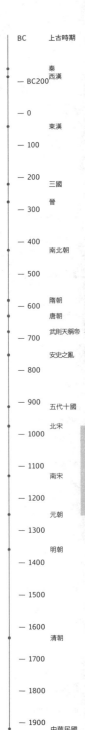

勇於搞階級鬥爭

歐陽修作為北宋詩文革新運動的領袖，文學成就以散文最高，影響也最大，他繼承了韓愈古文運動的精神，大力提倡簡而有法和流暢自然的文風，反對浮靡雕琢和怪僻晦澀。他不僅從實際出發，提出平實的散文理論，而且自己又以造詣很高的創作實績，產生了示範作用。由於他在政治上的地位和散文創作上的巨大成就，使他在宋代的地位有似於唐代的韓愈，「天下翕然師尊之」。其中，大明星蘇軾最出色地繼承和發揚光大他所開創的一代文風。這也就使他的文風一直影響到元、明、清各代。

但別看他在文壇這麼有名，但是作為封建的士大夫，他就不那麼成功了。因為一點官場上的小事，他還差點丟了腦袋。

西元1063年，宋朝朝廷上演了一齣鬧劇。當時，趙受益逝世，因為趙受益無子，趙宗實過繼給了趙受益並即位為皇帝。在趙宗實應該如何稱呼他親生父親（趙允讓）的問題上，大臣發生了嚴重的分歧。當時任副宰相的歐陽修主張當然稱為父親，另一派以司馬光為首的大臣，根據儒家學說，主張應該稱他親生老爹（趙允讓）為伯父，並請求把歐陽修處斬，以謝天下。

這就是有名的「濮議」，外頭打得火熱的戰爭死多少人他們不關心，他們就為這該叫爹還是該叫伯父的小事鬧個不停。

知識份子勇於內鬥在宋朝體現到了極致，而且宋朝的內鬥不論在規模上還是在無賴的程度上，都要盛於唐朝。歐陽修顯然不是一個善於內鬥的人。隨隨便便就被排擠出朝廷了，歐陽修的人生，經常往返於各地和朝廷之間。

歐陽修作為慶曆新政「四諫」之一，在慶曆新政失敗後，被誣為朋黨，慶曆五年，被貶為滁州（今安徽滁縣）太守。直到至和元年（西元1054年）八月，才奉詔入京，與宋祁同修《新唐書》。

結果沒過多久，他又因為狄青樹大招風，寫給皇帝兩封奏摺，主要中

BC

耶穌基督出生　0—

君士坦丁統一羅馬

羅馬帝國分成兩部

波斯帝國　500—

回教建立

凡爾登條約

神聖羅馬帝國建立　1000—

十字軍東征

蒙古第一次西征

英法百年戰爭開始

哥倫布發現新大陸　1500—

英國大破無敵艦隊

發明蒸汽機

美國獨立
拿破崙稱帝

美國南北戰爭開始

第一次世界大戰
第二次世界大戰

2000—

心思想是說讓狄青避開流言，好自為之，別太招搖。這兩封奏摺又差點讓他被貶官。

明人茅坤在《唐宋八大家文鈔》裡，稱讚歐陽修「言人之所難言，見人之所不見，只緣宋承五代之後，歐公故不得不為過慮，然亦回護狄公，狄公亦所甘心」。由此可見，說歐陽修彈劾狄青是忠君誤國，實在是冤枉了歐陽修，讓他背了黑鍋。在歐陽修的奏摺中，既為狄青開脫，也評其不足。

歐陽修就是這麼一個有一說一的人，但卻總是得不到其他官員的認可。

總之，歐陽修是一個成功的文學家，但卻不是一個成功的政治家，他沒有那根筋，玩不了那一套政治遊戲。

有苦說不出

仁宗年間的一天，汴梁城裡來了一位將軍。他人高馬大，陽剛氣十足，卻又是一個正當年的美男子。老百姓看見這位帥小夥的時候都欣喜若狂，明星效應不過如此。這位型男名叫狄青，是戰士們仰慕的將軍，卻同時又是皇帝的心中難以言說的一個痛處。

狄青是個青年才俊，在他的天賦和努力之下，連年高升，事業有成。然而眾所周知，大宋王朝歷來不怎麼重視武將，而且是越有才能的武將就越受到朝中的排擠，因此在接下來的日子裡，狄青的命運也順乎其然地從天堂掉進了地獄。

自從趙匡胤陳橋兵變以來，武將就成了宋朝統治者的一塊心病，而狄青卻恰恰就步了趙匡胤的後塵，自出生的那一天起就邁著老趙當年的足跡走了一次。雖然狄青的家庭條件不怎麼好，但爹娘卻培養出了一個優秀的兒子。他16歲的時候，有一天哥哥跟村裡的人打架，為了讓老哥順利地過下半輩子的幸福日子，他毅然決然地擔起了罪過，也因此走入了軍旅。

BC　上古時期

— BC200　秦
　　　　西漢

— 0　東漢

— 100

— 200　三國
　　　　晉
— 300

— 400　南北朝

— 500

— 600　隋朝
　　　　唐朝
　　　　武則天稱帝
— 700
　　　　安史之亂
— 800

— 900　五代十國
　　　　北宋
— 1000

— 1100
　　　　南宋
— 1200

　　　　元朝
— 1300
　　　　明朝
— 1400

— 1500

— 1600
　　　　清朝
— 1700

— 1800

— 1900　中華民國

— 2000

因為在對抗夏的戰役中表現不俗，西元1040年，經尹洙的推薦，狄青得到了陝西經略使韓琦、范仲淹的賞識。西元1052年，狄青又被提升為樞密副使，這也是北宋以來，武將所做到的最高的職位，因此也更加引起了皇族的猜忌。不過狄青才不管那些閒言碎語，他一心只想為國家做好事情，對朝廷更不用說了，有的只是一顆赤子之心。

可這個世界就是這麼荒誕，一心想為人民的人卻總是受到不公的待遇。為了讓狄青再也得不到朝廷的重視，周圍的「有志之士」把頭都想破了洞，卻怎麼也找不到突破的點，只好給狄青大將軍冠上一個莫須有的罪名。

那時候宋仁宗身體不怎麼好，病快快的，也生不出兒子，更不用說立太子了。想要置狄青於死地的一些官員就說狄青家的狗頭正長角，還說因為他家晚上鬧鬼，所以京城才發了洪水。另外，狄青避水而舉家遷徙相國寺也給他招惹了是非，被說成是想要謀反，想像力豐富的讓人難以想像。

狄青四面楚歌，有理沒處說，才當了四年的樞密使就被貶到了陳州。可就算他遠離京城那塊是非之地，卻還是不得安生。到了陳州以後，狄青仍然盡心盡力地為人民服務著，可是朝廷還是對他放不下心，因此就三天兩頭地派人去監視，還美其名曰是慰問。這次可把狄青鬱悶壞了，不到半年就一病不起，最終鬱鬱而死，年僅49歲。

狄青大將軍活著的時候，僅僅四年的時間裡，他帶著兵打了25次仗，光身上就被箭射穿了八次。可以說，狄青是被宋朝所謂的知識份子和皇帝的猜忌害死的，畢竟對於一個將軍來說，這些閒言碎語的殺傷力遠遠大過於沙場上的炮火。說到底，狄青的悲劇不僅是個人的悲劇，也是整個宋朝政治的必然悲劇。

西夏建立

大宋是個弱弱的國家，這裡的皇帝都喜歡用委曲求全的方式來換取一

時的安穩，硬是不肯靠打仗來討個長治久安。那頭剛剛低三下四地跟遼國求了和，這邊又開始重金和官爵賄賂党項族。

那時候党項族的頭頭叫李繼遷，宋朝讓他當了個夏州刺史，還兼職做著定難軍節度使。西元1004年，李繼遷死了以後他的兒子李德明就坐上了第一把交椅，宋朝又趕緊給這小子封了個平西王當著，生怕他起來鬧事。

大宋對李德明的擔心也不是多餘，因為李德明有個叫李元昊的兒子，那小子可是一個不安分的人。雖然老爹李德明安安穩穩地守著宋朝給他的待遇，可是李元昊卻不甘於對贏弱的宋朝俯首稱臣，他也不稀罕每年宋朝送來的禮物。

李元昊長大以後幾次三番地跟老爹說跟大宋開戰的事情，可都被老爹給回絕了，還讓他安分一點。可是李元昊心裡始終不能平靜，總想著要弄個皇帝當當。日盼夜盼，李元昊把自己的老爹給盼死了，自己成了平西王。李元昊早就給自己準備好未來幾年的人生規劃了，老爹一死，他立刻就開始招兵買馬，把軍隊搞得有聲有色的，準備自己稱帝。正當李元昊興致勃勃地做準備工作的時候，他的叔叔山遇卻在一旁嚷嚷著不讓他跟宋朝開戰。可是李元昊就是不聽，還覺得叔叔是挺窩囊的人，跟自己的老爹一個樣。無奈之下，山遇投奔了宋朝，不料宋朝真的很弱，居然因為害怕李元昊謀反而把山遇又送了回去。不過李元昊這時候已經沒什麼顧慮了，既然你大宋都知道我想要幹什麼了，那我乾脆就做出來給你瞧瞧。西元1038年，李元昊在興慶稱帝，國號為大夏，也就是西夏。

大宋覺得李元昊這是公開跟自己挑釁，於是宋仁宗趙禎就派了人馬前去跟他討個說法。可是因為宋朝久不用兵，再加上兵將都分隔在全國二十幾個地方，相互誰也不認識誰，很難團結到一起，因此宋軍在跟李元昊血拼的時候就常常以失敗告終。

後來宋軍在延州大敗，這下真的把皇帝給惹急了，宋仁宗一怒之下就把范仲淹和韓琦調到了陝西去跟李元昊打。范仲淹還算是個有腦筋的人，他去了以後先是整頓軍隊，提升將兵的作戰能力，然後才開始派兵打仗。

范仲淹始終主張以防守為主，這與韓琦的意思正好相反，因為韓琦

BC　上古時期
秦
西漢
— BC200
— 0
東漢
— 100
— 200
三國
晉
— 300
— 400
南北朝
— 500
隋朝
— 600
唐朝
武則天稱帝
— 700
安史之亂
— 800
— 900
五代十國
北宋
— 1000
— 1100
南宋
— 1200
元朝
— 1300
明朝
— 1400
— 1500
— 1600
清朝
— 1700
— 1800
— 1900
中華民國
— 2000

BC

耶穌基督出生　0—

君士坦丁統一羅馬

羅馬帝國分成兩部

波斯帝國　500—

回教建立

凡爾登條約

神聖羅馬帝國建立
　　　　　1000—

十字軍東征

蒙古第一次西征

英法百年戰爭開始

哥倫布發現新大陸
　　　　　1500—

英國大破無敵艦隊

發明蒸汽機

美國獨立
拿破崙稱帝

美國南北戰爭開始

第一次世界大戰
第二次世界大戰
　　　　　2000—

認為宋軍應該大舉進攻，殺李元昊的部隊一個片甲不留。於是在西元1041年，兩軍又血拼了起來。誰想到李元昊這傢伙腦子這麼好，用了個計就把韓琦所派的大將任福給困住了，在西夏軍隊的圍攻下，任福一命歸天，宋軍再一次敗北。

皇帝聽說此事後就把韓琦給撤了，又因為小人的誣陷，范仲淹也受到了牽連，職位也有所下降。不過後來因為李元昊的咄咄相逼，宋仁宗還是重新啟用了范仲淹跟韓琦，這兩人這回吸取了教訓，攜手合作一起跟李元昊血拼，這才保了大宋一時安穩。

這不是錢的問題

宋朝，總是給人一種病快快的感覺。自從它建立的那天就一直有外敵騷擾，仗也打不贏，無論是金、遼還是西夏，都能把它收拾得服服貼貼。宋朝的皇帝們也是軟骨頭，稱臣納貢換和平。

剛建國的時候，宋太祖趙匡胤就帶著大兵在馬背上打打殺殺的，打算要統一全國。北宋於西元964年、965年、970年先後消滅了荊南、後蜀、南漢三地，又於974年擊敗了勢力較為強大的南唐。此後，吳越與福建漳、泉等地的地方勢力紛紛「納土」於宋王朝，亂七八糟的日子總算結束了。

但這只是中原的腹地歸於統一，在五代十國時期，後晉曾把北方的燕雲十六州割與契丹族所建立的遼國。為了把燕雲十六州搶回來，北宋又跟遼打了不少日子。自宋太宗趙光義起，北宋曾多次與遼交戰，可就是沒能將其收復。直到西元1004年，北宋真宗與遼國在澶州定下了停戰和議，稱兄道弟，而且北宋這兄弟每年要跟遼大哥繳納「歲幣」，也就是「澶淵之盟」。如果打開中國歷代疆土圖，就會發現宋朝的地盤實在小得可憐。

除了北方的遼國，西北方的西夏、西南方的吐蕃等強國也都跟惡狼一樣地流著口水看著大宋。外邊不平靜，可國內更不安靜，由於北宋實行

「不抑兼併」的政策，地主可以肆無忌憚地兼併土地，卻享有不交納賦稅的特權，一方面土地高度集中；另一方面，國家財政收入不斷減少。

太宗時，土地的集中已十分嚴重，有錢人的田地一眼望不穿，可窮人連個立腳的地方都沒有。至英宗時全國土地總數中的三分之二已經集中在官戶、富戶以及僧侶、地主的手中，大批農民失去田產，淪為佃戶。至仁宗慶曆之初，農民階級的反抗鬥爭已經是此起彼伏，「一年多似一年，一夥強過一夥」，宋王朝的統治也開始搖曳了。

最大的問題出現在北宋的體制上，「冗官」、「冗兵」、「冗費」，這「三冗」構成了北宋中葉最嚴重的統治危機。北宋官僚機構臃腫龐大，官員眾多，許多官員只享受俸祿，而無實際職事，此外，還有人數眾多的等待差遣的官僚預備隊。官員數量不僅嚴重超出了需要，並且文武官員的薪資還十分優厚，造成了沉重的財政壓力。

以北宋的軍隊為例：太祖時僅有禁軍193萬人，到他弟弟宋太宗的時候就已經增加到358萬人，然後就是一發不可收拾：真宗時增加432萬人，到宋仁宗時更是多了一倍，禁軍增加到826萬人。如果算上地方的廂軍，當時的大宋已經有1259萬人了，佔用了國家大量的糧草啊！史書記載當時天下「六分之財，兵占其五」。

更要命的是北宋軍隊可以說是中看不中用的，因為宋朝的江山是從別人手中搶過來的，所以皇帝們非常忌諱掌有兵權的將領，於是就弄了一批文官當司令，文人一不懂戰略，二不懂操練，軍隊得不到很好的訓練，戰鬥力因此大大削弱。

為了維持王朝那碩大無比的官僚機構和百萬大軍的衣食住行，朝廷已是苦不堪言。又加上「澶淵之盟」之後，宋廷每年都要向遼和西夏繳納大量「歲幣」，朝廷的財政負擔日益沉重，真宗末年的時候，朝廷財政收支還略有結餘；到了仁宗皇帝時候收支已經基本相抵，沒有盈餘了；等到了英宗的時候財政赤字竟然高達1570餘萬兩之巨了。

總的來說，大宋的問題不僅僅是錢的問題，文人治理不了國家，武將又打不了勝仗。這個時候，必須要有人站出來了。

BC　上古時期
—BC200　秦　西漢
— 0　東漢
— 100
— 200　三國
— 300　晉
— 400　南北朝
— 500
— 600　隋朝　唐朝
— 700　武則天稱帝　安史之亂
— 800
— 900　五代十國　北宋
— 1000
— 1100　南宋
— 1200
— 1300　元朝
— 1400　明朝
— 1500
— 1600
— 1700　清朝
— 1800
— 1900　中華民國
— 2000

英雄轟然出爐

BC

耶穌基督出生　0—

君士坦丁統一羅馬

羅馬帝國分成兩部

波斯帝國　500—

回教建立

凡爾登條約

神聖羅馬帝國建立
　　　1000—

十字軍東征

蒙古第一次西征

英法百年戰爭開始

哥倫布發現新大陸
　　　1500—

英國大破無敵艦隊

發明蒸汽機

美國獨立
拿破崙稱帝

美國南北戰爭開始

第一次世界大戰
第二次世界大戰

　　　2000—

一份奏摺，兩張笑顏

　　二十來歲的宋神宗當上了皇帝，他還是個比較有作為的青年。那時候自己的國家不太景氣，他就尋思著要進行個小改革，還召集了大臣開會討論，希望能夠找到富國強兵的道路，只可惜那些元老重臣們的勸告讓他很失望。

　　比如，他向德高望重的富弼徵詢邊防的事情，這位當年支持過范仲淹實行「慶曆新政」的老宰相忠告他說：「陛下如果能夠二十七年口不言兵，亦不重賞邊功，則國家幸甚，天下幸甚。」之所以請陛下二十七年口不言兵，是因為老宰相與皇帝對話時，恰好離慶曆新政過去了二十七年。

　　這和皇帝的期望實在是差了十萬八千里，年輕的皇帝怎麼也想不通，為什麼泱泱大國卻要如此卑躬屈膝地跟契丹和党項人打交道。特別是党項人的西夏小國，既小又窮，哪裡有資格算是國家，居然也能夠讓大宋帝國顏面掃地，這簡直太不可思議了。

　　宋神宗琢磨，要改革現狀，一定得找個得力的助手。神宗皇帝想到，在他當上皇帝前，身邊有個叫韓維的官員，常常在神宗面前說點不錯的見解。神宗還直誇他，不過他又說：「這些意見都是我朋友王安石講的。」

　　宋神宗雖然不知道王安石長什麼樣，不過對王安石已經有了一個好

印象。現在他想找助手，自然想到了王安石，就下了一道命令，把正在江寧做官的王安石調到京城來。如果王安石有日記傳世，想必他會發一番感慨。因為，這已經是他第二次進京面試了。

王安石是宋朝著名的文學家和政治家，撫州臨川（今江西撫州西）人。他年輕時候，那也是一個文藝青年，歐陽修總誇他。王安石二十二歲考中了進士，就在地方上當個小官。

他在鄞縣當縣官的時候，遇上了大旱，百姓都吃不飽飯。王安石就興修水利，改善交通，治理得井井有條。每逢青黃不接的季節，窮人的口糧接不上，他就打開官倉，把糧食借給農民，到秋收以後，要他們加上官定的利息償還。這樣做，農民可以不再受大地主豪強的重利盤剝，日子比較好過一些。

就這樣，王安石在地方上任職了二十年，名聲越來越大。後來，宋仁宗調他到京城當財政部副部長，他一到京城，就向仁宗上了一份約一萬字的奏章，提出他對改革財政的主張。那個時候，宋仁宗剛剛廢除范仲淹的新政，一聽到要改革就頭疼，把王安石的奏章擱在一邊。王安石的萬丈豪情被澆了一頭冷水，他看出來朝廷沒有改革的決心，同時自己的性格又跟一些大臣合不來，乾脆趁老媽去世的時候辭職不幹了。

但是這一回不一樣了，他接到的可是宋神宗親自召見的命令，又聽說神宗正在物色人才，於是高高興興應詔上京。王安石一到京城，宋神宗馬上就派人把他叫到御書房單獨談話。這邊內侍剛剛通報完，神宗就迫不及待地將王安石叫到跟前，上來就問：「國家已經成這個樣子了，你看要重新打理，應該從哪開始呢？」

王安石並不慌張，而是胸有成竹地回答說：「要想改變國家的現狀，就要先從改革舊的法度，建立新的制度開始。」宋神宗聽了點點頭說：「好，那你回去寫個詳細的改革意見吧。」王安石回家以後，一夜沒睡，專心致志地起草了一份改革意見書。第二天天剛亮，王安石就進宮把意見書送給了神宗。宋神宗越看越高興，也特別待見王安石。

西元1069年，宋神宗把王安石提拔為副宰相，讓他籌辦變法事宜。王

BC　上古時期
— BC200　秦
西漢
— 0　東漢
— 100
— 200　三國
晉
— 300
— 400　南北朝
— 500
— 600　隋朝
唐朝
— 700　武則天稱帝
安史之亂
— 800
— 900　五代十國
北宋
— 1000
— 1100　南宋
— 1200
元朝
— 1300
明朝
— 1400
— 1500
— 1600
清朝
— 1700
— 1800
— 1900　中華民國
— 2000

安石知道，要推行改革就必須有一個自己的團隊，於是他跟宋神宗商量了
一下，任用了一批年輕的官員，並且設立了一個專門制定新法的機構，把
變法主導權牢牢控制在手中。這樣一來，王安石就無了後顧之憂，可以放
手做他想做的事情了。

損有餘而補不足

「損有餘而補不足」本來是老子所著《道德經》上的一句話，意思就
是天道行常，總是會考慮到一個平衡的問題，把多餘的部分加到不足上，
達到陰陽調和的目的。

拿貧富問題來說，如果富人為富不仁，讓窮人越來越多，那麼窮人的
反抗只是時間問題。所以聰明的富人就應該經常拿出一些錢，給社會做些

貢獻，一來改善自己的形象，讓窮人不要仇富；二來改善窮人們的處境，
大家富才是真的富。王安石也是這個意思，因為當時貧富差距太大，如果
不加以改變，後果不堪設想。

要達到貧富均衡，首先得把土地的事情弄好。王安石實行方田均稅清
丈土地。「方田」就是每年九月由縣令負責丈量土地，按肥瘠定為五等，

登記在賬籍中。「均稅」就是以「方田」的結果為依據均定稅數。凡有詭
名挾田、隱漏田稅者，都要改正。這個法令是針對豪強隱漏田稅，為增加

政府的田賦收入而發佈的。

青黃不接的時候，老百姓的日子難過的不能想像，因為大戶會「及
時」地借給他們糧食，但卻是以高利貸的形式。這樣，老百姓就背上了很

重的負擔。

宋仁宗的時候，陝西遭了旱災，老百姓正在餓肚子。那裡的地方長官

李參就想了一個辦法，就是讓老百姓自己估算一下當年自己田裡能產出多

少穀子與麥子。然後規定農民可以先向官府借錢，等莊稼成熟之後，換成

美國獨立
拿破崙稱帝

美國南北戰爭開始

第一次世界大戰
第二次世界大戰

2000—

錢再還給國家，就是所謂的「青苗錢」。

王安石、呂惠卿知道了這個事情，覺得挺不錯。於是他們就據此為經驗，制定青苗法，把陝西的這種做法推廣到全國。宋朝有為備荒而設的常平倉、廣惠倉，王安石就將這兩個倉裡面的錢穀作為本錢，每年在需要播種和夏秋未熟的正月和五月，按自願原則，由農民向政府借貸錢物，收成後加息，隨夏秋兩稅納官繳納。這樣一來，農民在青黃不接時免受兼併勢力的高利貸盤剝，並使官府獲得一大筆「青苗息錢」的收入。

　　為了更好地發展農業，王安石獎勵各地開墾荒出，興修水利，建立堤堰，修築圩埠，由受益人戶按戶等高下出資興修。如果工程浩大，受利農戶財力不足，可向官府借貸「青苗錢」，按借青苗錢的辦法分兩次或三次納官，同時對修水利有成績的官吏，按功績大小給予升官獎勵。凡能提出有益於水利建設的人，不論社會地位高低，均按功勞大小酬獎。此法是王安石主張「治水土」以發展農業，增加社會財富的重要措施。

　　上述規定讓老百姓先填飽了肚子，讓大戶不能再發災年財。然後王安石又想辦法免除人民的苦役，而讓富人們也出工出力。

　　免役法規定：廢除原來按戶等輪流充當衙前等州、縣差役的辦法，改由州縣官府出錢雇人應役，各州縣預計每年雇役所需經費，由民戶按戶等高下分攤。上三等戶分八等交納役錢，隨夏秋兩稅交納，稱免役錢。原不負擔差役的官戶、女戶、寺觀，要按同等戶的半數交納錢，稱助役錢。

　　此法的用意是要使原來輪充職役的農村居民回鄉務農，原來享有免役特權的人戶不得不交納役錢，官府也因此增加了一宗收入。

　　王安石不但在農業上抑強揚弱，在商業上也是如此。他在東京設置市易務，出錢收購滯銷貨物，市場短缺時再賣出。這就限制了大商人對市場的控制，有利於穩定物價和商品交流，也增加了政府的財政收入。

　　處理完首都的事情，王安石又把改革的觸角伸到了地方。他規定給朝廷採購東西的時候，必須清楚東南六路的生產情況和北宋宮廷的需求情況，依照「徙貴就賤，用近易遠」的原則，必須在路程較近的生產地採購，節省貨款和轉運費。

　　另外，王安石還給了發運使一定的權力，讓他們能夠斟酌某時某地的

BC　上古時期

秦
西漢
BC200
0　東漢
100
200　三國
晉
300
400　南北朝
500
600　隋朝
唐朝
700　武則天稱帝
安史之亂
800
900　五代十國
北宋
1000
1100　南宋
1200
元朝
1300
明朝
1400
1500
1600　清朝
1700
1800
1900　中華民國
2000

具體情況適當地採取一些權宜措施。這就減輕了納稅戶的額外負擔，限制了富商大賈對市場的操縱和對民眾的盤剝，便利了市民生活。

變法來了

　　人民的生活好起來了，大宋也就有了信心。畢竟，皇帝不但要看到百姓手裡拿著鈔票，還得看得見自己的國家強大起來。這些年實在是受夠了西夏和遼人的氣，所以王安石開始將改革的觸角伸到軍隊。

　　大宋連年征戰，連年失敗。歸根結底就是軍隊戰鬥力太差。如果大宋的國力與態度不強硬起來，皇帝的臉是絕對不會有笑容的。為了維護大宋

的安全和穩定，免除內憂外患，王安石相繼出臺了一連串的法令以保證大宋的強大。

　　王安石也是個幹才，他敏銳地察覺到，軍隊戰鬥力不是孤立的，而應從一個人未當兵時就開始培養。他在熙寧三年司農寺制定《畿縣保甲條例

頒行》。其主要內容是鄉村住戶，不論主客戶，每十家組成一保，五保為一大保，十大保為一都保。凡家有兩丁以上的出一人為保丁，以住戶中最

有財力和才能的人擔任保長、大保長和都保長，同保人戶互相監察。農閒

時集中訓練武藝，夜間輪差巡查維持治安。王安石推行保甲法的目的主要是為了防範和鎮壓農民的反抗，以及節省軍費。

　　解決了民兵問題，是時候整頓整頓正規軍了。作為強兵的措施，王安石一方面精簡軍隊，裁汰老弱，合併軍營。另一方面實行置將法。自熙寧

七年始，在北方各路陸續分設100多將，每將置正副將各1人，選派有武藝又有戰鬥經驗的軍官擔任，專門負責本單位軍隊的訓練，凡實行置將法的

地方，州縣不得干預軍政。置將法的實行，使兵知其將，將練其兵，提高

了軍隊的戰鬥素質。

　　王安石的周詳之處還在於他並不是就兵改兵，而且考慮到了配套措施，比如後勤供應。他規定百姓可自願申請養馬，每戶一匹，富戶兩匹，

由政府撥給官馬或給錢自購。養馬戶可減免部分賦稅，馬病死則要賠償，這就是保馬法了。另外，由政府下令設置軍器監，監督製造兵器，嚴格管理，提高武器品質。從此，武器生產量增加，品質也有所改善。

王安石在進行政治、經濟和軍事體制改革的同時，也非常關注人才的選拔、培養和使用，進而為變法造輿論，主要有改革科舉制度、整頓太學、重視對中下級官員的提拔和任用這三個具體措施。

西元1071年，頒佈改革考試制度，廢除以前詩賦詞章的提拔形式，廢除以明經取士，即要求考生以當前實際社會情況採取對策，來參加經義策論的考試。這就把科舉的立足點放在選拔具有經綸濟世之志和真才實學的天平上，進而擴大考選名額，使一大批新進之士取代反對改革的舊官。

同年秋，實行分外、內、上三等不同程度進行教學的太學三舍法制度，從此，王安石變法，使中國在九百年前就已有了從實際出發的科舉、學校制度。

一顆愛國心

沒有人反對的變法稱不了「變」，跟王安石的變法較勁較的最屬害的就是名臣司馬光。司馬光在政治這個問題上始終偏向於保守，但是在愛國的程度是不亞於王安石的。因為政治傾向的不同，司馬光跟王安石所主張的措施自然也就有了牴觸。

王安石覺得，要解決當前經濟和軍事所面臨的大問題，那就要透過大刀闊斧來實現。可是司馬光則以為，這個問題的解決還需要先從人們的思想教育入手，因為「重建房子，非得有良匠優材，而今二者都沒有，要拆舊屋建新房的話，恐怕連個遮風擋雨的地方都沒有了」。

實際上，早在西元1068年，也就是王安石準備變法之前，司馬光就已經跟他狠狠地辯論了一次。那時候王安石認為國家的財政狀況非常差勁，說原因是沒有找到一個善於理財的人。可是司馬光卻極力反對王安石，說

BC　上古時期

秦
西漢
— BC200

— 0
東漢

— 100

— 200　三國
晉
— 300

— 400
南北朝

— 500

— 600　隋朝
唐朝
武則天稱帝
— 700
安史之亂

— 800

— 900　五代十國
北宋
— 1000

— 1100　南宋

— 1200
元朝
— 1300
明朝
— 1400

— 1500

— 1600
清朝
— 1700

— 1800

— 1900　中華民國

— 2000

那些所謂的善於理財的人，其實都是一些不法之徒，透過搜刮百姓來充實國庫。司馬光講得頭頭是道，可王安石也不是懦弱的人，他說真正善於理財的人，即便是不增收捐稅也能把錢填到國庫裡。

透過那一次辯論會，大家對司馬光和王安石這兩方的觀點都已經看得清清楚楚。從此，朝廷內部便分成了兩派。一派是倒向王安石那邊的變法派，也就是新黨，另一派則是跟著司馬光走的保守派，也就是舊黨。

兩派所不相讓的問題無非就是，怎樣才能解決好北宋長時間的難題：「三冗」和「兩積」。在開源和節流這兩種手段上，新黨主張以解決「兩積」入手，即在不改變「三冗」狀況下，以開源為先；而舊黨則相反，主

張以解決「三冗」入手，即在不改變「兩積」狀況下，以節流為先。因此，新黨主張「生財」，而舊黨主張「治吏」。

說得簡單一點，在財政和武力這兩個方面，王安石主張的是「開源而不節流」。他並不覺得官兵多是造成國家財政匱乏的根本原因，倒是覺得兵多總比兵少強，強烈地反對節流，還說：「我就算再蠢，也蠢不到認為

官兵多了會讓國庫虧空啊！」

然而事實是什麼呢？在變法的過程中，不僅沒有裁減冗官，反而增添了很多新的政府機構。或許王安石是琢磨著為自己的改革添油加醋，但可

以肯定的是，新黨走的是由從解決「兩積」入手而最終清除「三冗」的道路。

既然要跟王安石較勁，那麼就要徹底地較下去，司馬光無疑主張的是

節流。之前韓、范等人統兵於外，嘗試過軍事改革，以解決「冗兵」的問題。韓琦曾「逐貪殘不職吏，汰冗役數百，活飢民百九十萬」。蘇軾反對

擴大稅收，主張「安萬民，厚貨財，較賦役，省費用，均戶口」，裁汰冗

官冗兵，「廣取以給用，不如節用以廉取人之為易」。

司馬光其實並不反對方田均稅法，蘇軾在元祐年間仍主張恢復免役

法，可見這些人的腦子也不是完全僵化的，只是跟王安石的觀點有些出入

罷了。

大宋換新顏

在宋神宗和王安石的堅持下，變法先後保持了將近二十年，在富國強兵方面的收效還是不錯的，扭轉了北宋「積貧」、「積弱」的局面。

首先，國庫裡的金銀因為增多而更閃亮了。經過一連串理財新法的實行，國家增加了「青苗錢」、「免役寬剩錢」、「市易息」等新的財政收入項目，在發展生產、均平賦稅的基礎上，財政收入有了明顯的增加。據當時官員估計，這些金銀珠寶可以揮霍二十年了，初步緩解了長期以來存在的財政危機。

其次，新政讓兼併勢力心裡有點毛毛的。「青苗法」使年息百分之四十的「青苗錢」取代了「倍稱之息」的高利貸，「方田均稅法」限制了財主們的偷稅漏稅行為，「市易法」使大商人獨佔的商業利潤中的一部分收歸國家，尤其是「免役法」的推行，使原來享有免役特權的官戶、形勢戶和寺觀戶也必須依法「助役」納錢。中等以下民戶的賦稅負擔逐漸趨向合理，特別是對貧弱下戶的賦稅剝削有所減輕，農民的生產積極性得到很大提高，社會生產得到了極大發展。

社會經濟的恢復和發展也要歸功於新政的農田水利法。由於大力興修農田水利工程，農田地都有了水喝，對蟲害有了一定的抵抗力，對農業生產的發展發揮了巨大作用。可種地的面積也擴大了不少，如京西路的唐、鄧、襄、汝諸州，比變法之前好了很多。

元豐六年（西元1083年），登記於版籍的墾田數字則達到四百六十一萬六千五百五十六頃，不僅高出仁宗、英宗時的墾田數字，而且僅次於北宋全盛時期真宗時的墾田數字。變法以後的物價普遍下降，如米從仁宗時的每斗七十至二百文，降到神宗時的每斗五十至八十文；麥從仁宗時的每斗五、六十文，降到神宗時的每斗三、四十文；絹從仁宗時每匹一千二百文，降到神宗時的每匹一千文。

最後，官兵們也不再是之前軟弱的官兵了，戰鬥力明顯提高。透過

BC　上古時期
— BC200　秦 西漢
— 0　東漢
— 100
— 200　三國
— 300　晉
— 400　南北朝
— 500
— 600　隋朝 唐朝
— 700　武則天稱帝 安史之亂
— 800
— 900　五代十國 北宋
— 1000
— 1100　南宋
— 1200　元朝
— 1300
— 1400　明朝
— 1500
— 1600　清朝
— 1700
— 1800
— 1900　中華民國
— 2000

「強兵」諸法，提高了北宋軍隊的軍事素質，初步改變了「將不知兵，兵不知將」的情況，軍隊戰鬥力有所增強，特別是扭轉了西北邊防長期以來屢戰屢敗的被動局面，掌握了宋、夏戰爭的主動權。熙寧五年八月，秦鳳路沿邊安撫使王韶打敗臣屬於西夏的吐蕃部落，設置熙州，次年佔領河、洮、岷、宕、亹諸州，拓地千餘里，這也是宋夏打仗以來的第一次勝利。

由於新法的推行，在神宗熙寧、元豐年間，貧困人民的生活有了基本的保障，人民生活得也算安寧。而且這一時期農民們都消停的很，也不天天想著要造反了，北宋中期以來日益加劇的階級矛盾得到明顯緩和。

耶穌基督出生　0—

君士坦丁統一羅馬

羅馬帝國分成兩部

波斯帝國　500—

回教建立

凡爾登條約

神聖羅馬帝國建立
　　1000—

十字軍東征

蒙古第一次西征

英法百年戰爭開始

哥倫布發現新大陸　1500—

英國大破無敵艦隊

發明蒸汽機

美國獨立
拿破崙稱帝

美國南北戰爭開始

第一次世界大戰
第二次世界大戰
　　2000—

政策與對策博弈

在司馬光的內心深處一直有這樣的擔心：當官的藉變法之際，會像虎狼出籠一般糟蹋百姓。也由於此，他成為堅定的反對派領袖。不幸的是，隨著王安石變法的深入，他的擔心變成了現實，而且這個現實問題變得越來越嚴重。

正所謂上有政策，下有對策。以青苗法為例，這個辦法本來源自陝西，當地地方官推行時，確實取得了不錯的成果。王安石在做地方官的時候，也曾經大力推行過，也同樣得到了老百姓的青睞。人們總是有這種歸納和演繹的能力，當王安石向全國推行青苗法後，他期待著天下豐收的景象。誰知結果卻讓人大跌眼鏡，青苗法的推行很快在全國形成了大面積的災難性後果，很多農民甚至被弄得傾家蕩產。

從某種程度上來講，農民的確需要青苗法。特別是古代農業，完全靠老天爺給口飯吃，誰也無法預料老天爺今年究竟開心還是不開心。特別是在青黃不接的時候，青苗法更能顯示其救濟與援助的功效。

但是，所貸青苗錢必須以田裡的青苗為信用擔保或者抵押，而在荒年沒有人能保證自己田裡還能產多少東西。這樣一來，一旦出現天災人禍，發放貸款的官府怕貸款收不回來，貸款的農民怕自己還不出官府的債，雙

方都十分害怕。

自古官府就處於強勢地位，他們為了減輕青苗法給自己造成的損失以及由此可能產生的責任，只有搶農民一途。處於弱勢地位的農民根本沒有別的選擇，只能變賣家產，歸還貸款本息。嚴重者需要賣房賣地，嚴重的甚至賣兒賣女。

但是，農民無力或者不敢貸款，這要是讓上面知道了，會影響自己的政績的。所以，官員們在自己的圈子中形成了一個心照不宣的規矩：根據當地農民的實際經濟狀況，將農民分成若干等級，按照這個等級來限定農民的貸款。然後，用行政命令當地稍微富裕一點的農家與比較貧窮的農戶之間結成對子，由這些富裕的家庭為貧困家庭提供擔保或者抵押。

這樣一來，一旦出現了飢荒，無論是貧農還是富農，所有的人家全部會被一下拖下水，根本無處可逃，唯一的贏家就是官府，無論旱澇他們都能高枕無憂。於是，一件本來是救民於水火的好政策，卻在下面那些黑心官員的運作下，成了完完全全的害人之法。

除了下面的人精於對策外，對於王安石來說還面臨著一個更嚴重的考驗：就在他全面鋪開變法的攤子不久，老天爺好像誠心跟他作對似的，讓全國各地不停地經歷各種天災，包括旱、澇、蝗災等，連續好幾年都不斷。在災害面前，前面說到的青苗法的弊端立刻顯現出來了。

全國的地方官員立即變了臉，之前還笑嘻嘻的，現在他們步步緊逼，受災的農戶為了還錢傾家蕩產，甚至賣兒女賣妻子的事都層出不窮。貧農日子不好過，那些稍微有錢的農戶更是難熬，官府知道他們手中有些閒錢，更是變本加厲地迫害他們，富農們紛紛破產逃跑。

不光是青苗法被歪嘴的和尚給念歪了，均輸法的情形也好不到哪裡去。在官員們上下其手的運作下，這項原本立足於平抑物價、抑制大商人重利盤剝的新政策蛻變成貪官們壟斷市場的工具，甚至批發與零售也被政府官員所操縱。

在這種情況下，即使想做芝麻綠豆點大的生意，也要先打點好政府官員。商人是市場的主體，現在卻是國家給商人們設置了一道道難以逾越的

關卡，大中小商人步履維艱，其後果當然不難想像，就是城市工商業開始凋零。

棘手問題：女人和彗星

上面說到的那些新政的弊端在黑暗中悄悄地堆了起來，別人看不見摸不著，只等著哪天太陽往上一照，就露出了尾巴。

西元1074年的時候，太陽總算是在上面照了幾束光芒。

這一次，河北發生了一次特別嚴重的旱災，農民為了不讓自己的餓死，就到處逃荒。

第二年農曆四月的一天，剛剛下朝的神宗還沒來得及喘口氣，旁邊的內侍就來稟報說一個叫鄭俠的人畫了一幅畫要秘密進呈皇帝。皇帝這下來了興致，以為是什麼好畫，就讓內侍把畫呈上來。

打開一看，就愣著不動了。畫的標題叫《流民圖》，待仔細一看，神宗皇帝不由得倒吸了一口涼氣：畫上無數流民奔走呼號，有的將兒女插上草標正在叫賣；有的穿得破破爛爛的，在寒風中直打冷顫；有的人正在拆自己的房子，旁邊的差役還黑著臉瞪著雙眼監視著。

「啪！」神宗皇帝憤怒地拍了一下桌子。這是怎麼回事！朕變新法是為了老百姓能過上好日子，怎麼會弄到現在這個地步！據史書記載：神宗皇帝接下了這份《流民圖》後，反覆看了好幾遍，每看一遍面色就難看一點。

就在這個時候，神宗的祖母曹太后和母親高太后也在神宗面前哭哭啼啼，說天下被王安石搞亂了，逼神宗停止新法。在這樣糟糕的情況下，王安石不得不上書皇帝，自責工作做得不到位，請求皇帝把他辭退。

終於，這年的四月初六，神宗皇帝在度過一個輾轉不眠之夜後，作出了自己的決定。他詔令暫停青苗、免役、方田、保甲等八項新法。說來也奇怪，這道聖旨剛剛發下，天上突然烏雲密佈，繼而就是傾盆大雨，河北

的旱情解除了，讓人不得不說這是天意。

可是第二年，宋神宗大概是捨不得王安石，又把他叫回來當宰相。也太湊巧了，過了幾個月之後，天上居然出現了彗星。那時候人們都覺得彗星有尾巴，也就是「掃把星」，是不吉利的象徵，所以一些保守派就遊說著皇帝，讓他再一次把王安石給撤了職。

元豐八年春，宋哲宗當了皇帝，他的祖母宣仁太后執政。宣仁太后是宮廷中反對變法的後臺，掌權後就把司馬光、文彥博等保守派拉到了政府中，各種反對變法的力量聚集在一起。司馬光打著以母改子的旗號，反對新法。他把變法的責任都推給王安石，接著新法大部廢除，許多舊法一一恢復。

透過變法而積聚起來的錢財，也在反變法派執政的幾年當中耗散殆盡。與此同時，他們還不遺餘力地打擊變法派。變法派官員，全被貶黜。對西夏，則又恢復了以前聽之任之的妥協政策，還把已經收回來的一些地方又割給了西夏。

司馬光及其朋黨無視小皇帝，因而激起宋哲宗的不滿。宣仁太后一死，復辟舊制的反變法派也遭受到小皇帝的猛擊。

咀嚼歷史的青橄欖

歷史就像一枚醃製的青橄欖，吃在嘴裡有苦有澀還有一點小甘甜。「王安石變法」到現在都已經上千年了，可是翻開歷史書再重新掂量掂量這一場失敗的變法，想必我們的內心深處也應該尋思點什麼東西。

熙寧二年是「變法」的第一年，而「富國之法」的幾大條款中竟有三分之二出於這一年，改革的法令看起來跟小雪花似的，可是落在地上那就是重磅炸彈，把習慣於安穩日子的人民炸了一個天翻地覆。

劉摯當時就急慌慌地跟皇帝說：「太快了！太快了！」這其實也是代表著相當一部分反變法者的心聲的。蘇軾的見解更深刻，他也跟神宗嚷

BC　上古時期
秦
— BC200　西漢
— 0
東漢
— 100
— 200
三國
晉
— 300
— 400　南北朝
— 500
— 600　隋朝
唐朝
— 700　武則天稱帝
安史之亂
— 800
— 900　五代十國
北宋
— 1000
— 1100　南宋
— 1200
元朝
— 1300
明朝
— 1400
— 1500
— 1600
清朝
— 1700
— 1800
— 1900　中華民國
— 2000

嘆：「陛下求治太急，聽言太廣，進人太銳，願陛下安靜以待物之來，然後應之。」以往他們總以變法的反對者來看待蘇軾，其實，蘇軾並非不主張變革，他只是希望不「求治太急」罷了，因為他的依據是「法相因則事易成，事有漸則民不驚」。

改革既要有朝廷大員的宣導，要有下層民眾的擁護，也要有地方官的支持和參與。否則，失去中間環節的支撐，改革的兩條腿也會在半路上瘸了。

再看看大宋的歷史，沒有哪個皇帝是不重文禮的，宋太祖立下的「不欲以言罪人」、「不殺士大夫」和「優待文士」的誓規看來是被其子孫很好地記在了心上。這種相對寬鬆的政治氛圍，一方面造就了宋代文化的繁盛，另一方面也形成了宋代官場言路開明的氣氛，所以大家也才敢七嘴八舌地反對王安石的變法。但是神宗皇帝解決此事的辦法就是貶他們的職。

有證據表明，變法施行的第一年，翰林學士鄭獬因反對均輸法、青苗法被貶知杭州，宣徽北院使王拱辰、諫官劉摯、楊繪因反對免役法分別被罷判應天府、知鄧州、監衡州鹽倉。後來，知制誥錢公輔因反對市易法被貶知江寧府，右諫議大夫呂誨因彈劾王安石十大罪狀而被貶知均州，如此事例，不勝枚舉。

簡單來看，把他們送到遠離汴京的僻地，似乎就可以靜下心來開展變法活動了，其實也不是，這些對「新法」想不通，甚至鄙視新法的人一旦放任地方，把持基層權力，更可以借勢阻撓「新法」。

他們有時以地方父母官的身份，現身說法，攻擊「新法」的弊端，有時懾於皇權之威不得不執行「新法」，卻也是陽奉陰違，以對策應政策。「新法」本身就有許多不足，加上這些走樣的「執行」，豈不是漏洞更大，招來的反對聲更多？

「變法」是新事物，用新人那是無可厚非，重要的是這些新人是否真正贊同「變法」，是否能當好「護法善神」。曾布是大文學家曾鞏的弟弟，因上奏講「為政之本」而為王安石所器重。於是在王安石的推薦下，宋神宗三天之內封了他五次官職，將他從開封府的一個名不見經傳的小吏

擢升為變法核心機關——檢正中書五房公事。

呂惠卿本是集賢殿裡的一名校勘官，窮酸得很，但他因才學得到王安石的賞識，很快在一夜之間就被提拔為制置三司條例司的檢詳文字——負責起草、制定新法的條令。可令人搖頭的是曾布走向了王安石的對立面，而呂惠卿則在王安石第一次去相後大樹私黨，排斥異己，擅改新法，成了朝中人人喊打的角色。這不能不說是王安石在用人問題上的一大失誤。

變法集團人員水準的參差不齊給變法帶來了非常大的危害。他們或者以權謀私魚肉百姓，引起民怨沸騰，而百姓把怨恨的目光直接投向了王安石和王安石主持的變法；他們或者爭權奪利互相傾軋，導致變法集團內部出現了分裂，防線從內部瓦解，面對守舊派的咄咄逼人他們不堪一擊。

紙老虎不禁打

遼國長期的殘酷統治讓東北的女真人實在是受不了了，只要輕微地往女真人的怒火上澆點油，那肯定得把遼國給燒個痛快。西元1112年，遼天祚帝終於把這點油倒在了女真人的頭上，而這人還不是別人，他正是金的建國者完顏阿骨打。

這一年春意盎然的時候，遼天祚帝跟往年一樣又來到了春州，他不僅要在這裡釣釣魚，而且還要接見一下女真各部落酋長。

春州有個傳統，那就是每年的春天都要在河裡捕魚，然後把這些魚給老祖宗們上了供，還要歡天喜地地樂上一樂。遼天祚帝正是喜歡熱鬧的人，這天他就在春州辦了個魚宴，讓大家在宴會上盡情地玩樂。

遼天祚帝跟酋長們邊吃邊聊天，邊聊天還邊喝酒，不知不覺地，這皇帝就喝醉了，還興致勃勃地要求在場的酋長們站起來為他跳個舞。皇帝發的話誰敢不從，只見酋長們一個個都起身手舞足蹈起來，只有一個人直愣愣地坐在原位上不動彈。

遼天祚帝雖然喝多了點，可是這個沒動靜的人他還是看見了，這樣的

BC 上古時期
秦
西漢
— BC200
— 0
東漢
— 100
— 200 三國
晉
— 300
— 400 南北朝
— 500
— 600 隋朝
唐朝
— 700 武則天稱帝
安史之亂
— 800
— 900 五代十國
北宋
— 1000
— 1100
南宋
— 1200
元朝
— 1300
明朝
— 1400
— 1500
— 1600
清朝
— 1700
— 1800
— 1900 中華民國
— 2000

行為讓他很是不快。這個敢於當面頂撞皇帝的人就是完顏阿骨打，那時候他還是完顏部酋長劾里鉢的兒子。一旁的老爹早就嚇得快尿褲子了，可是任憑別人怎麼規勸，阿骨打就是不為遼天祚帝跳這個舞。

遼天祚帝雖然被氣得臉都綠了，可是在魚宴上他還是沒說什麼。後來他跟一個叫蕭奉的大臣埋怨起來：「那小子膽子可真大，皇帝他都不怕，反了啊！把他給我逮起來，讓他知道什麼叫死得慘烈。」

在一旁的蕭奉聽了皇帝的話以後趕緊安慰皇帝，說阿骨打那小子根本就是個小人物，跟他生氣不值得。後來遼天祚帝也想通了，他也覺得阿骨打哪裡值得他如此大動干戈，也就不再追究了。

然而讓他們沒想到的是，完顏阿骨打還真是個猛人，活生生一條漢子。他後來接過了老爹的班，自己當上了酋長，為抗擊遼國做著前期準備

工作。沒過多久，這件事就給遼天祚帝知道了，他派人找阿骨打問話，阿骨打才不理他，心想死到臨頭了還敢派人來質問我！

還沒等遼軍出擊，阿骨打就來了一個先發制人，遼天祚帝這回才真的知道什麼叫死得慘烈。

打了勝仗以後，西元1115年，阿骨打隨即在會寧稱帝，國號為大金，自己當上了金太祖。

幸虧遼天祚帝逃得快，小命算是保住了，於是張羅了幾十萬人準備跟

阿骨打來硬的。這時候阿骨打也在整頓兵馬，集結了二十幾萬人，還揚言

讓遼天祚帝前來作揖。這話可把遼天祚帝給氣壞了，除了開打還能怎樣。

可遼天祚帝這人運氣不太好，正當阿骨打帶著大兵跟他打仗的時候，

遼國的內部又出了亂子。不僅如此，由於長期受著遼國統治者的血腥壓

榨，北方的百姓們都陸續地開始起義。內憂外患之下，遼天祚帝他還想幹

嘛？還能幹嘛？三十六計，走為上計，逃！

面對岌岌可危的遼國，宋國也起了殺心，想要拉攏著大金把遼給滅

了。他們雙方都覺得這生意可以做，於是就簽了個合約，歷史上叫做「海

上之盟」。合約規定仗打勝以後，燕雲十六州歸宋所有，而宋國則要把之

前每年孝敬遼國的寶貝轉而獻給大金。

雙方把各自要攻克的城池都寫進了合約，大金國先向遼國發兵，打勝以後就嚷嚷著讓北宋動作快一點。北宋以為遼國都要滅亡了，應該是十分好打，誰想到這臨死的遼國比北宋強硬的多，太監童貫盡打敗仗。

無奈之下，童貫只好跟大金求救，金國順便把燕京也占了。不過北宋接下來的日子也不好過，誰讓童貫這太監把大宋國這紙老虎展示給阿骨打看了呢。

新皇帝接班

金太宗滅了遼朝之後，就盯上了宋朝，但出師要有名。金太宗很有才，他藉口宋朝收留了一名遼朝逃亡的將領，他要去搜查這名將領，緝拿歸案，於是他派了兩路大軍區進攻北宋去了。

捉拿一個將領要派兩支隊伍去，這真是騙鬼呢。而且這兩路大軍都是厲害的大將軍帶著，西路由宗翰（又名黏罕）率領，攻打太原；東路由宗望（又名斡離不）率領，攻打燕京。

明眼人一看就是來打仗的。金太宗給兩路大軍的要求就是，他們要在東京會師，赤裸裸的侵略。

前線告急的文書像雪花一樣不斷的傳到北宋朝廷。宋徽宗緊張得要命，都快不知道自己姓什麼了。

金太宗又派出使者到東京，脅迫北宋割地稱臣。這雪上加霜的消息讓滿朝文武都大眼瞪小眼，紛紛主張把地割給金朝算了，省得他們打過來沒地方躲。整個朝廷只有太常少卿（掌管禮樂和祭祀的官）李綱堅決主張抵抗金兵。

但這個時候，西路金兵已經打下了燕京，宋朝大將郭藥師不但投降了，還帶著金兵一路南下，直奔東京來了。宋徽宗受不了這個刺激，當場昏厥了過去。

大臣們一頓搶救，他才清醒過來，醒過來的宋徽宗做了一件讓所有人

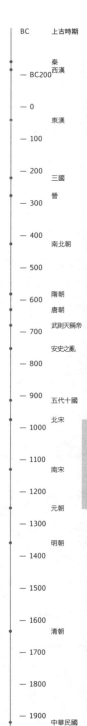

BC　　上古時期
秦
—BC200　西漢
—0
東漢
—100
—200　三國
—300　晉
—400
南北朝
—500
—600　隋朝
唐朝
—700　武則天稱帝
安史之亂
—800
—900　五代十國
北宋
—1000
—1100　南宋
—1200
元朝
—1300
明朝
—1400
—1500
—1600　清朝
—1700
—1800
—1900　中華民國
—2000

目瞪口呆的事情，他向左右侍從要了紙筆，寫下了「傳位東宮」的詔書，然後就宣佈退位當太上皇，不管這些爛事了。

不久後，他就帶著二萬親兵逃出東京，到亳州（今安徽亳縣）避難去了。

宋徽宗有過多的藝術氣質，他喜歡踢球，愛好古玩玉器，他在宮掖設立市肆，使宮女當壚賣酒，自己化裝成叫花子行乞。

後宮聲色讓他厭倦，那顆放蕩的心驅使他無數次因獵新豔而出遊，玩轉都城。宋徽宗還尊信道教，大建宮觀，自稱教主道君皇帝，並經常請道士看相算命。他的生日是五月初五，道士認為不吉利，他就改稱十月初十；他的生肖為狗，為此下令禁止汴京城內屠狗。

這麼一個把玩藝術當成人生的皇帝，就這麼趕緊的退位了，把這個爛攤子交給了太子趙桓即宋欽宗。

宋欽宗比他爹有志氣，當下就把李綱提升為兵部侍郎，並且下詔親自討伐金兵。可是前線不斷傳來戰敗的消息，宋欽宗漸漸挺不住了，剛即位時候的英雄氣概也沒了，想收拾行李開溜。

但是李綱得知這個消息，立刻求見宋欽宗，他堅決要求宋欽宗留在東京，穩定軍心。但是丞相白時中、李邦彥主張逃跑，宋欽宗也是左右為難，看到這種情況，李綱告訴宋欽宗這一路逃出去，沒有大量士兵保護，萬一被金兵捉住，那還不如就留在這呢，好歹還有禁軍護著。

一聽說逃跑有風險，宋欽宗才算是勉強同意留下了。一看把宋欽宗穩住了，李綱立刻去找禁軍動員，讓他們誓死保衛東京。還說皇帝也會留在東京，和他們同生共死，聽說皇帝也要留下，將士們的確是士氣大振。

過了沒幾天，金兵已經到了東京城下。金兵一上來就用猛招，他們從上游開著幾十條火船衝下來，準備火攻宣澤門。李綱讓兩千士兵在城下防守，當這些火船一到，將士們就用撓鉤鉤住敵船，使它沒法接近城牆。

美國獨立
拿破崙稱帝

美國南北戰爭開始

第一次世界大戰
第二次世界大戰

　　　　2000—

城牆上頭，李綱命人用大石塊砸船，金兵個個都成了落湯雞。攻了幾回都沒攻下來，金兵有些扛不住了。就在李綱挽著袖子打算大幹一場的時候，金朝派人來通知宋欽宗，要求講和。

　　害怕得不得了的宋欽宗巴不得趕緊講和，就立刻派出使者到金營談判議和條件。這邊李綱在浴血奮戰，那邊宋欽宗的使者正在和金朝擬定談和的合約。李綱可真是夠冤的了。

　　就在李綱準備殊死搏鬥，要和金兵同歸於盡的時候，宋欽宗的使者帶著金營的議和條件回來了，李綱也不用去死了，但是他覺得還不如死在戰場上算了。

離職再就業

　　金朝提出來的議和條件十分苛刻，他們要求北宋賠給金朝大量金銀、牛馬、綢緞；割讓太原、中山、河間三鎮土地。這還不算，還要讓宋欽宗尊稱金皇帝為伯父，就是讓宋朝皇帝當金朝皇帝的侄兒，這麼丟臉還不算。

　　還要讓宋朝派出親王、宰相到金營作人質。這一條比一條難接受，但急於過安穩日子的宋欽宗打算全部接受。

　　這可把李綱氣壞了，他極力反對，他主張跟金人拖延談判時間，只等四方援兵一到，就可以反攻。

　　李綱反覆跟宋欽宗說不要簽合約，不要簽合約，把宋欽宗給說煩了，他讓李綱只管守城，其他的事別摻和。因為有李綱的堅持，宋欽宗沒有和金朝簽訂那個合約。過了十天，各地救援東京的宋軍陸續到了城外，共有二十萬人。

　　看到自己人來了，城裡的宋軍更是勇猛了。其中援軍大將种師道、姚平仲都支持李綱的抗戰主張。他們都是經驗豐富的老將，知道如何打仗，能夠最大程度的減少宋軍的損失，又能夠打退金兵。

　　其中姚平仲心急，想夜襲金兵，沒想到消息走漏，金兵提前做好了防備，姚平仲偷襲沒成功，中了埋伏，損失了一些人馬。但消息傳到宋朝朝廷裡，一些本來就主張投降的大臣就誇大其詞，說宋兵偷襲金兵，被金兵

秦
西漢
─ BC200
─ 0　東漢
─ 100
─ 200　三國
晉
─ 300
─ 400　南北朝
─ 500
─ 600　隋朝
唐朝
─ 700　武則天稱帝
安史之亂
─ 800
─ 900　五代十國
北宋
─ 1000
─ 1100　南宋
─ 1200
─ 1300　元朝
明朝
─ 1400
─ 1500
─ 1600　清朝
─ 1700
─ 1800
─ 1900　中華民國
─ 2000

BC

耶穌基督出生　0—

君士坦丁統一羅馬

羅馬帝國分成兩部

波斯帝國　500—

回教建立

凡爾登條約

神聖羅馬帝國建立
　　　　1000—

十字軍東征

蒙古第一次西征

英法百年戰爭開始

哥倫布發現新大陸
　　　　1500—

英國大破無敵艦隊

發明蒸汽機

美國獨立
拿破崙稱帝

美國南北戰爭開始

第一次世界大戰
第二次世界大戰

　　　　2000—

打的全軍覆沒了，這下不投降就得亡國了。

宋欽宗嚇壞了，趕緊派人去金國賠禮道歉，說自己沒管好手下人，他還把李綱、种師道撤職表示自己的誠意。

這個消息讓東京裡全民氣憤，尤其是太學裡的學生，群情激昂。他們天天到皇宮的宣德門外靜坐表示抗議，還給宋欽宗寫信表示自己的憤慨，要求朝廷恢復李綱、种師道的原職，懲辦李邦彥、白時中等奸賊。

學生們天天聚集在宮門外頭，自己靜坐還不算，還發動廣大的人民群眾。有一次，李邦彥正好從宮裡出來，百姓們一看到他，就一個個摩拳擦掌的湧上去了，指著他的鼻子大罵，罵完還不解恨。

大家就地撿起石頭、磚塊一些材料當武器用，拿李邦彥當靶子練習。嚇得李邦彥抱著腦袋就跑掉了。

宋欽宗在宮裡聽見群眾鬧了起來，嚇得要命，趕緊派了一個官員去安撫，告訴激動的百姓們，罷李綱職不過是讓他休息休息，等到過一陣子，就讓他恢復原職。

但是百姓們的眼睛是雪亮的，他們哪肯受這謊言，大家憤怒地衝進朝廷，拼命敲打那裡的「登聞鼓」，把鼓都敲爛了，就是要讓皇帝恢復李綱的官職。

宋欽宗一看這場面沒法收拾了，再這麼鬧下去，自己到半夜也別想睡覺，想著沒轍，他就派人把李綱召進了宮，當眾宣佈恢復李綱、种師道的職務。

這次活動才算結束，後來李綱重新領兵，熱情鼓舞的重整隊伍，他下令凡是能夠英勇殺敵的將士，通通重賞。就算為了錢，大夥也得好好幹啊，於是乎，宋軍士氣高漲，看到金兵腦袋就像看到錢，想要拉下來放自己口袋裡。

金兵統領宗望看到這種情況，也有點害怕，不等宋朝交足賠款，就匆忙撤退。

靖康之恥

　　宗望帶領的金兵因為東京城裡的頑強抵抗不得不往後退了，宋軍如果能乘勝追擊，那一定能把金兵幹掉。這也是种師道的意思，然而他把自己最大利益化的想法表達給宋欽宗聽之後，卻被皇帝無情地拒絕了，自己還丟了工作。

　　金兵總算是回了老家，北宋的領導人們想著這回能過的安穩了，於是都鬆懈了防備。正當大家樂得慶祝的時候，李綱依舊在宋欽宗耳朵旁嚷嚷著讓他不能放鬆，說金兵不會善罷甘休，很快就又要殺過來了。宋欽宗本來挺高興，被李綱這麼一說就沒了興致，不過他心裡也沒把李綱的話當回事，只覺得李綱在說夢話。

　　退去的金兵是宗望的東路軍，可是還有西路的宗翰部隊盯著太原。聽說金兵又殺到了太原以後，宋欽宗火急地就派种師中趕往太原支援，不料這支救援隊卻在半路上被金兵殺了個片甲不留，种師道也死翹翹了。

　　正值北宋的危急時刻，本應該讓李綱死死地守在京城保衛皇土，可就是有人看李綱不順眼，活生生地把這麼一個保護網給趕到了河北去打仗，白癡得要死。

　　不僅如此，讓李綱去河北就去河北，你給人家官兵的待遇要好點。可實際上正相反，李綱要什麼沒什麼，李綱準備做什麼朝廷就反對什麼。說起來好聽，李綱是統帥，實際上呢，連個指揮的力量都沒有攢在手裡，這還讓李綱怎麼打仗。後來朝廷乾脆就把李綱給辭了，讓他去南方開發土地去了。

　　李剛這一走可把金兵的將士們給樂翻了天，他們唯一的對手都被朝廷攆走了，這往後的仗打起來還不跟吃糖一般享受。金兵死守在太原城外，把裡面的宋軍守到斷了糧，無奈之下，宋軍將領王稟只好帶著手底下的兄弟紛紛投河自盡了。

　　金兵拿下太原以後就繼續朝著東京開進，後來在黃河南岸駐守的宋軍

BC　上古時期
— BC200　秦　西漢
— 0　東漢
— 100
— 200　三國
— 300　晉
— 400　南北朝
— 500
— 600　隋朝　唐朝
— 700　武則天稱帝　安史之亂
— 800
— 900　五代十國
— 1000　北宋
— 1100　南宋
— 1200
— 1300　元朝
— 1400　明朝
— 1500
— 1600　清朝
— 1700
— 1800
— 1900　中華民國
— 2000

也被金兵用計一鬨而散，十幾萬人馬頃刻間就散了席，還在京城裡享福的宋欽宗趕緊派老弟趙構去跟大金求和。然而趙構在路上就被百姓們堵住了去路，說是金兵都到了皇城根了，去求和還有什麼用，趙構也就沒能再往前走。

這時候東西兩路金兵一路迅猛地就殺到了宋欽宗的腳下，這皇帝估計是被金兵嚇傻了，在臨死的時候居然聽信了一個江湖術士的胡扯。這術士哄騙宋欽宗跟一幫大臣說自己會法術，只要帶上七、八千人就能把金兵殺個狗血淋頭。結果當然可想而知。

這時候宋欽宗還能幹什麼呢，求饒吧！大金也同意繞這皇帝一條小命，條件是讓這落魄的皇帝把金銀寶貝都送上來。宋欽宗不敢怠慢，帶著人就抄了皇族的家。西元1127年，北宋皇族剩餘的全部人都投了降，北宋在中國歷史舞臺上的演出也正式宣告結束。

耶穌基督出生 0—
君士坦丁統一羅馬
羅馬帝國分成兩部
波斯帝國 500—
回教建立
凡爾登條約
神聖羅馬帝國建立 1000—
十字軍東征
蒙古第一次西征
英法百年戰爭開始
哥倫布發現新大陸 1500—
英國大破無敵艦隊
發明蒸汽機
美國獨立
拿破崙稱帝
美國南北戰爭開始
第一次世界大戰
第二次世界大戰 2000—

南宋小王朝

硬漢很鬱悶

西元1127年，宋欽宗的老弟趙構在南京接了大哥的班，繼續做大宋的皇帝，就是宋高宗，史稱南宋。

宋高宗的身邊有兩個左右手，一個叫汪伯彥，另一個叫黃潛善。宋高宗本想讓自己的這兩個兄弟坐到龍椅旁邊的位置上，可是那時候老百姓都在大街上搞遊行，哭著喊著要把李綱找回來。宋高宗無奈，只好又把李綱弄回來，並且讓他當了宰相。

李綱為宋高宗推薦一個能跟大金打仗的人，叫宗澤，說那人很猛，北宋的時候就不給金兵好臉色瞧，現如今依然恨著金兵。聽李綱這麼一說，宋高宗倒是也想起了宗澤這麼一個人，也知道這人是條硬漢子，就讓宗澤去開封當了個知府。

宗澤的部隊紀律非常嚴謹，因為開封經過大戰早已亂了人心，到了開封以後，他就命令下去先把社會治安工作做好了。為了做好這項工作，宗澤還專門抓了幾個不聽話的傢伙，眼睛都不眨一下就把這些擾亂公共秩序的人給殺掉了。

老百姓看到宗澤這麼嚴明以後都安穩下來，跟著宗澤一起加強開封的防禦設施，以抗擊金兵的強攻。那時候宗澤還靠著他的威望和信用拉攏一個叫王善的義軍頭頭，由於這傢伙手上帶著七十萬的人馬，歸了宗澤以

後，宗澤的部隊立刻戰力大漲。另外還有一些義軍的隊伍也加入了宗澤的部隊。

有這麼一個好知府，開封城中一片春色，老百姓也不再愁眉苦臉了，上大街買菜都笑嘻嘻的。然而就在宗澤決心把開封建設得更美好，而且要北上去跟金兵打仗的時候，他聽說李綱被宋高宗辭退了，還聽說宋高宗在南京待得害怕，要繼續往南邊遷。

這可把宗澤給氣壞了，心想一定是那汪伯彥和黃潛善搞的鬼。宗澤激動地給宋高宗寫信，可是信件通通到了那兩個奸臣的手裡，他們帶著宋高宗很快地逃到了揚州。

後來宗澤在跟金兵將領兀朮血拼的時候打了個大勝仗。可是沒過多久，金兵就又派宗翰前來與宗澤討個說法來了。宗澤讓李景良和郭俊民兩個人出去跟宗翰打仗，可沒想到這兩個人卻雙雙投降了。

金將收服了李、郭二人以後就讓他們回去找宗澤，勸宗澤也投降。二人心裡害怕，可還是硬著頭皮去見了宗澤。宗澤看到這兩人心裡就來氣，而且氣還不小，簡直是怒火沖天。在宗澤的人生觀裡就沒有「投降」這麼一說，怎麼自己手底下培養出兩個窩囊廢，宗澤怎麼也想不通，就把這兩人給殺掉了。

陪著李景良和郭俊民來的還有一個金兵的將領，宗澤把那兩個人解決了以後，就回過頭來笑瞇瞇地看著這名金將，金將這時候早都被嚇得快尿褲了，被宗澤這麼一看更是不得了，全身直冒汗。當然宗澤也毫不留情地就把他弄死了。

大家聽說宗澤豪氣地殺了三個人，士氣頓時就升起來了。宗澤覺得當前的形勢還是挺不錯的，就寫信給皇帝，要求把中原給收回來。可是這些信件又都落到了黃潛善和汪伯彥這兩個混球手上，也就沒有音訊了。

美國獨立
李破崙稱帝

美國南北戰爭開始

第一次世界大戰
第二次世界大戰

　　　　2000—

宗澤上了年紀，朝廷也對不住他，於是他就憂鬱地死去了。百姓們一把鼻涕一把淚地送宗澤上了路，這時候一個叫杜充的無賴接了宗澤的班，開封人民知道自己又沒好日子過了。

打成落水狗

大宋有個叫韓世忠的將領，因為殺金兵不眨眼而出了名。西元1130年，金兵將領兀朮又帶著一堆人馬在大宋的疆土上燒殺了一陣，搜羅到了不少金銀珠寶，由於害怕長江邊上的宋軍再跟他們打起來，這個時候他們正往自己的老家趕。

兀朮要想回老家就得北上，可是半路卻被韓世忠攔了下來。兀朮這老賊想著自己有十萬人馬，而韓世忠手上才七、八千小兵，因此也不怕韓世忠，雙方就這麼打了起來。

韓世忠是抗金老將了，面對眼前這十萬大敵，他心臟還能穩穩地跳著，並且要求將士們高漲著士氣，跟對方打一場精彩的仗。韓世忠手下的士兵也是都經過精挑細選的，平日裡又訓練有素，能打能殺。再加上老韓的老婆梁紅玉也是一個武林高手，幫著老韓跟金兵打。有了老婆的支持，老韓什麼都不怕了。

老韓琢磨著兀朮肯定要帶著人上龍王廟走一遭，因為那地方是個要害，得探清楚形勢才能狂打，於是老韓就吩咐了一群人跟著自己在龍王廟守著。兀朮那廝果然中了埋伏，差點小命就落在韓世忠的手裡，不過還是被他逃走了。

雙方終於等到了正面交戰的時刻，心情都無比的激動。尤其是韓世忠，前幾天在龍王廟剛小小地勝利了一個回合，這時候更是熱血往外灑。仗開打之後，由於金兵平時不怎麼講紀律，在戰場上那叫一個渙散，十萬人居然被老韓小部隊殺了個狗血淋頭。

兀朮眼看著自己就要被俘，連忙派人急忙地跟宋軍求饒，說是要把搶來的金銀財寶全都獻給韓世忠。老韓也不是沒見過世面的人，金銀珠寶哪能打動了他，除非是把金侵佔宋朝的土地還回來，否則一切免談。

老韓的話傳達過去以後，兀朮也沒了求和的想法，帶著剩下的人就往黃天盪逃去，誰想到那裡居然是死路。兀朮趕緊叫大部隊拼了老命連夜開

— 0
東漢
— 100
— 200　三國
— 300　晉
— 400　南北朝
— 500
— 600　隋朝
唐朝
— 700　武則天稱帝
安史之亂
— 800
— 900　五代十國
北宋
— 1000
— 1100　南宋
— 1200
元朝
— 1300
明朝
— 1400
— 1500
— 1600
清朝
— 1700
— 1800
— 1900　中華民國
— 2000

鑿管道，這才逃到了建康。

要說這人倒楣了喝口涼水都塞牙，兀朮到了建康以後正撞上了岳飛的大軍，聽聞岳飛是個不怕死的傢伙，打仗也打得很猛，兀朮一行人不得已又回到了黃天盪。他們在那裡被宋軍堵了兩個月都沒突圍出去，差點就被滅了，後來只好又吵著要求和。

兀朮把自己的意思表示了一下，韓世忠還是那句老話，要嘛還宋的城池，要嘛就跟我打仗，讓兀朮那老賊二選一。兀朮對這兩個條件都不太滿意，就決定趁著海上沒風的時候逃跑，這樣宋軍的大船就追不上了，而且還要給宋軍放一把火。

這招果然靈光，兀朮一行人把宋軍燒得都跳了海，自己卻划著小船悠哉地就往老家走。可沒想到路上又碰上了岳飛，最終被岳飛殺了個底朝天。

轉戰朱仙鎮

岳飛出生在湯陰，俗話說窮人的孩子早當家，岳飛從小就知道老爹、老媽的辛苦，立志將來要出人頭地。他刻苦學習文化知識，同時還跟一個鄉親學習射箭，時間久了就練得一身的武藝。

長大後岳飛就參了軍，沒多久就在軍隊中混了個小官當著，有一次他領著手下的一百多人竟然把金兵的部隊給打散了，事情傳出去以後岳飛一夜爆紅。

後來岳飛又到了宗澤手底下做事，他覺得宗澤這個上司人品端正，也很愛國，跟自己是一路人，就安安心心地待著。宗澤也十分喜愛岳飛，而且覺得這小子將來要成大器，也耐心地培養著他。

哥倫布發現新大陸

1500

英國大破無敵艦隊

發明蒸汽機

美國獨立
拿破崙稱帝

美國南北戰爭開始

第一次世界大戰
第二次世界大戰

2000

岳飛果然不負宗澤的希望，逐漸地成長為一名猛將，在威猛的同時還不失智慧，是個打仗的好人才。一次，岳飛主動向宋高宗提出了申請，批准讓他帶著部隊去討伐金兵，把中原收回來。沒想到結果自己卻連軍官的

職位都被宋高宗革掉了。

岳飛的導師宗澤後來也去世了，岳飛感到十分悲痛，這時候他又到了杜充的手下工作。杜充是東京留守，也是個不仗義、沒膽的傢伙，經常是仗還沒打就要舉手投降。岳飛對上司這種做法很是看不慣，自己則帶著兵馬在前線血拼。

岳飛帶的部隊紀律嚴明，他要求手下不能搶老百姓的一針一線，就算餓死也不能搶老百姓的糧食。不過嚴格要求士兵是一方面，岳飛還是一個細心善良的將領，他會經常關心士兵的生活情況，幫助他們解決一下心理問題。久而久之，岳飛的兵都對岳飛佩服得五體投地。

在岳飛和韓世忠這樣勇猛將領的鐵蹄下，南宋其實根本就不用怕金兵，可是宋高宗那窩囊廢偏偏喜歡求和，硬是不讓大宋展現一下武將的風采。西元1139年，南宋當了大金的小弟，又是割地又是賠款，弄得岳飛和韓世忠很沒面子。

可當大哥就是想怎樣就怎樣，西元1140年，金朝又不願意收南宋這個兄弟了，單方面把合約一撕毀就又開始打兄弟。朝廷趕緊讓岳飛帶著大兵前去抵抗，岳飛終於盼到了可以跟金兵算帳的日子，當然不會手軟，雷厲風行地就上了戰場。

金兵的將領是兀朮，他一向自視清高，覺得誰都不是他的對手，卻沒料到岳飛這小子如此猛，連連栽在岳飛手裡，想翻身也很困難。因為敗仗打得多了，兀朮就想到用自己手下經過訓練的特種部隊「鐵浮圖」跟岳飛打。誰想到岳飛特別聰明，一下子就找到了對方的弱點，又打了金兵一個滿地找牙。

兀朮敗了鄆城又挪了地方接著敗，後來又想把潁昌弄到手，可是還是逃不過岳飛這一劫。岳家軍因為一直打勝仗，士氣都快沖上了天，金兵一看對方那士氣高漲的樣子就嚇得膽都破了，哪裡還敢打仗。岳家軍勝利在望，轉戰到了朱仙鎮。

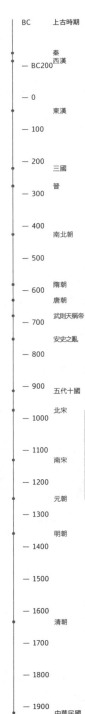

BC　　上古時期

— BC200　秦
　　　　　西漢

— 0
　　　　　東漢

— 100

— 200　　三國

— 300　　晉

— 400
　　　　　南北朝

— 500

— 600　　隋朝
　　　　　唐朝

— 700　　武則天稱帝
　　　　　安史之亂

— 800

— 900　　五代十國
　　　　　北宋

— 1000

— 1100
　　　　　南宋

— 1200
　　　　　元朝

— 1300
　　　　　明朝

— 1400

— 1500

— 1600
　　　　　清朝

— 1700

— 1800

— 1900　中華民國

— 2000

沒原則的小人

　　秦檜之前在北宋幹得好好的，突然接到了北宋滅亡的不幸消息，他不得已就跟著宋徽宗和宋欽宗兩個雜牌皇帝去了大金。秦檜是個沒什麼原則的人，到了金朝以後發現那裡的生活還不錯，就主動跟金太宗示好，以表自己願意為大金效勞的衷心。

　　秦檜憑藉著善拍馬屁的口才，把金太宗哄得高高興興的，於是就為自己弄了個參謀當著，他的上司是大將撻懶。

　　西元1130年，撻懶帶著大兵要攻打楚州，可是又有點猶豫，因為南宋怎麼說也還有韓世忠和岳飛這兩個不怕死的人扛著。金太宗腦筋一轉就想到一個方法，他讓秦檜和老婆回老家去，幫著金朝探探形勢。

　　就這樣，秦檜和他老婆假裝著從大金逃回來的可憐相回到了南宋。宋高宗聽說秦檜回來了，就接見了他。秦檜在宋高宗這個糊塗蟲面前一把鼻涕一把淚地胡扯著自己逃亡的淒慘日子，說自己是怎麼怎麼對南宋忠誠，在金朝又怎麼怎麼受人歧視，後來又多麼艱辛地跟老婆逃了回來。

　　秦檜的謊雖然撒的有些逼真，可是旁邊還是有一些老大臣對他產生了懷疑。幸好秦檜這個人好交朋友，宰相范宗尹就跟他是哥兒們，一直在旁邊罩著他。再加上宋高宗那個白癡大腦，秦檜順順當當地就在南宋站朝廷穩了腳跟。

　　後來宋高宗又琢磨著秦檜在金朝待過，對那裡的情況應該有所瞭解，於是就跟秦檜說了自己求和的意向。讓宋高宗沒想的是，秦檜不但不反駁宋高宗，而是居然事先就寫了一封求和的草稿，這可是做事做到皇帝的心坎上了，秦檜他想不紅都不行。

　　沒過多久，秦檜就在南宋朝廷裡謀到了一份好工作。宋高宗先是讓他做禮部尚書，後來又給了個副宰相給他做，再後來居然把他提拔正了，另外還搞了個兼職，就是樞密使。秦檜這回知道自己發了，因為兵權他都握在了手裡。

BC

耶穌基督出生　0—

君士坦丁統一羅馬

羅馬帝國分成兩部

波斯帝國　500—

回教建立

凡爾登條約

神聖羅馬帝國建立
　　　　　1000—

十字軍東征

蒙古第一次西征

英法百年戰爭開始

哥倫布發現新大陸
　　　　　1500—

英國大破無敵艦隊

發明蒸汽機

美國獨立
拿破崙稱帝

美國南北戰爭開始

第一次世界大戰
第二次世界大戰

　　　　　2000—

秦檜知道，要是南宋不跟大金求和，那他的日子也絕不會好過，於是就張羅著完成宋高宗的心願，跟大金商談求和的事宜。可是他又看到在前方打仗的岳飛太猛，金兵沒人打得過他，這對求和的事無疑是個大障礙，這就開始尋思著怎麼把岳飛給弄下來。

　　這時候岳飛正打仗打得火熱，眼看勝利就在眼前，卻在一天收到了宋高宗要他撤兵的消息。岳飛以為宋高宗腦子進水了，就趕緊去信說明前方的戰事，還表了決心說自己一定能打金兵一個落花流水。可是這信到了南宋朝廷以後就被秦檜劫了去，秦檜還騙宋高宗，說岳飛的軍隊已經快不行了，得讓他趕緊撤兵。

　　宋高宗被秦檜這麼一說也急了，又怕岳飛不聽話，於是火速地就下了緊急金牌，一連下了十二道，說什麼也要讓岳飛回來。岳飛無奈，只得帶著大兵匆匆地往回走。

　　朱仙鎮當地的老百姓都不明白這是怎麼一回事，怎麼眼看著要打勝仗了岳將軍卻要回去。岳飛不得不眼淚嘩嘩地跟老百姓解釋，還把皇帝的緊急金牌拿了出來。

　　岳飛撤兵了，秦檜這下可是春風得意。西元1141年，他跟金朝的使者簽了一份合約，內容是南宋要跟大金稱臣，不僅如此，還得每年送大禮給大金。這份合約的名字就叫「紹興和議」。

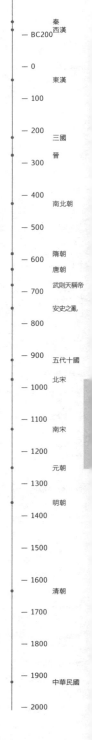

BC

耶穌基督出生　0—

君士坦丁統一羅馬

羅馬帝國分成兩部

波斯帝國　500—

回教建立

凡爾登條約

神聖羅馬帝國建立
1000—

十字軍東征

蒙古第一次西征

英法百年戰爭開始

哥倫布發現新大陸
1500—

英國大破無敵艦隊

發明蒸汽機

美國獨立
拿破崙稱帝

美國南北戰爭開始

第一次世界大戰
第二次世界大戰

2000—

苟且都不能偷生

精忠報國

　　一紙合約就讓南宋又跟大金和好了，可是大金那邊還是不甘心，如果想要再進犯那就得把岳飛做掉，這可是金兵最大的敵人。於是兀朮就給秦檜送信，要求他趕緊把岳飛給除了。上頭佈置下的任務秦檜不敢不辦，再說他本來對岳飛也不怎麼順眼，就開始密謀如何殺岳飛。

　　要把岳飛弄死首先就得給他定上一個罪，可是岳飛堂堂的抗金大將，士兵跟百姓都很尊敬他，他怎麼能幹出不正當的事呢？秦檜琢磨來琢磨去就是抓不住岳飛的把柄，沒轍了，只好走上誣陷這條路，這也是他的老行當，拿手著呢。

　　跟秦檜一夥兒的有一個叫万俟卨的人，他是監察御史。秦檜先讓此人給皇帝寫了封檢舉信，狀告岳飛在抗金的時候不懷好意，活活地讓金兵奪走了許多南宋的地盤。万俟卨洋洋灑灑地胡扯了一番，就把信給皇帝呈了上去。

　　朝廷裡的人見有人跟岳飛過不去了，自己心裡的那點小嫉妒也都竄了上來，紛紛開始跟皇帝胡扯，說岳飛如何的霸道蠻橫。岳飛也沒處喊冤，更不愛理朝堂裡的這幫孬種，就跟宋高宗說自己想辭職，宋高宗也立刻准了。

　　然而岳飛並沒有因此得到安寧，因為秦檜是非將他害死才甘休。秦檜

想起有一個叫張俊的將領，以前是和岳飛一起打仗的，可是岳飛的功績讓張俊十分嫉妒，張俊心眼太小，居然恨起了岳飛。秦檜就抓住了這一點，說服著張俊去皇帝面前說岳飛的壞話。於是張俊就跟宋高宗說岳飛想要謀反，說和岳飛一夥的還有岳飛的兒子岳雲，以及一個叫張憲的人。

宋高宗聽了這事以後就讓秦檜負責調查，秦檜喜洋洋地就把張憲先抓了起來，然後又把岳飛和他的兒子通通押入大牢。岳飛為人正派，思想也是朝著正面發展的，他被關起來以後依舊認為邪不壓正，覺得自己肯定能出去，卻忘了秦檜是個什麼東西。

秦檜先後派了兩個人去審問岳飛，一個是万俟卨，另一個是何鑄。審訊的時候岳飛面不改色，他也知道審問他的人都是秦檜的同黨，就不理他們，只說自己一心為了南宋，沒那麼多心思琢磨其他事情，還讓他們不要太費心了。

這可把兩位審訊的人難為壞了，後來何鑄估計是把岳飛惹怒了，岳大俠居然扯開了上衣，脊背上赫然地露出了四個大字：精忠報國。

秦檜覺得何鑄是個窩囊，連岳飛都搞不定，就讓万俟卨去辦這事。果然，秦檜沒看走眼，這万俟卨就是比何鑄有種，一口咬定岳飛叛國，氣得岳飛在監獄裡頭又寫出了八個大字：天日昭昭，天日昭昭。

朝廷裡誰都知道岳大俠是被冤枉的，可是站出來喊冤的人都被秦檜拿下了，就再也沒人敢吭聲。只有韓世忠出來為岳飛洗冤，可是秦檜那廝卻用「莫須有」三個字就交代過去了。

雖說秦檜一心想著做掉岳飛，可是他還是猶豫著，遲遲沒敢下手。結果一天裡被自己老婆激了一下，為了證明自己是條漢子，也為了不被老婆看扁，秦檜毅然決然地把岳飛給殺了。岳飛死的那年才三十九歲。

脾氣上來了

按理來說，南宋王朝作為一個面對外敵十分軟弱的政府，在百姓面前

BC　上古時期
秦
西漢
— BC200
— 0　東漢
— 100
— 200　三國
晉
— 300
— 400　南北朝
— 500
— 600　隋朝
唐朝
— 700　武則天稱帝
安史之亂
— 800
— 900　五代十國
北宋
— 1000
— 1100　南宋
— 1200
元朝
— 1300
明朝
— 1400
— 1500
— 1600
清朝
— 1700
— 1800
— 1900　中華民國
— 2000

應該表現得好一點才對，免得老百姓脾氣上來弄個起義嚇唬它。然而南宋政府偏偏相反，養了一群官員大多數都是財迷。

西元1130年，金兵把潭州攻下以後就在城裡胡作非為，把老百姓搶了一個精光。更讓人鬱悶的是，金兵走了以後又來了一個叫孔彥舟的南宋將領，帶著手下的人又對百姓是一番搜刮。百姓們實在受不了了，就決定起義。

領頭造反的人叫鍾相，他之前還自發地組織了一幫人去和金兵打過，有了點打仗的經驗。鍾相這個農民頭頭採取著與南宋朝廷相反的方針政

策，他跟百姓們說了些人人平等，讓百姓們一個比一個激動，紛紛要求加

入他的隊伍。

鍾相給自己封了個楚王的稱號，帶著農民就跟孔彥舟的部隊大打起

來，並以迅雷不及掩耳之勢佔領了多個縣城。南宋朝廷趕緊讓孔彥舟加緊鎮壓，可是孔彥舟怎麼也打不過鍾相，就只好耍起了陰謀。

孔彥舟讓自己的手下打扮成農民的樣子，然後鑽進鍾相的起義部隊裡去探個究竟，終於在這年的三月份依靠著這種上不了檯面的方法第一次打

了個勝仗，把鍾相和他的兒子通通做掉了。

不過鍾相雖然死了，但是他還是後繼有人的，沒過多久，一個叫楊么

的人就出來頂替了他的位置。以前是孔彥舟跟鍾相打，現在南宋朝廷又派

來一個叫程昌寓的跟楊么打，典型的一對一，就看誰能克誰的命。

鍾相雖然死了一個兒子，可是他還有另一個兒子。楊么自己當了大

王，則把鍾相的這個兒子立為太子。這時候起義軍已經有二十萬人，聲勢浩大，而且每到一處實行的政策也不錯，讓老百姓活生生地高興了一次。

楊么帶著大軍在洞庭湖一帶站穩了腳跟，也非常受老百姓的愛戴，這

更讓南宋政府恐慌了。眼看著程昌寓這個窩囊廢，連連地打敗仗，朝廷趕

緊要派去另一個姓王的將軍助戰。

大概是正統朝廷裡養出來的公務員腦筋都比較死板，除了正面打仗之外什麼都不懂，還不如楊么的起義軍靈活。楊么帶著大兵一會打游擊戰，

過一會又來了聲東擊西，把兩位大將打得滿地找牙，哭爹喊娘。

看著楊么的起義軍那麼風光，偽齊政權的一個叫李成的官員也眼饞了，他派人去跟楊么商量，看能不能兩家聯手把南宋朝廷給翻過來。人家楊么好不容易打下來的基礎，怎麼容得一群品性惡劣的人進來搞亂，楊么很不給面子地就把李成趕走了。

西元1135年，這時候起義軍已經在這個世上存在了六年，大宋其內部不出亂子那就怪了。

一屋不掃何以掃天下

宋金所簽的和約給兩個國家的內部帶來了不同的效果，南宋的皇帝帶著一群醉臣在朝廷裡吃喝玩樂，而金朝的內部則起了亂子。一個叫完顏亮的人做掉了金熙宗，自己當起了大金的皇帝，也就是海陵王。

宋高宗只管自己當天日子過得如何，至於明天、後天乃至以後的日子，他是一概不聞不問。完顏亮趁著這個機會就想再跟宋高宗玩玩，於是在宋家皇帝紙醉金迷的日子裡，海陵王則天天在操場上練兵點將。

海陵王還說他做了個好夢，說是夢到老天爺催促他，讓他趕緊把南宋搞定了。海陵王那時候大概還沒聽過夢是反的這麼一說，不然他做完夢後就不會那麼樂觀了，更不會有日後金兵的慘敗。

這頭再看看宋高宗吧，別人都把金兵要進攻南宋的消息告訴他了，這廝居然還在宮裡鬼混，還說傳來的消息都是唬人的，他才不會上當。當然，信與不信全靠主觀意識來判斷的宋高宗，就算把再多金兵將要南下的證據擺在他眼前，估計他還是看不見。

西元1161年的秋天，蓄勢待發的完顏亮終於舉起了伐宋的大旗。

完顏亮帶著大兵殺到淮河北岸的時候，宋軍的主帥劉琦在家養病，副帥王權嚇破了膽逃跑了，李顯忠接到任務後還沒有趕到指定的地點……原來這個南宋王朝培養出了一群不中用的武將。

怎麼辦？這時候一個叫虞允文的人來到了前線，當然，他不是被派來

BC　上古時期

秦
— BC200　西漢

— 0

東漢

— 100

— 200　三國

晉
— 300

— 400　南北朝

— 500

隋朝
— 600　唐朝

武則天稱帝
— 700

安史之亂
— 800

— 900　五代十國

北宋
— 1000

— 1100　南宋

— 1200

元朝
— 1300

明朝
— 1400

— 1500

— 1600

清朝
— 1700

— 1800

— 1900　中華民國

— 2000

指揮打仗的，因為他只是一介書生。虞允文只是奉了王命前來督促戰事，可他左等右等都等不到李顯忠，袖子一挽，自己上了陣。南宋的士兵一聽說自己有了主將，剛剛還失望的小臉一個個地都泛起了曙光，跟金兵打仗嘛，誰不想打個打勝仗回去風光風光。

歷史就是這麼荒唐，武將沒用，文弱書生居然上了戰場。可別說，大宋向來以文禮著稱，培養出來的文人自認為也不是懦夫，虞允文接下來的表現就給大宋文人們的臉上貼了金。他連戰連勝，帶著宋軍把金兵打得那叫一個淒慘，一個沒碰過刀槍的書生怎麼會打勝仗，大概多半是全靠他內心那團對金兵的怒火。

完顏亮精心的備戰居然被對方一介書生給打得慘敗，這讓他很沒面子。肚子裡有火總得發洩出去，於是他手下的將兵就遭了殃，這個被砍，那個被殺，其心狠手辣的程度是正常人所不能想像的。

一個人引起了眾人的憤怒，完顏亮還能有好日子過嗎？當然不能，一天夜裡，他被手底下的將兵圍了個水泄不通，大家心中的怒火旺盛地燃燒著，完顏亮就這樣被幹掉了，說起來也是活該。

後來金朝裡又有了新皇帝，就是金世宗。因為朝廷內部一直有爭執，金世宗不得不先把家裡的事安頓好了再說外面的事，只好又跟南宋簽訂了和平協議，不打了。

神聖羅馬帝國建立

1000—

十字軍東征

蒙古第一次西征

英法百年戰爭開始

哥倫布發現新大陸
1500—

英國大破無敵艦隊

發明蒸汽機

美國獨立
拿破崙稱帝

美國南北戰爭開始

第一次世界大戰
第二次世界大戰

2000—

老大怎麼熬成的

老大不好當

當韓侂冑北伐的時候，金朝內部也已經十分腐敗。而北方的蒙古族卻一天比一天強大了起來。

西元1206年，蒙古各部落首領在斡難河（今鄂嫩河）邊，舉行了一次盛大的集會，公推鐵木真做全蒙古的大汗（就是大帝的意思），並且給他上了一個稱號，叫成吉思汗。

後人給了他這樣一句評價：起於災難而終於卓越，除了耶穌，恐怕再難有人與成吉思汗匹敵。

鐵木真本來是蒙古族孛兒只斤部酋長也速該的兒子。

一天清晨，草原上和往日一樣的晴朗，好像伸出手便能抓到雲彩似的，一聲嬰兒的啼哭劃開了整個早晨的寂靜，整個蒙古包也跟著活躍起來。一代天驕就這樣在大家的矚目下誕生了，他出生在蒙古的貴族世家，可謂是含著金湯匙來到了人世。

孛兒只斤・鐵木真生下來就註定是個人物，他有著鷹一般的眼睛，洞察著草原上的獵物，將草原迅速地變成自己的小花園，然後他要跳躍，要起飛，因為他有著鷹的眼睛，鷹的視角，知道自己的方向。

但是，他卻有著痛苦的童年回憶。或許這位了不起的人物有寫回憶錄的話，那麼開篇肯定是「悲慘的童年，無情的壯年。」鐵木真也是個可憐

BC	上古時期
— BC200	秦 西漢
— 0	
— 100	東漢
— 200	
— 300	三國 晉
— 400	
— 500	南北朝
— 600	隋朝
— 700	唐朝 武則天稱帝
— 800	安史之亂
— 900	
— 1000	五代十國 北宋
— 1100	
— 1200	南宋
— 1300	元朝
— 1400	明朝
— 1500	
— 1600	
— 1700	清朝
— 1800	
— 1900	
— 2000	中華民國

BC

耶穌基督出生　0—

君士坦丁統一羅馬

羅馬帝國分成兩部

波斯帝國　500—

回教建立

凡爾登條約

神聖羅馬帝國建立
1000—

十字軍東征

蒙古第一次西征

英法百年戰爭開始

哥倫布發現新大陸
1500—

英國大破無敵艦隊

發明蒸汽機

美國獨立
拿破崙稱帝

美國南北戰爭開始

第一次世界大戰
第二次世界大戰

2000—

孩子，誰讓他家是貴族呢，就是有人看著不順眼，有缺德的人用了毒藥這種下三濫的手段把他的父親給殺了。可憐寡母牽著幾個可憐的孩子，東藏西躲，吃了上頓沒有下頓的。天將降大任於斯人也，必將苦其心志，勞其筋骨啊，就這樣小孛兒只斤娃娃長大了。

鐵木真後來成了成吉思汗，整個草原的大可汗後，他還一刻也沒有停止過他的野心，一直不停地在擴張與征服，這可能是和他成長的路上所形成的心理有很大的關係——只有自己更強，才能不被打倒，真理就是更快、更遠、更強，這樣才能有安全感。

滅你不在話下

鐵木真背負著深仇大恨，年紀輕輕的就一心想著要給父親報仇，恢復父親的事業。這樣的人往往最有毅力，他們心裡堅定的很。

鐵木真為了擴大勢力，他先是將他們部落失散的親屬和百姓聚集攏來。然後開始跟別的部落戰鬥，在輸輸贏贏之間，他的力量漸漸壯大起來。鐵木真跟另一個部落的首領札木合是朋友，關係非常好，好到可以穿同一條褲子了。但是後來鐵木真事業很成功，而札木合就稍微遜色一點了，他手底下就有人偷偷跑去投靠鐵木真了，這事讓札木合很是不爽，心裡暗暗和鐵木真結下了仇怨。有一次，札木合的弟弟搶奪鐵木真的馬群，被鐵木真部下殺了，這還了得，自己親弟弟沒了，這個仇得報。札木合就帶了他手底下所有的兵馬去攻打鐵木真，兄弟一翻臉，是很無情的。

鐵木真也不示弱，他和札木合在斡難河邊的草原上展開了一場大戰，鐵木真沒打過札木合，敗退了。

但札木合這個時候做了件很不得人心的事，他把俘虜們都殺掉了。人家都投降了，你還殺了別人，這太不人道了。

札木合手下就對他漸漸不滿了，紛紛去投靠鐵木真了，這次鐵木真雖然打了敗仗，但實力反而更強大了，運氣好了，攔也攔不住。後來殺害了

鐵木真父親的塔塔兒部首領蔑兀真‧薛兀勒圖得罪了金朝，金朝丞相完顏襄約鐵木真配合進攻塔塔兒部。

鐵木真義不容辭的就去了，他非常勇猛地把塔塔兒部打的七零八落，金朝認為鐵木真立了大功，就封他做了前鋒司令官。

後來金章宗死後，太子完顏永濟即位，金朝派使者去找到鐵木真，讓他下拜接受，繼續臣服金朝。但是鐵木真這個時候已經很強大了，他看不起金朝這個小皇帝，更不想永遠臣服金朝，他就辱罵了使者一通，自顧自地走了。

從這以後，鐵木真和金朝就徹底決裂了。

西元1211年，他決心大舉進攻金朝。出發前他跑到山上跟老天爺祈禱，說金朝皇帝殺了我的祖先，我這是報仇去了，你可得保佑我。

可能是老天爺真的聽見了他的祈禱，鐵木真帶著自己的四個兒子，兵分好幾路圍攻金朝的中都，殺的是不亦樂乎。那個時候的金朝朝廷一片混亂，金主完顏永濟被殺，新即位的金宣宗希望和氣生財，他就派人向鐵木真求和，並且還獻出大批金帛，把公主都要嫁給鐵木真了，鐵木真這才回去。後來這位老兄對打仗很上癮，他的後代們個個也是打仗高手，蒙古軍曾經一直帶著兵打到了現在的中亞各國，前鋒一直打到現在的歐洲東部和伊朗北部，才帶兵回國。鐵木真死後，他的兒子窩闊臺接替他做大汗。由於鐵木真一心想滅掉金朝、宋朝，他兒子自然要替他完成這個心願。在西元1233年，蒙古軍攻破開封，金哀宗逃到蔡州（今河南汝南），蒙古又聯合南宋圍攻蔡州。

金朝向宋朝求救，宋朝都自身難保了，那顧得上救別人。金哀宗走投無路，只好自殺。

撒謊不臉紅

金國滅亡後，蒙古人成了宋王朝的近鄰。為報答宋朝在攻金的最後戰

BC　上古時期
秦
—　BC200　西漢
—　0
東漢
—　100
—　200　三國
晉
—　300
—　400　南北朝
—　500
隋朝
—　600　唐朝
武則天稱帝
—　700
安史之亂
—　800
—　900　五代十國
北宋
—　1000
—　1100　南宋
—　1200
元朝
—　1300
明朝
—　1400
—　1500
—　1600
清朝
—　1700
—　1800
—　1900　中華民國
—　2000

鬥中的援助，也就是見死不救，窩闊臺允許宋朝收復今河南東南部的一些地區。這招非常陰險，南宋統治者認為你都答應把我的地盤還給我了，那我還傻站著幹嘛，我得去拿回來啊。於是南宋政府竟愚蠢地對蒙古軍隊發起了進攻。最初，宋軍沒有經過戰鬥就重新佔領了開封和洛陽。

但這個時候蒙古人不滿了，你們好好的來搶佔了屬於我們的地方，你們這是破壞協定，不遵守協定就得教訓你們，於是很快宋軍就被蒙古人驅逐。但是，更大的災難正等待著南宋。

因為宋軍首先挑起了戰爭，這就給了蒙古人更充分發動戰爭的理由，催化了蒙古人攻擊南宋的決心。西元1235年，窩闊臺在哈拉和林舉行的大會上宣佈征服宋朝。

到窩闊臺的侄兒蒙哥即位後，派他弟弟忽必烈和大將兀良合臺進軍雲南，控制了西南地區。在西元1258年，南宋最後的時刻來臨了。

蒙哥命不好，自己披掛上陣去攻城，但連續攻了五個月，城沒攻下來，自己卻被炮石打中，沒過幾天就死了。

那邊正打算向鄂州進兵的忽必烈還沒過江，就得到蒙哥的死訊，有人勸他趕緊回去爭奪汗位去，遲了就被別人搶走了。但是忽必烈不著急，他要先打下鄂州再說。

送到手的汗位都不急著接，非要先攻打宋朝。這個消息傳到南宋，宋理宗急壞了，他趕緊派各路宋軍援救鄂州；又任命賈似道擔任右丞相兼樞密使，到漢陽督戰。賈似道靠的是他姐姐是宋理宗的寵妃，才得了官位。這位仁兄除了會吃會玩，剩下的什麼也不會。

這回，宋理宗要他上漢陽前線督戰，他雖然嚇得要命，但也只能硬著頭皮去。到前線，他看到到處飛沙走石，血肉模糊的，更是害怕得不得了。於是他就想私了，他偷偷派人去找忽必烈，希望能拿錢擺平這事。

而正巧此時，忽必烈的妻子給他捎信來說，蒙古一些貴族正在準備立他弟弟阿里不哥做大汗，他再不回來就來不及。

美國獨立
拿破崙稱帝

美國南北戰爭開始

第一次世界大戰
第二次世界大戰

　　　2000—

忽必烈這才收兵，答應了賈似道的求和要求，於是忽必烈就和賈似道簽訂了秘密協定，賈似道答應把江北土地割給蒙古，並且每年向蒙古進貢

銀、絹各二十萬。

就這樣，忽必烈忙著回家搶汗位去了，這邊賈似道高興得回去了，他為了逼真，還特地抓了幾個蒙古兵裝樣子。回去後，他四處跟人吹噓說自己多麼多麼的英勇，把蒙古兵打的四處跑，他不但趕跑了鄂州的蒙古兵，還把長江一帶敵人勢力全部肅清了。

宋理宗聽信了賈似道的話，獎勵了他一番。這邊忽必烈回到北方，一邊跟弟弟爭汗位，一邊派人去南宋要錢，要求履行合約。

賈似道害怕事情敗露，他就把忽必烈派來的這個人給扣住了。忽必烈聽說這事，氣得要命。不過當時，忽必烈正忙著搶汗位，沒工夫來揍賈似道，賈似道這才安穩了一些日子。後來宋理宗死後，太子趙禥（音奇）即位，就是宋度宗。宋度宗封賈似道為太師，拜魏國公，地位高的沒人能比。

就在賈似道過逍遙日子的時候，忽必烈穩定了內部，當上了可汗，他在西元1271年稱帝，改國號叫元，他就是元世祖。

元世祖說南宋不執行合約，真是欠打，於是就派人來打南宋了。可是賈似道為了過安穩日子，把元兵來的消息都扣押住了，皇帝是一點不知道。這麼東瞞西瞞地過了好幾年，一直到元兵打到家門口了，眼看瞞不下去了，賈似道就又把責任推給了守城的將領，那個時候，宋度宗已經死了，賈似道擁立了一個四歲的幼兒趙㬎（音顯）做皇帝。

元兵馬上就要打到臨安的時候，賈似道派人去求和，但是被拒絕了，沒辦法，他只能逃回揚州，到了眼下，南宋滅亡的局勢已經是註定了。

文天祥起兵

文天祥的老家在江西，他從小就有英雄情節，把歷史書上的英烈都當做自己的偶像。就這麼一個小粉絲，小時候就已經立志要當民族英雄了。

長大以後，文天祥參加了科舉，答題的時候盡情地將自我的英雄情結

BC　上古時期
秦
—BC200　西漢
—0
東漢
—100
—200　三國
晉
—300
—400
南北朝
—500
—600　隋朝
唐朝
—700　武則天稱帝
安史之亂
—800
—900　五代十國
北宋
—1000
—1100　南宋
—1200　元朝
—1300
明朝
—1400
—1500
—1600
清朝
—1700
—1800
—1900　中華民國
—2000

展現了出來，因為愛國心濃厚，居然中了當年的頭名狀元。考試成績這麼理想，在朝廷裡找個好工作當然是沒太大問題。文天祥很順利地就有了工作，而且還是當官的。

然而政府的黑暗讓工作不久的文天祥看了出來，他覺得朝廷裡的太監們是國家的蛀蟲，特別是一個叫董宋臣的老太監，居然在蒙古攻打南宋的時候還說服著皇帝開溜，豈有此理。文天祥就呈上了一封奏章給皇帝，要求把那老太監給辭了。

文天祥當時還是個年輕人，涉世未深，他哪裡知道朝廷黑暗到何種程度，到頭來自己反倒被辭退了。之後文天祥又因為得罪了人而遭到了罷

免，後來南宋王朝差不多氣數要盡了，文天祥這時候才又被起用，到江西

當了個小州官。

眼看元朝的軍隊就要殺進了臨安，小皇帝趙㬎年僅四歲，顯然得由其他人為國家大事做主，而這個任務就落到了他奶奶謝太后跟一幫大臣的頭上。一群人急忙召集各地的官兵前來臨安救命。可是招來招去就是沒人

理，最終只有文天祥跟張世傑兩個人帶著人馬到了臨安。

這時候元軍的將領伯顏已經快殺進了臨安城，大部分臨安城裡的官員早就逃跑了，其中還有左丞相留夢炎。

到了臨安以後，文天祥跟張世傑兩人合計著要聯手跟元軍大戰一場，

於是就去跟右丞相陳宜中商量。誰知道這陳宜中是個貪生怕死的老傢伙，

膽子比老鼠還小，說什麼都不讓二人起兵。謝太后和陳宜中的意思是想跟元軍在桌子前面談談，於是就派了一群人去到伯顏的營地。

本來伯顏是要求陳宜中去跟他談，可是陳宜中這老傢伙卻把這工作推

給了文天祥。文天祥天生威猛，哪裡害怕這麼一個小小的談判，於是雄赳

赳氣昂昂地就站到了伯顏面前。事前太后和丞相再三囑咐文天祥，說去了

以後要好聲好氣地跟伯顏談，賠賠笑臉。可是文天祥去了以後就直接給伯顏一張比黑炭還黑的臉。

伯顏等著文天祥低聲下氣地求他繞了大宋，萬萬沒想到文天祥一張口

就比鋼筋還硬，說：「你們要是想跟我們大宋和好，那麼就趕緊把兵給撤

了，否則別怪我對你們不客氣！」伯顏一聽這話就怒了，他也沒好氣地跟文天祥說：「就你們這弱不禁風的國家，我元軍輕鬆就能滅了你們！」

文天祥又說：「正是因為我們大宋現在情況緊急，所以我決心拼了老命跟你們打！」伯顏討了個沒趣，心想著你軟硬不吃，那我就來暗的。於是他就派人偷偷地去找陳宜中和謝太后，把文天祥前來說的話通通傳了過去。這二人一聽就急了，趕緊又打發了其他人去跟伯顏投降。

文天祥知道以後南宋已經投降了，包括文天祥在內的南宋一行人，被元軍押著就準備往大都去。不過文天祥機靈，半路上跟幾個手下偷偷地溜走了，划著船去了真州。那時候在真州守門的是一個叫苗再成的人，他是文天祥的粉絲，一聽說文天祥來了趕緊把城門打開歡迎，而且還決心要跟偶像一起愛國抗元。

正當大家信心百倍的時候，揚州主帥李庭芝也不知道從哪裡聽說文天祥是叛徒，竟然要苗再成趕緊把他殺了。苗再成可是粉絲級別的人物，他怎麼能信這種鬼話，然而又迫於無奈，只好放偶像一群人走了。

後來文天祥這一幫人遭到了全國通緝，他們不得不隱姓埋名，還自己給自己化妝整容，東躲西藏的，一行人後來逃到了溫州。

死守不管事

元軍輕而易舉地就殺到了臨安，宋朝的小皇帝趙㬎被俘，幸虧他還有兩個兄弟接班，一個叫趙昰，另一個叫趙昺。這兄弟兩個都不到十歲，尤其是趙昺，還是一個六歲的小孩。

這時候南宋的大臣陸秀夫和其他的人抱起這兩兄弟就往福州那邊逃了去，到了以後，陸秀夫又趕緊讓人去通知張世傑和陳宜中二人，讓他們火速趕往福州。二人到了以後，跟在場的大臣們商量了一下，就決定讓九歲的趙昰繼位。

文天祥聽說大宋又有了後繼者之後也興奮得睡不著覺，也急急忙忙地

BC　上古時期
— BC200　秦
　　　　西漢
— 0
　　　　東漢
— 100
— 200　三國
— 300　晉
— 400
　　　　南北朝
— 500
— 600　隋朝
　　　　唐朝
— 700　武則天稱帝
　　　　安史之亂
— 800
— 900　五代十國
　　　　北宋
— 1000
— 1100　南宋
— 1200
　　　　元朝
— 1300
　　　　明朝
— 1400
— 1500
— 1600
　　　　清朝
— 1700
— 1800
— 1900　中華民國
— 2000

到了福州。他覺得宋軍應該從水路跟元軍打，可是陳宜中覺得這樣打太危險，就沒同意文天祥的想法。後來文天祥在南劍州那裡搜羅將兵，做著攻打江西的準備工作。由於準備充分，之後果然打了不少次勝仗。

就在文天祥接連收復了幾個城之後，元軍又派了一路人馬過來，宋軍寡不敵眾接連失敗，陳宜中這膽小的傢伙居然坐著船往外國逃了去。這時候為了保護小皇帝，張世傑和陸秀夫等人就偷偷坐船想往廣東走，不料途中遇到了風暴，小皇帝被嚇到了，鬱悶地得了病，一死了之。無奈之下，還在海上的張、陸兩人又把六歲的趙昺拉到了皇帝的位置。

沒過多久，元朝就派了張弘範跟文天祥打了起來，文天祥的部隊抵不過元軍，都成了俘虜。這時候張世傑和陸秀夫已經把南宋的水兵都轉移到了廣東，張弘範還顧不上跟文天祥聊上幾句就又往南邊去了。

本來張弘範是指望著張世傑能夠跟元朝投降，這樣他也就不用再費力了，可哪想到張世傑還是個豪傑，給他來了一個寧死不屈。張弘範沒了轍，又想到讓文天祥給張世傑傳個話，投降算了。可是文天祥手裡拿著筆，居然寫下了「人生自古誰無死，留取丹心照汗青」這幾個大字，把張弘範氣得不輕。張弘範眼看著和平解絕不行，就又帶著大軍死命攻打。

張世傑的軍隊佔據了險要的地方，進攻起來比較困難。張世傑也料到元軍要用火攻這一招，於是他早早就在戰船上塗了一層濕泥土，而且還把戰船都排成了一條線，以抵擋張弘範的進攻。

張世傑雖然擋住了元軍的火攻，可是卻抵不過元軍的封鎖。他的官兵們因為在海上沒了糧食，一個個不是餓死就是渴死。趁著這個時機，張弘範再一次朝著張世傑的部隊開了火，再加上元朝將領李恒率領的部隊加入，張世傑的部隊很快就崩潰了。

眼看著宋軍已經奄奄一息，可是小皇帝還在陸秀夫那條船上。為了保住小皇帝的命，張世傑趕緊叫人去找陸秀夫，然而陸秀夫卻懷疑來者不是張世傑派來的，就拉著小皇帝一起跳海自盡了，真是可憐了趙昺這小孩子。後來張世傑的船也在海上翻了，南宋徹底地玩完。

哥倫布發現新大陸

　　　　1500—

英國大破無敵艦隊

發明蒸汽機

美國獨立
拿破崙稱帝

美國南北戰爭開始

第一次世界大戰
第二次世界大戰

　　　　2000—

西元1279年，元朝在中國歷史的舞臺上閃亮登場。

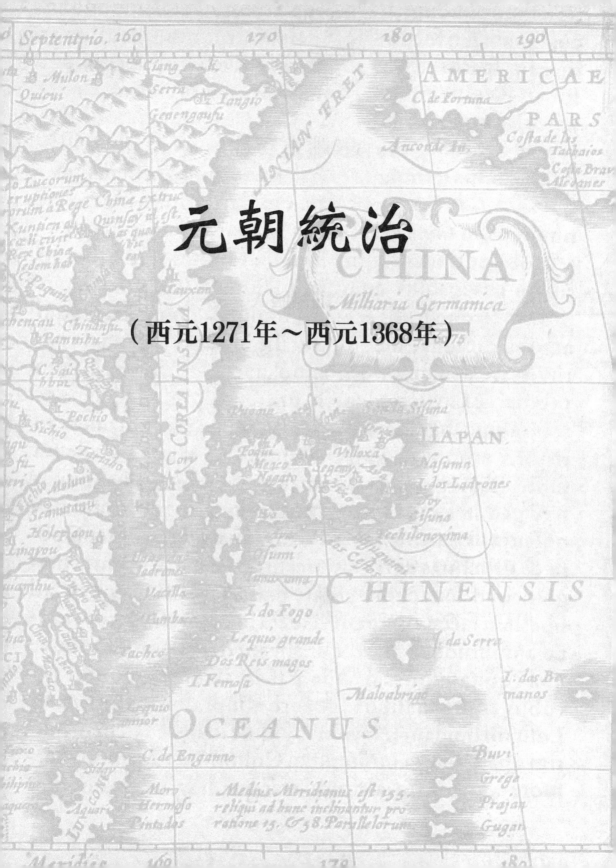

元朝統治

（西元1271年～西元1368年）

BC

耶穌基督出生　0—

君士坦丁統一羅馬

羅馬帝國分成兩部

波斯帝國　500—

回教建立

凡爾登條約

神聖羅馬帝國建立
　　　1000—

十字軍東征

蒙古第一次西征

英法百年戰爭開始

哥倫布發現新大陸
　　　1500—

英國大破無敵艦隊

發明蒸汽機

美國獨立
拿破崙稱帝

美國南北戰爭開始

第一次世界大戰
第二次世界大戰

　　　2000—

射雕真英雄

以德服人

　　作為蒙古帝國的第二位大汗，窩闊臺在位的十三年中，繼承了成吉思汗的業績，為繼續擴大帝國的版圖，鞏固蒙古對北方草原和佔領區域的統治，作出了卓越的貢獻，被稱為「馬上治天下」的第一人。他在耶律楚材的輔佐下，制定和實施了許多治理天下的舉措，受到了世人的廣泛稱頌。

　　可見這個人最注重的就是以德服人。

　　有一件小事可以說明。中亞某國曾將一條用寶石鑲嵌的金腰帶獻給窩闊臺，他十分喜歡，平時都把它繫在身上。有一次金腰帶的扣子壞了，窩闊臺就把它交給工匠修理。這位工匠私下裡卻把腰帶拿出去賣了，對大汗派去拿腰帶的人只推說還沒有修好。

　　可是大汗手下的人又不是傻子，就把這名工匠抓去揍了一頓，他才說了實話。偷拿大汗的東西，可是犯了死罪。

　　這名工匠被關進了死牢，但是窩闊臺知道真相後，說他會做出這種事說明他是窮的走投無路了，給他一些銀子，他以後肯定就重新做人了。

　　本來以為就要腦袋搬家的工匠，不但出獄了，還白得了一百多兩銀子，這真是天上掉餡餅的好事，於是他逢人就誇大汗是個好人。

　　其實窩闊臺也不是個天生度量就大的人，他以德治國是由那個時期特殊的社會狀況決定的。當時，蒙古帝國雖然還在迅速擴張，但佔領地的

治理問題已經明顯地擺在了蒙古人的面前，在這種情況下，光靠武力是不能解決問題的，而應該以一種仁慈的政治思想為基礎，實現帝國的有效管理，讓人民能夠在思想上和體制上兩方面來接受大汗的領導。

窩闊臺事事都對自己嚴格要求，他堅決貫徹以德治國的方針，在窩闊臺看來，作為永存之物的德，包括兩個方面的內容，首先是忠，就是忠於祖業，忠於主人；其次是仁，就是對下仁慈。這些思想貫徹在他的治國方略中，無論是文治武功，還是日常的言行，他事事都以此為準繩。

在這一點上，窩闊臺做的要比其他元朝的皇帝們做得好，其他皇帝們認為槍桿子裡才能出政權。

但這個特別的大汗，卻在西元1241年，因為狩獵後飲酒過量而死，這樣的結果多少讓人不能接受。這麼一個人沒在戰場上戰死，居然喝酒喝多了，酒精中毒死了，聽起來有點搞笑。

親兄弟也不合

在蒙哥成為大汗之前，歷史上很難找到忽必烈的名字，而隨著他的哥哥蒙哥的繼位，忽必烈這個名字一夜之間就傳遍了草原。如果要想評選出年度最常聽見的名字，恐怕忽必烈也會拔得頭籌吧。

其實忽必烈一直都很野心勃勃，他曾在他的王府接見禪僧海雲及弟子劉秉忠，忽必烈問海雲禪僧：佛法中有安天下之法否？

看看，還當著王爺呢，就已經惦記起如何安天下了。這之後，忽必烈就經常從中原招徠賢人顯學之士，來為自己講解中國的歷史和文化，瞭解前代帝王之治與朝代興替，聽「修身齊家治國平天下」的儒學之道。

好學的忽必烈知道，只是順耳聽聽，也就不足以使他成為一代傑出的帝王了，他更是身體力行，深入學習中國先王的賢明聖跡。

聽了那麼多有關中原大地上的盛世，忽必烈這心裡也是癢癢的，他也想搞一個自己的盛世王國。機遇總是偏愛有準備的人。凡是有雄心抱負的

BC　上古時期
─ BC200　秦 西漢
─ 0　東漢
─ 100
─ 200　三國 晉
─ 300
─ 400　南北朝
─ 500
─ 600　隋朝 唐朝
─ 700　武則天稱帝
安史之亂
─ 800
─ 900　五代十國
北宋
─ 1000
─ 1100　南宋
─ 1200
─ 1300　元朝
明朝
─ 1400
─ 1500
─ 1600　清朝
─ 1700
─ 1800
─ 1900　中華民國
─ 2000

BC

耶穌基督出生　0—

君士坦丁統一羅馬

羅馬帝國分成兩部

波斯帝國　500—

回教建立

凡爾登條約

神聖羅馬帝國建立
　　　　1000—

十字軍東征

蒙古第一次西征

英法百年戰爭開始

哥倫布發現新大陸
　　　　1500—

英國大破無敵艦隊

發明蒸汽機

美國獨立
拿破崙稱帝

美國南北戰爭開始

第一次世界大戰
第二次世界大戰

　　　　2000—

人無不是從平時就注意積累，忽必烈更是如此。他一點一滴的積累，為登上帝位做著各種準備。

西元1251年，蒙哥命忽必烈總理「漠南漢地軍國庶事」，從這一刻起，忽必烈的命運就和華夏大地上的漢室江山緊密地結合了起來。

忽必烈上任後，充分運用了多年來廣學博采的治理之道，知人善用，獎罰分明，積極整頓吏治，恢復農業，成功地邁出了開創偉業的第一步。

看到自己兄弟這麼出色，蒙哥心裡開始緊張了，這小子萬一成材了，那我豈不是就危險了。於是蒙哥對忽必烈產生了防範之意。

後來蒙哥藉口忽必烈剛打完仗，太操勞了，要休息休息，就把他留在了家裡休息，讓別人替代了忽必烈，解除了忽必烈的兵權。

這是自己親哥哥要除掉自己的前奏了，忽必烈為了示弱，他把妻子、兒女送到汗廷做人質，表示自己沒什麼特殊想法，就是做人太能幹了一點，要是自己哪得罪了哥哥，還請哥哥見諒。

忽必烈這麼一來，反而把蒙哥搞得很不好意思，兄弟倆握手言和，以後還是好兄弟，後來在進攻南宋的時候，蒙哥又命忽必烈重率左路軍征宋，忽必烈又重新把東路軍的大權控制在自己的手中。

巧的是，忽必烈剛掌權，蒙哥就被打死了，這真是老天有眼。忽必烈靠武力解決了所有和他爭可汗位子的人，然後他滅了南宋，統一了全國，拉開了大元朝的序幕。

忽必烈在平定南宋、遷都大都入主中原之後，頒佈的一道《歸附安民詔》中，就特別提及：名山大川寺觀廟宇，並前代名人遺跡，不許拆毀。由此可見忽必烈這一異族對臣服國家文化的愛護，同時也表明其將所繼承的國家正體。這一點，表現出一個積極學習和尊重歷史的態度。

忽必烈還尊孔重道，任用賢才，興辦學校；勸課農桑、安恤流民。他還「復租稅，均賦役；明刑典，理獄滯」。元朝幅員遼闊，「初步奠定了中國疆域的規模」，忽必烈注重「發展邊疆經濟」，「發展各民族經濟文化的交流」，同時，「南北方的統一，為社會經濟進一步發展開拓了前景」。

看來之前的課沒白學，忽必烈有模有樣的開始統治自己的國家了。

消除帝國的禍患

西元1262年2月，李璮在自己的封地山東益都，正式發動叛亂。忽必烈此時正在蒙古南部的草原指揮軍隊攻打阿里不哥。

李璮是紅襖軍首領李全的養子，金朝末年，趁蒙古人入侵金國時造反，在山東成為一股割據勢力。李全只是金朝末年在中原地區趁亂起兵的眾多豪強地主中的一員而已，因此他的處世之道十分功利，反覆無常就是他的「招牌特徵」。這點從李全的履歷上可以看出，他先是在山東反金，蒙古大軍壓境的時候又投靠了蒙古人。

蒙古人入侵中原後，為了統治的需要，把投靠他們且擁有重兵的豪強地主們封為世侯，所以李全的職位是世襲的。但李全沒有親生兒子，養子李璮便承襲父職成為軍閥之一。

在忽必烈即位後，加封李璮為江淮大都督，但這小子不念別人的好，盡想著怎麼能爬得更高，眼下，他看到忽必烈忙著打南宋，又忙著平內亂，他就想乾脆造反，自己也來弄個皇帝當當。

李璮認為忽必烈無力兩線作戰，跟忽必烈很多位高權重的漢族幕僚都取得了聯繫。但那些漢族幕僚的態度十分曖昧，既沒有說明要參加，也沒有出面阻止的實際舉動。這更使得李璮錯誤地認為只要自己一起兵，就會一呼百應。為了使自己起兵後取得更多人的支持，他還派人與南宋進行了聯繫，承諾獻出自己在蘇北沿海的三座城池，以表誠意。不過還沒有等到南宋政府的答覆，李璮就已經起兵了。

本來自己就忙著呢，還有人在一邊添亂，忽必烈對李璮十分氣憤。但既然那邊反了，這邊就得想辦法把亂給平了。忽必烈找當時的重臣姚樞分析當時的形勢。

姚樞對忽必烈說：「假如李璮趁我軍現在與阿里不哥交戰的機會，率

BC　上古時期

— BC200　秦　西漢

— 0

東漢

— 100

— 200　三國

— 300　晉

— 400

南北朝

— 500

— 600　隋朝　唐朝

— 700　武則天稱帝　安史之亂

— 800

— 900　五代十國　北宋

— 1000

— 1100　南宋

— 1200

— 1300　元朝　明朝

— 1400

— 1500

— 1600　清朝

— 1700

— 1800

— 1900　中華民國

— 2000

部沿海岸直搗中都，封鎖居庸關，將我軍阻攔在關外，使我軍前後受敵，補給中斷，以致人心惶惶，這是他的上策；而如果他先聯合南宋，堅守山東，再出兵不斷騷擾我方邊境，使我軍疲於奔命，這是中策；要是他出兵濟南，想等待山東各地漢族世侯回應支援的話，那必然無人追隨，最後作繭自縛而已，這是下策。」忽必烈聽後憂鬱地問：「那李璮會選擇哪一種方法呢？」姚樞回答：「下策。」

果然不出姚樞所料，李璮不是打天下那塊料，他很快就被忽必烈給滅了，後來想自殺也沒自殺成功，被逮住了。

李璮之亂後，忽必烈發現了李璮與一些漢族幕僚的通信，這直接影響了忽必烈對漢族幕僚的態度，更深遠地影響到了蒙古人近百年的統治策略。

忽必烈認為到底不是一家人啊，心都不在一起。既然你們不認可我，那我也不好好待你們。他削去各地軍閥勢力的兵權。又在地方實行軍民分治，分益都軍民為二，董文炳領軍，撒吉思領民。以後這一制度就在各地推廣，諸路管民官理民事，管軍官掌兵戎，進而把各地的兵權進一步集中到朝廷。

守家更難

打江山難，守江山更難。早在漠北和林時，漢僧劉秉忠就提出了「以馬上得到天下，不可以馬上治天下」的大問題，並將歷代封建統治的經驗，灌輸給忽必烈。

忽必烈也是活學活用，他懂得只有保持中原地區的政治經濟制度，才能成為統治全中國的皇帝。於是在他即位後不久就採取了相應的措施，推進社會政治、經濟的發展。後世史書稱其為「創一代之制，立不世之功」，對於中國封建社會後期的發展進程影響更為巨大，明朝的政治制度基本上承襲了元朝。

耶穌基督出生　0—

—

—

君士坦丁統一羅馬

羅馬帝國分成兩部

波斯帝國　500—

回教建立

—

—

凡爾登條約

神聖羅馬帝國建立　1000—

十字軍東征　—

蒙古第一次西征

英法百年戰爭開始

—

哥倫布發現新大陸　1500—

英國大破無敵艦隊

發明蒸汽機

美國獨立
拿破崙稱帝

美國南北戰爭開始

第一次世界大戰
第二次世界大戰

2000—

西元1260年5月，忽必烈設立中書省一個月後，隨即設置了十路宣撫司，「以總天下之政」。這十路分別是：燕京路、益都濟南等路、河南路、北京等路、平陽太原路、真定路、東平路、大名彰德等路、西京路、陝西四川等路。

每司分領一路或數路，派藩府舊臣出任宣撫使、副，作為朝廷的特命使臣，監督和處理地方政務。使宣撫司無處置軍務的權力，使、副又多數沒有宰臣職銜，如果發生叛亂或社會治安等方面的特殊情況就不足以應付了。於是忽必烈把一些地區改置行中書省。西元1261年11月，忽必烈撤銷了十路宣撫司。在第二年的12月，重新設立了宣撫司，但將它作為中書省的派出機構。

看忽必烈來回調整的這架勢，就能看出他是怎麼都不滿意，不知道該如何將中央集權更集中的握在自己手裡。

中央集權這是許多皇帝頭疼的問題，都握在自己手裡，自己太累，分發下去，自己倒是清閒了，可說不定哪天就有人打上門了。

忽必烈在外路設立的第一個行中書省是陝西四川行省（京兆行省）。陝西四川行省設立在阿里不哥叛亂時期。

西元1260年，京兆宣撫使廉希憲到任時，為防止阿里不哥已派來的親信大臣劉太平聯絡六盤山既四川蒙古軍帥，佔據京兆地區。廉希憲果斷地捕殺了劉太平等人，徵調秦、鞏等處諸軍進入六盤，發倉庫金銀充軍賞，同時遣使入奏，自劾越權的罪過。忽必烈並沒有責怪他，因為這是他建立的制度存在缺陷而造成的。

相反，在這件事後，他大加讚賞廉希憲善於行權應變。這一年的8月，忽必烈將京兆宣撫司改制為行省，既陝西四川行省，以廉希憲為中書右丞，行行省事。這以後，忽必烈又在其他地區先後設立了行省。由於種種原因，幾經置廢分合，最後穩定為十個行中書省，分統除中書省直轄諸路以外的各大地區，形成了「都省握天下之機，十省分天下之治」的行政區格局。

元朝全境共劃分十二個一級政區，即中書省直轄、十行省及吐蕃。在

BC　上古時期

秦
—BC200　西漢

—0
　　東漢

—100

—200　三國
　　晉
—300

—400
　　南北朝

—500

—600　隋朝
　　唐朝
—700　武則天稱帝
　　安史之亂
—800

—900　五代十國
　　北宋
—1000

—1100
　　南宋
—1200
　　元朝
—1300
　　明朝
—1400

—1500

—1600
　　清朝
—1700

—1800

—1900
　　中華民國
—2000

1286年以前，行省仍屬於中書省的臨時派出機構。直到1290年，忽必烈在晚年再次調整了行政建制。他將山東、山西、河北等地直接劃歸中書省管轄，稱為「腹裏」。腹裏以外的地區則分置嶺北、遼陽、河南、陝西、四川、甘肅、雲南、江浙、江西、湖廣十個行省。自該年始，行省各長官不再是中書省銜，這樣，行省就成為最高地方行政機關。

透過上述種種措施與政策，元朝廷實現了對行省的嚴格控馭和有效監督，使其諸權力基本保持在大而不專的範圍或限度內。朝廷對行省就能始終處於以重馭輕、以內馭外的有利地位。

用對人好辦事

忽必烈知道怎麼安排人事，所以他是歷史上比較有作為的皇帝之一。忽必烈雖然是少數民族，可是他對漢人還是十分尊重的，尤其是瞭解儒家文化對於穩定國家的意義，於是就重用了一批儒生，其中最有名的一個叫劉秉忠。

劉秉忠是邢臺人，他從小就是個書蟲，看過的書大概比他吃的飯還多。由於老爹劉潤是蒙古都元帥府都統，劉秉忠十三歲的時候就跟著老爹住進了元帥府。在元帥府裡，劉秉忠更不允許自己浪費一分一秒，博覽群書，十七歲的時候就當了邢州節度府令史。

劉秉忠雖然是個飽讀詩書之人，但也不擺出一副文縐縐的酸相，倒是看起來十分豪爽，還有著救國救民的大志向。他覺得在邢州當這個小官委屈了自己的才華，千感歎萬感歎的，實在太悶了，就辭了這小官去武安山過起了隱居的生活。

在山裡頭待時間長了也讓劉秉忠覺得悶得發慌，後來他又棄道從佛，當起了和尚。在寺廟裡的這些時日，劉秉忠又讀了不少書籍，文化知識比博士的水準還高，算得上是大師級的學者。

忽必烈正在招攬人才建設國家的時候，海雲禪師就順道把劉秉忠推薦

耶穌基督出生　0—

君士坦丁統一羅馬

羅馬帝國分成兩部

波斯帝國　500—

回教建立

凡爾登條約

神聖羅馬帝國建立
　1000—

十字軍東征

蒙古第一次西征

英法百年戰爭開始

哥倫布發現新大陸
　1500—

英國大破無敵艦隊

發明蒸汽機

美國獨立
拿破崙稱帝

美國南北戰爭開始

第一次世界大戰
第二次世界大戰

　2000—

給了他，還說劉秉忠是個百年不遇的人才。忽必烈聽得心癢癢，就召見了劉秉忠，對他做了個小面試，覺得確實是個好人才，就重用了他。劉秉忠此後就一直在忽必烈手底下，最後都升到了丞相的位置上。

當初蒙古為了征戰大中國，什麼方式來得快就用什麼，燒殺搶掠無所不做，還毀了大片的田地。統一大業完成之後，忽必烈就一直在為這事費心，也不知道該怎麼做才能儘快地恢復生產。這時候他把劉秉忠叫來，劉秉忠在忽必烈跟前說了很長時間，把自己的想法都說了出來，忽必烈聽得心花怒放，於是就讓劉秉忠負責了這個項目。

劉秉忠接手專案之後就用盡全力拚事業，獎勵農桑，興修水利，設立學校，統一建立官制，對於醫治宋末元初的戰爭創傷，促進國家經濟、文化的恢復和發展，作出了很大貢獻。文學書法、天文地理，沒有一個是劉秉忠不精通的。他不僅自身是個優秀的人才，而且還為忽必烈推薦了一些好人才，例如張文謙和郭守敬等人，以加快建設的步伐。

劉秉忠和他手下的一批漢族知識份子，他們雖然因為精通儒術而受到了忽必烈的重用，但是在剛開始的時候卻都是因為陰陽術數才被選進了朝廷，陰陽術數也是他們從事政治活動的重要手段。

西元1274年，劉秉忠去世了，他再也不能為忽必烈做事了。忽必烈一想到劉秉忠活著的時候，是多麼的講義氣就眼淚嘩嘩地往外流，他還感慨劉秉忠學問做得如此精深。不過劉秉忠活著的時候已經幫著忽必烈把元朝建設得有模有樣了，他走的時候也十分安穩。

豆腐渣工程害死人

忽必烈雄心勃勃，南征北戰，想將全世界都踩於腳下。西元1274年，忽必烈率兵，想要征服日本，但在海上卻莫名遇到大颱風，令忽必烈無功而返。回到中國後，不甘心失敗的忽必烈於西元1281年，第二次東征日本，依然是遭遇颱風，無法登陸日本，忽必烈只得再次返回，日本逃過一

BC　上古時期
秦
BC200　西漢
0
東漢
100
200
三國
300　晉
400
南北朝
500
隋朝
600　唐朝
武則天稱帝
700　安史之亂
800
900　五代十國
北宋
1000
1100
南宋
1200
元朝
1300
明朝
1400
1500
1600
清朝
1700
1800
1900　中華民國
2000

劫。

　　後來，便在日本流傳開來這樣一個故事，說在元朝時期，蒙古入侵者的船隻在「神風」的阻撓下，才沒有進入日本。日本對神風頂禮膜拜，數百年間，他們一直認為是「神風」救了他們。

　　但是在英國《新科學家》週刊的一項考古文章中，科學家們卻提出了，當日阻止忽必烈的並非是什麼「神風」，而是元朝船艦的拙劣造船工藝和設計，令元朝船隊在海上行駛時，葬身大海。

　　歷史記載的第一次忽必烈東征日本，他命鳳州經略使忻都、高麗軍民總管洪茶立，以900艘戰船，1.5萬名士兵，遠征日本。一開始，元軍勢如破竹，很快佔領了對馬、壹岐兩島，繼而侵入肥前松浦郡。日軍節節敗退，眼看就要守不住陣地了，但是當日軍退到大宰府附近時，元軍卻在一次夜間的暴風雨中，軍艦被海浪打翻了兩百餘隻。

　　按說軍艦應當是最堅固的材料製造，暴風雨應當不會對其造成什麼影響。但當颱風來臨，暴雨傾盆的時候，元軍將艦隊停泊在博多灣口，船隻在風雨中飄搖撞擊，無法保持平衡，而相互撞擊的力度，使得許多船隻破損，進而導致沉沒。

　　那次之後，元軍死亡兵卒達1.35萬人。兵力大損的元軍不得不退回本土，日本才逃過一劫，那次戰役，日本的歷史上稱之為「文永之役」。第二次的東征，依然是相同的原因，元軍在最後關頭功虧一簣。

　　看似是上天幫助日本，但從後來對打撈上來的蒙古戰艦的殘骸研究中可以發現，這些戰艦做工粗糙，品質十分低劣。很多戰艦上的鉚釘過於密集，這就說明這些材料是反覆利用過的，需要加固才能不至於碎裂。

　　而根據史料記載，這些戰艦大部分都是忽必烈命令高麗王朝建造的，高麗王朝並不熱衷修建戰艦，他們認為修建戰艦會增重他們的兵役，因此建造軍艦時，並不認真，很多情況下都是敷衍了事，品質自然不能保證。

美國獨立
拿破崙稱帝

美國南北戰爭開始

第一次世界大戰
第二次世界大戰

2000—

　　軍艦的粗製濫造，無法抵禦海浪的衝擊，再加上颱風來襲，暴風雨加劇，更讓這些本就脆弱的船隻無法進行戰鬥。忽必烈估計無法想到，自己的雄心壯志，最後竟然是破滅在豆腐渣工程上的。

鞏固國家

民以食為天

忽必烈深知「民以食為天」的古訓，曾經以「戶口增，田野闢」作為考核各級官吏的重要標準，這是符合當時社會發展需求的。

那個時候不講計劃生育，本來經過連年的戰亂，人口就銳減，在13世紀初的時候，金朝和南宋的人口總和有7300多萬，而到了1275年，全國人口只剩下2400萬左右了。

現在國家穩定了，那就開始生吧，生的越多越好，生的越多說明國家越富足，西元1271年，忽必烈頒佈了《戶口條畫》，對全國戶口進行了一次大清查，將諸王貴族、權豪世家非法占為「驅口」的百姓追查出來，甚至還採取獎勵生育的措施，如中統二年（西元1261年）九月，「河南民王四妻靳氏一產三男，命有司量給贍養」。

多生了養不了，國家還給錢養，這樣的好事去哪找。於是老百姓們就盡量多生孩子，再加上忽必烈採取了召集流亡、鼓勵農耕、禁止殺戮等措施，一方面北方流亡的人口逐漸固定下來了，另一方面在進攻南宋時屠殺人口相對減少，因此全國的人口逐年增加，基本上應了「戶口增」的要求。

人口增加了，勞動力也就充足了，有了勞動力，農業生產和手工業生產的發展就有了條件。

BC 上古時期

— BC200 秦 西漢

— 0

東漢

— 100

— 200 三國

晉

— 300

— 400

南北朝

— 500

— 600 隋朝

唐朝

— 700 武則天稱帝

安史之亂

— 800

— 900 五代十國

北宋

— 1000

— 1100

南宋

— 1200

元朝

— 1300

明朝

— 1400

— 1500

— 1600

清朝

— 1700

— 1800

— 1900 中華民國

— 2000

忽必烈剛即位不久，就在詔書中說：「國家以人民為本，人民以衣食為本，衣食以農桑為本。」並採取了一系列恢復和發展農業生產的措施。

1260年，忽必烈設立了十路宣撫司，並命令各路宣撫司挑選通曉農事的人當勸農官。第二年又以姚樞為大司農，並在各路設立了勸農司，從中央派出8名通曉農事的官員為八路勸農使，由他們分頭去考察各地的農業生產情況。

到了西元1270年，他又在中央正式成立司農司，「專掌農桑水利。仍頒佈勸農官及知水利者，巡行郡邑，察其勤惰。所在牧民長官提點農事，歲終第其成否，轉申司農司及戶部，秩滿之日，注於解由，戶部照之，以為殿最。又命提刑按察司加體察焉」。

忽必烈如此重視農業，但他的部下大多還是有著蒙古人豪放的習氣。他們過慣了騎馬到處亂跑的日子，現在到處都是耕地，沒地跑馬了，心裡很是不爽。就想要把京城近郊的農田割地變成牧場，以便牧養宮中的馬匹，忽必烈聽後欣然應允了這個計畫。

察必皇后聽說後馬上來見忽必烈。正好看到站在一旁的太保劉秉忠，馬上生氣地責備他說：「你是個聰明的漢人，皇帝對你的意見總是非常重視，如果你的意見正確，說了陛下就會聽取，而你又明知道這樣做不對，為什麼不勸阻呢？」

接著察必皇后進一步說：「我們剛到這裡時並不主張農耕，割地牧馬還講得過去，現在天下已定，郊外的田地也各有其主，百姓安居樂業，這種情況下把良田變為牧場，可以嗎？」忽必烈聽了察必皇后的話，覺得十分有道理，於是取消了割地放牧的計畫。

在忽必烈的支持下，元朝的土地有了很大程度的增加，。農業發展好了，人們本來就該安居樂業了，但是元朝當時卻是有人活得好，有人活得慘。

階級制度

　　元朝有一個和其他王朝很不同的特點，這是由元朝建立的時候，忽必烈頒佈和形成的一個獨特的以民族為界線劃分的等級社會階級，這種層級的劃分顯然不再是傳統中國簡單的君臣父子與貧富貴賤了，而是以蒙古人為中心的種族區分。

　　這種制度大體是根據歸附蒙古征服者的時間先後建立的，先歸附者其政治、法律地位較高，後歸附者則較低。最高一等是蒙古人，第二等則是由西域多族人構成的色目人，第三等才是漢人。

　　而這漢人之中也分出了個級別，第三等的漢人必須要是中國北方由原來金國統治之下而南宋無力救還的漢族及其他少數民族（這裡這些漢人已是算為元朝的少數民族了）。而那些南宋滅亡以後生活在原南宋疆域內的漢人和其他民族的人民，是第四等。

　　所以別看李清照、辛棄疾這樣的大詞人，在南宋的時候受人尊敬，他們要是晚生個幾十年，那到元朝照樣不招人待見。

　　其實，元朝這樣分等級，也是為了統治階級的統治需求。蒙古族是統治者，自然地位就得最高，而那些南宋的漢人，是心不甘情不願投降過來的，他們不能跟統治者一條心，不對他們嚴苛點也不行。

　　所以在政府機關裡，正職一律由蒙古人擔任，漢人、南人只能擔任副職。終元之世，擔任中書省左右丞相的漢人只有為蒙古統治者立下過赫赫戰功的史天澤和賀惟一；掌握軍機大權的樞密院長官知樞密院事、同知樞密院事，掌監察大權的御史臺長官御史大夫，則沒有一個漢人官員擔任過。在地方各級機構中，掌握實際權力的達魯花赤一職，只能由蒙古人和色目人擔任，漢人任總管，回回人任同知。並三令五申嚴禁漢人、南人、契丹、女真等出任達魯花赤。

　　地位不高，日子自然也就不好過。漢族文人或者做不了官，或者只能做小官，就是那些地位較高的也只能做一些沒有實權的如翰林學士之類的

BC　　上古時期

― BC200　秦　西漢

― 0

　　　　東漢

― 100

― 200　　三國

― 300　　晉

― 400　　南北朝

― 500

― 600　　隋朝　唐朝

― 700　　武則天稱帝　安史之亂

― 800

― 900　　五代十國

　　　　北宋

― 1000

― 1100　南宋

― 1200

　　　　元朝

― 1300　明朝

― 1400

― 1500

― 1600　清朝

― 1700

― 1800

― 1900　中華民國

― 2000

官。

　　事業上沒著落，文人就開始發牢騷了，所以元曲中就有很多是當時的漢族文人用來抒發牢騷的。在宋朝的時候，文人的地位是何其高，宋太祖都不斬殺士大夫，那時文人簡直就是在天堂，現在文人是在地上，還得被人踩幾腳。

　　這地位的落差讓許多漢族文人一直感到很鬱悶，他們就對元朝統治者很不滿，而元朝統治者看到漢族文人流露出的不滿情緒，更是得意了。看吧，就是不能重用你們，現在就對我們不滿意了，要是給你們實權，還不得反過來把我們幹掉。

　　所以，漢族文人越消極，元朝統治者就越不重視他們。許多文人就在元朝玩起了避世與玩世。前者遁入山林，後者步入市井。

　　蔑視漢族文人還不算，在元朝的法律中，蒙古人、色目人犯法歸大宗正寺審理，漢人、南人犯法歸刑部審理。刑罰的規定也是不平等的，蒙古人與漢人紛爭，漢人遭毆打不許還手，只允許告官，「違者嚴行斷罪」；

蒙古人在與漢人紛爭及醉酒打死漢人，只罰其出征、付給燒埋銀即可了結；漢人、南人犯罪須在手臂上刺字，而蒙古人、色目人則不必；漢人打

死蒙古人，除兇手被處死刑、抄沒其家產外，還要付50兩燒埋銀。一些法令、條文還規定：官府向民間括馬，蒙古人不取，色目人三匹取其二，而漢人則悉數入官。同時，元朝還嚴禁漢人、南人製造、私藏和持有武器，不許養馬打獵，不許練武集會，不許在夜間通行，等等。

　　這麼多規矩，可使得生活在元朝時候漢族人委屈了。

郭守敬修訂曆法

美國獨立
拿破崙稱帝

美國南北戰爭開始

第一次世界大戰
第二次世界大戰

2000—

　　元世祖忽必烈雖然是個少數民族，可也是個十分開明的皇帝，對大漢的人才能夠加以重用，所以這些漢族的知識份子就發揮出了自身的才能。有一個叫郭守敬的科學家就是其中之一。

要說郭守敬，還得提到他的爺爺郭榮，郭守敬後來之所以成了一位科學家，那還得仰仗於他從小就有一個有學識的爺爺。郭榮是個全才，無論是文學還是科學，他都有研究。受到爺爺的影響，郭守敬自然而然也就對這些知識有了興趣。

郭守敬小的時候，有一次劉秉忠到郭守敬的老家邢州去開了個學術講座，郭榮聽說了以後就趕緊把孫子帶進去旁聽，還請求劉秉忠收郭守敬為學生。就這樣，郭守敬後來就跟著劉秉忠學習，還結識了不少跟他有著共同興趣愛好的朋友。

在劉秉忠這個恩師的教導下，郭守敬慢慢地成長為了一名有作為的科學家。那時候忽必烈剛剛把北方穩定了，正愁沒有科技人才幫他處理農業生產，這時候劉秉忠的好朋友張文謙就把郭守敬介紹給了忽必烈。經過面試以後，忽必烈覺得郭守敬是個可靠的人，學問也不錯，對北方的水利情況也比較瞭解，於是毫不猶豫地就派他負責了這個項目。

在水利這方面，郭守敬做出了不小的成績。除了治理北方的水利，後來忽必烈又派他到西夏去工作了一段時間。郭守敬盡職盡責地在西夏為人民服務著，把當地的農業生產搞得有聲有色，農民們的生活條件得到了極大的改善。看到郭守敬如此有能力，忽必烈還讓他去江南逛了逛。郭守敬在江南開鑿了一條叫惠河的運河，讓大都跟江南能夠直接通航，便利了當時的交通。

後來忽必烈快馬加鞭地把南宋給滅了，這時候就要在南方進行經濟建設，郭守敬又有了展示自我風采的用武之地。以前蒙古使用的曆法是金留下來的，可是這種曆法很不科學，總是對不上實際生活，元世祖就琢磨著讓人制定一個新的科學的曆法。

忽必烈還是讓郭守敬負責新曆法的制定。郭守敬對待科學的態度始終秉承著理論聯繫實際的態度，他首先把已經破爛不堪的舊儀錶給換了，製造出一種新的、更加精準的儀錶。後來他又請求忽必烈建造一個新的天文臺，在全國各地設下將近三十個觀測點，以便讓天文觀測更加精準。考慮到國家的發展，忽必烈高興地答應了郭守敬這個請求，而且撥了一大筆經

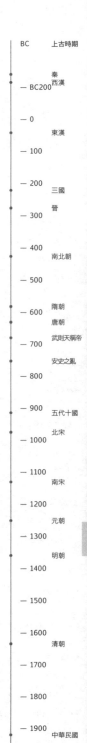

BC　上古時期

—BC200　秦
　　　　西漢

—0
　　　　東漢

—100

—200　三國
　　　　晉
—300

—400　南北朝

—500

—600　隋朝
　　　　唐朝
—700　武則天稱帝

　　　　安史之亂
—800

—900　五代十國
　　　　北宋
—1000

—1100
　　　　南宋
—1200

　　　　元朝
—1300
　　　　明朝
—1400

—1500

—1600
　　　　清朝
—1700

—1800

—1900　中華民國

—2000

費予以支持。

在郭守敬的帶領下，新的曆法團隊在兩年多的刻苦鑽研之後，終於制定出了一個行之有效的科學曆法，它計算出一年的天數是365.2425天，與現在的西曆週期相同，這部曆法叫做《授時曆》。

要想富先修路

古時候送封信是難事，不像現在滑鼠一點，郵件就發出去了，那時候春天寫封信，路遠了夏天才能看到。要是遇到道路不好走，那就更困難了。

所以說，道路如同血管，所需要的各種給氧源源不斷地輸送到各地，自古至今，莫不如此，而在沒有現代通信手段的古代，驛路就是一個國家的神經，沒有了暢通、及時的通信，一個國家很快就會陷入癱瘓。

蒙古建立了龐大的帝國，而這個龐大的帝國要維持統治，不至於癱瘓，自然也要保證驛路的暢通。

驛路就跟現在的國道一樣，你要是想開車從一個城市到另一個城市，最便捷的就是走國道。元朝的時候也一樣，為了傳達政令、互通情報、運送物資等事務時，就需要修建大量的驛路，在鐵木真那時候，驛路還不是很規格化，到了窩闊臺當大汗的時候，他才進一步地將驛站制度嚴密化、系統化。

後來，元朝溝通南北大運河的開鑿，使中國的驛路交通空前發達。陸路交通方面，全國各地設有驛站1500多處，其中包括少數水站。驛道北至吉爾吉思，東北至奴兒干，西南至烏思藏、大理，西通欽察（金帳）、伊兒兩個汗國。

元朝的這路不但聯通國內，還連向了國際，這在當時很了不起。好多外國人對元朝人修的驛路誇讚不休。

能不誇讚嗎，那個時候在每條大路上，都按照市鎮坐落的位置，每隔

耶穌基督出生　0—

君士坦丁統一羅馬
羅馬帝國分成兩部

波斯帝國　500—

回教建立

凡爾登條約

神聖羅馬帝國建立
　　　1000—

十字軍東征

蒙古第一次西征

英法百年戰爭開始

哥倫布發現新大陸
　　　1500—

英國大破無敵艦隊

發明蒸汽機

美國獨立
拿破崙稱帝
美國南北戰爭開始

第一次世界大戰
第二次世界大戰

　　　2000—

40或50公里之間，都設有驛站，築有旅館，接待過往商旅住宿。這些就叫做驛站或郵傳所。

這些旅館修築的非常華麗，那時候外國人馬可·波羅來中國旅遊的時候，就對此十分羨慕。

他回去後在他的書裡就寫到過：「這些建築物宏偉壯麗，有陳設華麗的房間，掛著綢緞的窗簾和門簾，供給達官貴人使用。即使王侯在這樣館驛下榻，也不會有失體面。因為需要的一切物品，都可從附近的城鎮和要塞取得，朝廷對某些驛站也有經常性的供應。」

而且在元朝那時候也有快遞，要是有什麼急件，兩三天就能送到，那時候的元朝皇帝就經常能在兩天內收到按平時速度要十天才接到的消息。

急件快遞的驛使都有自己特殊的通行馳驛的牌符證件，各個朝代的稱呼不一樣。元代稱呼為「鋪馬箚子」，最常見的「鋪馬箚子」是金銀字圓牌，還有一種叫「鋪馬聖旨」的證明。金、銀字圓牌是緊急馳驛的證件，專門遞送軍情急務。

為了保證驛路的暢通，元朝還建立了嚴密的「站赤」制度，使郵驛通信十分有效地發揮效能。所謂「站赤」，是蒙古語「驛傳」的譯音。站赤制度，是一種系統而嚴密的驛傳制度。這些對驛站管理和對驛官考核的具體條例，對元代郵驛發展發揮了保證作用。

好馬也得鞭著走

駿馬跑得快，大家都知道牠能讓主人騎在背上打仗，假如遇到了好馬，那這個仗沒打之前就已經贏了一半。蒙古人對馬的熱愛超出了常人的想像，也更加有效地把駿馬在沙場上的作用發揮到了極致，訓練了一批善戰的騎兵。

隨著元朝內部的逐漸穩定，元朝的皇帝突然之間發現自己的駿馬整天沒精打采的。皇帝心想，也沒少給這些傢伙吃好的啊，怎麼一個個這副德

BC 上古時期
秦
— BC200 西漢
— 0
東漢
— 100
— 200 三國
晉
— 300
— 400
南北朝
— 500
隋朝
— 600 唐朝
武則天稱帝
— 700
安史之亂
— 800
— 900 五代十國
北宋
— 1000
— 1100
南宋
— 1200
元朝
— 1300
明朝
— 1400
— 1500
— 1600 清朝
— 1700
— 1800
— 1900 中華民國
— 2000

性呢。其實皇帝不知道，駿馬們是在感慨自己的沒用。這正如戰功赫赫的武將退休之後大多患了抑鬱症一樣，駿馬們也因自己久沒被派上用場，整天無所事事而苦惱著。

思來想去，為了給駿馬一個發洩之地，也為了讓蒙古的版圖更大、更猛一些，皇帝決定向海外殺去。要打海外的國家，那就要走海路，皇帝這才發現自己的優良大馬還是派不上用場。

其實，蒙古軍隊之所以戰無不勝，主要依靠的是騎兵，事實上蒙古軍隊在所有無法展開其騎兵優勢的戰場上鮮有勝績。如在安南、爪哇和高麗都遭遇了失敗，這也是蒙古擴張力量由盛到衰的必然過程。而蒙古帝國也終於止住了擴張的步伐。

雖然擴張的步伐被止住了，但交流卻是不能停止的。皇帝又琢磨著給駿馬找別的作用，那就是馱著好東西去外國旅遊旅遊，順便跟外國人打好關係，邀請他們也來蒙古做生意，如此一來，蒙古也就更開放、更富裕了。皇帝心裡喜滋滋地琢磨著這事，好像蒙古儼然已經一副發達的樣子了。不過皇帝很快就將這個美好的想法付諸了實踐。

至元十五年（西元1278年），元朝福建行省參政都派使節到達占城（越南中南部古國）。使節回報占城國王有歸順之意，元世祖忽必烈封其為占城郡王。但此後不久，占城王子布德（史書寫為補的）專權，扣押了元朝派往暹國（泰國）、馬八兒國（印度半島南端佩內爾河以南）的使者。忽必烈數度討伐，但都沒有結果，元成宗時，元朝與占城恢復了和好關係。

就這樣，當元朝的邊疆逐漸穩定下來後，逐漸與周圍各國建立了友好往來的關係，經濟文化交流日益頻繁。

這樣的成果讓駿馬們發現了自身的另一種魅力，畢竟，國家的繁榮和富強自己也是出了一份力的。這以後，駿馬們更加賣命地充當起蒙古跟其他國家的友好使者了。

其實，這種稱兄道弟的友好往來不僅是在經濟上，而且還包括宗教文化等各個方面。例如，當時有一位中國的禪師一寧就被日本天皇尊為國

師。當時，元成宗為與日本修好，派遣一寧等為使者，出使日本。受到日本天皇後宇多隆重的歡迎。後宇多天皇對一寧十分尊敬，將一寧留下擔任鐮倉建長寺的主持。一寧也就留在日本弘揚佛法。西元1317年，一寧在日本京都南禪寺圓寂。他的塔祠至今仍存於日本京都南禪寺。

駿馬們不僅發揮了自身的力量，讓中國跟日本和越南等搞好了關係，而且連高麗也不例外。

當元朝學會以另一副友好的面孔與其他國家交往的時候，人們發現，駿馬的另一種魅力並不遜於全副武裝的甲兵。

行要有行規

成吉思汗統治初期，當蒙古各部歸併於他的時候，他廢除了那些蒙古各族一直奉行、在他們當中得到承認的陋俗；然後他制定從理性觀點看值得稱讚的法規。

其中有一條是這樣的：戰爭以及戰爭中的殺戮、清點死者和饒恕殘存者，正是按這種方式進行的，確實，每個細節都是吻合的，因為戰場上剩下的僅僅是些肢體破碎的可憐蟲。

蒙古軍隊的戰鬥力的確是猛的驚人，可以說在那個時代，整個世界上，沒有什麼軍隊能夠跟蒙古軍相匹敵。那些蒙古軍就好像受過訓練的野獸，去追逐獵物，牙關緊咬，奮力去殺敵。

可是在太平無事的日子裡，他們又像是綿羊，生產乳汁、羊毛和其他許多有用之物。在艱難困苦的境地中，他們毫不抱怨。他們是農夫式的軍隊，負擔各類賦役，繳納分攤給的一切東西，無論是雜稅、行旅費用，還是供給驛站，馬匹和糧食，從來都是無怨言的。

他們也是服軍役的農夫，戰爭中不管老少貴賤都成為武士、弓手和槍手，按形勢所需向前殺敵。無論何時，只要抗敵和平叛的任務一下來，他們便發放需用的種種東西，從十八般武器一直到旗幟、針釘、繩索、馬

BC 上古時期
秦
—BC200 西漢
—0
東漢
—100
—200
三國
晉
—300
—400
南北朝
—500
—600 隋朝
唐朝
—700 武則天稱帝
安史之亂
—800
—900 五代十國
北宋
—1000
—1100
南宋
—1200
元朝
—1300
明朝
—1400
—1500
—1600
清朝
—1700
—1800
—1900 中華民國
—2000

BC

耶穌基督出生　0—

君士坦丁統一羅馬

羅馬帝國分成兩部

波斯帝國　500—

回教建立

凡爾登條約

神聖羅馬帝國建立
1000—

十字軍東征

蒙古第一次西征

英法百年戰爭開始

哥倫布發現新大陸
1500—

英國大破無敵艦隊

發明蒸汽機

美國獨立
拿破崙稱帝

美國南北戰爭開始

第一次世界大戰
第二次世界大戰

2000—

匹及驢等負載的動物；人人必須按所屬的十戶或百戶供應攤派給他的那一份。檢閱的那天，他們要擺出軍備，如果稍有缺損，負責人要受嚴懲。哪怕在他們實際投入戰鬥，還要想方法向他們徵收各種賦稅，而他在家時所擔負的勞役，落到他們的妻子和家人身上。因此，倘若有強制勞動，某人應負擔一份，而他本人又不在，那他的妻子要親自去，代他履行義務。

成吉思汗當時頒佈的大札撒對蒙古帝國是非常重要的改革，作為正式法令對領導權、社會習俗和律令都重新規定，規範了各階層人的行為準則。

大札撒還編制了軍政同一的千戶軍，家有男子15歲以上70歲以下，盡簽為兵，十夫長、百夫長和千夫長就是這些士兵的軍政長官。

千戶、萬戶的名號代替了原來的氏族、部落的名號，變成了有編制的軍隊，而不是隨時可以分裂，隨時可以投奔他部的鬆散的部落聯盟。開國有功者為千戶，分封所得的牧地範圍，世襲管理。千戶既是行政的，也是軍事的組織，他們要生死在一起，在戰鬥中若不是整個軍團退卻，部分退卻者一律處死，若有人被俘，同伴沒有去救也要處死。人們只能留在指定的百戶、千戶或十戶內，不得轉移到另一單位去，也不准到別的地方尋求庇護。

違反此令，遷移者要當著軍士被處死，收容者也要受嚴懲。因此，誰都不得庇護誰；如果長官是位宗王，那他絕不會讓一個最普通的人在他的隊伍中避難，以免破壞這條規定。所以沒有人能夠隨意改換他的長官或首領，別的長官也不能引誘他離開。

為了讓大家都遵守，大札撒規定的刑法非常嚴厲，對殺人者、通姦者、盜竊者處死刑；抓了別人的逃犯不歸還其主人的、經商且第三次破產的人也是處死；對汗出惡語的人，用土填嘴，然後殺死。幾乎對所有的犯罪都處死刑。

動不動就拿腦袋說事，效果自然很顯著。有的歷史書說，成吉思汗不識字，但又有人說，這些條文是成吉思汗親手制定的。但不論如何，元朝的高壓統治卻是不能否認的。

鐵蹄下的融合

你中有我

　　元代是中原地區民族融合的又一重要時期，這一時期契丹、女真、党項、蒙古、維吾爾人、猶太、回族等少數民族大規模進入中原。到了元代後期，契丹之名便逐漸消失了，而內遷的女真人和漢人都住成了鄰居。

　　大家彼此認識了以後，覺得挺好，就互相去說媒，成了親家。同婚後的女真人就改用漢姓，提倡儒學，與漢人在經濟上互通有無，女真人更加漢化。到了元末，這些女真人已完全融入漢族，蒙古人、色目人進入中原主要是通過戍守、經商、居官致仕後入居等途徑，蒙古、維吾爾、回族如今還作為單一的民族存在，西夏遺民則早已成為漢族的一部分了。

　　這種漢族與漢族之間、少數民族之間、少數民族與漢族之間多源多流、源流交錯的複雜關係，構成了中國歷史上各民族間一種源遠流長的血緣相親，形成了你中有我、我中有你，相互同化和融合的民族關係格局。

　　像今天我們所看到的苗族人穿的服飾，那就是吸取了許多別的民族的服飾元素而逐步形成的。

　　從正面看，苗族的服飾似蒙古服飾，從背面看，卻是苗族服飾的衣裳式花帶百褶裙。因為在蒙古統一中國後，加強了對雲貴高原的統治，在那裡不僅建立了不少民族的土司制度，還有元朝廷派兵駐守。

　　不僅如此，朝廷還在遵義建播州府，安順、普定是滇黔交通要塞，雲

BC　　上古時期
— BC200　秦 西漢
— 0
　　東漢
— 100
— 200
　　三國
　　晉
— 300
— 400
　　南北朝
— 500
— 600　隋朝
　　唐朝
　　武則天稱帝
— 700
　　安史之亂
— 800
— 900　五代十國
　　北宋
— 1000
— 1100
　　南宋
— 1200
　　元朝
— 1300
　　明朝
— 1400
— 1500
— 1600
　　清朝
— 1700
— 1800
— 1900
　　中華民國
— 2000

BC

耶穌基督出生　0—

君士坦丁統一羅馬

羅馬帝國分成兩部

波斯帝國　500—

回教建立

凡爾登條約

神聖羅馬帝國建立
1000—

十字軍東征

蒙古第一次西征

英法百年戰爭開始

哥倫布發現新大陸
1500—

英國大破無敵艦隊

發明蒸汽機

美國獨立
拿破崙稱帝

美國南北戰爭開始

第一次世界大戰
第二次世界大戰

2000—

南的敘永縣一帶元代也有駐軍；至今，雲南仍有蒙古族後裔，便是當時駐軍的後代。元代蒙古族後裔定居雲南後，服飾也受當地影響而有變化。

服飾不一樣，不易於溝通，本來兩人碰一塊了，想找個共同話題聊一聊，可是一看對方的衣服，一個是蒙古族的，一個是苗族的，都說不是從一個地方來的，就生疏了。把服飾統一起來，融合之後，人和人之間也就沒那麼多的隔閡了。

當然了，這也是民族融合的結果。在元朝時候，為了推進農業生產，元朝統治者還多次將民眾進行遷移。

嶺北地區是蒙古族的大本營，是大蒙古國的統治中心，也是蒙古族最集中的居住地。蒙古統治者歷來十分重視嶺北地區的農牧業和手工業生產。早在成吉思汗時，就命鎮海領所俘漢民萬人闢地屯田，並因此修築了鎮海城（今蒙古科布多東）。以後各朝又將中原所俘漢民遷到克魯倫河上游、和林附近從事屯耕。

隨著蒙古的崛起和向外擴張，蒙古族人進入中國的各個行省和各地區，而且隨著蒙古鐵蹄深入歐亞，蒙古人也隨之進入異國他鄉，在不斷的交流和共同的生活中，完成了新一輪的民族大融合。

「帝師」八思巴

西元1246年，薩班攜他的侄子八思巴、恰那多吉到達涼州（今甘肅武威）會見闊端，議定了西藏歸附條款，並由薩班發表致西藏各地僧俗領袖的分開信，即著名的《薩迦班智達致蕃人書》。這封信的發表，標誌著吐蕃歸順蒙古已經付諸實施。

西元1260年，忽必烈搶在阿里不哥前宣佈繼承大汗，出於政治上的考慮，他封八思巴為「帝師」，賜玉印。1264年，忽必烈設立了專門管理全國佛教事務和西藏地方軍政事務的機構——總制院，也就是宣政院的前身，命剛剛29歲的八思巴掌管，到後來，由帝師管理宣政院也就成了一種

習慣。有宗教勢力的幫助，元政府對吐蕃的工作就容易展開了。

　　不久，元政府就開始在西藏設立起地方行政機構和驛站，根據吐蕃的物產分佈情況，重新劃分了行政區域。元政府還對吐蕃地區進行了人口普查，在前藏和後藏分別設立了13個萬戶，各萬戶兼管軍事民政，皆由八思巴領導。這樣一來，八思巴既是西藏的宗教領袖，同時也成為行政首腦，一個「政教合一」的新政體在西藏出現了。

　　帝師其實是元代皇帝授予藏教僧人的最高神職。元代的第一位帝師是八思巴，可以說在中央與吐蕃的關係中，八思巴發揮了重要作用。

　　八思巴生於西元1235年，是藏教薩迦派高僧薩班的弟子，同時也是他的侄子。「八思巴」在藏語中的意思是「聖童」，因為八思巴在7歲的時候就能熟讀佛經，知道經文的大意了，大家覺得這孩子前途不可限量。

　　西元1247年，薩班到涼州與闊端談議吐蕃歸附蒙古的事項，8歲的八思巴也跟去了，這一去就被當做人質留在了涼州。這樣一直生活在蒙古人的環境中，所以八思巴受蒙古文化的影響很大。薩班去世後，15歲的八思巴作為薩班的繼承人，到六盤山拜見了忽必烈。忽必烈一見到他就非常喜愛，把他留在了身邊。

　　那個時候，西藏地方時常出現緊張局面，忽必烈改「元」之後，就對吐蕃地區加強了中央的管轄。其中最重要的一點就是用具有政教合一身份的帝師對吐蕃地區進行管理。

　　元政府賜給帝師莊園土地，使帝師成為吐蕃地方的大封建主。這些是按照聖旨賜給八思巴的土地，不負擔府庫及驛站等漢地、吐蕃的任何稅賦差役。而由於帝師的特殊身份，他領導下的烏思藏宣慰使司及下轄的諸萬戶、千戶，吐蕃等處的各路宣慰使、司、都元帥府及安撫司、招討司、元帥府等長、使，也因擁有一定數量的莊園而成為大小不等的農奴主。這就使吐蕃的經濟形式具有了封建性質，促進了當地的經濟發展。

　　西元1280年，八思巴去世後，歷代藏教首領成為「帝師」，受朝廷的委託，執行朝廷命令，管理西藏政事，就成為一項沒有明文的規定。

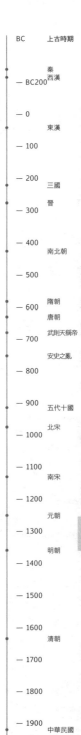

當好父母官

有個叫賽典赤・贍思丁的西北回族人，他曾在忽必烈手底下立過不少戰功，很受忽必烈待見。賽典赤・贍思丁也叫烏馬兒，有一次忽必烈跟他談心，說：「烏馬兒啊，想當年我也親自帶著大軍以革囊渡過金沙江征服大理，過去派的那些人都不懂得怎麼治理，導致長時間都亂糟糟的。我覺得你倒是不錯，為人寬厚，而且文的武的都能來上兩手，是治理那遠地方再合適不過的人選了。」

烏馬兒沒去過雲南，不過他見忽必烈這樣器重他，心裡還是有點高興，於是就跑去採訪去過雲南的那些人，搜集了不少關於那邊的人文地理資料。烏馬兒精心地製作了一張圖表讓忽必烈瞧，而且還跟忽必烈表達了自己對治理雲南的構想，忽必烈聽了以後大喜，就趕緊讓烏馬兒上路了。

當時坐鎮雲南的是皇室宗親脫忽魯宗王，他是個小心眼的人，以為烏馬兒到雲南是搶他飯碗的，於是就嚴兵以待防備不測。可人家烏馬兒是個有文化的人，沒那麼大架子，還非常禮貌地參見了脫忽魯，說明了自己的來意。脫忽魯這人也比較好說話，三兩句好聽的話語就讓他沒了脾氣，還要大力支持烏馬兒即將在雲南的改革。就這樣，烏馬兒得到了當地首腦的認可，可以放手治理大理。

烏馬兒首先著手改革的是原軍事統治的政權建制，開始設置路、府、州、縣，並相應設總管、知府、知州、知縣行政官職。在少數民族地區注意委任當地民族官員，安撫山官土司，化解民族問題，把武力征服、屠殺鎮壓視為下策，不到萬不得已不用武力。

有一次，幾個被罷免官職的當地酋長，因為心懷怨恨，就結夥到京城那裡去告烏馬兒的狀，說他在這件事上有私心。可是忽必烈才不信這幫人的鬼話，烏馬兒他還不瞭解嗎，絕不會幹出這樣的事，於是就把這幫人又交給了烏馬兒。大家都以為烏馬兒這回要好好地辦辦他們，可誰也沒料到，烏馬兒不但沒問罪，而且還他們講起了道理，後來又根據他們各自的

BC

耶穌基督出生　0—

君士坦丁統一羅馬

羅馬帝國分成兩部

波斯帝國　500—

回教建立

凡爾登條約

神聖羅馬帝國建立
　　　　1000—

十字軍東征

蒙古第一次西征

英法百年戰爭開始

哥倫布發現新大陸
　　　　1500—

英國大破無敵艦隊

發明蒸汽機

美國獨立
拿破崙稱帝

美國南北戰爭開始

第一次世界大戰
第二次世界大戰

　　　　2000—

特長分配了職位。這些人事後都眼淚汪汪地說：「烏馬兒真是人民的好公僕啊！」

政治安定了，那麼烏馬兒就要把精力轉移到農業生產這一塊。他穿著當地老百姓的衣服親自到民間訪查，聽聽老百姓的聲音。烏馬兒非常同情百姓，百姓說可以給公家交三成糧食，可是烏馬兒卻只讓百姓交上二斗，這可把百姓給樂壞了。因為賦稅大大地減輕，人民也安居樂業，農業經濟發展的速度也飛快地往上升。

烏馬兒在雲南待了不到三年的時間就已經整頓得有聲有色，成了全國的文明省市。後來，烏馬兒又建議朝廷把大理設為雲南的首都，也就是今天的昆明。從此，昆明就成了雲南的政治、經濟和文化中心。

西元1279年，烏馬兒因為太過勞累，去世了。俗話說有其父必有其子，烏馬兒死後18年，他的三兒子又接上了老爹的班，在雲南做出的政績也比老爹高出了好幾倍。

清官不好做

維吾爾族，在秦漢以前稱作袁紇，韋紇；隋唐時期，稱作回紇（或回鶻）；到了元代稱畏兀兒；明清以後才稱作維吾爾的。這個民族有個挺好的特點，出的官大多是清官，不貪污不腐敗，一心只為老百姓。

元代的廉希憲就是這其中的代表。

一次，忽必烈下詔大赦京城囚徒，一個西域商人匿贊馬丁因為曾在蒙哥底下任職且累積巨大財富，而被誣告關押在獄中，也因這次大赦被釋放。廉希憲因為告假，不在京城，不知道這件事。

待廉希憲回都之後，匿贊馬丁的仇家便上告到忽必烈那裡，廉希憲觀看大赦的詔書之後，也認為匿贊馬丁可以被釋放，忽必烈很不滿意，認為不該釋放，廉希憲回說沒有詔書說匿贊馬丁不可以被釋放。

忽必烈十分生氣就對廉希憲說：「你們號稱讀書人，就不能理解上面

BC 上古時期
秦
— BC200 西漢
— 0
東漢
— 100
— 200 三國
晉
— 300
— 400
南北朝
— 500
— 600 隋朝
唐朝
武則天稱帝
— 700
安史之亂
— 800
— 900 五代十國
北宋
— 1000
— 1100
南宋
— 1200
元朝
— 1300
明朝
— 1400
— 1500
— 1600
清朝
— 1700
— 1800
— 1900 中華民國
— 2000

文字中的意思？辦事不力，你說該怎麼辦？」廉希憲想了想回答說：「我既然是宰相，辦事不合你的意思，就該罷退。」於是忽必烈就罷免了廉希憲。

廉希憲罷官在家，只是讀書。忽必烈很快就後悔自己罷免了廉希憲，非常希望他出來接著做事，可是又沒有藉口，就問侍臣廉希憲在家做什麼，身邊的人說每天讀書。忽必烈說：「讀書不出來做事，多讀書有什麼用處？」

一向忌恨廉希憲的阿合馬害怕廉希憲東山再起，於己不利，就趁機說廉希憲整天在家和家人喝酒作樂，忽必烈一聽就知道是污衊，他非常生氣

地說：「廉希憲清貧一生，哪會喝酒作樂？」

不久後，忽必烈就起用廉希憲任北京行省長官，鎮撫遼東。後來，廉希憲到新平定的長江重鎮江陵去做行省長官。他臨行前辭謝了忽必烈所賜財物，冒著酷暑直奔江陵，到達後就立即下令禁止搶劫百姓，開始興利除弊。

他又安撫商人照常營業，使軍民相安以處，官吏各司其職。然後登

記原來的南宋官員，量才授予官職，從沒有一點猜疑之心。他為了安撫地方，專門下令：凡是殺害俘虜者一律按殺害平民治罪；俘虜如果患病被遺

棄，允許人們收養，病癒後原來的主人不能索要；開掘城外禦敵之水，灌

溉得到良田數萬畝，分給貧民耕種；發放糧食，救濟飢民。

地方秩序剛剛穩定，廉希憲又大力興辦學校，他還親自講課，訓導激勵學生學以報國。這使當地很快出現了勃勃生機，遠在西南地區的少數民族首領和重慶等地的宋將都聞風來降。皇帝得到消息後，感慨地對侍臣

說：「先朝用兵不能得地，現在廉希憲不用一兵卻讓幾千里外的人奉送土

地，廉孟子不虛其名啊！」

廉希憲既能做到嚴於律人，堅決打擊處分貪官污吏；也能做到嚴於

律己，表現出自己的高潔。有一次，廉希憲有病，醫生說需要砂糖，廉希

憲家裡沒有，當時的砂糖是稀有的東西，權臣阿合馬派人送了兩斤給廉希憲，想乘機結交。結果，廉希憲說：「如果吃了它可以活命，那我也不吃

奸人的東西。」

　　阿合馬熱臉貼上了冷屁股，非常丟臉。後來廉希憲去世，元朝追封廉希憲為**魏國公**，可見他的地位之高。

歐洲來客

　　馬可‧波羅是個旅行家，不過他對旅遊的熱愛還得歸功於他的老爸和叔叔，他們分別叫做尼科洛‧波羅和馬費奧‧波羅。那時候這兩個人是威尼斯的生意人，不滿足於國內的市場，他們就相約到了外國去謀求發展。後來他們在一個叫做布哈拉的地方定居了下來。

　　一次忽必烈的部下外出辦事，途徑布哈拉。他無意間看到兩個相貌奇特的外國人，高鼻子大眼睛，也就是馬可‧波羅的老爸和叔叔。忽必烈的部下覺得這兩個人長得很好玩，於是就邀請他們一同去中國，讓忽必烈也開開眼界。

　　那時候中國是世界上非常強大的國家，這兩人接到邀請之後都很興奮，立刻就跟著忽必烈的部下上路了。果然，忽必烈見到這兩人之後也十分新奇，不但讓他們參觀了中國的名勝古蹟，而且還希望他們回到威尼斯之後請他們的教皇派幾個人來中國傳教。

　　之後，馬可‧波羅的老爸和叔叔帶著美好的回憶回到了老家，他們把在中國的所見所聞講給了當地的人們。尼科洛‧波羅還繪聲繪色地把他腦子裡存留的東西講給了兒子聽，這極大地勾起了兒子的興趣。

　　當二人準備再次出發到中國訪問時，兒子馬可‧波羅要求也要一起去。由於兒子的老媽已經不在人世，老爹猶豫了一下還是把他帶上了。當三人經過三年的跋涉再次到達中國的時候，忽必烈已經當上了皇帝。聽說馬可一家子又來了，忽必烈熱情洋溢地款待了他們。

　　後來三個人就生活在中國，由於馬可‧波羅學習能力極強，很快就把蒙語跟漢語通通學會了，忽必烈因此也十分待見他。就因為這小孩記憶力

BC　上古時期
秦
— BC200　西漢
— 0
東漢
— 100
— 200　三國
晉
— 300
— 400
南北朝
— 500
— 600　隋朝
唐朝
— 700　武則天稱帝
安史之亂
— 800
— 900　五代十國
北宋
— 1000
— 1100
南宋
— 1200
元朝
— 1300
明朝
— 1400
— 1500
— 1600
清朝
— 1700
— 1800
— 1900　中華民國
— 2000

比較好，忽必烈後來就經常讓他去外地旅遊，而且把途中的所見所聞都記述下來，回到宮中以後再描繪給忽必烈聽。

葉落歸根，在中國待得久了也難免會想家。馬可一家三人因為思鄉心切，就跟忽必烈請求回老家去，可是忽必烈無論如何也不准他們離開中國，尤其是馬可·波羅，忽必烈如此待見他，怎麼能讓他走呢。

說來也巧，這時候有一個伊兒汗國的國王死了老婆，那邊就派了個使者跟忽必烈請求說在中國再討一個新老婆。忽必烈也是個爽快人，反正自

己身邊的美女多的是，公主們也個個長得漂亮，於是他就挑了一個叫闊闊真的女孩兒送給了伊兒汗國的國王。

可是由於伊兒汗國這個送信的人沒什麼方向感，竟然忘記了回家的

路，又聽說馬可一家人比較熟悉去伊兒汗國的海路，就請求忽必烈讓他們三個幫忙帶帶路。忽必烈無奈之下只好答應了這個請求，於是馬可一家三口就上路了。

把伊兒汗國那人跟闊闊真送到地方以後，馬可一家人又繼續往老家

走，這一走又是三年，終於回到了日盼夜盼的威尼斯。可是不幸也因此到來，不久以後，威尼斯跟另一個國家打了起來，馬可·波羅是個愛國人

士，他也投入了愛國戰爭中去。可是因為威尼斯最終以失敗告終，馬可·波羅也不幸被敵人關進了大牢。

後來馬可·波羅在大牢裡結識了一個作家，兩人沒事的時候就閒聊，

馬可·波羅還把自己在中國的遊歷說給了作家聽。作家對這件事特別有興趣，後來就把馬可·波羅的講述編成了文字記錄下來，也就是《馬可·波

羅遊紀》。

英國大破無敵艦隊

發明蒸汽機

美國獨立
拿破崙稱帝

美國南北戰爭開始

第一次世界大戰
第二次世界大戰

2000—

繁榮都是浮雲

繁華都城

由於農業、手工業和商業的發展，元代的城市規模是很大的，城市經濟也很繁榮。元大都就是其中的典型代表。

全城的設計都用直線規劃。大體上，所有街道全是筆直走向，直達城根。一個人若登城站在城門上，朝正前方遠望，便可看見對面城牆的城門。城內公共街道兩側，有各種各樣的商店和貨攤⋯⋯

而且考古可以發現，如今的北京城還保留了元朝時候的建築規格，可以說，元大都城街道的佈局，奠定了今日北京城市的基本格局。

在13世紀初，成吉思汗率領蒙古鐵騎四次南下，圍攻金中都（現北京），在西元1214年，將中都攻陷，一把火毀了金朝苦心經營了63年的都城。

四十餘年後，忽必烈派遣劉秉忠來燕京相地，決定放棄金中都舊址，而在其東北原為金代的瓊華島離宮為中心興建新都。

元大都又稱為哪吒城。當時主持興建元大都的劉秉忠通《易經》，精陰陽。也就是風水，是個不錯的風水先生，他主持的元大都設計，完全恪守《周禮‧考工記》中的佈局。

元大都的城門只建十一門，不開正北之門，這也依了八卦北為坎的方位方法。因為其方位「重險，陷也」，所以不開城門。也有人認為元大

BC　上古時期
— BC200　秦
　　　西漢
— 0
　　　東漢
— 100
— 200　三國
— 300　晉
— 400
　　　南北朝
— 500
— 600　隋朝
　　　唐朝
— 700　武則天稱帝
　　　安史之亂
— 800
— 900　五代十國
　　　北宋
— 1000
— 1100
　　　南宋
— 1200
　　　元朝
— 1300
　　　明朝
— 1400
— 1500
— 1600
　　　清朝
— 1700
— 1800
— 1900
　　　中華民國
— 2000

都之所以將京城少開了一個門，是受佛家「三頭六臂」之說的影響，南面三門為三頭，東西三門是六臂，北面只有兩個門，哪吒腳下的兩個「風火輪」。

元大都城市規劃不受舊格局約束，全部為開放形式的街巷。元大都建成後，成為當時世界上最為宏偉繁榮的城市，根據文獻記載，僅賦役人口約40萬，推測當時大都城市人口近百萬人，是13世紀世界上最大的城市。大都經濟繁榮，商業尤為繁盛，全國各地以及波斯、阿拉伯、高麗、緬甸等外國的許多貨物都集中到這裡。

「科學是第一生產力！」就像今天高呼的口號一樣，元大都的繁華，不僅僅是因為其所實行重視商業的政策以及當時手工業的發達，更源自當時元朝科學技術的發達。

提高生產力

在中國科學技術史上，元朝是科學技術繁榮發展、各種發明創造層出不窮的重要時期。天文學、數學、醫學與本草學以及技術科學的許多部門都取得了新成就。

其中棉織業的發展是元代手工業中的一個顯著的成就。成宗元貞年間，一名喚為黃道婆的流浪婦女來到松江，之前她一直在崖州地區活動，來到松江之後，她就帶來崖州黎族人民的棉紡織技術。

黃道婆教松江人民製作扞、彈、紡、織的工具和錯紗、配色、綜線、挈花等技術，織成生動如畫的棉布。松江成為江南產布的勝地，松江棉織業的發展又促進了印染業。

元代的印刷業也有所發展，元朝人王禎選擇優質木料刻字，以防止沾水伸縮，這就避免了泥活字、錫活字的缺點，使活字印刷術向前推進了一步。稍後，馬稱德也鏤活字版至十萬字，印成了大部頭的《大學衍義》等書。

中國是瓷器的國度，技術的發展自然少不了燒瓷技術，在元代的時候，瓷器主要是以青花瓷器為主。它的製作無論在顏料的煉製和燒造方面，都較宋代有了很大的發展。他色彩明快，釉質光潤，燒造技術已發展到相當成熟的階段。江西的景德鎮是當時的瓷都，官府命令選取細白質膩之陶土，精製為薄質精美的進御器呈進。它們是千中選一的精品，故非一般民器所可比擬。它不僅行銷國內，而且還大批遠銷到海外。

　　元代農業生產的技術也有所提高。從天時地利與農業的關係，到選種、肥料、灌溉、收穫等各方面的知識，都已達到新的水準。棉花很早就自南北二道傳入中國，宋時棉花種植除西域、海南外，主要在閩廣一帶，元中後期已遍及全國，耕種方法也隨之傳佈。

　　由於手工業生產的發達，商業上交換的頻繁，元朝實用算術方面也有很大的進展。元朝最能夠代表這一特點的是算盤在元朝開始使用，劉因《靜修先生文集》中有算盤詩。元末明初陶宗儀的《輟耕錄》已論算盤珠。

　　元朝經濟的繁榮帶來的一個直接結果是醫學的進步。其中有成就的可推朱震亨、危亦林等人。朱震亨主張「陽有餘而陰不足」，創「滋陰養火」方法。後世稱他為滋陰派。他所用的有些藥劑如大補陰丸、瓊玉膏等，到現在還流傳服用。劉完素的寒涼派、張從正的攻下派、李杲的補土派和朱震亨的滋陰派，號稱金元醫學的四大學派。

　　元朝後期，統治集團內部為爭權奪利而展開了激烈的拼殺。他們的爭鬥，嚴重影響了統治機構的正常運轉，加上官吏貪污成風，很快激起了全國範圍的農民起義。而蒙古鐵騎的霸氣已經在長期養尊處優中消磨殆盡，面對風起雲湧的農民起義軍，曾經不可一世的蒙古鐵騎一觸即潰，而元朝的皇帝這時還沉浸在後宮的淫樂之中，直到起義軍逼近大都，才如夢方醒，但為時已晚，只好倉皇帶著後宮妃子逃回到蒙古草原。

　　元朝的末代皇帝拋棄了先輩苦心經營的大都，馬背上的民族也結束了在城市中的輝煌，重新回到草原開始了遊牧生活。

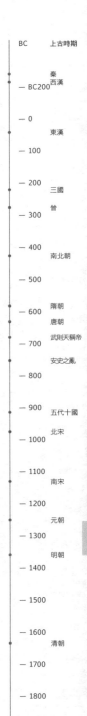

都市中的遊牧民

BC

耶穌基督出生　0—

君士坦丁統一羅馬

羅馬帝國分成兩部

波斯帝國　500—

回教建立

凡爾登條約

神聖羅馬帝國建立
　　　　1000—

十字軍東征

蒙古第一次西征

英法百年戰爭開始

哥倫布發現新大陸
　　　　1500—

英國大破無敵艦隊

發明蒸汽機

美國獨立
拿破崙稱帝

美國南北戰爭開始

第一次世界大戰
第二次世界大戰

　　　　2000—

　　對於習慣大塊吃肉，豪放跑馬的蒙古人來說，生活到繁華的大都市中並不是件幸福的事情。

　　他們以前在馬背上待著，看到好吃好玩的，搶了就跑，吃完了再來搶。這現如今，城市國家，好吃的好玩的都是自己的了，不用再去搶了，心裡反而有點不踏實，他們還沒有建立起經營國家的概念來。

　　當以成吉思汗黃金家族為代表的蒙古族上層集團，以帝王將相的身份入主中原，同時大量的蒙古普通百姓作為「國人」移居內地。他們把具有北方草原遊牧文化特色的習俗帶進內地，對元代的政治產生了一定的影響。

　　元朝建立初期，在是否建立一個城市作為首都，以及在何地建立首都的問題上，蒙古統治者之間展開了激烈的爭論。最後確定建都在開平城，即元朝的上都。後來出於統治中原的需要，才建都在大都，也就是今天的北京。但已經熟悉了北方草原生活的蒙古人，遷居之後畢竟水土不服，比如，忽必烈建國，在中原定都之後，施行兩都巡幸制。元諸帝在每年從四月到九月，在上都避暑。

　　不光是皇帝，元朝的王公貴族也有夏天到蒙古草原避暑的風習。在元一代，圍繞皇帝在大都和上都之間輪迴巡幸，產生了一些政治事件，對元代政局產生了很大的影響。又如，蒙古族建國以前就有朝會制度，即忽里勒臺制。元朝建國後，這一制度在元宮廷中施行，對元廷制定方針政策，以及籠絡控制宗王、諸那顏貴族，鞏固政權，產生了很大作用。

　　在生活起居上，元朝皇室受到了其他民族很大的影響，但在皇帝的喪葬上，則一直有他們自己獨特的風格。他們不修陵墓，只是把皇帝屍骨埋在皇帝生前指定的地點上，不起墳壘，不立墓碑，當葬禮舉行完畢後，護衛的親兵在墳地上驅馬馳騁，將所填新土踏平後，還要在此地駐紮一年，因為馬蹄踏平新土的同時也踩倒了周圍的草叢。等到來年春天，草生如故

之時，這才散去。

　　所以元朝皇帝現在人都不知道埋在哪，他們就是這麼低調。來有影，去無蹤，來時驚天動地，去時了然無痕。這與其說是蒙古帝王的從生到死的歷程，不如說是整個蒙元歷史的縮影。廣袤無垠的蒙古草原，消融了蒙元歷代帝王的痕跡，同時也使整個蒙古民族在歷史的舞臺上風光一時之後，又歸於平淡。

文化盛宴

　　一提到元朝，人們大多總是會想到黑暗，鎮壓等不好的詞語，其實元朝人也有文化，他們也有自己的文化系統。

　　別以為元朝統治者是用武力打下江山，他們的王朝就只會舞刀弄槍的。其實元朝對世界的征服就像一個懵懂的少年無意中打敗了一個成年人，當成年人拜服於他腳下，聽從他發落的時候，他卻沒有了主意。當世界臣服在他腳下，當他明白他不僅是他所征服的世界的佔有者，也必須成為它的治理者時，他沒有自己的模式可以強加給這個世界，所以這個世界又逐漸在原來的體制下恢復了原來的秩序。一切都沒有變化，但一切又都發生了變化，因為不同文化已經不再像原先那樣相互隔離，行政區域的統一打破了文化間的條塊分割，各種文化走到一起，相互交流和融合，於是，元朝為世界奉獻了一場曠古爍今的文化盛宴。

　　元朝時候，人們愛看戲，因為那個時候戲曲劇作家很多，有很多好本子，比如《西廂記》、《竇娥冤》什麼的，那都是元雜劇裡的經典。

　　其實，戲劇在中國的歷史也很悠久了，到元朝的時候，才逐漸形成了「元雜劇」。中國戲劇的起源，可以追溯到很遠。從元雜劇的直接源頭來說，則主要是兩條：一是從宋到金的說唱藝術——諸宮調，一是從宋到金的以調笑為主的短劇——宋雜劇、金院本。元雜劇把音樂、歌舞、表演、念白融於一體，是比較成熟的戲劇形式。

BC　　上古時期

— BC200　秦
　　　西漢

— 0

　　　東漢

— 100

— 200　三國

— 300　晉

— 400

　　　南北朝

— 500

— 600　隋朝
　　　唐朝

— 700　武則天稱帝
　　　安史之亂

— 800

— 900　五代十國

　　　北宋

— 1000

— 1100　南宋

— 1200　元朝

— 1300　明朝

— 1400

— 1500

— 1600　清朝

— 1700

— 1800

— 1900　中華民國

— 2000

元雜劇的興盛，使元代成為中國戲曲史上的黃金時代。當時湧現了一大批著名的雜劇作家，有姓名記載的就有200多名，有記載可查的雜劇劇本有700多種。

熟悉西方文學的人都知道莎士比亞，而莎士比亞把哈姆雷特搬上舞臺前的300多年，中國的戲劇舞臺上已經開始上演《竇娥冤》；在莎士比亞的《羅密歐和茱麗葉》還在構思當中時，中國的《西廂記》早已經紅了3個世紀。

這水準，誰還能說元朝時候文化不發達呢？現在還能看見元雜劇的影響，人們習慣把給人搭橋牽線的人叫紅娘，這就是根據《西廂記》裡的人物流傳下來的。

除關漢卿和王實甫之外，元代著名的雜劇作家還有馬致遠、白朴、鄭光祖、紀君祥等。

元雜劇在題材上是一種突破，它把文學創作的題材深入到社會的現實，站在普通民眾的立場上，提出了社會正義這一人類生活中的嚴峻問題。而這一類題材透過戲劇這一種最具有煽動性的文藝形式來表現，其效果也格外強烈。

擁護儒家大旗

在元朝，朝廷的佛教帝師地位很高。有一次，朝廷的佛教帝師到大都來，「大臣俯伏進觴，帝師不為動」，這早就氣惱了國子祭酒字術魯翀先生，他拒絕向帝師行禮，並說：「你是釋迦牟尼之徒，又是天下僧人之師，我則是孔子之徒，天下儒者之師，請各不為禮。」這位帝師還算知趣，站起身來舉起酒杯跟大家碰了個杯。

這和儒家在元朝的地位很高有關，儒家之所以能在元朝有這麼高的地位，都是忽必烈的功勞。

忽必烈曾經說過，諸教派中，「今先生言道門最高；秀才言儒門第

一」。所以他在進攻南宋的時候，不傷害老百姓，不搶奪財產，這都是儒家那一套。

在蒙古統一全國的戰爭中，許多儒士被俘虜，皆設為奴。在被滅掉的西夏國，有一個名叫高智耀的人，是儒教的堅定支持者，他向忽必烈強烈抗議說：「以儒為驅，古無有也，陛下方以古道為治，宜除之，以風屬天下。」

忽必烈一聽，趕緊把抓的那些讀書人都放了。後來漢族人誇他就是「甚得夷夏之心，有漢唐英主之風」。

忽必烈一聽這個，更高興，什麼事都要從儒學中來，就是元朝的「元」字，也來自儒家文化，即取自儒家經典《易經》中「大哉乾元」之義。在《建國號詔》中，忽必烈稱「紹百王而紀統」，他教育兒子、孫子們也都是拿儒學當課本。

所以元朝後來的皇帝，能吟詩作對，偶爾寫個毛筆字的還不在少數，這都是忽必烈早期教育的結果。

在大德十一年（西元1307年），元成宗加封孔子為「大成至聖文宣王」，並對孔子的家族、弟子等加封了種種稱號。元朝也實行科舉，用朱熹的《四書集注》為依據命題。元朝的皇帝還解釋說：「朕所願者，安百姓以圖至治，然匪用儒士，何以致此？」元朝的皇帝們「帝中國當行中國事」，因此，漢文化在元朝非但沒有中斷，而且還有發展。

但是元朝統治者雖然在治國思想上利用儒家文化，但是他們在貫徹的過程中是很不徹底的。在當時的社會裡，對儒家文化的歧視還是存在的。比如那個時候，元朝統治者將人分為四等，他們將當時的漢人分成了十等，即「官、吏、僧、道、醫、工、匠、娼、儒、丐」，本來「官、吏、醫」等階層的人也屬於儒家體系，但為了侮辱和嘲弄漢人的價值觀，故意把「儒家」分出來置於「娼」和「丐」之間。

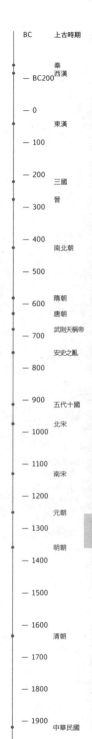

太陽下山了

BC

耶穌基督出生　0—

君士坦丁統一羅馬

羅馬帝國分成兩部

波斯帝國　　500—

回教建立

凡爾登條約

神聖羅馬帝國建立
　　　　　　1000—

十字軍東征

蒙古第一次西征

英法百年戰爭開始

哥倫布發現新大陸
　　　　　　1500—

英國大破無敵艦隊

發明蒸汽機

美國獨立
拿破崙稱帝

美國南北戰爭開始

第一次世界大戰
第二次世界大戰

　　　　　　2000—

為誰辛苦為誰忙

　　王朝由盛而衰是難逃的宿命，但中國的好幾個朝代也曾出現過「中興」時期，讓王朝步入第二春，在元朝也曾出現過一抹曙光，但那太短暫了，可以說是轉瞬即逝，就是在元順帝統治的時候。

　　《元史》關於元朝帝王的本記一共47卷，而順帝一個人就占了10卷，接近1/4的篇幅，比起元朝其他的短命皇帝來說，元順帝坐寶座的時間非常長。元朝100多年的歷史中共有11個皇帝，第一個皇帝世祖忽必烈從稱帝之日算起，在位34年，此後的9個皇帝一共只經歷了38年，而最後一個皇帝孛兒只斤·妥懽帖睦爾卻在位35年之久。

　　忽必烈在臨死前，下了個規定，以後皇位的繼承，可以父死子繼，也可以兄終弟繼，下任皇帝由現任皇帝指定。他這就把話說明了，要是兄弟和兒子都想當皇帝，那這事可就不好辦了。

　　順帝的父親明宗與弟弟文宗就出現了這樣的情況，兩人誰都想當皇帝，但誰也不好意思先提出來。就互相推讓，非常假。最後明宗去當皇帝了，但是他在當皇帝的路上莫名其妙的猝死了。

　　這事很蹊蹺，而且妥懽帖睦爾作為明宗的長子而非嫡子，在父親死後，一度被放逐到高麗（今朝鮮）大青島和廣西靜江。

　　這擺明了是政治陰謀，但沒有證據，也沒人敢站出來。後來文宗即位

後，很快也死了，他死後皇帝之位幾經波折。

由於先前太子阿剌太納答剌的身亡，文宗的皇后卜答失里執意遵照先帝遺囑讓明宗的兒子繼承皇位，不料即位的明宗嫡子懿璘質班沒過多久也病故了。在卜答失里心中，這皇位多少有些不吉祥，或許也是大權旁落的疑慮，她堅決反對立小兒子燕帖古思為帝，因為燕帖古思不是她的親生子，又是權臣燕鐵木兒的義子。

在皇后的固執之下，燕鐵木兒也沒了脾氣，於是妥懽帖睦爾便登上了皇帝之位。卜答失里究竟是怎樣打算的，後人不得而知，或許是想用明宗的兒子沖沖皇位的殺氣吧。但她沒有料到的是，妥懽帖睦爾這皇位一坐就是三十多年。

要說元順帝也不容易，自即位時起，身邊便滿是把持大權的重臣。

自從世祖忽必烈之後，元朝只有一個皇帝即順帝的祖父元武宗海山，以赫赫戰功穩坐龍位，武宗解除了元帝國在西北部的威脅，也成就了手下的三個部屬，即燕鐵木兒、康裡脫脫和伯顏。康裡脫脫早死，燕鐵木兒和伯顏則成為影響了幾朝的權臣，著實讓順帝頭疼不已。

燕鐵木兒死後，其子唐其勢也加入了奪權之戰，為了壓制燕鐵木兒家族的勢力，順帝大力提拔伯顏。政治也就是那麼回事，不是東風壓倒了西風，就是西風壓倒了東風。清除了唐其勢等燕鐵木兒家族的殘餘勢力後，伯顏的氣焰又日漸高漲。順帝於是故技重施，利用伯顏的侄子脫脫再次將權傾天下的伯顏扳倒。

伯顏的侄子脫脫雖為伯父一手教養，卻對漢族文化頗為看重，因此後來掌權的脫脫著實進行了一番改革。

脫脫在順帝的支持下推行「更化」政策後，朝政為之一新。順帝也開始用心攻讀聖賢書，裁減宮女、宦官，節省御膳、御裝，關心政治，常在宣文閣與大臣商談國是。廣大漢族和其他少數民族知識份子因受到重用。

然而，順帝與脫脫在才能與氣魄上都有些缺陷。脫脫在治國方面有些心有餘而力不足，雖然上臺之初，他一定程度上改變了伯顏的排漢政策，恢復了科舉取士，重開經筵，又修《宋史》，提倡文治和經史，但在國家

BC　上古時期
秦
— BC200　西漢
— 0
東漢
— 100
— 200　三國
— 300　晉
— 400
南北朝
— 500
— 600　隋朝
唐朝
— 700　武則天稱帝
安史之亂
— 800
— 900　五代十國
北宋
— 1000
— 1100
南宋
— 1200
元朝
— 1300
明朝
— 1400
— 1500
— 1600　清朝
— 1700
— 1800
— 1900　中華民國
— 2000

BC

耶穌基督出生 0—

君士坦丁統一羅馬

羅馬帝國分成兩部

波斯帝國 500—

回教建立

凡爾登條約

神聖羅馬帝國建立
1000—

十字軍東征

蒙古第一次西征

英法百年戰爭開始

哥倫布發現新大陸
1500—

英國大破無敵艦隊

發明蒸汽機

美國獨立
拿破崙稱帝

美國南北戰爭開始

第一次世界大戰
第二次世界大戰

2000—

的大政方針上他並沒有多少建樹,改革措施流於表面而未觸及根本,結果必然以失敗告終。

如果只從前面來看,元順帝以一個孤兒的身份登位,孤單無援的情況下,化解了多次權臣逼宮的危機,實屬不易,讓人不禁想到了康熙。然而,順帝的溫平卻讓他甘於沉浸在後宮的溫柔鄉中,又如何能夠承擔中興大任呢?

挑動黃河天下反

脫脫雖然才能有限,但終究給大元帶來一絲「中興」的希望,脫脫第一次當政期間,連順帝也大有勵精圖治的意思。誰知,此時,政治紛爭又開始了。脫脫執政不到4年,便因政敵的攻擊,於1344年被迫辭相。之後的5年中,元朝的政治機體日益腐化,問題叢生。順帝不得不於至正九年即西元1349年再次任命脫脫為相。

脫脫二次為相後,面臨的是個難以收拾的爛攤子,而他自身的短處也暴露無遺,治河與變鈔兩項舉措,看似英明,實為敗筆。

至正四年五月,大雨二十餘日,黃河暴溢,北決白茅堤(今河南蘭考東北)、金堤。沿河郡邑,包括山東、江蘇、安徽、河南、河北等諸多州縣均遭水患。黃河氾濫如此嚴重,受害地區如此之廣闊,是河患史上所罕見的。由於當政者沒有採取果斷的治河措施,水勢不斷北侵。到至正八年正月,河水又決,北侵匯入運河,河間、山東兩鹽運司所屬幾十個鹽場也面臨覆滅的危險。

河患使得社會問題加劇,河泛區「所在盜起,蓋由歲飢民貧」,大批流民湧入長江下游,「沿江盜起,剽掠無忌,有司莫能禁」。起義此起彼伏,《元史‧順帝紀四》中記載:監察御史張楨驚呼:「災異迭見,盜賊蜂起……若不振舉,恐有唐末藩鎮噬臍之禍」。天災人禍使得全國上下一片混亂,此時的官吏卻紛紛渾水摸魚,貪污盤剝,中飽私囊。民間有詩

嘲笑順帝派出的反腐倡廉的廉訪司官員：「解賊一金並一鼓，迎官兩鼓一聲鑼。金鼓看來都一樣，官人與賊不爭多。」時人葉子奇說，「及元之將亂，上下諸司，其濫愈甚。」

苛稅賦役如猛虎，水深火熱的農民紛紛揭竿而起。面對日益激化的民族衝突和階級問題，脫脫採取了兩項措施：變鈔和治河。讓脫脫預料不到的是，這兩項在他看來的妙策居然使得元朝步入深淵。

世祖至元後期以來，國庫嚴重空虛，入不敷出，財政漸見拮据，紙幣發行量猛增。幾代皇帝積累的紙幣印量到了至正年間瀕臨崩潰，加之偽鈔橫行，鈔法幾被破壞殆盡。至正十年，在脫脫的大力支持下，開始變更鈔法。

用舊日的中統交鈔加蓋「至正交鈔」字樣，新鈔一貫合銅錢一千文或至元寶鈔兩貫，兩種鈔並行通用，而中統交鈔的價值比至元寶鈔提高一倍。《元史‧食貨志五》中記載：「每日印造，不可數計。舟車裝運，軸轤相接，交料之散滿人間者，無處無之，昏軟者不復行用。」這一舉措造成的後果可想而知：惡性通貨膨脹。「京師料鈔十錠易斗粟不可得……所在郡縣，皆以物貨相貿易，公私所積之鈔，遂俱不行。」（《元史‧食貨志五》）到至正十六年時，紙幣「絕不用，交易惟用銅錢耳。錢之弊亦甚……且錢之小者，薄者，易失壞，愈久愈減耳」。這種以「鈔買鈔」，治標不治本的方法，非但沒能解決問題，還使得社會愈加動盪不安。

治河問題更體現出脫脫的短視，他採取都漕運使賈魯的治河方案：「疏南河，塞北河，使復故道。」當時，工部尚書成遵等出面抗爭，脫脫再次力排眾議。

至正十一年（西元1351年）四月初四，順帝正式批准治河，下詔中外，命賈魯為工部尚書兼總治河防使，發汴梁、大名13路民15萬人，盧州（今安徽合肥）等地戍軍18翼2萬人供役。四月開土，七月完成疏浚黃河故道工程，開始堵塞黃河故道下游上段各決口、豁口，修築北岸堤防。八月二十九放水入故道。九月初七，賈魯用船堤障水法開始堵水工程，至十一月十一終於使龍口堵合，「決河絕流，故道復通」。

BC　上古時期

— BC200　秦　西漢

— 0　東漢

— 100

— 200　三國　晉

— 300

— 400　南北朝

— 500

— 600　隋朝　唐朝

— 700　武則天稱帝　安史之亂

— 800

— 900　五代十國　北宋

— 1000

— 1100　南宋

— 1200

— 1300　元朝

— 1400　明朝

— 1500

— 1600　清朝

— 1700

— 1800

— 1900　中華民國

— 2000

治河取得了成功，脫脫原本可以成就千古美名，但卻在這個節骨眼上出了事，一場起義掀起了高潮。此後，元朝忙著平叛，忙著肅亂，也忙著窩裡鬥，忙得不亦樂乎，敗得也是一塌糊塗。當脫脫忙著鎮壓起義並漸有起色時，一場導致他政治生涯結束的厄運降臨到他頭上。皇太子因不滿「未授冊寶之禮」，而支持順帝寵臣哈麻彈劾脫脫，致使脫脫被革職流放，至正十五年（西元1355年）年底，脫脫死於毒酒。脫脫的死使得他殫精竭慮修補的元王朝統治堤壩再度崩塌，此時，毀滅已經不遠了。

由內而外的殺戮

正當外面一片混亂之時，元朝內部也亂得風生水起。自從成吉思汗那時候起，元朝朝廷裡面就沒有消停過，今天你殺我，明天我殺你。想當年鐵木真在打統一蒙古部落的內戰時，傳說就用了七十個鐵鑊烹煮俘虜。

一隻眼的石人把天下弄得一時大亂，紅巾軍大張旗鼓地開展著自己的事業。元順帝不得不向鎮守北方的各位蒙古宗王下詔，讓他們趕緊帶著大兵過來保護朝廷。

凡爾登條約
神聖羅馬帝國建立
　　　1000—
十字軍東征
蒙古第一次西征
英法百年戰爭開始

可沒想到，鎮守北藩的蒙古宗王陽翟王阿魯輝帖木兒卻趁火打劫，還夥同了當地幾個宗王一起造反，他們還罵元順帝說：「老祖宗把天下給了你，你看看你弄成什麼樣子了？趕緊把傳國玉璽交給我，我來幫你建設吧！」

亂軍當前，元順帝也不敢跟他們反抗，生怕一多嘴自己沒了性命，於是就低三下四地說：「我們都消消氣，冷靜冷靜。」可是陽翟王才不吃他這一套。

哥倫布發現新大陸
　　　1500—
英國大破無敵艦隊
發明蒸汽機
美國獨立
拿破崙稱帝
美國南北戰爭開始
第一次世界大戰
第二次世界大戰
　　　2000—

元順帝沒轍了，只好強打著精神派了大兵去收拾陽翟王，誰想他派去的將領禿堅帖木兒是個中看不中用的繡花枕頭，他所任命的哈剌赤人更是外強中乾，臨陣丟盔棄甲，爭相投敵，禿堅帖木兒全軍覆沒。

之後，順帝採用離間之法，利用陽翟王之弟忽都帖木兒去擾亂陽翟

王阿魯輝帖木兒的軍心，同時出兵討逆的將領老章更是以金錢珠寶開路，買通陽翟王的手下和被裹挾的宗王，結果，陽翟王窩裡反，其部將脫歡叛變，阿魯輝帖木兒被五花大綁押送大都。

到此，順帝對這場「本是同根生，相煎何太急」的內亂處理得一直很得體，不料，到了最後關頭，卻來了個敗筆。依據舊制，宗王謀叛，一般是裹在毛氈中搖死、用馬踩死或者用大弓弦絞死，名曰「賜死」，即不使黃金家族的「神聖」血液玷汙於泥土。元順帝卻被仇恨蒙了心，一紙詔書將陽翟王押至鬧市砍頭，黃金家族的北邊諸王知道後心生隔閡，日後都對大都元廷的存亡睜一隻眼閉一隻眼。

至正二十七年（西元1367年）底，朱元璋正式開始了北伐。明軍勢如破竹，逼向大都。在這緊急關頭，順帝只得不顧以前的猜忌再度倚重王保保，可王保保卻不理他，沒有帶著兵跟朱元璋打仗，而是往雲中消遣去了。

朝廷都快被朱元璋滅掉了，可元朝的各部將領卻都在一旁看熱鬧，誰都不肯出兵，那結果是可想而知了。大都快要被攻克之前，元順帝帶著老婆孩子正商量著往外逃跑，可這時候有個老太監卻嚷嚷了起來，說：「陛下應該在這裡死守著天下啊，怎麼反倒要跑了呢？！我們願意率軍民出去跟他們打啊，只要您在這兒好好待著！」

元順帝那時候心裡想得都是逃跑，哪顧得上聽那老太監嚷嚷。至正二十八年（西元1368年）陰曆七月二十八日晚上，元順帝拖家帶口地總算是往上都方向逃去了。八月三日，朱元璋攻入了大都，元朝滅亡。

元朝滅亡以後，那個當初逃跑的王保保倒是表現出了他的忠貞不貳，一直追隨北元朝廷，還不時地跟老朱的部隊打個游擊玩玩。朱元璋也好幾次派人去漠北讓王保保投降，可是王保保就是不聽勸。

沒過多久，北元也被明朝給滅了，大家都對王保保這人感到奇怪。既有今日，何必當初，窩裡鬥得如此熱鬧，等鷸蚌相爭漁翁得利之後再故作姿態，又有什麼用呢？

BC　上古時期

秦
西漢
— BC200

— 0　東漢

— 100

— 200　三國
晉
— 300

— 400　南北朝

— 500

— 600　隋朝
唐朝
— 700　武則天稱帝
安史之亂
— 800

— 900　五代十國
北宋
— 1000

— 1100　南宋

— 1200

元朝
— 1300

明朝
— 1400

— 1500

— 1600

清朝
— 1700

— 1800

— 1900　中華民國

— 2000

乞丐皇帝狗屎運

一隻眼的石人

　　元朝末年，統治者腐敗不堪，這個朝代終於走到了該歇腳的地方。元惠宗算是為元朝皇家背黑鍋的最後一個皇帝，他也不是個省油的燈，壞事做盡，讓老百姓把他恨到了骨髓裡。終於，反抗的熱情高漲了起來。

　　一個叫韓山童的河北農民，他接過了爺爺白蓮教的大旗，說是彌勒佛祖馬上就要降臨人間，讓百姓們都時刻準備著，笑臉迎接彌勒佛祖來滅了元朝，拯救大家。那時候的百姓都很傻很天真，也就相信了韓山童率領的白蓮教，大家都等著彌勒佛從天而降的那一天。

　　這年，黃河白茅堤發了洪水，朝廷派了些當官的前去做防洪救災工作。那些當官的到了當地以後，召集了一批民工就開始工作，可是民工們卻常常餓著肚子，沒有吃過一頓飽飯。原來是這些無恥的官府人員把大家的糧餉剋扣了，揣進自己的腰包，這讓民工們忍無可忍，罵聲一片。

　　韓山童打算抓住這個好時機把元朝給滅了，於是，他偷偷地跟周圍的民工說了一句話：「石人一隻眼，挑動黃河天下反。」民工們都沒念過書，也不知道這話是幹什麼的，就沒多問。突然有一天，一群民工忽然地從河底挖出來一座石人，而且還是一隻眼睛的，這群工人一下子就想起了韓山童那句神祕的話。

　　這以後，大家就更加相信元朝快亡了，韓山童耍的這個小伎倆讓起義

BC

耶穌基督出生　0—

君士坦丁統一羅馬

羅馬帝國分成兩部

波斯帝國　500—

回教建立

凡爾登條約

神聖羅馬帝國建立
　　　　1000—

十字軍東征

蒙古第一次西征

英法百年戰爭開始

哥倫布發現新大陸
　　　　1500—

英國大破無敵艦隊

發明蒸汽機

美國獨立
拿破崙稱帝

美國南北戰爭開始

第一次世界大戰
第二次世界大戰

　　　　2000—

的熱情再一次高漲。後來韓山童跟朋友劉福通一起，謊稱自己都是大宋的皇家後代，前來帶領老百姓反元復宋。百姓們這一聽都樂了，終於盼到個人來解救他們了，於是紛紛舉起了起義的大旗。然而後來因為有人不小心把消息給洩露了出去，韓山童就被官府抓住了，結局無疑是一個死。

之後劉福通繼續帶著一批人馬反抗，因為他們的頭頂上全都裹著塊紅布，也因此稱作紅巾軍。在對統治階級的痛恨之下，這批人馬的數量很快就攀升到了十萬以上。起義軍的聲勢浩大把皇帝的腿都嚇軟了，他趕緊派軍前去鎮壓，可是都被紅巾軍打得一個屁滾尿流，灰頭土臉地就回去給皇帝磕頭了。

劉福通的紅巾軍越來越壯大，接連地攻下了幾個城，四面八方的地主豪紳聽說劉福通是個厲害人物，也就紛紛地跟他示好。這時候除了劉福通的隊伍以後，還有一些起義軍也在反抗著元朝的統治，其中張士誠的隊伍就是很有名的一支。

那時候張士誠在高郵打仗，皇帝就派人馬朝著高郵殺了過去。可正當仗打得火熱的時候，朝廷內部卻出現了混亂，帶兵打仗的宰相被撤了職，元軍沒了頭頭，自然散了去，還打個什麼仗啊。劉福通趁著這個機會就把已經潰散的元軍又滅了一些，後來他的兒子韓林兒就在亳州當上了小皇帝。

之後老劉家的父子還在不停地南征北戰，打得不亦樂乎。元朝皇帝這時候更慌了，急忙點了兵將就去抗戰，還用好處把張士誠的隊伍給招攬了過來。西元1363年，在元軍跟張士誠部隊的聯手打壓之下，劉家父子率領的紅巾軍最終失敗了。

悲慘童年

西元1328年，朱元璋降生在一個貧困的農民家庭，他爹朱五四是個老實的農民，生活得很是貧困。在朱元璋降生之前，已經有了一大串的哥哥

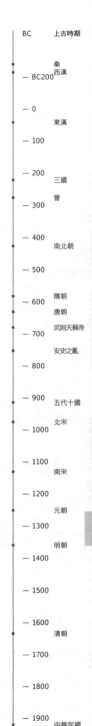

姐姐，所以，朱元璋一生下來就沒享受過什麼好的待遇。

好不容易長大成人，卻遇到了百年難見的大飢荒，老朱家的人一個接一個的都餓死了，就剩下了朱元璋，他借錢把親人埋了之後，就跑去附近的皇覺寺謀生。他以為當和尚總是不會餓肚子，起碼能有口飽飯吃了。

但很快他發現，在寺廟裡的日子也不好過，那幫禿驢天天欺負他年紀小，讓他幹重活，還不給他飯吃，日子過得並不好。這個時候元朝的滅亡已經是大勢所趨了，各地的起義軍紛紛舉起大旗。

這個時候，朱元璋的兒時玩伴湯和寫了一封信給他，湯和說自己做了起義軍的千戶，他希望朱元璋能來和他共成大業。

朱元璋本來沒有想去投靠起義軍，那時候朱元璋就想吃口飽飯，還不想幹這掉腦袋的事。但是當天晚上，他的一個師兄就告訴他，有人知道他跟起義軍聯繫了，還知道起義軍首領給他寫了信，準備去告發他。

這真是倒楣，朱元璋一下也慌了，他去找到一個叫做周德興的人，問他自己該怎麼辦。

那個周德興想了半天，也想不出個所以然來，就叫朱元璋卜一卦，讓老天也來定。朱元璋欣然同意，於是兩人忙了一陣，覺得老天爺的意思是讓朱元璋造反。既然老天也放話了，那朱元璋也就不顧及了，他當下就逃走了，要去造反去。

他要去投奔湯和，也就是郭子興的起義軍，在劉福通紅巾軍轉戰北方的時候，濠州郭子興紅巾軍正在壯大起來。郭子興本來只是定遠（今安徽定遠）地方一個財主，因為沒權沒勢的，經常受官府的欺壓，他氣不過就加入了白蓮教。

西元1352年，也就是劉福通起義的第二年，郭子興看見時機成熟，就和幾個朋友殺了官吏，把濠州城佔領了，宣佈起義。郭子興自稱元帥。

後來元軍就派大部隊去圍攻濠州，朱元璋來投奔的時候，正是郭子興快頂不住的時候，朱元璋的加入很快讓郭子興從劣勢轉入了優勢，朱元璋充分發揮了他將領的天才，在起義軍中發揮了巨大的作用。

郭子興很欣賞他，就把自己的義女嫁給了朱元璋，還升他為軍隊中的

總管，娶了妻子，還升了官。朱元璋正得意的時候卻出事了。

原來在這支隊伍中，和郭子興一起當領導的還有四個人，以孫德崖為首都是農民，而郭子興是地主，他們身分不一樣，自然看問題也就不一樣，所以他們有著很深的心結。

一次郭子興在逛街，突然被綁票了，朱元璋得知了消息，就猜出是孫德崖幹的，他帶著人去找孫德崖要人，軟硬兼施才把被打個半死的郭子興救了出來。也正是經過這件事情，朱元璋看出這支隊伍沒什麼大前途。

他就主動跟郭子興提出了辭職，郭子興本來也就覺得朱元璋風頭蓋過了自己，想除掉他，這下省事了，於是他很高興地答應了。

朱元璋走的時候就只帶走了24個人，這下郭子興更高興了，看你能囂張多久，但朱元璋可比他活躍的時間久多了。

當上領導人

告別了郭子興以後，朱元璋就暫時回老家去了。他跟小時候關係不錯的幾個哥兒們召集了幾百個人，後來又幹掉了一些元軍，組成了一支人數不少的隊伍。朱元璋對這隊人馬進行了嚴格軍事訓練，沒過多久，他的部隊就成了一支擁有良好作戰素質的隊伍。

原本朱元璋也沒有當皇帝的野心，都是被一個叫李善長的人說服的。李善長是個肚子裡有點墨水的人，他跟朱元璋說了歷史上那些案例，什麼劉邦啊這些人，搞得朱元璋從今以後就一心想當國家的最高領導人。

後來朱元璋帶著自己訓練出來的大兵拿下了滁州、和州。那時候小明王韓林兒當了皇帝，因為郭子興病死了，他就讓郭子興的兒子郭天敘當上了元帥，而朱元璋成了副元帥。雖然是個副的，可是朱元璋卻掌握著實權，誰讓郭天敘是個軍事棒槌呢。

朱元璋先是在水上大敗元軍，後來又大舉開進了集慶，把集慶的名字也給改了，叫應天府。從此，應天府就成了朱元璋的根據地。

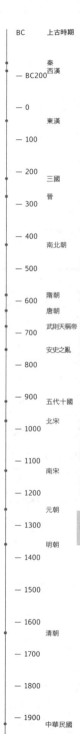

BC 上古時期
秦
BC200 西漢
0
東漢
100
200 三國
晉
300
400 南北朝
500
隋朝
600 唐朝
武則天稱帝
700
安史之亂
800
900 五代十國
北宋
1000
1100 南宋
1200
元朝
1300
明朝
1400
1500
1600
清朝
1700
1800
1900 中華民國
2000

朱元璋打算在南方那一帶先發展發展，可是有個叫陳友諒的傢伙卻總是讓他費心。這個陳友諒當年把自己的老上司徐壽輝做掉了，自己當上了漢王，霸佔著湖南、湖北以及江西一大片地界，還一心想要把朱元璋給滅了。

你想滅我，那我就先滅了你。於是朱元璋召集手底下的人趕緊開了個會，問問大家對這件事有什麼好主意。可讓老朱鬱悶的是，底下的人總是說著陳友諒強大之類的話，老朱不愛聽。後來朱元璋發現一個叫劉基的人坐在角落裡一直不出聲，就讓其他人先回去，把劉基一個人留了下來。

劉基之後單獨跟朱元璋的談話正合了老朱的心意，兩人一致認為要跟陳友諒大戰。劉基還建議朱元璋明的不行要來暗的，還說自己認識一個叫康茂才的人，他以前跟過陳友諒，先讓老朱找康茂才打探打探陳友諒的消息。

康茂才如今也是在朱元璋手底下做事，朱元璋讓他給陳友諒捎個信，就說這邊琢磨著要跟陳友諒投降。康茂才按著老朱的意思給陳友諒寫了封信，並且讓一個老漢送了去，這老漢之前也是給陳友諒看大門的。

陳友諒見熟人來送信了，而且寫信的人更是熟人，他看了內容以後也就沒懷疑什麼，還興奮得不得了。後來老漢跟陳友諒說康茂才就在江東橋，讓陳友諒帶著人馬過去跟他會合，還說那橋好認，是座木頭橋。

之後的事情就按著朱元璋的想法走了。老朱把木橋改成了石頭橋，陳友諒去了以後連聲叫著康茂才的名字，可始終不見這傢伙出來，這才意識到自己可能上當了。正要調頭往回返的時候，卻不幸被朱元璋的大軍圍了上來。後來陳友諒的幾萬大軍都被朱元璋收了去，而陳友諒則逃走了。

陳友諒回去以後氣得個半死，決心一定要報仇。三年以後他又帶著大軍在水上跟朱元璋的部隊相會，準備打死朱元璋那廝。可是老朱卻又用火攻把陳友諒給殺掉了，陳友諒死的時候還有點小淒慘。

哥倫布發現新大陸
　1500—

英國大破無敵艦隊

發明蒸汽機

美國獨立
拿破崙稱帝

美國南北戰爭開始

第一次世界大戰
第二次世界大戰

　2000—

除掉了陳友諒，朱元璋成了吳王，後來老朱又把小明王和張士誠給弄死了。終於在西元1368年，朱元璋當上了夢寐以求的皇帝，改國號為明，就是明太祖。

大刀闊斧的整頓

　　朱元璋當上皇帝，建立國家後，他的新任務就是要給自己的國家取個響亮又大氣的名字。之所以他將自己的朝代取名為明，爭議很多，有人認為這是因為朱元璋出身於明教，所以才有此名，還有人認為元朝是北方政權，按照風水學來說是水，屬陰。而朱元璋定都南方，則是要用南方之火明來鎮住北方之水陰。

　　憑朱元璋跑路都要先算一卦的精神，這個可能也不是沒有。但到底事實是怎麼樣，那就只有老朱自己清楚了。

　　然後就該整頓國家了，經過二十多年的混戰，那時候的中國大地上，到處是一片慘不忍睹的景象。開國皇帝最主要的工作就是恢復生產，朱元璋在這一點上做的就相當好，他把所有的熱情都傾注到了農民兄弟身上，可能因為自己也是窮苦農民出身，所以他對農民兄弟特別有感情。

　　在朱元璋的大力支持下，農業發展的有聲有色。而且為了鼓舞種田，他還發佈命令，犯罪之人，只要不是殺頭的罪，統統發配去種地，犯人改勞力，這也算是件不錯的事。

　　而在政治制度上，他幾乎照搬了元朝的各項機構，中央設中書省，左右相，主管國家大事，下設六部。估計是朱元璋肚子裡沒多少墨水，二來國家剛建立，很多事情要忙，他就偷了個懶，把前朝的制度拿來自己先用用，反正前朝的人都亡了，也不會有意見。

　　接下來還有一件事情，朱元璋花費很大心力，那就是科舉。明朝的科舉制度非常壯觀，雖然科舉是唐宋時期發起的，但是那個時候錄取人數特別少，到元朝就更別提了。但在明朝自從洪武三年（西元1370年）年起開科舉，實行擴招。

　　忍耐了好多年的知識份子紛紛開始報名考試，都要擠破頭了。當時的考試分為三級，第一級是院試，考試者統稱為童生，等通過這第一級的考試，這些人就可以被稱作為秀才了。到了第二級的考試叫做鄉試，這是省

BC　　上古時期

秦
—BC200 西漢

—0
　　　　東漢
—100

—200　　三國
　　　　晉
—300

—400
　　　　南北朝
—500

—600　　隋朝
　　　　唐朝
—700　　武則天稱帝
　　　　安史之亂
—800

—900　　五代十國
　　　　北宋
—1000

—1100
　　　　南宋
—1200
　　　　元朝
—1300
　　　　明朝
—1400

—1500

—1600
　　　　清朝
—1700

—1800

—1900　中華民國
—2000

一級的統考。

這個難度就加大了，名額也少了很多，這關過了的人叫舉人，第三級考試就是國家大考了，考中的人第一名叫會元，這可是讀書人的最高榮耀，不但能見皇帝，還能當官發財，光宗耀祖，是件大好事。

但明朝的考試也非常讓人痛苦，他們考八股，這可以算是明朝的發明創造了，考試科目分為三場，第一場考四書五經，第二場考文體寫作，第三場考時務策論，一個比一個難寫。但最難的，也是最重要的要算是四書五經了。

答這部分要看個人的發揮，八股文分為破題、承題、起講、入題、起股、出題、中股、後股、束股、收結幾個部分，其中幾個部分必須要用到排比對偶，多一個字，少一個字都不行。

這種形式化的考題還必須得從四書五經裡出，這為難的可不止是學生了，還有老師。一到要考試的時候，就頭疼。

大明王朝

（西元1368年～西元1644年）

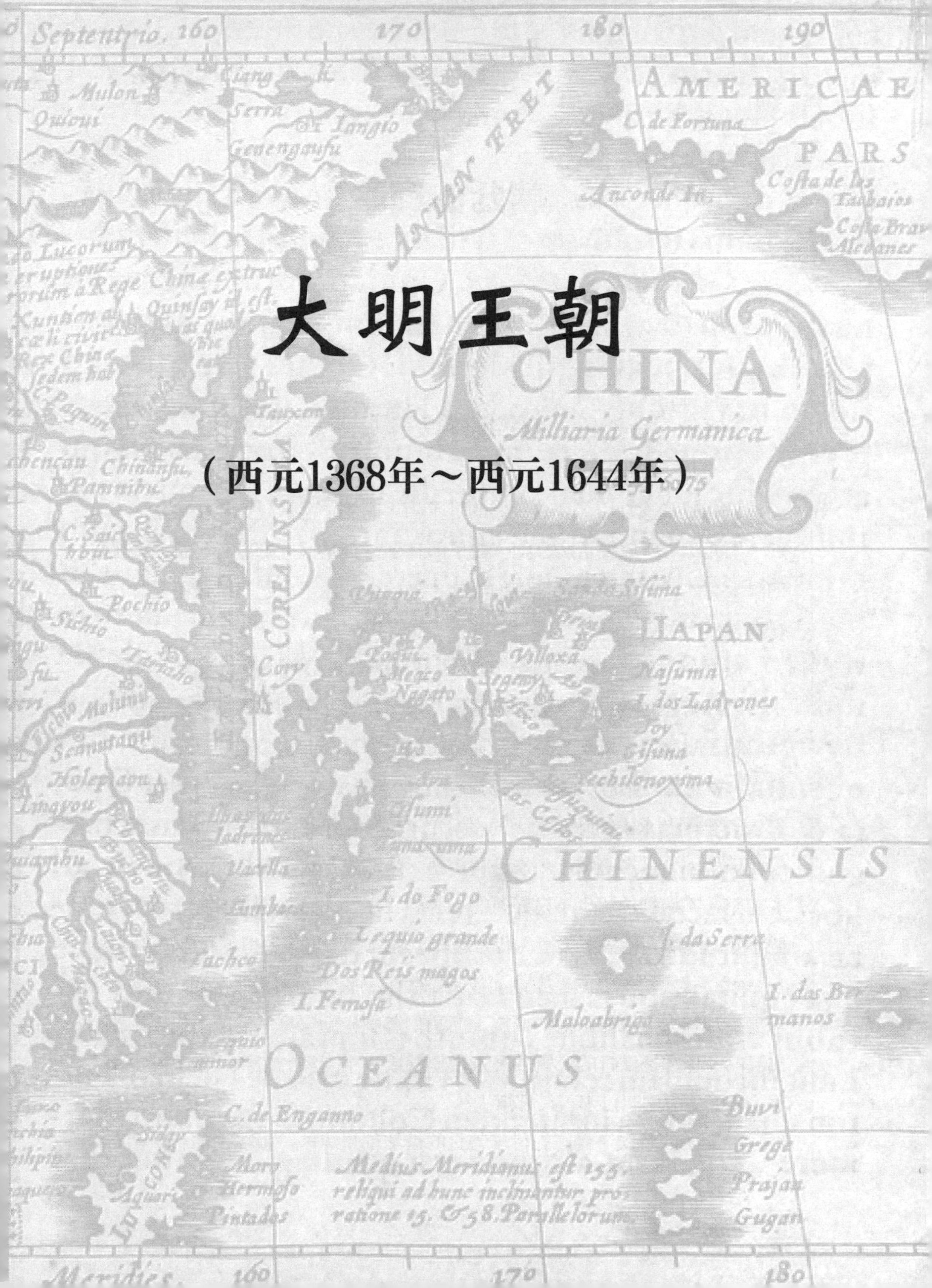

朝廷的鬥爭

準備看好戲

　　同樣是開國功臣，李善長當的是丞相，而劉伯溫只是個御史中丞。其實，朱元璋之所以要這麼分配，除了因為李善長是他老鄉以外，還因為劉伯溫太有才了。朱元璋害怕劉伯溫的才華最後蓋過了自己，那就不是什麼好事了。

　　就是因為殺李善長手下人的那件事，李善長跟劉伯溫從此結下了梁子。大凡有人的地方，總能弄出個是非來，在朱元璋領導下的朝廷裡也已經搞起了小團體。以李善長丞相為首的是一夥人，而劉伯溫手底下也有一群人。就這樣，兩個小團體對上了。

　　曾經因為求雨的時候老天爺沒幫忙，劉伯溫不小心失敗了一次。本來朱元璋就因為這事心煩著，李善長這裡又來煽風點火，終於把劉伯溫送回了老家。不過劉伯溫也不是好惹的，心想我好好的官員怎麼被你李善長這個小肚雞腸的人給搞下去了，我走之前也得佈置佈置才對得起我自己。

　　就這樣，劉伯溫回老家之前找到一個叫楊憲的人，讓他在朝廷裡看著李善長那夥人，繼續跟他們周旋，而劉伯溫則先回家享享清閒。楊憲跟劉伯溫的關係那是鐵打的，劉伯溫走後他就接手了老劉的工作，當了御史中丞，琢磨著怎麼對付李善長那幫人。

　　一開始的時候，楊憲對付李善長的辦法都是靠著一張嘴，他看準了時

BC

耶穌基督出生　0—

君士坦丁統一羅馬
羅馬帝國分成兩部

波斯帝國　500—

回教建立

凡爾登條約

神聖羅馬帝國建立
　　　1000—

十字軍東征

蒙古第一次西征

英法百年戰爭開始

哥倫布發現新大陸
　　　1500—

英國大破無敵艦隊

發明蒸汽機

美國獨立
拿破崙稱帝
美國南北戰爭開始

第一次世界大戰
第二次世界大戰
　　　2000—

機就在朱元璋面前說幾句李善長的不是。本來朱元璋也是個聰明人，他分得清是非，可是像楊憲那個炮轟的方式，時間長了朱元璋也頂不住。漸漸地，朱元璋也的確有點討厭李善長了。

李善長是個聰明人，更是個有小聰明的人，他看出來皇帝不像之前那麼喜歡他了，不僅如此，而且還有意要辦辦他。為了避避風頭，他趕緊學著劉伯溫的做法，也給自己找了個墊背的人，就是胡惟庸。

由於朱元璋對李善長有些反感了，他也想換換口味，於是又把劉伯溫從老家叫了回來。劉伯溫這一回來待遇也更好了，李善長那幫人在皇帝面前不怎麼吃香了，如今春風得意的是劉伯溫和楊憲一群人。

然而劉伯溫自己是個說話不會拐彎的人，有時候雖然是肺腑之言，可是卻讓別人聽了心裡不怎麼舒服。久而久之，朱元璋就覺得劉伯溫這人有點不可靠，於是把他找來談話。這一次談話的內容是關於選拔丞相的，也是朱元璋想要試探一下劉伯溫有沒有野心。

朱元璋一連說出了兩個人的名字，楊憲和汪廣洋。劉伯溫知道，這兩個人都跟自己有密切的關係，他也瞭解皇帝這是在考察他，於是就趕緊說這兩個人都不配當丞相。後來朱元璋問他胡惟庸怎麼樣，劉伯溫告訴老朱說，胡惟庸是個不好搞的傢伙，野心太大，雖然現在是個小嘍囉，但說不定將來就要做出點什麼事。

朱元璋滿意地點了點頭，劉伯溫覺得自己的回答很成功，就放鬆了警惕，哪裡想到老朱的詭計還在後面呢。老朱問：「看來是沒人適合當丞相了啊，我倒是覺得老劉你挺合適的。」劉伯溫由於剛才太緊張了，現在也有點累，於是犯了糊塗，他居然說了一句：「我也是這麼覺得的。」

這下完了，劉伯溫又被朱元璋辭退回了老家，他的老朋友楊憲也被殺了頭，老劉這一夥人從此沒了好日子過。而這時候，李善長那邊又有了光彩，因為胡惟庸當上了丞相。

李善長這幫人都不太厚道，得勢之後還是不放過在家種地的劉伯溫，不停地捏造事實在朱元璋面前告劉伯溫的狀。劉伯溫聽說以後，就決定自己去找老朱，讓老朱看著自己，這樣他就不會起疑心了。

秦
西漢
— BC200
— 0　東漢
— 100
— 200
三國
— 300　晉
— 400
南北朝
— 500
— 600　隋朝
唐朝
— 700　武則天稱帝
安史之亂
— 800
— 900　五代十國
北宋
— 1000
— 1100
南宋
— 1200
元朝
— 1300
明朝
— 1400
— 1500
— 1600
清朝
— 1700
— 1800
— 1900　中華民國
— 2000

可是劉伯溫猜錯了朱元璋的心思，去了京城不久劉伯溫就病倒了。朱元璋叫胡惟庸去看看他，胡惟庸帶了些湯藥給劉伯溫喝，劉伯溫喝了以後就病死了。要說是胡惟庸殺了劉伯溫，那也不為過，可是他真的敢對劉伯溫這樣的功臣這如此的毒手嗎？他的行為很有可能是經過朱元璋點頭的。

趕盡殺絕

朱元璋心想，自己既然當上了皇帝，那就要對得起這個職位，給民眾搞點福利是應該的。再加上老朱也是農民起家，對農民和田地有著深厚的感情，在制定政策的時候就給了農民不少的好處。這樣一來，明朝初期的時候，農業就發展得相當不錯。而中國又是個農業大國，農民高興了，國家自然地就不會太動盪。

朱元璋對待農民寬厚，可是對他朝廷裡的那些官員就不那麼仁慈了，誰讓官員們離得他近呢。上朝的時候，要是誰說的話讓朱元璋聽起來不大舒服，甚至把老朱惹怒了，那這當官的就沒什麼好下場了，輕則打板子，重則砍頭，沒得商量。

朱元璋害怕有人不懷好意地要謀反，特別是對那些跟他一起打下天下的開國功臣，更是不放心，於是就弄了個機構專門看著這些人，這機構就叫「錦衣衛」。

哥倫布發現新大陸
　　　　1500—

英國大破無敵艦隊

發明蒸汽機

美國獨立
拿破崙稱帝

美國南北戰爭開始

第一次世界大戰
第二次世界大戰

　　　　2000—

西元1380年的時候，也不知道是誰，在朱元璋耳朵跟前說了一句胡惟庸想造反，這可把老朱給氣炸了。胡惟庸當時是丞相，丞相想要謀反那可了不得了，老朱準備趕緊滅口，不僅弄死了胡惟庸，而且還殺了他家裡的人以及跟胡惟庸沾點關係的人，總數是1.5萬人。

發生了這件事，皇帝對身邊的大臣更是沒了信任，而且也找不出合適的人當丞相，他乾脆把這職位給撤掉了。從此以後，皇帝身邊就沒了丞相，老朱自己兼職扛起了本來應由丞相做的事。這樣，老朱手裡的權力就大大地集中了。

朱元璋這人疑心太重，估計是自信心不足的問題吧，要是當時有心理輔導老師，他著實應該去請一個回來開導開導他。老朱誰也懷疑，有一個叫宋濂的人也包括在內。這宋濂也是開國功臣，之前還跟劉伯溫是同事，後來又被派去給太子上課。為了考察考察宋濂，朱元璋也派人監視了他。

一次，宋濂在家裡辦了個小宴會，請了一些人，不為別的，就想大家一起同樂，熱鬧一下。那晚宋濂喝了不少酒，還吃了不少肉，他的一舉一動全被朱元璋派去的人看在眼裡。第二天在朝上，老朱就問宋濂昨晚幹了什麼，宋濂如實地回答。他這回答讓老朱十分滿意，還直誇他是人民的好幹部。後來，宋濂自稱年老體邁以後就退休了，朱元璋念著他的好，還送了禮物給他。

宋濂雖然回家去種地了，可是朝廷這邊還是不平靜。胡惟庸那件事又牽扯進來一堆人，傳說宋濂的孫子宋慎也參與其中，這樣就跟宋濂扯上了關係，朱元璋決定要殺了宋濂。這一回幸虧老朱身邊有個厚道的老婆，就是馬皇后。馬皇后覺得宋濂在鄉下，沒什麼機會跟他朝廷裡的孫子沾上關係，況且宋濂還曾是太子的老師，怎麼樣也應該尊重人家。就這樣，在馬皇后的金口之下，宋濂逃過了一劫。結果他被老朱發配充軍，在充軍的路上死了。

十年以後，由胡惟庸引發的案件仍舊沒有完。後來朱元璋得知老鄉李善長跟胡惟庸有關係，就把年邁的李善長也殺了，而且還殺了他家七十多口人。再加上追究出來一幫同黨，這一回老朱又殺了個痛快。

胡惟庸一案的血流成河，並沒有讓朱元璋放心，因為宰相雖然沒有了，還有很多勞苦功高的大臣呢！很難保證他們不會起異心，於是他又舉起了屠刀，洪武二十六年（西元1393年）正月，藍玉案起。藍玉以謀逆罪被殺，連坐被誅殺者又達1.5萬人。

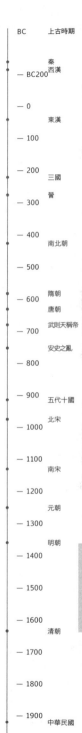

不准腐敗

除了恨別人分他的權力外，朱元璋還最恨貪污，他一直希望自己的王朝裡，官員個個清廉，一毛錢都不貪。但這是辦不到的。所以朱元璋就對他的官員下了個命令，誰要貪污，肯定嚴懲。他還頒佈了有史以來最為嚴厲的肅貪法令：貪污60兩以上銀子者，立殺！

對於那些貪污官員，朱元璋不但要殺，還要把他們的皮剝下來，然後在皮內塞上稻草，做成稻草人，讓眾人參觀。這樣的做法真是變態，朱元璋就是想透過這樣來嚇唬住那些貪官。最先享受到這個待遇的是朱元璋的老部下朱亮祖。

朱亮祖仗著自己是老功臣，就橫行霸道，一個名叫道同的縣令看不下去了，就跟他發生了爭執。朱亮祖搶先一步，跟朱元璋告了道同一狀，他說道同是個貪污犯，這樣朱元璋也沒怎麼調查就派人殺了道同。

但沒多久，朱元璋就清楚了此事的來龍去脈，貪污的人不是道同，而是朱亮祖，他派人把朱家老小都抓到了京城。朱元璋也沒跟他多廢話，就讓手下拿鞭子把他和他手下的那些從犯鞭死了。

一個開國功臣活活被鞭死，這事做的的確很絕。後來朱元璋念在他的功勞，就給他留了個全屍。其餘人全部剝皮，給掛起來展覽。

從這以後，朱元璋對待貪官的態度就更嚴厲了，他規定只要老百姓發現有官員貪污，就可以把他們捆綁起來送到京城治罪。期間如果有人敢阻攔，就一起捆起來，這還不算，還要誅九族。

當然這只是朱元璋的一個備用方案，他主要開始靠他的耳目來對付貪官。但他就算這麼嚴厲，貪污之風也遠遠沒有肅清。

朱元璋為了治理貪污，他定了很多刑罰，最慘的是凌遲，把人綁在柱子上，一刀一刀的把他的肉割完。還有就是把人的腸子抽出來，拿開水燙，拿刀把人的膝蓋骨挖出來等等，這些殘酷的刑罰面前，官員們依然前仆後繼的貪污著。

BC

耶穌基督出生　0—

君士坦丁統一羅馬

羅馬帝國分成兩部

波斯帝國　500—

回教建立

凡爾登條約

神聖羅馬帝國建立
　　　1000—

十字軍東征

蒙古第一次西征

英法百年戰爭開始

哥倫布發現新大陸
　　　1500—

英國大破無敵艦隊

發明蒸汽機

美國獨立
拿破崙稱帝

美國南北戰爭開始

第一次世界大戰
第二次世界大戰

　　　2000—

這就是和朱元璋時候官員們待遇低，福利差分不開了。朱元璋是個很小氣的老闆，他自己捨不得吃捨不得穿，就也不讓自己手下的官員吃好喝好，他那時給一品大員的俸祿大概是一年1044石米，往下遞減，正七品知縣一年只有90石米。

這要再往下的官員，領的就更少了，一年忙活到頭，就領這麼點，哪夠養活老婆孩子的，更別說當官的要經常互相走動，大家你來我往的不能空著手啊，當官當成這樣，也是夠為難的了。

於是大家就有了各種各樣的貪污辦法，但朱元璋就是這麼一個小氣又嚴厲的老闆。他不給夠薪資，也不讓你從別處撈好處，你要敢貪，他就敢殺，所以明朝僅僅就是在朱元璋那時候，每年殺掉的官員就數以萬計。

普及法律知識運動

朱元璋放到現如今，那絕對是一個犯罪心理學專家，他斬盡殺絕開國功臣後，就去除貪污腐敗分子，然後還潛心研究犯罪案例，他採集一萬多個罪犯的案例，將其編冊成書，名為《大誥》。

這本書裡主要是將那些罪犯的犯罪過程，還有處罰方式寫進去，然後他讓人印刷了很多冊，發了下去，讓官員們學習學習。

這書應該算是政府發的學習書籍，但想來沒有哪個官員能夠從頭到尾地看下去，書裡仔細詳盡的描寫了一些剝皮、抽筋的限制級場面。這些文字足以讓人看的把隔夜飯都吐出來，雖然噁心了點，但朱元璋就是要用這個辦法讓他的官員一輩子都不敢觸犯法律，那麼他的目的也就達到了。

朱元璋為了向老百姓普及自己制定的法律法規，可謂是煞費苦心。經常派人到基層去宣傳，但是因為他制定的法律太複雜，也太多了，如果都要寫出來，估計得有十幾萬字，老百姓哪記得住這個，所以就出事了。

某一天，南京城風和日麗，一派平和景象，正是遊玩與放鬆的好天氣。在一片綠草如茵的空地上，有很多人正聚在一起玩耍，傳來一陣陣的

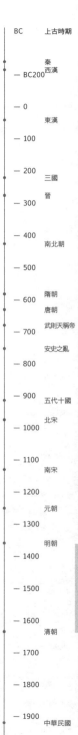

BC　上古時期

秦
BC200　西漢

0
東漢

100

200　三國
晉

300

400
南北朝

500

600　隋朝
唐朝

700　武則天稱帝
安史之亂

800

900　五代十國
北宋

1000

1100
南宋

1200
元朝
1300
明朝

1400

1500

1600
清朝
1700

1800

1900　中華民國

2000

嬉笑聲，好熱鬧。走近再看，原來是一群軍人、遊民，他們將靴子的高筒截短，並用金線做裝飾，足蹬短靴，穿著豔麗的服裝，肆無忌憚地玩著蹴鞠。他們萬萬沒有想到，災難已經悄悄降臨到他們身上。

他們正玩到興頭上時，街頭突然出現一隊官差，一把鐵鍊，將這些人鎖上，帶往五城兵馬司。上報朝廷後，得到的回覆是：卸腳。

他們竟然因為一場蹴鞠活動就被砍了腳？其實他們是觸犯了朝廷的另一項法律。朱元璋對服裝的顏色搭配、用料、圖案都有著嚴格的規定，如違反，是要殺頭的。

眾所周知，元朝統一中國後，改變了中原的服飾舊制，代之以「胡俗」，即不論是士紳還是布衣百姓，都是辮髮椎髻，衣服則為褲褶窄袖，還有辮線腰褶。婦女的衣服為窄袖短衣，下穿裙裳。而朱元璋是不願意延續元朝這種穿衣的「胡俗」特點的，因此他向氣象恢弘的大唐看齊，下令恢復唐代的衣冠制度。

他還從布料、樣式、尺寸、顏色四個方面確立了明朝初期服飾的等級制度。不同等級的人，只能穿著本等級所規定的服飾，不可僭越，否則就是犯罪。

從服飾布料來看，只有王公貴族、官員才能使用錦繡、綾羅等高級面料，而庶民百姓之家卻只能用綢、素紗等普通的布料。並且只有皇宮后妃、命婦可以用金、玉一類的首飾，一般的平民女子起初耳環還可以用黃金、珍珠、釧、鐲，其他的首飾只能用銀子，或者在銀子上鍍金。到後來，百姓家的婦女只能用銀子來做首飾了。

如果誰不小心穿錯了衣服，走到了大街上，被人看見了，那就倒大楣了。像那群踢球的人，就是穿了不該穿的衣服。本來進行體育運動挺好，但這下，只能進監獄裡運動去了。

小皇帝的憂慮

朱元璋生前就決定讓孫子朱允炆接自己的班，可他又對孫子有些不大放心，畢竟孫子年紀還小，不知道人世的險惡，所以就幫著孫子找了幾個心腹，說是讓孫子繼位以後重用這些人。

其實朱爺爺並不知道，在孫子幼小的心靈裡，早就受到權勢的壓迫了。朱允炆十分害怕自己的那些叔叔們，他們個個手裡頭都有軍隊，有些叔叔的軍隊甚至力量還非常強大，其中有一個叔叔，叫朱棣，朱允炆就曾經受到過他的鄙視。

一次，朱元璋讓朱允炆對上他的一道上聯，這上聯是這麼寫的：「風吹馬尾千條線」，朱允炆摸了摸腦袋，想了半天，總算是對出一個下聯：「雨打羊毛一片氊」。聽了這下聯之後，朱元璋無奈地搖搖頭，心想這孫子還真是繼承了我農民出身的血統啊，對個聯都這麼富有泥土氣息。

可是這時候朱元璋的身邊還站著一個人，這個人就是讓朱允炆鬱悶的叔叔朱棣。朱棣也想在老爹面前展現一下自己的文采，可他這人也真是不知羞恥，跟侄子這個小孩子來比試文化，也虧他幹得出來。朱棣的下聯是：「日照龍鱗萬點金」

是個人都看得出誰的下聯對的好，雖然朱元璋對這次的對聯沒太在意，可是朱棣已經給朱允炆幼小的心靈造成了一點點傷害。朱允炆覺得，將來自己要是當了皇帝，這個朱棣叔叔一定不會給自己好臉色看的，甚至他還要造反。想著想著，朱允炆不禁打了個寒顫。

也不知道朱爺爺看出來孫子心中的這些憂慮沒有，他在表面上倒是經常跟孫子說叔叔們的好話，說什麼叔叔們將來會保護你的，你就放心地當你的小皇帝吧。有一次，朱元璋又這麼跟孫子說著，可是孫子這回按捺不住了，他把自己心中一直憂慮的那個問題向爺爺提了出來。

朱允炆問爺爺：「爺爺，你說萬一叔叔們想要把我吃了怎麼辦？」朱允炆問得很委婉，可是朱元璋一聽就知道這是什麼意思，而且這句問話也

BC　　上古時期

秦
—BC200　西漢

—0　　　東漢

—100

—200　　三國

—300　　晉

—400　　南北朝

—500

—600　　隋朝
唐朝
—700　　武則天稱帝
安史之亂
—800

—900　　五代十國
北宋
—1000

—1100　　南宋

—1200

元朝
—1300

明朝
—1400

—1500

—1600　　清朝

—1700

—1800

—1900　　中華民國

—2000

把爺爺嚇了一跳，似乎他根本沒有想過這個問題。

　　朱爺爺沒有直接告訴孫子應該怎麼辦理這樣的事，倒是先讓孫子說說自己的看法。於是朱允炆把自己對付要造反叔叔的方法都說了出來，朱爺爺聽了以後狠狠地誇獎了他，而且覺得這孫子以後當了皇帝一定大有作為。

　　朱允炆說的那些方法好是真的好，可是那有什麼用呢？萬一朱允炆是一個紙上談兵的人，就算是有再好的方法，而又不能將其付諸實踐，那叔叔們還是照樣可以謀反。看來朱元璋這個做爺爺的還是做得不夠到位。再看看朱爺爺給孫子找的心腹，也都是些舞文弄墨的人，至於他們遇到大事的時候究竟能不能扛得住，那就說不準了。

　　朱元璋覺得自己已經為孫子安排好了一切，於是他安然地閉上了雙眼，撒手人寰。西元1398年，朱允炆正式繼承了皇位，就是明惠帝，年號「建文」。

　　朱允炆當上皇帝以後做的第一件事，就是把爺爺生前給他招攬的三個心腹重用起來，一個叫方孝孺，一個叫齊泰，另一個叫黃子澄。以小皇帝為中心，以這三個大臣為半徑，一個嶄新的領導團隊現身大明朝廷，也不知道接下來這個小皇帝能做出一番什麼樣的政績來。

耶穌基督出生　0—

君士坦丁統一羅馬

羅馬帝國分成兩部

波斯帝國　500—

回教建立

凡爾登條約

神聖羅馬帝國建立
　　　　1000—

十字軍東征

蒙古第一次西征

英法百年戰爭開始

哥倫布發現新大陸
　　　　1500—

英國大破無敵艦隊

發明蒸汽機

美國獨立
拿破崙稱帝

美國南北戰爭開始

第一次世界大戰
第二次世界大戰

　　　　2000—

江山還得兒子坐

叔叔對決侄子

建文帝自小衣食無憂，健健康康的成長。他接手祖父留下的江山，一改朱元璋剛猛治國的政策，實行仁政，這樣的皇帝當然會受到百姓的愛戴，但如果放到太平盛世還可以，在有人覬覦皇位的時候，他就危險了。

可惜建文帝從小在深宮中長大，既沒有經歷戰場風雲，也沒有身陷政治爭鬥，接受的又是儒家正統教育，仁厚、溫文爾雅，在他遭遇到歷經大風大浪，政治手腕極高明而又心狠手辣的叔父朱棣時，只能甘拜下風，失敗是必然的。

叔侄相鬥，在歷史上是常有的事。朱棣是朱洪武第四子，生於戰亂的年代，雖然他一直說自己是嫡出，但是誰知道呢，那時候朱元璋很多兒子都不知道自己的親生媽是誰。朱標是長子，正正規規的馬皇后所生，又深受老爹的偏愛，朱棣雖然無論是在任何方面都更加像他的老爸，卻只能拿個親王的名號，乖乖地在自己的領土守著兵強馬壯，等著有一天有一個機會。

結果機會還真的是給有準備的人，朱標如果有好命的話，肯定是個好皇帝。仁啊愛啊，這可不像自己生性殘暴，不擇手段的老爸。亂世之中的確也只有朱元璋這樣的人才能夠打出江山。

朱標沒有那麼好的命，他得病去世了，剩下兒子——也就是皇孫朱允

BC　上古時期
— BC200　秦　西漢
— 0　東漢
— 100
— 200　三國
　　晉
— 300
— 400　南北朝
— 500
— 600　隋朝　唐朝
— 700　武則天稱帝
　　安史之亂
— 800
— 900　五代十國
　　北宋
— 1000
— 1100　南宋
— 1200
　　元朝
— 1300
　　明朝
— 1400
— 1500
— 1600　清朝
— 1700
— 1800
— 1900　中華民國
— 2000

BC

耶穌基督出生 0—

君士坦丁統一羅馬

羅馬帝國分成兩部

波斯帝國 500—

回教建立

凡爾登條約

神聖羅馬帝國建立
1000—

十字軍東征

蒙古第一次西征

英法百年戰爭開始

哥倫布發現新大陸
1500—

英國大破無敵艦隊

發明蒸汽機

美國獨立
拿破崙稱帝

美國南北戰爭開始

第一次世界大戰
第二次世界大戰

2000—

炆在皇爺爺的厚愛下，穩坐江山。眼看一個小娃娃要把大明江山拿走，朱棣再也坐不住了。朱允炆可能從來不是朱棣的對手，但是朱元璋可不是那麼簡單就能應付的了的。

朱元璋在位期間，燕王也只能暗暗的搖頭，暗渡陳倉，慢慢地把自己的兵養強，馬養壯，等待機會把江山一把奪回來。同時，在表面上，他還是乖乖的兒子，和藹的四叔，畢竟沒有勝算的時候還是要低調。

更何況，從小和朱元璋一起征戰的四兒子，是最瞭解自己的老爸的。他知道不聽他的話會換來什麼樣的後果，更知道老爸對自己安排好的事情會一直堅持下去的，不聽話，只能成為他的眼中釘，然後被無情地砍了。他瞭解的太清楚了，所以才會一直那麼冷靜，在管理好國家之前，這位仁兄很早就學會了管理自己。

看著一個個構成皇孫朱允炆登基的隱患，被自己老爸無情地給除去的慘狀，朱棣心裡肯定是緊張的，但是同時他也心裡有了點勝算，想著這個老不死的為了自己的孫子竟然做出這樣的事情，難道沒有想到最大威脅不在於那些大臣、將軍，而是他肯定九泉之下也想不到的。他就這樣強忍著未來的勝利給他帶來的喜悅，先睡了幾天飽覺來養足精神。

終於，等到了真正的戰爭那一天。朱棣究竟是朱元璋的兒子，老狐狸的兒子老了之後自然也是隻老狐狸。建文帝上臺後，還沒有站穩腳步，竟然要開始削藩。不過他不急著找他叔叔，他叔叔也會遲早找到他的，這只是個時間問題。

做男人要夠狠

朱允炆削藩多是大臣們提議的，對於和平愛好者朱允炆來說，沒有什麼比天下太平更好的事情了。

可是，黃子澄那幫老臣天天在他耳朵邊上嘮叨，削藩啊，削藩的。日子久了，朱允炆也就有了這個打算。他這個決定剛打算實施，朱棣就跳起

來了。本來就想著要反的朱棣，這個時候，正好有了藉口，好個一上臺就亂殺無辜，輕信周圍奸臣賊子的昏君。就算弒君是永遠不成立的藉口，但是「清君側」，還是一呼百應的。就這樣，燕王的部隊浩浩蕩蕩的就要向京城挺進了。

朱棣的大軍眼看著就要殺向皇宮了，守將宋忠看在眼裡急在心裡，這時北平附近的南軍全部都跑到了他這裡來。宋忠用最快的速度安排了這些士兵，將他們重新編隊，為了安撫這些士兵的情緒，好讓這些士兵能夠發揮最大的能量去和朱棣作戰。宋忠說下了一個彌天大謊，他派人四處散佈謠言，說家住在北平的士兵家屬們都被燕王朱棣殺掉了，這下這些士兵果然個個紅了眼，都想抓住燕王剝掉他的皮。

看到自己的計謀有作用了，宋忠很高興。可是到了兩軍對壘的時候，他突然笑不出來了。因為燕王的隊伍根本不著急進攻，而是在另一端派出打頭陣的士兵大聲嚷嚷，仔細一聽，可了不得了，全是宋忠這邊士兵的親戚家人。

頓時，呼朋引伴之聲此起彼伏，非常感人。自己的親人活生生地站在對邊，那些士兵感到上當受騙了，當下扔了武器就跑了。沒想到會是這麼一個局面，但事到如今，宋忠只好親自上陣，跟敵人過了幾招，就被活捉了。

朱棣看宋忠也是條漢子，想讓他投靠自己，但宋忠堅絕不肯，最後光榮就義。宋忠戰敗的消息很快傳到了朝廷裡，朱允炆大驚失色。他知道，自己這位六親不認的親叔叔要來找自己麻煩了，而且是要來拿自己的命的。

沒辦法，那就打吧，朱允炆開始選拔能夠打仗的人才，但是這樣的人才早被朱元璋給殺光了，就剩下一個耿炳文。這位仁兄和朱元璋是同鄉，因為戰功赫赫，後來被朱元璋提拔成一等功臣。

現在只有耿炳文能派上用場了，朱允炆命令耿炳文帶領三十萬大軍，前去將朱棣的叛軍一舉掃平。耿炳文的大軍很快到達了真定，他派出徐凱駐守河間，潘忠駐守莫州，楊松為先鋒進駐雄縣，待主力會集後再發動進

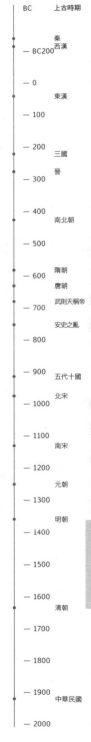

BC

耶穌基督出生　0—

—

—

君士坦丁統一羅馬

羅馬帝國分成兩部

波斯帝國　500—

回教建立

—

—

凡爾登條約

神聖羅馬帝國建立

1000—

十字軍東征

蒙古第一次西征

英法百年戰爭開始

哥倫布發現新大陸

1500—

英國大破無敵艦隊

發明蒸汽機

美國獨立
拿破崙稱帝

美國南北戰爭開始

第一次世界大戰
第二次世界大戰

2000—

攻。

耿炳文對這次戰爭確實是下工夫了，但是他擺出的這個陣形對於朱棣來說卻是不那麼堅不可摧。從小在軍隊裡長大的朱棣還怕這個，他和耿炳文的大戰就要拉開了。

難搞的敵人

在決定跟耿炳文大戰之前，朱棣就派了年輕人張玉前去打探敵情，得到的答案是：那傢伙根本不是個對手。可就算是別人不知道耿炳文的厲害，別人再瞧不起這位老將，朱棣對他的能耐還是十分清楚的，因此朱棣從不犯輕敵的臭毛病。

其實張玉敢說這樣的話也並非沒有道理，而且這位年輕人還謀劃了自己作戰方案，大受朱棣的讚賞。於是，中秋節的當晚，也就是人民的花好月圓之夜，朱棣決定打駐守雄縣的楊松一個措手不及。

為何選擇一個節日進行攻城，原因很簡單。中秋嘛，守城的士兵們都在城樓上想爹想娘，再加上看到大黃的月亮，惆悵一深，將士們再來點小酒，那這城門還守得住嗎？朱棣就是想要利用中國人「每逢佳節倍思親」，這致命的一點來完成他的宏圖大業。

正當大家放鬆警戒的時候，朱棣的大軍開始進攻了，守城的頭頭楊松這時候才發現不對勁，連忙跟潘忠打招呼，叫他快馬加鞭地帶著大兵來雄縣這邊支援。潘大將是個夠義氣的人，接到信二話不說就帶著人馬往雄縣趕，可誰想半路上卻被朱棣的軍隊打了個大大的埋伏。

估計潘大將長兩個聰明腦袋都想不到朱棣的埋伏法，因為朱棣把一部分大兵安排到水底下去了。也就是在一座叫月漾橋的地方，大兵們鑽在橋底，頭上頂著水草，等到潘大將的人馬往橋上經過的時候，橋底下的大兵立刻現出原形，殺對方一個活見鬼。就這樣，楊松還在雄縣的城頭東張張西望望，可他怎麼也想不到，夠義氣的潘忠早死在了支援的路上。

朱棣用自己的聰明才智一步一步地實現著自己的理想，在攻下了雄縣以後，他決定實施自己的第二次作戰計畫。然而，這時候他的大營中來了一個叫張保的叛徒。當然了，大概是耿炳文教育手下的方法不得當，因為這叛徒確實是出自耿炳文的大軍。

張叛徒跟朱棣說，耿炳文的部隊現在是一個鬆散的狀態。朱棣是人逢喜事精神爽，本來勝利就在望了，這回又來了個好消息，他能不樂嗎。張保原是想讓朱棣趁著這個機會去攻打老耿，可朱棣的腦袋偏偏就不是普通人，他倒是讓張叛徒回去給老耿報個信，說朱大哥已經全力以赴準備大打出手，希望他趕緊集中兵力迎接朱大哥的部隊。

耿炳文也不知道自己手底下出了叛徒，反倒十分相信張保的話，於是就把三十萬大軍集合到了一起，準備跟朱大哥開戰。可是老耿想不到，他這樣的做法正是朱大哥所期盼的啊。朱棣就想一不做二不休，等到耿炳文的部隊集中以後一起攻打，省事！

決戰的時刻來了，朱棣樂了，耿炳文傻眼了。楊松和潘忠輕而易舉地就被朱大哥拿了下去，偏偏耿炳文自己也是年過六十的老爺爺，現在又中了朱棣的計，失敗看來是註定的了。耿炳文本來就準備等死的，可是等啊等，等啊等，卻怎麼也等不到老朱弟弟。

原來朱棣又跟他耍了個花招，人家根本就沒從正面進攻，而是從西南方把老耿包了起來。到了這個時候，耿炳文已經沒什麼好說的了，雖然死到臨頭，可是怎麼也不能壞了自己辛辛苦苦賺下的名聲，「拼」就一個字！

可事實又讓老耿哽咽了，因為就在他跟西南方向的朱軍火拼之時，朱棣又派了朱能從正面發起了進攻。老耿處處受制，他心想，自己的打仗生涯說什麼都不會圓滿落幕了。無奈之下，老耿發揮出了他最後的優點，那就是死守真定城。

果不其然，朱軍連續攻了三天都沒拿下裡面的耿炳文。然而耿炳文真的能靠死守把註定要輸的一局棋翻盤嗎？他自己心裡都沒把握。

BC　上古時期
─ BC200　秦　西漢
─ 0
　　　東漢
─ 100
─ 200　三國
　　　晉
─ 300
─ 400
　　　南北朝
─ 500
─ 600　隋朝
　　　唐朝
─ 700　武則天稱帝
　　　安史之亂
─ 800
─ 900　五代十國
─ 1000　北宋
─ 1100
　　　南宋
─ 1200
　　　元朝
─ 1300
　　　明朝
─ 1400
─ 1500
─ 1600
　　　清朝
─ 1700
─ 1800
─ 1900　中華民國
─ 2000

餿主意一籮筐

　　朱棣遇到耿炳文的確很頭疼，這個身經百戰的老將雖然打不過朱棣，但他能防守，而且這位老兄忍耐功力十分深厚，不論朱棣他們怎麼辱罵，他就是不出兵，你們罵吧，反正罵我，我身上也少不了一塊肉。

　　就這樣，朱棣算是和耿炳文耗上了。耿炳文不著急，反正他是公費出來打仗，時間一大把。但朱棣不一樣，他好不容易鼓動了一幫不要命的人跟他一起幹事業，如今這事業剛剛看到點起色，這被耿炳文一攪和，又沒了。

　　萬一自己手下的人扛不住，丟下自己跑了，那自己真是太丟臉了。正當朱棣煩惱的時候，黃子澄幫了朱棣一個忙，當然他不是故意的。

　　耿炳文這邊老沒有進展，朝廷那邊很著急，黃子澄就提議用李景隆換掉耿炳文，悲哀的是朱允炆同意了。得到這個消息後，朱棣頓時不愁了，他載歌載舞的慶賀了一番，因為李景隆那個草包，什麼也不會，派他來對付自己，簡直是讓自己順利打進京城去。

　　但為了確保萬無一失，朱棣還是決定去拉一個幫手，這樣保險一些。他將防守北平的任務交給了他的長子朱高熾，然後自己就去搬援兵去了。

　　朱棣的援兵就是寧王，在眾多的藩王之中，寧王是非常聰明的一個人，朱棣就喜歡聰明人，他一路就奔到了寧王那裡。朱棣一見到寧王，就擺出一副苦大仇深的樣子，說建文帝對他是如何如何的不公正，狡兔死，走狗烹，自己活得的真是太不容易了。

　　一番說辭之後，朱棣求寧王替自己向朝廷求情，希望能讓自己重新當回王爺，別再派兵打自己了。

　　寧王沒有懷疑朱棣的誠心，他在朱棣的央求下同意替朱棣出面，然後寧王把朱棣送出城門的時候，卻被朱棣挾持了。朱棣要求他和自己一起發動靖難，不然就砍掉寧王的腦袋，為了保住自己的腦袋，寧王被迫踏上了賊船。

BC

耶穌基督出生　0—

君士坦丁統一羅馬

羅馬帝國分成兩部

波斯帝國　500—

回教建立

凡爾登條約

神聖羅馬帝國建立
　　　　1000—

十字軍東征

蒙古第一次西征

英法百年戰爭開始

哥倫布發現新大陸
　　　　1500—

英國大破無敵艦隊

發明蒸汽機

美國獨立
拿破崙稱帝

美國南北戰爭開始

第一次世界大戰
第二次世界大戰

　　　　2000—

朱棣這邊成功了，北平那邊也熱熱鬧鬧地打了起來。李景隆親自帶著五十萬大軍圍攻北平，北平的形式非常緊急。

但朱高熾也不是好欺負的，而且還有老天爺也罩著他，那時正好是十一月，天氣非常的寒冷。李景隆的兵用各種各樣的辦法攻城，忙得很。朱高熾則很輕鬆，他不過命人將水從城牆上倒下去，周而復始，這樣一夜過去，北平城就變成了冰雕。

本來城牆那麼高，想往上爬就夠費勁了，現在居然搞了這麼一齣，李景隆的兵徹底沒轍了。這滑溜溜的，根本爬不上去，更不用說攻城了。李景隆這次是徹底傻眼了，他肯定沒想到朱高熾會給他來這麼一招。

在朱高熾的智慧和李景隆的愚蠢較量中，朱棣成功帶著援兵返回。

再賭一次還是輸

李景隆看到朱棣回來了，嚇得趕緊逃命，要命的是這哥們只顧自己跑，忘記命大部隊也撤了。當李景隆都跑出去幾十里的時候，圍攻北平的士兵們還在鑿冰呢。黃子澄最先得到這個消息，他恨自己瞎眼了，竟然選了李景隆。

但是大錯已經鑄成，就不能回頭了，如果承認李景隆的失敗，那就說明是自己舉薦的人不行。黃子澄為了自己的位子，他替李景隆瞞下了這次失敗。於是李景隆再接再厲，要和朱棣再大戰一場。但失敗已經是註定的了。經過較長時間的戰鬥，明顯可以說明李景隆不是朱棣的對手。

到了建文四年，也就是西元1402年的元月，朱棣開始了最後一次，也是最為猛烈的攻擊。這次，之前和他打過仗的老冤家都出馬了，他們要多對一的來群毆朱棣，但是事實證明，朱棣太聰明了。

這邊建文帝的人修好碉堡等著朱棣來進攻的時候，那邊朱棣已經帶著人去到館陶渡河，連克東阿，東平，沛縣，兵峰直指徐州了。

這真是天大的笑話，這邊在嚴陣以待的磨刀霍霍呢，身後疆土卻是已

BC　上古時期
秦
— BC200　西漢
— 0
東漢
— 100
— 200　三國
晉
— 300
— 400
南北朝
— 500
— 600　隋朝
唐朝
— 700　武則天稱帝
安史之亂
— 800
— 900　五代十國
北宋
— 1000
— 1100
南宋
— 1200
元朝
— 1300
明朝
— 1400
— 1500
— 1600
清朝
— 1700
— 1800
— 1900　中華民國
— 2000

經丟失了大半。朝廷將士一聽這個消息，更慌了。他們開始對朱棣進行追擊，現在他們明白，眼前的這個敵人太厲害了，不是簡單就可以對付得了的。

但朱棣還是不能掉以輕心，建文帝這邊的兵力還是很雄厚，他稍一放鬆，就有可能滿盤皆輸。在朱棣專心對付敵軍的時候，他沒想到自己的內部居然搞起了內訌。

他手底下那些將領們內心的不滿終於爆發了，而且一發不可收拾。朱棣總結了一下，將士們基本上是對這種持續作戰厭煩了，這也怪朱棣，在一開始遊說這些兵造反的時候，他可沒說戰線會拉這麼長。

將士們覺得勝利無望，不想打仗了，都想歇著去了，他們紛紛要求朱棣渡河另找地方安營紮寨，這是變相的要求朱棣撤退。

朱棣是又苦口婆心的勸慰了一番，大體意思就是我們這麼不容易，好不容易走到這一步了，何必再退回去呢，只要大家再堅持堅持，我相信，我們一定能夠成功的。朱棣是個天才演講家，那些將士們又被他說服了。

但經過這麼一鬧，朱棣也是下定決心，得趕緊速戰速決，不然後果很難說。朱棣這邊麻煩剛解決，朝廷那邊也出亂子了，建文帝手下的那幫大臣搞搞文學創作還行，指揮戰鬥就差多了。

他們拿出做學問的姿態來分析當下的形勢，那哪能分析出個所以然來。朱棣的軍隊越來越靠近了，坐在皇城裡的朱允炆沉不住氣了，他聽從了方孝孺的建議，去找朱棣談判，希望能夠利用和平手段，化解這次事件。談判的任務交給了慶成郡主，她是朱元璋的侄女，也就是朱棣的堂姐，堂姐找到堂弟，兩個人交談了一番，最後得出的結論就是要退讓，絕不可能。慶成郡主帶著朱棣的原話交差。

遁地有術

根據慶成郡主帶回來的消息，朱允炆對和談徹底死心了，看來他這個

叔叔是要把他逼死無疑了。

　　但朱允炆貌似還不想死，他在自己的宮殿裡獨自一人沉思了許久，然後就放了一把大火，讓皇宮變成一片火海。等太監們將火撲滅後，朱允炆不見了，活不見人死不見屍，他就好像遁地一樣，消失了。

　　但這一切對朱棣來說並不重要。

　　經過三年的征戰，朱棣的軍隊以摧枯拉朽之勢打敗了他的政治對手建文帝，於建文四年（西元1402年）六月十七日，進入南京城，他終於可以堂而皇之的擁有整個大明江山了。而與此同時，建文帝的下落卻成了一個謎，有人說他在宮中投火而亡，也有傳說說他化裝成和尚逃亡了。

　　多年後在獅子山上的一處古蹟有副對聯：

　　僧為帝，帝亦為僧，數十載衣鉢相傳，正覺依然皇覺舊。

　　叔負姪，姪不負叔，八千里芒鞋徒步，獅山更比燕山高。

　　傳說就是逃出去的朱允炆所寫，看來這小子雖然當了和尚，但還是六根不淨，心裡還怨恨著搶他地盤的朱棣叔叔。當然了，朱允炆出家當和尚是民間的一種說法。

　　至於後來到底朱棣、朱允炆是怎麼樣做最後廝殺的，至今還有著很多種不同的說法。畢竟，正史只有一個，野史家家都有一本，不過皇宮是失了一場大火的，建文帝是消失了還是被親叔叔手刃了，這可能要去問朱棣本人了。朱棣沒有回答自己姪子是死是活的問題，相信也沒有人敢去問他這個問題。他坐上皇位後，也勵精圖治了很久，有了好名聲，大家都記得他的功勞，也漸漸地淡忘了這齣宮廷政變的鬧劇。

　　被親叔叔搶走了皇位，並且被他坐穩了皇位，不知道建文帝就算變成了鬼之後能不能釋懷。永樂盛世，天下太平，朱棣辛辛苦苦，拼了半輩子的江山到手後，自然要打點的漂漂亮亮。

　　大家忘了朱棣的殘忍，忘記了燕王是怎麼樣坐上皇位的。歷史本來就是勝利一方的頌詞，更何況可以輕輕鬆鬆把自己姪子殺害的冷血叔叔，誰願意去觸這門子的晦氣。明朝的開始就這樣一波三折，註定了後來會有更多的故事，天下太平的話，大家慶祝的還早了些。

BC　上古時期
秦　西漢
— BC200
— 0
東漢
— 100
— 200　三國
晉
— 300
— 400　南北朝
— 500
隋朝
— 600　唐朝
武則天稱帝
— 700
安史之亂
— 800
— 900　五代十國
北宋
— 1000
— 1100　南宋
— 1200
元朝
— 1300
明朝
— 1400
— 1500
— 1600
清朝
— 1700
— 1800
— 1900　中華民國
— 2000

開創新時代

我才是大哥

對於這位從侄子手中奪權的皇帝，張廷玉在《明史》中曾大加讚揚：「文皇少長習兵，據幽燕形勝之地，乘建文孱弱，長驅內向，奄有四海。即位以後，躬行節儉，水旱朝告夕振，無有壅蔽。知人善任，表裡洞達，雄武之略，同符高祖。六師屢出，漠北塵清。至其季年，威德遐被，四方賓服，受朝明命而入貢者殆三十國。幅隕之廣，遠邁漢、唐。成功駿烈，卓乎盛矣！」

這番話幾乎是把朱棣誇上天了，不論褒貶，朱棣還是繼承了他爹朱元璋的殘忍基因。在坐穩江山後，他殺光了所有反對他的人，手段之殘忍，比起他爹來是有過之而無不及。

首先將方孝孺帶到面前來，方孝孺名滿天下，是個名人。既然是名人，就得好好對待，不然名人出去張嘴一亂說，自己的聲望就毀了。朱棣是想要和方孝孺拉近關係的，但方孝孺卻不吃他那套。

朱棣在大殿上和聲細語的勸方孝孺，讓方孝孺為他起草詔書。這樣能夠讓天下人心得到安撫。

但方孝孺卻壓根不理他那一套，方孝孺號啕大哭著被人拉進大殿裡，一屁股坐到地上接著哭，都不願理朱棣的。

朱棣面子有點掛不住了，他跟方孝孺說，自己不過是學著周公輔政而

BC

耶穌基督出生　0—

君士坦丁統一羅馬

羅馬帝國分成兩部

波斯帝國　500—

回教建立

凡爾登條約

神聖羅馬帝國建立
　　　1000—

十字軍東征

蒙古第一次西征

英法百年戰爭開始

哥倫布發現新大陸
　　　1500—

英國大破無敵艦隊

發明蒸汽機

美國獨立
拿破崙稱帝

美國南北戰爭開始

第一次世界大戰
第二次世界大戰

　　　2000—

已，讓方孝孺別這麼大驚小怪的。

　　但是方孝孺拍拍屁股站起來，跟朱棣進行了一場皇位繼承權的辯論，辯的朱棣無地自容了。朱棣最後實在受不了方孝孺，就逼著方孝孺讓他寫詔書，但方孝孺卻端端正正的在紙上寫下四個大字：「燕賊篡位」。

　　這下可把朱棣給惹怒了，將他的野性荷爾蒙統統激發了出來，朱棣讓人把方孝孺拉下去，給了他一個不聽話的結局：凌遲，誅十族。

　　從方孝孺開始，朱棣開始了他的屠殺，基本上是能殺的一個都不留，能留下的也不讓他過好日子。

　　然後他就開始削藩。

　　之前建文帝要削藩，朱棣拔出了反對的寶劍，然後他勝利了。現在他要削藩，其他藩王可是沒他那麼大本事了。最先被開刀的是寧王，寧王本來不是個很有野心的傢伙，但是朱棣造反的時候，為了確保實力更大，硬是把寧王拉下了水。

　　現在朱棣贏了，他又要拿寧王開刀，倒楣的寧王一定覺得自己上輩子是做了天大的壞事，不然為什麼這輩子這麼倒楣。

　　當然了，寧王朱權也是個聰明人，朱棣把他分到了南昌，他什麼話也沒說就去了。接著朱棣就繼續對他的其他兄弟下手，不是被分到偏遠地方，就是被貶為庶人。反正就是不能讓他們有和自己爭奪權力的機會。

幹點體面事

　　鞏固了自己的權力，就需要做點有文化的事了，朱棣想到了編書，說到編書就不得不提到解縉。

　　說起解縉，不能不提到他參與編著的那部《永樂大典》。能編《永樂大典》那可不是常人，一定是肚子裡墨水很足的人，畢竟編書不是普通人能夠做的來，就算抄也得抄得有水準。沒錯，解縉原本就是十足的文人，喜歡研究學問，而且研究得也很透徹。

BC　上古時期
秦
西漢
— BC200
— 0
東漢
— 100
— 200　三國
晉
— 300
— 400　南北朝
— 500
隋朝
— 600
唐朝
武則天稱帝
— 700
安史之亂
— 800
— 900　五代十國
北宋
— 1000
— 1100　南宋
— 1200
元朝
— 1300
明朝
— 1400
— 1500
— 1600
清朝
— 1700
— 1800
— 1900　中華民國
— 2000

可畢竟人生路途這麼漫長，思想也會隨著人生閱歷和時間長短的增加而變化，解縉的思想也不例外，總是那麼不專一。他文人做得好好的，非得去政治裡面摻和摻和，這一摻和，卻把自己的命給送了。

朱允炆，也就是明惠帝，曾經向解縉伸出過手，想要把他拉到自己的身邊當參謀。可是解縉嫌棄他，還嫌朱允炆給他的官職太小，根本配不上他的才學，於是就沒理朱允炆。解縉其實是看上了朱棣，而且朱棣也看上了他，兩人這麼一對眼，就給接下來的歷史增添了幾分色彩。

朱棣給解縉的官位那是相當的高，讓他成了內閣中的一員，要知道，那時的內閣裡才只有七個人。除此之外，朱棣給解縉的表揚那也是相當的多，經常在大臣面前毫不掩飾自己對解縉的喜愛，甚至有些崇拜。正因為如此，才讓解縉越來越離譜，行為也越來越糊塗。

解縉知道朱棣在給自己尋思接班人，而且還知道朱棣心目中最理想的接班人是朱高煦，因為朱高煦無論是哪一方面都表現得相當出色。可是解縉心目中也有個最佳人選，那就是朱高熾，而且這朱高熾是長子，按照老祖宗的規矩，理應被立為太子，成為皇帝的接班人。

要知道，此時的解縉已經不再是當年那個「兩耳不聞窗外事、一心唯讀聖賢書」的學者解縉了，他儼然已經跳入了政治這渾水，而且由於朱棣的待見，解縉也覺得政治這件事挺好玩，不再專心搞學問。解縉知道，要玩政治，那就得讓自己長久地勝下去，他知道朱棣總有一天要死，朱棣死了便沒人待見他了，所以他得找一個朱棣死後繼續待見他的人，而這個人就是朱高熾。

十字軍東征

蒙古第一次西征

英法百年戰爭開始

哥倫布發現新大陸
　　　　1500—
英國大破無敵艦隊

當時朱棣把解縉找來談話，解縉毫不掩飾地表達了讓朱高熾當太子的想法，而且朱棣也被他說動了。可是朱棣怎麼會這麼輕易就被解縉說服了呢？因為朱高熾有個叫朱瞻基的兒子，也就是朱棣的孫子。這孫子可不是一般的孫子，而是朱棣最最最疼愛的一個孫子。

發明蒸汽機

美國獨立
拿破崙稱帝

美國南北戰爭開始

第一次世界大戰
第二次世界大戰

　　　　2000—

朱棣的接班人確定下來了，當了太子的朱高熾對解縉的支持表示了萬般的感謝，這也就意味著日後繼續待見解縉的人也有了。解縉可謂是進入了春風無比得意的時代。

可是朱高煦可不能放過解縉這傢伙，畢竟之前他一直想著太子的位置是自己的，如今活生生地被人搶走了，這算個什麼事呢。雖然不是太子，但是朱高煦的表現卻勝似太子，這讓解縉很不開心，於是就去朱棣面前告狀。可是朱棣聽了解縉的話也不開心了，這是皇帝家的家事，一個大臣老來摻和，實在是很討厭。

朱棣開始反感解縉的做法，而且是對解縉這個人很不喜歡，因為他管了自己根本不該管的事。

後來解縉的行為越來越讓朱棣反感，終於在西元1407年，朱棣把解縉弄到了廣西。解縉很鬱悶，可他依舊覺得朝廷還會重新重用他，畢竟他還年輕，還那麼有才華。

堅持原則

朱棣在位做過的偉大事情一隻手就能數過來，除了編書，就是遷都了。現在北京城熱鬧非凡，高樓林立的，可是朱棣遷都以前，北京城就是一個小地方。至於朱棣為什麼會要遷到北京來，後人分析他是有這麼兩種考慮。

第一，就是西北虜憂患不絕，建都在北方，便於就近制禦。當然，西安、開封都可選擇，但朱棣在北京住了二十三年，對這裡感情很深。第二，由於「靖難之役」，朱棣在南京殺人太多。建文帝的支持者多半是江南士族，朱棣對他們大開殺戒，因此結怨於江南。在江南他已經失去執政基礎。

其實早在朱元璋那時候，就已經有了遷都的念頭，他認為南京為六朝金粉之地，脂粉氣太濃，而且都是短命王朝，再者北部邊患嚴重，需要他老人家過去震懾一下。不過他考慮再三，處於種種剛建立王朝時候的不方便，最終沒有實行。

朱棣繼位，他著實不喜歡南京，皇袍加身後，他讓太子朱高熾留在南

BC　上古時期
秦
BC200　西漢
0
東漢
100
200　三國
晉
300
400　南北朝
500
600　隋朝
唐朝
700　武則天稱帝
安史之亂
800
900　五代十國
北宋
1000
1100
南宋
1200
元朝
1300
明朝
1400
1500
1600　清朝
1700
1800
1900　中華民國
2000

京監國，自己仍回到北京住下來。當時的情況是南京仍作為首都，而北京則成為行都。六部等中央機構在北京也成立了一套，稱為「行在」。

儘管這樣，在第二年，朱棣就開始了北京的建都工作，但這遷都不是他想遷就能遷的，歷史上那麼多次的遷都過程，哪次不是費錢費力，最後總是還遭人罵，這是件吃力不討好的事情。

朱棣要遷都一開始可是費了吃奶的力氣了。在永樂十九年（西元1421年）4月初8的深夜，北京城突然風雨大作，驚雷陣陣，突然一聲巨響，太監忙出去查看，原來北京新宮中的奉天、謹身、華蓋三大殿遭雷擊起火，化為灰燼。清晨，這件事情被報告給了朱棣。

這消息可把朱棣嚇壞了，他正琢磨著是不是老天爺看不慣他老不遷都，正催他呢。這時禮部主事蕭儀的奏本就呈到御前。他認為：奉天殿遭雷擊是因為遷都的緣故。把國都從南京遷來北京，不但諸事不便，就連大明的皇脈也擱置在江南，這可是大不敬。

朱棣看過奏本後非常生氣，想你小小芝麻官竟敢如此諷刺我的壯舉，這才是真正的大不敬，須殺之而後快，於是沒有作任何審判，這無辜的蕭儀就被以「謗君之罪」而被處以了極刑。

但蕭儀的觀點在官員中仍有人支持，同情他的官員多半是科道言官，這些官員很年輕，都是說真話不考慮的人，他們沒有真正的瞭解朱棣的殘暴，看著這群愣頭青，朱棣也不好全都殺掉。

他想出了個主意，讓這些科道言官與部院大臣一起到午門外跪下對辯。遷都究竟好不好，讓雙方各抒己見。當時正下著小雨，一群大臣跪在地上，七嘴八舌的爭論個不休，到天黑也沒個結果。

到了第二天繼續辯論，朱棣在一旁喝著茶水，嗑著瓜子看熱鬧。反正不論底下反對的聲音多熱鬧，朱棣就是打定主意遷都，而後來的事實也證明，朱棣的選擇是正確的。

新一輪爭霸賽

考察繼續

從外頭作戰，勝利而歸的朱棣開始考慮內部問題了。自己的年紀一天比一天大了，誰該接班成了他的心病。

朱棣的長子朱高熾，也就是在朱棣叛亂時候，幫他守住北平的那個小子。說實話，朱棣不是很喜歡這個兒子，朱高熾和朱棣很不像，朱高熾肥胖不堪，像頭豬一樣，而且行動還不便，一瘸一拐的。

英明神武的朱棣很不希望這樣一個兒子來接自己的班，他還是偏愛朱高煦一些，這個兒子很像自己，英明能幹，打仗在行，更重要的是，性格也很像自己，這才是自己的兒子，朱棣想讓朱高煦頂替朱高熾當太子，他將這個想法透露給大臣們。

大臣們基本分為兩派，打仗的那派要求立朱高煦，文治的那派要求立朱高熾。兩邊人爭論不休，這讓朱棣很是頭疼，他那個時候已經將朱高熾立為了太子，這和解縉有關，因為解縉說朱高熾有個好兒子。

如同之前提到過的那樣，解縉作為朱高熾一派，他不遺餘力的要為朱高熾做推薦。朱棣曾經私下裡問解縉，該立誰為皇太子。解縉說：「皇長子仁孝，天下歸心。」他是支持朱高熾的，待他說完再看朱棣，發現這位皇帝沒什麼表情，也不說話。解縉接著說道：「好聖孫。」朱棣聽此言後，連連點頭。

BC 　上古時期

— BC200　秦
　　　　西漢

— 0
　　　　東漢

— 100

— 200
　　　　三國
　　　　晉
— 300

— 400
　　　　南北朝
— 500

— 600　隋朝
　　　　唐朝
— 700　武則天稱帝
　　　　安史之亂
— 800

— 900　五代十國
　　　　北宋
— 1000

— 1100　南宋

— 1200
　　　　元朝
— 1300
　　　　明朝
— 1400

— 1500

— 1600
　　　　清朝
— 1700

— 1800

— 1900　中華民國

— 2000

為什麼一句「好聖孫」就讓朱棣改了主意呢？這位好聖孫乃朱高熾的長子朱瞻基，他自幼聰穎機敏，為成祖所鍾愛，後來成祖親征蒙古時，特意帶上他，有歷練之意，為日後做皇帝積累經驗。看來朱高熾竟是父憑子貴了，真是走了狗屎運了。

但此刻，朱棣還是有些動搖，畢竟自己的內心天平還是傾斜於朱高煦的。解縉再次發揮作用，一次有個大臣獻上一幅畫，畫上頭是一頭老虎帶著一群幼虎，十分親密。解縉突然在畫上題詩一首：虎為百獸尊，罔敢觸其怒。惟有父子情，一步一回顧。

這首詩徹底讓朱棣偏向了朱高熾，都是自己的兒子，自己不能那麼沒良心去偏愛小兒子，而把宅心仁厚的大兒子拋棄。於是，他就不再提換太子這件事情了，解縉按說是立了大功了，但也徹底得罪了朱高煦。

受朱棣寵愛的朱高煦聽他如此維護自己的親大哥、現在的太子，怎能不怒火中燒，他就天天找解縉的麻煩，使得朱棣也開始討厭解縉了。

後來解縉又去了化州當個小官，一次他獲得了機會進京，竟然冒昧地去見了朱高熾，而且是在沒有請示朱棣的情況下去見的。這事被朱高煦

抓住了，朱高煦又告訴了朱棣，結果朱棣把解縉打入了大牢。解縉吃了5年牢飯。在永樂十三年（西元1415年），錦衣衛指揮紀綱進呈在獄的囚犯冊籍，朱棣很驚訝地看到解縉還活著，說了句：「縉猶在耶？」紀綱立即明白了朱棣話裡的意思，回去後將解縉灌醉，埋在積雪中，一下子就凍死了，一代才子死時年僅47歲。

解縉的一生可以說是悲喜交加，大起大落，也不知道他本人喜不喜歡這樣的跌宕起伏的人生。

不服氣的朱高煦

手心手背都是肉，可是太子的位置只有一個，朱棣當初忍著對朱高煦的喜愛，立了長子朱高熾為太子。可是失寵的朱高煦會服氣嗎？當然不

會，他一向自我感覺很良好，甚至是優秀，曾經在靖難之役中幫著老爹奪取了皇位，而且自己怎麼也算得上是風流倜儻、才華橫溢了吧，怎麼還連殘疾人朱高熾都不如了呢？

雖然立下了太子，可是朱高煦覺得，現成的皇帝還有被拉下馬的那一天，一個小小的太子也不是打不倒的，於是，朱高煦開始了他對太子朱高熾的反擊戰。

可正巧這個時候，朱棣又讓他這個可愛的兒子去雲南放鬆心情，這可把朱高煦嚇壞了。他知道，去了那樣的邊遠地區就意味著自己永遠跟皇位無緣，所以他死皮賴臉地不肯去。老爹看這兒子也實在可憐，太子沒當成，再去雲南，真是苦了他了，也就不逼著他去了。

於是，朱高煦繼續喜滋滋地開展著他對朱高熾的攻擊。他第一個下手的對象就是解縉，並且於西元1407年獲得了第一場反擊戰的成功，解縉被朱棣呵斥回老家種地去了。

第一回合勝利了以後，朱高煦變本加厲，大概也是因為當太子的心太急切了，所以在西元1412年的時候，他又等到了一次絕好的打擊朱高熾的機會。那時候朱棣剛剛從北邊回來，到了京城以後太子應該在門外熱烈歡迎勝戰而歸的老爹，可是這朱高熾居然遲到了！

這下被朱高煦抓住了把柄，他趁機在老爹跟前煽動，說什麼朱高熾在密謀造反之類的鬼話，老爹又想到太子迎接自己回宮的時候遲到了，說不定就是在做什麼壞事。朱棣本來就是造反起家的，他對造反、謀反、叛亂等詞那是相當的敏感，因此絕不允許自己手底下的人做這一類事情。

為了探探太子究竟想做什麼，朱棣後來又整了幾齣小戲，誰幫著太子說好話誰就遭了殃，可是只有楊士奇一個人沒事，即便他也是跟太子一夥的，可是朱棣就是沒看出來，還對楊士奇十分的信任。

楊士奇是東宮的人，一直陪同著太子監國，幫著太子一步步走向成熟，他拿太子當自己的兒子對待，感情深厚。而且楊士奇覺得朱高熾這人雖然長得不怎樣，但是是一個具有慈悲心懷的人，要是他當了皇帝，將來百姓一定有好日子過，所以他力挺太子。

BC　上古時期
— BC200　秦　西漢
— 0　東漢
— 100
— 200　三國
— 300　晉
— 400　南北朝
— 500
— 600　隋朝　唐朝
— 700　武則天稱帝　安史之亂
— 800
— 900　五代十國
— 1000　北宋
— 1100　南宋
— 1200
— 1300　元朝
— 1400　明朝
— 1500
— 1600　清朝
— 1700
— 1800
— 1900　中華民國
— 2000

朱高煦打擊太子的活動搞得一浪高過一浪，這時候朱棣對太子的態度也十分不好了，好像太子真的要造反似的。朝廷裡的大臣們看著朱棣對太子的這態度，都覺得朱高熾這太子的位置是保不住了，於是一個個都不願意再擁護朱高熾。然而當朱高熾感歎世態炎涼，人心叵測的艱難時期，楊士奇卻始終對他不離不棄。

有一次，朱棣把楊士奇叫到身邊問話，他問楊士奇太子近來表現如何，楊士奇考慮了一會兒，說：「太子做事還是比較努力認真的，也能夠聽取別人的意見，有時候他的想法跟一些大臣們不一樣，或者身邊的一些大臣有不太合適的請求，他也不會隨意姑息。」

楊士奇的這一番回答把朱棣那顆小鹿亂撞的心給安定下來了，因為這個回答實在是太精妙了。既表達出了太子的勤奮監國，又沒讓朱棣覺得太子這種勤奮是急於想要登上皇帝的寶座。朱棣覺得自己的這個朱高熾兒子並沒有結群結黨，再加上他那麼老實，應該不會謀反。

朱高熾太子的位置在楊士奇忠貞不貳地保護下終於是保住了。楊士奇其實就是個普通人，但他卻能用不普通的心態去面對宮廷裡的權力鬥爭，這和他從小受到的早期教育是分不開的。

耶穌基督出生　0—

君士坦丁統一羅馬

羅馬帝國分成兩部

波斯帝國　500—

回教建立

凡爾登條約

神聖羅馬帝國建立
　　　　1000—

十字軍東征

蒙古第一次西征

英法百年戰爭開始

哥倫布發現新大陸
　　　　1500—

英國大破無敵艦隊

發明蒸汽機

美國獨立
拿破崙稱帝

美國南北戰爭開始

第一次世界大戰
第二次世界大戰

　　　　2000—

楊士奇的軌跡

楊士奇是袁州人，西元1365年生，自從他出生的那一刻起，他就擁有了一個不平凡的人生。

說起來楊士奇也很可憐，在他很小的時候，他的老爸就已經離開了他去了另一個世界。那時候一個家庭若是沒了男人，那麼這個家也就稱不上像樣的家了。可是楊士奇雖然可憐，卻也十分幸運，因為他有個了不起的老媽。

那個時候正值朱元璋全力為自己的皇帝寶座奮戰的時候，在那樣的戰亂年代，楊士奇的母親居然還認為讀書是一件很重要的事。

正是楊士奇老媽對文化知識的這份執著，才讓楊士奇在那樣窮酸的家庭中還能夠保持思想的充實。楊士奇從小就知道自己不是一般的人，也不願意做一般的人，只是誰也不知道他的這種想法，因為他表現在外的實在是太普通了。其實大家不知道，楊士奇這叫低調。

西元1371年，對於年僅六歲的楊士奇來說又是不尋常的一年，因為他的老媽找到了新的伴侶，一個叫羅性的官員。楊士奇對於老媽的選擇沒什麼可多說的，畢竟一個女人帶著一個孩子，在那樣的年代無論如何是活不下去的，她只得給自己和孩子找一個依靠。楊士奇知道，老媽這樣做也是為了他。

羅性並不是個仁慈的繼父，他這個人本來就有點小瞧別人，自以為很了不起，再加上楊士奇不是他的親骨肉，他就更不喜歡這小孩了。遇上這樣的繼父他並沒有什麼怨言，相反，有飯吃還是一件不錯的事情。而且楊士奇是有眼色的孩子，因此在新的家庭中生活的倒還算可以。

有一次，羅性一家子要拜祭羅家祖先。在這個氛圍裡，楊士奇忽然想到了自己死去的老爹，他眼淚嘩嘩地流，想著自己的老爹在那邊一定很孤寂，於是他決定要拜祭自己的親爹。楊士奇偷偷地用泥土做了個牌位，在四下無人的時候給老爹磕了幾個頭。

其實楊士奇磕頭的時候已經被羅性瞧見了，也正是這一眼，改變了羅性對楊士奇這小子的看法。他覺得，單憑拜祭老爹這一行為，這小子將來就一定有出息。於是羅性跟楊士奇說：「哎，還是你有出息啊！你以後還是改回你的楊姓吧，你比我那幾個親兒子都厲害！」

羅性改變了對楊士奇的看法，這是件多麼好的事情啊，因為楊士奇從此就可以舒服地活著了。他可以輕輕鬆鬆地讀書，快快樂樂地生活，將來還可以參加科舉，然後憑著高學歷去朝廷裡找個好工作。然而楊士奇年輕時候的命運註定悲慘，因為他的後爹羅性後來被朝廷貶到偏遠地區扶貧去了。楊士奇和老媽不得不重新過窮人的日子，事實上他們兩個根本就沒過過幾天好日子。

之後，楊士奇一邊在外打工養活著自己和老媽，一邊還堅持每天學習

BC　上古時期
秦
BC200　西漢
0
東漢
100
200
三國
晉
300
400　南北朝
500
隋朝
600　唐朝
武則天稱帝
700　安史之亂
800
900　五代十國
北宋
1000
1100
南宋
1200
元朝
1300
明朝
1400
1500
1600
清朝
1700
1800
1900　中華民國
2000

BC

耶穌基督出生　0—

君士坦丁統一羅馬

羅馬帝國分成兩部

波斯帝國　500—

回教建立

凡爾登條約

神聖羅馬帝國建立
　1000—

十字軍東征

蒙古第一次西征

英法百年戰爭開始

哥倫布發現新大陸
　1500—

英國大破無敵艦隊

發明蒸汽機

美國獨立
拿破崙稱帝

美國南北戰爭開始

第一次世界大戰
第二次世界大戰

　2000—

充電，他知道，總有一天自己要出人頭地。在當大官之前，楊士奇還有一段當小芝麻官的經歷，不過後來他弄丟了官府的學印，為了避免麻煩就一個人跑了。反正這小官他也不愛當，跑了還能給自己更多的機會。

楊士奇的仕途是在他三十六歲的時候正式向他招手的，那時候建文帝正在招攬人才，他要編《明太祖實錄》。這正是楊士奇拿手的啊，不然也枉費了他在那麼艱苦的幾十年裡埋頭苦學的成果。在編書的過程中，方孝孺發現楊士奇是個不可多得的人才，就讓他負責了這次《明太祖實錄》的編撰，雖然職位是個副的。

後來朱棣把建文帝弄了下去，自己當了皇帝，他也十分看重楊士奇，就讓楊士奇跟解縉等人一同組成了內閣，可見楊士奇當時是多麼重要的一個大臣。雖然楊士奇也主張讓太子朱高熾繼位，但是比起解縉來，楊士奇更加深沉、老練，為人也更加正值，這也是他沒有走上解縉那樣的悲慘道路的原因。

楊士奇靠著自己的努力，從一介貧窮的小子一步步地成了四朝功臣，其中的艱辛大概只有他自己才能體會，但是他的人生經歷卻告訴想有所作為的人五個字：在低調中努力。

再度被耍

楊士奇的保駕護航下，朱高熾的太子之位越坐越牢固，而且朱棣似乎也越來越認可了自己的這個大兒子。

朱高煦充滿希望的心靈又被老爹打擊到了，可是他這個人有一個優點，那就是有恆心，不到最後一刻絕不放棄。所以，朱高煦的美夢依舊很精彩，他繼續認為自己是下一任皇帝的最佳人選，而且他覺得，事實也一定是這樣的。

朱高煦有個毛病，他總喜歡把自己與前代的英雄豪傑相提並論，特別是對李世民，那種喜愛程度可謂是有些膜拜了。朱高煦覺得自己就是李世

民，而朱高熾是李建成，他的弟弟則是李元吉，那麼自然而然，他的老爹就是李淵了。

朱高煦這樣打比方可謂意味深長，明眼人都知道他想要幹什麼。他的偶像李世民當年就是殺兄弟起家的，很明顯，朱高煦想幹掉朱高熾，然後逼老爹退位。可是他的比照只對了一半，就算是他有李世民那樣的能力，可是他的老爹朱棣也絕不可能是李淵那樣的人。試問一下，像朱棣這樣拿權力當命看的人，他會主動退位？看來朱高煦的美夢是越做越大了。

有時候，別人不跟你鬥，這並不表示別人害怕你，躲著你，而是在別人眼裡，你根本就配不上當人家鬥的對象。可是你要是做得過分了，別人也不會饒過你。這時，幫太子說話的那一幫人中，就有一個決定對太子的垃圾行為進行反擊了，這個人當然還是楊士奇。

西元1415年，老爹朱棣看到朱高煦的行為和要求越來越無禮，越來越神經質，他覺得這兒子大概是當太子想瘋了，就決定把他弄到青州去。朱高煦能願意嗎？不能，他依舊死皮賴臉地纏著老爹，說自己不想去。可是這一次，老爹也看不慣他這個原本十分喜愛的兒子了。

正當朱棣猶豫的時候，楊士奇勇敢地走了出來，因為他覺得，要是再不給朱高煦扇一耳光，那麼他還會變本加厲。有一次，朱棣又把楊士奇叫過去談話，朱棣這回的問題不是關於太子的，而是關於朱高煦的。朱棣問：「聽說朱高煦最近的表現有點不安分，還做了不少壞事，真是這樣嗎？」

楊士奇答曰：「這個我就不清楚了，朱高煦幹什麼怎麼會讓我們東宮的人知道呢？可是陛下，您都兩次讓朱高煦去做藩王了，他都賴皮著不走，他有什麼想法恐怕陛下也應該仔細想想了。」

他這麼一番話可把朱棣的心事給說了出來。於是二話不說，西元1417年，任憑朱高煦怎麼跺腳，怎麼捶胸，朱棣還是把他趕走了，他去的地方是樂安州。然而朱高煦還是不服氣的，他等著下一個反擊的機會，恐怕那時候所要做的事就是學他老爹當年造反的行為了。

之後，北邊蒙古又有些不安分，雖然朱棣已經年老，可他依舊帶著大

BC 上古時期
— BC200 秦 西漢
— 0 東漢
— 100
— 200 三國
— 300 晉
— 400 南北朝
— 500
— 600 隋朝 唐朝
— 700 武則天稱帝 安史之亂
— 800
— 900 五代十國 北宋
— 1000
— 1100 南宋
— 1200 元朝
— 1300 明朝
— 1400
— 1500
— 1600 清朝
— 1700
— 1800
— 1900 中華民國
— 2000

兵出征蒙古，終於在第五次親征，也就是西元1424年的時候，朱棣死於征戰的途中。

朱棣死後，隨行的將領把皇帝駕崩的消息封鎖了起來，為的就是不讓有歹心的人把這消息過早地傳回去，那樣朱高煦就有機會造反了。而太子那邊則是例外，得有人抓緊時間告訴太子，讓他趕緊準備登基的事宜。就這樣，朱高煦又一次被要了，他的皇帝美夢看來是徹底地破碎了。

好皇帝是如何

朱高熾終於要當皇帝了，他在經歷了20多年不平靜的太子生涯後，終於要當皇帝了，真是可喜可賀。

在他陰謀家父親和陰謀家弟弟的雙面夾擊下，朱高熾還能挺到最後，的確是不容易。朱高熾即位後在政治上勵精圖治，想要有所作為。他承繼

大明開國60年以來的成就，精心經營，繼續採取重農、用賢、懲貪的政策，加之仁宗本人仁厚，政治環境寬鬆，由太祖、成祖時期的嚴急趨向於

平穩，大明王朝在平穩中呈現出上升的趨勢，開創了「仁宣之治」局面，

進入了明朝的鼎盛時期。

確實，朱高熾即位後，任用賢良，友愛二弟，輕刑薄役，核查冤獄。

「在位一載，用人行政，善不勝書」，確實是明朝歷史上罕見的仁德皇帝。可惜老天爺不長眼，明仁宗當了一年皇帝就病死了，時年48歲。

終於，朱棣的「好聖孫」朱瞻基繼承大統，改年號宣德，是為宣宗。

自古以來，好皇帝就分為兩種，一種是像朱棣那樣的，能夠南征北

戰，擴大疆土，把國家發展得更強大；而另一種皇帝，則是像朱瞻基這樣

的，能不打仗就不打仗，因為打仗對老百姓是一種極大的傷害。至於前一

種好皇帝，他的功績在很大程度上是想自我表現，自我證明，而後一種好

皇帝，他更多的是站在百姓的立場上，真正地為民著想。

朱瞻基的好，首先體現在他對人民的關照上。一日，朱瞻基去墳頭拜

祭老爹，拜祭完之後路過一片田地。他看到田裡面正有一群農民在耕田，於是就上前去想要跟農民們聊上幾句。他問其中的一個農民：「為什麼這麼拼命？」那農民當然不知道眼前的這個人是皇帝，就不耐煩地說：「廢話，不拼命耕田你養活我啊？少一個季節偷了懶，到了冬天可就沒飯吃囉。」

朱瞻基愣了，他原來還以為這農民會這麼說：「為了國家建設，我們當農民的也得給國家出點力！」可是農民的回答顯然跟國家沒什麼關係，只是為了自己填滿肚子而已，這難免會讓當皇帝的朱瞻基有些失望。

朱瞻基又問：「既然春夏秋都得幹活，那就冬天裡可以好好歇息了吧？」農民回答：「歇個屁！冬天了還得服徭役！」說完之後農民就急著要回去繼續忙，沒工夫搭理朱瞻基。朱瞻基無奈地搖搖頭，拍拍屁股也回宮去了。

朱瞻基是個為他人著想的好皇帝，看到農民們這麼辛辛苦苦地下地耕種，到頭來自己卻絲毫不能享受到什麼，他回到宮裡以後就睡不著覺了。於是就趁著天還沒亮大大地感慨了一番，而且把這番感慨寫到了紙上，分發給每位大臣，讓他們今後多多體恤人民，不可以胡作非為。

朱瞻基不願意做他爺爺朱棣那樣的人，當然，他也未必不欽佩自己的爺爺。畢竟每一個男人心中都有一個英雄夢，而他的爺爺朱棣則是一個不折不扣的真男人。然而朱瞻基的理想卻不是當那樣的一個英雄，他寧肯看著自己的老百姓每天都樂呵呵的，也不願意看到因為征戰收稅，百姓們一副副愁苦的臉。

正是由於朱瞻基的這份宅心仁厚，在他統治國家的期間，國民生產穩定，人民生活安居樂業，老百姓臉上經常洋溢著幸福的微笑。歷史上稱朱瞻基和他老爹統治的時期為「仁宣之治」，這也是對當皇帝的人相當美好的嘉獎了。

朱瞻基看到自己的國家被自己料理的越來越好，他很欣慰，他全力以赴要再大幹一場，但是在這之前，他必須收拾一個人，因為那個人太討厭了，就是朱高煦。

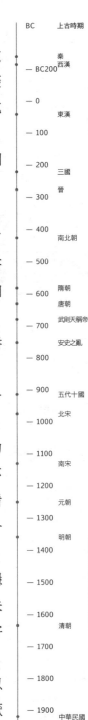

弱者就是弱者

BC

耶穌基督出生　0—

君士坦丁統一羅馬

羅馬帝國分成兩部

波斯帝國　500—

回教建立

凡爾登條約

神聖羅馬帝國建立
　　　　1000—

十字軍東征

蒙古第一次西征

英法百年戰爭開始

哥倫布發現新大陸
　　　　1500—

英國大破無敵艦隊

發明蒸汽機

美國獨立
拿破崙稱帝

美國南北戰爭開始

第一次世界大戰
第二次世界大戰

　　　　2000—

　　自己的侄子現在都當上了皇帝，可是朱高煦居然還在樂安州考慮著如何造反的事情。事實上，他覺得自己的忍耐程度已經夠深遠的了，讓著朱高熾，還讓著朱高熾的兒子。如今，自己也一把年紀了，可是皇帝的美夢還是沒有成真，這不是讓人生氣嗎？於是，這一次他真的決定要造反了。

　　朱高煦年輕的時候的確是一個有才華的人，試想一下，能夠被朱棣看得起的人有幾個呢？而朱高煦當年正是十分受朱棣的喜愛，可見朱高煦也是有幾把刷子的。可是人是會變的，正如一個精神正常的人如果久久不能實現自己的不切實際的夢想，長期地被禁錮在一個狹小的空間裡，他也會發瘋一樣。朱高煦就是這麼的一個人，他沒當成皇帝，而且還在樂安州蹲著，多鬱悶啊，能不發瘋嗎？

　　要造反了，要造反了，醞釀已久的計畫終於要付諸實際行動了，換了誰都會激動，朱高煦這個儼然已經神經兮兮的人當然更是激動無比。他派了自己的一個手下去了京城，去找一個叫張輔的大臣，還寫了封信給張輔，叫張輔跟自己一起造反。他之所以要這樣做，因為他覺得張輔一直都是他的好朋友。

　　看來朱高煦的腦子真的出了毛病，他居然忘記了，在朝廷裡、在政治中、在官場上，哪裡有真正的朋友呢？大家只不過是各取所需，在一段的時間裡為了各自的利益而稱朋道友，而過了這個時間段以後就各走各的路，井水不犯河水。可是，朱高煦忘了，他真的傻了。

　　張輔接過了信，看著朱高煦激動無比的字跡，他心裡覺得實在是可笑。現在是什麼年代啊？仁宣之治，放著好好的安居樂業生活你不過，倒是想起造反了，這不是讓廣大人民群眾沒有好日子過嗎，我腦子再昏也不能跟著你造反啊！於是，張輔二話不說地把這封信交給了朱瞻基。

　　這朱瞻基還真的是個好皇帝，他除了對人民好以外，對自己這個一心想著謀反的叔叔也好，因為他知道這個消息以後並不打算把叔叔做掉，而

是想給朱高煦一次重新做人的機會。朱瞻基讓一個叫侯泰的大臣跑去山東樂安找朱高煦，並且向朱高煦傳達了當今聖上的意思，只可惜朱高煦這個人不買主子的賬啊，他就是不要和平解決，非造反不可。

　　無奈，給你臉你不要臉，那麼就請別怪我翻臉不認你這個叔叔！朱瞻基雖然心存仁厚，可是對於朱高煦這麼一個無賴叔叔他也只能用打仗的方式來解決了。再說，早點辦了這個無賴也好，朱瞻基心想，自己還要幹大事業呢，哪顧得上一直跟你在這裡瞎耗。

　　西元1426年，為了把朱高煦給收拾了，朱瞻基決定親征，他帶著大軍就開進了山東樂安。本是蓄謀已久的朱高煦見狀居然慌了，因為他的手下幾乎沒有聽他話的人，這下子可慘了。

　　怎麼辦，看來還是逃跑吧，然而左看右看，好像身邊的人都是奉了朱瞻基的命來抓他的。這也難怪，因為朱瞻基已經貼出了告示，誰抓到朱高煦就有大獎。朱高煦終於是沒了辦法，只好跪在朱瞻基腳底下，請朱瞻基放他一條活路。

　　朱瞻基就是朱瞻基，他真的決定放這叔叔一馬，決定不殺他。於是，朱瞻基讓人宣佈了朱高煦的罪狀，就把他押到京城的大牢裡去了。在那之後朱瞻基還會不時地去監獄裡看望一下這個叔叔，可是有一次朱瞻基居然被這叔叔故意絆了一跤，這是怎麼回事呢？

　　朱瞻基知道這叔叔的確是瘋了，與其讓他留在人世間受折磨，不如痛痛快快地送他去閻王殿報到。於是，朱瞻基就叫人把朱高煦給殺掉了。

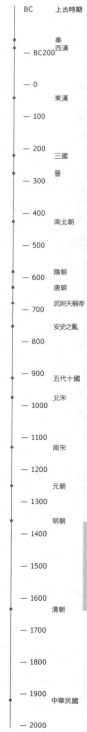

BC　　上古時期

　— BC200　秦
　　　　　西漢

　— 0
　　　　　東漢

　— 100

　— 200　三國
　　　　　晉

　— 300

　— 400　南北朝

　— 500

　— 600　隋朝
　　　　　唐朝

　— 700　武則天稱帝
　　　　　安史之亂

　— 800

　— 900　五代十國
　　　　　北宋

　— 1000

　— 1100　南宋

　— 1200

　　　　　元朝
　— 1300

　　　　　明朝
　— 1400

　— 1500

　— 1600
　　　　　清朝

　— 1700

　— 1800

　— 1900　中華民國

　— 2000

中興過後是衰落

好人不長命

　　不論如何，朱高煦死後，朱瞻基總算是能夠一心一意地拚事業了。他擺脫了這最後一個累贅，一心一意地要當個明君了。

　　從萌芽到發展，總會有一個高潮，步入頂峰，之後就會是漸漸地衰落了，朱瞻基生的時代好，他站在了這個頂峰。當然，這個盛世強音也要靠自己來鳴奏，朱瞻基沒有辜負祖父與父親的厚望。他初登皇位，就向世界昭告了自己是一個明君。

　　諸葛孔明先生在很久以前，說出了一句領導人可奉為經典的話：親賢臣，遠小人！朱瞻基做到了。他繼續任用父親曾經重用的正直大臣：楊士奇、楊榮、楊溥、夏原吉、蹇義，其中前三人合稱「三楊」。

　　這三位兄弟非常彪悍，都是治國平天下的能手，朱瞻基在他們的幫助下，將天下管理的妥妥當當的。後代歷史學家認為朱瞻基在位的那十年，和他爹朱高熾在位的那一年，這加起來的十一年，是能夠和「文景之治」相提並論的「仁宣之治」，是一個盛世。

　　當時邊境安定，蒙古雖有擾邊的行動，但沒有發生過大規模的軍事行動。朱瞻基實行安撫的政策，力主和議，保持了和平共處的局面。

　　後來，朱瞻基還繼承了他爺爺朱棣的志願，好男兒志在四方，他派出鄭和繼續下西洋，鄭和也把自己的最後一次遠航獻了出去，卻再也沒有回

BC

耶穌基督出生　0—

君士坦丁統一羅馬

羅馬帝國分成兩部

波斯帝國　500—

回教建立

凡爾登條約

神聖羅馬帝國建立
　　　　1000—

十字軍東征

蒙古第一次西征

英法百年戰爭開始

哥倫布發現新大陸
　　　　1500—

英國大破無敵艦隊

發明蒸汽機

美國獨立
拿破崙稱帝

美國南北戰爭開始

第一次世界大戰
第二次世界大戰

　　　　2000—

來。隨著鄭和的死，大明朝的帆影從此遠逝。

朱瞻基的英明還表現在對國民經濟發展的貢獻上，他愛惜民力，與民休息，重視農業，力勸農桑，鼓勵墾荒，農民得以安居樂業，社會財富迅速積累起來。時稱「宇內富庶，賦入盈羨」，是明王朝財力最雄厚的時期。

太祖朱元璋時撤了宰相，收了兵權。吏、戶、禮、兵、刑、工六部各司所事，同時六部尚書與都察院之都御史合稱「七卿」，這「七卿」與通政司的通政史、大理寺的大理卿合稱「九卿」，分別理事，互相制約，對皇帝負責，權力都集中在皇帝手中。但是天下事何止千千萬，遇到朱元璋這樣精力充沛的皇帝，倒還能勉強應付。

但是朱瞻基明顯沒有那麼好的體力了，他就開始想主意了。

全國大大小小的奏章，甚至老百姓給皇帝提出的建議，都由通政使司彙總，司禮監呈報皇帝過目，再交到內閣，內閣負責草擬處理意見，再由司禮監把意見呈報皇上批准，最後由六科校對下發。

內閣大臣的建議是寫在一張紙上，貼在奏章上面，這叫做「票擬」。而皇帝用紅字做批示，稱為「批紅」。可是這樣批示還是很麻煩，於是皇帝就開始象徵性地批寫幾本，大多數的「批紅」則由司禮監的太監按照皇帝的意思代筆。

這樣做，皇帝是省事了，每天做做樣子就完成工作，能去吃喝玩樂了。但是卻逐漸地把權力都交給了太監，明朝後期太監專權就是從這裡埋卜伏筆的。

不過朱瞻基統治時間並不長，他在宣德十年（1435），身染疾病，經太醫們會診搶救宣佈無效死亡，年僅三十八歲。

仁宣之治也隨著朱瞻基的死亡而宣告結束。

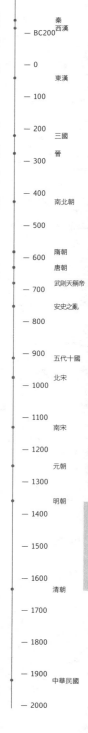

BC　　上古時期

—BC200　秦　西漢

— 0
　　　　東漢
— 100

— 200　　三國
　　　　晉
— 300

— 400　　南北朝

— 500

— 600　　隋朝
　　　　唐朝
— 700　　武則天稱帝
　　　　安史之亂
— 800

— 900　　五代十國
　　　　北宋
— 1000

— 1100
　　　　南宋
— 1200

　　　　元朝
— 1300
　　　　明朝
— 1400

— 1500

— 1600
　　　　清朝
— 1700

— 1800

— 1900　中華民國

— 2000

壞人馬上出場

在朱瞻基臨死之前，他把自己年僅九歲的兒子朱祁鎮託付給了五位顧命大臣：楊士奇、楊榮、楊溥、張輔、胡濙。他希望這五個人能拿出輔佐自己的力氣來輔佐自己的兒子，幫著他們老朱家繼續大明盛世。

但他絕想不到，這五位精英最終還是沒能讓他泉下安穩。

因為壞人即將要登場了。

王振，《明史》上講，「王振，蔚州人（河北蔚縣），少選入內書堂」，據查繼佐《罪惟錄》說，王振「始由儒士為教官，九年無功，當謫戍。詔有子者許淨身入內，振遂自宮以進，授宮人書，宮人呼王先生」。意思是說他年輕時潛心讀書，卻屢考不中，憤憤然「自閹」，落榜男兒就以這種看似悲壯的方式毅然走入了太監社會，最終成了名。不管怎麼說，王振也是個有知識的太監。

在朱瞻基還在位時，立朱祁鎮為太子，王振是東宮中下級宦官「局郎」一類的陪侍。他很討太子的喜歡，太子平時也跟著他玩，現在太子成了皇帝，這位志向遠大的太監也想走到政治前臺來露露臉了。

但有人牢牢的擋住了他的路。正統元年（西元1436年）二月，朱祁鎮的祖母張太皇太后召開了一次大會。她把五位顧命大臣叫到皇帝面前，讓朱祁鎮好好認認這五個人，並且讓朱祁鎮聽這五個人的話。

一番囑託之後，張太皇太后就叫人宣佈王振進宮，王振進來還沒站穩，張太皇太后就指著他的鼻子大罵起來，「汝一宦者，侍皇帝起居，多有不法之事，今當賜汝一死！」說時便有女官立刻上前，橫白刃於王振後頸之上。

王振本想著太皇太后是來升他的官的，沒想到是來要自己的命，頓時嚇的趴在地上求饒。朱祁鎮也趕緊替他求饒，其實張太皇太后也沒想真要王振的命，她就是給王振打個預防針。事實證明，張太皇太后的警惕性很高，她每隔一段時間就把王振叫過去罵一頓，這一搞就是七年，這七年

BC

耶穌基督出生　0—

君士坦丁統一羅馬
羅馬帝國分成兩部

波斯帝國　500—

回教建立

凡爾登條約

神聖羅馬帝國建立
1000—

十字軍東征

蒙古第一次西征

英法百年戰爭開始

哥倫布發現新大陸
1500—

英國大破無敵艦隊

發明蒸汽機

美國獨立
拿破崙稱帝
美國南北戰爭開始

第一次世界大戰
第二次世界大戰

2000—

裡，王振什麼想法也不敢流露出來，他每次都表現的老實本分，這讓五位顧命大臣作出了錯誤的判斷，認為他是個不錯的人。

其實，王振這一切不過是在做戲，他暗地裡卻不斷地拉幫結夥，擴大自己的勢力，他利用司禮監的權力安插自己的侄子王山為錦衣衛同知，並廣結黨羽，控制朝臣。

這一切進行的密不透風，張太皇太后也沒有收到消息，不然她早把王振殺了，但是張太皇太后沒能活過王振。在正統七年（西元1442年）十月，歷經四朝的張太祖太后離開了人間，王振這下可鬆口氣了。

此時，三楊中的楊榮已經去世，而剩下的楊士奇和楊溥也已年老多病，根本管不了事了。王振小心翼翼這麼多年，可算等著機會了。

有權就是爺

朱祁鎮從小不愛政事，就喜歡玩樂，有王振在一旁替他管著國家大事，他還省得勞累呢。於是在朱祁鎮的默許下，王振肆無忌憚地弄權，大興土木，廣收賄賂，使用重刑，權傾朝廷。

柏楊曾說過：「權力所在，諂媚必然集中。」當時的工部侍郎王祐就是個典型的例子，有一次他去王振家串門，在明代，大臣們都留有鬍鬚，但偏偏王佑沒有留鬍鬚。

王振感到很奇怪，就問他為什麼不留鬍鬚，王祐恭謹地回答到：「老爺沒有，兒子輩安敢有。」這一回答真是令人拍案叫絕，古往今來，什麼都缺，就是不缺這種逢迎拍馬的人。

王振是太監，當然長不出鬍鬚，但王祐先生作為一個正常男人，卻這樣去逢迎有權勢的人，真是不要臉到了極致。

不過話說回來，這也不能完全怪那幫大臣，朱祁鎮對王振的寵幸，也給了王振許多別人沒有的特權。

正統六年（西元1441年）年末，朱祁鎮與文武百官飲宴。按照慣例，

BC　上古時期
── BC200　秦　西漢
── 0　東漢
── 100
── 200　三國
── 300　晉
── 400　南北朝
── 500
── 600　隋朝
唐朝
── 700　武則天稱帝
安史之亂
── 800
── 900　五代十國
北宋
── 1000
── 1100　南宋
── 1200　元朝
── 1300
── 1400　明朝
── 1500
── 1600　清朝
── 1700
── 1800
── 1900　中華民國
── 2000

宦官沒資格參加。但朱祁鎮時刻不忘他的「王先生」，宴會中間專門派人探視。使臣到時，王振怒氣正盛，說：「周公輔成王，我獨不可一坐乎？」使臣回報，英宗不僅不以為忤，反而不惜違背祖制，召王振入席。王振到時，百官望風而拜。從中可見王振權勢之盛，以及百官的奴媚之相。

王振獨攬大權、無限風光的時候，也感覺到了內心的空虛，他想找點事情做。王振之前也算是個讀書人，有點個人追求。

當時他就非常崇拜鄭和，認為鄭和是自己的偶像。鄭和可以七下西

洋，成為民族英雄，自己也可以橫刀立馬在戰場上一展英姿。

有了這個念頭後，王振開始不安分了。

很快他就找到了實現自己人生理想的機會。

話說在宣宗時，對北部的蒙古進行安撫政策，使得北部邊防近十年平安無事，可是這也助長了蒙古的一支——瓦剌部勢力的增長。瓦剌雖然

年年都來明朝朝貢，但是每次都能拿到更豐厚的賞賜，他們樂此不疲。當

也先成為瓦剌首領的時候，西元1449年2月，他遣兩千多人向明朝進貢馬匹，卻號稱三千，向明朝多要回賜。

這樣的做法讓王振憤怒了，他覺得這也先做事太過分了，不教訓教訓一下說不過去。

當年7月，將領脫脫不花與也先率領大軍，分四路侵入明境。結果大

同的參將吳浩陣亡，消息傳到北京，王振認為機會到了，他就慫恿朱祁鎮御駕親征。

本來這場戰爭根本不需要皇帝親自出馬，明朝的這些邊境重鎮的防守

實力要對付也先部隊還是綽綽有餘的，也先也就是想到中原來弄點好東西回去，沒想把事情鬧大。把事情鬧大的人是王振。

事情壞就壞在這個王振身上，他不甘於只當一個「默默無聞」的人，

心裡總琢磨著要做點什麼事，也讓他能夠在史上留個名，順便也能耀武揚

威一番。

在王振的一番花言巧語，極力勸說之下，23歲的英宗正是年少氣盛

啊，心想也對，當皇帝這麼久了，也沒能好好地上戰場威風威風，這次來個御駕親征，說不定也先聽到我的名號，就嚇得屁滾尿流的滾回老家去了。

英宗心裡越想越美，完全不顧那些忠臣的良言相勸，在京城附近臨時拼湊了幾十萬大軍，浩浩蕩蕩地向也先部隊開去。可這一去，英宗也就踏上了一條「不歸路」。

丟人的時刻

歷史有幾個皇帝可真的是丟人啊，本來前一晚還作威作福的在皇宮裡睡大覺，第二天一不小心就被人給俘虜了。這樣的皇帝，老臉還往哪擱啊，大內高手還不趕緊一個個拉出去砍頭，竟然這麼不堪一擊，真的是比豆腐還要脆弱。

這樣的皇帝還真不少，從宋朝的徽宗、欽宗兩父子，再到大明奇恥——全軍覆沒，皇帝被俘。糗事還真的是一籮筐啊。

明英宗朱祁鎮出生僅四個月就被立為皇太子，多少皇子皇孫對他眼紅妒忌啊，他可謂是權力鬥爭中的勝利者。在勝利者的周圍總是會有那麼一些阿諛奉承的小人，要想在你的鍋中分一杯羹，自然會給你說點順耳的話，灌點「迷魂湯」。在英宗的身邊，首屈一指的代表人物當屬太監王振。英宗對他的話是言聽計從，你說怎麼好就怎麼好。

所以，這次王振都開口了，慫恿的英宗是直點頭。

由於這支龐大的軍隊是臨時拼湊的，後方的供給並不能跟上，在這個聽信讒言的皇帝和野蠻專橫的宦官的指揮下，軍隊的士氣一天比一天低落，再加上吃不飽穿不暖的，一路上，越接近也先部隊，心裡就越害怕。

歷經千辛萬苦，明軍好不容易來到了雙方交戰的地方。本來王振是想，遇到了之後給也先部來個下馬威，讓他們看看這是誰來了，讓他知道大明軍隊的厲害。可是，當看到戰區，明軍將士屍橫遍野，明宗和王振都

BC 上古時期
秦
西漢
— BC200
— 0 東漢
— 100
— 200 三國
晉
— 300
— 400 南北朝
— 500
— 600 隋朝
唐朝
— 700 武則天稱帝
安史之亂
— 800
— 900 五代十國
北宋
— 1000
— 1100 南宋
— 1200
元朝
— 1300
明朝
— 1400
— 1500
— 1600 清朝
— 1700
— 1800
— 1900 中華民國
— 2000

慌了，連忙決定撤兵。

你說你不打了、想逃了，你就趕緊撤嘛。王振卻不是，他還沒有忘記他來的主要目的，就是炫耀炫耀自己的權威。他想出了一個招，那就是讓部隊撤退的時候繞過去他的家鄉蔚州。這幾十萬的大軍，是由我王振指揮著，就連皇帝老子對他的話也是說一不二，這要是讓父老鄉親們看看，多有面子啊。

好不容易，王振想從蔚州路線撤退的方案得到了英宗的首肯，大軍也就依照這個路線往回撤了。可是，「細心」的他猛然間想到，這幾十萬大軍洋洋灑灑就這麼過去了，沿路的莊稼肯定遭殃。這大軍一過，家鄉的人還不把他罵個狗血淋頭啊，這在其他地方他可以不在意，可是他不能讓他的祖宗在家鄉也背上罵名啊。

於是王振又臨時改變了撤退線路，本來撤退的關鍵就在於一個時機，越快越好，哪裡經得起你這樣來回奔波。就這樣，行至土木堡，被也先部隊追了上來了。明軍只見也先軍隊像一隻餓狼一樣，朝自己撲來。本來就飢寒交迫的士兵見狀十分恐懼，紛紛逃命去了。所以土木堡之戰中，基本上沒有經過什麼激烈的戰鬥，明軍就全軍覆沒了。

一個沒有軍隊可指揮的指揮官，當然就逃脫不了任人宰割的命運，一貫作威作福的宦官王振被護衛將軍樊忠殺死了。而英宗的命運比王振稍微好點，好歹他也是皇帝，也先部隊還期望能用他來換一些什麼好處，所以英宗被也先部隊俘虜之後，保住了小命。

經歷了明軍在土木堡的慘敗，英宗的生活自此大變樣，真可謂是昨日天堂，今日地獄啊！

英雄上場

英宗被俘消息傳來，京城大亂，國家危急，呼喚英雄出現，於是一代名臣于謙從歷史中走來。

「千鎚萬擊出深山，烈火焚燒若等閒。粉身碎骨渾不怕，要留清白在人間。」這就是于謙的大作。能寫出這種氣勢的詩歌的人，必然也是個很有骨氣的人。的確，于謙是個很有骨氣的人。

就在皇帝被俘，群龍無首，一片混亂的時刻，負責居守的郕王也一籌莫展，大臣們更是「相看淚眼，竟無語凝噎」。待到同年八月十八日，皇太后孫氏召百官，確定了英宗朱祁鎮其同父異母弟弟郕王朱祁鈺的監國身份。

朱祁鈺召群臣們商討戰守大計。竟有人提出要遷都南京，以避災禍。幸虧時任兵部侍郎代理部事的于謙堅決反對，並主張馬上召集軍隊，誓死保衛京師，不然大明就要走上另一條路了。

于謙表過態度之後，就開始進行措施。首先，他擁立郕王朱祁鈺為皇帝，即是景帝，改年號景泰。接著就是清洗王振的餘黨，王振為很多大臣所痛恨，因以前有皇帝撐腰，只能敢怒而不敢言。且這次皇帝的親征正是他的教唆，才惹出了天大的禍事，朝臣們更是恨之入骨。

因此，他死在亂軍之中，他的同黨、親族的末日也就到了。于謙輔助朱祁鈺處置了這些不得人心的奸佞，平息了眾怒，朝廷內部穩定。

後院不至於起火，大家就會同心協力，抵禦外敵。於是于謙作為兵部尚書，開始著手北京的防衛工作。他徵集糧餉，任用賢能的將領，增強城防。總之，在于謙的籌畫下，逐步形成了一個依城為營，以戰為守，分調援軍，內外夾擊的作戰部署，一切準備就緒，只待與瓦剌軍決戰於北京城下。

北京城準備好了，于謙也準備好了。而也先懷揣的卻是另一番心思，他以為捉住了朱祁鎮，就可以奇貨可居，於是用要脅的手段逼明朝議和，但于謙卻告訴他一個事實「社稷為重，君為輕」。

一句話打消了也先的念想，也讓英宗沒法回來了。當然于謙不是故意的，他只不過是在維護自己國家的尊嚴而已。

也先看沒得談，那就打吧。面對瓦剌的大兵壓境，于謙身先士卒，身披甲冑，臨陣督戰，並下令將九門全部關閉，規定：「臨陣將不顧軍先退

BC 上古時期
秦
西漢
BC200
0
東漢
100
200 三國
晉
300
400 南北朝
500
600 隋朝
唐朝
武則天稱帝
700 安史之亂
800
900 五代十國
北宋
1000
1100 南宋
1200
元朝
1300
明朝
1400
1500
1600
清朝
1700
1800
1900 中華民國
2000

者，斬其將；軍不顧將先退者，後隊斬前隊。」

　　鐵命令都下了，將士們也沒辦法，一鼓作氣的就去打仗了，也先被打慘了，落荒而逃，走的時候還不忘記帶上英宗。于謙派兵追擊，結果途中又大敗瓦剌。是為「北京保衛戰」。

　　北京保衛戰在明朝歷史上乃至中國歷史上都佔有重要的地位。它不僅確保了都城北京的安全，避免了宋朝南渡悲劇的再次發生，也粉碎了也先圖謀中原的企圖，此後蒙古很難再次組織起大規模的武力入侵行動。同時，北京作為抵抗蒙古的最為重要的堡壘依然發揮著重要的作用，並形成了以北京為中心，以宣府、大同、居庸關為屏障的整體防禦體系，有效地抵禦了蒙古軍隊的侵擾，確保了內地人民正常的生產生活。

　　于謙成功地擊退了也先，但他卻給自己日後留下了禍根。

一代不如一代

奪門之變

也先大敗，朱祁鎮失去了利用價值，成了也先的一個包袱，於是迫不及待地想將其送還。這就遭遇一個尷尬局面，如果朱祁鎮回來，這朱祁鈺要往哪裡放。

在大臣們堅持要迎回英宗時，于謙說：「天位已定，寧復有他！顧理當速奉迎耳，萬一彼果懷詐，我有辭矣。」因此景帝疑慮頓消，其實于謙對迎回英宗朱祁鎮是否會奪皇位的問題並不是十分關心，他說「社稷為重，君為輕」的意思就是誰當皇帝都一樣，只要對天下社稷有益就可以。因此他對朱祁鎮被迎回之後的政治鬥爭中顯得很平淡。

朱祁鎮在外擔驚受怕了一年之後，回到故國，兄弟二人相擁痛哭。朱祁鎮倒也懂得深淺，這帝位經過一番「授受」與「推遜」，朱祁鈺繼續做他的皇帝，而哥哥朱祁鎮被軟禁在南宮，什麼事也不許做。

按說朱祁鈺也算是有情有義了，他還繼續養著他哥哥。但是時間一年一年過去，問題又出來了，朱祁鈺的兒子被立為太子後，居然得病死了，悲哀的是朱祁鈺只有這一個兒子，這下皇位的繼承者成了個問題。

景泰八年（西元1457年）年元旦，朱祁鈺病倒，眼看著就快不行了。一些陰謀家就開始蠢蠢欲動了。武清侯石亨與都督張軏、太監曹吉祥等密謀發動政變，擁英宗復辟，以邀賞功。一月十六日夜，徐有貞、石亨等引

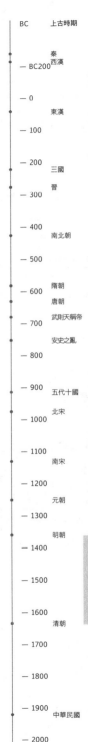

BC　上古時期

— BC200　秦　西漢

— 0

東漢

— 100

— 200　三國

晉

— 300

— 400　南北朝

— 500

— 600　隋朝
唐朝

— 700　武則天稱帝

安史之亂

— 800

— 900　五代十國

北宋

— 1000

— 1100　南宋

— 1200

元朝

— 1300

明朝

— 1400

— 1500

— 1600　清朝

— 1700

— 1800

— 1900　中華民國

— 2000

軍千餘潛入長安門，急奔南宮，毀牆破門而入，扶英宗登基，自東華門入宮，升奉天殿。這就是「奪門之變」。

早晨大臣上朝的時候，忽然看到龍椅上坐了一個熟悉的陌生人，此人就是朱祁鎮。這到底是個什麼情況，大臣們都不明所以，但既然龍椅上有人坐了，那自己做好自己的本職工作就行了。

這邊朱祁鈺聽到哥哥復辟，竟連聲大叫「好」！也不知道他這好表示什麼意思，是反諷還是真心，那就不得而知了。反正，他被移到了西宮，一個月後神祕死去，時年三十歲。

但是這位好皇帝最終沒有被葬到自己修建的皇陵之中，直到天順八年英宗朱祁鎮駕崩以後，已經更名為朱見深的憲宗朱見濬繼位後，沒有記恨叔叔廢掉自己太子之位，而是念叔叔朱祁鈺當年的功績以親王之禮葬景帝於北京西山。

英宗又回來了

當年的囚犯朱祁鎮又回來了，他重新坐上了龍椅，八年了，他熬了整整八年才重新當上了王者，真是不容易。

英宗繼續他的執政生涯，改年號為天順。他在復辟當天，就把擁立朱祁鈺的于謙等人逮捕，不久這位功臣便以謀逆罪被處以極刑，于謙的黨人也一一被殺、謫戍、罷官。

然後擁立朱祁鎮登位的幾個人：徐有貞、曹吉祥、石亨紛紛加官晉爵，成了大官。但這幾個人都不是什麼好鳥，一上臺之後就開始剷除異己，排除政敵。

其中的徐有貞起碼還知道工作時間看看文件，做幾件正事。至於曹吉祥和石亨，那完全就是草包兩個，除了瘋狂的貪污腐敗，就不會別的事情了。徐有貞慢慢地就看不起他這兩個戰友，決心要跟他們劃清界限了。

這三個人之間漸漸出現了裂痕，而徐有貞則打算先下手為強，他要先

除掉這兩人，免得夜長夢多，於是他指使御史寫了一封彈劾石亨的奏摺給朱祁鎮。

朱祁鎮當時當著石亨的面將這封奏摺讀了出來，上頭寫滿了石亨的罪證，可把石亨給嚇得不輕。雖然當時朱祁鎮沒有說要那石亨怎麼辦，但是石亨也不能坐以待斃，他趕緊跑去找到了曹吉祥，希望他能給自己做主。

曹吉祥一聽，這還了得，明顯是要拿我們開刀了，於是他給了徐有貞有力的一個反擊。在朱祁鎮面前告了徐有貞一個黑狀，讓徐有貞吃了啞巴虧，後來他又調動太監的全部力量，將徐有貞拉進了監獄。

在這場較量中，徐有貞輸了，官被撤了，錢也沒了。後來回老家待了十幾年，貧病交加死了。

但贏了的曹吉祥和石亨也沒過幾天舒坦日子，因為還有一個人是他們的隱形對手，那就是李賢。

李賢是個好官，也是個有正義感的人，他當初看到于謙就這樣被這幾個人冤殺，心裡很是氣不過，一心想要為于謙報仇。只不過在朱祁鎮剛坐上龍椅的時候，這三個人的勢力還太大，自己貿然出手，只怕不成，於是他就靜靜地等待機會。

看到這三個人內訌，鬥得你死我活，他也不出面說幫誰，就那麼置之事外。後來在最有頭腦的徐有貞倒下後，李賢看到機會來了，他開始行動。

石亨一直藉著自己奪門有功恃寵而驕，很是讓朱祁鎮討厭。但朱祁鎮又念及他幫助自己奪回皇位，一直也沒跟他計較。

這下李賢特地找到朱祁鎮，跟他談起了奪門之變的真諦，那就是這是一個政客玩的遊戲。當初的景帝並沒有兒子，而且景帝自己也是重病在身，一旦歸天，那皇位自然就是歸朱祁鎮所有。

再說當初徐有貞為了殺于謙，編了個理由說于謙要擁立在外地的朱祁鎮的叔叔當皇帝，但後來這位叔叔親自跑到京城澄清了這件事情，這根本就是誣賴的事。

所以，朱祁鎮重新當皇帝，不用奪門，也能當上。反倒是那幾位老兄

一搞政變,成功了還好,不成功,那朱祁鎮的腦袋可就不保了。

聽到這幾個人拿自己的命做賭博,朱祁鎮怒由心中起,他憤然地將石亨處理掉,隨後開始辦曹吉祥。

曹吉祥為了避免被辦,自己先行造反,他要廢掉朱祁鎮,自己當皇帝。但事實證明,蠢材就是蠢材,成不了大氣候。

造反了一天一夜,最後被滅了。就此,奪門之變的有功之臣,全部得到了報應,為于謙還了一個公道。

兒子也苦命

解決掉耍了自己好多年的奪門大臣,朱祁鎮還幹了幾件好事,一件就是釋放建庶人。建庶人是建文帝次子朱文圭。西元1402年,明成祖攻入南京之後,建文帝及其長子朱文奎不知所終,次子朱文圭則被朱棣幽禁起來,稱為「建庶人」。

到了朱祁鎮那時候,這位兄弟從兩歲的娃娃已經長成了五十多歲的老頭,就一直被人看著,沒過過正常人的自由生活。

大概由於也曾經歷過長期被囚的生活,朱祁鎮突然有一天想起了這位遠房叔叔,動了惻隱之心,將其釋放。他身邊的人擔心放出建庶人會出變故,他倒很有氣度,說:「有天命者,任自為之。」

看來朱祁鎮折騰了這幾年,肚量倒是變大了,不管怎麼說,釋放建庶人一事還是受到百官和百姓們的真心讚歎。

還有一件事就是廢除殉葬制度。明太祖死的時候,許多宮人陪葬。

自此之後,成祖、仁宗、宣宗、代宗去世都以宮妃殉葬。其實這是一個非

常殘酷的制度,朱祁鎮臨終前遺詔停止殉葬。此後明代各帝都遵從這個遺詔,不再以宮妃殉葬。

朱祁鎮復辟後又當了八年皇帝,《明史》稱英宗在位期間,「無甚稗

政(壞政策)」。但這個時候明朝,已經是一個奄奄一息的病人,在苟延

殘喘了。天順八年（西元1464年），朱祁鎮三十八歲，將他兒子，也就是被朱祁鈺廢掉，又重新登上太子之位的朱見深叫到床邊，囑咐了一番，然後閉眼離去了。

天順八年，18歲的朱見深繼承了父親的皇位，開始了他23年的統治，年號成化。

後人對他的評論幾乎一致，無論是對於他的統治，還是他本人，那就是一個「亂」字。「朱棣以後，明朝歷代皇帝的顢頇、下作、昏智，明顯呈逐代上升之勢，到成化皇帝朱見深，算是又創了一個新高。」

這位老兄說起來也是個可憐人，當年他爹一腔熱血奔前線去了，就再沒回來，可是苦了他了。

牙還沒長全呢，就被扔在居心叵測的深宮之中。當時朱祁鎮戰敗被俘，朱祁鈺即將頂替他哥哥的位置。孫太后想到這個弟弟不會歸還皇位，於是她就讓人擁立朱見深為太子，用來作為支持朱祁鈺登基的交換條件。

就這樣朱見深兩歲就當了皇太子，而孫太后為了避免朱見深被別人害死，就把自己的親信，一個姓萬的宮女派去保護他，那年這位萬宮女已經十九歲了。

後來果然不出孫太后所料，朱祁鈺坐上了皇位，他還想讓自己的兒子，孫子都坐上皇位。於是他就廢了朱見深的太子，立了自己的兒子。

太子之位被廢除，朱見深也成了人見人嫌的人，大家紛紛去投靠新的太子了，但唯獨這位萬宮女留在朱見深身邊保護他。

這位宮女的身份比較複雜，先是乳母，後來成了養母，再後來是玩伴，後來是知心姐姐，最後是枕邊人。

總之，朱見深對這位萬宮女的感情非常獨特而不可替代。

最毒婦人心

當了皇帝，那可就是權力大大的有了，要什麼來什麼。一般皇帝都會

BC 上古時期
秦
西漢
BC200
0
東漢
100
200 三國
晉
300
400 南北朝
500
600 隋朝
唐朝
700 武則天稱帝
安史之亂
800
900 五代十國
北宋
1000
1100 南宋
1200
元朝
1300
明朝
1400
1500
1600 清朝
1700
1800
1900 中華民國
2000

三宮六院的選一些美女陪自己，但朱見深不一樣，他就要萬貴妃，其他女人看都不看一眼。

朱見深當皇帝的時候已經18歲，而萬宮女那時已經30多歲了，在古時候，這個年紀就已經是人老珠黃了。

皇帝寵幸的女人哪個不是可以嫩得掐出水來的小姑娘，但朱見深不是，他就喜歡這位萬宮女，還把她封為了貴妃。

萬貴妃到底有什麼魅力值得朱見深這麼傾心，好多人也是充滿了疑惑。

後世人猜測其因童年的創傷，所以有戀母情結，也有一定的道理。畢

竟在朱見深的童年時期，少年時期，唯一陪伴他，給他溫暖的就是這位萬

貴妃。所以，朱見深不論別人怎麼說，自己就是一如既往的寵著萬貴妃。

總之，萬貴妃卻是是恃寵而驕，內亂宮廷，以致延伸到外廷。成化二年（西元1466年）正月，萬貴妃就為皇帝生下了一個皇長子，本以為從此

高枕無憂，誰知命運偏偏和她過不去，這孩子竟然沒活多久，就死掉了。

而已經38歲高齡的萬貴妃是不可能再生育了，雖然朱見深也受到了打

擊，但他還是一如既往的守在萬貴妃身邊，不離不棄。

這讓其他大臣們受不了了，眼看著皇帝年紀也不小了，可是一個子女也沒有，這將來要是有個三長兩短，江山可怎麼辦？

於是他們紛紛上書勸皇帝不要只守著一個老婆，其他老婆那裡偶爾也

要去光顧光顧。其實朱見深並非沒有去其他老婆那裡留宿，但是就是沒有子嗣出來，這個幕後原因，就是朱見深寵愛的萬貴妃。

試想在美女如雲的後宮之中，一個青春不再、姿色難留的女人面臨著

無子的命運，還是在皇家，她會怎樣？於是萬貴妃來個一不做，二不休，

史稱：「掖廷御幸有身，飲藥傷墜者無數。」她變成了一個專門謀害胎兒

或嬰兒的殺手。

自己生不出來，也不讓別人生，萬貴妃秉承著自己得不到，別人也得

不到的專業精神，暗地裡殺害了朱見深許多個兒子和女兒。而這一切後宮

之人都知道，但就是沒人敢告訴朱見深。

就這樣朱見深被蒙蔽了好多年，一直到他的親兒子站到他面前，他才知道自己原來是有後的。

這件事情是萬貴妃預料不到的，她認為自己手段很高明，絕不可能留下活口，但再高明的殺手總有失手的時候，她唯一一次的失手就給孝宗朱祐樘的橫空出世提供了一個難得的機會。

躲藏著盼天明

據說朱祐樘的生母紀氏是廣西瑤族人，只是個普通宮女，在宮裡的工作是管錢庫的。一天，朱見深無意中去到錢庫，和這位紀姑娘邂逅，朱見深覺得紀姑娘人很好，談吐很大方，就臨幸了紀姑娘。

本來這件事就算完了，朱見深回去後繼續寵他的萬貴妃，而紀姑娘也是繼續數錢，可是沒多久，紀姑娘發現自己懷孕了。本來懷了龍種是件高興的事情，要是在別的時候，肯定得敲鑼打鼓的四處宣揚去。

但現在，這就是一個悲劇，要是讓萬貴妃知道了，那得一屍兩命。這位貴妃的手段可是毒辣的很。紀姑娘的母性使然，她要保護自己的孩子，於是她偷偷地拿布帶捆住肚子，就是不想讓別人看出自己懷孕了。

但世上哪有不透風的牆，萬貴妃耳目眾多，她聽說了這件事情後就派自己的一個親信宮女去查證。

但也不知道為什麼，那位宮女見到肚子已經很大的紀姑娘後，居然沒有向萬貴妃說實話，她就說紀姑娘是害病了，而不是懷孕了，這才保住了紀姑娘的一條命。

後來紀姑娘懷胎十月，生下了一個男孩，這事又被萬貴妃知道了，這次她派了一個叫做張敏的太監去淹死那個孩子。

但這個太監同樣是個有良心的人，他沒有淹死孩子，而是把孩子抱到了一個安全的地方藏了起來。

萬貴妃接連幾次都被騙了過去，孩子是留下來了，但如何養活成了個

BC 上古時期
秦
西漢
— BC200
— 0 東漢
— 100
— 200 三國
晉
— 300
— 400 南北朝
— 500
隋朝
— 600 唐朝
武則天稱帝
— 700 安史之亂
— 800
— 900 五代十國
北宋
— 1000
— 1100 南宋
— 1200
元朝
— 1300
明朝
— 1400
— 1500
— 1600 清朝
— 1700
— 1800
— 1900 中華民國
— 2000

BC

耶穌基督出生　0—

君士坦丁統一羅馬

羅馬帝國分成兩部

波斯帝國　500—

回教建立

凡爾登條約

神聖羅馬帝國建立
　　　　1000—

十字軍東征

蒙古第一次西征

英法百年戰爭開始

哥倫布發現新大陸
　　　　1500—

英國大破無敵艦隊

發明蒸汽機

美國獨立
拿破崙稱帝

美國南北戰爭開始

第一次世界大戰
第二次世界大戰

　　　　2000—

問題，那時宮女、太監們的生活也不富裕，自己吃也才勉強夠，哪還能負擔得起一個孩子，這時，一位大俠出手相助了。

她就是當初被萬貴妃用計策廢掉的皇后吳小姐。這位吳小姐雖然是前皇后，但家裡有錢，養個孩子對她來說不算什麼，而且她估計也藏著私心，想藉這個孩子將來打擊萬貴妃。

不管怎樣，這個孩子就這樣偷偷摸摸的在後宮中成長了起來。

成化十一年（西元1475年），五月，丁卯，這個孩子重見天日的時刻終於來臨了。

這天，朱見深坐在鏡子面前，張敏正站在他的身後為他梳頭，朱見深看到自己多了好多白頭髮，就對著鏡子自言自語地說：「雖然我還不到三十歲，但一直沒有孩子，還真不行啊。」

當朱見深為自己的不育問題而煩惱時，張敏知道告訴朱見深真相的時刻到了，雖然說出了真相，自己就必死無疑，但為了良心，張敏還是下跪告訴朱見深，他有個兒子，而且現在活蹦亂跳地活在後宮裡呢。

聽到這個消息，朱見深大吃一驚，他趕緊派人去把自己的兒子接過來，這時他的兒子朱祐樘已經六歲了，但因為這六年來從沒理過髮，頭髮都長得可以碰到地上了。

看到自己的兒子活蹦亂跳的向自己走來，朱見深很是高興，他抱著兒子熱情地介紹了給自己的母親周太后和所有的大臣們，自己有兒子了。

所有人都歡呼雀躍，大明有繼承人了，但有幾個人卻不高興，首先就是萬貴妃，她氣得要死，居然有人瞞了她這麼久，她要瘋狂地報復。

還有就是紀姑娘，在朱祐樘身份明朗一個月後，她暴死於後宮之中，死因不明，而太監張敏也吞金自殺。但他們誓死保護的朱祐樘活了下來，而且還活得很好，這無疑讓萬貴妃怒火中燒。

這年頭沒好人

朱祐樘的存在是有人歡喜有人愁，為了保護自己這唯一的孫子，周太后是頗費苦心。朱祐樘被祖母皇太后，也就是周太后領去撫養，她十分小心，時時刻刻警惕著萬貴妃的魔爪伸過來。

這中間有一件事情很值得細說。一次萬貴妃召朱祐樘去她那裡吃飯，太后叮囑：「兒去，無食。」告訴他不要吃東西。到了那裡，萬氏賜飯，朱祐樘答：「已飽。」再送上湯，朱祐樘畢竟年幼，不知如何應付這場面，於是說了實話：「疑有毒。」

一個人孩童時期的經歷可以影響一生，而朱祐樘童年生活在恐懼中，這使他在肉體和性格兩方面都成了一個柔弱的人。再加上後來他身邊的大人們時刻讓他提高警惕，說有人要害死他，處在有今天沒明日的恐懼中，朱祐樘也是活的夠累的。

朱祐樘的存在讓萬貴妃失去了鬥志，反正皇帝都有兒子了，一個也是有，兩個也是有，她乾脆不管墮胎這事了。

於是朱見深一鼓作氣，連生了十幾個兒子，一舉洗刷了不育的傳言。這之後，朱祐樘就這樣在他的恐懼中等待著走上皇位，而朱見深依然寵幸著他的萬貴妃，消耗著大明朝的列祖列宗勵精圖治積累下來的資本。

沒有了奮鬥目標的人生不是圓滿的人生，萬貴妃不整別人孩子了，她開始貪錢了，她和自己的三個兄弟裡應外合，與太監梁芳、韋興勾結在一起，將大明的國庫存銀揮霍殆盡。一次，朱見深接到舉報，去視察國庫，結果是「帝視內帑，見累朝金七窖俱盡」。七個藏金窖竟然空空如也，史載朱見深見此駭人之狀，竟說了兩句不痛不癢的話：「糜費帑藏，實由汝二人。」（這二人就是太監梁芳、韋興。）「吾不汝暇，後之人將與汝計矣。」（我現在沒有時間和你計較，但是後人會和你清算這筆賬的。）

朱見深寵幸萬貴妃，萬貴妃信任一個叫做汪直的太監，於是朱見深就連那個太監一起寵了。

BC　上古時期

—BC200　秦
西漢

—0
東漢

—100

—200
三國
晉

—300

—400
南北朝

—500

—600　隋朝
唐朝

—700　武則天稱帝

安史之亂

—800

—900　五代十國
北宋

—1000

—1100　南宋

—1200

元朝
—1300

明朝
—1400

—1500

—1600
清朝

—1700

—1800

—1900　中華民國

—2000

西廠就是朱見深專門為他設立的，權在東廠之上。這一特務機構橫行霸道，搞得人心惶惶。同時，成化一朝為了從民間搜刮財富滿足宮中的奢侈生活，還設了「皇莊」，為皇家斂財，此風一起，加快了土地兼併的步伐，農民起義的事件也增多。

朱見深還打破了官員選拔的慣例，透過欽點自設官員，這種不用經過科舉，由皇帝設立的官員被稱為「傳奉官」。從此，這官職就是皇帝的私人物品了，他可以隨意拿來買賣，今天高興，他就可以隨意任用官員，這樣做，皇帝是高興了，可是卻破壞皇帝與官僚士大夫之間的平衡。

憲宗自己，也往往一傳旨就授官百數十人。對於士大夫們來說，官爵原是「天下公器」，皇帝這樣的行為，無疑將官爵變成了「人主私器」。賣官鬻爵之風日盛，貪污之風欲烈。

就在成華二十三年（西元1487年）的時候，朱見深因愛妃萬氏去世，傷心欲絕，半年之後追隨而去，將一個爛攤子留給了他的兒子朱祐樘。

耶穌基督出生　0—

君士坦丁統一羅馬

羅馬帝國分成兩部

波斯帝國　500—

回教建立

凡爾登條約

神聖羅馬帝國建立
1000—

十字軍東征

蒙古第一次西征

英法百年戰爭開始

哥倫布發現新大陸
1500—

英國大破無敵艦隊

發明蒸汽機

美國獨立
拿破崙稱帝

美國南北戰爭開始

第一次世界大戰
第二次世界大戰

2000—

難得一見的好時候

從苦難中走來

明末清初的一位大學者錢謙益，編寫了《列朝詩集》。其中明代部分就收入了一首詩《靜中吟》：

習靜調元養此身，此身無恙即天真。

周家八百延光祚，社稷安危在得人。

坦率地說，這首詩寫得並不好，前兩句還有些養身術的氣韻，但後兩句很合儒家學者「文以載道」的口味。據錢謙益說，詩歌是從弘治朝臣李東陽的《懷麓堂集》裡摘抄出來的，還有大詩人李東陽的贊詞，其中幾句說：「大哉王言，眾理兼有，惟德與功，為三不朽。」

這位「不朽」的「王」就是朱祐樘，別看他詩寫的不怎樣，但人確實不錯。他那關心社稷安危的心倒是可見一斑，比起父親要好得多。

朱祐樘從小就幾次死裡逃生，不到二十歲就經歷了人世間的險惡，這讓他立志做個好皇帝，清洗天下的罪惡。

但他首先要做的就是把他爹留下的那些妖魔鬼怪都剷除掉，他第一個動手的就是之前一直為朱見深煉丹藥的李孜省，而這位仁兄還想裝神弄鬼地混下去。但朱祐樘根本不跟他講封建迷信的那一套，繼位第六天就把他送去勞動改造，對他手下也是也毫不含糊，該打發的打發，該關監獄的關監獄。

BC 上古時期

— BC200 秦 西漢

— 0

東漢

— 100

— 200

三國

曾

— 300

— 400

南北朝

— 500

— 600 隋朝

唐朝

武則天稱帝

安史之亂

— 700

— 800

— 900 五代十國

北宋

— 1000

— 1100 南宋

— 1200

元朝

— 1300

明朝

— 1400

— 1500

— 1600

清朝

— 1700

— 1800

— 1900 中華民國

— 2000

這下，在朱見深時期還耀武揚威的法師們，瞬間全部失業了，回家後該種地就種地，該算卦就算卦，反正是不能在宮裡混了。

接著就是研製春藥的梁芳，朱祐樘十分果斷地將他關進牢房吃牢飯去了。而萬貴妃的弟弟萬喜也是被抄家、送審就差砍頭這最後一步了，朱祐樘卻選擇了放他一條生路，可見朱祐樘內心多麼的仁慈。

還有養育了他好幾年的吳皇后，朱祐樘也是把她迎出冷宮，像伺候母親一樣伺候他，這些事情都處理完，朱祐樘就開始做他的明君了。

一天，他在整理朱見深遺物的時候，無意中發現了一本小冊子，他打開一看，竟然是色情書籍。這讓好青年朱祐樘十分惱火，堂堂一國之君居然收藏這種玩意，太丟人了，他開始追查這書作者是誰，結果就在書的封底發現了這三個字——臣安進。

於是之前靠琢磨春宮圖的萬安被朱祐樘革職趕回了老家。隨後便起用一批賢臣入閣，如劉健、徐溥，以及威望很高的王恕等。任用賢臣使得吏治清明，這也是他開一代中興氣象的主要原因。

接著便罷黜奸佞。這是梁芳等太監的末日，梁芳獲罪最後死於獄中，而原西廠的領導汪直則因失寵早，逃過一劫，在南京得了善終。朱祐樘也看出了「傳奉官」制度的荒唐之處，於一個月間罷黜了傳奉官兩千餘人，僧道官一千餘人。

流氓、垃圾全軍覆沒了，朱祐樘終於可以大展身手了，他要為自己的盛世開創做準備了，他首先將兩個人招回京城。

這兩個人一個叫王恕，另一個叫馬文升。

因為朱祐樘知道，這兩個人絕對是可以幫助自己的。

還得高手幫忙

王恕要算得上是一位刻苦耐勞的人物，他在成化年間，認真工作，毫不含糊，從不遲到早退，如果朱見深能見到，肯定也會重用他。

但是他有一個缺點就是愛罵人，也敢罵人。什麼話都能從他嘴裡說出來，只要是他看不慣的事情，這位老兄就會張嘴訓斥，非常勇猛。

他每天就像督察一樣，誰幹了壞事，他就罵誰，還寫奏摺告訴皇上，就算是皇上犯錯了，他也照罵不誤。朱見深可是被他給煩透了，作為一個時刻想偷懶，想省事，怕麻煩的皇帝，遇到這麼一個認真的部下，真是太痛苦了。

朱見深每天上朝就是看著王恕唾沫橫飛的說這個不好，那個不是，如果朱見深不及時改正一些錯誤。這位老兄就會一而再，再而三地上書，直到把朱見深煩得失眠睡不著覺，答應他的要求為止。

後來到了成化十二年（西元1476年），朱見深實在是受不了了，就把王大人打發到雲南出差，後來又調他去南京出差當兵部尚書，但就是這樣，王大人依然不肯閉嘴。

雖然離得遠了，但王大人可以寫奏摺，他天天寫好幾封奏摺，大事小事都說，朱見深每天一睜眼，就能看到他的奏摺。

就這樣，一直到王恕過了七十大壽，還是孜孜不倦，後來正巧南京兵部侍郎馬顯上書要求退休，朱見深就說那王恕也老了，一起退了吧。

這是個什麼理論，退休還得結伴嗎？

不管王恕願不願意，他就這樣被退休了。雖然朱見深不懂得欣賞王恕，但他兒子懂得，在弘治元年（西元1488年），七十三歲高齡的王恕被重新任命為六部第一重臣——吏部尚書。重回朝廷，他依然脾氣不改。

剛一上任，王恕就提出要加一個午朝，加快工作速度，他開始折騰那些偷懶的官員了。對此朱祐樘表示了支持。

而此刻，兵部也迎來了他們的新上司——馬文升。這位老兄當初得罪了汪直，被降職了，現在重回到朝廷，幹勁也很足，一上任就開除了三十多個貪污腐敗的官員，讓他們都回家種地去了。

這兩個六七十歲的老頭一回來，朝廷上下立刻大變樣了。二位老前輩上臺之後一陣猛掃，沒過多久就把成化年間的那些亂七八糟的東西掃空了。這也正是朱祐樘所希望看到的，朱祐樘和他爹不一樣，朱見深是混吃

BC　　上古時期
—BC200　秦
　　　　西漢
—0
　　　　東漢
—100
—200
　　　　三國
—300　　晉
—400
　　　　南北朝
—500
—600　　隋朝
　　　　唐朝
—700　　武則天稱帝
　　　　安史之亂
—800
—900　　五代十國
—1000　北宋
—1100
　　　　南宋
—1200
　　　　元朝
—1300
　　　　明朝
—1400
—1500
—1600　清朝
—1700
—1800
—1900　中華民國
—2000

等死的，但朱祐樘卻是想拚事業的。

晚明學者朱國楨就說：「三代以下，稱賢主者，漢文帝、宋仁宗與我明之孝宗皇帝。」認為孝宗是夏商周三代以後，與漢文帝、宋仁宗相比肩的賢主，這評價是相當高的。

朱祐樘成為明朝皇帝治國的典範，首先來自於他個人的修養。他在被父親發現之後，就開始接受了正規的儒家教育，且教太子讀書的人都是天下英才，因此他深得儒家治國思想的三昧，且身體力行。再者，幼年喪

母，弱者的心態使得他更富同情心，因此性格溫和、善良而寬容。

而且朱祐樘還非常有理性，懂得以家國社稷為重，這為他開創一代盛

世打下了良好的基礎。

又一件好事

當老長官們大展神威的時候，新生的力量也逐漸開始發展起來了。弘治二年（1489年），學士丘濬接受了一個特別的任務——編寫《憲宗實

錄》，其實這也是老規矩了，每次老皇帝去世後，他的兒子接替皇位之

餘，也必須整理出他老爹執政時期的史官記載，製作成實錄，這些史料非常真實，價值很高。

朱祐樘又是個認真負責的人，他想把這本實錄編好，偏偏他選擇的丘

濬有個不太好的習慣，就是比較懶散，無組織無紀律，工作效率不高。

他接到這項重要卻又繁瑣的工作後，不想埋頭查資料，就把這個工作

交給了當時一個剛進翰林院的新人。

過了一陣子，丘濬想起這事了，趕緊去問那個新人寫的怎麼樣了。沒

想到這位老兄已經完稿了。

丘濬拿過稿子一看，大聲感歎，人才啊，真是人才。文稿非常完美，

他拍著小夥子的肩膀說：「好好幹，前途大大的有。」事實證明，丘濬是

個有眼光的人，因為此人就是日後權傾三朝而不倒的重臣楊廷和。

編好實錄，又開始了搞會典。

明代的制度基本上是在明太祖朱元璋統治的時候就已經奠立，後來的皇帝中能夠提出較賢明的政治制度的，也就是孝宗朱祐樘。而弘治朝制度建設的基礎就是《大明會典》的編撰。

會典是一種典章制度的彙編。弘治十年（西元1497年），朱祐樘下令編撰《大明會典》。編修的總裁為當時的大學士徐溥。經過5年的時間，《大明會典》在弘治十五年（西元1502年）完成。正是在這個基礎上，朱祐樘有過許多的制度創設。例如，太廟制度即規定太廟的廟制為「各室一帝一后」。

總之，朱祐樘在位期間，治國有方，他勤政、寬容、尊禮儒臣、體恤民生，使他贏得儒家士大夫的一致好評，被視作明代歷史上最符合儒家倫理的君主典範。他在位期間，出現了一個明代歷史上的中興盛世。史家稱之為「弘治中興」。

朱祐樘上臺後，就沒怎麼好好休息過，為了實現盛世的理想，他沒日沒夜地處理政務，召集大臣們商量各種事物。他的努力沒有白費，天下的確出現了生機，看到這些，朱祐樘應該是欣慰地笑了。

但朱祐樘在笑的同時，他做出了一個決定，那就是扭頭進入深宮，開始繼承他爹的事業去了，就是煉丹。

朱祐樘是個好皇帝，但好皇帝也得有點個人愛好，之前朱祐樘的愛好是寫詩，彈琴什麼的，非常文藝。但現在朱祐樘勞碌了一陣，他改變了方向，開始追求長生不老。

斷頭政治

乍聽起來，「斷頭政治」四個字，透著恐怖氣息。難道明朝皇帝們專門要讓人掉腦袋來開展自己的政治事業嗎？

其實沒那麼可怕，這「斷頭政治」是因明朝幾位皇帝的一種古怪作為

BC 上古時期
秦
BC200 西漢
0
東漢
100
200 三國
晉
300
400
南北朝
500
600 隋朝
唐朝
700 武則天稱帝
安史之亂
800
900 五代十國
北宋
1000
1100
南宋
1200
元朝
1300
明朝
1400
1500
1600
清朝
1700
1800
1900 中華民國
2000

而起，即皇帝不上早朝，不見大臣，不議政事，這一怪政就是由憲宗朱見深開的先河。

自從「票擬」和「批紅」制度在宣宗朱瞻基朝出現以後，皇帝自己的工作量就大大地減輕了，由此也可以看出朱元璋的後代處理政事的能力和熱情的退化。到憲宗一朝，這種退化的速度大大加快，皇帝竟然長期不召見大臣，「從此君王不早朝」的事情重演。

不過這個皇帝身邊沒有楊貴妃那樣秀色可餐的美女，只有一個彪悍的萬貴妃，但這也絲毫不影響皇帝懶惰不去工作的心情。

但還有一種說法為朱見深不上朝辯解，那就是據說，朱見深有嚴重的口吃，因此，他每次上朝，如果准許大臣所奏之事，只說一個「是」字，這種自卑的心理影響了他與大臣們面對面地交流，同時也使得他越來越傾向於龜縮在自己的皇宮中，不理朝政。

朱見深的這種基因首先就傳給了兒子，即「中興之令主」朱祐樘，因為朱祐樘繼位之後，大刀闊斧，轟轟烈烈地燒了「三把火」，同時祖宗開創的基業也還沒有被消耗掉，使得這一朝相對於明朝更黑暗的時代來說，有了很多的亮點。天下「平安無事」之後，皇帝也就沒那麼多事可以忙了，偶爾也能睡個懶覺了。

但是人的惰性是一發不可收拾的，一開始勤奮過了頭的朱祐樘漸漸開始賴床了，也學著他爹的樣子不上朝了。

他不再召見大臣議政，章奏批答開始由宦官們處理，或者稽留數月，或並不施行。特別是朱祐樘在位的後期，他竟然開始信奉道教，把滿腔的熱情撲在了修道成仙的事業上，更是不能因朝政而分心。

不然一分心當不上神仙豈不虧大了，朱祐樘的第二事業如火如荼地發展著，國家大事還得有人管，那就是他之前提拔的幾位仁兄負責了。

後來這幾位老兄實在忍不了了，就非要見見皇帝。於是，在孝宗十一年（西元1497年）二月，朱祐樘迫於閣臣之請，在文華殿召見徐溥、劉健、李東陽、謝遷四位閣臣，君臣商量了一次國家大事，四位臣子還得到了皇帝賜茶一杯，君臣盡歡，各自退去。

這在當時還成了大事，皇帝見大臣了，大家爭相傳頌。但是，朱祐樘才不管那個，依然經由內宦們，遙控著他自己的國家。他繼續專心的修他的仙去，直到修練到死為止。

託付兒子

神仙沒開眼，朱祐樘還是病倒了，他感染了風寒，而且看樣子，有可能就要蹬腿閉眼了。為了自己的江山穩固，他將自己的15歲的兒子朱厚照託付給大臣，只留一句：「東宮年幼，好逸樂，先生輩善輔之。」

意思就是我這個兒子年紀太小，只懂得玩樂，各位麻煩看我面子，多擔待著點，然後，就閉上眼了。

弘治十八年（西元1505年）五月，朱祐樘在位十八年，因偶染風寒去世了。

專情帝王中興主，身後留下的卻是一個玩心不褪的大頑童，短暫的「弘治中興」的光環在明武宗的手中消弭殆盡，大明王朝的元氣也在君王的玩耍中日漸損耗。

大明皇帝的基因是一代不如一代，而且都是一些奇形怪狀，性格迥異的人物登場，這位朱厚照兄弟，就是大明王朝三百多年裡來，最能折騰的一位。

如果用一句話來概括朱厚照的人生寫照，那無非就是：別人笑我太瘋癲，我笑他人看不穿，人生不過一場戲，嬉笑怒罵玩玩看。

朱厚照是嫡長子，又是獨子，生辰八字也特別吉利。他生於辛亥年甲戌月丁酉日申時，如果按照時、日、月、年的順序讀就與地支中的「申、酉、戌、亥」的順序巧合，在命理上稱為「貫如連珠」，主大富大貴，據說與明太祖朱元璋的生辰有相似之處。於是，理所當然地得到各種正史的交口讚揚，說他貌似太祖皇帝，神采煥發，氣質如玉。

反正就是把他誇上天了，但看來早期教育還是很重要的，一開始就給

BC　上古時期
秦
—BC200　西漢

—0
東漢
—100

—200
三國
—300　晉

—400　南北朝

—500

隋朝
—600　唐朝

—700　武則天稱帝
安史之亂
—800

—900　五代十國
北宋
—1000

—1100　南宋

—1200
元朝
—1300
明朝
—1400

—1500

—1600
清朝
—1700

—1800

—1900　中華民國
—2000

朱厚照灌輸了太多讓他驕傲自負的資訊，導致這小子後期猖狂得很。

朱厚照八歲時，在大臣的請求下，正式出閣讀書。他年少時十分聰慧，前天講官所授之書次日他便能掩卷背誦。數月之間，他就將宮廷內煩瑣的禮節了然於胸。

朱祐樘幾次前來問視學業，他率領官僚趨走迎送，賢於禮節。孝宗和大臣們都相信，眼前的這位皇太子將來會成為一代賢明之君。說到此，不由讓人想到一句話：「小時了了，大未必佳。」

這話用來說朱厚照一點都不錯。大明王朝荒淫帝王多，英明君主少，孝宗朱祐樘是屈指可數的明君之一。如果說「弘治中興」給了臣民一絲興盛的希望，那麼這種天真的期盼很快便被一個「無賴」新君打破了。

這裡所說的「無賴」並非明朝開國皇帝朱元璋式的無賴，創業皇帝身上的痞氣摻雜著豪氣，頗有幾分「我是流氓我怕誰」的氣概。到了明武宗朱厚照這裡，「無賴」出現了基因變異，成為「我就無賴我願意」的刁蠻，明朝進行到這裡，也算是無可奈何了。

BC

耶穌基督出生　0

君士坦丁統一羅馬

羅馬帝國分成兩部

波斯帝國　500

回教建立

凡爾登條約

神聖羅馬帝國建立
1000

十字軍東征

蒙古第一次西征

英法百年戰爭開始

哥倫布發現新大陸
1500

英國大破無敵艦隊

發明蒸汽機

美國獨立
拿破崙稱帝

美國南北戰爭開始

第一次世界大戰
第二次世界大戰

2000

幸福生活

夜路狂奔

正德十二年（西元1517年），八月甲辰，夜深人靜，人們都睡著了的時候，還有一個人醒著，並且非常清醒，他就是朱厚照。

他之所以清醒，是因為他要在今晚幹一件很重要的事情，他要出宮。朱厚照常年在深宮中，雖然玩樂的花樣百出，但日積月累的實在也是變無聊了。朱厚照決定玩出皇宮，玩向邊疆。

但他想出宮，不是想想就能出去的。作為一個荒唐愛玩的皇帝，有許多大臣們成日地盯著他，就是怕他做出什麼荒唐的事情。這次出宮，朱厚照籌畫了很久，他低調的一點風聲沒透露。巧的是楊廷和的爹死了，他要回家守孝，沒有楊大人盯著自己，朱厚照頓時覺得自由又添加了幾分。

在朱厚照看來，他這次不是去玩的，而是去實現自己偉大理想的。當然他這個理由肯定跟大臣們說不通，所以他要偷偷地跑，趁著大家都睡著了，朱厚照帶了幾個親信就出了德勝門。

第二天，大臣梁儲、蔣冕去宮裡找朱厚照商量點事，卻被告知皇帝今天休息不工作，兩人正打算回家，卻得到了一個可靠消息，皇帝不是不辦公，而是根本不在宮裡，昨天大半夜就跑了。

這個消息把兩位大臣嚇壞了，他們趕緊的就叫了幾個隨從，騎著快馬追去了。朱厚照這邊已經到了居庸關，他給居庸關巡守御史張欽下了一道

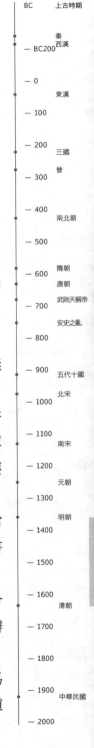

命令，讓他開關放自己出去。張欽知道這位皇帝是個什麼人，他哪敢輕易放皇帝出關，萬一皇帝有去無回，那他可就是要被千刀萬剮了。

他找到了守關大將孫璽，兩人商量來商量去，最後決定，打死也不開門，就是不放皇帝走。這邊朱厚照等到都要打瞌睡了，門也沒開。他派人去找孫璽，孫璽裝糊塗，說這事得張欽說了算，然後他派人去找張欽，張欽說這事他得和孫璽商量。

朱厚照算是看出來了，這兩人是擋著不讓他出去，拖延時間等後頭來人把自己帶回去呢。果然，沒一會兒梁儲和蔣冕帶人趕到了，千說萬勸的把朱厚照給勸回去了。朱厚照第一次逃跑失敗。

但這位老兄不是個輕易認輸的人，他很快就選擇了第二次出逃。這次他有經驗了，他等到張欽出關巡視之後，才帶人狂奔，出了德勝門，直奔居庸關。

第二天，還是蔣冕他要進宮辦事，卻看到了梁儲向他跑過來，他一問才知道皇帝又溜了，兩人趕緊又去追。

這次朱厚照等在居庸關，確定了張欽不在，他才帶人衝了出去，這次張欽沒能攔住他，其他人更不敢攔他。朱厚照和這幫大臣們鬥智鬥勇，終

於贏得了階段性的勝利，他很高興地跑到關外，等到大臣們都趕到居庸關的時候，朱厚照早跑的人影子都沒有了，大臣們只能望關興歎。

之所以大家都不讓他出關，是因為關外常有蒙古兵出沒，如果讓他們

逮到朱厚照，那可就有朱厚照好看了。可是朱厚照就是為了給自己好看才出關的，他出關是為了見一見傳說中的小王子。

較量較量

發明蒸汽機

美國獨立
拿破崙稱帝

美國南北戰爭開始

第一次世界大戰
第二次世界大戰

小王子就是韃靼部落的一位優秀軍事官員，在他的率領下，蒙古軍不斷騷擾大明邊境，搞的那邊是雞飛狗跳，亂七八糟。但是明軍那個時候，沒有哪個將才能夠治的了他。

後來到了正德十年（西元1515年）八月，小王子更是帶領了十萬大軍，大舉進攻邊境，殺的明軍慘不忍睹。大臣們提到這位惹是生非的兄臺就一臉的嚴肅，誰都不想去招惹他，但是朱厚照本人也是個惹事高手，他一聽說有小王子這樣的人，很是興奮，有點棋逢對手的感覺，堅決要去會一會。

　　這也就是他為什麼費勁腦筋要出關來的原因。

　　出關後，朱厚照一路直奔陽和，在那裡駐紮了下來，還搞了個辦公室，像模像樣的搞起了軍事演習，就等著小王子送上門，他還為自己取了一個挺唬人的封號「總督軍務威武大將軍總兵官」，表示自己的決心。

　　正德十二年（西元1517年）十月，他沒有白等，小王子率軍出征了，一共五萬人。大同總兵王勳趕緊報告給朱厚照，希望他趕緊走人，不然打起來，皇帝要是有個三長兩短，那他可擔不起這個責任。但朱厚照哪裡肯走，他堅決要留下，親自會一會這個小王子。

　　朱厚照指示王勳，立刻集結部隊北上主動迎擊韃靼軍。王勳明知道打不過小王子，但也只好出發。

　　同年十月，甲辰。戰爭在山西應州打響，小王子二話不說，就發動猛攻，明軍這邊也趕緊回應。雙方你來我往，戰場上血肉橫飛，十分激烈。

　　王勳十分勇猛，他知道自己打不過小王子，就往死裡進攻，小王子看到這位老兄這種不要命的打法，也迷惑了，害怕對方兵力過強，自己吃虧。於是小王子就命令先包圍明軍，等到天亮歇夠了再打。

　　可是晚上突然降下大霧，王勳溜進了應州城，不跟小王子硬碰硬了，小王子一看這情況，怒了，命人攻城。

　　此時，王勳已經是快扛不住了，朱厚照終於出場了，他率領大軍，向應州挺進。朱厚照十分勇猛，在他的精神鼓舞下，明軍個個士氣高昂，小王子被他們砍的實在是扛不住了。

　　小王子本來就是想威風一下，搶點東西，可如今卻遇到了這個不要命的人，再打下去也占不到便宜。於是小王子就退兵了。朱厚照不懂窮寇莫追的道理，還派人去圍追堵截了一番，一直打到夠本才回去。

BC　　上古時期
秦
西漢
BC200
0
東漢
100
200　三國
晉
300
400　南北朝
500
600　隋朝
唐朝
武則天稱帝
700
安史之亂
800
五代十國
900
北宋
1000
1100　南宋
1200　元朝
1300
明朝
1400
1500
1600　清朝
1700
1800
1900　中華民國
2000

可惜的是這場雄偉的戰役沒有多麼詳細的記錄，因為當時朱厚照是偷著出去的，沒帶史官，陪他打仗的又是些大老粗，所以，這場聽起來很浩大的戰爭也就變成了一場沒有記錄的傳說。

打夠本回去的朱厚照，過了幾年荒唐日子，他只顧著玩樂，30多歲了還沒子嗣，大臣們總是勸他選皇儲，可是朱厚照認為自己壯得很，不用考慮下一任皇帝的問題。哪知道在他31歲時，卻因為一場小風寒而見了閻王，根本來不及立遺詔、傳宗嗣。在他駕崩之後，大好江山沒有後嗣繼承，內宮、大臣們匆忙選立新君，期間出現了30多天的權力真空階段，為歷朝所罕見。

新主人登基

這等江山無主期，政府的工作自然就落在當時內閣大學士楊廷和身上。楊廷和與其他大學士商議來商議去，決定從武宗的堂兄弟中挑選，於是選定了興獻王長子朱厚熜。原因在於武宗死後，他是「厚」字輩中年齡最大的那個。

朱厚熜跟死去的朱厚照有著很明顯的差異，十五歲的他就已經有著對權位強烈的渴望，而且為了達到自己的目的，他也有著非常的手段和心

機。可是不幸死去的朱厚照就不同了，他終於在追求自由的過程中扔掉了

自己痛恨的皇位，把機會留給了遠在湖北地區的朱厚熜。

想不到自己也有當皇帝的一天，朱厚熜在來京的路途中盡情地狂想著當上皇帝的日子會是什麼樣子。可是他怎麼也沒想到，在還沒進宮之前，一幫老大臣就先給他來了一個下馬威。

朱厚熜乘坐的轎子在城門口停了下來，因為一群人在這裡迎接著他，

並且齊聲要求他從東安門進宮，先到文華殿那邊去住兩天。朱厚熜才不是

傻子，他知道正宗的皇帝都是從大明門走向奉天殿的，他堂堂一個即將當

皇帝的人，怎麼能不遵循這個老規矩呢！

朱厚熜厲聲要求自己要走正規的路線，可是卻遭到了大臣們拒絕。好吧，你們不給我好日子過，那我也不跟你們客氣。十五歲的朱厚熜在城門口一臉沉穩地拿出了朱厚照的遺書，跟在場的老大臣們說自己是前任皇帝親自提拔的新皇帝，誰要敢違抗誰就人頭落地！

朱厚熜顯然還是年紀太輕，他根本不瞭解京城裡這幫老骨頭的硬度，都到了這個時候，大臣們還是沒有被朱厚熜嚇到，依舊不從。沒關係，朱厚熜還有最後一招，大不了這個皇帝他不當了。於是，他說：「那你們回去忙吧，我要回湖北去了。」

這回大臣們傻眼了，看來這小孩子還是有兩把刷子的，看來這未來的小皇帝不簡單啊。就這樣，朱厚熜憑著自己的聰明才智順利地走上了皇帝進宮的正規路線。朱厚熜不傻，他知道，要想對付京城裡的這幫老骨頭，那就要來硬的。

朱厚熜如願以償地坐上了皇帝的寶座，他準備宏圖大展，讓後人在評價自己的時候來上一句：「嘉靖是個好皇帝！」然而皇帝是這麼好當的嗎？朱厚熜當然知道沒這麼容易了，他還明白一句話，那就是「新官上任三把火」。朱厚熜時刻迎接著老骨頭們放給自己的第一把火。

這第一把火是關於究竟誰是朱厚熜父母的事。說來也是笑話，朱厚熜活了十幾年，也叫了十幾年的爹娘，這回進宮當上皇帝了，反倒不知道該認誰作父母了，這是怎麼回事啊？起因是這樣的，大臣們認為，既然朱厚熜進宮當了皇帝，那麼他就不能再叫親生父母為父母，而應該認孝宗皇帝為爹。

朱厚熜覺得這事很滑稽，真的很滑稽，滑稽之餘還感到十分地氣憤。於是他去把楊廷和找來，希望能透過楊廷和的力量給自己親生父母一個名分。然而，楊廷和可是宮裡最硬的一把骨頭，任憑朱厚熜怎麼說好話，他就是不鬆口。朱厚熜沒辦法，只好把這項工作交給了內閣，可是內閣又偏偏不給他辦這件事，因為內閣認為朱厚熜的要求很無理！朱厚熜這時候才知道什麼是有苦沒處說，沒辦法，誰讓內閣有這個權利呢，他們就能將皇帝做得不對的事情打回去。於是，朱厚熜鬱悶了。

BC　上古時期
秦　西漢
— BC200
— 0　東漢
— 100
— 200　三國
晉
— 300
— 400　南北朝
— 500
— 600　隋朝
唐朝
— 700　武則天稱帝
安史之亂
— 800
— 900　五代十國
北宋
— 1000
— 1100　南宋
— 1200
元朝
— 1300
明朝
— 1400
— 1500
— 1600　清朝
— 1700
— 1800
— 1900　中華民國
— 2000

最精明的皇帝來了

認爹不是個問題

　　就在朱厚熜為自己進宮以後，不能認親爹娘為親爹娘而吃不下飯睡不著覺的時候，他收到了一封如同為自己鼓舞一般的奏摺。奏摺上作者對此有關禮儀的事項進行了長篇大論，雖然行文枯燥，然而卻論述的十分有理有據，讓朱厚熜大喜。其實，這封奏摺真正讓朱厚熜高興的是，他終於可以理直氣壯地讓楊廷和給自己父母一個名分了。

　　這就是著名的「大禮議」事件，這件事的開端源於一個叫張璁的人。張璁是浙江溫州人，他從小就跟同齡的孩子一樣，上學考試做官，走著非常普通的求生路線。然而張璁在這條路上走得實在是很艱難，因為他自從中了舉人之後，連續七年參加全國大考都落榜了，這讓他在鄉親們面前抬不起頭來。

　　這時候張璁已經年近五十，看著皇榜上一個個的名字，唯獨沒有張璁，於是他決定放棄大考。可就在這時，他遇到了一個人稱蕭御史的算卦先生，聽別人說此人算命算得奇準。張璁想，反正自己都要離開這個鬼地方了，不妨在走之前留個紀念，讓京城的算卦先生給算一算吧。

　　這一算不要緊，蕭御史居然讓張璁來年再參加一次考試，還說他將來一定能當宰相！這是開哪門子玩笑啊，張璁心想，我要是當宰相的材料，還能連續七次考試都落榜啊？！可是後來張璁又猶豫了，萬一這蕭御史說

BC

耶穌基督出生　0—

君士坦丁統一羅馬

羅馬帝國分成兩部

波斯帝國　500—

回教建立

凡爾登條約

神聖羅馬帝國建立
1000—

十字軍東征

蒙古第一次西征

英法百年戰爭開始

哥倫布發現新大陸
1500—

英國大破無敵艦隊

發明蒸汽機

美國獨立
拿破崙稱帝

美國南北戰爭開始

第一次世界大戰
第二次世界大戰

2000—

的是正確的，那怎麼辦呢？考吧！反正已經是這般田地了，再考一次也沒什麼關係。

就這樣，在西元1521年，張璁參加了他平生的第八次科舉。這一次與以往不同的是，他中了進士，這對張璁來說也是一些安慰了。不過當他想起去年蕭御史的那番話以後，他又在心裡把那姓蕭的罵了一通，什麼宰相，明明就是個進士而已！

雖然中了進士，而且也被分配到了禮部，可是張璁就是沒有什麼事做。他整日無所事事，看東看西的，無意間就看到了毛澄給朱厚熜上的那封奏摺，也就是讓朱厚熜認孝宗皇帝為爹的那封。張璁看了一遍又一遍，看了一遍又一遍，每看一遍他的臉上就比前一次看有更多的笑容。為什麼？因為他真的能當宰相了。

張璁明白，這封奏摺明顯是關於禮儀的，而這正是他張璁所拿手的啊！此時此刻，張璁做了一個非同小可的決定，他決定自己也給皇上寫一封奏摺，專門就皇帝能否認自己的親爹娘為親爹娘做一番論述，而論述的結果當然是肯定的，以此博得皇帝的賞識，再由這高度的賞識來打開自己的官途。

這是一個多麼驚世駭俗的決定，一個禮部小嘍囉，現在居然要給皇帝幫助。張璁沒想那麼多，他立刻拿起了筆墨開始寫這篇論文，熬了一宿以後，他終於一氣呵成。之後當朱厚熜看到這封奏摺以後的高興程度就是前面所介紹的了。

朱厚熜興致勃勃地把楊廷和找來，把奏摺往他面前一扔，拿去看吧。楊廷和看了，也把奏摺一扔，走了。楊廷和的意思就是告訴朱厚熜說，這事還是不行。

朱厚熜這次真的怒了。

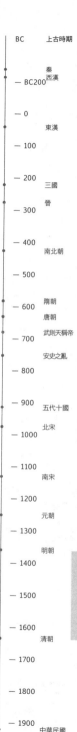

皇帝的家務事

朱厚熜即將滿二十歲之前，以「母后儀駕」的禮節接自己的母親蔣氏入朝，至此開始「恢復」父親為皇室正宗的「篡宗」專政。緊接著一連串違背所謂「禮制」的行動開始了，群臣們、儒生們到殿前哭了數次，直呼：「禮法啊！社稷啊！」

鬧的朱厚熜頭疼得厲害。這時，他媽強勢出場，這位婦女大概三十多歲，在這件事情之前也就是個良家婦女。但她非常有膽識，聽說了這件事之後，就把車停在通州不走了，別人問她怎麼不動身了，她說什麼時候楊廷和把名分給她了，她再進京。

這下可熱鬧了。朱厚熜一聽到自己親媽就在通州給自己無聲的支持呢，更加有信心了，他派人告訴楊廷和，如果你不讓我爹媽有個名分，我媽要回家去，我也不幹了，這個皇帝誰愛當就給誰當。

而張璁也看準了機會，又寫了一篇論禮儀的文章，具體內容就不說了，總之重點就一句話，讓楊廷和給他們一個名分。楊廷和是什麼人物，豈會被這幾個人嚇到。

他主動前去拜訪朱厚熜，告訴他內閣經過研究決定，已經將他的親爹和親娘分別命名為興獻帝和興獻后。這事辦的也算符合朱厚熜的要求，他很高興，鬥爭總算有了初步的勝利，但他沒想到，私底下，楊廷和已經把張璁分配了工作，把他調到南京當了刑部主事，這就是告訴他，別再回來多事了，不然有你好看。

大家都滿意了，但朱厚熜的娘可不滿意，她非要在稱呼前加一個皇字，顯示自己的尊貴。但楊廷和堅絕不同意，他說加一個字可以，那他就辭職。楊廷和走了，誰還聽皇帝的話呢，思量一番，朱厚熜妥協了，楊廷和勝出。

這場禮儀之爭持續大概四年之久，期間曲曲折折，無非也就是權臣們之間的傾軋罷了，在大臣們把朱厚熜惹的實在是忍無可忍了，他就憤然出

BC

耶穌基督出生　0

君士坦丁統一羅馬

羅馬帝國分成兩部

波斯帝國　500

回教建立

凡爾登條約

神聖羅馬帝國建立
1000

十字軍東征

蒙古第一次西征

英法百年戰爭開始

哥倫布發現新大陸
1500

英國大破無敵艦隊

發明蒸汽機

美國獨立
拿破崙稱帝

美國南北戰爭開始

第一次世界大戰
第二次世界大戰

2000

擊了。

這位皇帝在忍無可忍的情況下，便不再忍耐，一口氣將五品以下官員134人逮入詔獄拷訊，四品以上官員姑令待罪。這件事，當時稱為「大禮獄」，明朝士大夫們當時的慘烈狀態，令後人都禁不住淒然。

朱厚熜終於達到了他修復「正統」的目的，如願以償地叫孝宗為「皇伯考」，昭聖太后張氏為「皇伯母」；稱自己的老子「恭穆獻皇帝」為「皇考」，蔣氏「章聖皇太后」為「聖母」。估計興獻王也沒料到，自己在死後竟然成了「皇帝祖宗」。

這場持續四年、看似圍繞「大禮」的爭議終於落幕，其實也不止是禮儀上的爭執。朱厚熜明確地表明孝宗只是自己的伯父，但是他既然在當初反對稱親生父親為皇叔父的理由是「如果稱皇叔，就要講君臣之義」，那麼稱孝宗為皇伯考不是也要講君臣之義嗎？難道要把孝宗當做世宗朱厚熜的臣子嗎？這一切都是如此的矛盾。

其實明朝「大禮議」一事，並無是非曲直，而明朝的君臣們，對於禮制的理解也是粗疏的。這一事件倒是真實地反映了明代皇權專制力量的強大。在議禮一事上，朱厚熜非但對其生父稱帝稱考，而且稱皇稱宗，乃至超越武宗而配享於明堂。這樣的做法，連張璁等人都覺得有些不對。但是，誰又能控制帝王的權力控制欲呢？

禮為先

沒有哪個皇帝在剛當政的時候就想渾渾噩噩地過，這嘉靖皇帝朱厚熜也是一個「新帝上任三把火」的人。剛剛做了皇帝，自然得給百姓們謀點福利，不然也太說不過去了。於是朱厚熜下詔，該罷黜弊政的就要狠狠地執行，該懲治的就要「千刀萬剮」，這下可苦了那些貪官污吏和走後門的官員們。

腐敗分子被處理了，百姓當然樂得減少經濟負擔，一派「中外稱新天

BC　上古時期

秦
—BC200　西漢

—0

東漢

—100

—200

三國

—300　晉

—400　南北朝

—500

—600　隋朝
唐朝

武則天稱帝

—700　安史之亂

—800

—900　五代十國

—1000　北宋

—1100

南宋

—1200

—1300　元朝

明朝

—1400

—1500

—1600

清朝

—1700

—1800

—1900　中華民國

—2000

子『聖人』」的景象。不過這可不是朱厚熜的功勞,而是楊廷和制定的各種政策,皇帝只需簽個字、蓋個章,便萬事大吉。從這一點上可以看出,楊廷和這個臣子還算做得不錯。如果他沒有在禮制上那麼固守所謂的「正統」,而朱厚熜也不計較那麼多「禮」的問題。

只可惜兩人的精誠合作維持的時間不長,在這個禮儀的問題上,楊廷和始終堅持自己的意見,而嘉靖皇帝也是不肯讓步,於是兩人的隔閡越來越大。

楊廷和堅持「禮制」,但他是老頭子,總有一天得退休。所以,楊老頭子一退休,朱厚熜便「瘋狂」了,他以迅雷不及掩耳之勢肅清了反對他的人,開始創造他的理想之國。

因此,嘉靖皇帝認為只有在立法上有所建樹,才是真正的不朽。他似乎悟通了一個道理:與其做一位特定時代的世俗主宰者而留名青史,不如鑄造精神範本,架設思想燈塔,指引千秋萬代。

他的「覺醒」似乎一醒就是二十年,在他這段「進取」建設國家的日子裡,把全部熱情和精力都投到禮教改革上,正郊祭,修孔廟,釐正太廟廟制,舉凡國家的禮制之大者,他能想到的,都讓他折騰了一番。

這是一個奇怪的皇帝,他反對楊廷和那套繼嗣正統「禮制」,但他對禮制的各種東西卻非常癡迷。他把儒家各種繁文縟節的東西弄得徹徹底底,然後作為思想準則來統治臣民,維護自己的權威。這是專政心態的極端化表現,完全是思想的扭曲。而造成他這種扭曲思想的罪魁禍首,卻恰恰是他的最愛——禮。

作為一個皇帝,朱厚熜的確實現了專政。在這專政期間,他完完全全地駕馭了士大夫們,他用「大禮議」告訴他們:順我者昌,逆我者亡。他公然表彰依附的士大夫,只要肯站到他這一邊,他便獎勵他們,這把士大夫的骨氣全都磨沒了。另一方面,他搞專政,搞個人崇拜,士大夫們必須給他歌功頌德,寫一些狗屁不通的文章,他們才能保命。皇帝不想受士大夫的擺佈,就要將他們擺佈得如玩偶一般才成。因為這種統治,明朝的士林風氣徹底衰落了。

哥倫布發現新大陸
1500—

英國大破無敵艦隊

發明蒸汽機

美國獨立
拿破崙稱帝

美國南北戰爭開始

第一次世界大戰
第二次世界大戰

2000—

不得不壞

　　嘉靖有著自己的人生追求，因為他很精明，精明的都快成精了。他不允許別人控制自己，只能讓自己控制別人，所以，明朝以前那些太監專權的事件，在嘉靖時期並未出現，因為嘉靖朱厚熜自幼生長於民間，對太監沒有依賴性，所以在他當政期間，沒有出現任何宦官專政的事情，而他反倒對士大夫有幾分「鍾情」。他在控制士大夫的同時，那些阿諛奉承他的士大夫們，就自然受到了他的寵愛，這從嚴嵩的身上就可以看出來。

　　嚴嵩本來還是個不錯的臣子，早期也並沒有阿諛奉承的習慣，卻因遭到閹黨的迫害而被貶。嘉靖即位，他再度出仕，本以為能有所作為，但是一件事情的發生，讓他徹底認識到，自己不腐敗、不阿諛奉承就不能活。這件事發生在嘉靖十七年（西元1538年）的六月。

　　世宗朱厚熜欲讓生父獻皇帝稱宗入太廟，命下禮部集議。這時任禮部尚書的嚴嵩是躲不過去的了。

　　這不是個好差事，順從皇帝，立刻就會招來罵名；按照慣例來秉公辦理，自己烏紗帽難保。經過一番掙扎，嚴嵩寫了一份模棱兩可的奏疏交給皇上。朱厚熜對他的態度非常不滿，親書《明堂或問》，警示廷臣，言語犀利，堅決表示要讓其父獻皇帝稱宗入廟。

　　這無疑是皇帝對嚴嵩的一種「沉默式」批判。他惶恐不安，生怕皇帝怪罪下來，要砍他的頭。於是，嚴嵩「痛改前非」，完全順從皇帝的意思，為朱厚熜的生父獻皇帝祔太廟配享安排了隆重的禮儀，並充分發揮自己的才能，在祭祀禮畢後，寫了《慶雲頌》和《大禮告成頌》。

　　這兩篇文章文筆絕佳，很得嘉靖皇帝賞識。從此，他平步青雲，也註定要作為一個「奸臣」活在歷史上。

　　不過，對嘉靖皇帝來說，權臣是他所不能容忍的。嚴嵩在與良臣夏言長達十餘年的鬥爭中，盡顯其陰狠狡詐、刻薄寡恩、心狠手辣，終於贏得勝利，位極人臣。但朱厚熜在這些年來一直聽到有關嚴嵩驕橫的傳言，對

BC　　上古時期

秦
― BC200　西漢

― 0

東漢
― 100

― 200　三國

晉
― 300

― 400　南北朝

― 500

隋朝
― 600　唐朝

武則天稱帝
― 700　安史之亂

― 800

― 900　五代十國

北宋
― 1000

― 1100　南宋

― 1200

元朝
― 1300

明朝
― 1400

― 1500

― 1600　清朝

― 1700

― 1800

― 1900　中華民國

― 2000

BC

耶穌基督出生 0—

君士坦丁統一羅馬

羅馬帝國分成兩部

波斯帝國 500—

回教建立

凡爾登條約

神聖羅馬帝國建立
1000—

十字軍東征

蒙古第一次西征

英法百年戰爭開始

哥倫布發現新大陸
1500—

英國大破無敵艦隊

發明蒸汽機

美國獨立
拿破崙稱帝

美國南北戰爭開始

第一次世界大戰
第二次世界大戰

2000—

他漸生厭惡之心。而嚴嵩的兒子也不爭氣，老是憑藉老子的名號到處惹是生非，很多大臣受不了這父子，便紛紛彈劾。

朱厚熜一看，也到了該辦嚴嵩的日子了，寵了他那麼久，對他的所有事情睜一隻眼閉一隻眼，但若是寵太久，嚴嵩好像把他這個皇帝當成瞎子了。於是一紙詔書，把嚴嵩那愛惹禍的兒子下獄、砍了，削了嚴嵩的職，抄了他的家，嚴嵩終於倒下去了。

嘉靖身體力行地告訴自己手底下的大臣們，別跟我鬥，鬥不過我的。

面對如此精明，讓人摸不透的一個皇帝主子，大臣們還能有什麼話好說了，大臣們你來我往，貫行於朝廷之上，但哪個都得不到嘉靖真正的信任，他只不過是把大臣們當做自己的棋子，玩弄於股掌之上。

人太厲害了就會覺得寂寞，寂寞久了就會覺得孤單，孤單了就得找點安穩，嘉靖給自己找到了人生的安慰，那就是修道。

打繩結是門技術

嘉靖二十一年（西元1542年）十月丁寅，這天宮裡發生了一件通天大事，嘉靖差點在他的睡夢中丟了性命。

事情是這樣發生的，那天深夜，嘉靖一如既往地睡在端妃的房間裡，睡到半夜的時候，一群人摸進了房間，走到床前，把一根繩子套在了嘉靖的脖子上。

本來在人熟睡的時候將其殺死是件挺容易的事情，但是這位兇手太過緊張，她想打個結把嘉靖勒死，可是卻手忙腳亂地把結打成了死結。

這下可好，嘉靖被勒得難受，醒了，呻吟了幾聲就被勒的昏死過去了。可是這位兇手還是沒有把握好這寶貴的機會，繼續擺弄那個死結。

旁邊的共犯實在是扛不住了，她怕嘉靖萬一醒過來，那她就暴露了，於是她決定棄暗投明，去找皇后。

這裡交代一下，勒嘉靖的人叫楊金英，膽小的同夥叫張金蓮，兩個人

都是宮女，半夜不睡覺偷偷摸摸地來勒嘉靖，現在失手了，又去找皇后幫忙，總之這個夜晚簡直是亂極了。

皇后聽到這個消息，趕緊帶人過來，她拿下楊金英，親手將嘉靖解救出來，皇后頓時從一個失寵的人，變成了頭號功臣。

她開始安撫嘉靖的情緒，然後就當起了偵探，力查此案。這個案子很奇怪，根據兩個宮女的交代，指使她們的幕後黑手是王寧嬪。她也是嘉靖的妃子，嘉靖對她還算寵愛，可是她為什麼要派人來謀殺嘉靖，就不得而知了。

在皇后的大刀闊斧之下，王妃子和她的一干從犯統統被砍頭。其實這個案子有很多疑點，王妃子根本沒有理由去殺嘉靖，嘉靖死了，對她也沒有什麼好處，但是史書上對此沒有更多的記載，只能留給後人憑空猜測了。

皇后在除掉了王妃子這個勁敵之後，她又乾脆把當時和皇帝睡在一張床上的端妃也拉下了水。

皇后買通了身邊的人，證明端妃也是居心不良，不然為什麼皇帝偏偏在你的床上被套住了脖子，而不是在別人的床上被套住脖子呢？

端妃百口莫辯，也只能自認倒楣，被送上了刑場。這件皇帝遇刺案成了街頭巷尾的熱門話題，大家茶餘飯後都會拿出來說一說。這個案子雖然最終也沒有驗證出，到底真凶是誰，而是以這樣不了了之的方式結束了，但是這個案子在明朝的發展中，卻是產生了一個轉折的作用。

嘉靖在自己的床上差點被人謀殺了，這件事情讓他十分鬱悶，心情頓時很不好。於是他搬出了後宮，搬進了西苑。這件事情之後的一段時間，嘉靖說自己身體不舒服，要修養一段時間，不上朝工作了。

大臣們也以為嘉靖頂多過個十天半個月就會重新投入到工作中，可是沒想到大臣們這一等，就等了二十多年。

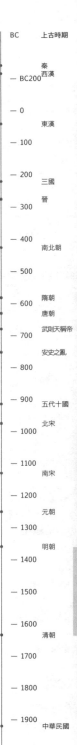

光輝英雄

　　嘉靖自從受了那次驚嚇，就再也不管朝政，也不上朝了，他天天躲在深宮裡煉丹藥，想要得道成仙。

　　可是人間這邊還在繼續呢，嘉靖之前玩的禮儀遊戲，絲毫不能拯救大明朝於不斷下滑的狀態。

　　國家當下最需要的就是開明的政治、經濟、軍事政策這種物質層次的實事，王朝的危難時刻，尤其是外患加身的時刻，就極需要有人挺身而出，去拯救搖搖欲墜的國家，使生靈免遭塗炭，山河得以完好。時勢呼喚這樣的英雄，急盼他們勇敢地站在歷史的轉捩點上力挽狂瀾，他們的出現是家國之幸、時代之幸。

　　戚繼光有幸成為了這個時代的驕子。戚繼光一生最輝煌的時刻就在明世宗嘉靖年間。作為一個武將，他的輝煌代表國家的動亂。當時明朝的君臣正沉迷於關於「大禮」及其時間的鬥爭，而管理國家內部事務的朝臣們也渾渾噩噩。不巧的是，嘉靖皇帝一心只顧著國家的大禮，卻忽視了百姓的安生，國家頻頻出現財政危機，百姓生活困苦不堪。

　　正所謂「屋漏偏逢連夜雨」，明朝此時的東南沿海遭受葡萄牙軍隊的侵襲，倭患也變得白熱化，雖然葡萄牙軍隊被趕走了，但是倭患情況卻絲毫沒有改善，國家此時正值內憂外患的窘境。

　　東南沿海的倭寇禍患並不是在明朝中期才出現，早在元末明初就已經有了。但是明初國力強盛，重視海防設置，倭寇未能釀成大患。正統以後，隨著明朝政治的腐敗，海防鬆弛，倭寇禍害越來越嚴重。嘉靖年間，倭患已經一發不可收拾。

　　而這一局面造成的原因，一則在於世宗的昏聵以及寵臣嚴嵩庇護、縱容通倭官吏，打擊、陷害抗倭將領；二則嘉靖年間商品經濟的發展，對外貿易相當發達，沿海一帶私人經營的海上貿易也十分活躍。那些海商大賈為了牟取暴利，不顧朝廷的海禁命令，和「番舶夷商」相互販賣貨物，他

們成群結隊，形成海上武裝走私集團，甚至亡命海外，勾結日本各島的倭寇，在沿海劫掠。

帶著「封侯非我意，但願海波平」的滅倭志向，戚繼光一上任，就看到舊軍作戰能力極差，這樣的軍隊想打贏倭寇和奸商，那肯定是做夢。他認為當下最緊急的就是整頓水兵。

當地百姓也曾組建民兵抗倭，但畢竟不是專業的，戰鬥力跟不上。戚繼光將強壯的民眾組織起來，再加上原有的水兵，組成了新的隊伍——戚家軍。他針對明軍兵器裝備種類繁多、沿海地形多沼澤、倭寇小股分散的特點，創立攻防兼宜的「鴛鴦陣」，以12人為一隊，長短兵器交替用，攻守兼顧，因敵因地變換陣形。

軍制改革後，一支全新的軍隊出現在浙東沿海戰場，抗倭形勢很快改觀。倭寇再也不敢囂張了，看到戚家軍就趕緊溜了。

戚家軍在浙江、福建、廣東三省轉戰10年，日本海盜只要見到他，逃都來不及了，哪還敢再來搗亂。

利用作戰訓練間隙，戚繼光收集了水戰、陸戰的經驗，撰成《紀效新書》，闡述選兵、編伍、操練、出征等理論和方法。

可惜的是，這位勇猛無匹的抗倭名將，在明神宗萬曆年間，隨著庇護他的張居正失勢而受到排擠，歸鄉而逝，結束了自己在史冊中的最後一筆。此後，明朝東南沿海再無名將守護，倭寇雖滅，然而葡萄牙侵略者卻多次騷擾明國領土，久占澳門不還，最後澳門終落入外人手中。

張居正偉業

明朝從來就不是個太平的朝代，封建社會到達了一個頂峰的時期。說白了這個時候統治者的權利已經膨脹到了無以復加的階段，一切都是走向中央集權：普天之下莫非王土，什麼東廠、西廠啊，那都是特務；什麼錦衣衛啊，那都是保鏢。

BC　上古時期

秦
—BC200　西漢

—0
東漢

—100

—200　三國
曾
—300

—400
南北朝

—500

—600　隋朝
唐朝
—700　武則天稱帝
安史之亂
—800

—900　五代十國
北宋
—1000

—1100
南宋
—1200
元朝
—1300
明朝
—1400

—1500

—1600　清朝
—1700

—1800

—1900　中華民國

—2000

朱元璋一上臺就把兵權都給收了，劉伯溫也只能傻了眼，暗暗猜想：「難道當皇帝的都是一個德性，好在我夜觀星象知道會有這麼一天，提前留了一手，你說你是龍，我也能夠找到降得住龍的東西。」

明朝剛建立那時候，朱元璋看起來還是識大局的（畢竟人家苦過，知道老百姓的難處），休養生息，再加上明朝怎麼說也不是異族統治，老百姓們睡覺時也踏實點。

可是到了嘉靖這時候，帝王們的仁慈已經是遙不可及的奢望了。明世宗在位四十餘年，篤信道教，敬鬼神，就是一個歇斯底里的暴君。但是

他可不是那麼簡單的人物，十五歲即位的時候就讓半生宦海沉浮的楊廷和

跌了個大跟頭，他看起來是把自己關在煉丹房裡求長生，卻暗中操縱著整個江山。這隻老狐狸啊，守住了自己的位子卻將整個國家陷於水深火熱之

中。

張居正只和嘉靖皇帝打了個照面，看到頹敗的景象，就激發了他無限

的鬥志與雄心。在嘉靖嗚呼之後，他兒子即位，這就是短命的隆慶皇帝，娘親不得寵，自己也不是長子，所以只有自己爭氣，後來他莫名其妙地當

上了皇帝，倒也大刀闊斧改了一些革，希望有所作為的。但是不幸的是他

太短命了，在位只有六年，怪只怪他太過於好色。雖說明朝皇帝沒有一個不好色的，但是這個勵精圖治的短命皇帝在這個領域真的是佼佼者，才

三十幾歲身強力壯卻每天吃媚藥、春方比吃飯還要勤快，結果好了，縱欲

過度，江山終究沒有敵過美人。

張居正此時已經做好了救世的雄心，他想啊：這回老狐狸朱厚熜總

算死了，他在一天誰也別想真真切切地做些實事，好在他生了個能幹的兒子，有些想法，想之前許讚啊，高拱啊，空有能耐，嘉靖皇帝卻道高一

丈，弄個嚴嵩讓他們忙活大半輩子。還好這個新皇帝一登基就給了我個吏

部左侍郎做做，知道要先從官員內部開始整頓才能由上及下地推行新的政

策與方針。

但是他萬萬沒有想到這個皇帝竟然那麼短命，等他好不容易坐上宰

輔的位置（就是和宰相差不多的位置）的時候，面對的只是朱載垕的孤兒

寡母，眼淚一把鼻涕一把的李皇后對著張居正說：「我孤兒寡母的可都靠著你了啊，那個高拱不是什麼好東西，說我兒朱翊鈞才十歲怎麼能夠治天下，肯定不知道安了哪門子邪心，你可要不能辜負先皇對你的信任啊！」

張居正戰戰兢兢，本來太子爺年方十歲，又怎麼能治理天下，高拱這句話沒有說錯，但是不能隨便說的啊。還好，年紀小有好處，他爹就有些想法，娘親也知書達理，這小皇帝還是有塑造的可能性的。於是張居正拜了又拜，扛下了輔佐皇帝的擔子，張居正官拜首輔。

萬曆的頭十年，小皇帝朱翊鈞在大家的呵護下茁壯成長，張居正也把他的能耐施展了出來。整個國家的情況那是日新月異，老百姓們也長長地舒了口氣。這就是歷史上有名的萬曆新政，明朝後期一片黑暗，也就這時候能看到些許的陽光，這樣看來一個人的確可以扭轉整個局面。

萬曆九年張居正不幸染疾，這個疾和隆慶皇帝的英年早逝一樣不是很光彩，總而言之，張居正死了，萬曆新政也就擱淺了。這一擱淺其中還有故事，本來朱翊鈞看到張居正死了還傷心了一段時間，又是包奠儀又是立碑刻字的。過了兩年之後，他突然發了瘋抄了張家，撤了以前的追封，差一點點就要掘墓鞭屍。這樣一鬧，周圍還有誰敢提張居正，還有誰再敢提新政之事。

後來萬曆皇帝朱翊鈞還是做了幾年的好皇帝，辦了些利民之事，但是再後來還是沒能擋住高處的風寒，落寞了，醉生夢死直到真正辭世。

明朝後來的故事就更加滑稽，更加不堪了，但是沒有辦法，一個王朝的興衰扛在一個人肩上實在是太重了，況且人家又不是皇帝，能用盡自己的一生換來短暫的光明已經實在難得了，又能奢望什麼呢？

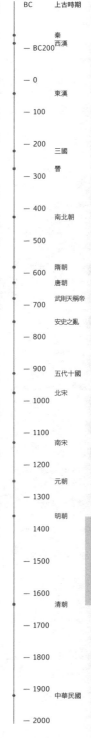

越來越不堪的時代

BC

耶穌基督出生　0—

君士坦丁統一羅馬

羅馬帝國分成兩部

波斯帝國　500—

回教建立

凡爾登條約

神聖羅馬帝國建立
　　　　1000—

十字軍東征

蒙古第一次西征

英法百年戰爭開始

哥倫布發現新大陸
　　　　1500—

英國大破無敵艦隊

發明蒸汽機

美國獨立
拿破崙稱帝

美國南北戰爭開始

第一次世界大戰
第二次世界大戰

　　　　2000—

風氣很不好

　　嘉靖、隆慶年間，短短六年，內閣爭鬥愈演愈烈。先是徐階鬥垮嚴嵩，接著高拱除掉徐階、李春芳，幾乎一年一變。一個首輔倒了，牽連一批官員被貶謫，今朝得勢的，來年就可能被趕下臺。內閣之中愛惡交攻，吐唾辱罵，甚至大打出手。上樑如此，下樑也好不到哪裡去。官衙根本不把法令放在眼裡，紛爭很多，主錢穀的不明出納，司刑名的不悉法律，管監察的不行糾劾。人們也慨歎這些年國家綱紀的敗壞，官風日下。

　　到了萬曆時期，明朝更是一團烏煙瘴氣，說道萬曆時期的政治，張居正改革就不得不提了。張居正雖歷經嘉靖、隆慶兩朝，但真正大展宏圖還是在萬曆年間。張居正在隆慶一朝雖沒成為首輔，但一直都是隆慶帝的心腹，深得信任。

　　後來張居正當了萬曆的老師，天天教萬曆認字學做人的道理，地位更是高得不得了。萬曆對張居正是既信任又害怕，這也就為他日後瘋狂報復張居正埋下了伏筆。

　　張居正輔佐年僅十歲的萬曆皇帝，無異於一個年近五十、處於精力和經驗巔峰期的中年人帶著一個小孩。初登皇位的萬曆能懂什麼，能做什麼？朝中的大事小事能不由他身邊的張居正代行嗎？

　　張居正必須一點一點地教會他理政知識，也只有這樣才能盡到一個首

輔的責任。當然，有些事情就算是一般人也未必能懂，給小孩子解釋半天也沒有用，所以歸結起來，萬曆基本上可以開心地玩，放心地把事情教給他身邊的能相去處理。

張居正肩膀上的擔子可就不小，事事代皇帝分析、謀劃、決斷，基本上皇帝該做的都由他幹了。

張大人身兼數職，每天忙的是死去活來。但張居正要面對的是一個積弊重重的爛攤子，要醫治的是一個龐大的帝國——當時世界上實力數一數二的帝國。他目前的工作量和工作強度還是遠遠不夠的。

少主乳臭未乾，張居正責無旁貸，皇帝的全職代理人他是必須當，也當定了。這麼一個巨大無比的病人，該從何下手，下多重的手，要醫治多大的範圍，這可真是個工程浩大的工作。

但是張居正是誰，他多少風浪都闖過來了，還能在乎眼下這點小波浪。雖然當時的明朝已經是千瘡百孔，破爛不堪了，但是張居正沒有放棄他的打算。

對於這個朝代的未來，張居正自嘉靖、隆慶兩朝時以來就做了很多思考，基本思路都已經成形，現在時機也到來了，是該大展身手的時候了，一番雷厲風行的大膽改革和勵精圖治由此開始。

救時宰相

明王朝內憂外患，毛病一堆，內有土地兼併，流民四散，國庫空虛，用度匱乏；外則北方韃靼進兵中原，製造「庚戌之變」，南方土司爭權奪利，尤其岑猛叛亂，「兩江震駭」。

張居正深刻地感悟到，小修小補已無法挽救明朝的覆亡，只有進行大刀闊斧的全面改革，才能使國家真正走出困境。

其實早在隆慶二年八月，他托《陳六事疏》中就從省議論、振紀綱、重詔令、核名實、固邦本、飭武備等六個方面提出改革政治的方案，其核

BC　上古時期
— BC200　秦　西漢
— 0　東漢
— 100
— 200　三國
— 300　晉
— 400　南北朝
— 500
— 600　隋朝　唐朝
— 700　武則天稱帝　安史之亂
— 800
— 900　五代十國　北宋
— 1000
— 1100　南宋
— 1200　元朝
— 1300　明朝
— 1400
— 1500
— 1600　清朝
— 1700
— 1800
— 1900　中華民國
— 2000

心就是整飭吏治，富國強兵，明確地把解決國家「財用大匱」作為自己的治國目標。

張居正的改革是在統治機構近乎解體，財政瀕於破產的局面下，自上而下發動的一場自救運動。改革是觸動社會體制的變革，這雖然是在同一社會制度下的推陳出新，自我完善，但卻是「變」字當頭，改變某些不合時宜的規章、制度和政策，與漸行漸變不同的是，改革是帶有矛盾的集中性、突破性和體制性的改變，集中表現為法制的推陳出新，所以又被稱為變法運動。

作為一個歷經三朝的偉大人物，張居正是很有思想深度的。他對明王朝所面臨的問題有深刻的認識。他認為當時國力匱乏和盜賊橫行都是由於吏治不清造成的。官吏貪污，地主兼併，使部分人錢包大鼓，公家卻是囊中羞澀，窮光蛋一個；加上皇帝太不像樣，揮霍無度，百姓因此吃不飽睡不好，無奈之下上山當了草寇。張居正很高明地把了國家的脈象，政不通，社會問題就得不到解決，本來這些年經濟就不好，再加上一群不幹正事、中飽私囊的貪污蛀蟲，不幫百姓解決問題，還搜刮他們的脂膏，國家能不亂嗎？

但光省也不是個辦法，經濟學上有個詞叫「開源節流」，張居正很懂得這個道理。他一邊節省開支，一邊加大國庫的收入。在張居正的要求下，全國上下，都勒緊了褲腰帶過日子，就連皇帝也不例外。因為張大人自己都過著節省的生活，兒子回江陵應試，他吩咐兒子自己雇車；父親生日，他讓僕人帶著壽禮，騎驢回鄉祝壽。萬曆八年，次弟張居敬病重，回鄉調治，保定巡撫張鹵例外發給「勘合」（使用驛站的證明書），張居正立即交還，並附信說要為朝廷執法，就得以身作則。

如此嚴格執行自己定下的規矩，張居正做的的確是讓人沒話說。

哥倫布發現新大陸
1500—

英國大破無敵艦隊

發明蒸汽機

美國獨立
拿破崙稱帝

美國南北戰爭開始

第一次世界大戰
第二次世界大戰

2000—

張居正在明朝官場中遊刃有餘，最終實行了大刀闊斧的改革，以一己之力實現了大明帝國短暫而輝煌的中興。在中國封建社會中並不乏起自平民而榮登寶座的皇帝，劉邦、朱元璋都以開國的一代君主享名青史，但卻少有出身寒微而力挽狂瀾的宰相，張居正就是罕見的一位。

他從秀才、舉人、進士，官至內閣大學士，從平民中崛起，在明朝萬曆王朝初年當了十年首輔，協助十歲的小皇帝推行改革，把衰敗、混亂的明王朝治理得國富民安，人們讚揚他是「起衰振墮」的「救時宰相」。

死後有點慘

萬曆九年（西元1581年），五十七歲的張居正終因勞累病倒。他日理萬機，為國事沒日沒夜奔忙，連十九年未能見面的老父去世，都不能服喪守制，如此盡職盡責。

當然了，張居正也是沒辦法，國家實在離不開他。在萬曆十年六月二十日，張居正病逝，這位重臣終於撒手人寰。在他死後萬曆皇帝為之輟朝，贈上柱國，諡號「文忠」，用來表示對這位大臣的敬重。

按說張居正也算是圓滿了這一生，但是他死後，卻還是沒能安穩，因為他的改革著眼於地主階級的長遠利益，因此不得不在某些方面損害一些官僚、大地主的利益。他自己在政策及用人上也存在一些失誤，他死後，有些人就開始了肆意的報復和攻擊。但這些都不是最主要的，小人能夠得逞，在於他們有了可以施展陰謀的空間，正是張居正擁戴的神宗為他們創造了可乘之機。

神宗也是個善變的男人，張居正活著的時候，他見到張居正就猶如老鼠見到貓，在那時，張居正是老師，是宰相，是他背後最強而有力的靠山；是解決問題時的最佳顧問，是復興國家的得力助手。

現在張居正死了，不滿的小火苗逐漸燃燒在神宗的胸膛裡，張居正的存在，讓萬曆覺得自己就像個擺設，大臣們眼裡就只看到了張居正高大的「背影」，張居正當政十年，所攬之權，是神宗的大權，這是他效國的需要，但他的當權便是神宗的失位，他的關係在朝廷盤根錯節就是對神宗的威脅。

張居正越是為國家拼命，神宗就越是鄙視他，國家是我的，權力是

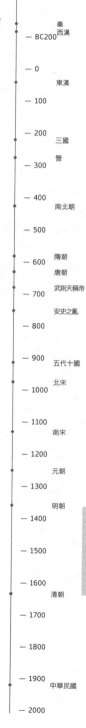

BC

耶穌基督出生　0—

君士坦丁統一羅馬

羅馬帝國分成兩部

波斯帝國　500—

回教建立

凡爾登條約

神聖羅馬帝國建立
　　　　1000—

十字軍東征

蒙古第一次西征

英法百年戰爭開始

哥倫布發現新大陸
　　　　1500—

英國大破無敵艦隊

發明蒸汽機

美國獨立
拿破崙稱帝

美國南北戰爭開始

第一次世界大戰
第二次世界大戰

　　　　2000—

我的先祖打拼下來的，你只不過是我雇來的臣子，憑什麼讓你站得比我還高，把國家和皇權的大部分都攬入懷裡？那我還當什麼皇帝，老子的臉往哪裡擱？就算你再忠君愛國，那也不行，我的天威是否還在這才是我最關心的。

這種委屈的感覺，在張居正死後開始全面爆發，張居正死後第四天，御史雷士禎等七名官員彈劾潘晟。潘晟是張居正生前所推薦的官員，他的下臺，意味著暴風驟雨的到來。

沒多久，神宗就開始下詔書，指出改革的許多不合理的地方，原先被稱讚的地方全都成了失誤。今天說土地丈量不合法，明天說房屋買賣不行，後天就說稅收不對數了。總之是人死如燈滅，什麼都不是了。

人亡而政息，張居正在位時所用一批官員有的被削職，有的被棄市。而朝廷所施之政，也一一恢復以前弊端叢生的舊觀，朝廷上沒有人敢為張居正說句公道話。

張居正死後的第十四年，神宗就以瘋狂的掠奪破壞了國家機器的正常運轉，給明朝帶來了一場空前的災難。官僚體制被破壞，國家庫藏被耗盡，平民百姓生活在水深火熱中，終於激發民眾起義，全國各地怨聲載道，動盪不安。

此情此景，千古名相當有無盡的歎息！

慢慢變樣子

萬曆皇帝一開始也並非他後來那麼混，萬曆還是很聰明的一個人，從小就開始當皇帝，別的孩子還在玩泥巴的時候，這位老兄已經開始在玩權謀了，所以說比較早熟。

早熟的孩子一般都有點讓人猜不透，萬曆就是這樣的，其實在一開始，萬曆也不是個平庸的君主，畢竟在其當政的早期，他搞定了三大征，即東北、西北、西南邊疆幾乎同時開展的三次軍事行動：平定蒙古韃靼哱

拜叛亂；援朝抗日戰爭；平定西南楊應龍叛變。

他對於每一次軍事行動，似乎都充分認識到其重要性。而且，在戰爭過程中對於前線將領的充分信任，對於指揮失誤的將領的堅決撤換，都顯示了他的膽略。

但這位有膽有識的皇帝也是個權力欲望極其嚴重的人，張居正一事就能看出他的內心偏執來。

萬曆皇帝在處理了張居正、平定三方之後，徹徹底底不理朝政，他整天抱怨說自己「一時頭昏眼黑，力乏不興」。

禮部主事盧洪春還為此特地上疏，指出「肝虛則頭暈目眩，腎虛則腰痛精泄」。不久，神宗又自稱「腰痛腳軟，行立不便」，病情加劇，於是真的就不再上朝，總是召首輔沈一貫入閣囑託後事。

一開始好端端一個皇帝，挺能幹的，怎麼就沉淪成後來的混皇帝呢？不用後人去總結，皇帝當時的臣子就給他列出來了。

大理寺左評事雒于仁上了一疏，疏中批評了明神宗縱情於酒、色、財、氣，並獻「四箴」。給皇帝提了點建議，這一「四箴」可把皇帝氣瘋了，於是辦了雒于仁，但這四箴卻恰恰可以形容萬曆帝的後半生。

其實他的這些毛病正被雒于仁說中，都來源於他的貪酒、貪色、貪財、貪享樂。

萬曆好酒，一則他自己愛喝，二則明末社會好酒成風。清初的學者張履祥記載了明代晚期朝廷上下好酒之習：明代後期對於酒不實行專賣制度，所以民間可以自己製造酒，又不禁止群飲，飲酒成風。喝酒少的能喝幾升，多的無限量，日夜不止，朝野上下都是如此。

萬曆頭暈眼花，腎虛，那都是酒精多了造成的，雖然古時候的酒度數高不到哪去，但是也禁不住萬曆沒日沒夜的猛喝。

哪個皇帝不好色？萬曆自己也承認自己很好色。但他對專寵貴妃鄭氏，有自己的說法：「朕好色，偏寵貴妃鄭氏。朕只因鄭氏勤勞，朕每至一宮，她必相隨。朝夕間她獨小心侍奉。」

這樣一個「勤勞」的妃子，把萬曆迷住了，萬曆日日寵幸，怎能不腎

BC　上古時期

秦
— BC200 西漢

— 0

東漢

— 100

— 200

三國

晉

— 300

— 400

南北朝

— 500

隋朝

— 600 唐朝

武則天稱帝

— 700 安史之亂

— 800

— 900 五代十國

北宋

— 1000

— 1100

南宋

— 1200

元朝

— 1300

明朝

— 1400

— 1500

— 1600

清朝

— 1700

— 1800

— 1900 中華民國

— 2000

虧？

　　至於貪財一事，萬曆在明代諸帝中可謂最有名了。他說：「朕為天子，富有四海，天下之財皆朕之財。」在他親政以後，查抄了馮保、張居正的家產，就讓太監張誠全部搬入宮中，歸自己支配。為了掠奪錢財，他派出礦監、稅監，到各地四處搜刮，他把錢當成命根，恨不得鑽進金銀堆裡。

　　關於「氣」，萬曆有說：「人孰無氣，且如先生每也有僮僕家人，難道更不責治？」看來他認為懲治那些不聽他的大臣，便是一種生氣。然而，這個皇帝「氣」倒是沒有生太多，反正他對朝政愛理不理，但是他好鴉片可是不爭的事實。他的貪婪大概是天生的本性，但匪夷所思的懶惰，一定是出於鴉片的影響。

唯一一次碰面

　　自從張居正死後，萬曆就長期的消極怠工，每天躲在後宮裡吃喝玩樂，醉生夢死。大臣們也沒人敢管他，那就只能互相鬥著玩，萬曆也不管，反正你們鬥你們的，別打擾我的悠閒就行。

　　萬曆不愛上朝管事，他也不輕易授權於太監或大臣，整個文官政府的運轉陷於停頓，由於年輕時受到太監馮保和權臣張居正束縛的影響，他對太監和大臣沒有任何好感，但他又不願意理朝政，竟導致朝內官員空缺的現象超常嚴重。

　　由於缺少官吏的管理，萬曆後期政府運作的效率極低。官僚隊伍中黨派林立，門戶之爭日盛一日，互相傾軋。東林黨、宣黨、昆黨、齊黨、浙黨，名目眾多。整個政府陷於半癱瘓狀態。

　　但萬曆才不管這些，他只顧他自己的悠閒，他這一悠閒就是26年，西元1615年，他才因「梃擊案事件」勉強到金鑾殿上亮了一次相，和各位大臣見了見面。

耶穌基督出生　0—

君士坦丁統一羅馬
羅馬帝國分成兩部

波斯帝國　500—

回教建立

凡爾登條約

神聖羅馬帝國建立
1000—

十字軍東征

蒙古第一次西征

英法百年戰爭開始

哥倫布發現新大陸
1500—

英國大破無敵艦隊

發明蒸汽機

美國獨立
拿破崙稱帝
美國南北戰爭開始

第一次世界大戰
第二次世界大戰

2000—

那一年，一個名叫張差的男子，闖入太子朱常洛所住的慈慶宮，被警衛發現逮捕。政府官員們對該案的看法分為兩派，互相攻擊。一派認為張差精神不正常，只是一件偶發的案件。另一派認為它涉及奪嫡的陰謀——萬曆帝最寵愛的鄭貴妃生有一個兒子朱常洵，她企圖使自己的兒子繼承帝位，所以收買張差行兇。

萬曆帝和太子都不願涉及鄭貴妃，為了向官員們保證絕不更換太子，萬曆帝才在龜縮了26年之後，走出他的寢宮，到相距咫尺的寶座上，親自解釋。

這一次朝會很是有趣。萬曆帝出現時，從沒有見過面的宰相方從哲和吳道南，率領文武百官恭候御駕。然後萬曆和他的太子開始向大臣們表示彼此關係的親密，以及對太子的信任，並詢問諸大臣有何意見。當時方從哲除了叩頭外，不敢說一句話，吳道南則更不敢說話。兩位宰相如此，其他臣僚自沒有一人發言。

御史劉光復人概想打破這個僵局，開口啟奏，可是，一句話沒說完，萬曆帝就大喝一聲：「拿下。」幾個宦官立即把劉光復抓住痛打，然後摔下臺階，在鮮血淋漓的慘號聲中，他被錦衣衛的衛士綁到監獄。

對這個突變，方從哲還可以支撐的住，吳道南自從做官以來，從沒有瞻仰過皇帝儀容，在過度的驚嚇下，他栽倒在地，屎尿一齊排泄而出。萬曆帝縮回他的深宮後，眾人把吳道南扶出，他已嚇成了一個木偶，兩耳變聾，雙目全盲，幾日之後方才漸漸恢復。

這就是26年之後唯一的一次朝會，沒談國家大事，只有萬曆皇帝那聲莫名其妙的「拿下」，讓大臣們膽戰心驚，且後果慘重。估計這也是萬曆要的後果，雖然自己很少露面，但還是要讓大臣們知道自己是很威嚴的。

從此又是五年不再出現，五年後，萬曆帝終一命嗚呼。

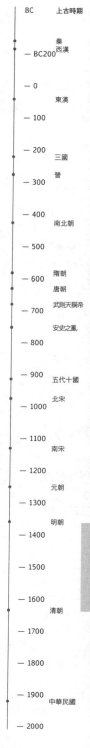

還是沒得救

終於熬出頭

明神宗朱翊鈞，萬曆四十八年逝世，年五十八。這位精明了一輩子、胡鬧了一輩子的皇帝終於壽終正寢了。

接下來上場的明朝皇帝是萬曆的長子朱常洛，這個人當萬曆的兒子，真是很不幸，萬曆一直沒說要把皇位傳給他，所以，朱常洛在擔驚受怕了三十八年後，終於能夠喘一口氣了，因為他還是當上了皇帝。

在萬曆四十八年（西元1620年）八月一日，朱常洛正式登基，即後世所稱之明光宗，定年號為泰昌。按照慣例，要等到這一年過完，第二年才能用自己的年號，但是沒想到，朱常洛是等不到那一天了。

剛坐上龍椅，朱常洛決心要有所作為，不能讓大臣們看扁了，於是他給遼東前線的士兵發糧餉，廢除各地礦稅，以及補充空缺的官員。把他爹當年沒幹的事，他都幹完了，而且很及時、很完滿。

大家覺得好皇帝終於來了，大明朝該有希望了。可是就在這個時候，朱常洛卻一下子病倒了。

這就要怪他自己了，常年在自己爹的壓制下，朱常洛是什麼也不敢做，現在好不容易輪到自己說了算了，他就開始放肆起來，每天白天日理萬機，晚上回到後宮就開始過起了豐富的夜生活。

書上是這樣寫的，「是夜，連幸數人，聖容頓減。」身體吃不消的朱

常洛在萬曆四十八年（西元1620年）八月十日病倒。皇帝病了是件大事，大家張羅著給他找大夫。這時，時任司禮監秉筆太監崔文升來了，他給皇帝開了一副瀉藥，表示皇帝吃後，肯定藥到病除。

崔大夫是有理論依據的，根據皇帝一晚上連幸數人的經歷，皇帝是吃了春藥，藥力積攢在體內，搞的身體有點上火。所以吃了瀉藥，敗敗火就沒事了，理論上倒也成立，崔大夫就開始著手配藥了。

但畢竟是副業，不是專業，崔大夫對藥劑的量拿捏不準，他把藥放多了，導致朱常洛吃了藥之後狂瀉，一晚上跑了十幾趟茅房，第二天就更加虛脫了。

這下，大家都慌了，這剛盼來一個好皇帝，眼看著就又要沒了，於是人們開始紛紛為自己找後路。有人忙著救皇帝，有人忙著找新靠山。

在生病期間，朱常洛聽說有個鴻臚寺的醫官進獻金丹，說可以長生不老，藥到病除，他便把那人叫去問了問。

此人名叫李可灼，他給皇帝把了把脈，然後拿出了金丹給皇帝服下，也就是歷史上有名的紅丸。

吃過紅丸之後，朱常洛覺得自己好像好了很多，渾身舒暢，也不拉肚子了，吃飯也有食欲了，也能下床走動了。

這個消息讓大臣們歡呼雀躍，朱常洛自己也很高興，看來他還能再當幾年皇帝，於是為了早點康復，他在幾個小時之後，又吃了紅丸鞏固療效。

但是六個時辰之後，朱常洛一命嗚呼了，這就此拉開了明朝後宮疑案，紅丸案的序幕。紅丸到底是什麼東西，李可灼為什麼要給皇帝吃這樣的東西，無人可知。

朱常洛的突然駕崩引得朝野上下議論紛紛，有人說是吃紅丸死的，有人說是勞累過度死的，還有人說是縱欲過度死的，總之爭爭吵吵，一直爭吵了八年，成為了明朝的，繼「梃擊案」之後的第二大後宮疑案。

但人們很快就把目光移向了別的地方，因為那個時候，人們更關心的是，下一任皇帝該由誰繼承。

BC　上古時期
—BC200　秦
　　　　西漢
—0　　東漢
—100
—200　三國
　　　　晉
—300
—400
　　　　南北朝
—500
—600　隋朝
　　　　唐朝
　　　　武則天稱帝
—700　安史之亂
—800
—900　五代十國
　　　　北宋
—1000
—1100
　　　　南宋
—1200
　　　　元朝
—1300
　　　　明朝
—1400
—1500
—1600
　　　　清朝
—1700
—1800
—1900　中華民國
—2000

朱常洛死後，屍骨未寒，又發生「移宮案」。朱常洛死後，長子朱由校繼位，那年他16歲。所謂「移宮」，便是從一個宮殿搬到另一個宮殿，前後分為兩個階段，分為「避宮」、「移宮」。

「避宮」是朱由校為了奪回皇權，與西李進行的一場爭奪住所大戰，朱常洛有「東李」、「西李」兩位選侍，朱由校託付給西李選侍照管，西李為了控制朱由校，要求他與自己同居一宮。但朱由校不同意，這才有了後面的「避宮」、「移宮」之說。

「明宮三案」——梃擊案、紅丸案、移宮案，牽涉到了萬曆、泰昌、天啟三代皇帝，是宮廷鬥爭引發的朝廷之爭，這三件案子加速了宦官專權，還成為黨爭題目，令整個大明朝廷烏煙瘴氣，一步步走向墳墓深處。

好木匠朱由校

中國歷史上有許多不務正業的皇帝，而明朝中葉以後更是為後人提供了許多話題，其中「木匠皇帝」朱由校便不啻為歷史舞臺上的一個皇帝丑角。比起他來，萬曆簡直是要算的上是一個好皇帝了。

要說朱由校的木匠故事，還要從一個宦官和一個奶媽說起。

宦官就是魏忠賢，他原名李進忠，但本人一點也不忠厚，反倒是奸詐狡猾的人，好賭還無賴。因為賭技不行，輸了錢沒法還，魏忠賢就下了一個大膽的決定，自己閹割自己，然後提著褲子進宮去當了太監。

他入宮後，在宮裡結交了太子宮的太監王安，他拍王安的馬屁拍得很舒服，一直被王安罩著。

後來在宮裡時間久了，魏忠賢還找到了女朋友，別看魏忠賢是個太監，但或許是他經常鍛鍊的緣故，體格非常健壯，和宮裡那些女裡女氣的太監很不一樣。魏忠賢完全就是太監中的男人。

他受到了朱由校奶媽客氏的青睞，兩人很快就勾搭上了。後來泰昌元年（西元1620年）朱由校即位，是為熹宗。

人生的許多戰場都存在著競爭對手，太監們也不例外。《明史紀事本末·魏忠賢亂政》中寫道：「上（熹宗）即位數月，一夕，忠賢與朝爭擁客氏於乾清宮暖閣，醉詈而嚚，聲達御前。時上已寢，漏將丙夜，俱跪御榻前聽上令。客氏久厭朝儇薄而喜忠賢憨猛，上逆知之，乃退朝而與忠賢。」

魏忠賢倚重「姘頭」的力量，打敗了一手提拔自己的魏朝，愛情與事業同步青雲。目不識丁的魏忠賢則升為司禮秉筆太監，而後更是一路高升成為權傾一時的「九千歲」。

朱由校雖然當了皇帝，但他並不愛管理天下，他有個自己的愛好，並且愛的欲罷不能，就是做木匠。

說實話，朱由校的手藝很是不錯。明代時候的床非常的笨重，十幾個人才能移動，用料多，樣式也極普通。熹宗朱由校便自己摸索，設計圖樣，親自鋸木釘板，一年多工夫便造出一張床來，床板可以折疊，攜帶、移動都很方便，床架上還雕鏤有各種花紋，美觀大方，讓當時的專業工匠都很佩服。

除了床，朱由校還做各種各樣的小玩具，他曾做過小木人，跟活人差不多。他還做屏風，讓太監拿到集市上去賣，說開價一萬兩，過一會兒，太監就捧著一萬兩的銀票回來了，可見朱由校的手藝還是很有市場的。

但可惜他生在帝王家，皇帝是不需要這門手藝的，皇帝需要的是治理國家。但是朱由校卻把這個職能交給了魏忠賢。

朱由校是一名出色的工匠，卻使大明王朝在他的這雙手上搖搖欲墜。他名義上統治了王朝整整7年，實際上卻是他信任的一個太監在掌控著政治權力與國家機器。

最後，只能說，朱由校是個好木匠。

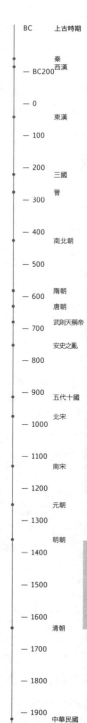

BC 上古時期
秦
BC200 西漢
0
東漢
100
200 三國
晉
300
400 南北朝
500
600 隋朝
唐朝
700 武則天稱帝
安史之亂
800
900 五代十國
北宋
1000
1100 南宋
1200
元朝
1300
明朝
1400
1500
1600 清朝
1700
1800
1900 中華民國
2000

下任繼承者

　　天啟七年（西元1627年）八月，朱由校病危，眼看就要不行了。這個時候，魏忠賢很是傷心，他當然不是替皇帝難過，他是為他自己。

　　熹宗時期，宦官的專權表現遮蔽了半邊天，魏忠賢手中握有的權力其實是皇權的變相。現在皇帝要沒了，下一任皇帝還不知道怎麼對他呢，這真是風雲莫測啊。

　　朱由校決定讓自己十七歲的弟弟信王朱由檢接替他的差事，但是魏忠賢知道，一旦朱由檢當上皇帝，那他的日子可是不好辦了。

　　所以在朱由校死後，魏忠賢封鎖了消息，祕不發喪。

　　但是趨勢已經由不得他選擇了，宮裡還是走漏了消息，皇帝已死的消息被英國公張維賢得知。這位老兄世襲爵位，是個很屬害的人物。他進宮來找魏忠賢，說他已經知道了皇帝死亡的消息，讓魏忠賢別裝蒜了。

　　魏忠賢不敢得罪他，只好公佈了皇帝已死，新皇帝登基的消息。

　　就這樣朱由檢住進了皇宮，開始了自己戰戰兢兢的皇帝生涯。他比起他哥哥來，是個十分精明的人。他知道魏忠賢看自己不爽，欲除之而後快，所以他進宮後十分謹慎，不吃宮裡送來的食物，自己進宮前就在袖子裡準備好了大餅，餓了就啃兩口。

　　他也不怎麼睡覺，在自己屋子裡聚集了很多人，反正就是讓魏忠賢無從下手。眼看這位新皇帝的龍椅是要坐穩了。既然殺不得，那就繼續讓他寵著自己吧。魏忠賢開始和新皇帝打好關係。

　　而朱由檢似乎對魏忠賢態度也不錯，總是「廠公」長，「廠公」短的叫魏忠賢，魏忠賢曾試探性的遞過一回辭呈，但被駁回了。因為朱由檢說朱由校在臨死前，讓自己重用魏忠賢，不能隨便辭掉。

　　這樣，魏忠賢就放心大膽地在宮裡留下來了，可是他不知道，朱由檢已經在暗地裡安排好了實力，就等著一步步的剷除魏忠賢的爪牙。

　　首先走的是客氏，客氏一看魏忠賢去辭職沒批准，自己也要去試試。

結果她辭職信剛遞上去，朱由檢就批准了，而且理由十分得當，客氏是奶媽，這皇帝都死了，她也沒有可奶的對象了，留下也沒什麼用，不如回家算了。

就這樣客氏被趕出了宮，隨後就是一批一批的清洗運動展開了。大臣們看到魏忠賢大勢已去，就紛紛站起來彈劾他。朱由檢這個時候正式變臉，發配魏忠賢去鳳陽看墳。但是魏忠賢走的時候過於囂張，還帶了上千個人給他押送行李。

這下把朱由檢惹火了。他派人去追魏忠賢回來，害怕回去被千刀萬剮的魏忠賢非常的自覺，在半路上就上吊自盡了，一了百了。

魏忠賢死後，朱由檢把客氏也找了回來，大刑伺候讓她交代了以往的犯罪經過，隨後便亂棍打死。

至此，才算肅清了朝廷的奸黨，而朱由檢也正式展開了他完全統治的時期，是為崇禎年間。

女真不是鬧著玩的

萬曆四十四年（西元1616年），蒙古草原。喀爾喀部首領莽古爾泰的寵妾、剛嫁入一年多的葉赫部（史稱「葉赫老女」）——東哥病逝，時年34歲。這本是歷史長河中微不足道的一滴水，卻因為一段征戰、一個人，而映射出一片歷史洪波。

這段征戰，是女真族的統一戰；這個人，叫愛新覺羅·努爾哈赤。雖說努爾哈赤與美女東哥之間沒什麼交集，但這兩人卻影響著歷史，引領著女真族走向統一。

女真民族在十二世紀的輝煌時期，曾建立金帝國，征服了中國大半土地，還活捉了當時宋王朝的徽欽二帝。金帝國滅亡時，進入中國境內的女真人，大部分被殲滅。只有未入關的若干原始部落存在，他們分為野人女真、海西女真和建州女真三部，其中以建州女真最為強大。努爾哈赤就是

BC　上古時期
秦
西漢
— BC200
— 0　東漢
— 100
— 200　三國
晉
— 300
— 400　南北朝
— 500
— 600　隋朝
唐朝
— 700　武則天稱帝
安史之亂
— 800
— 900　五代十國
北宋
— 1000
— 1100　南宋
— 1200
元朝
— 1300
明朝
— 1400
— 1500
— 1600
清朝
— 1700
— 1800
— 1900　中華民國
— 2000

建州女真的後裔。

西元1559年，努爾哈赤在赫圖阿拉的一個小部酋長家裡出生了。努爾哈赤他們家世襲建州衛都指揮使，配龍虎將軍印。這是明朝給他們封的官，行羈縻之策。但是家家有本難念的經。

西元1583年，努爾哈赤準備開戰的時候只有甲十三副、部眾三十人，不過這小子順應了時代的潮流，採取了正確的方針政策，隊伍也因此越來越壯大。尤其是在選拔人才方面，努爾哈赤可是有自己的一套。

他用人一定要用好人，而且不能走後門，要是遇到窮苦人家的有志之士，他也要毫不猶豫地破格使用。另外，努爾哈赤也鼓勵大家推薦不錯的人選，有好人才就要好好地栽培。對於那些奸詐之人他也不手軟，該怎麼處置就怎麼處置。

在戰事上，努爾哈赤也有自己的一手。他是先打近的後打遠的，先打不堪的再打強大的。早年他就積極地拉攏蒙古，以免讓明軍早早地就盯上自己。努爾哈赤經過一番拼搏廝殺最後成了建州女真的頭，還逐漸開始去統一女真各部。野人女真實力不足為慮，海西女真四部則是一塊難啃的骨頭，尤以葉赫女真部為最。

其實兩家結下樑子已經很久了，期間誰都沒占到大便宜，這次努爾哈赤是下定決心要滅掉海西女真了。

而美女東哥就是他拿來使用的政治工具，東哥短短的一生中換了七個未婚夫，除去11歲時為父親奪得海西四部（葉赫、烏拉、哈達和輝發）頭把交椅「犧牲」一次外，此後六次許婚都與努爾哈赤有著直接或間接的聯繫。

首先是海西女真烏拉部首領為其弟布占泰聘娶東哥，東哥的老爹、海西四部首領布寨，為了鞏固聯盟、組建九部聯軍攻擊努爾哈赤——建州女真的統一讓他們倍感威脅——答應了這門親事。結果，努爾哈赤以少勝多，大敗聯軍，布寨被殺，而以女婿身份參戰的布占泰則做了俘虜。

哥倫布發現新大陸
　　1500—

英國大破無敵艦隊

發明蒸汽機

美國獨立
拿破崙稱帝

美國南北戰爭開始

第一次世界大戰
第二次世界大戰

　　2000—

布寨之子布揚古忙祭出將妹妹東哥（此時僅13歲）嫁給努爾哈赤為妻的條件，請求「聯姻盟好」。努爾哈赤允諾，取代布占泰成為東哥第三

任未婚夫，只是東哥還挺有氣節，不願意嫁給殺父仇人努爾哈赤，葉赫悔婚，並以殺死努爾哈赤為條件向各部徵婚。

努爾哈赤也沒說什麼，畢竟他也不缺女人，他很是懂得積極向上，學習好文化知識，他熟讀《三國演義》，漢文化水準很高。所以，努爾哈赤在女真民族中也算得上是個紳士。

東哥嫁來嫁去，最終也沒勝過努爾哈赤，反倒是先努爾哈赤一步去見她爹了。但努爾哈赤卻是在東哥的仇恨中，日益壯大起了自己的力量。

在統一女真過程中，努爾哈赤把女真人編為八個旗，旗既是一個行政單位，又是軍事組織。平時種地，戰時打仗，省事又省力。後來看自己發展的差不多了，努爾哈赤就在西元1616年，在赫圖阿拉（今遼寧新賓附近）即位稱汗，國號大金，歷史上稱為後金。

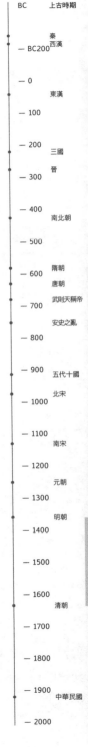

BC

耶穌基督出生　0—

君士坦丁統一羅馬

羅馬帝國分成兩部

波斯帝國　500—

回教建立

凡爾登條約

神聖羅馬帝國建立
　1000—

十字軍東征

蒙古第一次西征

英法百年戰爭開始

哥倫布發現新大陸
　1500—

英國大破無敵艦隊

發明蒸汽機

美國獨立
拿破崙稱帝

美國南北戰爭開始

第一次世界大戰
第二次世界大戰
　2000—

搶你沒得商量

薩爾滸大逆轉

　　努爾哈赤看自己發展的挺不錯，就決定與大明撕破臉皮。與任何一場「師出有名」的戰爭一樣，每位征討者都是搜羅罪狀、尋找藉口的高手。於是便有了努爾哈赤的「七大恨」祭天告地，誓師伐明。「七大恨」中，除去「殺我父祖」的血海深仇外，努爾哈赤又把「葉赫老女」這件過時的政治工具搬了出來，將「援助葉赫，致使我已聘之女轉嫁蒙古」列為七大恨之一。

　　努爾哈赤的舉動很大，「七大恨」激勵著女真兒郎們勢如破竹，連下撫順和清河等四城。這下，大明王朝遼東地區門戶大開，明廷舉朝驚駭，作出了大舉剿滅後金的決定。

　　但凡有點能力的人都想在史冊上留上一點好名聲，明神宗萬曆也是。雖然他被後人說成是個獨斷專橫的皇帝，可想當初萬曆也是壯志雄心，打了三次大仗都勝利了。不過一次薩爾滸戰役讓他從此走上了不歸路，大明王朝也跟著遭了殃。

　　這個時代的改革夭折了，武事消弭了，思想自剎了，只剩下幾個不識相的文臣在那裡吵鬧著「立國本」，卻被皇帝打爛了屁股，又摘了烏紗帽，發配得遠遠的，至此皇帝就不用上朝了。

　　張居正的新政已經不吃香了，沒過多久就被廢掉，大明靠著先前攢

下來的食糧苟活著。無奈此時東北關外新起了一股勢力——後金。後金是1616年努爾哈赤在赫圖阿拉建立起來的，動不動就想騷擾一下明朝北方的邊境，實際上是想把明朝趕出歷史的舞臺去。

大明怎麼說也曾光榮過，為了讓遼東那塊暫時安生，決定先下手為快，於是就跟後金打了起來。當時，楊鎬大將軍帶了九萬多人馬，兵分四路圍攻後金，不過這也只是表面文章。明末政治已經腐敗到不能再腐敗的程度，遼東的軍兵已經十分地不堪，能打仗的也就一萬多人，其餘的軍隊一點組織性、紀律性都沒有。

就算朝廷又從全國各地弄來了一些兵，可也都跟遼東那裡的兵同一副德行，能派得上用場的掰掰手指都能數清楚。將兵們一把鼻涕一把淚地不想出關，就連朝廷自己都覺得這場仗跟賭博似的。

面對明軍四路圍攻，努爾哈赤採取了「憑你幾路來，我只一路去」的作戰方針，集中八旗兵力，打殲滅戰。在短短的五日之內，努爾哈赤就在三個地點進行了三次大戰，殺了明軍一個片甲不留。

後金的軍隊那叫一個作風良好，在戰場上速戰速決，打仗比閃電還迅速。明軍光將士就死了三百多人，士兵就更不堪了，這就是中國歷史上那場著名的「薩爾滸之戰」。

這場大戰以努爾哈赤的勝利結束，歷史在此發生轉折，一舉奠定了此後後金與明朝的攻守之勢。回想三十年前那三場大戰役，平定蒙古韃靼叛亂、助朝抗日、平定西南楊應龍叛亂時，萬曆是多麼光榮！那時的囂張霸氣、舉國歡騰，卻在二十年後成了這個下場，真是今非昔比。

明朝從此一蹶不振，只有招架之功，再無還手之力。

回天乏術

皇太極這邊事業風生水起，那邊崇禎皇帝可是著急了，眼看著老祖宗的基業就要砸在自己手裡，這可真是承受不了。

BC　上古時期

— BC200　秦
　　　　西漢

— 0
　　　　東漢

— 100

— 200　三國
　　　　晉
— 300

— 400　南北朝

— 500

— 600　隋朝
　　　　唐朝
— 700　武則天稱帝
　　　　安史之亂
— 800

— 900　五代十國
　　　　北宋
— 1000

— 1100　南宋

— 1200
　　　　元朝
— 1300
　　　　明朝
— 1400

— 1500

— 1600
　　　　清朝
— 1700

— 1800

— 1900　中華民國

— 2000

將來下到地下，如何去面對自己的爹爹、爺爺們。崇禎皇帝很是頭疼，但他又是個好面子的人，不輕易承認自己不行，他慣用的伎倆就是用小動作掩人耳目，他最勇敢的事是殺人。他發脾氣時，像一頭掙脫了鎖鏈的瘋狗，人性和理性全失。一個城市淪陷了，他就會把守城的將領殺掉。

所以，明朝末年，外有皇太極在搗亂，內有李自成的農民起義軍在折騰，這個王朝簡直就是搖搖欲墜，馬上就要塌了。崇禎皇帝對這些他無法解決的事情都很憤怒，他恨皇太極，恨李自成，也恨飢餓的農民起義群眾。

他堅決地指控明朝內的農民武裝起義，只是少部分奸邪份子煽動起來的，有人向他提及飢餓和官員鄉紳貪暴，他就發怒，發怒的原因是他無法解決，所以他不願聽到。不過他卻相信小動作可以幫助他，確信僅虛心假意地表演一下就能掩蓋天下人的耳目，所以他不斷地宣佈「避殿」、「減膳」、「撤樂」，不斷地聲言流寇也是他最親愛的赤子，不斷地下令政府官員自我檢討。

有一次，崇禎將宰相們請到金鑾殿上，向他們作揖行禮，說：「謝謝各位先生幫助我治理國家。」然而不久就大發雷霆，把被他謝過的「各位先生」殺掉了。

崇禎就是這麼喜怒無常的跟神經病似的，當然了，這在一定程度上也不能完全怪他，他十七歲承繼大統，從他那木匠哥哥手裡接過這麼一個爛攤子。

雖然他想整治朝綱，安定天下，可是根基已經爛掉了，他再怎麼勤奮工作也是沒用的，國家還是不見好轉，他要是能溫和下來就有鬼了。他後來認為重刑是促使他部下創造奇蹟的動力，但是眼看著自己的部下一個比一個沒本事，他估計想把他們都拉去砍了。

天下是越來越亂，崇禎四處滅火，但是火卻是越燒越旺。崇禎就天天這麼瞎忙活著，一直忙了十七年。最後李自成闖進了北京城，崇禎也不用忙活了，趕緊逃命去吧，再不逃就沒命了。

逃了也沒撿回一條命，後來崇禎皇帝在山上一棵樹上吊死，臨死前還

不忘記用點小伎倆掩人耳目，他在自縊之前留下這樣一份遺書：「朕涼德藐躬，上干天咎，然皆諸臣誤朕。朕死無面目見祖宗，自去官冕，以髮覆面。任賊分裂，無傷百姓一人！」

意思是說：雖然由於我品德不好，上天才降下亡國懲罰，但也是群臣誤我。我死無面目見祖宗於地下，請去掉我的帽子衣服，把頭髮披到我臉上。任憑逆賊割裂我的屍體，不要殺傷人民一人。

死都死了，還把責任推給了大臣們，崇禎的臉皮也的確是有夠厚的。李自成雖然進了北京，坐上了龍椅，而且還受到了窮苦百姓的擁護，他打出的「高築牆、廣積糧、緩稱王」和「迎闖王、不納糧」的口號，群眾反應良好。

但是自從進入北京，坐上皇帝的寶座，被勝利衝昏頭腦的他對形勢缺乏清醒的判斷，以致作出種種錯誤決策，最後節節敗退，被皇太極插了空隙。

明朝皇帝上吊了，皇后上吊了，貴妃上吊了，兩皇子跑路了，留著將來振興明朝。可惜清朝統治的太嚴厲了，兩皇子沒逮著機會。

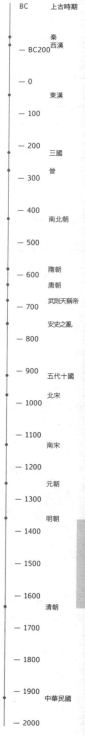

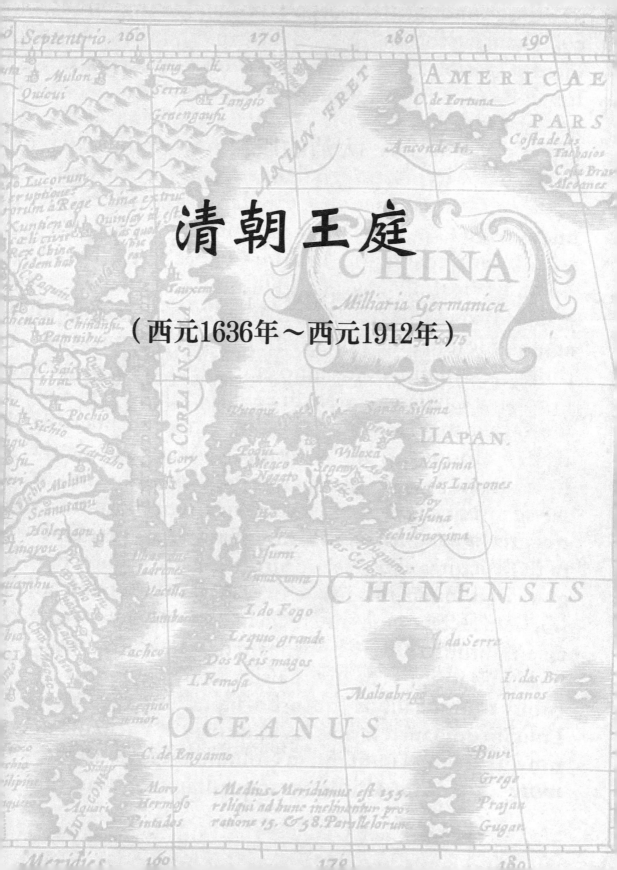

清朝王庭

（西元1636年～西元1912年）

1800—

1825—

英國憲章運動

歐洲革命
1850—

日本黑船事件

美國南北戰爭

大政奉還

1875—

日本兼併琉球

日本頒布帝國憲法

1900—

日俄戰爭

日韓合併

第一次世界大戰

俄羅斯二月革命

1925—

大清的旭日

就這麼完了

　　皇太極即位後，改族名為滿洲，改國號為清，皇太極就是清太宗。皇太極雖然沒有經歷過白手起家的艱辛，但是他和努爾哈赤一樣，懷著一顆誓成霸業的火熱的心。在李自成和吳三桂的有意無意地幫助下，他順利地進入了一直想進入的北京城。

　　話說打江山容易，守江山難。皇太極很清楚坐穩江山需要很多人才，於是他在人才的籠絡上，開動腦筋，想出了很多軟硬兼施的辦法。

　　例如吳三桂那樣的人，要給他誘惑才行。像袁崇煥這樣死心塌地為了大明朝賣命的人，那就只能把他除掉，不然將來不是你殺死他，就是他殺死你。

　　皇太極很聰明，他占了別人家的地盤，還把別人家的雇傭工繼續雇傭。反正上哪都是混口飯吃，那不如留下來在我這裡，絕對比你的老東家待遇好。許多漢族官員就是看到反正明朝已經亡了，不如跟著清朝，他們之中的一些人還成了清朝的得力臣子。

　　比如范文程，清朝的一些最初舉措就是他的貢獻，他認為戰勝農民起義軍的辦法「當申嚴紀律，秋毫勿犯」，「官仍其職，民復其業」，維護漢地原有的封建秩序。他的建議很有助於安撫民心，發展國家的和諧建設。

所以，無論是皇太極還是多爾袞都相當倚重范文程，對他的建議也能做到欣然採納。清朝就從這裡拉開了序幕。

雖說清朝的百年大計是清太祖、清太宗定的，但把這個事情變成現實的人是多爾袞，而實施者則是他手下的精兵強將，享用者是幼主福臨。所謂的「真命天子」，其實還是由人決定的，沒有了太祖、太宗的積累，沒有了多爾袞的輔政，沒有了手下文臣武將的效忠，清朝也沒有日後的興旺發達。

歷史的發展有其偶然性，更有其必然性。明朝的滅亡是必然的，紫禁城43天內兩易其主是偶然的。偶然的發生，則是許多必然因素不斷積聚所致。

屠宰場的慘狀

「清淮流，鞠城下。顧見穹廬張四野，誰言法公真死者！反覆覆，城當復；我買刀，趨賣犢。」這是清代吳炎、潘檉章合著的《今樂府》中的〈蕪城嘆〉一詩，此詩題為「悲維揚也」，控訴了清兵攻佔揚州城後，屠城十日的暴行。

北京的明朝政府被推翻後，陪都南京的文武大臣立福王為新君，是為南明政府，圖謀復明。新入中原的清軍一路殺來，無論是農民軍還是南明軍，一概殺之，什麼活口都不留，牲口都沒倖免於難。

西元1645年4月，清軍進攻南明，兵圍揚州。當時的揚州督師史可法是個很有骨氣的人，他不怕清軍，堅絕不投降。

在史可法的抵抗下，揚州無法被攻破，他向各處發出求救信，但是就是沒人來理他。看到這種情況，清軍乘機誘降，史可法嚴詞拒絕。清軍主帥多鐸先後五次致書，史可法都不啟封緘。

既然給你臉不要臉，那就不要怪我們無情了，集中所有兵力，清軍大舉進攻，七天血戰後破城而入。當時揚州的老百姓們很是團結，他們舉起

— 1800

道光
— 1825
—
—
虎門銷煙
鴉片戰爭
—
—
— 1850　咸豐
太平天國
—
英法聯軍
—
同治
—
—
— 1875　光緒
—
中法戰爭
—
—
甲午戰爭
—《馬關條約》
— 1900　八國聯軍
《辛丑條約》
—
—
—
中華民國
袁世凱稱帝
—
—
— 1925

自己家的鋤頭，鍋碗瓢盆就衝上街頭和清軍們肉搏。

這下把清軍們給打慘了，看到自己慘烈的犧牲，清軍決定發洩報復一下，他們開始屠城。

據《揚州十日記》記載，屠城時「諸婦女長索繫頸，累累如貫珠，一步一跌，遍身泥土；滿地皆嬰兒，或襯馬蹄，或藉人足，肝腦塗地，泣聲盈野」，「初四日，天始霽。道路積屍既經積雨暴漲，而青皮如蒙鼓，血肉內潰。穢臭逼人，復經日炙，其氣愈甚。前後左右，處處焚灼。室中氤氳，結成如霧，腥聞百里」。

慘到無以復加了，後來，由城內僧人收殮的屍體就超過了80萬具。這還沒算完，在清軍南下征服漢族的過程中，揚州不是個個案。

江陰、大同、湘潭、汾城、廣州等都遭到了一定程度的屠戮，這還不包括此後因剃髮令遭拒引起的大屠殺。

其實，清朝進入北京時，採取的種種政策都是安撫民心的，沒有絲毫的屠戮趨向，為何一旦南下，就露出猙獰的面目呢？

有人分析，可能有兩點原因。一是野蠻的心理發洩。你不是不讓我進城嗎，我現在就進來了，我不但進來了，還要把你們都殺光。

第二點以戰養戰，補充物資和提高士氣。透過屠城搶掠，將居民財物據為己有，進而達到以戰養戰的目的。

當然，財富的聚集是以文明和經濟的破壞為代價的。同時，透過屠戮毫無反抗能力的居民獲得暫時的心理安慰，進而保持旺盛的鬥志。

其實，屠城之舉也未必都是少數民族所為，也未必都是在異族之間發生。

東漢建國時期，那些所謂的大將，個個都是名震當世的屠殺狂。其中名聲最為狼籍的莫過於大屠成都的吳漢，他打敗公孫述入成都之後縱兵大掠大殺，其累累暴行只能用令人髮指來形容。不過從數量上來講，吳漢遠遠比不上耿弇。「弇為將，凡所平郡四十六，屠城三百，未嘗挫折焉。」東漢建國初期，天下共設十二州，而每州設六到八郡，每郡中縣城亦不過七八，籠統計算也就只有七百多城而已。耿弇一個人就屠了將近一半的城

1800—

1825—

英國憲章運動

歐洲革命
1850—
日本黑船事件

美國南北戰爭

大政奉還

1875—

日本兼併琉球

日本頒布帝國憲法

1900—

日俄戰爭

日韓合併
第一次世界大戰
俄羅斯二月革命

1925—

市。當然三百可能只是虛指，但肯定為數不少，這點是毋庸置疑的。

　　與此同時，漢族地主階級在血腥鎮壓農民起義時，他們的殘忍與刀下冤魂的數量絲毫不遜色於王朝統一前的屠殺。

　　因此，無論是怎樣的屠殺，最無辜、受傷害最大的還是廣大的平民百姓，最有資格批判這些罪行的也是他們，然而，在封建統治之下，哪裡有他們說話的份啊。

　　總之這些野蠻行徑給當時的明朝遺民留下了嚴重的心理陰影，讓他們對清政府恨之入骨。

　　揚州十日屠戮，無辜居民的鮮血換來了統治者的滿足，血腥的疆土開拓暫時讓反抗者忍氣吞聲，但是，很快，清朝統治者的貪欲挑起了新一輪的反抗。

頭不是隨便剃的

　　西元1645年5月的一天，金鑾殿上發生了一件趣事。早朝時候，滿漢兩班大臣依次入列。忽然，滿班大臣中一片騷亂。原來是一位漢朝官員——明朝降臣孫之獬，不知何時竟然剃髮易服混入滿族大臣佇列，被滿族大臣發現，驅逐出來。眾滿族大臣輕蔑地撇著嘴：「小子，別以為你紮個小辮、穿個馬甲就認不出你來了！」

　　孫之獬悻悻地回歸漢臣佇列，不料又被趕了出來：數典忘祖的傢伙，別跟我們站一邊！尷尬的孫之獬羞得滿臉通紅，憤然上奏道：「陛下平定中國，萬事鼎新，而衣冠束髮之制獨存漢舊。此乃陛下從中國，非中國從陛下！」

　　孫之獬不知道，他這一「憤然」，讓江南百姓遭了殃。原本清政府對於剃頭這事並不是特別強制，不僅不強迫，而且不允許擅自剃，頗有認為「漢民」不配之意。

　　所以明臣仍冠服如舊，上朝時分為滿漢兩班。然而，多鐸發佈告示

— 1800

道光

— 1825

—

虎門銷煙
鴉片戰爭

—

— 1850　咸豐
太平天國

英法聯軍

同治

—

— 1875　光緒

中法戰爭

—

甲午戰爭
《馬關條約》

— 1900　八國聯軍
《辛丑條約》

—

中華民國
袁世凱稱帝

— 1925

1800—

1825—

英國憲章運動

歐洲革命

1850—
日本黑船事件

美國南北戰爭

大政奉還

1875—

日本兼併琉球

日本頒布帝國憲法

1900—

日俄戰爭

日韓合併

第一次世界大戰
俄羅斯二月革命

1925—

還不到一個月，這項政策卻發生了180度轉變，清政府居然頒佈了「留頭不留髮，留髮不留頭」的強行剃髮令。那麼，清政府這態度是怎麼轉變的呢？

其實，多爾袞拿下南京後，以為高枕無憂，轉而以征服者姿態實行民族高壓政策，於是向全國頒佈剃髮、易衣冠令。

其次，還有漢人官員的推波助瀾，透過上面多鐸頒佈的告示，不難發現，像孫之獬之類剃髮易服以討好清王朝的大有人在，這幫歸順的官員別的不會，拍馬屁倒是頗見功力，主子換了，立刻入鄉隨俗，不僅自動剃髮，以示忠貞不貳，而且上書建議，以媚上謀取賞識。

比如孫之獬那番慷慨陳詞，「此乃陛下從中國，非中國從陛下」！多麼憤慨，多麼擲地有聲啊！再配合一把鼻涕一把淚的誠懇表情，儼然魏徵在世，寇準重生。

這樣，一方面，清朝的安撫之策已達到目的；另一方面，漢人的懦弱，漢官員的吹捧，讓清政府感覺名正言順地入主中國的時機已成熟，疑慮之心盡消，即使沒有孫之獬的奏摺，剃髮易衣冠也是早晚的事，孫之獬之屬不過是引發剃髮令的導火線罷了。

然而，清政府高估了漢族人的忍受力，低估了漢民族的倫理觀。它以為懦弱的漢人連砍頭都那麼配合，剃個頭髮、換身衣服有什麼大不了的。可偏偏是這個大不了的決定把事情鬧大了！

剃髮對當時的漢人而言，心理上是難以承受的。「身體髮膚受之父母，不可損傷」，這是千年以來的倫理觀，也是一種根深蒂固的思維方式。

這些根深蒂固的觀念不僅主宰著傳統知識份子，而且在千年的歲月裡也在下層民眾心中紮下深根。其實在剃髮令頒佈之前，與當時江南很多城鎮一樣，南京投降後，嘉定也曾「結彩於路，出城迎之」，且還用黃紙書「大清順民」四字貼於門。老百姓對於誰做皇帝，倒是不太計較，反正誰做皇帝都是一樣完糧納稅，跟自己本身利益都沒有什麼利害衝突，你清政府一切按明制進行，我該怎麼過就怎麼過，至於外面說的清軍殺人的事，

只要不砍我的頭就行。老百姓的思維就是這麼簡單。

然而，剃髮易衣冠令一頒佈，事情就大不一樣了。在他們看來，易衣冠倒無所謂，換身衣服沒什麼大不了的，關鍵是這個剃髮，簡直是欺人太甚！「身體髮膚受之父母，不可損傷」，剃髮不僅有違傳統，而且是一種侮辱，對自己父母、祖宗的侮辱。這可是涉及每個人的切身利益啊！罵皇帝、殺皇帝都無所謂，但你侮辱我的祖宗就不行了。

民眾被激怒了，於是，本已逐漸平靜的江南又騷動起來。各地地方官和民眾紛紛揭竿而起，逐走清政府派來的縣令，佔據了城市，喊出「寧為束髮鬼，不作剃頭人」的口號，擺出一副與清政府決一死戰的架勢。

所以這場反抗，看似是對「剃頭」的反抗，實際上是根深蒂固的漢族文化和異族文化兩者之間的對抗。

「鄉軍」雖聲勢浩大，人數眾多，但畢竟是平民百姓，純屬烏合之眾，毫無紀律，更談不上組織和戰鬥力了，所以根本無法與裝備精良、訓練有素的滿州鐵騎抗衡。野蠻的血腥很快就壓制住了激烈的反抗，「遠近始剃髮，稱大清順民雲」。

然而，由此引發的民族矛盾，「反清復明」的勢力，清軍用了長達二十餘年的時間才基本肅清。「剃頭」一事告一段落，與此事相關的孫之獬也在這場轟轟烈烈的鬥爭中「歸位」了，他在原籍時遭謝遷之變，城陷，身加三木，至以針穿縫兩唇，祖孫五人都被殺死。這麼「富有創意」的死法，也算是對他一句話導致江南百萬生靈塗炭的一種「回應」吧。

第一緋聞

皇太極前一天還忙前忙外的，誰想第二天就因病猝死。不過皇太極的死讓三個人有機會坐上皇帝的寶座，一是皇太極的長子豪格，二是他的第九個兒子福臨，三就是他的十四弟多爾袞。

這三個人除了中間的福臨之外，另外兩個都是當皇帝的熱門人選，可

— 1800

道光
— 1825

虎門銷煙
鴉片戰爭

— 1850   咸豐
太平天國

英法聯軍

同治

— 1875   光緒

中法戰爭

甲午戰爭
《馬關條約》

— 1900   八國聯軍
《辛丑條約》

中華民國
袁世凱稱帝

— 1925

1800—

1825—

英國憲章運動

歐洲革命
1850—
日本黑船事件

美國南北戰爭

大政奉還

1875—

日本兼併琉球

日本頒布帝國憲法

1900—

日俄戰爭

日韓合併

第一次世界大戰
俄羅斯二月革命

1925—

是福臨卻是後來的順治帝，這又是怎麼回事呢？其實，豪格和多爾袞手裡頭都有不小的兵權，實力那是相當的大。不過福臨卻是皇太極的寵愛，就因為那時候還是六歲的小孩，所以大家都不看好他。

在後來爭奪皇位的過程中，豪格與多爾袞兩個集團可謂是誰也不讓誰。但是這裡面還有一個集團，他們除了不支持多爾袞以外，至於究竟是豪格還是福臨當皇帝，反正只要是皇太極的親兒子，誰當都可以。正在這幾方鬧得不可開交的時候，濟爾哈朗提出一個折衷方案：讓福臨當皇帝。

鷸蚌相爭，漁翁得利。沒想到這個提議居然讓豪格與多爾袞雙雙妥協，他們兩人的妥協使得清室內部避免了一場內戰，也讓幼小的福臨不費吹灰之力登上帝位。而孝莊與多爾袞也就是從這件事惹上了滿身緋聞的。

有人覺得多爾袞之所以同意讓福臨繼位，是因為多爾袞與福臨的老媽孝莊有曖昧關係，甚至還有人認為福臨是多爾袞跟孝莊的私生子。

顯然，在大多數人心中，最有資格當皇帝的莫過於多爾袞。他不但有膽識，而且還很有才，建了不少戰功，威望那是相當的高。有不少貝勒甚至共同提議地讓他即位，可見此人功力非同凡響。

說多爾袞心裡沒有一點想法，那是騙鬼的。但是不管他內心經歷過怎樣的掙扎，最終還是扶持福臨當上了皇帝，這是毋庸置疑的事實。然而，正是這個事實讓太多的人腦子想不透。為什麼明明自己可以做皇帝，偏偏讓給一個小孩子呢？

這在旁人，尤其是見慣了皇室之間為奪皇權相互傾軋的漢人眼中是一件很令人費解的事。好奇心促使他們憑藉想像力尋找答案：嗯，中間肯定有古怪，說不定……

這些流言中，最核心的說法就是「下嫁」說，孝莊皇后用「嫁給」多爾袞的條件換得多爾袞對福臨傾心戮力的支持。而且，支持這一說法的人還找到許多頗有利的證據：什麼孝莊皇太后懿旨，令攝政王多爾袞「出入禁中不避嫌」，「多爾袞多次夜入深宮與太后相商」，順治帝封多爾袞為「叔父攝政王」等，其中，最有震懾力的「鐵證」，就是孝莊太后的昭西陵被劃在了皇室風水牆之外。他們認為，連皇族子孫都覺得「顏面盡

失」，不肯將她劃入風水牆內，這不是最好的證明嗎？

雖然這只是戲說，但是看看清朝那個時候的風俗習慣，又會覺得野史演繹的也有幾分真實。

麻辣婚姻觀

男大當婚女大當嫁，在婚姻這個問題上，不同的民族有著不同的風俗，而且有時候北方遊牧民族與中原漢族的觀念有著極大的不同。當年王昭君大老遠地跑去嫁給了匈奴單于呼韓邪，這位老兄死後，王昭君又嫁給了他前妻的兒子。

這種事情在漢人的眼裡那就是亂倫，可是王昭君再婚這事的的確確是經過朝廷同意的。而且千百年來，大家也很少說王昭君壞話，她依舊是人們心中那個保持著美好形象的王昭君。這就是文化視角的不同，人們用「從胡俗」的眼光來看待王昭君再嫁前夫之子，覺得這是胡人的正常習俗，也沒什麼。

其實，孝莊皇后的婚姻也頗吸引漢族人的眼球。當初為了鞏固與蒙古的兄弟聯盟，皇太極一口氣娶了孝莊文皇后和她的姑姑、姐姐三人，「姑姪三人嫁一夫」，這在漢族人看來幾同亂倫，但由於這是清室入關前的事，在漢人眼裡那是「胡俗」，因而並沒有遭到「輿論譴責」。

即便孝莊文皇后「下嫁」多爾袞真有其事，按滿人固有的習俗去看它，恐怕影響也沒有多嚴重，至少不會把它看得嚴重到要「葬到牆外去」的地步。但用漢族文化的眼光去看它，問題就大啦。更何況，還有一個政治因素在中間作梗，為這股「緋聞」搖旗造勢。

這個政治因素就是「反清復明」。入關以前，莊妃與多爾袞並沒有什麼「緋聞」，兩人之間的事能鬧出如此大的動靜，明末清初一些具有「反清復明」思想傾向的知識份子居功甚偉。他們對清政府滿懷憤恨，眼光自然聚焦在清政府的「黑暗面」，多爾袞與孝莊皇后之間存在的這種說不清

— 1800

道光

— 1825

—

—

虎門銷煙
鴉片戰爭

—

—

— 1850

咸豐
太平天國

英法聯軍

同治

—

—

— 1875

光緒

—

—

中法戰爭

—

—

甲午戰爭
《馬關條約》

—

—

— 1900

八國聯軍
《辛丑條約》

—

—

中華民國

袁世凱稱帝

—

—

— 1925

道不明、風聞不斷的不正當關係有悖於漢民的傳統觀念，正是「炒作」的最佳材料，於是，你寫首詩，我撰個文，他編個故事，「下嫁」一事很快被炒得沸沸揚揚。

當然，從本質層面來看，還是不同的文化背景在發揮作用。漢族人也實在是有點小心眼，要說亂，漢族歷代皇室不乏其人。秦始皇的母后亂不亂？武則天亂不亂？但儒家禮教在「文化」上歷來是道貌岸然的，只許州官放火，不許百姓點燈，異族的人，更不容許。

大多數人在看歷史的時候都喜歡拿元、清兩朝做做比較，因為這兩者都是外族。可是元朝之所以在中原統治了一百年就一命嗚呼，正是因為它沒能很好地將自己融入到漢文化中來，而清朝聰明，他們做到了，所以他們的江山也屹立了很長時間。

漢文化的融入在康熙之後的歷代皇帝身上都表現得淋漓盡致，以至於他們完全以漢人的封建禮儀文化為標準。這時候，孝莊太后的死又把難題給帶了出來。孝莊的遺願是希望自己被葬在清東陵，康熙跟祖母的感情很好，作為孫子，他當然知道把奶奶葬到皇太極身邊可以遏止謠言，但是他也不好違背奶奶的遺願啊。

可是問題又來了，清東陵正中間的位置已建了順治帝的孝陵，左右兩邊是她孫輩、曾孫輩的陵墓用地，把她老人家安置在哪個位置都不合法度，這個法度，說白了就是漢族的封建禮儀，在漢族文化薰陶中長大的康熙舉棋不定，祖母的陵墓問題就這麼一直拖到他去世。

即位的雍正快刀斬亂麻，就地解決，本意是單獨將老太后劃歸一片，以表示對她的尊重，沒想到弄巧成拙，反落人口實：看看，把老太太單獨劃在風水牆外，不正是說明「下嫁」一事確為實事，「皇族子孫」都感到「顏面盡失」嗎？

於是，「下嫁」一說更為盛行，有關此類的猜測、記載隨著文人的演繹越來越精彩，越來越為人們津津樂道。征服者的尷尬，也算是被征服者在文化上取得的勝利。

1800—

1825—

英國憲章運動

歐洲革命
1850—
日本黑船事件

美國南北戰爭

大政奉還

1875—

日本兼併琉球

日本頒布帝國憲法

1900—

日俄戰爭

日韓合併

第一次世界大戰
俄羅斯二月革命

1925—

興盛時代的前奏

拳頭才是硬道理

西元1645年6月，黃道周和鄭芝龍在福州弄了個明朝宗室，讓朱聿鍵當上了皇帝，也就是隆武帝。也差不多是這個時候，張國維和張煌言也在紹興讓魯王朱以海監國。好端端的，兩個南明政權就冒出來了。

堂堂的大清王朝哪裡容得下反清復明的小火苗，為了趕緊把這些不知道天高地厚的東西解決掉，清廷派上了在松錦之戰中大顯身手的洪承疇總督軍事。

這年頭，念書的不好好念書，動不動就跑出來反清復明。上海市就有一幫知識份子想要造反，夏允彝和陳子龍是這幫人的小頭頭。不光是老的，連小的也跟著起哄。夏允彝的兒子夏完淳今年也就十幾歲，也跟著老爹反革命。

行反革命這事，其實年齡還真不是問題。別看夏完淳是個小孩，但人家從小就在書堆裡長大的，想法還真不少，天天想著法子怎麼為大明復仇。

知識份子在思想傾向上能發揮不錯的作用，不過光是有想法大概也完不成反清復明的大志向，所以還得動用武力。夏允彝有個叫吳志葵的學生，是吳淞總兵，手底下有點小兵小將的。於是，夏老師就號召著讓學生一起反清，師命哪敢不從啊，吳志葵只好答應了。

1800
道光
1825

虎門銷煙
鴉片戰爭

1850
咸豐
太平天國

英法聯軍

同治

1875
光緒

中法戰爭

甲午戰爭
《馬關條約》

1900
八國聯軍
《辛丑條約》

中華民國
袁世凱稱帝

1925

1800—

1825—

英國憲章運動

歐洲革命
1850—
日本黑船事件

美國南北戰爭

大政奉還

1875—
日本兼併琉球

日本頒布帝國憲法

1900
日俄戰爭

日韓合併

第一次世界大戰
俄羅斯二月革命

1925—

起先打蘇州的時候還有那麼點小運氣，一直打得不錯，不過後來這吳志葵有點失誤，結果被清軍給打敗了。後來夏允彝父子和陳子龍一起逃到了農村，夏允彝覺得丟人，更不想栽到清軍手裡，於是就跳河自殺了。

老爹死的淒慘，兒子悲痛萬分。夏完淳一激動就決定完成老爹的遺願，繼續跟大清對抗。他跟陳子龍偷偷地跑回了上海，混進了吳易率領的太湖長白盪的一支起義隊伍，還當了個參謀。後來，夏完淳給魯王寫了封信，說想讓魯王堅持抗清。魯王一看這小孩有這麼大的志向，就給了個小官讓他先當著。

夏完淳所在的起義軍本來打得還挺順暢，不料卻被叛徒賣了。老師陳子龍被捕，他連死的方式都學著夏允彝，跳河自殺了。這時候夏完淳也被清軍逮了個正著，押進大牢。

後來洪承疇開始了對夏完淳的審訊，他知道這小子是江南的小神童，大概是惜才吧，他想要用計謀讓這小子屈從。洪承疇問夏完淳：「聽說小哥當初還給魯王送了封信？」

「那是，怎麼？」夏完淳很不屑地回答。

「沒什麼，我就是覺得你年紀輕輕的挺有才，也不大像是會造反的人，是不是有人背後指使？要不這樣，你跟著我為大清效力，我肯定不會虧待你。」

夏完淳邊聽眼前這老傢伙囉唆，邊不耐煩地說：「大明朝不是有個叫洪亨九的人嗎？那可是我偶像，為了大清都戰死沙場了。我佩服他，也想跟他學學，給大明當個忠烈。」

底下的人聽見夏完淳這麼說可急了，趕緊告訴他眼前的這位大人就是洪亨九。結果夏完淳故意裝傻，又說：「拜託你們不要侮辱我心目中的偶像，弄個活人來冒充死了的忠烈？放屁！」

夏完淳狠狠地把眼前這老傢伙罵了一通，這回可出了大氣。洪承疇氣得臉都綠了，急忙讓底下的人把這小子給拉出去剮了。西元1647年9月，在南京的西市，夏完淳沒能完成老爹的意願，也光榮犧牲了。那時候他才十七歲，正是芳華正茂啊。

轉戰西南

先前冒出來的兩個南明政權一眨眼工夫就化成了死灰，駐守在兩廣的明朝官員瞿式耜等又在肇慶弄了個叫朱由榔的皇帝，年號永曆。

為了斬草除根，清軍分三路向西南進攻。西元1647年11月，明朝大將何騰蛟帶著大順軍在全州擊退清軍；同時，瞿式耜也在桂林大敗清軍。頓時，南明的軍隊耀武揚威的。可這些沒文化的人，好不容易得來的優勢卻被內訌給弄沒了，讓清軍趁虛而入把湖廣又給搶回去了。

兩年之後，何騰蛟和瞿式耜都被清軍逮住殺死了。就在這火燒眉毛之際，李定國帶著大西農民軍從西南殺了出來。

李定國是張獻忠的手下名將，而且還認了老張當乾爹。張獻忠還有個大乾兒子叫孫可望，老張為國捐軀之後，孫可望和李定國拉著兄弟之手在貴州和雲南跟清軍對抗。這兩人還送信給永曆帝，說是讓他也加進來抗清。永曆帝大概也是個精明的人，看情況不妙，就答應了，還讓孫可望當了個秦王。

李定國是個老實的人，一心在雲南練兵，終於花了一年的時間訓練出三萬精兵，順帶著也訓了一批大象。不過孫可望可不是盞省油的燈，他把永曆皇帝控制得死死的，自己卻在貴陽吃香的喝辣的，一點也不把抗清當回事。

皇天不負有心人，李定國的軍隊一路從雲南打到湖南，越打越猛，連連得勝。後來又用大象隊伍把桂林的清軍將領孔有德嚇得半死，孔有德無奈之下只好自己放了把火，自焚了。李定國拿下了桂林之後，就開始一邊慰問當地的老百姓，另一邊給南明的官員洗腦，為的就是讓大家同心協力跟大清對抗。

看見李定國連戰連勝，永曆帝趕緊給他封了個西寧王，以示鼓勵。李定國一激動，就又帶著大兵把永州、衡陽和長沙等地攻了下來。大清朝廷得到消息後也不得安寧，讓親王尼堪領十萬人馬大舉進攻長沙，結果這老

— 1800
道光
— 1825

虎門銷煙
鴉片戰爭

— 1850 咸豐
太平天國

英法聯軍
同治

— 1875 光緒

中法戰爭

甲午戰爭
《馬關條約》
— 1900 八國聯軍
《辛丑條約》

中華民國
袁世凱稱帝

— 1925

1800—

1825—

英國憲章運動

歐洲革命
1850—
日本黑船事件

美國南北戰爭

大政奉還

1875—
日本兼併琉球

日本頒布帝國憲法

1900—
日俄戰爭

日韓合併
第一次世界大戰
俄羅斯二月革命

1925—

糊塗卻中了李定國的埋伏，死的相當淒慘。

　　孫可望看見兄弟李定國這麼風光，自己心裡有點嫉妒，於是就假惺惺地跟李兄弟商量國事，暗地裡卻是想把他給弄死。李定國可不是個簡單的人，他早就看穿了孫可望這個吃裡爬外的傢伙，所以帶著自己的部隊離開了湖南，又回到雲南去了。

　　眼看著李定國的風頭蓋過了自己，孫可望也想立個大功給永曆老皇帝瞧瞧，於是就帶兵十四萬往雲南進攻，想要除掉李兄弟。結果老孫這個敗類，連自己的手下都看他不順眼，在交戰的時候紛紛投到了李定國的部下。老孫沒轍了，只好逃回了貴陽，可是在貴陽的將士也不待見他，他只好跟清軍投降。

　　因為老孫這個敗類的作亂，南明的軍隊已經不堪清軍的壓力，在西元1658年的時候，吳三桂和洪承疇等紛紛把雲南和貴州拿了回去。李定國四面楚歌，被打回了老窩昆明。永曆老皇帝也被嚇得逃到了緬甸。

　　李定國不甘心就這麼敗了，在雲南繼續搜羅人馬，還想著要跟清軍打下去。前前後後又派人到緬甸13次接永曆帝回來，可那廝膽小得連老鼠都不如，硬是不敢回來。西元1661年12月，吳三桂的大軍向緬甸開拔，永曆老皇帝被逼回了昆明，他前腳還沒踏到祖國的大地，後腳就被吳三桂給勒死了。

　　李定國跟大清對抗了有十多年，可終究還是沒打得過清軍。終於在苦悶和病痛中嗚呼了。

「成功」很成功

　　西元1661年，四月中旬，鄭成功帶著三萬五千人的水軍呼嘯在三百多艘戰船上，先是在金門料羅灣整頓了一下，稍後又到澎湖歇了歇，等著風平浪靜之後一舉拿下臺灣。

　　四月的最後一天裡，太陽剛出來探了探頭，船隊就到了鹿耳門外海。

當時荷蘭人以為鹿耳門水道淤淺已久，大船過不去，所以就沒有設防。但是他們忘記了淤淺的水道中，又衝開了一條深水，漲潮時可行巨艦。

因為有早晨的大霧罩著，九點左右漲潮以後，鄭成功的艦隊就雄赳赳氣昂昂地出發了，鄭大俠親自在前面開道，果然有一條深水道。中午時分所有船都開進了鹿耳門溪，於北線尾附近登陸。

荷蘭人剛從被窩裡起來還迷糊著呢，這才發現鄭成功已經把北線尾給占了。還沒顧得上準備好大炮，鄭大俠就已經打響了二十八門大炮。荷蘭軍人數不多，只得退守熱蘭遮城。鄭大俠兩天之內就攻下了普羅文蒂亞城，荷蘭人不服氣，三番兩次地叫援軍相救，但都打不過老鄭。

萬分不捨的情況下，荷蘭人不得不雙手舉過頭投降了，隨後就唉聲歎氣地撤離臺灣，這也是歐洲人在東方海上的一大挫敗。

臺灣到手了以後，鄭成功給它新取了個叫「東都」的名，等著南明永曆帝前來巡守。可惜的是，同年四月聽說永曆老弟已經在雲南死翹翹了，明朝徹底沒了希望，老鄭的願望也落空了。

明末清初的時候，清廷把民族政策弄得太緊，大漢民族的面子不知道往哪裡擱，鄭成功與兒子鄭經就在東南沿海為這面子打了四十多年的仗。老鄭多次北伐，曾經還直逼南京城下，兒子則在臺灣積極建設。

等清朝收復三藩的時候，老鄭也把福建給拿下了，在史冊上的成績十分亮眼，讓大清再也不敢污蔑大漢沒有鐵血爺們兒。康熙爺爺曾經就直誇老鄭父子：「四鎮多貳心，兩島屯師，敢向東南爭半壁；諸王無寸土，一隅抗志，方知海外有孤忠。」看來這對父子就一直跟清朝唱反調。

鄭成功從小接受傳統教育，年輕的時候又被送到了南京國子監讀書，他老師就是有名的知識份子錢謙益。後來鄭成功的老母親從日本回到了中國，清軍攻佔福建的時候，老母親被先姦後殺。鄭成功眼淚汪汪地給老母收屍，把她的肚子剖開，把腸子洗乾淨再塞回去，弄了個厚葬，發誓要報仇雪恨。

鄭成功的老爹就比較窩囊了，早就跟清廷那邊投降了，但老母的死讓鄭成功對清廷恨到了骨髓裡，國仇家恨怎麼都忘不了，所以大半輩子都在

— 1800

道光
— 1825

—

—

虎門銷煙
鴉片戰爭
—

—

— 1850 咸豐
太平天國

—

英法聯軍

同治
—

—

— 1875 光緒

—

中法戰爭

—

甲午戰爭
《馬關條約》
—

— 1900 八國聯軍
《辛丑條約》

—

中華民國
袁世凱稱帝

—

— 1925

跟清廷對抗，弄得清朝對老鄭一家都喪失了信心，最後也把鄭成功他老爹給弄死了。

那時候荷蘭人把臺灣給占了，鄭成功會打臺灣也是為了給自己找塊地歇腳。當時老鄭進攻南京剛受挫敗，多年來苦心經營的沿海一帶都沒了，幾萬大軍龜縮在金、廈兩座小島上，清廷又實施海禁政策，沿海連個人影都沒有，要是再不把主力軍弄到臺灣，估計那幾萬大軍也要四處流浪了。

在臺灣的荷蘭人只有幾百，人家老鄭可是有幾萬大軍，打臺灣跟老鷹抓小雞似的。老鄭一生最值得驕傲的估計也就臺灣這事了，因為老鄭一家的入臺，臺灣也就成了漢族社會。

當初鄭成功剛登陸時，島上的原住民有十幾二十萬，漢族才五萬。後來老鄭命手下的人把家屬都搬過來住，再加上清廷實行「遷界」，許多沿海居民不願內遷，反而去了臺灣。西元1664年，老鄭在金門、廈門的事業相繼敗落，鄭氏基業就全部移轉到了臺灣島。

老鄭雖然腦袋瓜靈光，可是沒趕上好時機，最後還是失敗了，跟當年的諸葛武侯差不多一個命。

康熙的發展道路

西元1661年，可憐的順治皇帝因為出天花而病重，看起來是快要不行了（也有一說是因為愛情問題，出家當和尚去了）。孝莊太后急急忙忙地召開了大會，會議的主題是討論下一屆皇帝的人選。順治帝本人是想讓皇

二子福全接自己班的，可是突然有人用蹩腳的漢語提出一條建議：「為了避免聖上出天花不治的悲劇重演，應該挑選一名出過天花的皇子即位。」

孝莊太后覺得這句話挺中肯，於是她一激動就決定採納了。託那位德國傳教士、欽天監監正湯若望的福，已出過天花的玄燁即位。他，就是歷史上赫赫有名的康熙大帝。康熙不僅接了老爹的班，而且就連跟老爹登基後的狀況都差不多。

順治帝六歲的時候坐上了皇位，十四歲親政，康熙八歲登基，也是十四歲親政，不過直到十六歲把鰲拜老賊除了以後才真正地掌握了國家大權。這麼看來，兩父子不僅登基年齡相若，親政年齡相同，而且在他人攝政的情況下，受窩囊氣的時間也基本相等。

只不過，攝政之人不同罷了。兩父子親政路上的攔路虎分別是「叔父攝政王」多爾袞和輔政大臣鰲拜。

順治即位時，年齡尚幼，攝政王多爾袞輔政。在多爾袞輔政的八年裡，順治形同傀儡，過得都是忍氣吞聲的日子，他是不允許兒子受老爹這份苦的。然而，繼承帝位的兒子玄燁年齡亦幼，根本不能處理政務，必須有人輔政。怎麼辦？

順治思來想去，覺得多爾袞之所以把自己當木偶一樣架空，是因為他是宗室親王，有恃無恐。因此，一定不能把輔政大權交給宗室親王，而且不能交給一人，必須由幾人共同輔政，一來防止權力過分集中，二來也可讓他們相互牽制。

於是，順治特命內大臣索尼、蘇克薩哈、遏必隆、鰲拜四位異姓，也是他特別信任的大臣輔佐皇帝執政。並規定凡事需由四人協商一致，然後請示皇帝和太皇太后批准，四人中的任何一位，都不得私自上疏或朝見皇帝，不得私自決策大事。

做完這一切以後，順治帝認為老爹該給兒子掃除的障礙也都掃完了，於是安然地去了。可是他沒料到，歷史總是在跟人們開玩笑，這個一手砸碎順治帝自認為「無虞安排」的人，正是他視為心腹重臣的鰲拜。

鰲拜是將門出身，功夫了得，從年輕的時候開始就已經屢建戰功了。他曾經跟著皇太極打察哈爾部、征朝鮮，表現不俗。

皇太極死後，在繼承帝位問題上，他與兩黃旗將領堅決主張擁立先皇（皇太極）之子，並不惜以武力相威脅，促進了順治的登基。此後又忠心效忠順治帝，屢受多爾袞的打擊。順治親政後，重用鰲拜，鰲拜亦不負聖望，忠心事主，始終不渝。所以才被順治欽點為四輔政大臣之一。

— 1800

道光

— 1825

—

虎門銷煙
鴉片戰爭

—

— 1850　咸豐
太平天國

英法聯軍

同治

—

— 1875　光緒

—

中法戰爭

甲午戰爭
《馬關條約》

— 1900　八國聯軍
《辛丑條約》

中華民國
袁世凱稱帝

—

— 1925

老大不行老二上

1800—
1825—
英國憲章運動
歐洲革命
1850—
日本黑船事件
美國南北戰爭
大政奉還
1875—
日本兼併琉球
日本頒布帝國憲法
1900—
日俄戰爭
日韓合併
第一次世界大戰
俄羅斯二月革命
1925—

　　四位輔政大臣中，索尼顯然是老大，不過卻已經是年老體邁，而且還多病，也有點怕事避禍的嫌疑，所以在許多事情上都處理的不太妥當。排行老二的是蘇克薩哈，這位兄弟本來是跟多爾袞要好的，可沒想到多爾袞死後他居然出來告發，結果受到了順治帝的重用，也因此讓索尼等人對他瞧不上眼。

　　鰲拜雖然跟蘇克薩哈是嫡親，可是這兩人卻經常因為政見而鬧不合，看起來像是死敵。這排行老三的人是遏必隆，雖然此人出自名門，可是他遇到事情的時候似乎沒什麼主見，而且常常附和了事。第四就是鰲拜了，不過雖然他屈居第四，可是仗著自己年長功高，常常以氣勢奪人。

　　在這種情況下，鰲拜雖居四輔臣之末位，卻得以擅權自重，日益驕橫，開始走上專權的道路。這樣，順治帝本以為替康熙準備了一個好開局，然而洗來洗去，發到康熙手中的，還是當初老爹登基時的那手牌。歷史把他們兩父子拉到同一個起點上，而他們的人生長跑的成績卻迥然不同：一個英年早逝，一個則成為歷史上在位時間最長的皇帝，開創出一代盛世。

　　父子同命不同運，開局相同，結局卻大相逕庭。這裡面，除去各種外界因素外，最主要的是兩人自身的努力，與父親順治相比，在奔赴親政的路途上，康熙更幸運，表現得也更積極、更主動。

　　首先在學習上，順治帝本身「先天不足」，他曾說：「朕極不幸，五歲時先太宗早已宴駕，皇太后生朕一人，又極嬌養，無人教訓，坐此失學。」以致十四歲親政時，「閱諸臣奏章，茫然不解」。

　　而康熙則要幸運得多，他身受了三種文化的影響，他的家庭說滿語，他的滿族師傅教給他說滿語，學滿文，教給他騎射，他的漢族師傅給他講「四書五經」，他又受到儒家文化的教育，所以他既受到滿洲騎射文化的影響，又受到蒙古草原文化的薰陶，還受到漢族儒家文化的影響。

而且康熙的學習從四周歲開始，每天早上到上書房學習，晚上很晚才回來。更重要的是他很自覺、主動地學習知識，無論是嚴寒酷暑，沒有一天中斷，「早晚讀書年無間日」，累得病倒了，仍然堅持學習。相比之下，順治就顯得遜色了，順治幼時貪玩，因此受到孝莊太后的嚴厲管教，並直接導致了母子二人關係不融洽。

除了學習努力與否之外，兩父子在心態上也有很大不同。同樣的情況下，順治帝的心理素質顯然沒有兒子好，多爾袞給他留下了很深的心理陰影，這從他在多爾袞死後，追加罪名，挖墳掘墓、毀屍洩憤可以看出來。

董鄂妃死後順治幾欲自殺，這也是心態不好的延續，後來崇佛談禪，心態比以前好了，卻矯枉過正。而康熙則要「陽光」得多，鰲拜的專權雖然給他造成很大的心理壓力，也令他極為憤怒，然而，康熙能夠制怒，而且把憤怒轉化成動力，不動聲色地與鰲拜周旋。

第三，在如何對付老賊的戰略戰術上，順治帝也不如兒子做得好。順治帝對除去攝政王多爾袞一直沒有什麼想法，一方面是多爾袞權傾當朝，功高震主，威赫一時，另一方面，也是年幼、怯懦而倔強的順治一直沒有主動去思考這個問題，也想不出解決問題的辦法。如果不是多爾袞在壯年暴卒，順治的傀儡生涯不知到何時才能結束。

康熙則不同了，其實他親政時的年齡與順治相同，都是十四歲，而且當時鰲拜權勢正隆，很難對付。康熙沒有被嚇倒，他制定了良好的戰略戰術。戰略就是上面提到的韜光養晦，不露鋒芒，迷惑鰲拜，以免打草驚蛇。戰術上則充分貫徹戰略思想，以與同齡貴族子弟嬉戲為幌子，暗中籌畫並練習制伏鰲拜的辦法。

滅敵出奇招

南明政權最後的餘黨終於解決了，這時候順治帝也歸了天，兒子玄燁當上了皇帝，也就是日後大名鼎鼎的康熙大帝。整體大環境已經是清淨

— 1800

道光
— 1825
—

虎門銷煙
鴉片戰爭
—

—

咸豐
— 1850
太平天國
—
英法聯軍
—
同治
—

光緒
— 1875
—

中法戰爭
—

甲午戰爭
《馬關條約》

八國聯軍
— 1900
《辛丑條約》
—

—

中華民國
—
袁世凱稱帝
—

—

— 1925

了，就等著清理內部呢，康熙還有很多麻需要處理。

　　輔政大臣蘇克薩哈，他跟鰲拜那老傢伙起了些爭執，鰲拜是個蠻橫之人，就跟康熙帝說蘇克薩哈該去閻王爺那報到了。康熙帝雖然心裡向著蘇克薩哈，可是鰲拜掌握著軍權，他也就不敢跟這老傢伙明目張膽地抗衡，最後只好忍著氣讓鰲拜把蘇克薩哈給除掉了。

　　這件事情一直讓康熙很鬱悶，但是他知道時機還不到，所以他一直忍著。平時有事沒事，康熙就和他招來的這十幾個年輕的小夥子在宮裡玩，這十幾個小夥子明面上都是給康熙當侍衛的，天天在宮裡訓練武術。

　　鰲拜路過御花園的時候，只想著這些小孩子是給康熙帝解悶的，因此也就沒留心。不料，一日康熙小皇帝叫他一個人到宮裡做客，商量商量國家大事。他什麼也沒想就抬著兩條大腿進了宮。一隻腳還沒踏進門呢，就見眼前出現了十多個人，就把他給抓住了。

　　康熙小皇帝高興地不得了，趕緊叫人把這老傢伙送進了監獄，讓他等候審問。朝裡的大臣們得到這消息之後一個個都興高采烈，哭著嚷著讓康熙帝把他殺掉。不過康熙念著舊情饒了老傢伙一命，讓他回家種地去了。

　　樂歸樂，可是總有個事情讓他不放心，就是南邊的三個藩王：吳三桂、尚可喜以及耿仲明。之前這三人都因為幫著清朝滅掉了南明而立了大功，於是清廷就讓他們在南邊先當著地方王。

　　吳三桂是平西王，在雲南和貴州；尚可喜是平南王，在廣東；耿仲明則是靖南王，福建歸他管。吳三桂是三藩中的老大，兵力也最強，一直不太老實，一心想著謀反。

　　除掉鰲拜，少年天子康熙開始了他對國家治理的思考。這一日，康熙在乾清宮內批閱奏章，幾封奏章下來，眉頭緊鎖，他站起身來，在殿內踱來踱去。良久，他拿起筆，在殿內的柱子上寫下三件必須解決的事情，第一件，就是——三藩。

　　康熙要開始闖自己的大事業了。

左側時間軸：

1800—

1825—

英國憲章運動

歐洲革命

1850—

日本黑船事件

美國南北戰爭

大政奉還

1875—

日本兼併琉球

日本頒布帝國憲法

1900—

日俄戰爭

日韓合併

第一次世界大戰

俄羅斯二月革命

1925—

開始幹大事

一場殲滅戰

三藩擁兵自重，割據一方，形成了如同獨立的小王國。

三藩經濟上鑄錢煮鹽，販洋開礦，橫政暴斂；政治上挾制地方都撫，結黨營私。朝廷也授予他們很大的權力，如三藩王「用人，吏、兵二部不得掣肘；用財，戶部不得稽遲。」

例如勢力最大的吳三桂，他任命，甚至向全國選派的文官武將，吏、兵二部「不得掣肘」，稱為「西選」，以至於「西選之官幾遍天下」。他們並藉口「邊疆未靖」，要脅軍需，致使「天下財賦半耗於三藩」。

藩鎮割據的危害，前面的漢朝、唐朝最有發言權了。實力雄厚的藩王或稱雄一方的將領，都頗讓帝王們費了一番腦筋和手腳來治理。

宋太祖趙匡胤做過帝王們的表率，他一當上皇帝，就開始動手削藩，加強皇權，但是這個問題卻是始終都沒有能完全的解決掉。後來自作聰明的朱元璋卻故技重演，又將分封藩王從祖宗口袋裡拿出來使用，結果卻要了明惠帝朱允炆的小命。

有了這些前車之鑑，康熙還是十分警覺的。他可不想不久後的將來，自己被這些藩王要了腦袋。

清政府有一項最進步的措施，皇帝的兒子不一定加封親王，加封親王後也不能取得采邑土地，也沒有政治性的王府組織。而這三個非皇族的漢

— 1800

道光

— 1825

虎門銷煙
鴉片戰爭

— 1850 咸豐
太平天國

英法聯軍

同治

— 1875 光緒

中法戰爭

甲午戰爭
《馬關條約》

八國聯軍
《辛丑條約》

— 1900

中華民國

袁世凱稱帝

— 1925

1800—

1825—

英國憲章運動

歐洲革命 1850—

日本黑船事件

美國南北戰爭

大政奉還

1875—

日本兼併琉球

日本頒布帝國憲法

1900—

日俄戰爭

日韓合併

第一次世界大戰

俄羅斯二月革命

1925—

奸藩王，卻各據一方，成為半獨立的局面，顯然不是正常狀態。連三大漢奸自己都能感覺到，削藩不可避免，這是趨勢。

到西元1673年削藩時，看似康熙才執政四年，實際上已經將削藩這件事情籌備了四年以上，可謂成竹在胸。而且此時，經過康熙四年的治理，清廷上下也大有改善，雖然此前也對三藩的權力進行了一些限制，但沒有觸動他們的根本。

三藩依然我行我素，嚴重影響了經濟、政治的發展，如若讓他們繼續壯大，治理起來會更困難。就在康熙尋找下手的機會時，機會卻自動送上門來。

康熙帝一想起這三人就心煩，也知道這三個是他統一政令最大的隱患，於是就找著機會讓滅滅他們的士氣。就正巧尚可喜想著告老還鄉，給康熙捎了封信說想讓兒子繼位，康熙也不傻，准了老傢伙的退位請求，卻不讓他兒子繼位。吳三桂和耿精忠被康熙帝這種做法給嚇住了，想要探個究竟。

吳三桂耐不住性子，於是就要求康熙帝撤了他的爵位，康熙帝招來大臣們商議，大家一致認為老傢伙想要謀反，於是康熙帝就真的准了老吳的請求。老吳這下可怒了，終於忍不住在西元1673年在雲南起兵造反，還口口聲聲說是為了反清復明。

老百姓哪能上他的當呢，當初是誰把永曆帝給滅了大家心裡都清楚，現在反倒又在人家墳前哭了，哭給鬼看吧？吳三桂煽動著廣東的尚之信和福建的耿精忠，讓他們跟著一起造反，結果這兩個傢伙也加入了反清的大隊。「三藩之亂」就是這麼個來歷。

康熙帝打心底就沒怕過這些不老實的傢伙，只想著一舉將他們拿了下來。打了八年的仗，老吳估計是挺不住了，病快快地去投了閻王。西元1681年，清軍又大舉攻下了昆明，老吳的孫子覺得沒臉見鄉親父老，自殺了。

我的地盤上聽我的

　　除掉三藩，康熙心情很是愉悅。但他的大業還遠沒有完成，因為就在海的那一端，臺灣還沒有收回來。

　　鄭成功當年霸王硬上弓，佔領了臺灣之後，就把家搬去那了。後來他死了，他兒子鄭經繼位後，繼續推廣反對清政府的政策，堅絕不降清政府。鄭少爺的具體行動就是封鎖海疆，斷絕臺灣和大陸的來往。

　　康熙十分迫切地想收回臺灣，一方面，他覺得臺灣本來就該是屬於他的，另一方面臺灣的戰略位置很重要，保衛著中國的海疆。鄭氏後人的這種分裂行為，影響了康熙的統一大業，也大大威脅著清政府東南沿海的安全。

　　所以，從康熙二年到康熙二十年，清政府多次曉以大義，招撫臺灣，但是不料鄭成功後人堅絕不跟清政府妥協。他們始終堅持分裂的立場，公然提出「如琉球，朝鮮例」，想將臺灣變成屬國關係，當18年的招撫均告失敗後，康熙終於憋不住了，談不攏就打吧，於是開戰了，一個多月後，臺灣被收復了。

　　這一個多月的戰爭，看似簡單，實際上是數十年不斷努力的結果。康熙也不是個熱愛打仗的皇帝，勞民傷財的，凡是能和和氣氣解決的事情，他也不想搞的太大。所以一開始，他才一直主張和談。

　　就和平統一的這個問題，清政府前前後後和臺灣鄭氏先後進行了10次和談，前9次都失敗了，最後一次清政府使用了武力手段，大兵壓境，以戰逼和，使和談取得了成功。

　　其實以戰迫和的手段是清政府慣用的，早在他們未入中原以前，對待明政府他們採取的就是這種策略，皇太極及其部下數次突破長城，長驅直入，甚至攻至燕京城下，以此逼迫明政府承認後金政府的存在，進而達成和解。

　　當然，由於皇太極不肯接受作為明朝的藩屬，而且要求將長城以外三

— 1800

道光
— 1825

虎門銷煙
鴉片戰爭

— 1850
咸豐
太平天國

英法聯軍

同治

— 1875
光緒

中法戰爭

甲午戰爭
《馬關條約》

— 1900
八國聯軍
《辛丑條約》

中華民國
袁世凱稱帝

— 1925

個據點割讓給他，這場和解註定不能達成。沒想到三十年後，這種情況竟驚人般的重現，不過，這次清政府位置換了，由挑戰者變為招撫者，對手也換了，由明朝變成了臺灣的鄭氏集團。

談判桌上的討價還價取決於你手中掌握多重的籌碼。與當時清朝要求與明朝處於同等地位不同，臺灣當然不可能要求與清政府同等地位，但它要求像「朝鮮、琉球」一樣只是作為清政府的屬國，而不併入清朝版圖，甚至向外發佈輿論「非屬（中國）版圖之中」，這超出了清政府談判的底線，談判只能以失敗告終。

之後的談判中，康熙退一步，鄭氏家族的人就進一步，反正就是不給清政府好臉色看。康熙心想，自己屢次讓步，但對方卻得寸進尺，繼而向清政府討要沿海幾個地區，面對這種沒有誠意的對手，康熙決定動用武力，以戰迫和。

這招確實很管用。

猛將來了

施琅他爹是個做生意的，但是交通工具選的比較特殊，那就是船。施琅從小跟著他爹出海進行各種貿易活動，精通航海，對海疆的氣候、地理等方面的情況瞭若指掌。這段歲月為施琅打下了很好的基礎。

後來棄商從軍的施琅轉戰東南沿海，有豐富的海戰經驗。還有很主要的一點是，施琅這人很愛學習，孜孜不倦，追求上進，他在成長的過程中，不斷學習兵法、戰陣，很有軍事作戰頭腦。

當然了，他也是個主張以武力統一臺灣的人，他多年來精心謀劃對臺用兵方略，提出「因剿寓撫」的戰略方針及一整套實施方案，不但周密完備，而且是切實可行的。

這些還都不是康熙最滿意的，康熙最滿意的一點是施琅的原先身份，施琅是從鄭氏軍營中反叛出來的，他熟悉臺灣鄭氏集團內情，這樣的人一

出馬，那就是個萬事通啊，他什麼都瞭解，這還能不贏嗎？

施琅人緣很好，他在鄭氏集團中的故舊很多，為他爭取內應和情報工作提供了便利條件。總而言之就是他了。

施琅上任以後，積極訓練水師，督造戰船，選拔將領，全力籌備攻臺行動。他提出儘量避免在臺灣本島作戰的方略，建議先取澎湖，逼降臺灣，這和康熙以戰迫和的策略不謀而合。

此時，臺灣鄭氏集團發生內亂，實力削弱，清政府看到統一臺灣的契機，立即行動。康熙對自己不善海戰是很有自知之明的，為了不貽誤軍機，頒旨授予施琅「相機自行進剿」的自主權。

施琅也很爭氣，憑藉多年海疆活動積累的豐富經驗和對海峽季風規律的掌握，他決定把渡海時機選在夏季的六月。

因為夏季的西南季風比較柔和，海上風輕浪平，清軍船隊可編隊航行，官兵可免除暈眩之苦，也有利於船隊集中停泊，實施下一步作戰行動。同時，由於夏季多颱風，按常規此季節不宜渡海，所以敵人防備定然鬆懈。此時，發動攻擊，可使敵猝不及防，取得兵法所說的「出其不意，攻其無備」的奇效。

在進攻路線的選擇上，施琅根據風向和敵方防禦情況的情報，決定清軍船隊從銅山（今福建東山島）起航，乘六月的西南季風向東穿越臺灣海峽，首先奪取地處澎湖主島以南、鄭軍防守薄弱的八罩島。

這樣就可獲得船隊的錨泊地和進攻的出發地，佔據風向上流的有利位置，向澎湖發起攻擊。攻下澎湖後，扼敵咽喉，然後兵鋒直指臺灣，可順利實施「因剿寓撫」的戰略方針。

實戰證明，施琅是正確的，戰役中，清軍擊沉敵艦兩百多艘，擊斃敵軍軍官三百餘人、士兵一萬兩千餘人，鄭軍主力盡失，無法再和清軍對抗，殘餘部隊自行散去。鄭氏家族終於俯首稱臣。

康熙二十二年（西元1683年）農曆8月14，施琅踏上臺灣的土地，接受鄭氏家族的投降，幾天之後，施琅又當著臺灣百姓的面，宣讀康熙的詔書。康熙保證，只要那些對抗清廷的臺灣人能真心悔過，大清既往不咎，

— 1800

道光

— 1825

虎門銷煙
鴉片戰爭

— 1850 咸豐
太平天國

英法聯軍

同治

— 1875 光緒

中法戰爭

甲午戰爭
《馬關條約》

— 1900 八國聯軍
《辛丑條約》

中華民國

袁世凱稱帝

— 1925

1800—

1825—

英國憲章運動

歐洲革命
1850—
日本黑船事件

美國南北戰爭

大政奉還

1875—

日本兼併琉球

日本頒布帝國憲法

1900—

日俄戰爭

日韓合併

第一次世界大戰
俄羅斯二月革命

1925—

一定會好好安排他們歸降後的生活。臺灣收復了，但北邊又開始鬧了。

對雅克薩的態度

雖說是定了三藩，南邊也算是安穩了，不料這時北邊又開始不平靜，沙皇俄國頻頻在邊境鬧事，康熙帝又心煩了。

想當年清軍一心要往關內爬，北邊就稍微沒注意，沙皇俄國鑽了空檔就一直在黑龍江鬧事，又是殺人又是放火的，讓當地人民不得安寧。終於等到清軍進入了關內，這才開始跟沙俄那邊打起來，一舉收復了黑龍江北岸的雅克薩。

後來在平定三藩的時候，康熙帝又把大部分兵力投入到了西南，沙俄又重新盯上了雅克薩。康熙帝這時候剛剛把西南邊弄安穩了，一聽到這個消息就怒氣沖沖。為了給沙皇那廝一點顏色瞧瞧，康熙一邊全力準備著進攻，一邊又送信給沙俄，讓他老老實實地把雅克薩交出來。

只可惜沙皇不識抬舉，康熙大帝給他面子他都不要，不但不從雅克薩撤軍，而且還要不時地增兵，讓康熙鬱悶極了。康熙帝心想不動用武力是不行了，於是就下令朝雅克薩開火。

西元1685年，彭春大將軍帶著一萬五的人馬從陸路和水路一舉攻到了雅克薩城下。不過沙俄經過長時間的準備，那城堡修的十分堅挺，一點也不好打。老彭這回遇到難題了，他仔細地琢磨了一下地形，就叫部隊在雅克薩南邊修起了土山，還下令朝城堡放箭。沙俄以為清軍要從城南開始進攻，於是就把兵力全都拉到了南邊。不料清軍卻又在城北開了火，沙俄的軍隊傻了眼。

康熙大帝先前就吩咐彭春打勝了以後，就把那群俄國鬼子給放了，讓他們滾回自己的老窩待著去。按照康熙的命令，彭大將軍讓托爾布津領著他那群兵回了老家。

後來彭大將軍又把雅克薩的城堡全都給拆了，把土地都還給農民耕

種，之後才帶著部隊回了璦琿。誰想到沙俄還是死心不改，清軍前腳剛走，他後腳就又回到了雅克薩，又把城堡給修了起來，這回還改良了一下技術，修得更加堅挺了。

康熙帝聽說沙俄這廝又偷偷摸摸地殺了回來，頓時龍顏大怒，心想先前顧著鄰居的份上放你一馬，你倒是不識抬舉，又來了，那這回就別怪我不客氣了。到了第二年，正值天氣燥熱的夏天，薩布素帶著他的人馬進攻雅克薩，清軍不耐煩了，大力開炮，終於是把他們滅的滅，趕走的趕走。

沙俄主子一看情況不妙，趕緊跟派人跟紫禁城那邊報信，說想要坐下來談談。康熙稍微壓了壓火，同意了。

西元1689年，康熙派了些人去了尼布楚，沙俄那邊也派了戈洛溫去。雙方吵吵了幾天以後終於是談妥了，哪哪哪歸中國，哪哪哪歸俄國，弄得一清二楚。

這回可算是跟沙俄說清楚了，黑龍江和烏蘇里江流域的廣大土地都是中國的領土，它以後要再是敢入侵那就叫毀約，這就是《尼布楚條約》。

- 1800

道光

- 1825

虎門銷煙
鴉片戰爭

- 1850 咸豐
太平天國

英法聯軍

同治

- 1875 光緒

中法戰爭

甲午戰爭
《馬關條約》

- 1900 八國聯軍
《辛丑條約》

中華民國

袁世凱稱帝

- 1925

盛世安穩

英國憲章運動

歐洲革命
1850—
日本黑船事件

美國南北戰爭

大政奉還

1875—
日本兼併琉球

日本頒布帝國憲法

1900—
日俄戰爭

日韓合併

第一次世界大戰
俄羅斯二月革命

1925—

我驕傲我自豪

乾隆五十年（西元1786年），乾隆皇帝跟他爺爺康熙學著舉辦了一場千叟宴，還作了首詩，有意要告訴大家這本事是跟自己爺爺學的。在康熙與乾隆這祖孫兩代所舉辦的千叟宴之間，就是我們耳熟能詳的「康乾盛世」。

翻開中國的歷史，我們大概能看到三個黃金時代，一個是在春秋末期與戰國初期，第二個黃金時代在唐代，這第三個黃金時代就是清朝。康熙是這個黃金時代的開創者，千叟宴則是康熙盛世的巔峰體現。

大清建立以來，康熙是第二任皇帝，繼位的時候也就八歲，他當上皇帝那時候，大清帝國才建國十七年，說白了就是在中國人地上沒站穩腳跟。

政治上，鰲拜那老賊控制著國家大權，國內還有吳三桂、耿精忠、尚可喜等三藩勢力擁兵割據一方，臺灣和廣大邊疆地區也沒有統一；文化方面，滿人還沒有融入漢族，漢人的反滿情緒還挺強烈；經濟上，之前的戰亂讓農商凋零，什麼都等著建設，對外還閉關自守。總之，那時候大清是要什麼沒什麼，說什麼什麼不行。

年輕的康熙帝就面臨著這樣的難題，幸虧他是個有膽識的人，勇敢堅毅地擔當起這個重擔。他十六歲就設計收拾了老賊鰲拜，把國家大權奪回

了自己手裡，隨後又平定了三藩，收復了臺灣。同時，康熙帝又開放了海禁，開設了廣州、漳州、寧波、雲臺山四個海關與外國通商，進出口貿易空前活躍。

康熙三十五年、三十六年，康熙帝三次親征噶爾丹，加強了對北部邊疆民族地區的管轄和治理。在他的苦心經營下，清朝開始走上盛世之路。

其實，千叟宴根本不是康熙自我邀功所舉辦的，要知道，我們的康熙大帝是個極為節儉的皇帝，平生最恨鋪張浪費。這千叟宴是群眾為他賀壽所引起的。康熙五十二年三月十八日是康熙六十歲大壽，各省百姓及退休官員紛紛趕來京城給皇帝祝壽，康熙帝一感動，就下了諭：「今歲天下老人為朕六旬大慶，皆從數千里匍匐而來，如何令其空歸？欲賜伊等筵宴，然後遣回」。

於是便在暢春園宴請諸位老人，諸皇子率皇孫及宗室子弟50餘人，親執爵觴為老人倒茶，並頒發禮物，以答謝臣民對他的愛戴，並彰顯「養老尊賢之至意」，以此進行社會教化。此次宴會行動，也顯示了康熙的自豪之情。

農業很重要

康熙帝還真的該為自己的功績自豪自豪。他在位六十一年，文治武功樣樣出色。他曾經在宮中的柱子上寫了三件事：第一件是三藩，第二件是河務，第三件是漕運。其實河務和漕運就是同一件事，治河。

三藩平定後，康熙重點處理的就是治河。他親自派侍衛赴黃河而上，一直到黃河源頭星宿海，往返行程兩萬里，繪製了黃河全圖，這是中國歷史上第一次經過實際踏勘繪製成的黃河圖。康熙帝知道，只有把黃河的來龍去脈搞清楚了，才能更有針對性地治理它。

治河的目的，一是防止洪水氾濫，二是發展水利，以利農業。為使百姓生活安定，康熙在農業治理上，一方面調整政策，減輕徭役，另一方面

1800

道光

1825

虎門銷煙
鴉片戰爭

1850 咸豐
太平天國

英法聯軍

同治

1875 光緒

中法戰爭

甲午戰爭
《馬關條約》

1900 八國聯軍
《辛丑條約》

中華民國
袁世凱稱帝

1925

1800—

1825—

英國憲章運動

歐洲革命
1850—
日本黑船事件

美國南北戰爭

大政奉還

1875—

日本兼併琉球

日本頒布帝國憲法

1900—

日俄戰爭

日韓合併

第一次世界大戰
俄羅斯二月革命

1925—

推廣新品種、新技術，增加農業收成，同時鼓勵各地從實際出發，因地制宜，多方面發展經濟。臨洮、鞏昌等地多水草，當地百姓效仿蒙古牧養，雖不可耕種，但亦可維持生計。

康熙在張家口、保安、古北口巡行時看到人們開渠引水澆田，有所感悟，遂將寧夏等地「取能引水者數人」，派到多旱的蒙古地區傳授技術。敖漢、奈曼盛產穀米，興安等處的百姓就近販賣，「均有裨益」。

康熙還積極推進農業經營方式朝著商品化方向轉變，如此一來，農民越來越多地投身於市場，市鎮進入快速發展時期。以江浙為例，棉花種植和棉紡織業發達是構成江南商品經濟的重要因素，棉市的興衰決定了市鎮本身的繁榮與否。明清兩代僅松江、太倉兩地先後興起的棉業市鎮即達四十餘個，其中不少在清初保持著繁榮景況，楓涇鎮、洙涇鎮、新涇鎮等都是如此。

江蘇蘇州府和浙西的杭州、嘉興、湖州府是明清時代蠶桑業基地，因絲織而興起的市鎮有二十多個，其中多是康熙年間發展起來的，也有的市鎮明代已經形成，至康熙朝更趨繁華，如南潯、盛澤等鎮即是。浙江烏程縣南潯鎮「煙火萬家，苕水流碧，舟船輻輳」。從市鎮總數和市鎮居民人數的增長來看，松江府正德年間有44個市鎮，康熙年間已增至79個。許多市鎮是由鄉村聚落快速發展成為地方貿易中心，並且往往成為擁有數千至上萬戶人口的大市鎮。

農業的這種商業化經營，無形中促進了商業的發展，加之康熙採取恤商政策，商業、手工業在康熙中後期也蓬勃發展起來。傳統絲織業中心蘇州，在康熙初期「六門緊閉，城中死者相枕籍」，「機工星散，機戶凋零」。到康熙中期，蘇州已經面貌一新：「郡城之戶，十萬煙火。」，漢口「舟車輻輳，百貨所聚，商賈雲屯」。

即使在邊遠地區的東北寧古塔亦「商賈大集」，「街肆充溢」，「貨物商賈絡繹不絕」。

看到中國商業與貿易發展的如此快，許多外國人都拚命地想往中國擠，西方科技隨著商人和傳教士的湧入也傳入中國，還得到長遠的發展。

科技更重要

　　不管是在哪一方面，只要是涉及學習新知的，康熙帝都很積極，儼然一副行業帶頭人的樣子。他對西方的先進科學知識就很有興趣，一頭栽在裡面不願意出來。也是因為有模範皇帝的帶領，在中國士大夫階層中形成了一股學習西洋的新風氣。

　　尤其是對天文、地理以及數學知識的學習，那是相當的突出。在康熙時期，著名的數學家有梅文鼎、陳厚耀、何國宗、年希堯、明安圖等。康熙採納陳厚耀的建議，組織編纂了《數理精蘊》。這本書基本上吸收了當時所知的全部數學成就，是對中西初等數學的一個全面總結。

　　在天文方面，朝廷於康熙二十三年（西元1684年）開始頒用時憲曆。這意味著在中國歷史上第一次拋棄傳統曆法，而採用西洋天文學體系並按照中國民用曆體例編成曆法，作為官方曆法首次發生體系變化。此外，它還是中國歷史上第一次在民用曆中採用定氣注曆，以太陽在黃道上的實際運行位置決定節氣時刻。地理學融合西方一些進步因素，在諸如地圖、測量、自然地理等方面得到進一步發展。

　　要好都好，發展也是如此。因此，那時候科技的發展也帶動了文化的繁榮，《康熙字典》代表了編纂書籍的最高成就，《聊齋志異》、《桃花扇》、《長生殿》等作品也初顯盛世文學的風采。

　　《康熙字典》是中國歷史上第一部用皇帝年號命名的字典，也是首部由官方組織編纂的字典，全書36卷，47000餘字。它是朝廷於康熙四十九年（西元1710年）召集張玉書、陳廷敬等30位學者集體編撰的，歷經6年，於康熙五十五年成書，是《說文》系字書中集大成之作。《康熙字典》吸收了歷代字書編纂的經驗，大規模集中了傳統字書的編纂整理工作，加上是御敕纂修，問世後影響巨大，其體例亦成後出字書的藍本。

　　《聊齋志異》是康熙年間的優秀短篇小說集。作者蒲松齡一生困苦，因此對社會黑暗面看得比別人都清楚深刻，他運用豐富的想像力，構思奇

— 1800

道光
— 1825

虎門銷煙
鴉片戰爭

— 1850　咸豐
太平天國

英法聯軍

同治

— 1875　光緒

中法戰爭

甲午戰爭
《馬關條約》

— 1900　八國聯軍
《辛丑條約》

中華民國
袁世凱稱帝

— 1925

1800—

1825—

—

英國憲章運動

—

歐洲革命
1850—
日本黑船事件

—

美國南北戰爭

大政奉還

—

1875—

日本兼併琉球

—

日本頒布帝國憲法

—

—

1900—

日俄戰爭

日韓合併

第一次世界大戰
俄羅斯二月革命

1925—

妙，刻畫了許多栩栩如生的人物，為讀者展示了一個個神奇瑰麗的迷人境界。《聊齋志異》創造性地運用了古典文學語言，同時又大量融入了當時的民間語言，形成雅俗共賞的語言風格，不愧為中國古代短篇小說的瑰寶，對後世文言短篇小說產生巨大影響。

在以使人們「知三百年之基業，隳於何人？敗於何事？消於何年？歇於何地？不獨令觀者感慨涕零，亦可懲創人心，為末世之一救矣」為目的寫就的《桃花扇》中，作者孔尚任藉明末復社文人侯方域和秦淮名妓李香君的故事，抒寫了對南明弘光朝代歷史興亡的感慨。在藝術結構上，他把「離合之情」和「興亡之感」結合起來，既宏偉，又細膩嚴謹。作者還擺脫了生旦團圓的俗套，以張道士撕扇，侯、李二人入道的愛情悲劇，來襯托國破家亡的嚴酷現實。

當然，這些文化成就是無法與歷史上文化蓬勃發展時期的貢獻相比的。這個黃金時代，帶給中國的不是第一個黃金時代那種澎湃的學術思潮，也不是第二個黃金時代那種英雄們氣吞山河的氣概，而僅僅是一百年的和平與秩序。這本是人民最低的要求和政府最低的能力，但它在中國已絕跡了很久，比起明王朝和更早的蒙古帝國統治時期，這一百年間的中國人民，好像活在天堂。

康熙六十一年（西元1722年）再次舉辦千叟宴的時候，乾隆帝當時還只有十二歲，他也以皇孫的身份參加了這次宴請，為各位老人斟酒，那樣的盛況給他留下了深刻的印象。七十三年以後，乾隆也學著爺爺舉辦了這麼一場千叟宴，可是他沒料到，這場宴請卻是大清帝國的落日餘暉。

三征噶爾丹

俗話說「君子一言駟馬難追」，可沙俄那廝偏偏不想當君子，敬酒不吃吃罰酒。明明是跟大清簽了《尼布楚條約》，可沒過一年這賊心就又起來了，就在簽了約的第二年，沙俄政府又讓準噶爾部的首領噶爾丹進犯漠

北蒙古。

康熙心想沙俄政府也就是一窩土匪，用文明人的方式根本就無法跟他交流，於是就決定再次動用武力，而且這次康熙大帝要親自出馬。

西元1690年，在康熙的指揮下，撫遠大將軍福全率領一路兵馬往古北口進發，另一路人馬由安北大將軍常寧率領，出喜峰口。二話不說，常寧就先跟噶爾丹軍對上了，不過運氣不大順，讓對方贏了。噶爾丹趁勢就把大部隊開進了烏蘭布通，那地方距離北京也只有七百里遠。

噶爾丹到了烏蘭布通，就要求讓清軍把之前殺害他們國人的將兵通通交出來。康熙帝不理他，讓福全全力進攻。這時候噶爾丹在大紅山下聚集了好幾萬的騎兵和駱駝，他讓士兵把駱駝的四個蹄子綁了起來，並且把讓駱駝四腳朝天，駝背上還捆著箱子，活生生一條駱駝組成的長城。

這陣勢布好之後，噶爾丹就下令士兵蹲在箱子跟箱子之間開槍，想要把進攻的清軍攔在駱駝長城之外。這時候清軍集中了炮火對著駱駝長城就是一陣猛攻，終於打開了一個缺口。見有了空隙，清軍立刻大舉攻入。福全也派兵從後山伏擊，噶爾丹的軍隊被殺了個底朝天，紛紛逃離了戰場。

要說這噶爾丹也不是什麼英雄好漢，這回著急了，不知從哪弄了個喇嘛去跟清軍求和去了。所謂道高一尺魔高一丈，正當福全準備停下追擊的時候，康熙腦袋瓜靈光一閃，覺得噶爾丹很可能使詐，立刻下令讓福全快馬加鞭地向前追！

這康熙大帝可英明呢，果不其然，噶爾丹那小腦袋裡盤算著什麼東西康熙全算準了。福全大舉把噶爾丹打回了老家，不過他回到老窩後仍舊不安分，表面上跟清政府點頭哈腰的，實際裡卻還想著重振旗鼓。

西元1694年，康熙再給他個面子讓他過來簽約，可那廝居然敢不服從康熙大帝！他還真夠勇猛，悄悄地派人到漠南叫囂著要造反。不料當地的親王都是康熙的忠實粉絲，一個個兒地都把噶爾丹給出賣了。

給你臉你不要臉，於是康熙決定再次親征討伐噶爾丹。西元1696年，他領著三路大軍分別從三方面對噶爾丹進行夾攻，康熙親自率領的是中路軍。當他的部隊到達科圖的時候，其他倆軍還沒有趕到，隨行的大臣聽說

1800
1825
1850
1875
1900
1925

道光

虎門銷煙
鴉片戰爭

咸豐
太平天國

英法聯軍

同治

光緒

中法戰爭

甲午戰爭
《馬關條約》

八國聯軍
《辛丑條約》

中華民國

袁世凱稱帝

沙俄要幫噶爾丹攻打清軍，於是就急了，想讓康熙帝往回撤。康熙大帝的決定豈是兒戲？他可不想跟噶爾丹那廝成為一路貨色，說：「這出都出來了，仗還沒打就回去，還怎麼見鄉親父老？！」

見皇帝怒了，大臣們屁都不敢再放一下，乖乖地跟著康熙進兵克魯倫河。噶爾丹隔著河岸遠遠地就看見康熙耀武揚威的陣勢，嚇得屁滾尿流，就趕緊往回撤。康熙這回可不跟他客氣了，一路往前追，另外還下令費揚古帶領的西路軍從一旁伏擊。

噶爾丹自作孽不可活，部下接連地死翹翹了，自己最後帶著幾十個殘兵往回跑。回去後康熙讓他投降，他就是死撐著面子不低頭，康熙帝再次帶兵過了黃河跟他打。噶爾丹的心腹們聽說清軍殺了過來，再掂量掂量自己的實力，要是跟清軍打無疑是雞蛋碰石頭，於是都紛紛投降了。

噶爾丹心裡那叫一個恨，哭天喊地沒人應，走投無路之下只好自殺了。

1800—

1825—

英國憲章運動

歐洲革命
1850—
日本黑船事件

美國南北戰爭

大政奉還

1875—

日本兼併琉球

日本頒布帝國憲法

1900—

日俄戰爭

日韓合併

第一次世界大戰

俄羅斯二月革命

1925—

權力是個好東西

繼承人選很麻煩

康熙帝在當皇帝這個問題上自己並沒有費多少事，可是他的兒子們卻比他苦多了，陷入了激烈的爭鬥。西元1722年11月13日，康熙皇帝突然去世了，可是他給後人留下了一個很大的難題，那就是沒說清究竟讓誰接班！雖說接班的皇帝是雍正，他的即位也算是平息了一場爭鬥，然而這也成為困擾後世的一個歷史疑團。

後人也不知道雍正是合法繼位還是篡奪皇位，他是不是真的有野心而把康熙的遺詔給改了？雍正的老爹康熙，他一生輝煌，可為了在選拔繼承人這上面卻出了此生最大的敗筆，一點堅定的意志都沒有。

康熙二十二歲的時候就已經立了二兒子胤礽為太子，可偏偏這小子不給老爹爭氣，還囂張地跟什麼似的，康熙實在是看不慣，於是就把他給廢了。廢了太子之後，康熙大帝自己心裡也十分難過，甚至連續七天七夜都不吃不喝不睡，鬱悶極了。

康熙大概是想藉由廢太子之際，給其他兒子警示一番，誰想到皇太子的位置一空出，恰似把一隻羔羊投到飢餓的狼群中，引起了更激烈的爭奪。廢太子後，皇子們爭奪太子位的鬥爭愈演愈烈。這對心理素質還算不錯的康熙的打擊太大了。

廢太子後的第二個月，康熙甚至用哀求的口氣跟兒子們說，十八阿哥

— 1800

道光

— 1825

虎門銷煙
鴉片戰爭

— 1850　咸豐
太平天國

英法聯軍

同治

— 1875　光緒

中法戰爭

甲午戰爭
《馬關條約》

— 1900　八國聯軍
《辛丑條約》

中華民國

袁世凱稱帝

— 1925

1800—

1825—

英國憲章運動

歐洲革命 1850—

日本黑船事件

美國南北戰爭

大政奉還

1875—

日本兼併琉球

日本頒布帝國憲法

1900—

日俄戰爭

日韓合併

第一次世界大戰

俄羅斯二月革命

1925—

剛死，胤礽的事情又讓我傷心不已，身患重病。我現在已經老了，心存畏懼，只盼著能夠平平安安得終天年。眾阿哥當思我為君父，我如何降旨，你們就如何遵行，安分守己，這才是做子臣的正理。要是你們爭鬥不休的話，等到哪天我死了，你們還不把我的屍體放在乾清宮，然後又像齊桓公的五個兒子一樣，到時候你們「束甲相爭耳」！

康熙也曾經考慮過是不是立八阿哥做皇太子，有一次康熙徵詢大臣們的意思，大臣們立刻附和，後來在徵詢兒子們的意見時，大阿哥說，要是立八阿哥做皇太子的話，我會盡心輔助。康熙一聽怒了，這不是除了一個太子黨，又出來一個八阿哥黨，於是怒斥大阿哥，要把他囚禁起來。後來在眾阿哥的苦苦哀求之下，這才作罷。

後來康熙為了平息阿哥之間的爭鬥，又不得不重新讓二兒子當了太子，可是三年後又一次把他廢了，原因是太子黨的威脅。康熙說他所找的這個人的標準是一個「堅固可託之人」，說明康熙對誰繼位已心中有數。而眾皇子中，雍正性格堅毅，治理國家的能力有目共睹。而且康熙老爹對雍正這個兒子也十分看重。

雍正不是傻子，他知道老爹喜歡自己，也看到了這位皇兄是怎麼為此爭鬥的，他沒有等著當皇帝，而是做了精心的準備。雍正有自己的一套理念，而且還總結了四條準則：一是要誠懇地孝敬老爹；二是要跟兄弟們團結友愛；三是積極上班；四是不驕不躁，不急能忍。

雍正對自我的鞭策十分合乎老爹的意願，雖然雍正登上皇帝寶座之前和之後，在對兄弟和近臣的態度上，表現出兩種性格，兩張面孔和兩副心腸，但這已經超出康熙的意料範圍了。

康熙兒子們之間的爭鬥並沒有因為他的死亡和雍正的即位而告終。雍正繼承皇位之日，就面臨著兄弟們的不滿和挑戰。康熙崩逝的噩耗傳出，京城九門關閉6天，諸王非得令旨不得進入大內。箭在弦上，形勢緊張。後來雍正逐漸鞏固了自己的皇位後，開始了大規模的清算。

得讓大家服氣

康熙是個好皇帝，但卻不是一個好父親，他一輩子一共生了35個皇子，除去夭折的15個也還有20個，大家個個都想當皇帝，這場戰爭進行得十分慘烈，雖說最後雍正獲得了勝利，但是也給人留下了話柄。

很多人謠傳他的皇位來路不正。雍正即位以後，極力排除異己，很快處理了他的幾個兄弟，後來還把幫助他登位的年羹堯和隆科多都殺了，就是要滅口，以免留下對自己不利的證據，這也說明他有問題。

還有人說雍正的陵墓之所以沒有隨著他的父親建在東陵，而另外定址，就是因為他心裡有鬼，死了之後的靈魂愧對他的祖父順治和他的父親康熙。

有人說他是篡改了康熙的遺詔。因為康熙臨終前曾三次召見雍親王，也就是後來的雍正皇帝，在這三次見面中，康熙都沒有向雍正透露他將來會是皇位繼承人，這是不合常理的。

而且康熙五十四年（西元1715年）的時候，曾頒佈一個詔書，這就是後來的康熙遺詔。遺詔的最後是這樣一句話：「皇四子胤禛，人品貴重，深肖朕躬，必能克承大統，著繼朕登基，即皇帝位。」這個遺詔是在康熙死後的第三天才拿出來的，有人認為雍正在這中間做了手腳，後面那句話是他自己加上去的。

雍正也不是傻子，他知道人們對他有意見，於是就多多進行利民政策，好改善人們對他的不良看法。

在針對人口增多的情況，雍正取消了人頭稅，改為攤丁入畝，即將人丁稅攤入地畝，地多者多納，地少者少納，無地者不納。這項措施有效地減輕了農民負擔，受到了百姓的擁護。但是這在康熙帝「盛世滋生人丁，永不加賦」的基礎上，又刺激了人口的增長，到乾隆時期，清朝人口已達三億，加重了社會負擔，為盛世的衰落埋下了伏筆。

雍正為百姓做的另外一件大事是廢除了賤籍。這種制度是從宋朝流傳

— 1800

道光
— 1825

虎門銷煙
鴉片戰爭

— 1850　咸豐
太平天國

英法聯軍

同治

— 1875　光緒

中法戰爭

甲午戰爭
《馬關條約》

— 1900　八國聯軍
《辛丑條約》

中華民國
袁世凱稱帝

— 1925

下來的，分軍籍、民籍和賤籍，民籍是士農工商。賤籍就是賤民，他們的地位非常低下，不能讀書，不能參加科舉考試，這種身份還世代相傳。

雍正下令取消賤籍，把原來的賤民編為民籍，社會上就只有軍籍和民籍，取消賤籍，毋庸置疑，這是一種進步，無論從觀念還是從社會現實來說，這都是一種進步。

勤勞當家的

雍正的勤快無人能比，除了工作沒有其他的業餘愛好，生活非常簡單，那就是上班，上班還是上班。

最大的皇家獵場，木蘭圍場，自康熙以來的歷代帝王都要到此秋巡，即木蘭秋獮，也稱秋獮大典。但雍正帝在位13年，一次也沒有到過圍場，這是為什麼呢？因為他忙。

忙得連飯都不太吃了，哪還顧得打獵休閒。雍正曾經說自己是「以勤先天下」，這不是自誇。形容雍正勤政的有兩個詞：朝乾夕惕，宵衣旰食。意思是說：清早就穿衣服起床了，很晚才吃點東西，說明他整天都是很勤奮地工作。

這樣的工作態度不要說皇帝，就是普通人也很難做到。而且，皇帝的事情是沒有人督促的，做與不做全憑自覺，而且雍正不是一天這樣做，他這樣做了13年，堅持不懈，這就是他的可貴之處。13年間，雍正共處置了六部及各省題本192000餘件，每年平均達14700件之多。每日覽題本在40

件以上，光是在這些題本上的朱批就有8000餘字。還有奏摺，雍正期間親手批閱的奏摺大約在23000～35000本之間，可見工作之繁重。

不要以為這就是雍正的全部工作，這只是小菜一碟，大盤還在後頭呢。除此之外，雍正還要處理各種軍國政務，官吏任免、人民生活、農業工商，等等，雍正都要親自過問。而且以他多疑、敏感的個性又不會找人代勞，只有繁累自己。

雍正不光勤快，還勇於創新，他剛剛即位的時候，就發現了他爹留下的問題，因為康熙晚年管理不利，官員貪污腐敗，國庫虧空多達800萬兩白銀。「新官上任三把火」，雍正的第一把火就是懲治官員腐敗。

而且雍正雷厲風行，從不含糊，他一個月內，13道諭旨，一級一級向下傳，中央查地方、後任查前任，就連老百姓也被牽涉進來，雍正告訴他們誰也不許借錢給地方官員填補虧空。

皇帝開口了，哪個敢不從，就這樣，在《清史稿‧食貨六》曾記載：「雍正初年，整理度支，收入頗增。」這就說明雍正的整治很有效果。

整治腐敗還有一項政策就是耗羨歸公。「耗羨」是徵稅時附加的貨幣損耗費，這也是官員貪污的一個重要來源。雍正規定耗羨歸公就是把徵收的這一部分附加稅歸國庫所有，作為「養廉銀」，用來獎勵清廉的、有政績的官員，是吏治的一大進步。

錢的問題解決了，就該解決權的問題了。創立軍機處，這是屬於皇帝的秘書班底，內設軍機大臣，具體處理各部事務。雍正還推廣了密摺制度，就是奏摺可以直接呈送皇帝本人，也是一種廣開言路的做法。這樣，雍正可以很及時地瞭解下情，也可以使官員之間互相監督，而且避免了偏聽偏信、冤假錯案的產生。

雍正處在承上啟下的關鍵階段，康熙晚期已經出現了一些問題，如果他讓這些問題繼續惡化，清朝的末日也許會來得更早。但是，雍正做得很好。

別來惹我

雍正雖然勤快，也做了很多好事，但是他有一個缺點就是心眼太小，但凡有點讓他心裡不舒服的，他就要掃除。而且，最不能讓雍正忍受的就是權力被分出去。所以，他為了集中自己的權力，用了點小手段。

清代的中樞機構中最有特色的是軍機處的設立，這是雍正的首創。軍

1800

道光

1825

虎門銷煙
鴉片戰爭

1850
咸豐
太平天國

英法聯軍

同治

1875
光緒

中法戰爭

甲午戰爭
《馬關條約》

1900
八國聯軍
《辛丑條約》

中華民國
袁世凱稱帝

1925

1800—

1825—

英國憲章運動

歐洲革命

1850—

日本黑船事件

美國南北戰爭

大政奉還

1875—

日本兼併琉球

日本頒布帝國憲法

1900—

日俄戰爭

日韓合併

第一次世界大戰

俄羅斯二月革命

1925—

機處是皇帝為保持軍事機密，越過內閣，徑由南書房發出的諭旨。後來，政府的重要政令，就都不再從內閣發，而直接轉到軍機處了。

軍機處中設軍機大臣，人數不定，一般5～7人，由皇帝親自從內閣大臣中選定。這些人都是皇帝的親信，他們一般都是長年累月地跟在皇帝身邊，皇帝今天說了一段話，他們就從話裡摘出中心思想，寫成機要文書。

按後從軍機處發出的上諭均由朝廷直接寄出，然後經各兵部驛站遞傳，不僅迅速而且極為機密。

雍正之所以這麼煞費苦心，去限制宰相的權力應該是吸取了明朝的經驗，使內閣手中不再擁有實權。儘管如此，很多煩瑣的例行公事還要由內閣辦理，經過內閣的題本量還是很大。但皇帝對經過內閣的題本還要審閱，制度非常嚴格。

這樣的制度是能夠把權力握到皇帝手裡了，但也讓皇帝非常累，雍正那麼勤勞，看來也並非完全是他自願的。

作為清朝的中央決策機構，軍機處的重要性那就不用多說了。二級部門就要算是執行機構了，分別是六部、理藩院、翰林院等。

清朝中樞機構以下分直隸、省、東北、邊疆少數民族、八旗等行政機構。省以下為府、縣。省級最該長官為總督、巡撫，總督轄多省，一般不超過3個，巡撫只轄一省。總督巡撫互不統屬，前者管軍事、後者管民事。省級行政機構還設布政司、按察使，主管民政、財政和刑事等。總督和巡撫軍政合一。這就使得地方官吏可以互相牽制，不易形成地方分裂勢力。

省的下一級為府，府的最高長官為太守；其次是縣，縣級長官為知縣。知縣既是行政長官，又是司法審判人員。閻崇年說，這是因為皇帝是一元化的，皇帝既是國家元首，又是國家最高行政長官，還是國家最高軍事統帥，還是國家最高的祭祀者。

所以，清代的皇帝如此，清朝的官員亦如此，但是這並不意味著一縣之令可以為所欲為。

因此，有些事可能自己還不知道，皇帝就已經知道了，在清朝做官員

也並不輕鬆。即便如此，清朝官員中營私舞弊者比比皆是，所謂「上有政策，下有對策」，皇帝精力如何旺盛也不可能面面俱到，何況中國歷來人情網甚密，就連最不講情面的雍正帝都無可奈何。

這種集權在清朝初期，對於滿族人鞏固統治地位可能產生了積極作用，但是，這種高度集權對皇帝來說，進一步強化了其「唯我獨尊」的意識，帝王一個人的行為很快會對整個國家產生影響。「遇明君則國興旺，遇昏君則國衰敗」，這就對統治者提出了更高的要求。遺憾的是，雍正以後的清朝皇帝都做得不夠好。

恐怖文字獄

康熙為了把國家治理好可是花了不少心血，武的方面自己親自上馬，文的方面也絕對不能落後。為了讓從明朝投奔過來的那些文人墨客們死心塌地地跟著自己，他想了個「博學鴻詞科」的法子，就是讓大家把有才的人都推薦上來，好讓朝廷給這些人官位。

康熙這方法還真不賴，不久就拉攏了一批文人來朝廷。不過也有一些不理他的人，對於這些不識抬舉的傢伙，康熙從來都不客氣，該殺的就殺，該抄家的就抄家。雍正繼位之後也繼承了他老爹的傳統，甚至比他老爹還要猛，興起了文字獄。

雍正雖說把國家建設得有模有樣，不過在文字獄這方面還是有點想不通，殘暴的程度讓大家還都以為他是個暴君。其中最有名的就數呂留良那件事了。

呂留良是個不折不扣的知識份子，對大明王朝那也是忠貞的一塌糊塗。明亡了以後他就一直惦記著反清，對清朝的招安睬都不睬。後來這呂學者招不住眾多人的勸說和打擊，一氣之下就跑到寺裡清淨去了。

如果事情就這樣結束，那呂留良大概也就不會在日後招惹起事件，可偏偏中途殺出個沒事找事的曾靜。這人偶然看到呂留良的大作，甚是欽

— 1800

道光

— 1825

虎門銷煙
鴉片戰爭

— 1850   咸豐
太平天國

英法聯軍

同治

— 1875   光緒

中法戰爭

甲午戰爭
《馬關條約》

— 1900   八國聯軍
《辛丑條約》

中華民國
袁世凱稱帝

— 1925

1800—

1825—

英國憲章運動

歐洲革命
1850—
日本黑船事件

美國南北戰爭

大政奉還

1875—

日本兼併琉球

日本頒布帝國憲法

1900—

日俄戰爭

日韓合併

第一次世界大戰

俄羅斯二月革命

1925—

佩，於是就讓自己的學生張熙去呂先生的老家搜羅手稿。張熙跑去了浙江，沒找著呂學者，倒是把他的兩個學生帶出門了。

他帶著兩人就來到了曾靜這邊，曾靜看兩個孩子還不錯，而且都有一顆反清復明的大志向，於是四個人就合計著把大清趕出關外。不過這四個人也知道自己就是一介書生，怎麼能是清軍的對手？這時候不知道哪個人腦子裡突然想到了陝甘總督岳鐘琪，這人是個漢族，而且手裡握著兵權，當初跟叛軍打仗的時候不小心立了個大功，這才被雍正皇帝賞識了。

要說那曾靜也是一根腸子通到底的人，他想都沒多想就給岳鐘琪寫了封信，還讓學生張熙給送了去。岳大俠一看信件的內容就傻了，差點沒把張熙給抓起來。可張熙那是一心去送死的，就沒想活著回去，也不看看岳大俠的臉色就直接說了起來：「岳大俠您可是岳飛的後代，岳飛那跟金人是勢不兩立，可偏偏如今皇帝的老祖宗就是金人，您看看，您不也跟他是宿仇嗎？」

岳大俠哪裡吃他這一套，索性把張熙關了起來。後來又逼著讓張熙把同夥供出來，可這傢伙就是不說。岳鐘琪沒了辦法，於是眼睛一轉，辦法就來了。他主動去跟張熙套近乎，還說自己已經想通了，決定跟他們一起造反。張熙一開始還半信半疑的，可是終究架不住老狐狸的說服，竟然全信了。

張熙被耍的暈頭轉向的，一股腦地把曾靜等人的下落全都說了出來，老岳聽到這裡以後就露出了狐狸尾巴，立刻派人去跟雍正皇帝打小報告。雍正一聽就隨即讓人把曾靜一夥人押到了北京。

因為事情最初是由呂留良引起的，所以呂家也就倒了大楣，呂留良倒是逃過了一劫，因為他早都跟閻王爺那兒報到去了，可他的後人可遭了殃，死的一塌糊塗，冤啊。

峰迴路轉走下坡

乾隆禁書修書

在康熙和雍正兩個皇帝的經營下，大清王朝總算是治理得有聲有色，國家上下一片歡天喜地的景象。時間過得也真快，一轉眼就輪到了乾隆皇帝。

乾隆皇帝骨子裡淌著的是大清的血，雖說天生是個浪子，可對國家大事還是很關心的。爺爺和老爹沒弄好的事，他倒是通通安頓好了，例如他就把天山南北的人管得服服貼貼的。

國家安定了就該好好地進行文化工作，做好輿論宣傳。他也跟老爹學了兩手，一手抓著文字獄，另一手進行文化建設。

乾隆皇帝的文字獄絲毫不亞於他老爹，長江後浪推前浪嘛，他的火爆程度早就把他老爹雍正拍在了沙灘上。不過乾隆皇帝比雍正聰明那麼一點點，他知道光是文字獄力度還不夠，因為民間還流傳著各種各樣的書籍，裡面反清的內容太多了，對國家安定很是不利。

乾隆皇帝思來想去，終於想出個辦法，那就是把全國各地的書都搜羅起來，然後再經過編撰，彙集成一本大書。在編撰的過程中把那些詆毀清王朝的文字刪掉，再美化美化大清的統治，歌功頌德一下，這樣一來就兩全其美了。

想好了以後，西元1773年，乾隆皇帝就下令開了個四庫全書的書館，

— 1800

道光

— 1825

—

—

虎門銷煙
鴉片戰爭

—

— 1850　咸豐
太平天國

—　英法聯軍

同治

—

—

— 1875　光緒

—

中法戰爭

—

甲午戰爭
《馬關條約》

— 1900　八國聯軍
《辛丑條約》

—

中華民國

袁世凱稱帝

—

— 1925

讓朝廷的一些大臣們都掛個職，當個管理人員。而真正負責編書的還是一些文人學者，例如紀曉嵐就是大家耳熟能詳的一位。此外還有戴震、姚鼐等人。

乾隆皇帝把這部書稱作《四庫全書》，所謂四庫，就是中國古代的經史子集，經過大家的這麼一搜羅、一集合，就成了全書。

要想把全國各地藏匿的書都弄到朝廷裡來，那也不是一件容易事，不花銀子還是辦不成事。於是乾隆皇帝就利用獎賞的辦法激勵大家都把書主動地送上門來，這一招果然有用，大約用了兩年的時間，朝廷就從民間搜羅了兩萬多種書籍。

等書差不多搜集的可以的時候，乾隆皇帝就派人開始對這些書的內容進行審查。裡面凡是有造反文字的，通通都被抹去，有甚者更是大燒特燒。不但是反清的言論不能有，就連宋朝人反抗遼、金、元的內容也不放過，因為這容易讓人想到反清復明。總之，差不多有三千多種書籍都是在那個時候被滅了的。

歷經千辛萬苦，眾知識份子終於是把這本《四庫全書》給編了出來，為了很好地保存下去，還派人分別抄了七本。

《四庫全書》差不多用了十年的時間才完成，可謂是乾隆皇帝有生以來的做的一件大事，雖然他修書修的有點神經質，不過貢獻也是不能被磨滅了的。

西藏活佛

西元13世紀，西藏也歸了元朝，忽必烈封薩迦派教主八思巴為「西天佛子，化身佛陀」，從此以後，西藏的高僧都被大家稱為「活佛」。

那還是1283年的時候，噶瑪拔希圓寂。噶瑪噶舉派按教規不能婚娶、依靠嫡親來繼承教權，同時也為了避免師徒傳承容易造成自立門戶、分散力量的弊端，他的弟子秉承師命，找到一個小孩為噶瑪拔希的轉世靈童，

1800—

1825—

英國憲章運動

歐洲革命
1850—
日本黑船事件

美國南北戰爭

大政奉還

1875—

日本兼併琉球

日本頒布帝國憲法

1900—

日俄戰爭

日韓合併

第一次世界大戰
俄羅斯二月革命

1925—

活佛就是這麼來的。

到了清乾隆時期，西藏的一些有權有勢的人在活佛轉世問題上投機取巧、弄虛作假，一片騙人的景象，為的就是爭權奪利，進而把西藏弄得不平靜。坐在紫禁城裡的乾隆皇帝看不下去了，乾隆五十七年，也就是西元1792年，清政府為了把西藏牢牢地攥在手裡，於是想了個方法，用金瓶掣籤的方式來認定藏傳佛教的轉世靈童。

他頒賜一金瓶，要求活佛圓寂後，將候選靈童的名字用滿、漢、藏三種文字寫於籤牌上，放進瓶內，選派真正有學問的高僧，祈禱七日，然後由各呼圖克圖和駐藏大臣在大昭寺釋迦牟尼像前正式認定。假若找到的靈童僅只一名，亦須將一個有靈童的名字的籤牌，和一個沒有名字的籤牌，共同放置瓶內，假若抽出沒有名字的籤牌，就不能認定已尋得的兒童，而要另外尋找。

乾隆皇帝這麼一個方法還真不錯，清廷的皇權頓時凌駕於教權之上，加強了對西藏的管制。做什麼事都急不得，尤其是西藏這麼一大塊地方，因此，清代對西藏的控制其實還是一個逐步深入的過程。

西藏地位很高，控制了，就能掌握住達賴和班禪，這樣柔順、撫綏蒙藏諸部也就好對付了。清代時稱藏族為圖伯特或唐古特，崇德年間，達賴和班禪就已經開始給清政府送禮物了，說好聽了就叫朝貢。經過康熙和乾隆先後把噶爾丹叛亂搞定，清朝在西藏就建立起了政教合一的制度。在宗教上班禪是老大，達賴要聽班禪的，不過在政權上則要反過來說話。

其實，早在清太宗皇太極那時候，五世達賴就跟清政府有書信往來。西元1652年，順治帝還請五世達賴到紫禁城裡吃大餐，達賴帶著三千侍從就去了。西元1713年，康熙帝又冊封五世班禪為「班禪額爾德尼」。這樣，清政府確定了達賴和班禪的封號，並規定了以後歷世達賴和班禪都必須經過清政府冊封的制度，進而加強了清政府對西藏的管轄。後來，雍正帝看西藏是個很重要的地方，於是就把完全控制在自己的手掌心內。

為了加強對西藏的管理，雍正五年（西元1727年），清朝還在西藏設置駐藏大臣一人，作為中央政府的代表長駐西藏，協助地方政府處理政

— 1800

道光
— 1825

虎門銷煙
鴉片戰爭

1850　咸豐
太平天國

英法聯軍

同治

— 1875　光緒

中法戰爭

甲午戰爭
《馬關條約》

— 1900　八國聯軍
《辛丑條約》

中華民國
袁世凱稱帝

— 1925

務。這使西藏地方與中央政府的隸屬關係進一步加強了。一句話，清朝對西藏的管轄，那是相當的在意和嚴密。

公差兼旅遊代價大

古時候，最怕的就是黃河氾濫，因為防洪措施不怎麼高明。黃河水一決堤就損失慘重。在康熙時期，他格外重視這個問題，多次趁南巡的時候，親臨治河工地，看望百姓，並對工程給予指導。在皇帝的直接支持下，治河工程歷時數十年，終於取得了顯著效果，有效遏止了黃河水患，並疏導了運河，促進了當地經濟的發展，人民生活得以穩定。

後來到了乾隆時候，他也想享受一下人民夾道歡迎的感覺，就一直想著也要學他爺爺那樣下江南巡視去。

乾隆皇帝目的不純，康熙下江南，那是為了工作去了，可是乾隆這明顯就是炫耀去了，後來在思想覺悟不斷提高中，乾隆晚年也覺得自己年輕時候太愛玩了，耽誤了好些事，他自己做檢討的時候說他在位六十年，「惟六次南巡，勞民傷財，作無益，害有益」。

因為乾隆沒吃過苦，他爺爺、他爸爸給他打下了大好江山，還把一切都替他處理妥當，他才當了皇帝。

所以這乾隆帝凡事都不太講究節約，他大概認為自己家很有錢，多少花點也無所謂。康熙南巡的時候主要走水路，沿運河而下，經直隸（今河北）、山東、江浙，最遠到蘇杭。而且康熙一般在旅途中都住官員家裡，非常節省。

但是到了乾隆時候，他就是一路修著房子過去的，自北京到杭州建造了三十個行宮，相當於三十個豪華別墅。

這還不算，他一路上的吃喝玩樂都要花錢，他又大手大腳的，吃要吃最好的，玩要玩最高檔的，這樣一算，乾隆每次下江南，花費很不少。

還算好的一點是，乾隆也不光顧著玩，他也會在沿途辦辦公，處理一

些公務，有時候也會忙到半夜。

　　但乾隆就是太鋪張浪費了，他每到一處地方，那處地方就跟過年似的，到處張燈結綵。乾隆一般會很早就訂下出行計畫，這時沿途所經過的城市接到計畫，就開始早早的準備了。

　　他們為皇帝巡行大做準備，修路、建行宮，還在繁華街市搭建了許多牌樓、彩棚、點景、香亭等，並每隔二三十里設尖營，供皇帝臨時歇腳。乾隆巡行隊伍的船隻多達上千艘，所到之處旌旗蔽空，僅拉縴之人就有3600之眾。

　　這還只是最普通的，有些官員為了顯得自己有創意，還會想出很多新花招。例如有一次，乾隆去到運河南岸，發現岸上立著一個碩大的仙桃，待船臨近，這仙桃忽然煙火四射，迸裂開來，桃中竟是幾百人正在演壽山福海的新戲，此為水路。當巡行隊伍在陸地上行走時，地方官員為避免灰塵揚起，都會安排人「潑水清塵」，還在各橋頭村口等地派兵駐守，務必保護聖上安全。

　　乾隆出趟門就是這麼大手筆，他一路上辦的那點公事，絲毫抵不上他這麼浪費的。

很有錢的商幫

　　乾隆浪費，在他當政期間，還是沒有太顯露出什麼麻煩來。因為那時的清朝還算是挺有錢的。這裡主要就說一卜清朝時的商幫。

　　中國明清時期有晉、徽、陝、魯、閩、粵、寧波、洞庭、江右、龍游等十大商幫，類似於現在的企業集團。十大商幫中以晉商和徽商規模最大、實力最為雄厚，這兩大商幫跨明、清兩朝，縱橫商界五百餘年，直到清末民初。

　　在努爾哈赤時期，清朝崛起，戰爭中的軍需民用多由晉商供給，清入關以後，晉商中以范姓為代表的八家遂成為皇商，在蒙古商道自在穿行。

1800

道光
1825

虎門銷煙
鴉片戰爭

1850
咸豐
太平天國

英法聯軍

同治

1875　光緒

中法戰爭

甲午戰爭
《馬關條約》

1900　八國聯軍
《辛丑條約》

中華民國

袁世凱稱帝

1925

蒙古商道上的各種貿易也都由晉商經營。

晉商裡有錢的商人，收入是很可觀的，他們的錢能夠給朝廷補充軍款，這氣派不是一般人能做出來的。後來乾隆以後，嘉慶和道光年間，晉商開始發展票號、有利潤的放貸。至咸豐時期，國家危難，晉商還曾代理省庫、國庫，在接濟官府的同時賺取了大量財富。可謂是慈善、投資兩不誤。

而徽商則主要是以鹽業為主，經營範圍包括四川到江南的大部，與晉商形成南北對應格局。除鹽業外，徽商的另一著名行業是典當，同樣是操弄資金的金融業務。

這兩大商幫從明朝到清朝中期的興旺，與當時的國家實力是分不開的，尤其是「康乾盛世」時期，統治者放鬆了對商業與手工業的限制，實施了種種減輕農民負擔的措施，社會各階層的購買力都有所增長，促進了商業的繁榮。

尤其是在康熙統一臺灣之後，他下令開放海禁，允許商人出海貿易，並開放廣州、漳州、寧波、海關與外國通商。這一措施讓商人們舉雙手雙腳的贊成，這樣能夠讓他們走出國界，走向世界。

當時的晉商的商路蹤跡就發展到了俄羅斯、日本、蒙古等國。與此同時，康熙時期還放鬆了對手工業發展的限制，擴大織戶規模，允許民間採銅鐵礦，允許私營煉銅煮鹽等工業。這對於以經營鹽業為主，兼營茶、糧、棉、布、絲綢等業務的晉商來說，也是一個極好的發展機會。

「康乾盛世」延續百餘年，是中國封建歷史上最輝煌的一個階段。經濟基礎決定上層建築，盛世的形成與康、雍、乾三代帝王所採取的連貫性、目標明確的經濟策略密切相關。不管後世對這三代帝王的功過如何評價，他們為促進清朝經濟發展制定的種種措施，都體現了政治家的謀略，為清朝近300年的延續打下了穩固的根基。

雖然看似風光，但其實內部已經是非常糾結了。乾隆時候，他揮霍了他爹和他爺爺為他留下的大筆財富，他是享受了，可是他的後代就得受苦了，一個比一個活得窩囊。當然了，乾隆活著的時候可不管這個，他只顧

1800—
1825—
英國憲章運動
歐洲革命 1850—
日本黑船事件
美國南北戰爭
大政奉還
1875—
日本兼併琉球
日本頒布帝國憲法
1900—
日俄戰爭
日韓合併
第一次世界大戰
俄羅斯二月革命
1925—

享受，看到主子都這麼樂活，底下做臣子的那好意思落伍，於是個個爭先效仿，其中最出名的要算和珅了。

斂財第一好手

是人大凡都容易驕傲，當皇帝的也不例外，稍微有個豐功偉績的，平日裡都得意洋洋，春風滿面。比起爺爺和老爹來，乾隆皇帝這方面的表現就更顯得露骨了點，越老越喜歡聽別人奉承他的話。

愛聽好話原是無可厚非的，可聽的時候也得自己留點神，別被旁人有機可乘了。但乾隆皇帝哪裡來的這心思，不時地就要上江南逍遙兩天，哪還顧得上有人想要貪贓枉法。

剛好，趕上乾隆皇帝又想要出宮去溜達溜達，他正讓手下的人準備儀仗隊，可這底下的人就是笨，偏偏不讓乾隆皇帝順順心心地走，就是沒找著黃蓋。乾隆氣得正要大動肝火，不料這時候有人嚷嚷了一句：「可不能饒了管這事的人。」

乾隆皇帝這才發現，有個長得還算標準的美男子在那邊站著呢。這人看上去一點都不害怕，是個校尉。乾隆皇帝大概是看他長得一個清秀，心情頓時大好起來，就跟這年輕人聊了起來。沒想到這年輕人還真會說話，把乾隆皇帝逗得十分開心。

此人不是別人，正是日後響噹噹的大貪官和珅。為了表達自己對和珅的欣賞，乾隆皇帝立刻給他弄了個儀仗隊總管當了當。因為表現不俗，後來和珅又被提拔成御前侍衛。

而這和珅辦事也讓乾隆一百個滿意，於是官是越做越大，最後成了大學士。之後和珅又哄著乾隆把公主嫁給了自己的兒子，這回和家可跟皇上攀上了親家，和珅的老謀深算終於得逞。

其實和珅也沒什麼大志向，頂多也就算得上個視財如命的人。攬了大權以後就從全國各地搜刮民財，各種稀世珍寶盡歸他所有，還私自剋扣百

— 1800

道光

— 1825

虎門銷煙
鴉片戰爭

— 1850　咸豐
太平天國

英法聯軍

同治

— 1875　光緒

中法戰爭

甲午戰爭
《馬關條約》

— 1900　八國聯軍
《辛丑條約》

中華民國
袁世凱稱帝

— 1925

1800—

1825—

—

—

英國憲章運動

—

—

歐洲革命   1850—

日本黑船事件

—

美國南北戰爭

大政奉還   —

—

1875—

日本兼併琉球

—

日本頒布帝國憲法   —

—

1900—

日俄戰爭

日韓合併   —

第一次世界大戰

俄羅斯二月革命

—

1925—

官進獻給乾隆皇帝的貢品，可謂膽大包天。

因為手上的權勢大，再加上乾隆皇帝被他哄得開開心心，什麼事情都聽他的，和珅也就越來越放肆了，胃口也越來越大。朝廷中大大小小的官員都知道和珅的喜好，於是想跟他攀關係的都拿財物來討好他。

乾隆皇帝當了六十年的皇帝，終於驕奢腐敗地把大清的風頭給敗下去了。這時候輪到了兒子繼位，就是嘉慶帝。

和珅是乾隆身邊的大紅人，可嘉慶卻極不待見他。嘉慶剛一坐上位就琢磨著怎麼收拾和珅，不過老爹還沒死，他也不敢大動干戈。大概過了三年，乾隆皇帝去世之後，嘉慶覺得是時候收拾和珅那老傢伙了，於是馬上派人把他抓了起來，並且查封了所有家產。

不查不知道，一查嚇一跳。和珅被抄了家以後大家才知道他有多富貴，那才叫真正意義上的「富可敵國」，嘉慶皇帝這下可有飯吃了。

老婆很英勇

乾隆跟和珅兩人一唱一和的，清朝算是腐敗到了極點。老百姓受不住這樣的苦，屋裡街外到處都是咒罵的聲音。

白蓮教就是這個時候興盛起來的。那時一個叫劉松的安徽人北上到了河南，一邊說自己是走江湖的老醫生，一邊又在暗地裡傳教。白蓮教的教眾逢人就說清朝氣數快盡了，叫老百姓們都聯合起來起義。

小老百姓本來就不堪負重，白蓮教可算是給了他們一個造反的機會。於是各地的人都紛紛加入了這個教，隊伍越來越壯大。乾隆皇帝見勢不妙，心裡頭有點害怕，就趕緊派人四處捉拿白蓮教的人。

可那些奉命抓人的官員也不是什麼省油的燈，為了省事就亂抓一通，不是教徒的百姓也被他們弄來充數。有錢人還可以花點錢疏通一下，沒錢的窮人可就慘了，因此而送命的人不占少數，這就更是激起了公憤。

西元1796年是嘉慶帝登基的那年，白蓮教的聲勢已經十分壯大了。他

們在湖北的許多地方都舉行了起義，其中襄陽有個叫齊林的首領，因為在起義前沒太留神，消息就傳了出去，結果齊林和他的手下被殺了個血肉模糊。

可老天有眼，他還有個恩愛的老婆活在人世間。齊林的老婆名叫王聰兒，之前在江湖上賣點小藝身手不錯。老公死後她悲痛萬分，決心為老公報仇雪恨。於是就跟齊林的徒弟們重振旗鼓，搜羅了四五萬人跟清政府繼續對抗。

眼見著小蓮花的花骨朵全都開放了起來，嘉慶帝也著急了，立刻派了兵馬去鎮壓。可是這些官兵因為腐敗慣了，也不知道打仗究竟是怎麼一回事，全都大眼瞪小眼地互相等著，等到白蓮教的人一戰勝過一戰，嘉慶帝又惱火了。

正在嘉慶吹鬍子瞪眼的時候，一個叫明亮的將領想了一個合嘉慶心意的辦法。那就是在各地修建碉堡，當白蓮教的人到達的時候，就讓當地的老百姓通通到碉堡裡去擠擠，這樣白蓮教就沒了後援隊，也就沒戲唱了。

果不其然，白蓮教最終陷入了清軍的圈套，王聰兒也在湖北鄖西遭到了圍攻，陷入前了所未有的困境。王聰兒是個烈女，為了不耽擱老公齊林的名聲，她毅然決然地選擇了輕生。就在清軍追上來的那一剎那，縱身一躍就從懸崖邊上跳了下去，摔得一個粉身碎骨，驚天動地。

後來嘉慶皇帝也死了，他兒子道光接了他的班。不過清王朝的氣數也真是快盡了。

內部問題多

其實說起白蓮教鬧騰個不休，歸根結底還是要說當皇帝的沒有調和好內部問題。乾隆看到清朝在自己的手裡發展得這麼好，就很得意。他卻從來沒有想過，在這盛世下隱藏的危機。

不但感受不到危機，乾隆還覺得世道挺好，這從他的詩文中就能看出

— 1800

道光

— 1825

虎門銷煙
鴉片戰爭

— 1850 咸豐
太平天國

英法聯軍

同治

— 1875 光緒

中法戰爭

甲午戰爭
《馬關條約》

— 1900 八國聯軍
《辛丑條約》

中華民國
袁世凱稱帝

— 1925

1800—

1825—

—

英國憲章運動

歐洲革命　1850—

日本黑船事件

美國南北戰爭

大政奉還

1875—

日本兼併琉球

日本頒布帝國憲法

1900—

日俄戰爭

日韓合併

第一次世界大戰

俄羅斯二月革命

1925—

來。乾隆皇帝愛好文學，閒著沒事就喜歡寫兩首詩炫耀一下，不管什麼人什麼事，他都能來上幾句。

西元1783年的一天，乾隆皇帝看見物價飛漲，他又來了興致，吟道：「穀數較於初賤祚，增才十分一倍就。民數增乃二十倍，固幸太平滋生富。以二十倍食一倍，穀價踴貴理非謬。穀貴因之諸物貴，何怪近利居奇售。」

這首詩題目叫做《民數穀數》，其實說白了，乾隆皇帝寫這麼多字就想表達一個意思，那就是「太平滋生富」。也就是說，乾隆皇帝對自己的統治還挺驕傲，天下太平嘛，不過就是由於天下太太平了，所以米就賣的貴了。

的確，在「太平盛世」光環的籠罩下，人口與物價的增長帶來的負面效應都被弱化了。清朝入關以來，統治者牢記明朝滅亡的教訓，大力整頓吏治、全面推行墾荒政策、減免農業賦稅、消除邊疆隱患、加強思想統治，並且保持了政策的連續性，達到了農業產量增長、財政庫存豐盈、疆域擴大、民族團結、文化繁榮的強盛局面，使康乾盛世成為中國歷史上時間最長的一個盛世。

然而，繁榮的背後卻是人口激增，物價飛漲，這給社會也帶來了不小的壓力。人多了，糧食平均到每個人的頭上也就少了，老百姓吃不飽、穿不暖的現象也就多了。一天兩天還可以忍受，要是時間長了，填不飽肚子的老百姓就該想著如何造反了。白蓮教起義就是這麼來的。

白蓮教的主要力量是以前遷移到該地的流民，最初他們依靠開發原始森林生活。但是隨著人口的增長，該地區的土地已經超出了所能承載的人口數量，特別是遇到災年，很多人就會生活無著。在這種情況下，他們就以白蓮教為共同的精神依託，聚集在一起哄搶豪紳富戶，成為社會的破壞力量。

開始時，白蓮教採取的是零星鬥爭的形式，「不整隊，不迎戰，不走平原，惟樹百為群，忽分忽合，忽南忽北」。但隨著苦難的加深和白蓮教勢力的發展，到乾隆六十年（西元1795年）底，較大規模的起義鬥爭終於

爆發了。這次鬥爭蔓延湖北、陝西、四川、河南、甘肅五省，清政府前後調動了十六省軍隊、耗銀2億兩才鎮壓下去。

這可以看做是人口壓力的一個極端案例，但清朝卻以此為轉折，由盛世走向衰落。自此至太平天國起義之前，清朝有記載的農民運動竟多達二百多起，社會多處於動亂狀態。應該說，如此之多的民間動亂與乾隆時期沒有採取科學的人口對策有重要關係。

乾隆將盛世勉強維持下來，沒有出什麼大亂，主要還是他爺爺與爹爹打的根基比較牢固。到他的兒子嘉慶帝即位時，大清朝只留下了一個華麗的外殼。嘉慶時期，諸大臣鑑於前朝教訓，普遍怠忽職守。也難怪，當奸臣的日子又輕鬆又安全，忠言直諫卻不被相信，身在這樣的朝廷只能無作為。

一旦懶惰成了慣性，任憑嘉慶磨破了嘴，大臣們還是我行我素。甚至兵部將大印丟了半年才發覺，就連皇帝的侍衛也經常曠班，並且衣冠不整，可見大清王朝已經淪落到何種境地！

乾隆帝曾經說過，他的在位時間不能超過他的爺爺——康熙帝，所以在執政滿六十年的時候，他想退位了，把皇位讓給他的兒子來坐。

乾隆帝一向認為自己是個「十全老人」。所以他想在退位的時候舉辦一個儀式，讓全國人民都知道自己功德無量、皇恩浩蕩。於是，乾隆皇帝的禪位大典，就宴請了全國的高壽之人，請他們到皇宮吃飯。

有學者認為：乾隆做這件事可以達到三個目的，第一，此舉符合中華民族的傳統禮儀道德，尊重老人。第二，皇帝此舉那就意味著全國的高壽老者都尊重乾隆，別人就更得尊重了。第三，意味著在乾隆領導之下的60年間，人人都得以高壽。

其實，這是乾隆帝在向世人證實：在我治理下的國家，社會繁榮，人民生活安定，而且我貴為天子，居然能和平民百姓一起吃飯，歷史上有哪個皇帝能夠做到如此親民愛子呢？所以，我理應是當之無愧的「千古第一完人」。說得直接點，就是在「粉飾太平」。

— 1800

道光
— 1825
—

虎門銷煙
鴉片戰爭

— 1850   咸豐
　　　　太平天國
—
英法聯軍

同治

— 1875   光緒

中法戰爭

甲午戰爭
—　　　《馬關條約》
— 1900   八國聯軍
　　　　《辛丑條約》

中華民國
袁世凱稱帝
—

— 1925

落後就要挨打

邊疆也瘋狂

西元1851年，長江中下游流域起了一股新的造反勢力，那就是太平天國運動，清政府為此可頭疼了一陣。然而就在還沒有搞定太平天國的時候，新疆也出了事，特別是到西元1864年，南疆和北疆幾地分別建立了地方割據政權。

1865年1月，以安集延人（烏茲別克人）為主體的浩罕汗國派了一個叫阿古柏的軍事頭頭去新疆喀什噶爾搗亂，說什麼是鞏固政權，其實就是篡位奪權。再加上英帝國主義的支持，1871年，阿古柏不費吹灰之力就把烏魯木齊、古牧地、木壘、瑪納斯、鄯善等地給拿下了。

禍不單行，1871年7月，沙俄也想再吃中國幾塊肥肉，趁著清政府沒工夫看守西邊這地就以「回亂未靖，代為收復」的名義，也藉機搶佔了北疆伊犁。至此，清政府這個無能的爹媽徹底把新疆這兒子給弄丟了。

骨肉沒了，一般情況下爹媽都心疼的不得了，可是清政府大概是兒女太多，再加上還有中原的一些地方危機重重，也就沒有什麼心思管被偷走的新疆。1875年，清政府內部出現了「海防」與「塞防」之爭，兩個老大臣出現了嚴重的意見分歧。一個是李鴻章李大爺，他主張「海防」，也就是放棄新疆；另一個是左宗棠，他主張加強西部「塞防」，收復新疆。

左公強調「重新疆者，所以保蒙古，保蒙古者，所以衛京師」。慈

英國憲章運動

歐洲革命
1850—
日本黑船事件

美國南北戰爭

大政奉還

1875—

日本兼併琉球

日本頒布帝國憲法

1900—
日俄戰爭

日韓合併

第一次世界大戰
俄羅斯二月革命

1925—

1800—

1825—

禧心裡沒底，於是她問左宗棠收復新疆需要多少時間，左宗棠的答覆是：「剿撫兼施，一了百了，得五年時間。」慈禧覺得左宗棠這「一了百了」有點意思，於是就任命左宗棠為欽差大臣，去新疆那邊辦理這事了。

那時候左宗棠老大爺已經一把年紀，六十五歲了，可人家有一片愛國之心，於是在1876年4月，抬著棺材就西征去了。左軍克服了重重困難，邊進軍，邊植樹，並取得巨大成功。這些楊柳被人親切地稱譽為「左公柳」。從甘肅西部直到新疆西陲塔城，在綿延1000多公里的絲綢之路上，有一道獨特的景觀——左公柳。直至今日，千餘棵粗大的左公柳還生存在他抬棺西征的路上。

左大爺以「先遲後速，緩進急戰」為方針，展開了收復新疆的軍事行動。「緩進急戰」的策略主要著眼於解決長距離作戰條件下的後勤保障問題，「遲」為後勤，「速」為決戰。清軍先打駐守烏魯木齊的白彥虎集團，1876年8月，左宗棠指揮清軍發起了北疆戰役。清軍順利佔領烏魯木齊，收復了除伊犁以外的北疆地區。白彥虎部逃往南疆。

此後，清軍「緩進」，以備糧草軍需。期間，阿古柏死亡，其集團內部爆發內亂。1877年9月，清軍發起南疆戰役，劉錦棠率步騎一個月馳驅3000里，一舉收復東、西四城，南疆全復。

清軍收復新疆大部以後，沙俄卻堅絕不撤出伊犁，對此，左大爺有他的辦法。他主張「先之以議論」，「決之於戰陣」。最終，曾紀澤推翻已由清使崇厚與俄擬下的約章，俄羅斯同意撤出伊犁。1881年初，中俄正式簽訂《伊犁條約》。據此，中國收回了對伊犁和特克斯河上游兩岸領土的主權。至此，新疆全境基本收復。

清政府手中的這團亂麻，終於被理出了一點頭緒。王震將軍在評價左宗棠時說：「左宗棠在帝國主義瓜分中國的歷史情況下，力排投降派的非議，毅然率部西征，收復新疆，符合中華民族的長遠利益，是愛國主義的表現，左公的愛國主義精神，是值得我們後人發揚的。」

順便說一下，當時新疆的另一支武裝力量白彥虎部，他是太平天國運動的一支。在太平天國革命影響下，在陝西以清真寺教坊為基礎組織，以

— 1800

道光

— 1825

虎門銷煙
鴉片戰爭

— 1850　咸豐
太平天國

英法聯軍

同治

— 1875　光緒

中法戰爭

甲午戰爭
《馬關條約》

— 1900　八國聯軍
《辛丑條約》

中華民國

袁世凱稱帝

— 1925

1800—

1825—

英國憲章運動

歐洲革命
1850—
日本黑船事件

美國南北戰爭

大政奉還

1875—

日本兼併琉球

日本頒布帝國憲法

1900—

日俄戰爭

日韓合併

第一次世界大戰

俄羅斯二月革命

1925—

阿訇為骨幹，發動了反清起義，後來被清軍擊敗逃到新疆。左宗棠收復新疆，在清軍的追擊下，白彥虎率部屬約3300餘人，退至中亞楚河一線，即今哈薩克與吉爾吉斯兩國交界處，定居下來。

中國回民在異邦的土地上艱難地生存了下來，在哈薩克、吉爾吉斯和烏茲別克境內繁衍生息，被當地人稱為「東干人」。據稱，如今90%以上的「東干人」仍然使用著陝甘土話。

鴉片害人不淺

清末的時候，封建統治者仍舊沉迷在「天朝上國」的光環裡，在紫禁城裡歌舞昇平的。嘴裡天天念著「上下五千年，縱橫九萬里」，成天跟自己周邊的小國家比來比去，覺得自己像活在天上似的，日子久了，就不知道自己長什麼樣了。

一個人被太陽照得時間長了，猛地把他弄到一個黑乎乎的角落裡，不管是眼睛還是頭腦都會在瞬間變得昏沉。

鴉片就是這玩意兒，它不過是歷史拿來辦事的工具，所以帶過來的也不光是黑或者白這麼簡單。它更像是西方洋鬼子手裡的一把刀，殘忍地割開了中國這隻大蛹，希望能從裡面弄出個大蝴蝶，按著自己的意願擺動翅膀。不過要想真正地破繭而出，中國就必須自己的傷痛中完成蛻變。虎門銷煙正是中國與洋鬼子打架時發出的一聲嚎叫。

西元1839年6月3日，銷煙池邊，五百多名役夫地把一筐筐鴉片倒進兩個大的生石灰池裡。池子裡之前就放上了鹵水，鴉片被泡了半天。把石灰倒進去之後，池子裡的水就咕嘟咕嘟地冒起了大泡。

林則徐在一邊看著指揮，鴉片跟在水裡跳舞似的，把病魔全都燒死，來治治中國人快要不行的精神和心智。也不知道老林當初知不知道自己的這一壯舉讓後來自己和中國的命運發生了多大的變化，他毅然地把烽火點了起來。

老林之前給道光皇帝寫了封信，說：「要是再這麼下去，再過個十來年，中國可就沒有能打仗的人了，國庫也要虧空了！」老林絕不敢說瞎話，英國佬往中國運鴉片可不光是想賺錢那麼簡單，還想著吸中國人的骨髓，一個個好好的人都變得跟鬼似的，怎麼保家衛國？道光皇帝看了信後翻來覆去睡不著覺，這才痛下禁煙的決心。

中國一向是封閉的社會，自己種的糧夠自己吃，很少跟海外做生意。乾隆的時候，更是下令讓除了廣州之外，廈門、寧波等通商口岸全部關閉。在跟西方做生意的過程中，中國一直是收銀子的，這讓當時的海上霸主英國心有不服，所以帶著鴉片來跟中國人搶錢了。

鴉片就是獅子身上的蝨子，被咬的要緊了，剛才還在睡覺的獅子自然就會睜開眼睛。這一睜眼不要緊，要緊的是發現外面都變天了！清廷為了讓自己的天下延續時間長點，就不得不選擇禁煙，不過禁煙的意義可遠遠比這大多了。

林則徐被大家說成是第一個睜開眼看世界的人，後來，整個社會都在說著「禁煙」這個話題，也是近代「經世致用」的先聲。還在中庸之道裡摸爬滾打的老學究們也開始重新審視身邊的世界了。

老林的虎門銷煙引來了一場鴉片戰爭，英國鬼子的利炮朝中國古文明的身上開了一個洞，從此中國就亂套了。不過五花八門的思潮也因此從各個地方冒了出來，中國的有志之士開始給國家開各種各樣的藥方，怎麼樣也不能讓這頭雄獅病死了對吧。

禁煙之後

在開始禁煙的前半年裡，英國那邊似乎沒什麼動靜。當然，英國內部肯定有反應，只不過人家做事比較低調，沒有大槍大炮地表示出來罷了。歷史上也沒什麼關於這方面的記載。風平浪靜之下，那時候的道光皇帝對於林則徐那是相當的滿意啊！

— 1800

道光

— 1825

虎門銷煙
鴉片戰爭

— 1850　咸豐
太平天國

英法聯軍

同治

— 1875　光緒

中法戰爭

甲午戰爭
《馬關條約》

— 1900　八國聯軍
《辛丑條約》

中華民國
袁世凱稱帝

— 1925

對英國那邊，道光皇帝也想的很美好，他覺得那樣的海島小國肯定已經被我大清帝國的雄威嚇得尿了褲子，他哪裡知道人家已經在為戰爭積極地做準備。當然，我們的道光皇帝有這樣美好的幻想也是正常的，試想清政府自皇太極到嘉慶以來，什麼時候能看得起那些所謂蠻夷國家呢？

所以，當1839年的11月，林則徐下令向進入廣東海港的英國商船開炮，擊斃英船水手數人以後，道光皇帝還是很高興，並大力支持林則徐，隨後又宣佈與英國絕交。後來他大概才覺得自己當時真是傻到家了。

但是，禁煙這件事顯然是把英國佬給惹惱了。第二年，他們就開始商討著怎麼對付大清帝國。1840年6月21日，英軍就侵入了廣州附近海域，遭到頑強抵抗，後又轉上浙江鎮海，從鎮海一路北上到大沽，直逼北京。

這個時候，道光皇帝才暴露出自己的本性，他把責任全部推給了林則徐，老林命苦啊。道光並沒有組織兵力抵抗，他哪有那個膽，而是以「貪功啟釁、誤國誤民」之罪把林則徐革職。當時的軍機大臣、大學士王鼎進諫道光帝重用林則徐，抵抗英軍侵略，道光帝沒有聽從他的建議，既然忠言逆耳，王鼎就選擇了屍諫，即自殺。

自殺前他就寫好了一封遺書，想要當做奏章給道光瞧瞧，看能不能把道光那腦袋給敲醒。事實證明，仍舊無法改變道光皇帝的決定。

林則徐照舊被革職，琦善被任命為欽差大臣赴廣東與英國談判。琦善與英軍談判的結果是，中英雙方簽訂了《穿鼻條約》。條約規定把香港割讓給英國，並向英國賠款600萬兩白銀。以此為條件，英軍撤回廣州。

這時候道光皇帝又來展示自己的「威力」了。他覺得這條約簽得很是窩囊，卻沒想到自己有多窩囊。於是，他下令把琦善給逮起來，然後又對英宣戰，並派奕山到廣東主持軍務。一國之君，昏庸至此，國豈有不亡之理！就在道光高高興興地坐在皇宮等待各戰線凱旋的時候，卻不知半壁江山已盡入人手。

各線作戰失敗以後，清政府決心向英軍求和，並與英國恢復商貿往來。其時英軍在廣東三元里遭到了當地民眾的抗擊，將英軍圍在了四方炮臺，而最終為他們解圍的卻是奕山。求和的結果是，1842年8月29日，中

英簽訂《南京條約》。條約規定：中國向英國賠款2100萬兩白銀，開放廣州、上海、寧波、廈門、福州五處為通商口岸，准英國派駐領事，割讓香港。

又是割地又是賠款，堂堂一個大清帝國，丟人丟到了極點。

女人不好惹

慈禧對權力的渴望那是普通人所不敢想像的。傳說咸豐皇帝活著的時候十分待見這女人，還經常和她一起聊聊國家大事，這樣一來二去的就漸漸勾起了慈禧對皇權的興趣。所以，咸豐帝前腳還沒離開人世，慈禧後腳就開始了她的奪權計畫。

咸豐死前指定了他的獨生子載淳繼承皇位，並任命了八個「贊襄政務大臣」，總攬朝政。還把「御賞」和「同道堂」，這兩枚印章分別交給慈安和慈禧掌握。如果皇帝要發佈詔諭，需同時蓋上這兩枚章才能生效。咸豐想得很周到，他想透過這種辦法來達到互相牽制的作用。

但是咸豐剛死，慈禧就開始聯合咸豐的親弟弟恭親王發動政變。當時恭親王奕訢還在北京，得知太后意圖後，他就要到承德奔喪，但是被八大臣拒絕了，他們要求恭親王留在北京。奕訢哪肯甘休，又以手足情深為理由屢次申請，八大臣考慮到人之常情，就允許了。他們怎麼也不會想到，這是慈禧太后與恭親王給他們設下的圈套，就等著他們自己往裡鑽呢！

奕訢到了避暑山莊，先在咸豐靈前假模假樣一番痛哭，那哭聲驚天地泣鬼神的，能把人嚇死。哀悼完了，他就要求見兩宮太后，八大臣想以叔嫂見面不便為由拒絕，奕訢就說八大臣可以一塊見，這是他的一個策略，他就知道八大臣不會與他一起見兩宮太后。最後，八大臣沒有與他一起見，他自己見了兩宮太后，密談了兩個多小時，政變的計畫就敲定了。然後，奕訢又在承德待了兩天，遂回北京做具體部署。

而這邊的兩宮太后則在與八大臣打時間差，最終他們比肅順一行人

— 1800

道光

— 1825

—

—

虎門銷煙
鴉片戰爭

—

— 1850 咸豐
太平天國

英法聯軍

同治

—

— 1875 光緒

中法戰爭

—

甲午戰爭
《馬關條約》

— 1900 八國聯軍
《辛丑條約》

—

中華民國
袁世凱稱帝

—

— 1925

1800—

1825—

英國憲章運動

歐洲革命
1850—
日本黑船事件

美國南北戰爭

大政奉還

1875—

日本兼併琉球

日本頒布帝國憲法

1900—

日俄戰爭

日韓合併

第一次世界大戰

俄羅斯二月革命

1925—

早到達京城四天。回到北京後，慈禧太后就以小皇帝的名義發佈聖旨，解除了八大臣的職務，並將其逮捕。這就是歷史上的「辛酉政變」。政變以後，慈禧廢掉「祺祥」年號，改第二年為「同治」元年，由兩宮太后垂簾聽政，這是清朝政權體制的一個重大變革。

此後的十三年裡，清朝的統治還算穩當，沒有外國的欺負，也沒有內部的爭鬥。可以說，歷史給了大清帝國一個面子。在這段時間裡，清政府也確實採取了一些實際措施來進行改革。如：設立總理各國事務衙門、派官員出國考察，開辦新式學堂、派留學生出國、建工廠開礦山等。

透過這些改革，清政府又給中國社會刷了一層彩色油漆，看起來光鮮亮麗的，很是氣派。不過這些事情主要是恭親王奕訢在主持，同治帝親政時已經18歲，第二年就去世了，這些事情都與他關係不大。

其實，同治帝是個可憐的皇帝，他在位期間由於慈禧的掌權，一直沒機會親政，這也是同治帝為什麼早早地就死了的一個原因。他雖然是皇帝，又有親生媽媽，也結婚成家了，但是這些卻也成了他不幸的根源。他是皇帝，可樣樣都得看人臉色，長期下來，同治帝就得了憂鬱症，親政了只兩年就死了。

同治帝死的太早，連個兒子都沒留下，接下來誰當皇帝呢？在這關鍵時刻，慈禧的妖術又使出來了，她居然選了四歲的小孩載湉入承大統。讓一個4歲的孩子做皇帝？這看起來像個玩笑。但慈禧就這麼做了，她的目的只是為了自己可以更長時間地親政。

從這裡就能看得出，慈禧這個女人也成不了什麼大器。她慈禧根本沒有為國家民族考慮的大局觀念，她似乎認為，皇宮就是我自己家，我是這個家的主人，我想讓誰做皇帝誰就做皇帝。同治帝去世的第二天，光緒帝就進了皇宮，先拜見了兩宮太后，又在同治帝靈前祭奠，這樣就算是入了皇室大統，當了皇帝。

天國不太平

同治帝的一生走的是悲劇路線，後來光緒帝也繼承著這一路線，繼續顛顛簸簸地走了下去。光緒帝十七歲親政，但是，慈禧規定了，光緒必須每隔一天就向她彙報政務，不僅要聽她的指示，她還經常派人去監視光緒帝的行蹤。

光緒帝貴為皇帝，可是在慈禧眼裡不過是個小玩具。或許慈禧認為，光緒能夠做皇帝，這個權力與地位是自己給他的，所以他就必須要聽話。後來的戊戌政變也體現了慈禧的這種心理。

慈禧的野心讓光緒帝的一生蒙上了一層灰。光緒開始親政的時候，中法戰爭已經過去，中國戰敗，跟法國簽了《中法新約》，清政府內憂外患的困境越來越嚴重。但是，到了慈禧六十大壽的時候，她居然還要依照乾隆帝為其母親慶賀七十大壽的規格來辦，還大修清漪園，並改名為頤和園，據說共花了700萬兩銀子。而這個時候，北方民間正在鬧災荒，餓殍遍野，災民成群。這個時候慈禧竟然花700萬兩銀子過一個生日！

光緒帝在位時做的最後一件事，就是支持「戊戌變法」。但是，「戊戌變法」損害了一些人的利益，慈禧太后就搞了一個「戊戌政變」，殺害了「戊戌六君子」，並把「不聽話」的光緒帝囚禁起來，一關就是十年，直到光緒帝去世。

清政府一個接一個地簽訂不平等條約，白花花的銀子還得靠老百姓出，可老百姓哪來的錢呢？戰爭的災難再一次轉嫁到人民身上，百姓叫天天不應叫地地不靈，當時一個叫洪秀全的人對這困難感受得頗為深刻。

有一天，洪秀全在廣州的大街上溜達，不知道誰給他手裡塞了一本《勸世良言》，他一看，激動了，整個人生都改變了。洪秀全決定帶領百姓把清政府給推翻了，他的第一步就是把原始基督教教義與中國農民渴望平等、平均、太平和反對壓迫、剝削等理想結合起來，創立了「拜上帝教」，宣傳「天下多男子全是兄弟之輩，天下多女子盡是姊妹之群」，大

1800
道光
1825
虎門銷煙
鴉片戰爭
1850
咸豐
太平天國
英法聯軍
同治
1875
光緒
中法戰爭
甲午戰爭
《馬關條約》
1900
八國聯軍
《辛丑條約》
中華民國
袁世凱稱帝
1925

1800—

1825—

英國憲章運動

歐洲革命
1850—
日本黑船事件

美國南北戰爭

大政奉還

1875—

日本兼併琉球

日本頒布帝國憲法

1900—
日俄戰爭

日韓合併

第一次世界大戰
俄羅斯二月革命

1925—

家應該團結起來，透過武裝鬥爭推翻清政府的統治，建立「有無相恤，患難相救，夜不閉戶，道不拾遺」的太平盛世。

西元1851年1月，洪秀全率領「拜上帝教」的信徒，組織太平軍，在廣西金田村起義。起義軍很快攻下永安，並在永安建制，具備了政權雛形。這個時候的太平軍士氣高漲，他們乘勝北上，又先後攻下了湖南、武昌、南京，於西元1853年定都天京，建立太平天國。此後，太平軍又兵分三路，進行了北伐、西征和東征，形成了一套從中央到地方的政權機關，頒佈「天朝田畝制度」，提出了「耕者有其田」的口號，受到了人民的擁護，太平天國的政權得到了鞏固。

太平天國運動搞得熱熱鬧鬧的，清政府可害怕了，趕緊派軍前去鎮壓。曾國藩以湘勇為基礎、任命儒生知識份子為營官、以同鄉和封建情誼為基礎建立起一支湘軍。他對湘軍的規定非常嚴格，禁止擾民以及嫖、賭、抽，還經常督促他們進行技擊、槍法和陣勢的軍事訓練。這樣，曾國藩的湘軍和後來出現的同性質的李鴻章的淮軍，就成為反抗太平軍的主要力量。

雖然政府一直在鎮壓，可是太平天國的頭頭們覺得只要大家齊心協力，也不是打不垮這些力量。可是，他們本身固有的農民階級局限性卻在取得階段性勝利後暴露無遺。在其內部，尤其是高層領導集團中，爭權奪利、競相腐化之風迅速蔓延，無情地侵蝕著太平天國的軀體。

東王楊秀清憑藉自己實力雄厚，竟派人把洪秀全帶到東王宮，向其「逼封萬歲」，洪秀全則派人誅殺楊秀清。當時的天京城裡流傳著一首民謠：「天父殺天兄，江山打不通，長毛非正主，依舊讓咸豐。」太平天國的反清運動遭遇內訌，最終導致翼王石達開率十多萬精銳之師出走，太平天國元氣大傷，自此走向衰落。

西元1864年，在清政府的鎮壓下，天京陷落，太平天國運動徹底失敗了。

再變法也救不了

日本在德川幕府時代那也是黑暗一片,特別是19世紀中葉,鎖國的政策讓美帝國主義欺負到家門口了,也就是「黑船事件」。不過人家日本的知識份子要求上進,於是說服著統治者搞了個明治維新,這一改革可不得了,國力直往上升。

日本從此走上了富強之路,只留得可憐的清政府還沈浸在白日夢裡。不過也就是這個時候,中國的知識份子也給兩次鴉片戰爭弄得挺沒面子,開始要求改革。他們秉承「經世致用」的思想,提出「師夷長技以制夷」,即學習西方的先進技術用來抵抗外國侵略。

「經世派」要求改革的聲音喊的很響亮,可就是勾不起統治者的興趣,這又有什麼辦法呢。不過這種流風遺響,卻是整個晚清改革的濫觴。他們敢於議政和倡言改革的風氣對稍後崛起的洋務派人士產生了極大的影響。洋務運動遭到了來自各方面的層層阻撓,也由於其自身的局限性,並沒有達到富國強兵的目的。

後來,又有一批人主張中國的和西方的混合著用,也就是所謂的「中學為體,西學為用」的理念,指出欲使中國富強,應進行制度、法律等領域的全面改革。可是這改革還沒個音訊的時候,甲午中日戰爭就爆發了,讓日本很神氣地展示著自己明治維新後的國力。

但是中國又敗了,還簽了丟人的《馬關條約》。資產階級維新派一聽說這消息就怒了,他們的領導者康有為卜書清政府,陳述了變法主張,這就是歷史上的「公車上書」。可由於頑固派在一旁指手畫腳的,康有為連著上書三次,這才傳到了光緒帝手裡。

那時候的實權實際上落在慈禧的手裡,要想實行新政,那就得由慈禧同意才可。光緒本來還擔心地以為慈禧要阻攔,沒想到慈禧這次的表現非常良好,居然沒反對。估計是她也意識到大清的江山要是再不來點改革的話,恐怕真的要倒塌。

1800
道光
1825

虎門銷煙
鴉片戰爭

1850 咸豐
太平天國

英法聯軍
同治

1875 光緒

中法戰爭

甲午戰爭
《馬關條約》

1900 八國聯軍
《辛丑條約》

中華民國
袁世凱稱帝

1925

　　有了慈禧的支持，光緒帝放心大膽地開始了改革，他於西元1898年6月11日頒佈了《定國是詔》，這標誌著戊戌變法的開始。戊戌變法的內容非常全面，包括文化教育、經濟、軍事、社會風習以及政治方面的改革。主要就是廢除八股文考試，改試策論；在各省設商務局，促進商業發展；廢掉軍隊中用的弓、刀、矛等傳統工具，改用槍炮；改變社會上崇拜鬼神的不良風氣。政治方面則開放言路、精簡機構、任用新人等，這相對洋務運動來說是一個突破。

　　然而，正因為戊戌變法太過完美，就觸犯了一些守舊派的利益，他們當然不願意了。發現反對無效以後，還一個個跑到慈禧的心腹直隸總督榮祿那裡訴苦。榮祿也正在害怕光緒帝掌握實權後，自己失去勢力，再經守舊派這樣一說，他就開始派人散佈「皇上病重」和「皇上與維新派陰謀加害慈禧太后」的謠言，又去向慈禧報告新政的流弊以及眾大臣的意見。

　　這下好了，慈禧本來對變法持的就是觀望的態度，就是既不明顯支持也不反對，就是要看光緒到底怎樣變，會不會威脅到自己的統治。別人再這麼一煽動，說變法怎麼怎麼不好了，她當然不能容忍。

　　西元1898年9月21日，慈禧與榮祿藉天津閱兵之機發動了戊戌政變，將光緒帝囚禁在瀛臺。戊戌變法從開始到失敗只經歷了103天，又稱「百日維新」。不過光緒帝還挺夠意思的，在去瀛臺之前，給維新派下了一道密旨，讓他們趕緊逃難。

　　接到密旨後，康有為逃到了香港，梁啟超到了日本。唯有譚嗣同傻乎乎地留在了原地，說：「各國變法，沒有不流血的。」決心以死抗爭。7天後，慈禧下令將譚嗣同、林旭、楊深秀、劉光第、楊銳、康廣仁等維新派人士處死，這就是歷史上的「戊戌六君子」，也是為維新變法流血的第一批人。

　　戊戌變法是清政府第一次，同時也是最後一次主動的、全面的改革，結果因為守舊派的反對夭折了。

不平等條約

— 1800

道光

— 1825

　　有時候，一些數字還是不統計為好，因為一旦統計出來了，許多人會經受不住打擊。就拿清政府來說，自西元1840年鴉片戰爭以來至西元1912年清朝滅亡，在這短短的72年時間裡，清朝政府與外國政府或外商、國際組織之間簽訂的不平等條約、契約、協約和合約竟多達1175件。

虎門銷煙
鴉片戰爭

　　對比世界上任何一個國家，都沒有這般遭遇，可謂空前絕後。而每一個不平等條約背後，都記載著殖民主義、帝國主義透過血與火的殘暴手段，來達到他們卑劣目的的過程，也同樣記載著中國人民在面對外來侵略者時的頑強鬥爭與悲慘命運。

— 1850　咸豐
太平天國

　　西元1842年8月29日是個非常讓人難忘的日子，因為就在今天，清政府有了不平等條約的開始。在與英國簽訂的不平等條約中，第一個就是鴉片戰爭以後的《南京條約》。條約的中英文本均為英方制定，共13款，主要內容是：清政府向英國賠款2100萬元，分4年交納，倘未能按期交足，則酌定每年百元應加利息5元；開放廣州、福州、廈門、寧波、上海等五處為通商口岸；將香港割讓給英國；准許英商與華商自由貿易。

英法聯軍

同治

　　接下來的日子裡，清政府簽訂不平等條約的速度越來越驚人，熟練程度也越來越高。西元1843年10月8日，清朝欽差大臣耆英與英國駐華公使璞鼎查簽訂的《虎門條約》。該條約共16條，另附「小船定例」3條，主要內容包括：關稅自主權；片面最惠國待遇即一體均沾；各通商口岸都要英艦停泊，並允許英國人在通商口岸租地建屋。

— 1875　光緒

中法戰爭

　　西元1858年6月26日，清政府代表桂良、花沙納與英國代表額爾金簽訂的《中英天津條約》。共56款，另附專條1款。主要內容有：英國人可在京師，或長行居住，或能隨時往來，可在北京租地、租屋，並在通商各口設領事館；允許英國傳教士進入中國，清政府要一體保護；增開牛莊、登州、臺灣、潮州、瓊州為通商口岸；許英商船駛入長江至長江沿岸各口岸經商；英國兵船亦得進入各通商口岸；英商進出口貨物於內地應「綜算

甲午戰爭
《馬關條約》

— 1900　八國聯軍
《辛丑條約》

中華民國
袁世凱稱帝

— 1925

1800—

1825—

英國憲章運動

歐洲革命

1850—

日本黑船事件

美國南北戰爭

大政奉還

1875—

日本兼併琉球

日本頒布帝國憲法

1900—

日俄戰爭

日韓合併

第一次世界大戰

俄羅斯二月革命

1925—

貨價為率，每百兩徵銀二兩五錢」，一次繳清；英國享有清政府給其他國家的特權；賠償英國商民損失及軍費共400萬兩，以此作為償還廣州的條件。

此外，還有1860年簽訂的《中英北京條約》；1869年簽訂的《中英新修條約普後章程》；1876年簽訂的《煙臺條約》；1885年簽訂的《中英煙臺條約續增條約》；1890年簽訂的《中英印藏條約》；1898年簽訂的《中英展拓香港界址條約》；1906年簽訂的《中英續訂藏印條約》等等不平等條約。

觸目驚心，觸目驚心！可怎一個觸目驚心了得啊！因為除了跟英國簽署了數不盡數的不平等條約以外，清政府還把自己白花花的銀子以及地盤拱手送給了其他國家：如1844年7月3日，與美國簽訂了中美《望廈條約》，1858年6月18日，美國打著中立的旗號與清政府簽訂了《中美天津條約》，此外還有1868年簽訂的《中美增續條約》；1894年簽訂的《中美華工條約》等。

俄國也趁機欺負著弱弱的大清帝國。1851年8月6日，中俄雙方簽訂了《伊犁塔爾巴哈臺通商章程》，這以後，俄國就從陸上打開了中國西北的大門。1858年5月28日，在俄國的威脅恫嚇下，中俄雙方簽訂了《璦琿條約》。1858年6月13日，俄國藉第二次鴉片戰爭之機和清政府簽訂了中俄《天津條約》。

此外，還有1860年簽訂的《中俄北京條約》、1864年的《中俄勘分西北界約記》、1879年的《中俄里瓦幾亞條約》、1881年的《中俄伊犁條約》以及1896年的《中俄密約》等。透過這些不平等條約，俄國掠奪了中國的大片領土。

另外，與法國簽訂的不平等條約有1844年的《黃埔條約》、1858年的《天津條約》、1860年的《北京條約》、1884年的《中法會議簡明條款》以及1885年的《中法新約》。與日本簽訂的條約有1871年的《中日修好條規》、1874年的《中日北京專條》、1885年的《中日天津條約》、1895的《馬關條約》、《遼南條約》、1905年的《中日會議東三省事宜條約》、

1915年的《二十一條》、1918年的《中日共同防敵軍事協定》等。還有
1898年與德國簽訂的《中德膠澳租借條約》、1887與葡萄牙政府簽訂的
《中葡北京條約》以及1901年簽訂的《辛丑條約》等。

從這些不平等條約裡，我們再也找不到努爾哈赤以少數民族入主中原
時的豪情和霸氣，看不到「康乾盛世」巡行江南時的歌舞昇平，唯一的感
受就是煌煌大清王朝如小綿羊般任人宰割。有人說，蒙古人剽悍的鐵騎終
於被漢人的耕牛取代，然後套上枷鎖，在鞭子的驅趕下緩慢行進。也有人
說，這時候的清朝就像走到了一年的盡頭，到了新舊交替的時候。

如此抽象看來，整個清朝風雲又像極了一齣戲劇，觀眾還在品味過程
的精彩，悲劇的結局卻毫無徵兆地上演了，那巨大的落差甚至令人有些唏
噓。

— 1800

道光

— 1825

虎門銷煙
鴉片戰爭

— 1850 咸豐
太平天國

英法聯軍

同治

— 1875 光緒

中法戰爭

甲午戰爭
《馬關條約》

— 1900 八國聯軍
《辛丑條約》

中華民國

袁世凱稱帝

— 1925

最後的火花

袁世凱的前世今生

袁世凱從小的家庭條件就很不錯，老爹是當官的，可以說是要什麼有什麼，不愁吃、不愁穿。官宦的家庭背景也讓袁世凱有了一種思想觀念，那就是只有讀書考官方能出人頭地。於是，袁世凱就決定走這條路來實現自己的人生理想。

但是袁世凱在考試方面運氣有點不好，連續參加了兩次大考都沒考上，一氣之下，這廝居然把家中的書籍用一把火給解決了，他還揚言自己日後一定會成大器。在走科考這條路上被他否決之後，袁世凱就領著一幫人去了山東登州，他去當兵去了。

那兵荒馬亂的年代，唯有窮苦人家才把兒子送去當兵，為的就是混口飯吃。可是袁世凱不一樣，他什麼都不缺啊，衣來伸手飯來張口的，他當兵就是要實現自己的大理想，並且整天以此在軍隊裡炫耀，說什麼自己是為了保家衛國。

這些吹牛的言語果真沒白說，讓袁世凱的長官吳長慶聽見了，他覺得袁世凱這小子有點志向，此後就加以重用。在甲午戰爭之前，袁世凱就覺得自己有可能在戰場上一命嗚呼，那樣今後就沒辦法大展宏圖了，於是他毅然決然地回國了！

一個叫伊藤博文的人，就是那個簽訂《馬關條約》的人，他神祕兮兮

1800—

1825—

英國憲章運動

歐洲革命
1850—
日本黑船事件

美國南北戰爭

大政奉還

1875—
日本兼併琉球

日本頒布帝國憲法

1900—

日俄戰爭

日韓合併

第一次世界大戰

俄羅斯二月革命

1925—

地跟李鴻章說：「袁世凱這樣的人物，竟然只任下層軍官，難怪沒有人才可用。」袁世凱應了這句話，他的小名從此得了勢，再加上袁世凱這人本身就善於權術，能跟人搞好關係，特別是有權有錢的人，因此漸漸地「袁世凱」三個字就成了大名。

之後的日子裡，袁世凱不知為何又跟大太監李蓮英以及慈禧搞好了關係，原來是重金賄賂啊，他也因此成了去了小站訓練新軍。連李鴻章都覺得袁世凱是個人才，應該加以重用。跟權勢們這樣一來二去的，再加上受到李鴻章的重視，袁世凱一步一步地靠近著自己的終極理想。

袁世凱會拍馬屁，而且拍得相當有水準，特別是拍李鴻章的馬屁，要一套有一套。李鴻章被袁世凱這小子這麼一哄，激動之下就給了他這麼一句評價：「血性忠誠，才識英敏，力持大局，獨為其難」，想必知道內情的人一看就要吐了。袁世凱在小站施展著自己的才華，逐漸地，他建起了「北洋軍」，也培養出了一幫大名鼎鼎的人物。

要說真正讓袁世凱把自己的才能發揮到淋漓盡致的時刻還要數武昌起義以後。這時候清王朝已經被嚇得不知所措，什麼派軍打仗，都是屁話，哪有像樣的兵將？再加上革命軍聲勢浩大以及帝國主義對清政府的失望，朝廷裡的人不得不選出一個「最佳」的人選出去打擊革命軍。於是，袁世凱脫穎而出。

就這樣失敗了

山雨欲來風滿樓，危急關頭譚嗣同想到了掌握新軍兵權的袁世凱，於是他為了孤注一擲鼓動袁世凱發動政變而造訪法華寺——當時袁世凱的住地。袁世凱很客氣地接待了他。雙方廢了一番話之後，譚嗣同就直奔主題：「當今聖上正面臨危險，榮祿欲藉閱兵之機廢黜皇上，現在唯一能救皇上的只有您袁大人了。」

看到袁世凱一直在猶豫之中，便又說：「你愛救便救，不救也行，把

— 1800

道光
— 1825

虎門銷煙
鴉片戰爭

— 1850 咸豐
太平天國

英法聯軍

同治

— 1875 光緒

中法戰爭

甲午戰爭
《馬關條約》

— 1900 八國聯軍
《辛丑條約》

中華民國
袁世凱稱帝

— 1925

我綁了送去給西太后，你也可以立功領賞了。」說完，伸出雙手，準備讓袁世凱捆綁。

「您把我袁某當做什麼人了？」袁世凱一臉嚴肅地說，「皇上是我們共同的恩主，救護皇上，不僅是您的責任，也是我的責任。您有什麼要我做的，儘管對我說好了。」

譚嗣同見袁世凱如此忠誠激烈，當即信以為真，就將他們的計畫全部說了出去，為保險起見，又故意用了一個激將法，他對袁世凱說：「榮祿是個奸雄，您要對付他恐怕不大容易吧？」

袁世凱一臉怒容地說：「只要有皇上的命令，殺一個榮祿就像殺一條狗一樣，有什麼難的？」

這樣，譚嗣同與袁世凱的會晤算是有了「圓滿」的結果。談話結束以後，他就趕回去向康有為等人報告「喜訊」。

殊不知，拍著胸口作保證的袁世凱馬上趕到天津，把和譚嗣同商量好的計畫全盤告訴了榮祿。榮祿當晚即乘專車到北京，直奔頤和園，向西太后告狀。譚嗣同及維新派就這樣被袁世凱給賣了。這是一個沉痛的歷史教訓：畫龍畫虎難畫骨，知人知面不知心。君子在政治鬥爭中永遠鬥不過小人。

19世紀末，中國戊戌年的那次維新運動剛開始時也是弄的轟轟烈烈，大快人心。但是它沒有像日本的明治維新一樣使中國也走上富國強兵之路。西元1898年，歲在戊戌。京城上空總是壓著一片烏雲，飄來飄去，越積越厚；濃墨般的最深處，不時閃爍幾道隱隱的閃光，卻沒有絲毫雷聲。人們以為要下雨了，可雨就是下不了，一日比一日悶熱，憋得人喘不過氣來。

大家都以為京城裡的百姓離皇城根近，所以見識多，就像螞蟻能預知一場風暴的來臨，他們越來越惶恐不安。尤其是進入八月後，人們更是群聚在一起，小聲交談著什麼，見有生人來，忙拉高嗓門，道幾句「這天，真熱！」，乾笑幾聲四下散去。

其實誰都猜得出他們在說什麼：整個京城都已經傳了開來，朝廷八月

1800—

1825—

英國憲章運動

歐洲革命　1850—

日本黑船事件

美國南北戰爭

大政奉還

1875—

日本兼併琉球

日本頒布帝國憲法

1900—

日俄戰爭

日韓合併

第一次世界大戰

俄羅斯二月革命

1925—

將有大變。不少人甚至已經做好了準備：連市面上的米、麵都被他們搶購得貴了一大截——有能力的更是早就避到鄉下去了。

不知道是不是為了驗證這些令人人心惶惶的消息，八月一天的深夜，北門大開，一隊荷槍實彈的大軍悄悄進了城。昏暗之中不知到底來了多少人，但很快人們便打聽到，這是太后親信甘肅提督董福祥的人馬奉命進駐了皇城。

慈禧太后一開始支持變法，後來卻又變了卦，簡直判若兩人。而此時的維新領袖康有為更像一個垃圾政客，只是熱衷於名祿，在災難來臨時卻舉手無措。梁啟超雖然筆走龍蛇，縱橫捭闔，下筆雖有千言，而關鍵時候胸中也實無一策。譚嗣同等作為理想主義者，成為不必要的殉道者。

政變爆發，梁啟超等人一直在譚嗣同耳朵勸說著，譚嗣同聽不得這勸，直接來了一句：「不有行者無以圖將來，無有死者無以酬聖主。」他要報答光緒的知遇之恩，也表現出了對那些只會說大話的爛人的不滿。9月25日，譚嗣同在自己的住所瀏陽會館被捕。

慈禧弄到了六個搞維新的人，又害怕列強「干涉內政」進行國際指責，於是迫不及待將六人送上了西天。9月28日下午4時，譚嗣同等六人在北京菜市口刑場慷慨赴死。臨刑前，他叫監斬官剛毅走過來，說：「我有一句話跟你說道說道！」剛毅不理他，譚嗣同就在嘴裡念叨著：「有心殺賊，無力回天，死得其所，快哉快哉！」而就刑，接著康廣仁、劉光第、林旭、楊銳、楊深秀一一就義於菜市口，史稱「戊戌六君子」。

六君子活的太短，不過活的轟轟烈烈，這一死一秒鐘就完事了，可人家留下來的光輝可是萬代傳啊。其中有還有個人是主動找死的，瞧瞧這精神。那就是在朝廷當官的監察御史楊深秀，他向慈禧太后求情，慈禧看不慣就把他也弄死了。24歲的林旭，他聞知慈禧軟禁光緒帝後，為報光緒帝知遇之恩，臨危向慈禧太后力諫保存光緒，最後把慈禧太后惹怒了，因此也搭上了小命。

在過去，皇帝就是聖君，是中國知識份子的偶像，他們也極力維護自己的政治偶像，而不是採取極端的革命。戊戌六君子正是有著這「聖君情

右側年表：
- 1800
- 道光
- 1825
- 虎門銷煙 鴉片戰爭
- 1850 咸豐 太平天國
- 英法聯軍
- 同治
- 1875 光緒
- 中法戰爭
- 甲午戰爭 《馬關條約》
- 1900 八國聯軍 《辛丑條約》
- 中華民國 袁世凱稱帝
- 1925

1800—

1825—

英國憲章運動

歐洲革命

1850—

日本黑船事件

美國南北戰爭

大政奉還

1875—

日本兼併琉球

日本頒布帝國憲法

1900—

日俄戰爭

日韓合併

第一次世界大戰

俄羅斯二月革命

1925—

結」。

八月初六，維新變法終於是停了，連頭帶尾，一共103天。想想也是，大軍對付幾個書生，小菜一碟。光緒從此也被囚禁在中南海瀛臺，一直到西元1908年一命嗚呼。不過這事還沒完，八月初七，榮祿這老狐狸帶著三千兵馬緝捕維新黨人，所有支持過維新的官員通通受到了處分。之後變法的條例就都被廢除了。

變法來也匆匆，去也匆匆，中國不知道還要在黑暗中摸索多少年。

善變的不止是女人

六君子人單力薄，雖然攀上了皇帝，但那個皇帝也是中看不中用，自己都顧不了自己，更別說顧別人了。所以六君子的人頭就這樣白白送掉了。

其實，在六君子被抓後，有一個人還是很想幫忙的，他就是張之洞。張之洞，字孝達，號壺公，同治三年進入仕途，是當時清朝政府中的清流派首領，所謂清流派便是當時的一個政治派別，以標榜風節，以濟世救人為己任的一個正直派別。

張之洞加入這麼一個組織，可見也是把自己當做正人君子的，而他人也是不錯，人品好，又能幹。

張之洞後來在中俄的交涉事件中，因為表現有功，得到了慈禧太后的賞識，加官晉爵。後來，在光緒七年的時候，張之洞被任命為山西巡撫，他上任後便大力整頓吏治，整肅政績，並且嚴禁鴉片。後來因為政績突出，在光緒十年時，被提拔為兩廣總督，開始興辦洋務。在甲午中日戰爭之後，看到中國弊病積多，滿懷報國熱情的張之洞上書光緒帝，希望能夠變法維新，圖強圖大。

光緒皇帝很是欣賞，他就喜歡創新的人，所以，張之洞無論是在皇帝還是在太后面前，都是紅人一個。

但是張之洞本人又是個挺矛盾的人，在變法的期間，張之洞與維新派的關係又十分不穩定，導致張之洞對維新變法這件事情時而出力相助，時而又大力阻撓。當時在維新變法失敗後，他甚至還一度設法營救當時的「戊戌六君子」中的楊銳，其中緣由頗讓人不解。

在《馬關條約》簽訂後，張之洞開始支援變法，因為協定中大量不公平的條款，讓張之洞無法接受，所以他才積極支持變法。並且還慷慨解囊，為北京強學會捐贈白銀五千兩。當時張之洞作為保守派，卻能做出如此義舉，這個事情引起了康有為的注意。

康有為將這位朝廷重臣，但卻敢於大膽革新的人才引薦入維新派內部，甚至還讓張之洞推崇的丁立鈞當上了強學會的董事之一，在事情似乎已經進展的順利，已經能看出些眉目的時候，張之洞又起了變化。

原來，雖然張之洞支持變法，但他與維新派的想法是完全不同的，看到康有為為孔子改制，這讓張之洞十分不滿。

總體來說，張之洞還是個挺保守的人，維新派裡的人和他比起來，都太激進了，讓張之洞有點接受不了。

到後來創辦的報紙《時務報》風靡全國時，張之洞讓大家都去訂閱，但報上所刊登的梁啟超的文字十分犀利，言辭中不時有過激的話語，這又讓張之洞為之不滿，終於，張之洞與維新派之間的摩擦越來越大，在一次張之洞限制康有為他們寫那些言辭激烈的文章時，雙方發生爭執，終於決裂。

後來維新變法在舊勢力的打壓下很快失敗，慈禧將光緒軟禁起來，同時還人肆逮捕變法的人，這件事情被張之洞得知後，他倒向了慈禧一邊，先是解散了湖南的南學會，後又將之前為變法準備的事項通通革除。

為了取悅慈禧，張之洞不但鎮壓維新運動，還逮捕變法人士，在康有為和梁啟超逃到日本後，張之洞還多次請求日本人去刺殺他們。突然的翻臉讓張之洞大失人心，但他雖然對維新派的其他成員手下無情，但卻對他的得意門生楊銳極力營救。

當楊銳被關進刑部大牢時，張之洞幾次托人去向慈禧太后說好話，結

— 1800

道光
— 1825

虎門銷煙
鴉片戰爭

— 1850　咸豐
太平天國

英法聯軍

同治

— 1875　光緒

中法戰爭

甲午戰爭
《馬關條約》

— 1900　八國聯軍
《辛丑條約》

中華民國
袁世凱稱帝

— 1925

1800—

1825—

英國憲章運動

歐洲革命
1850—
日本黑船事件

美國南北戰爭

大政奉還

1875—

日本兼併琉球

日本頒布帝國憲法

1900—

日俄戰爭

日韓合併

第一次世界大戰

俄羅斯二月革命

1925—

果他所托非人,再加上慈禧對戊戌變法的人十分痛恨,這樣,楊銳才沒能被救出,於菜市口被處死。張之洞的營救計畫也失敗了。

小皇帝的預言

戊戌變法彷彿兒戲一般地就結束了,慈禧這一直對光緒帝很不滿,就尋思著要把他從皇帝的寶座上拉下來。可是又想到光緒連個兒子都沒有,她還得自己想想辦法,琢磨琢磨究竟要怎麼辦這件事才適當。

慈禧想到的辦法是陪著幾個阿哥玩上一陣子,怎麼個玩法呢?那就是換阿哥。西元1899年,也就是光緒二十五年,慈禧開始了她的換皇帝的計畫。她下旨讓載漪的兒子溥儁當頭號阿哥,也就是大阿哥,繼承同治和光緒。慈禧還發話了,說是翌年光緒皇帝辦禪位大典的時候大阿哥正式登基。

那個時期正是義和團出名的時候,團員們因為殺了日本駐華大使館以及德國的人,這下就把八國聯軍惹毛了,他們聯手起來要侵佔北京。慈禧拖家帶口地就往外逃,走到大同的時候,她下令讓載漪做軍機大臣。

可是女人是善變的,慈禧不知道哪根筋又想起當時在宮裡的時候載漪在她跟前說了義和團的好話,覺得這一切都是載漪造成的,於是翻臉不認人,又不讓載漪當大官了,還把他弄到新疆去了。

西元1901年,慈禧又回到了她日夜想念的紫禁城,並且跟大家交代了關於載漪被任命以及被撤職的具體事情。這樣一來,由於現任的頭號阿哥是載漪的兒子,既然他的老爹犯了錯,那麼他也就不能再坐在這個位置了。於是他發現,自己被慈禧耍了。

緊接著,慈禧又下令讓醇親王載灃的兒子溥儀當下一任皇帝。因為這個時候光緒帝已經病得不輕了,所以朝廷的上上下下都已經在準備小皇帝溥儀登基的事宜。溥儀那時候還只是個三歲的小孩,本應該在娘親的懷裡盡情地展現童真才對,怎麼自己被放在了冰冷的皇帝座位上了,他十分不

願意。

　　登基儀式舉行的當天氣氛十分壓抑，因為溥儀小皇帝又是哭又是鬧的，就是不願意在寶座上多坐一秒鐘，直吵著要回家。

　　後來溥儀在他的回憶錄裡是這麼寫的：「我父親單膝側身跪在寶座下面，雙手扶我，不叫我亂動，我卻掙扎著哭喊『我不挨這兒，我要回家！我不挨這兒，我要回家！』父親急得滿頭是汗。文武百官的三跪九叩沒完沒了，我的哭叫也越來越響。我父親只好哄我說：『別哭，別哭，快完了，快完了！』父親的話意在安慰我，但是卻給文武百官留下了慘澹的印象，登基大典剛結束，滿朝文武官底下是竊竊私語：『怎麼可以說快回家了呢，怎麼說快完了呢？這是不祥之兆啊。』大清王朝怎麼快完了呢？說這預示著大清王朝的不吉祥。」

　　眾大臣不是受過良好教育的人嗎？怎麼已經墮落到聽人一句話就覺得清王朝將來有不好的命運了？他們應該更科學地進行一次判斷才對，一個三歲小孩怎麼治理國家？清王朝不倒才怪。

革命槍響

　　暗夜裡不知哪裡開了一槍，開始鬧得武昌城內不平靜，四處紛紛跟機關炮似的響起了槍聲，天上也跟放了煙花一樣，被槍打得火光四射。湖廣總督瑞澂剛還在床上打呼，突然被外面的槍響驚醒了，伺候他的侍衛大叫著就跑了過來：「大人啊，大人啊，不好了！新軍都反了，打過來了！」

　　瑞澂之前還想著要帶兵去殺新軍個片甲不留呢，這下倒好，人家先殺了過來。聽侍衛這麼一喊，瑞澂也嚇破了膽，趕緊爬後牆，從小巷弄裡往外逃。風嗖嗖地往耳朵裡灌，瑞澂跑著跑著腳下一不留神踩了個空，還以為是起義軍朝他開了一槍呢，摸了摸身上沒有洞，這才爬起來跳上了船，從長江逃亡北岸。

　　鄒容就在《革命軍》中這麼形容：「掃除數千年種種之專制政體，

— 1800

道光
— 1825

虎門銷煙
鴉片戰爭

— 1850 咸豐
太平天國

英法聯軍

同治

— 1875 光緒

中法戰爭

甲午戰爭
《馬關條約》

— 1900 八國聯軍
《辛丑條約》

中華民國
袁世凱稱帝

— 1925

1800—

1825—

英國憲章運動

歐洲革命
1850—
日本黑船事件

美國南北戰爭

大政奉還

1875—

日本兼併琉球

日本頒布帝國憲法

1900—

日俄戰爭

日韓合併

第一次世界大戰

俄羅斯二月革命

1925—

脫去數千年種種之奴隸性質，誅絕五百萬有奇被毛戴角之滿洲種，洗盡二百六十年殘慘虐酷之大恥辱，使中國大陸成乾淨土，黃帝子孫皆華盛頓，則有起死回生，還命返魄，出十八層地獄，升三十三天堂。鬱鬱勃勃、莽莽蒼蒼、至尊極高、獨一無二、偉大絕倫之一目的，曰革命！巍巍哉，革命也！皇皇哉，革命也！」

這話怎麼聽怎麼讓人激動，要不是當初那些把生死放在腦後的革命志士血打血拼，麻木的中國人能這麼早就被喚醒嗎？這回革命真的來了，天亮以後就傳來消息說起義軍已經把武昌給占了。

早在西元1894年春天的時候，孫中山就去了天津，給李鴻章寫信說讓清廷好好地改改治國方針。不過李鴻章那老傢伙卻把孫老先生的話當成了耳邊風，孫老先生一氣之下就扛起了槍，決定用武力解決問題。想當初人家想走和平路線的時候也沒說要放棄武器。

革命黨人一個個視死如歸，天不怕地不怕，清政府這回真的被嚇到了，臨死了還要立憲和聚斂皇權，讓老百姓對其大失所望，紛紛投奔了革命黨。清政府的確已經成了個過街老鼠，只想著跟老外求救，還把好幾個省的鐵路給收了，然後再賣給洋鬼子。

這下，惹怒了全國人民，全國人民聯合起來弄了個保路運動，參加的人數都超過了十萬。清政府想起來要鎮壓，於是派端方帶著湖北新軍去了四川，這就導致清軍在湖北那塊的防禦力量弱了，這才有了武昌的新軍起義。

孫武是革命成員之一，起義之前，他們在漢口俄租界那試驗彈藥時不小心引炸了，俄國巡捕聽見爆炸聲後趕緊跑過去看個究竟，結果就搜羅出一堆革命黨人的花名單。俄國巡捕嚇傻了，趕緊跑回去跟瑞澂彙報。

瑞澂還很得意，心想這下就能抓住這群造反的小毛賊了，於是下令關了四城，照著名單上的人搜捕。這箭已經搭在弦上了，於是不得不發，革命黨決定在10月9日晚上12點發動起義。可是武昌城內戒備森嚴，各標營革命黨人無法取得聯絡，當晚的計畫落空。

革命黨人自己約定，約好了在10月10號晚上以槍聲為信號發動起義。

當晚，新軍工程第八營的革命黨人朝著天上開了一槍，位於中和門附近的楚望臺軍械所被他們給拿下了，吳兆麟也當上了臨時總指揮。槍支炮彈弄了好幾籮筐，把起義的這幫年輕人高興壞了。

這時候，駐守武昌城外的輜重隊、炮兵營、工程隊的革命黨人也開火了，他們向楚望臺那邊聚集。武昌城內29標的蔡濟民和30標的吳醒漢也都率領部分起義士兵衝出營門，往那邊趕。起義的人數沒多久就多達三千，把總督署炸了個稀巴爛。瑞澂這才知道起義軍的厲害，褲子還來不及穿就跑了。到天亮的時候，起義軍已經把整個武昌給控制住了。

武昌起義這一槍打得可不是普通的一槍，這可是中國民主主義革命的發令槍，是清王朝的奪命槍，更是趕著兩千多年封建帝制上斷頭臺的宣示槍。起義勝利後不到兩個月，全國各地十三個省都宣佈自己跟清政府沒關係了。

西元1912年2月12日，清朝最後一任皇帝溥儀宣佈下臺，清政府徹底關門大吉。

—— 1800

道光
—— 1825

虎門銷煙
鴉片戰爭

—— 1850　咸豐
太平天國

英法聯軍

同治

—— 1875　光緒

中法戰爭

甲午戰爭
《馬關條約》

—— 1900　八國聯軍
《辛丑條約》

中華民國

袁世凱稱帝

—— 1925

海鴿 文化出版圖書有限公司
Seadove Publishing Company Ltd.

作者	張承望
美術構成	騾賴耙工作室
封面設計	ivy_design
發行人	羅清維
企畫執行	林義傑、張緯倫
責任行政	陳淑貞

古學今用 170

中國大歷史

出版	海鴿文化出版圖書有限公司
出版登記	行政院新聞局局版北市業字第780號
發行部	台北市信義區林口街54-4號1樓
電話	02-27273008
傳真	02-27270603
e‐mail	seadove.book@msa.hinet.net

總經銷	創智文化有限公司
住址	新北市土城區忠承路89號6樓
電話	02-22683489
傳真	02-22696560
網址	www.booknews.com.tw

香港總經銷	和平圖書有限公司
住址	香港柴灣嘉業街12號百樂門大廈17樓
電話	（852）2804-6687
傳真	（852）2804-6409

CVS總代理	美璟文化有限公司
電話	02-27239968 e‐mail：net@uth.com.tw

出版日期	2024年03月01日　二版一刷
	2024年03月10日　二版五刷
特價	599元
郵政劃撥	18989626戶名：海鴿文化出版圖書有限公司

國家圖書館出版品預行編目資料

中國大歷史／張承望著--
二版，--臺北市　：海鴿文化，2024.03
面　；　公分．－－（古學今用；170）
ISBN 978-986-392-515-6（平裝）

1. 中國史　2. 通俗史話

610.9　　　　　　　　　　　　113000578